Dennis Lock

Projekt-
management

- Projektplanung
- Projektfinanzierung
- Projektcontrolling
- Computersysteme
- Netzplantechnik
- Notfallmodifizierung
- Verträge
- Fallstudien

UEBERREUTER

Die Deutsche Bibliothek – CIP-Einheitsaufnahme

Lock, Dennis:
Projektmanagement : Projektplanung, Projektfinanzierung,
Projektcontrolling, Computersysteme, Netzplantechnik,
Notfallmodifizierung, Verträge, Fallstudien / Dennis Lock.
[Aus dem Engl. von Marcus Erbe]. – Wien : Ueberreuter, 1997
  (Manager-Magazin-Edition)
  Einheitssacht.: Project management <dt.>
  ISBN 3-7064-0280-7

In diesem Buch werden u. a. folgende eingetragene Warenzeichen erwähnt:
IBM und IBM-PC: International Business Machines
Microsoft Project, MS-DOS, Windows: Microsoft Corporation
Open Plan, Open Plan Professional, OPERA: WST Corporation
Welcom Software Technology: WST Corporation
4C und alle anderen InterSoftware-Produkte: InterSoftware UK Ltd.

M 0232   1 2 3 / 99 98 97

Inhaltsverzeichnis

Aus dem Vorwort der englischen Ausgabe

In der vorliegenden sechsten Auflage wurden viele Veränderungen vorgenommen, um den aktuellen Anforderungen der Praxis zu entsprechen. Neue Computerprogramme für Projektmanagement werden vorgestellt, zusätzliche Abbildungen und umfangreiche Fallbeispiele sorgen für Verständlichkeit und Klarheit. Die meisten Softwarepakete verwenden die Netzplantechnik des kritischen Weges. Die Gegenüberstellung unterschiedlicher Netzplantechniken bietet dem Leser eine Auswahlmöglichkeit.

Somit liegt eine völlig überarbeitete und erweiterte Ausgabe eines Handbuches vor, das dem Projektmanager in seiner täglichen Arbeit wertvolle Ratschläge und Anleitungen gibt. Die neue Auflage profitiert vor allem von Anregungen und Hinweisen, die ich von Kollegen und verschiedenen Firmen und Organisationen erhalten habe, denen ich zu Dank verpflichtet bin.

Dennis Lock
1996

Danksagung

An dieser Stelle muß ich vor allem den beiden Software-Firmen InterSoftware UK Ltd und Welcom Software Technology International Ltd für ihre umfangreichen Ratschläge und ihre Unterstützung mit Materialien danken. Die beiden haben es mir ermöglicht, ihre Softwarepakete in meinem Computersystem zu verwenden.

Darüber hinaus gilt mein großer Dank dem Verlag Gower, der mich bei dieser und bei früheren Auflagen tatkräftig unterstützte. In diesem Zusammenhang denke ich im besonderen an Malcolm Stern und die vielen anderen Mitarbeiter des Verlages, die mit ihrem Know-how diesem Buch zu seinem großartigen Erfolg verholfen haben.

Außerdem bin ich folgenden Personen und Organisationen dankbar, die mir anschauliches Material zur Verfügung stellten, meine Fragen beantworteten und mir hilfreiche Informationen und Expertentips lieferten:

Pamela Ashby
Association of Project Managers
Dave Cardnell
Robin H. Smitherman
Professor Chris Chapman
Chartered Institute of Management Accountants (CIMA)
Roger E. Ellis
FT Law & Tax
Government Centre for Information Systems
Heath Gray
Holset Engineering Company Ltd
Andy Howells
Innate Management Systems Ltd
Andy Josolyne
Lucas Management Systems Ltd
Ray Palmer
Mike Turner
Professor Stephen Wearne

Teil 1
Wesen und
Organisation von
Projektmanagement

Kapitel 1

Wesen und Zweck
von Projektmanagement

Projektmanagement ist entstanden, um die komplexen und vielfältigen Vorgänge in modernen Industrie- und Handelsprojekten zu planen, zu koordinieren und zu kontrollieren.

Projekte von Menschenhand sind nichts Neues. Monumente aus den frühesten Zivilisationen haben bis heute überlebt und zeugen von den Errungenschaften unserer Vorfahren – und noch immer erwecken sie unser Staunen und unsere Bewunderung. Moderne Projekte sind trotz ihrer technologischen Ausgereiftheit im Umfang nicht unbedingt größer als diese frühen Mammutwerke. Doch die wirtschaftlichen Erfordernisse der industrialisierten Welt, der Wettbewerb zwischen konkurrierenden Auftragnehmern und die Berücksichtigung des Wohlergehens (und damit der Kosten der Beschäftigung) der Menschen, die für ein Projekt arbeiten, haben zur Entwicklung neuer Techniken für das Management von Projekten geführt.

Alle Projekte teilen eine Eigenschaft: Die Ausrichtung von Ideen und Aktivitäten auf neue Unternehmungen. Die ständige Präsenz von Risiko und Unsicherheit hat zur Folge, daß jene Vorgänge und Aufgaben, die zur Vollendung eines Projekts führen, nie präzise vorhergesagt werden können. Bei manchen sehr komplexen oder fortschrittlichen Projekten kann sogar der erfolgreiche Abschluß in Frage gestellt sein.

Der Zweck von Projektmanagement ist es nun, so viele Gefahren und Schwierigkeiten wie möglich vorherzusehen oder vorauszusagen und alle Aktivitäten so zu planen, zu organisieren und zu kontrollieren, daß das Projekt trotz aller Risiken so erfolgreich wie möglich abgeschlossen werden kann. Dieser Prozeß beginnt bereits, bevor Ressourcen fest eingeplant werden, und muß fortgesetzt werden, bis alle Arbeiten abgeschlossen sind. Das Ziel dabei ist, mit dem Ergebnis den Projektfinanzier oder den Auftraggeber zufriedenzustellen, ohne den versprochenen Zeitrahmen zu überschreiten und ohne mehr Geld oder andere Ressourcen aufwenden zu müssen, als ursprünglich vorgesehen wurde.

Ein Großteil der Projektmanagementmethoden entstand in der zweiten Hälfte des zwanzigsten Jahrhunderts. Die Entwicklung wurde von ungeduldigen Auftraggebern vorangetrieben, die ihre Projekte schnell fertigstellen wollten, damit ihre Investitionen so früh wie möglich profitbringend genutzt werden konnten. Der zwischenstaatliche Wettstreit um Überlegenheit in der Entwicklung von Waffen- und Verteidigungssystemen spielte eine bedeutende Rolle bei der Schaffung ausgefeilter Managementtechniken. Der weit verbreitete Zugang zu leistungsstarken, zuverlässigen und billigen Computern hat diesen Prozeß weiter beschleunigt. Projektmanagement ist wirkungsvoller, wenn es diese hochentwickelten Techniken in angemessener Weise nutzt. In diesem Sinne ist es ein äußerst spezialisierter Zweig des Managements.

Planung und Kontrolle müssen natürlich sämtliche das Projekt betreffende Vorgänge und Ressourcen erfassen. Der Projektmanager muß daher in der Lage sein, zumindest in Ansätzen zu verstehen, wie die verschiedenen Mitwirkenden arbeiten. Er muß ihre speziellen Fertigkeiten und ihre Arbeitsmethoden nachvollziehen können und ihre Probleme und Schwächen kennen. Dies erfordert ein hohes Maß an allgemeiner Kompetenz. In diesem – auf die Praxis ausgerichteten – Sinne ist Projektmanagement daher dem *general management* verwandt.

Es ist also wichtig zu verstehen, daß viel mehr zur Anwendung effektiven Projektmanagements gehört als die Arbeit mit ein paar hochentwickelten Computerprogrammen. Es beinhaltet sämtliche Grundlagen logischer und fortschreitender Managementplanung und Entscheidungsfindung, Auffassungsgabe, großzügige Anwendung gesunden Menschenverstandes, angemessene Organisation, effektives kommerzielles und finanzielles Management, gewissenhaften Umgang mit Dokumentationsaufgaben und sicheres Beherrschen der bewährten und seit langem bestehenden Prinzipien von Management und Führung.

Projekte

Das wichtigste Erkennungsmerkmal eines Projekts ist seine „Neuartigkeit". Es ist ein Schritt ins Unbekannte, bestimmt von Risiken und Unsicherheiten. Zwei Projekte sind niemals genau gleich. Selbst wenn ein Projekt wiederholt wird, gibt es im Vergleich zu seinem Vorgänger unterschiedliche wirtschaftliche, administrative oder physische Aspekte.
Projekte lassen sich in vier Klassen einteilen:

1   Projekte in Hoch- und Tiefbau, Petrochemie, Bergbau und Tagbau

Wenn von industriellen Projekten die Rede ist, denkt man meist zuerst an Projekte dieser Kategorie. Ihnen ist gemeinsam, daß ihre Durchführung an einem Ort stattfindet, der den Elementen ausgesetzt ist und der vom Hauptsitz des Auftragnehmers entfernt liegt.
Projekte dieser Art bergen besondere Risiken sowie Organisations- und Kommunikationsprobleme in sich. Häufig erfordern sie enorme Kapitalinvestitionen, und sie benötigen (was aber oft nicht existiert) ein rigoroses Ablauf-, Finanz- und Qualitätsmanagement.
Der Aufwand an Finanzmitteln und anderen Ressourcen für solche Projekte kann die Investitionskraft eines einzelnen Auftragnehmers überschreiten. In diesem Fall werden die Organisation und die Kommunikation durch die Beteiligung verschiedener Auftragnehmer, die in einer Art Joint Venture zusammenarbeiten, weiter erschwert.

2   Fertigungsprojekte

Ziel von Fertigungsprojekten ist die Herstellung eines Teils von Anlagen oder Maschinen, von Schiffen, Flugzeugen, Landfahrzeugen oder eines anderen speziell entworfenen Objekts. Das fertige Produkt kann für die Zwecke eines einzelnen Kunden hergestellt werden, oder das Projekt wird innerhalb eines Unternehmens geschaffen und finanziert, um ein neues Produkt mit der Absicht der Massenproduktion zu entwickeln.
Fertigungsprojekte werden in der Regel in einer Fabrik oder anderen Einrichtungen am Firmensitz durchgeführt, und das Unternehmen sollte in der Lage sein, das Management vor Ort auszuüben und eine optimale Umgebung zu schaffen.
Natürlich treffen diese idealen Voraussetzungen nicht immer zu. Fertigungsprojekte können Arbeiten beinhalten, die nicht am Firmensitz durchgeführt werden, so zum Beispiel bei der Installation, bei der Auftragsvergabe an Dritte und in der Anlaufphase sowie bei der einführenden Kundenschulung und bei nachfolgenden Service- und Wartungsarbeiten. Schwieriger ist dies im Falle eines komplexen Produkts (etwa ein Flugzeug), das von einem Konsortium von Unternehmen entwickelt und hergestellt wird. Dabei werden wahrscheinlich internationale Grenzen überschritten mit allen daraus resultierenden Problemen des Risikos, vertraglicher Schwierigkeiten sowie der Kommunikation, Koordinierung und Kontrolle.

3   Managementprojekte

Die Existenz dieser Gruppe von Projekten ist der Beweis dafür, daß jedes Unternehmen – welcher Größe auch immer – davon auszugehen hat, zumindest einmal während seiner Lebensdauer Projektmanagementkenntnisse zu benötigen. Es handelt sich um Projekte, die dann entstehen, wenn Unternehmen ihren Hauptsitz verlegen, ein neues Computersystem entwickeln und einführen, sich auf eine Messebeteiligung vorbereiten, eine Machbarkeitsstudie erstellen, die Organisation umstrukturieren, eine Präsentationsveranstaltung planen oder sich allgemein an einer Operation beteiligen, die das Management und die Koordinierung von Vorgängen beinhaltet, deren Endresultat nicht in die Bereiche Fertigung oder Bauwesen fällt.

Diese Projekte mögen zwar nicht zu sichtbaren, greifbaren Ergebnissen führen, doch häufig hängt viel von ihrem erfolgreichen Ausgang ab, und effektives Projektmanagement ist hier genauso wichtig wie in den größten Bau- oder Fertigungsprojekten.

4   Forschungsprojekte

Reine Forschungsprojekte können gewaltige Mengen an Geld verschlingen, viele Jahre dauern und mit einer enorm rentablen Entdeckung enden – oder sich als totale Geldverschwendung herausstellen. Forschungsprojekte sind die risikoreichsten, denn sie haben zum Ziel, den gegenwärtigen wissenschaftlichen Kenntnisstand zu erweitern. Im Gegensatz zu allen anderen Projekttypen ist es in der Regel schwierig oder gar unmöglich zu definieren, welchem Endzweck sie dienen. Für Forschungsprojekte sind daher die Managementmethoden, die bei Industrie- oder Managementprojekten angewendet werden, unter Umständen nicht geeignet. Es muß jedoch versucht werden, eine gewisse Form von Kontrolle auszuüben.

Es müssen Haushaltspläne entwickelt werden, die der zur Verfügung stehenden Finanzierung entsprechen. Die Ausgaben können zu einem gewissen Ausmaß kontrolliert werden, indem man regelmäßige Revisionen und Neueinschätzungen durchführt und Finanzmittel in periodischen, kontrollierten und sorgfältig überlegten Schritten genehmigt und freigibt.

Mögen sich auch die Forschungsaktivitäten selbst den herkömmlichen Projektkontrollmethoden entziehen, so kann doch die Bereitstellung der notwendigen Einrichtungen, die Ausstattung mit Kommunikationsmitteln, Ausrüstung und Forschungsmaterial durchaus ein Kapitalinvestitionsprojekt darstellen, auf das entsprechendes Projektmanagement angewandt werden kann und muß.

Projektzielsetzungen

Die Zielsetzungen für jedes Projekt können in drei Kategorien zusammengefaßt werden:

1   Leistung und Qualität

Das Endergebnis des Projekts muß für den beabsichtigten Zweck geeignet sein, der Spezifikation muß entsprochen werden.

Wurde eine Kupferraffinerie entworfen und gebaut, die jährlich 200.000 Tonnen Kathodenkupfer verarbeiten soll, dann muß diese auch wirklich in der Lage sein, Kupfer des vorgegebenen Reinheitsgrades zu produzieren. Die Anlage muß zuverlässig, effizient und sicher arbeiten. In unserer ökologisch aufgeklärten Zeit brächte es alle Beteiligten in ernste Schwierigkeiten, wenn es durch den Betrieb einer solchen Fabrik zu Umweltbelastungen käme.

Entwicklungsprojekte für Verbrauchsgüter müssen Artikel produzieren, die den Anforderungen des Marktes entsprechen. Entwurfskonzept, Herstellung und Beschaffenheit sollten ein zuverlässiges Produkt garantieren.

Bis vor einiger Zeit wurde Qualität in erster Linie als Verantwortung der Qualitätskontrollabteilung betrachtet. Man verließ sich darauf, daß diese mit Kontrollen und Tests eventuelle Fehler entdecken und sich dann um die Korrektur kümmern würde. In den letzten Jahren ist das Konzept des „Total Quality Managements" in den Vordergrund getreten, wonach die Verantwortung für Qualität von sämtlichen Mitarbeitern, von der Betriebsleitung abwärts, geteilt wird.

Der Großteil dieses Buchs behandelt die Zielsetzungen für den Zeitrahmen und die Kosten. Das Erreichen der Zielsetzungen für Qualität, Leistung und Zuverlässigkeit erfordert natürlich Kompetenz in Ingenieurwesen und Entwicklung. Diese muß jedoch durch entsprechende Qualitätsverfahren ergänzt werden (wofür ISO 9000 als Kontrollstandard und als Ausgangspunkt für die Einführung und den Betrieb eines Qualitätsmanagementsystems gilt).

2   Etat

Das Projekt muß abgeschlossen werden, ohne die genehmigten Ausgaben zu überschreiten.

Wird diese Zielsetzung nicht erreicht, so hat es für die meisten Handels- und Industrieprojekte zur Folge, daß sich Gewinne und die erwartete Kapitalrendite verringern, und vielfach besteht sogar die Gefahr realer finanzieller Verluste.

Es gibt jedoch viele Projekte, bei denen direkte Gewinne nicht beabsichtigt sind: interne Managementprojekte, reine Forschungsprojekte, Wohltätigkeitsaktionen und Projekte, die ausschließlich von Mitarbeitern kommunaler Verwaltungsbehörden mit öffentlichen Geldern durchgeführt werden. Es sollte selbstverständlich sein, daß auch bei Projekten, deren Motiv nicht der mögliche Profit ist, dem Budget und dem Finanzmanagement ausreichend Aufmerksamkeit geschenkt wird.

Nicht immer sind die Finanzquellen unerschöpflich, und es kann vorkommen, daß ein Projekt abgebrochen werden muß, wenn die Finanzmittel vor seiner Vollendung auslaufen. In diesem Fall sind bereits investierte Arbeitszeit und Gelder verloren – in Extremfällen kann dem Projektauftragnehmer sogar der Bankrott drohen.

3   Zeit bis zur Vollendung

Das reale Vorankommen muß dem geplanten entsprechen oder sogar schneller sein. Alle bedeutenden Entwicklungsstufen des Projekts dürfen nicht später als festgelegt erreicht werden, damit der endgültige Abschluß zum fixierten Termin oder davor erfolgen kann.

Die Vorgaben für den Zeitrahmen sind äußerst wichtig. Verspäteter Abschluß oder verspätete Übergabe eines Projekts wird keinen Auftraggeber erfreuen. Der Ruf, nicht in der Lage zu sein, sich an Lieferzusagen zu halten, ist der Reputation eines Auftragnehmers nicht gerade förderlich. Wenn die Ressourcen des Vertragspartners für ein Projekt über das Abschlußdatum hinaus in Anspruch genommen werden müssen, so wird dies außerdem weitere Auswirkungen haben und die Folgeprojekte des Unternehmens stören.

Ein weit verbreitetes Risiko bei Projekten ist verspäteter Arbeitsbeginn. Sehr lange Verzögerungen können durch Ausflüchte, durch rechtliche oder planungsbedingte Schwierigkeiten, durch Informationsmangel, durch Knappheit an Geld oder anderen Ressourcen und durch eine Fülle von weiteren Gründen entstehen. Jeder dieser Faktoren kann einen Projektmanager in eine schwierige, wenn nicht sogar unhaltbare Situation bringen. Ist es nicht möglich, ein Projekt rechtzeitig zu beginnen, so wird man kaum davon ausgehen können, daß es rechtzeitig fertiggestellt wird.

Das Zeit-Kosten-Verhältnis

> „Denk daran: Zeit ist Geld!"
> Benjamin Franklin, *Advice to a Young Tradesman,* um 1780

Wird der geplante Zeitrahmen überschritten, werden die ursprünglichen Kostenvoranschläge und Etats mit ziemlicher Sicherheit ebenfalls überschritten. Ein Projekt kostet vom ersten Tag seiner Existenz an Geld, ob gearbeitet wird oder nicht, an Wochentagen wie am Wochenende, vom ersten Tag des Programms bis zur letzten Zahlung, die getätigt wird. Diese Kosten entstehen aus einer Reihe von Gründen.

Direkte Kosten

Die „variablen" oder „direkten" Projektkosten für Materialien oder Arbeitsstunden sind auf unterschiedliche Weise zeitabhängig. Ein Faktor ist die Kosteninflation. Wird die Arbeit später begonnen und abgeschlossen als geplant, ist davon auszugehen, daß sie mehr kosten wird, weil es inzwischen zu Preiserhöhungen für Materialien, zu Lohn- und Einkommenssteigerungen und zu anderen Kosten gekommen ist.

Es gibt andere, weniger leicht quantifizierbare Ursachen, wobei behauptet wird, daß verspätete Arbeiten ineffiziente Arbeiten sind, etwa durch Zeitverluste oder Wartezeiten, die häufig die Folge schlechter Organisation und Planung sind. Wenn die Durchführung eines Projekts mehr Zeit in Anspruch nimmt als ursprünglich kalkuliert, so besteht offensichtlich die Gefahr, daß die eingeplante Arbeitszeit ebenfalls überschritten wird. Und dies gilt nicht nur für einen Arbeitsgang innerhalb des Projekts, sondern für das gesamte Projekt.

Indirekte oder Betriebskosten

Die „festen" oder Betriebskosten (Overheadkosten) für Management, Verwaltung, Unterbringung, Dienstleistungen und allgemeine Einrichtungen sind direkt zeitabhängig. Sie treten Tag für Tag auf – egal ob irgendwelche Arbeiten durchgeführt werden –, bis das Projekt abgeschlossen ist. Wenn sich das Projekt verzögert, müssen diese Kosten für einen längeren Zeitraum getragen werden als ursprünglich geplant, womit automatisch der Etat überschritten wird.

Finanzierungskosten

Ein weiterer zeitabhängiger Kostenfaktor ist die Finanzierung. Wenn der Auftragnehmer einen Dispositionskredit bei der Bank hat oder von anderen Formen der Kreditfinanzierung abhängig ist, so sind Zinsen zu zahlen. Selbst wenn der Auftragnehmer die Projektkosten aus eigenen Mitteln trägt, erleidet er fiktive Verluste in Höhe jener Zinsen oder Dividenden, die ihm zugefallen wären, hätte er das Geld in einer anderen Form – etwa auf einem Sparkonto – angelegt. Wenn sich die Fertigstellung eines Projekts verzögert, verlängert sich der Finanzierungszeitraum, und entsprechend steigt die Höhe der Zinsen, die real bezahlt werden müssen, bzw. der entgangenen Zinsen.

Ein großer Teil der Finanzmittel eines Projekts wird voraussichtlich in „unfertige" Tätigkeiten investiert. Diese unfertigen Leistungen umfassen nicht nur die Arbeiten, die in einer Fabrik oder auf einer Baustelle getätigt wurden, sondern auch sämtliche nicht verrechneten Kosten für Ingenieurs- und Entwicklungsarbeiten. In vielen Fällen kann der Auftragnehmer Rechnungen nur für jene Arbeiten ausstellen, die wirklich abgeschlossen sind und dem Kunden zur Verfügung stehen, oder für die Menge von Arbeit, die geleistet und durch beglaubigte Rechnungen bestätigt ist. Solche Rechnungen werden durch Gutachten von unabhängiger, professioneller dritter Seite beglaubigt. Hierbei handelt es sich oft um einen unabhängigen Fachingenieur, der den getätigten Arbeitsaufwand mit den Forderungen abgleicht.

Häufig sind beglaubigte Rechnungen an geplante Vorhaben gekoppelt. Verzögert sich die Fertigstellung eines Vorhabens oder wird ein meßbarer Fortschritt vorerst nicht erzielt, kann auch keine Rechnung gestellt werden. Die Einnahmen des Auftragnehmers erfolgen damit verspätet, was dazu führt, daß der Auftragnehmer die steigenden Kosten des Projekts selbst finanzieren muß. Das kann beim Auftragnehmer zu schweren Zahlungsschwierigkeiten führen, die im schlimmsten Fall gar im Bankrott enden können.

Vertragsstrafen

Verspätete Fertigstellung kann weiters zu Vertragsstrafen führen. Manche Verträge enthalten eine Strafklausel, die dem Käufer das Sanktionsmittel der Strafzahlung einräumt. Der Auftragnehmer hat dann für festgesetzte Zeiträume (Tage, Wochen), die verstreichen, ohne daß er seinen vertraglichen Leistungsverpflichtungen nachkommt, einen bestimmten Betrag zu bezahlen.

Fazit

Diese Überlegungen zum Verhältnis von Zeit und Kosten zeigen, daß Verzögerungen bei großen Projekten leicht Zusatzkosten in Höhe von Tausenden von Geldeinheiten täglich verursachen können. Wenn die Arbeit jedoch überwacht und so geleitet wird, daß sie – einem vernünftigen, durchführbaren Plan entsprechend – ohne Unterbrechungen voranschreitet, dann ist die Schlacht um die Kostenkontrolle schon so gut wie gewonnen.

Das Leistung-Kosten-Zeit-Dreieck

Natürlich muß das Ziel eines guten Projektmanagers sein, in allen Teilbereichen des Projekts Erfolge zu verbuchen. Doch es kann gelegentlich vorkommen, daß einer der drei vorrangigen Zielsetzungen (Leistung, Kosten oder Zeit) besondere Wichtigkeit beigemessen wird. Das hat nun wieder Einfluß darauf, welche Prioritäten man in der Zuteilung von knappen Ressourcen setzt oder worauf sich Managementaktivitäten im besonderen konzentrieren. Auch die Wahl der Projektorganisationsstruktur kann davon beeinflußt sein (siehe Kapitel 2).

Bei der Kontrolle eines Projekts für eine gemeinnützige Organisation mit knappen Finanzmitteln wird man beispielsweise vor allem die Kosten im Auge behalten. Einige Unternehmen setzen dagegen alles auf ihren Ruf, gute Qualität zu produzieren, selbst wenn dabei Zeit und Kosten überschritten werden. Wenn ein Projekt darin besteht, eine Handelsausstellung zu organisieren, und der Termin bereits bekanntgegeben und die Räumlichkeiten bereits gebucht wurden, so hängt alles davon ab, daß die Zeitzielsetzung erreicht wird. Es kann dann erforderlich sein, eine Arbeitsgruppe einzurichten, die bei allen gemeinschaftlich genutzten Dienstleistungen und anderen Ressourcen den Vorrang bekommt.

Dieser Konflikt läßt sich als ein Dreieck von Zielsetzungen darstellen (siehe Abbildung 1.1). (Dieses Konzept wurde in der BBC-Fernsehsendung *Have Project – Will Manage*, ausgestrahlt in Großbritannien im Herbst 1989, vorgestellt. Es war auch Gegenstand des Beitrags „Project Management Framework" von Martin Barnes im *International Project Management Yearbook 1985*, das zusammen mit dem *International Journal of Project Management* bei Butterworth Scientific erscheint.)

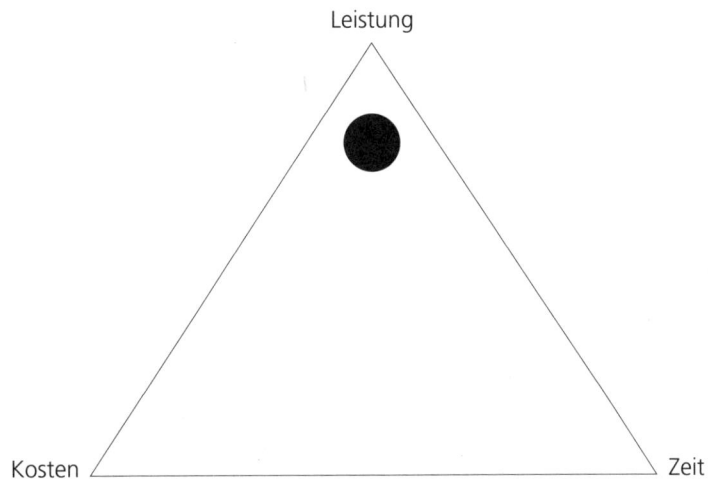

Abbildung 1.1 Dreieck der Projektzielsetzungen
Dieses Diagramm illustriert, daß die drei wichtigsten Projektzielsetzungen – Leistung, Kosten und Zeit – miteinander verbunden sind. In manchen Fällen stehen verschiedene Prioritäten miteinander in Konflikt, was dazu führt, daß der Kunde einer dieser Zielsetzungen während der Projektdefinition und -planung mehr Gewicht gibt. In diesem Beispiel ist die Leistung die wichtigste Zielsetzung.

Gesellschaft für Projektmanagement INTERNET

Der Berufsstand des Projektmanagers wird von der International Association of Project Management (INTERNET) vertreten. Ihre deutsche Vertretung ist die Gesellschaft für Projektmanagement INTERNET Deutschland e. V. Weitere Informationen (zu Beitrittsbedingungen, Veranstaltungen, Publikationen etc.) sind über das Sekretariat erhältlich:

Deutsche Gesellschaft für Projektmanagement e. V.
Reitmorstraße 50
D-80538 München
Tel.: 089/229730
Fax: 089/226645
E-Mail: GPM-IPMA @t-online.de

Kapitel 2

Organisation von Projektmanagement

Es liegt auf der Hand, daß Mitarbeiter, Kommunikationsstrukturen, Arbeitsschritte und Ressourcen entsprechend organisiert werden müssen, wenn sämtliche Projektzielsetzungen realisiert werden sollen. Wie diese Organisation auszusehen hat, ist weniger offensichtlich.

Jedes Unternehmen hat seine eigene Vorstellung davon, wie es sich und seine Arbeit organisiert. Könnte man drei Unternehmen, die die gleiche Tätigkeit durchführen, miteinander vergleichen, so würde man mit großer Wahrscheinlichkeit drei unterschiedliche Organisationsstrukturen vorfinden. Alle drei Unternehmen könnten aber in gleicher Weise erfolgreich sein. Es ist also nicht immer möglich, mit Bestimmtheit zu sagen, daß es *eine* optimale Organisationslösung gibt.

Wir können in diesem Kapitel daher nicht exakt vorschreiben, wie die Organisation für jedes Projekt zu strukturieren ist. Statt dessen werden zunächst einige der wesentlichsten Eigenschaften einer effizienten Organisation dargelegt. Dann werden Optionen für die Organisation und deren Vor- und Nachteile beschrieben.

Effiziente Organisation und Kommunikation

In einer effizienten Organisation herrschen eindeutige Autoritätsverhältnisse, und jedem Projektmitglied ist klar, was er oder sie zu tun hat, damit das Projekt zu einem Erfolg wird. Dies ist die Aufgabe des Kommunikationssystems des Managements und von entscheidender Bedeutung für die Motivation der Mitarbeiter. Mit einer hochmotivierten Gruppe zu arbeiten, kann viel Freude bereiten. Eine schlecht informierte Gruppe, mit vage definierten Verantwortungsbereichen und uneindeutigen Status- und Autoritätsebenen, wird mit großer Wahrscheinlichkeit wenig motiviert sein, nur schleppend vorankommen und kostspielig zu unterhalten sein, und es wird frustrierend sein, mit einer solchen Gruppe zusammenzuarbeiten.

Gute Managementkommunikation wird durch das Vorhandensein einer adäquaten Feedbackstruktur quer durch die Organisation ergänzt. So kann die Entwicklung überwacht werden; Schwierigkeiten werden der Führungsebene gemeldet, und jeder Mitarbeiter hat Zugang zu Experten, die bei technischen oder geschäftlichen Problemen Hilfestellung geben.

Die Einführung von Projektmanagement in einem wachsenden Unternehmen

Eine gute Darstellung des Themas „Organisation von Projektmanagement" bietet die Beschreibung der historischen Entwicklung eines Kleinunternehmens. Die fiktive Organisation, die für dieses Beispiel gewählt wurde, ist zufällig ein Fertigungsbetrieb, doch viele der Prinzipien und Argumente treffen in gleicher Weise auf zahlreiche andere Projekte zu.

Fallstudie: Die Straßenkomponenten GmbH

Das Unternehmen

Die Anfänge der Straßenkomponenten GmbH liegen viele Jahre zurück, als sie noch Straßenlaternen und andere verwandte Artikel der „Straßenausstattung" herstellte. Später wurden die Kenntnisse und die Aktivitäten des Unternehmens auf die Produktion von Komponenten für automatische Verkehrssignale (Verkehrsampeln) ausgeweitet. In den letzten Jahren wurden Fachkenntnisse und Angebotspalette des Unternehmens um viele Aspekte von Verkehrskontrollanlagen und -systemen erweitert; diese Produkte werden an kommunale Verwaltungsbehörden, Erschließungsunternehmen und andere Großfirmen verkauft.

Routinefertigung

Wir befinden uns 50 Jahre in der Vergangenheit.
Die Straßenkomponenten GmbH beschäftigt etwa 200 Mitarbeiter in der Herstellung und im Verkauf von kleinen Straßenlaternen und anderen, verwandten Produkten. Die Fertigung läuft in Form von Stapelverarbeitungsprozessen oder am Fließband ab. Der gesamte Produktionsvorgang wird unter der Aufsicht eines Produktionsmanagers durchgeführt, der sich auf eine kleine Produktionskontrollabteilung stützt, um sämtliche Arbeitsschritte einzuteilen.
Unter normalen Umständen besteht ein Arbeitsrückstand von nicht mehr als ein paar Wochen. Die Arbeitsbelastung der Produktionsabteilung und ihrer Anlagen muß so geplant werden, daß ein reibungsloser Arbeitsablauf ohne Engpässe und ohne zu hohen Zeitverlust gewährleistet ist. Die nötigen Planungsmethoden sind unkompliziert und von einer kompetenten Produktionskontrollabteilung leicht zu bewältigen. Treten außergewöhnliche Arbeitsbelastungen oder Engpässe auf, können diese durch Umstellung der bestehenden Einteilung oder durch die kurzfristige Beschäftigung von Subunternehmern bewältigt werden.
Kostenschätzer, Arbeitsplaner und Produktionsingenieure analysieren alle neuen Produktionsentwürfe und -spezifikationen. Die erforderliche Zeit für jeden Produktionsschritt kann daher auf der Grundlage ähnlicher oder identischer Vorgänge in der Vergangenheit einigermaßen exakt eingeschätzt werden. Spezielle Techniken für die Planung oder Zeiteinteilung sind nicht erforderlich. Es genügt, bewährte Produktionskontrollmethoden, wie z. B. tägliche Produktionsplanungstabellen, anzuwenden.
Die Produktionskosten können rückwirkend berechnet werden, indem die Arbeitsstunden und die Menge der verbrauchten Materialien notiert werden. Der Zeitzyklus von Anfang bis Ende jedes einzelnen Vorgangs ist einigermaßen kurz. Die Gesamtkosten für jede produzierte Einheit sind bei Anwendung herkömmlicher Kostenrechnungsverfahren ebenfalls bald nachdem die Arbeiten abgeschlossen sind, festzustellen.

Übergang von High Volume/Low Cost- zur Low Volume/High Cost-Produktion

Wir befinden uns 25 Jahre in der Vergangenheit.
Die Straßenkomponenten GmbH ist größer geworden und hat ihre Produktpalette erweitert. Sie bietet nun eine Reihe von Standardprodukten für die Verkehrskontrolle an, unter anderem relativ einfache Modelle von Verkehrsampeln, die aus einem Standardkontrollsystem, drei oder mehr Signalanlagen, Sensoren und Verkabelung bestehen. Der Großteil der Produktion läuft noch immer in Stapelverarbeitungsprozessen ab oder, wenn auf Vorrat produziert wird, in kontinuierlicher Form. Gewohntes Produktionsmanagement und herkömmliche Produktionskontrollverfahren sind nach wie vor anwendbar, wenn auch mittlerweile in einigen Bereichen von Computersystemen unterstützt.

Ein Problem besteht aber darin, daß einige Kunden Spezialartikel nachfragen, die nicht Bestandteil des Produktkataloges sind. Viele dieser Spezialartikel weichen nur geringfügig vom normalen Produktangebot ab, doch einige der gewünschten Änderungen stellen sich als umfassend und komplex heraus. Die Produktionsmanagementabteilung betrachtet diese Sonderwünsche als Belastung, und die technischen Entwicklungsabteilungen werden dadurch ebenfalls in gewisse Schwierigkeiten gebracht.

Fachkenntnis und Größe des Unternehmens nehmen zu, und es werden vermehrt Aufträge angenommen, die Sondermodelle und Spezialanfertigungen von Verkehrsampeln betreffen. Einige sind so differenziert, daß sich außerhalb des Anforderungsbereichs der einzelnen Käufer kein Markt für sie findet. Schließlich produziert das Unternehmen hauptsächlich größere oder kompliziertere Verkehrssignalanlagen, statt der ehemals gleichen bzw. leicht veränderten Straßenlaternen oder anderen kleineren Komponenten. Die Firma ist von High Volume/Low Cost-Produktion (Fertigung in großem Umfang bei geringen Kosten) zu Low Volume/High Cost-Produktion (kostenintensive Fertigung mit geringem Volumen) übergegangen.

Einige der von den Kunden gewünschten Anlagen sind so spezialisiert, daß die herkömmlichen Methoden der Produktionskontrolle und Arbeitsplanung nur noch schwer anwendbar sind. Es droht die Gefahr verspäteter Fertigstellung oder Schlimmeres. Für jeden neuen Kundenauftrag müssen nun größere Mengen von Komponenten entwickelt und gefertigt oder erworben und zusammengesetzt werden. Die Kostenschätzer des Unternehmens bekommen Probleme, neue Aufträge richtig zu bewerten, weil es häufig keine Präzedenzfälle gibt und zum Zeitpunkt des Kostenvoranschlags auch keine detaillierten Entwürfe vorliegen. Der Zeitraum von der Auftragsannahme bis zur Auslieferung ist von einer oder zwei Wochen auf mehrere Monate angestiegen.

Unter diesen Umständen hat die Straßenkomponenten GmbH einige Schwierigkeiten damit, alle Anforderungen zu koordinieren, und muß sich nun die Frage stellen, ob nicht spezielle Managementmethoden für die Durchführung dieser Spezialaufträge erforderlich sind.

Übergang vom Produkthersteller zum Projektauftragnehmer

Wir befinden uns in der Gegenwart.

Mit der Zunahme des Verkehrs müssen Leitsysteme in größerem Umfang entwickelt werden. Zuvor wurde eine einzelne Straßenkreuzung oder eine Vorfahrtstraßeneinmündung entworfen. Doch nun müssen gesamte Straßensysteme einbezogen werden. Straßennetze und Verkehrsaufkommen müssen aufgezeichnet und analysiert werden, um die Abfolge und den Betrieb der Signale für den optimalen Verkehrsfluß in einem bestimmten Gebiet koordinieren zu können. Die Straßenkomponenten GmbH war also gezwungen, ihre Entwicklungs-, Technik- und Produktionskonzepte entsprechend zu erweitern.

Wenn heute ein Auftrag für ein städtisches Verkehrslenkungssystem erteilt wird, muß sich die Straßenkomponenten GmbH mit viel mehr beschäftigen als nur der Lieferung und der Installation eines einzelnen Satzes von Verkehrsampeln. Die Firma ist möglicherweise in die Bereitstellung automatischer Umleitungssignale oder ferngesteuerter Videokameras, automatischer Platzzuweisungs- und Kapazitätsanzeigen für Parkplatzanlagen, mehrfacher Sätze von Verkehrsampeln oder hochkomplizierter Instrumentarien, die zu einem großen Teil mit einem oder mehreren Computern verbunden sind und von ihnen gesteuert werden, eingebunden.

Das Unternehmen ist nicht mehr nur mit dem Verkauf von Anlagen oder „Hardware" beschäftigt. Es muß seinen Vertrieb nun mit einem hohen Anteil an Kundenfachberatung, technischer Systemwartung und anderen Dienstleistungen oder „Software" unterstützen. Statt Kundenaufträgen durch direkte Lieferung aus einem Fertigteillager entsprechen zu können, muß die Firma nun komplexe

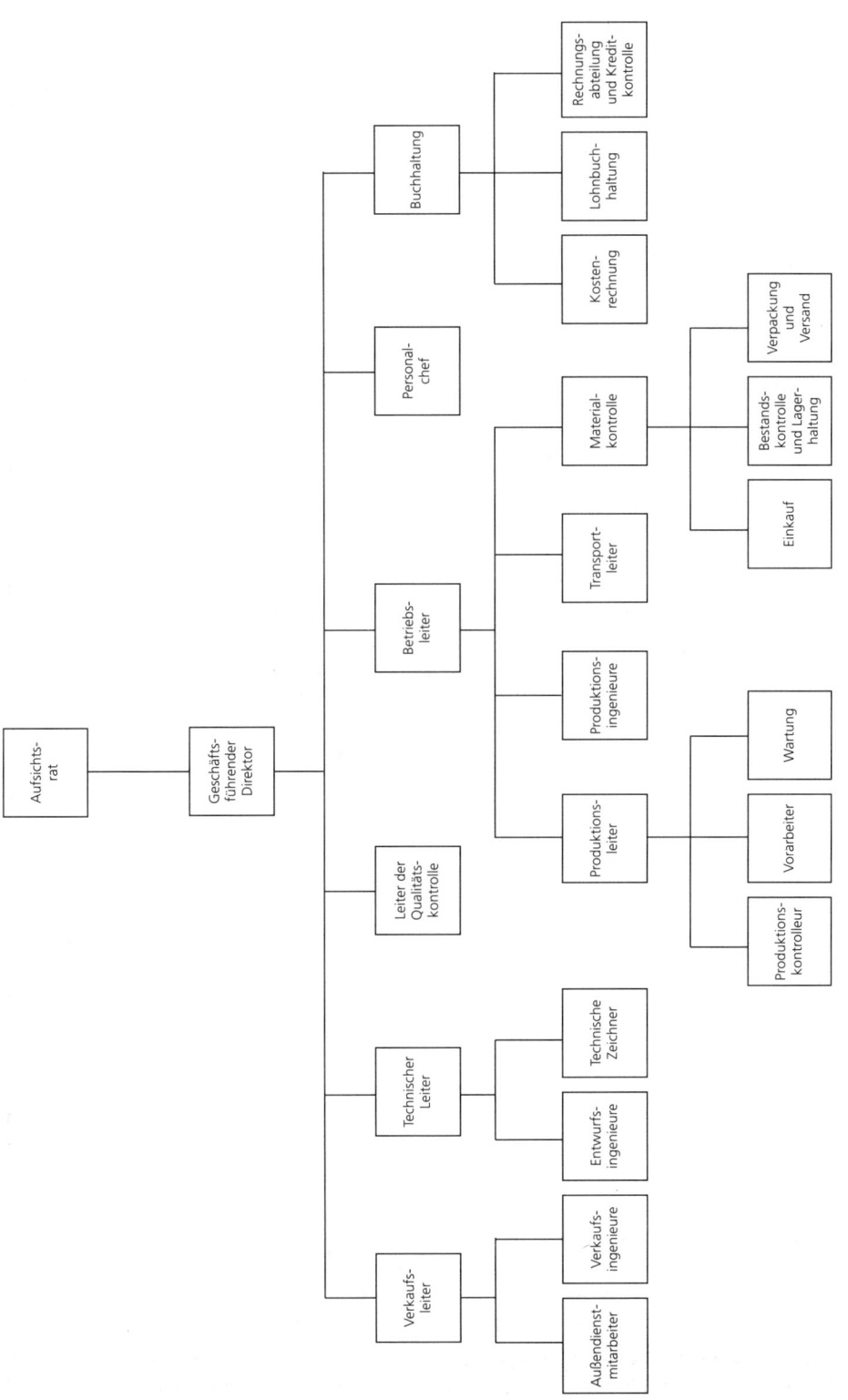

Abbildung 2.1   Beispiel eines Organisationsdiagramms in einem Fertigungsbetrieb
Diese Art von Organisation definiert Linienverantwortlichkeiten, enthält jedoch keine gesonderten Vorkehrungen für die Koordination von Projektaktivitäten.

Systeme gemäß hochspezialisierten Kundenvorgaben entwickeln, herstellen und installieren lassen. Kundenaufträge, die in der Vergangenheit innerhalb einiger Tage oder Wochen ausgeführt werden konnten, wurden durch Projekte ersetzt, deren Abwicklung viele Monate, wenn nicht sogar Jahre, in Anspruch nehmen kann.

Jeder Versuch der Arbeitseinteilung und Kontrolle muß alle Vorgänge mit einbeziehen, auch die vielfältigen Softwareaufgaben, die für einen erfolgreichen Abschluß des Projekts erforderlich sind. Möglicherweise müssen einige der Artikel, die außerhalb der Firma erworben werden, als Spezialartikel eingestuft werden. Dann müssen sie ebenfalls von der Kontrollfunktion erfaßt werden. Sie können sogar als eigenständige Projekte rangieren.

Die Kostenkontrolle (ein wesentlicher Faktor der Rentabilität) wird komplexer, so daß das Kostenrechnungsbüro und die Buchhaltungsabteilung nur noch Mitwirkende an dem Vorgang sind. Sie müssen von Experten unterstützt werden, die die Einzelheiten des Gesamtarbeitsaufwands definieren und über das Vorwärtskommen und die Implikationen für die Kostenentwicklung berichten können, während die Zeit voranschreitet.

Wenn jene Stufe erreicht ist, auf der einfache Aufträge von komplexen Projekten verdrängt wurden, ist die Frage, ob neue Managementmethoden notwendig sind, eindeutig zu beantworten. Die üblichen Methoden der Produktionsplanung und -kontrolle sind nicht einfach nur schwierig anzuwenden, sie werden sogar zum Scheitern führen, wenn sie nicht in einen weiter gefaßten Kontrollrahmen eingebettet werden. Die Schaffung eines Projektmanagementsystems ist nun unabdinglich.

Werksleitung in einem herkömmlichen Fertigungsbetrieb

Ein klareres Bild von den Problemen, die bei der Behandlung eines Projekts auftreten können, ergibt sich bei Betrachtung der Organisationsstrukturen der Unternehmensaufsicht und -leitung. Ein klei-

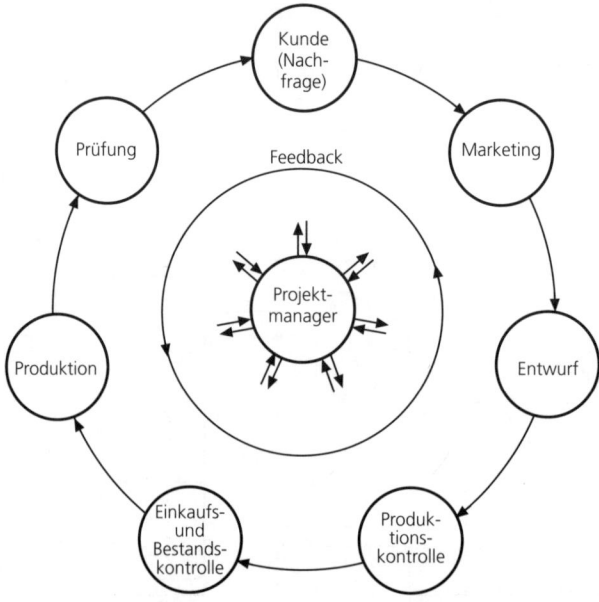

Abbildung 2.2   Ein Fertigungsprojektzyklus
Das Diagramm stellt die wichtigsten Stufen der Entwicklung eines typischen Fertigungsprojekts dar.

ner Industriebetrieb wie die Straßenkomponenten GmbH könnte anfänglich entsprechend dem Aufbau in Abbildung 2.1 organisiert gewesen sein. (Die Darstellung wurde zum Zwecke größerer Klarheit vereinfacht.)

Linienorganisationen dieser Art sind so aufgebaut, daß die Kontrolle innerhalb der Abteilung erfolgt. Der leitende technische Ingenieur ist also für Entwurf und Entwicklung zuständig und für kaum etwas anderes. Es bleibt dem Werksleiter überlassen, sich um alle Aspekte der Produktion im Unternehmen zu kümmern. Die einzelnen Manager kümmern sich nur um jene Mitarbeiter, die ihnen in der Linie unterstellt sind, und konzentrieren sich auf ihre eigene Abteilung, ohne eine direkte Verantwortlichkeit außerhalb dieser Grenzen zu haben. Natürlich kann kein Unternehmen auf einer so strengen Grundlage bestehen. Es muß zwischen den Managern Kooperation und Interaktion geben. Dennoch werden alle Beziehungen zwischen den Fachbereichen angesichts der Hauptlinienstruktur als sekundär eingeordnet. Sie sind nicht definiert, es werden keine Bedingungen dafür festgelegt, und sie unterstehen keiner Form von Kontrolle. Diese Schwachstellen in der Kommunikation können in jeder Art von Fertigungsbetrieb Probleme erzeugen, doch sie müssen besonders ernst genommen werden, wenn das Unternehmen beginnt, Projekte durchzuführen, an denen unterschiedliche Fachbereiche beteiligt sind.

Es stellt sich die Frage, ob leitende Manager nicht eine wichtigere Rolle bei der Koordinierung der verschiedenen Projektfunktionen spielen sollten. In einem gewissen Ausmaß wäre dies möglich, doch man kann nicht von ihnen erwarten, daß sie sich mit sämtlichen Einzelheiten befassen, die der tägliche Betrieb eines Projekts mit sich bringt. Die Aufgabe der allgemeinen Betriebsleitung sollte darin bestehen, geschäftliche Entscheidungen auf hoher Ebene zu treffen, Strategien umzusetzen, die die Geschäftsführung beschlossen hat, und allgemeine Verwaltungsaufgaben wahrzunehmen.

Selbst wenn man einen Betriebsleiter oder einen anderen leitenden Manager in dieser Organisation letztlich für den Erfolg von Projekten in dem Unternehmen verantwortlich macht, so muß er doch die Möglichkeit haben, Koordinierungs- und Managementaufgaben zu delegieren. Aber an wen? In der in Abbildung 2.1 dargestellten Organisationsstruktur ist keine Position sichtbar, die man konsequenterweise beauftragen könnte, ein komplexes Projekt durch all seine Entwicklungsstufen zu führen. Die Linienverantwortlichkeit ist deutlich nachvollziehbar, doch die Koordinierungsfunktion, die für eine wirksame Projektkontrolle notwendig wäre, fehlt.

Kommunikation im Projektzyklus und das Erfordernis eines Projektmanagers

Technische Projekte sind, genau wie die meisten anderen von Kunden finanzierten Projekte, zyklischer Natur. Dies wird in Abbildung 2.2 dargestellt, die einige der wichtigsten Entwicklungsstufen eines Produktionsprojekts zeigt. Jedes Projekt wird „empfangen", wenn der Kunde und die Verkaufsabteilung zum ersten Mal Kontakt aufnehmen, und „es kommt zur Welt", wenn ein Auftrag erteilt und ein Vertrag unterzeichnet ist. Daraufhin durchläuft es nacheinander viele weitere Stufen, bis das Projekt als ein Paket abgeschlossener Arbeitsschritte schließlich wieder beim Kunden anlangt. Die Rotation im Uhrzeigersinn, entlang dieses Kreislaufes, repräsentiert jedoch nur die Hauptströmung. Innerhalb dieses Stroms werden eine Vielzahl von Nebenflüssen, Gegenströmungen und selbst Strudel entstehen, bevor das Projekt abgeschlossen ist.

Wenn die Anweisungen von einer Abteilung zur nächsten gehen, müssen Informationen über die Kommunikationskanäle zurückvermittelt werden, um mitzuteilen, welche Ergebnisse erzielt wurden. Diese Rückmeldung von Daten wird benutzt, um Fehler zu korrigieren, die in den technischen

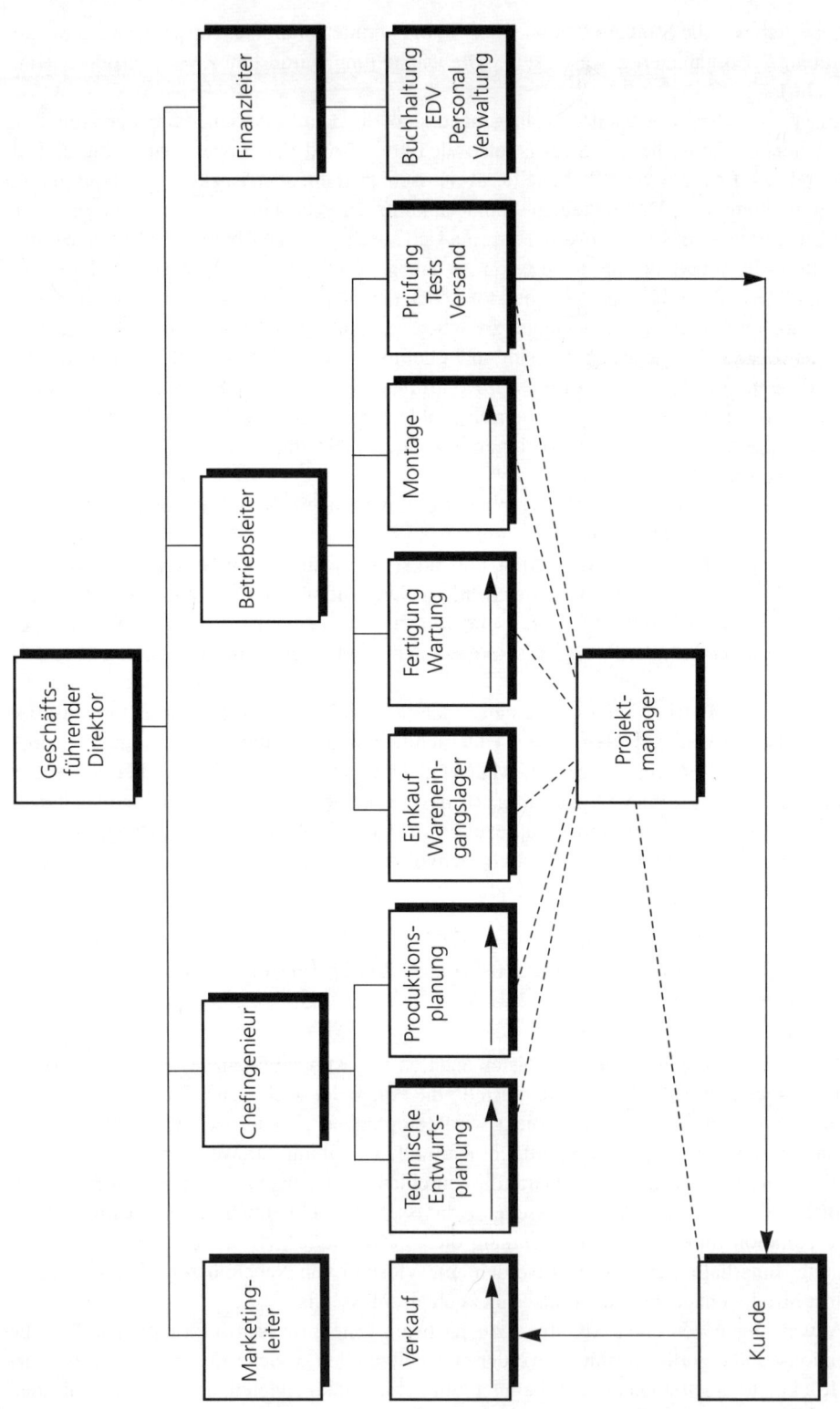

Abbildung 2.3   Organisation für ein Einzelprojekt in einem Fertigungsbetrieb

In diesem Beispiel führt der Betrieb allgemeine Stapelproduktion von technischen Produkten durch. Gleichzeitig gibt es ein komplizierteres Projekt, das alle Phasen von Entwurf und Produktion durchläuft. Es wurde ein Projektmanager in einer Fachbereichsrolle ernannt, der die Koordination und Fortschrittskontrolle der Arbeit innerhalb der normalen Organisationsstruktur des Betriebs zu übernehmen hat.

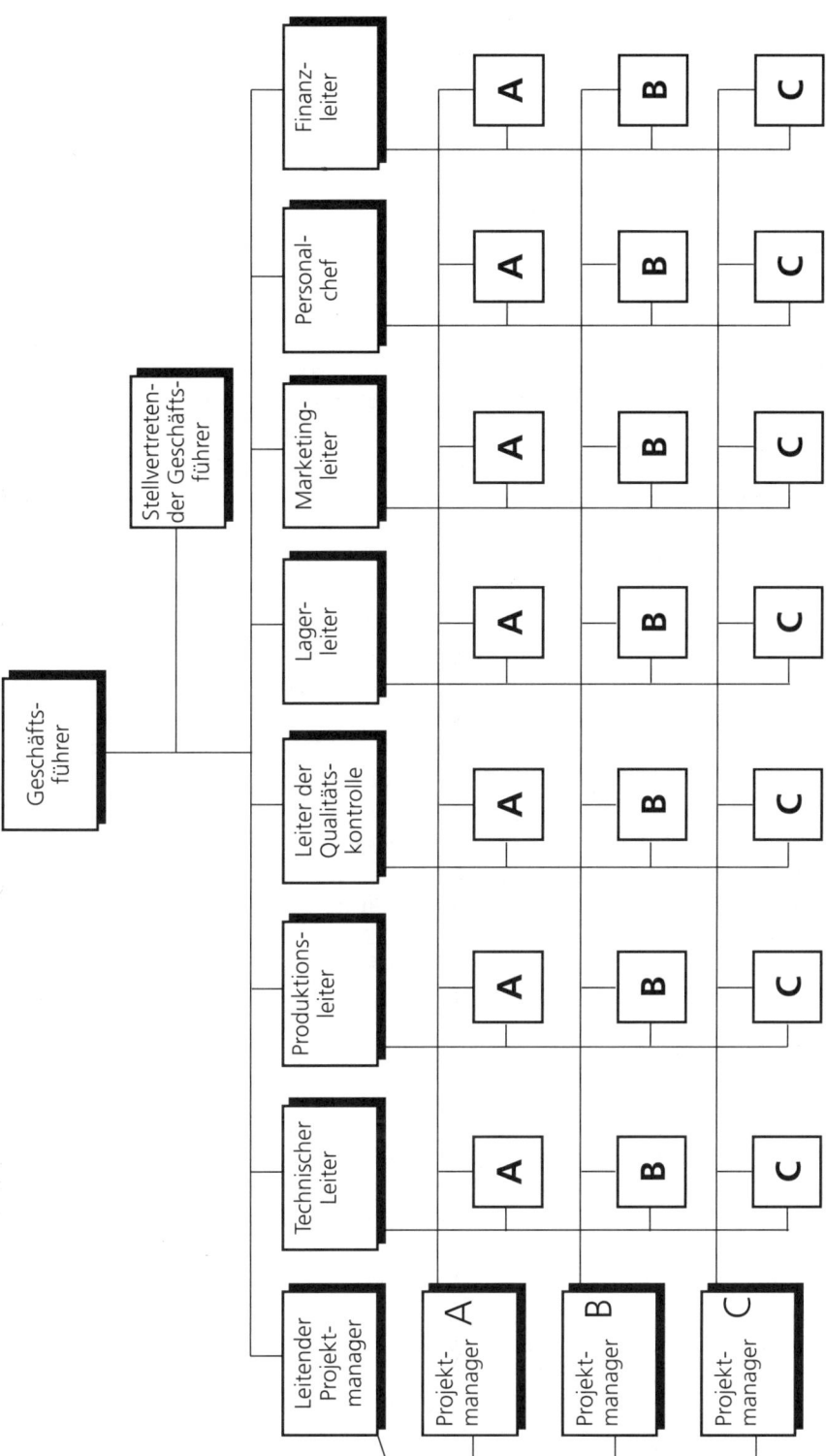

Abbildung 2.4   Organisation für die gleichzeitige Bearbeitung von mehreren Projekten in einem Fertigungsbetrieb

Ein Fertigungsbetrieb bearbeitet mehrere Projekte (A, B und C) gleichzeitig. Sämtliche Projekte teilen die gemeinsam genutzten Ressourcen der herkömmlichen Entwurfs-, Produktions- und Verwaltungsabteilungen des Unternehmens. Jeder Projektmanager koordiniert sein Projekt innerhalb der Fachbereichsstruktur, hängt dabei jedoch von der Kooperation der jeweiligen Abteilungsleiter ab.

Entwürfen oder bei der Durchführung der Produktionsarbeit aufgetreten sind. Außerdem dient sie dazu, den allgemeinen Fortgang des Projekts zu kontrollieren.

Viele dieser Informationen über das Projekt werden nicht den vorgegebenen Strukturen der Unternehmenshierarchie folgen, sondern diese in komplexen und wechselnden Mustern kreuzen. Vergleicht man ein Produktionsprojekt mit einer herkömmlichen Produktion, kann man erkennen, daß der Schwerpunkt von der prinzipiellen Betrachtung der Linienbeziehungen auf die Beachtung der funktionalen Verbindungen verschoben ist. Das muß sich auch in der formalen Organisationsstruktur widerspiegeln, wenn das Projekt zufriedenstellend koordiniert und geleitet werden soll. Jemand muß für die Verwaltung des gesamten Projekts verantwortlich sein. Diese Verantwortung darf nicht vage auf eine Reihe von Managern verteilt werden, die innerhalb der Linienstruktur der Abteilungen positioniert sind. Eine Art „Meister aller Klassen" ist erforderlich, der sicherstellt, daß alle Vorgänge innerhalb des Projekts mit dem Ziel der Realisierung der Projektvorgaben geplant und koordiniert sind und darauf ausgerichtet werden. Im Mittelpunkt des Projektzyklus ist also eine neue Figur aufgetaucht – der Projektmanager.

Abbildung 2.3 zeigt die Verbindungen eines Projektmanagers zu den verschiedenen Fachabteilungen eines Fertigungsbetriebs, der neben den Routinevorgängen seines Produktionsbetriebs ein spezielles, komplexes Projekt betreut. Diese Form wird häufig angewendet, weil sie es der allgemeinen Linienorganisation des Unternehmens und der Betriebsleitung ermöglicht, normal weiterzuarbeiten, während dem „eindringenden" Projekt gleichzeitig spezielle Managementaufmerksamkeit geschenkt werden kann. In diesem Fall ist die Rolle des Projektmanagers funktional, ohne direkte Linienautorität über andere Manager. Wenn jedoch Konflikte oder unlösbare Probleme auftreten, muß der Projektmanager die Möglichkeit haben, die Unternehmensleitung aufzufordern, ihre Autorität über die betreffenden Linienmanager geltend zu machen.

Die Situation wird etwas komplizierter, wenn eine Firma mehrere Projekte gleichzeitig durchführt. Abbildung 2.4 zeigt das Organisationsschema eines Produktionsbetriebs, der mehrere große Projekte gleichzeitig betreibt. In diesem Beispiel ist entweder jedes Projekt groß genug, um einen vollzeitig beschäftigten Projektmanager zu rechtfertigen, oder es läßt sich mit einem oder mehreren weiteren geeigneten Projekten koppeln, so daß es möglich ist, daß ein Projektmanager zwei oder mehr Projekte betreut. Jeder Projektmanager hat Zugang zu den allgemeinen Ressourcen des Unternehmens, doch wie im Einzelprojektbeispiel bleiben das direkte tägliche Management und die Aufsicht über die Projektarbeitskräfte eindeutig im Verantwortungsbereich der Linienmanager. Die Projektmanager haben selbst keine eigene direkte Linienautorität. Das ist ein Beispiel für eine Matrixorganisation.

Es ist natürlich möglich, die Dinge anders zu gestalten. Es kann für ein bestimmtes Projekt eine Arbeitsgruppe oder ein Team als eigenständige Projektgruppe innerhalb des Hauptunternehmens organisiert werden. Der Projektmanager steht dann diesem Team vor und übt direkte Linienautorität über die Mitglieder aus. Für einen Produktionsbetrieb mag diese Lösung unpraktisch sein, weil die notwendigen Anlagen und Maschinen zu den permanent genutzten Produktionsressourcen des Unternehmens gehören. Sie müssen mit anderen Projekten und der routinemäßigen Produktion geteilt werden.

Die Unterschiede zwischen der Team- und der Matrixmethode für die Projektorganisation werden später in diesem Kapitel diskutiert, wenn, über das einführende Fallbeispiel von Fertigungsprojekten hinausgehend, allgemeine Hoch- und Tiefbauprojekte mit einbezogen werden.

Der Rang des Projektmanagers in Fertigungsprojekten

Welchen Dienstrang hat der Projektmanager? Wem ist der Projektmanager unterstellt? – Eine Betrachtung der Gesamtorganisation, unter Hinzunahme der Abbildungen 2.3 und 2.4, kann helfen, eine Antwort zu finden.

Es wird von der ausgewählten Person erwartet, daß sie die Unternehmensleitung mit maßgeblichen Informationen versorgt, daß sie ihrer Autorität entsprechend agiert und Führungsmaßnahmen ergreift, um das Projekt auf dem finanziell, technisch und zeitlich richtigen Kurs zu halten. Der Projektmanager sollte daher adäquaten Zugang zur Betriebsleitung haben.

Ein großer Teil der Zeit des Projektmanagers wird von Koordinierungsaufgaben in Anspruch genommen – der Lenkung und Zusammenführung von Aktivitäten verschiedener Abteilungen –, wobei er auf die Informationen oder den unterstützenden Service von anderen angewiesen ist. Das erfordert Kooperation mit den Leitern der entsprechenden Abteilungen des Unternehmens, ob sie nun direkt an der Durchführung des Projekts beteiligt sind, wie Technik oder Produktion, oder ob es sich um Abteilungen wie Buchhaltung und Personalwesen handelt. Im Idealfall ist der Projektmanager nicht dadurch behindert, daß er innerhalb der Organisation einem bestimmten oder gar allen Abteilungsleitern unterstellt ist.

Der anzustrebende Status des Projektleiters innerhalb der Organisation eines Fertigungsbetriebs scheint daher auf jener Führungsebene zu liegen, die den Abteilungsleitern des Unternehmens zumindest gleichgestellt ist. Diese Sichtweise wird noch verstärkt, wenn man sich vor Augen hält, daß die ernannte Person voraussichtlich die Überwachung der Subunternehmer übernehmen wird und, wenn die Marketingabteilung den Auftrag endgültig gesichert hat, das Unternehmen gegenüber dem Kunden vertritt. Letztlich ist der Projektmanager Träger eines bedeutenden Teiles des Firmenimages, mit dem sich das Unternehmen der Außenwelt präsentiert.

Die Organisation von Projektmanagement im allgemeinen

Es ist nun an der Zeit, den Diskurs über Projekte über den Fertigungsbereich hinaus zu erweitern und die verschiedenen Aspekte der Projektmanagementorganisation in einem umfassenderen Kontext zu erörtern.

Berufsbezeichnung und Rolle des Projektmanagers innerhalb der Organisation

Wenn man in einem Unternehmen nach einem Projektmanager sucht, kann es vorkommen, daß diese Suche zunächst ergebnislos bleibt, weil niemand gefunden werden kann, der diesen Titel trägt. Oft ist die Identität des Projektmanagers hinter einer anderen Rolle in der Organisation verborgen. Dies gilt besonders für spezialisierte, innerbetriebliche Projekte. Es kommt zum Beispiel vor, daß jemand mit dem Titel „Anlagenmanager" als Projektmanager für eine umfangreiche Umorganisierung von Räumlichkeiten und Einrichtung fungiert oder ein „leitender Techniker" verantwortlich für die Leitung eines kostspieligen Projekts zur Entwicklung eines neuen Produkts ist.

Selbst wenn dem Projektmanagement genug Bedeutung beigemessen wird, um eine Vollzeitstelle einzurichten, entsteht gelegentlich Verwirrung durch die Vielzahl der Titel, die die Aufgabe beschreiben. Vertragsmanager, Zeit- und Kostenplanungsmanager, Projektkoordinierender Ingenieur, Programmtechniker und Projektkoordinator sind nur einige der verwendeten Berufsbezeichnungen. In früheren Auflagen dieses Buches wurde empfohlen, „Projektmanager" als Standardtitel zu übernehmen, wie es in der Bauindustrie seit langem Praxis ist. Der Trend der vergangenen Jahre war ermutigend. „Projektmanagement" ist heute weithin als ein Beruf anerkannt, der angemessenen Status und entsprechende Vergütung mit sich bringt.

Das Ausmaß an Verantwortung und Befugnissen, das Projektmanagern übertragen wird, variiert von Organisation zu Organisation. In manchen Fällen handeln sie einfach als Planer und Koordinatoren. In anderen Unternehmen tragen Projektmanager die volle Verantwortung dafür, daß die Zielsetzungen der ihnen übertragenen Projekte erreicht werden, obwohl ihnen nicht in jedem Fall direkte Führungsautorität gegenüber allen Mitwirkenden gewährt wird.

Der Projektmanager könnte seine Karriere als Informatiker begonnen haben, als Spezialist in einer Forschungsabteilung des Unternehmens oder möglicherweise war er Vertragsmanager oder ein qualifizierter Ingenieur. Doch üblicherweise führt der Weg zum Projektmanager durch die technische Entwicklungsabteilung. Häufig ist ein Ingenieur, der einem bestimmten Projekt vorsteht, zu einem gewissen Grad mit der Gesamtverantwortung betraut und beaufsichtigt die Arbeiten bis zu ihrem Abschluß. In dieser Situation spielt der Ingenieur eine Doppelrolle. Einerseits übt er direkte Linienautorität aus und kontrolliert, und er leitet die Mitarbeiter in der technischen Entwicklung. Gleichzeitig spielt er eine funktionale Rolle, indem er versucht, auf die anderen am Projekt beteiligten Abteilungen einzuwirken.

Die Aufgaben des Projektmanagers in einem kleinen Unternehmen können einfach als Teilzeitjob von einem der Abteilungsleiter oder von jemandem wie dem eben beschriebenen Ingenieur übernommen werden. Andere Unternehmen dagegen werden sich veranlaßt sehen, einen Projektmanager vollzeitig zu beschäftigen, der die Verantwortung für ein Einzelprojekt oder für mehrere Projekte, die gleichzeitig durchgeführt werden, übernimmt.

Projektteams versus Fachbereichsorganisationen

Stellen wir uns ein Unternehmen vor, das zum ersten Mal eine bestimmte Art von Projekt einrichtet. Ein kompetenter Projektmanager ist vorhanden, doch die Firma hat noch nie ein komplexes Kapitalinvestitionsprojekt durchgeführt und muß nun die am besten geeignete Organisationsform finden. Würde der Projektmanager um Rat gefragt, wäre er sogleich mit der Frage konfrontiert, die oft zu Auseinandersetzungen führt:

- Soll das Unternehmen die wichtigsten Projektmitarbeiter direkt der Leitung des Projektmanagers unterstellen, so daß dieser ein zu diesem Zweck eingerichtetes Projektteam führt?

- Oder wäre es besser, den Projektmanager in einer rein funktionalen Rolle agieren zu lassen? Er wäre dann zwar für das Gesamtprojekt verantwortlich, nicht aber mit direkter Autorität gegenüber den Arbeitskräften ausgestattet. Er würde die Arbeiten koordinieren, die von Spezialistengruppen und anderen Abteilungen geleistet werden. Diese unterstünden jedoch jeweils ihrem eigenen Abteilungsleiter innerhalb des Unternehmens oder innerhalb einer größeren Organisation und würden von diesem betreut.

Teamorganisation

In Abbildung 2.5 wird die Struktur einer Projektteamorganisation dargestellt, mit der man darangehen könnte, alle notwendigen Aufgaben für die Gestaltung der Prozesse und Stoff-Flüsse in einem Chemiewerk festzulegen, die Fabrikanlage und deren Ausstattung zu spezifizieren und die Anschaffung zu tätigen, die Gebäude und die anderen Anlagen zu planen. Hierbei handelt es sich um ein Team, das extra für diesen Zweck zusammengestellt wurde. Der Projektmanager hat direkte Verantwortung und völlige Autorität, die Mitarbeiter so zu leiten, daß das Projekt den Zielsetzungen entspricht.

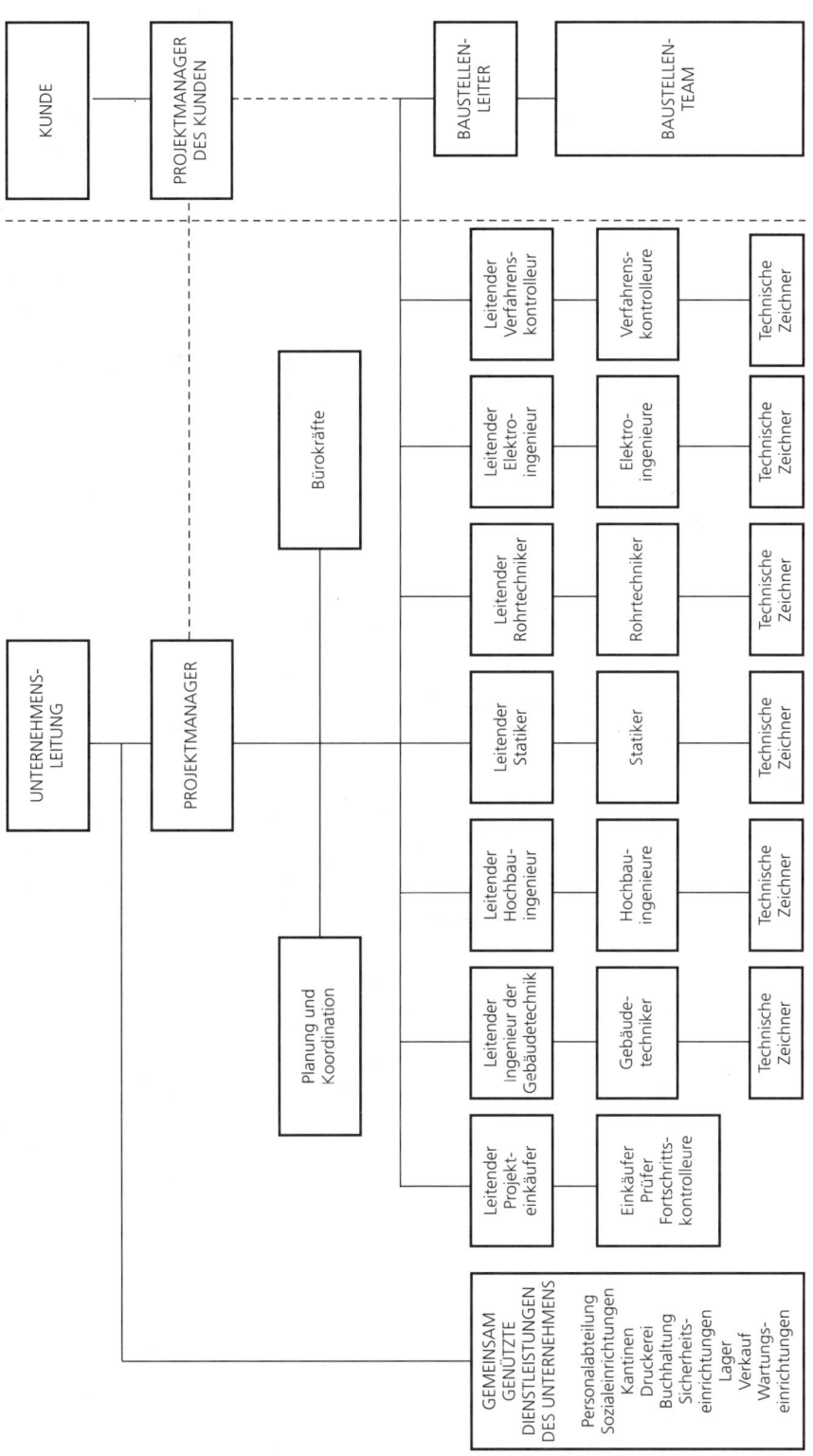

Abbildung 2.5   Projektteamorganisation

Dies ist eine Methode, wie ein Betrieb die Ressourcen für Entwurf, Einkauf, Bau und abschließende Tests eines Chemiewerks organisieren kann. Es handelt sich um ein Projektteam. Sämtliche Mitglieder sind über die jeweilige Linienorganisation dem Projektmanager gegenüber verantwortlich. Der Projektmanager hat nicht nur die Gesamtverantwortung für sämtliche Aspekte des Projekts, sondern auch eindeutig direkte Autorität über die Mitarbeiter.

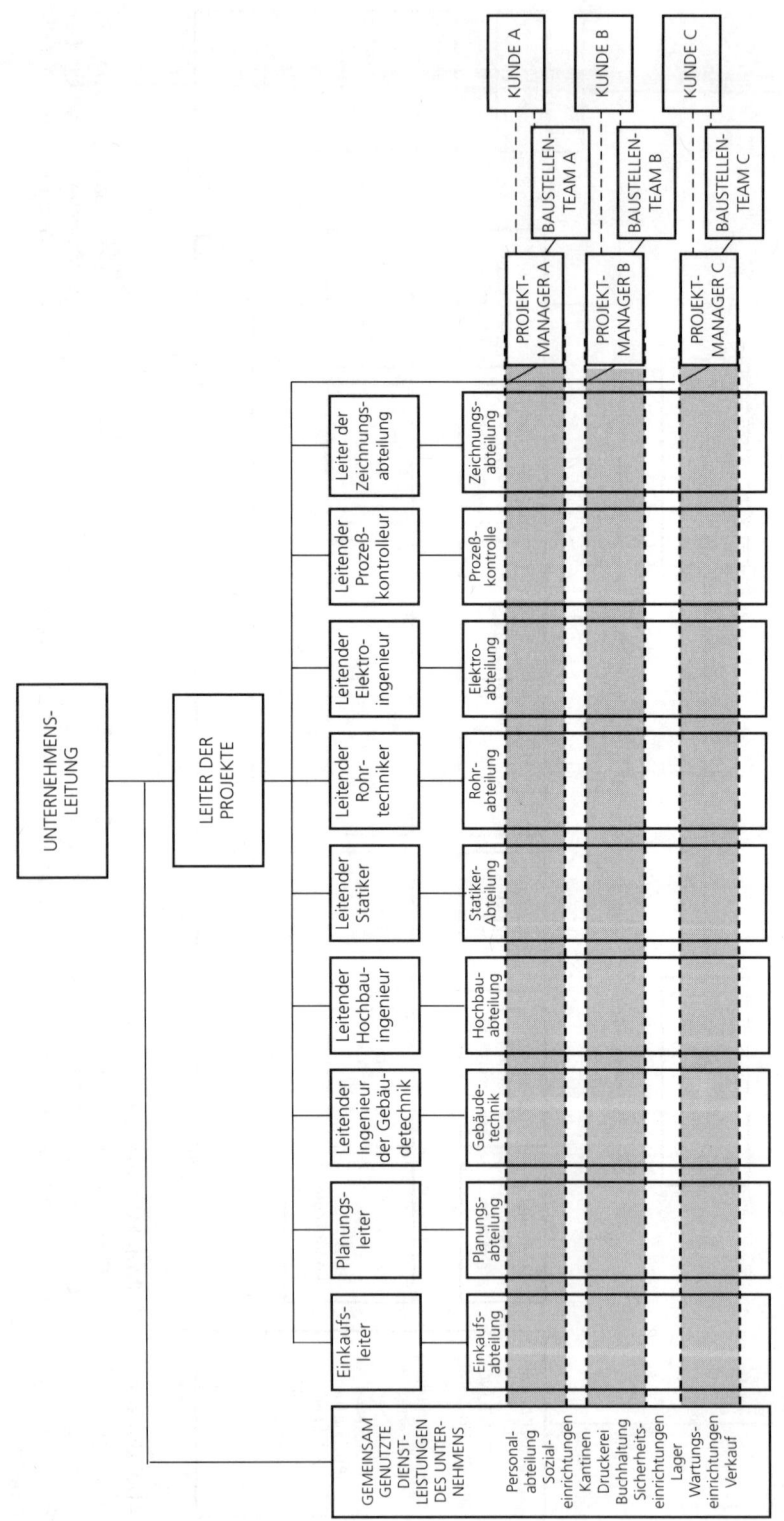

Abbildung 2.6   Matrixorganisation

Dieses Diagramm zeigt ein Unternehmen, das für die Durchführung von Großprojekten nach Fachbereichen organisiert ist. Würde das Chemiewerk-projekt in Abbildung 2.5 von dieser Firma durchgeführt, würde kein gesondertes Team dafür abgestellt, sondern die Arbeit würde statt dessen auf die Fachbereiche verteilt werden. Der Projektmanager wäre für die Leitung und Koordination der Arbeiten verantwortlich, doch er hätte keine Auto-rität über die Mitglieder der Fachgruppen. Die Linienorganisation ist also sehr kompliziert. Jeder einzelne, der in einer der Gruppen arbeitet, ist sowohl seinem Vorgesetzten gegenüber verantwortlich als auch in bestimmten Bereichen dem Projektmanager. Derartige Komplexität kann zu Konflikten führen, doch es gibt Kompensationsmöglichkeiten, die im Text erläutert und in Abbildung 2.7 zusammengefaßt werden.

Wenn das Projekt abgeschlossen ist, gibt es für das Team und seinen Projektmanager keine weitere Verwendung. Mit dem Abschluß verschiedener Teilbereiche des Projekts wird die Mitgliederzahl des Teams schrittweise verringert, bis es schließlich nach Projektabschluß völlig aufgelöst ist.

Funktionale oder Matrixorganisation

Abbildung 2.6 zeigt eine andere Organisationsstruktur, die ebenfalls in der Lage ist, das Projekt „Chemiewerk" zu betreuen. In diesem Fall gibt es jedoch kein spezielles Projektteam. Statt dessen sind permanent eingerichtete Gruppen von Mitarbeitern entsprechend ihren Fachkenntnissen und Fähigkeiten organisiert. Jedes Projekt, das das Unternehmen innerhalb dieser funktionalen oder Matrixorganisation durchführt, hat einen eigenen Projektmanager. Doch jeder dieser Projektmanager nimmt die Arbeitskraft und die sonstigen Ressourcen derselben Spezialistengruppen in Anspruch. Der Einfluß jedes Projektmanagers ist funktional, und die Mitarbeiter der Spezialistengruppen bleiben verwaltungstechnisch ihren Abteilungsleitern verantwortlich.

Das Gegenstück zum Beispiel des Chemiewerks, nämlich das eines Fertigungsprojekts, findet sich in Abbildung 2.4, wo ebenfalls dargestellt wird, wie mehrere Projekte fachbereichsabhängig in einer Matrixorganisation geleitet werden.

Welche Art der Organisation ist besser?

Projektteams haben den Vorteil, daß sie im Hinblick auf einen einzigen Zweck geleitet werden können – den erfolgreichen Abschluß eines einzelnen Projekts. Ein Team kann völlig autonom sein. Es versorgt sich aus seinen eigenen Ressourcen und ist nur von diesen abhängig. Es gibt keine Unvereinbarkeit unterschiedlicher Prioritäten, die sich aus dem Wettstreit verschiedener Projekte um gemeinsame (geteilte) Ressourcen ergibt.

Zu Recht ist bereits viel darüber gesagt und geschrieben worden, wie wichtig es ist, Menschen, die in Projekten arbeiten, zu motivieren. Ein wichtiger Aspekt der Motivation ist die Schaffung von Teamgeist, der es ermöglicht, daß alle Mitglieder gemeinsame Ziele verfolgen. Offensichtlich ist es leichter, Teamgeist zu erzeugen, wenn tatsächlich ein Projektteam besteht, als wenn die Mitarbeiter in einer Matrixorganisation verstreut sind, die mehrere Projekte gleichzeitig durchführt.

Wenn Arbeiten im Rahmen eines Auftrages der Regierung durchgeführt werden oder ein anderes Projekt, das geheime oder vertrauliche Handhabung erfordert, abgewickelt werden muß, ist es äußerst hilfreich für die Organisatoren, ein Projektteam einzurichten, da damit sämtliche Arbeiten und Informationen innerhalb geschlossener, sicherer Grenzen gehalten werden können.

Wenn es sich jedoch um ein weniger umfangreiches Projekt handelt, wird sich bald zeigen, daß die einzelnen Untergruppen von Spezialisten, die zusammengestellt wurden, zu klein sind, um hinreichende Flexibilität zu gewährleisten. Wo zum Beispiel in einem herkömmlichen Fertigungswerk hundert Leute mit mehreren Projekten befaßt sind, führt die krankheitsbedingte Abwesenheit von einigen Arbeitern höchstens zu einer Umstellung des Terminplans. Es ist sehr unwahrscheinlich, daß es zu größeren Problemen kommt. Wenn jedoch ein Projektteam mit einer eigenen, unabhängigen Produktionsgruppe eingerichtet wurde, die vielleicht nur sechs Mitarbeiter benötigt, dann stellt eine Grippeerkrankung von drei Mitgliedern das Team bereits vor ernste Schwierigkeiten.

Die mit kleineren Gruppen verbundene Unflexibilität tritt bei einigen der Verwaltungs- und Spezialaufgaben, für die ein gewisses Maß an Erfahrung erforderlich sind, deutlicher zutage. Dort ist es oft schwierig, wenn nicht gar unmöglich, die Dinge kurzfristig durch die Verwendung von vorübergehend eingesetzten Arbeitskräften in den Griff zu bekommen. Im Fertigungsbetrieb ist es durchaus möglich, daß nur ein oder zwei Leute für den gesamten Projekteinkauf oder für die Projektproduktionskontrolle zuständig sind. In kleinen Projektteams kommt es sogar vor, daß nur eine Person für diese beiden Aktivitäten verantwortlich ist. Wenn zugelassen wird, daß eine solche Situation entsteht, hängt das Schicksal des Projekts von den Fähigkeiten und der Gesundheit eines einzelnen ab, der damit buchstäblich unersetzbar wird.

Kehren wir zu dem Beispiel des Chemiewerks zurück. Nehmen wir an, das verantwortliche Unternehmen beschäftigt zehn Bauingenieure. Wenn das Unternehmen eine Matrixorganisation unterhält, arbeiten diese Ingenieure zusammen unter ihrem leitenden Ingenieur. Die Arbeit wird auf die verschiedenen Projekte verteilt (siehe Abbildung 2.6). Wie das Beispiel des Projektteams zeigt (siehe Abbildung 2.5), wird in einem kleinen Projekt vielleicht nur ein Bauingenieur benötigt – dessen unvorhergesehene Abwesenheit, aus welchem Grunde auch immer, katastrophale Auswirkungen hätte.

Es besteht die Gefahr, daß spezialisierten Technikern innerhalb eines kleinen Projektteams die Möglichkeit genommen wird, in einer Abteilung mit Kollegen zu arbeiten, die dieselbe spezialisierte Ausbildung haben wie sie. Damit geht ihnen auch die Chance verloren, technische Probleme mit Kollegen diskutieren zu können und Zugang zu dem Fundus allgemeiner, im Laufe der Zeit gesammelter technischer und professioneller Daten sowie zum gegenwärtigen Wissensstand, der in solchen Abteilungen entsteht, zu haben.

Selbst wenn ein Projekt groß genug ist, um ein exklusives Team zu rechtfertigen, sind damit noch nicht notwendigerweise alle Schwierigkeiten der Projektkoordinierung bewältigt. In sehr vielen Fällen ist es unmöglich, sämtliche Mitarbeiter unter einem Dach oder auch nur am selben Standort unterzubringen. Projektteamorganisation mag logisch sein und ideal für das Projekt, doch ein allgemeiner Koordinationsmangel zwischen den Fachbereichen ist dennoch möglich.

Der Projektmanager muß viel Zeit mit der Bewältigung spezieller Probleme verbringen, etwa mit technischen Schwierigkeiten, Arbeitgeber-Arbeitnehmer-Beziehungen und anderen Anforderungen an das Linienmanagement, statt sich auf die Leitung des Projekts selbst konzentrieren zu können.

Eines der Probleme bei der Projektteamorganisation ist die Frage, was geschieht, wenn das Projekt abgeschlossen ist. Wenn das Team aufgelöst ist, kann es vorkommen, daß die Mitglieder ernste, zum Teil sogar traumatische Entzugserscheinungen erleiden. Der Wandel einer Organisation bringt in der Regel Schwierigkeiten mit sich. Bei Personen, deren Rollen sich ändern, können Unzufriedenheit, Rivalitäten und Sorgen um den Arbeitsplatz entstehen.

Eine weitere mögliche Gefahr besteht darin, daß nach dem vermeintlichen Abschluß des Projekts doch noch etwas schiefläuft. Es ist dann erforderlich, daß sich Experten, wie die Techniker des Teams, um das Problem kümmern, um den Kundenwünschen zu entsprechen und die Angelegenheit in Ordnung zu bringen. Wenn das Team jedoch nicht mehr existiert und die Ingenieure, die das Projekt entwickelt haben, schon in alle Winde zerstreut sind, kann die Sache eine böse Wendung nehmen.

Die Matrixoption dagegen ermöglicht die Einrichtung von spezialisierten Fachbereichsgruppen, die „ewiges Leben" haben, unabhängig von der Dauer der einzelnen Projekte. Diese Arbeitskontinuität fördert den schrittweisen Auf- und Ausbau von Fachkenntnissen und Erfahrung. Spezialisierte Fähigkeiten sind konzentriert. Die Bündelung der Fertigkeiten ermöglicht Flexibilität bei der Ressourcenanwendung. Jedes Mitglied jeder Spezialistengruppe kommt in den Genuß eines einigermaßen sicheren Beschäftigungsverhältnisses (vorausgesetzt, die Auftragsbücher sind voll). Es gibt klare Beförderungswege innerhalb der Berufsgruppen, mindestens bis hinauf zur Ebene des technischen Leiters. Außerdem hat jeder in der Gruppe die Möglichkeit, um höhere Positionen innerhalb der Gruppe zu konkurrieren, sobald sich langfristig freie Stellen ergeben. Leistungsbeurteilungen für jeden einzelnen und Empfehlungen für Gehaltserhöhungen oder andere Vergünstigungen werden von einem technischen Leiter oder einem anderen Manager derselben Berufsgruppe vorgenommen. Mit großer Wahrscheinlichkeit wird dies zu gerechterer Beurteilung und mehr Mitarbeiterzufrieden-

Eigenschaft	Empfohlene Organisationsform	
	Team	Matrix
Maximale Verfügungsgewalt des Projektmanagers	✔	
Abwesenheit von doppelter oder uneindeutiger Linienorganisation	✔	
Maximale Motivation der Mitarbeiter, um problematische Zeit- und Kostenziele zu erreichen	✔	
Hohe Sicherheitsanforderungen, die es erforderlich machen, daß Informationen nur am Projekt Beteiligten zugänglich sind, werden erfüllt – durch Verschluß der Projektarbeiten in gesicherten Bereichen – durch Begrenzen der Gesamtzahl von Mitarbeitern, die Kenntnis über die Arbeit haben müssen	✔ ✔	
Größere Flexibilität bei der Nutzung sämtlicher Ressourcen des Unternehmens		✔
Effektivster, unternehmensweiter Zugang zu Experten mit seltenen Fachkenntnissen		✔
Umfangreiche Projekte, an denen eine große Zahl von Personen langfristig beschäftigt ist	✔	
Mehrere Projekte, für die eine geringe Zahl von Personen kurzfristig erforderlich ist		✔
Karriereaussichten für den einzelnen durch die Einrichtung gehobener Positionen und Beförderungsmöglichkeiten für Fachleute, z. B. Elektroingenieure		✔
Karriereaussichten für einzelne durch langfristige Kontinuität der Managementstruktur, die es den Managern ermöglicht, individuelle Leistungen einzuschätzen, Betreuung zu geben und auf lange Sicht gerechte Belohnung zu geben		✔
Beratung oder Serviceleistung für Baustellenpersonal, Beratung und Service am Kunden nach dem Verkauf und dem Abschluß der Projektentwurfsarbeit, was sich als schwierig herausstellen kann, wenn das Team aufgelöst wurde		✔
Einrichtung von Datenbanken, in denen gesammelte Erfahrungen für spätere Projekte zugänglich sind		✔

Abbildung 2.7   Projektteam im Gegensatz zur Matrixorganisation

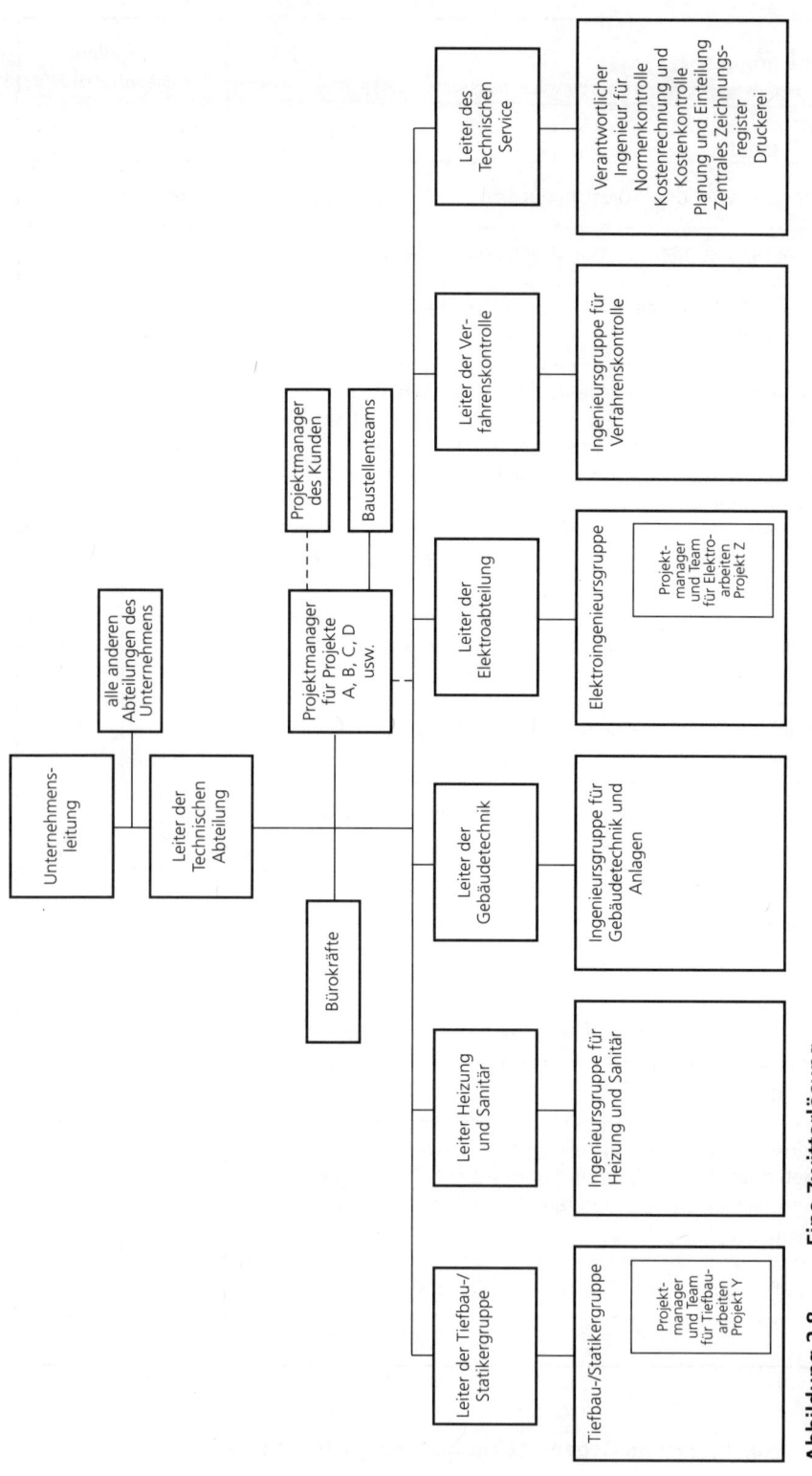

Abbildung 2.8   Eine Zwitterlösung

Diese Organisation ähnelt einer tatsächlichen technischen Projektorganisation in einem Bergwerksunternehmen, das weltweit im Abbau von nichteisenhaltigen Metallen und anderen Mineralien tätig war. Es handelt sich hierbei auf den ersten Blick um eine Matrix, doch die Firma richtete Projektteams ein, wenn die Umstände dies erforderten. Es besteht also eine Zwitterorganisation aus Team- und Matrixkonzept. In diesem Fall wurde ein umfangreiches Erdbewegungsprojekt zu einem Teamprojekt der Tiefbau-/Statikergruppe gemacht, und die Elektrogruppe behandelte das Auswechseln eines Generators in der Mine als Gruppenteamprojekt. In diesen Teambeispielen fungiert der Teamleiter jeder Gruppe als Projektmanager und hat Zugang zum Kunden. Bei allen anderen Projekten stammen die Projektmanager aus der Projektmanagergruppe.

heit führen. Für den spezialisierten Techniker, der allein in einem Projektteam von Mitarbeitern aus verschiedenen Berufsgruppen arbeitet, sind diese Bedingungen nicht in dieser Form gegeben.

Die Matrixorganisation hat jedoch auch ihre eigenen, charakteristischen Nachteile. Zu diesen gehört vor allem die geteilte Verantwortung, die jedes Gruppenmitglied seinem Abteilungsleiter und dem Projektmanager gegenüber hat (siehe Abbildung 2.6).

Die Diskussion darüber, welche der beiden Organisationsformen die bessere ist, wird ohne Zweifel andauern. Einige der Vor- und Nachteile sind in Abbildung 2.7 zusammengefaßt. Obwohl es gefährlich ist, bei diesem Thema zu verallgemeinern, läßt sich grundsätzlich sagen, daß die Installierung großer Projekte mit langer Dauer eher die Bildung von Projektteams erforderlich macht. Organisation gemäß der Einteilung in Fachbereiche ist für Unternehmen geeignet, die eine Reihe von kleineren Projekten durchführen, für die weder der Ressourcenaufwand sehr hoch, noch der Zeitrahmen sehr ausgedehnt ist.

Die Zwitterlösung

Gelegentlich wählen Unternehmen die Lösung in Form einer Zwitterorganisation. Sie unterhalten grundsätzlich eine Matrixorganisation, haben jedoch Teams für bestimmte Projekte eingerichtet, für den Fall, daß ihr Einsatz notwendig wird.

Ein Beispiel für eine solche Organisation wird in Abbildung 2.8 dargestellt. Sie ist grundsätzlich als Matrix gestaltet, mit Spezialistengruppen, die ihren jeweiligen hochqualifizierten und erfahrenen technischen Leitern untergeordnet sind. Zur Projektmanagementgruppe gehören Projektmanager und Projektingenieure, die von den Spezialistengruppen mit jenem technischen Fach- und Expertenwissen versorgt werden, welches für die meisten Projekte erforderlich ist.

Wenn jedoch ein Projekt entsteht, für das vorwiegend eine Art von Spezialistenfertigkeit benötigt wird, kann das Unternehmen entscheiden, einen Projektmanager aus der entsprechenden Spezialistengruppe zu ernennen, um ein Team innerhalb der Gruppe zu leiten. So würde zum Beispiel die Installierung eines Generators in einem bestehenden Werk als ein Projekt betrachtet werden, das allein von einem Team innerhalb der Elektrikerabteilung durchgeführt werden kann. Entsprechend dieser Vorgangsweise kann ein Projekt zur Landgewinnung der Gruppe der Wasserwirtschaftsingenieure zugeteilt werden, die ihr eigenes internes Team unter der Leitung eines Ingenieurs bilden.

Eine Variante der Zwitterorganisation besteht darin, in einem Unternehmen grundsätzlich eine Matrixorganisation für Projekte zu betreiben, aber ein separates, autonomes Team einzusetzen, wenn Größe und Umfang des Projekts dies rechtfertigen.

Organisationen mit mehr als einem Projektmanager

An der Organisation jedes größeren Projekts sind aller Wahrscheinlichkeit nach mehr als ein Projektmanager beteiligt.

Immer wenn ein Unternehmen einem Kunden ein Projekt verkauft, wird dieser Kunde wahrscheinlich den Wunsch haben, die Fortschritte des Projekts selbst zu beobachten, um sicherzugehen, daß die Arbeiten in Übereinstimmung mit dem Vertrag durchgeführt werden. Bei einfachen Produktionsaufträgen übernimmt diese Rolle die Einkaufsabteilung des Kunden mit ihren Mitarbeitern der Produktkontrolle. Doch abgesehen von diesem sehr einfachen Fall kann der Kunde auch entscheiden, seinen eigenen Projektmanager einzusetzen, um die Vertragserfüllung zu kontrollieren. Das war im Beispiel in Abbildung 2.5 der Fall. Der Kunde braucht unbedingt dort einen eigenen Projektmanager, wo er an der Planung zur Unterbringung, Installation und Inbetriebnahme einer im Rahmen des Projekts gelieferten Anlage beteiligt ist.

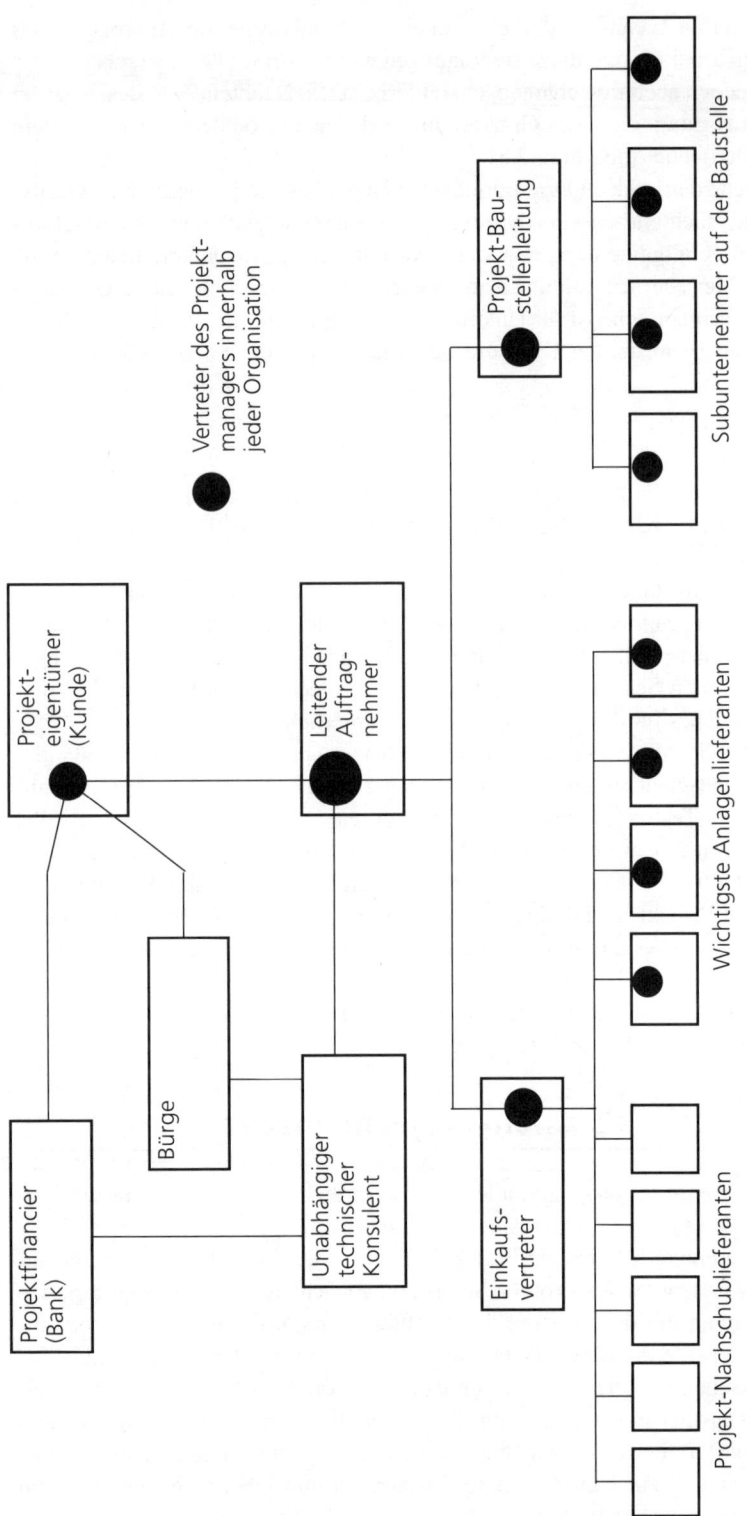

Abbildung 2.9   Projekt mit mehr als einem Projektmanager

An den meisten Projekten sind mindestens zwei Projektmanager beteiligt – einer innerhalb des Kundenbetriebs, während der andere vom verantwortlichen Auftragnehmer beschäftigt wird. Die Abbildung zeigt, daß es bei einem umfangreichen Projekt mehrere Leute geben kann, die die Befähigung zum Projektmanager haben. Jeder Hersteller eines großen Anlagenteils betreibt sein eigenes Unterprojekt, das verwaltet werden muß, und jeder Subunternehmer auf einer Baustelle gewisser Größe muß seine eigene Arbeit planen und den Fortschritt kontrollieren. Viele der in diesem Buch beschriebenen Techniken beziehen sich auf solche „Satelliten"-Projektmanager.

Der Projektauftragnehmer selbst wiederum kann gleichzeitig ebenfalls ein Käufer (also Kunde) sein, der teure Anlagen oder andere Artikel und Dienstleistungen erwerben muß, die Teil des Projekts werden, bevor es dem Endverbraucher übergeben wird. Bei umfangreichen Projekten können einige dieser Unterverträge selbst zu Projekten erheblicher Größe werden, von denen jedes der Planung und des Managements bedarf, ähnlich wie jenes des Hauptauftragnehmers.

Manche dieser Subunternehmer brauchen gegebenenfalls ihre eigenen Projektmanager, um die Subprojekte zu leiten. Unter Umständen verlangt der Projektauftragnehmer sogar, daß solche Projektmanager eingesetzt werden, und besteht darauf, die verwendeten Projektmanagementverfahren zu prüfen und zu bewilligen. Möglicherweise ist dies sogar eine Voraussetzung für den Subauftrag.

Häufig gibt es mehr als einen Projektauftragnehmer. Das könnte ein weiterer Grund für die Ernennung von mehr als einem Projektmanager sein. In solchen Projekten mit mehreren Unterverträgen wird der Projektkunde höchstwahrscheinlich einen der Auftragnehmer als den Hauptauftragnehmer oder leitenden Auftragnehmer einsetzen. Dieser hat gegenüber dem Kunden die Gesamtverantwortung für die Leitung und Koordinierung aller anderen Auftragnehmer und Subunternehmer und für die Durchführung des Projekts.

Gelegentlich nimmt ein Kunde die Dienste eines unabhängigen, hauptberuflichen Projektmanagers in Anspruch, der gegen Zahlung eines Honorars in seinem Namen handelt. Diese Rolle wird häufig von Firmen, professionellen Arbeitsgemeinschaften oder von Fachleuten, wie Fachberatern oder Architekten, übernommen.

Bei sehr großen Projekten kommen oft mehrere Firmen zu der Übereinkunft, die technischen Probleme gemeinsam zu bewältigen und die Kosten (und die Risiken) untereinander zu teilen, indem sie ein Konsortium oder ein Joint-Venture bilden. Das stellt eine weitere Schwierigkeit für die Organisation dar, und es kommt mindestens ein weiterer Projektmanager hinzu.

Immer wenn die Komplexität eines Projekts aus einem der genannten Gründen zunimmt, ist es neben dem offensichtlichen Erfordernis, die Verantwortungsbereiche sorgfältig zu definieren und die vertraglichen Verpflichtungen miteinander zu verknüpfen, von größter Wichtigkeit, daß klare und verläßliche Kommunikationswege zwischen allen beteiligten Parteien eingerichtet werden. Es ist nicht ungewöhnlich, daß die Projektbeteiligten durch internationale Grenzen und durch Entfernungen von mehreren Tausend Kilometern voneinander getrennt sind. Allein die Menge an Informationen in Form von Zeichnungen und anderen technischen Dokumenten, geschäftlicher Korrespondenz und Anfragen und selbst Hotel- und Reisebuchungen können bei einem großen Projekt ein überwältigendes Ausmaß annehmen.

Die Organisation ist bereits kompliziert genug. Um sie nicht noch schwieriger zu machen, ist es praktisch, in jedem Unternehmen (auch in dem des Kunden) eine Person zu ernennen, die die ein- und ausgehenden Projektinformationen weitergibt. Im Idealfall hat jede Organisation ihren eigenen Projektmanager – und diese sind dafür am besten geeignet. Das gilt auch an Standorten, wo ein derartiger Betrieb herrscht, daß die Masse von Material ein kleines Heer von Bürokräften und Aushilfen erfordert, um sämtliche Dokumente zu versenden bzw. zu empfangen, zu sortieren, zu redigieren, zu verteilen und zu archivieren.

In Abbildung 2.9 werden einige der möglichen Kommunikationswege in einer komplexen Projektorganisation dargestellt.

Der Projektmanager

Persönliche Voraussetzungen

Sieht man die Zielsetzungen des Projektmanagements verkürzt darin, Verantwortung dafür zu haben, daß die Durchführung der Arbeiten innerhalb des vorgegebenen Zeit- und Kostenrahmens erfolgt, dann läßt sich eine Reihe von Methoden nennen, mit denen diese Ziele erreicht werden können. Einige Projektmanager sind erfolgreich, indem sie ihre Kollegen einschüchtern und ängstigen. Jedes Wort, das sie von sich geben, wird als Anordnung verstanden, die sofort zu befolgen ist. Andere erreichen dasselbe durch sanfte aber bestimmende Überzeugungskraft. Das entscheidende Element ist die Fähigkeit, Menschen zu motivieren, egal mit welchen Mitteln. Ein erfahrener Experte ist in der Lage, seinen Managementstil denjenigen, die er leitet, anzupassen und entsprechend zu variieren.

Der durchschnittliche Projektmitarbeiter läßt sich gern von einem Projektmanager leiten, der Kompetenz zeigt, klare Entscheidungen trifft und eindeutige, realistische Anweisungen gibt, gut delegiert, zuhören kann und für vernünftige Ratschläge empfänglich ist, Enthusiasmus und Zuversicht ausstrahlt und daher durch sein Vorbild und seine Führungsqualitäten grundsätzlich Respekt verdient.

Wahrnehmungsvermögen und Projektinformationen

Weitere wesentliche Eigenschaften des Projektmanagers lassen sich unter dem Begriff „Wahrnehmungsvermögen" zusammenfassen. Projektmanager müssen in der Lage sein, aus ihnen zur Verfügung stehenden Daten oder bestimmten Umständen die relevanten Fakten zu erkennen. Weiters müssen sie fähig sein, diese Fakten optimal zu nützen, indem sie Maßnahmen ergreifen oder außergewöhnliche Entwicklungen an die Betriebsleitung weitermelden, während sie weniger wichtige oder belanglose Informationen herausfiltern.

Die meisten Projektleiter müssen sich daran gewöhnen, daß sie mit Informationen konfrontiert werden, die unvollständig, über Gebühr optimistisch, ungenau, bewußt irreführend oder vollkommen falsch sind. Ohne hier die möglichen Gründe für diese Unregelmäßigkeiten zu beleuchten, ist es wichtig zu betonen, daß Projektmanager nicht leichtgläubig sein dürfen. Sie müssen lernen, die Informationen, die sie erhalten, zu überprüfen und die richtigen Fragen zu stellen, um deren Stichhaltigkeit zu untersuchen. Wenn sie genug Erfahrung mit einer bestimmten Organisation gesammelt haben, werden sie in der Lage sein, die Zuverlässigkeit von einzelnen Personen und von Abteilungen einschätzen zu können. Das ermöglicht ihnen, mit „Vertrauensfaktoren" an jene Daten, die man ihnen vorlegt, und an die Geschichten, die diese erzählen, heranzugehen.

Jeder Projektmanager mit etwas Erfahrung kennt nicht nur das frustrierende Gefühl, ungenaue Informationen zu erhalten, sondern auch die Frustration, überhaupt keine Informationen zu bekommen. Mangelhafte Daten erscheinen in Form verspäteter Anweisungen oder Genehmigungen des Kunden, in Form verspäteter Informationen von Subunternehmern und Händlern und in Form verzögerter Freigabe von Entwürfen und Informationen innerhalb des Unternehmens des Projektmanagers. Besonders bei internationalen Projekten kann es sehr schwierig sein, verläßliche und regelmäßige Berichte über die Kostenentwicklung und das Vorankommen an entlegenen Standorten zu erhalten.

Die Fähigkeit, relevante Informationen zu beschaffen und einzuschätzen, ist daher eine weitere entscheidende Eigenschaft von Projektmanagern. Es hat keinen Sinn, davon auszugehen, daß man vollständige Informationen erhält und das Projekt während seiner Gesamtdauer vom Schreibtisch aus leiten kann. Der Manager muß sichtbar für andere ein aktives Interesse zeigen. Er sollte sich regelmäßig in den Abteilungen des Unternehmens zeigen, von denen er abhängig ist. Dieser Vorgang wird gelegentlich *Management by wandering around* genannt. Es kann erforderlich sein, daß er in angemessenen Abständen Händler, Subunternehmer, den Kunden und entlegene Baustandorte besucht, um Fakten zu sammeln, örtliche Konflikte beizulegen, zu motivieren oder sich einfach nur aus erster Hand vom Projektfortschritt zu überzeugen.

Allgemeinwissen und ständige Aufmerksamkeit

Projektmanager im Zeitalter der Technologie können als Spezialisten beschrieben werden. Sie können eine Ausbildung als Ingenieur haben oder aus einem anderen Fachberuf kommen. Mit Sicherheit müssen sie in einer oder mehreren der modernen Projektmanagementtechniken ausgebildet werden, um wirkungsvoll arbeiten zu können. Doch der Begriff „Spezialist" kann irreführend sein, da der Projektmanager viel Zeit damit verbringt, die Aktivitäten von Projektmitarbeitern mit sehr unterschiedlichen verwaltungstechnischen, akademischen, technischen und handwerklichen Ausbildungen zu koordinieren. Diese Aufgabe erfordert nichts weniger als Spezialisierung. Vielmehr ist ein ausreichendes allgemeines Verständnis der verschiedenen Tätigkeiten erforderlich, die diese Mitarbeiter ausführen, damit der Projektmanager in der Lage ist, die Inhalte der Arbeit vernünftig zu diskutieren, die vorgelegten budgetären und technischen Daten zu verstehen und Probleme, die ihm zugetragen werden, ernstzunehmen – oder in Frage zu stellen.

Der Projektmanager muß ein Grundverständnis von Verwaltungsvorgängen haben, da diese im Laufe der gesamten Projektorganisation Anwendung finden. Wenn dem Projektmanager aufgetragen wird, den Informationsfluß zwischen verschiedenen Abteilungen zu organisieren, sollte er in der Lage sein, seine Kenntnisse von Verwaltung und ihren Verfahren so einzusetzen, daß die präsentierte Information in den Händen der verschiedenen Empfänger den größten Nutzen bringt. In der Sprache der Informatiker ausgedrückt, besteht die Aufgabe des Projektmanagers darin, Schnittstellenprobleme zu lösen. Die Lösung dafür erfordert ein gewisses Verständnis davon, wie die Einheiten an der Peripherie arbeiten.

Dieser Evolutionsprozeß für Projektplanung und Kontrolltechniken wird sich ohne Zweifel weiter fortsetzen. Projektmanager müssen bereit sein, mit dieser Entwicklung mitzuhalten. Wann immer es erforderlich ist, müssen sie an Schulungen und Weiterbildungsprogrammen teilnehmen und deren Inhalte nötigenfalls an andere Firmenmitarbeiter weitergeben. Sie müssen in der Lage sein, angemessene Techniken auszuwählen und anzuwenden, entweder direkt oder angepaßt an die speziellen Zwecke des Projekts, wo immer sie gebraucht werden. Auf der anderen Seite muß der Versuchung widerstanden werden, ungeeignete Methoden auf eine Organisation anzuwenden, nur weil diese vielleicht im Augenblick besonders modern sind.

Unterstützung, Zusammenarbeit und Ausbildung des Projektmanagers

Egal wie erfahren, kompetent, enthusiastisch und intelligent die für den Job des Projektmanagers ausgewählte Person ist, sie kann nicht davon ausgehen, daß sie allein, ohne Unterstützung und Zusammenarbeit, erfolgreich arbeiten kann. Das setzt selbstverständlich Kooperationsbereitschaft bei allen Mitarbeitern des Projekts voraus, ob sie dieser Person nun in der Linienorganisation unterstellt sind oder nicht. Aber es setzt auch die Unterstützung des höheren Managements im Unternehmen voraus. Es muß zumindest sichergestellt sein, daß die wesentlichen Ressourcen in Form von Finanzmitteln, Unterbringungsmöglichkeiten, Einrichtungen, Anlagen, Arbeitskräften und ähnlichem bei Bedarf vorhanden sind. Das gilt auch für die Bereitstellung geeigneter Bürokräfte und weiterer unterstützender Mitarbeiter. Der Projektmanager muß genau wie alle anderen, die an dem Projekt arbeiten, ausreichend motiviert sein. Eine Firmenleitung, die konstruktives Interesse an dem Projekt und Hilfsbereitschaft zeigt, kann sehr viel tun, um das zu erreichen. Außerdem kann sie langfristig dazu beitragen, indem Möglichkeiten zur Weiterbildung geboten werden, in deren Rahmen Kenntnisse über neue Techniken oder Managementsysteme vermittelt werden.

Jemand, der für die Zuteilung oder den Fortgang der Arbeit zuständig ist, muß notwendigerweise über Prioritäten entscheiden oder das bisher Erreichte kritisieren. Der Projektmanager, besonders in einer Fachbereichsorganisation, muß häufig entsprechende Arbeitsanweisungen ausgeben, wobei er sich jedoch völlig bewußt ist, daß er über keine der beteiligten Abteilungen direkte Autorität ausüben kann. Jeder Abteilungsleiter ist allein verantwortlich für die Leistung, das tägliche interne Management und die Arbeitszuteilung in seiner eigenen Abteilung. Es kommt sogar vor, daß Abteilungsleiter Projektmanagern sagen, sie sollen sich aus ihrer Abteilung heraushalten. Unter solchen Umständen kann der Projektmanager nur dann Einfluß ausüben, wenn er im Namen der Unternehmensleitung Autorität deutlich machen kann. Ohne entsprechende Unterstützung ist seine Arbeit zum Scheitern verurteilt.

Die wahre Autorität, die ein Projektmanager repräsentiert, entstammt jedoch seiner eigenen Persönlichkeit und seiner Fähigkeit, andere zu überzeugen oder zu motivieren. Heute ist mit Disziplin nicht mehr ein strenges, autoritäres Regime oder Management gemeint, das durch die ständige Androhung von Entlassung oder anderen Strafmaßnahmen Furcht erzeugt. Zusammenarbeit und Zufriedenheit am Arbeitsplatz sind Elemente einer effizienten Methode, besonders auf lange Sicht. Es gibt jedoch Situationen, die strenge Disziplin erfordern. Dann muß die Betriebsleitung, als letzte Instanz, volle Unterstützung und Rückendeckung geben, auf die sich der Projektmanager im Bedarfsfall verlassen kann.

Projektmanager können zu jener Gruppe von Individuen gezählt werden, die als „menschliche Dynamos" gelten. Es gibt Zeiten, in denen Apathie oder Trägheit bei einigen Projektteilnehmern nur durch einen elektrisierenden Begeisterungsschub überwunden werden können. Doch die Energie des Dynamos ist vergeudet, wenn dieser mit einem ineffizienten oder falsch geschalteten Stromkreis verbunden ist. Ein scharfsinniger Projektmanager lernt, solche Mängel in der Organisation der verschiedenen an dem Projekt beteiligten Kräfte zu erkennen. Wenn dieser Fall eintritt und Veränderungen in der Organisation angezeigt sind, muß sich der Projektmanager darauf verlassen können, daß seine Vorgesetzten alle administrativen Anpassungen durchführen, deren Eignung und Notwendigkeit er nachgewiesen hat. Nachdem das gehobene Management einen Projektmanager eingesetzt hat, muß es ihn unterstützen und mit ihm zusammenarbeiten, um eine ideale Arbeitsumgebung zu schaffen.

Um die Wettbewerbsfähigkeit des Unternehmens zu erhalten, muß der Projektmanager neue Entwicklungen in Projektkontrolle und Managementverfahren und -theorien verfolgen. Die Betriebsleitung muß zur Kenntnis nehmen, daß eine derartige Fortbildung ein kontinuierlicher Prozeß ist. Es geht nicht einfach nur darum, jemanden für zwei Tage zu einem Kurs über Netzplananalyse zu schicken. Bei verschiedenen Schulungseinrichtungen gibt es die erfreuliche Entwicklung, Projektmanagementseminare so abzuhalten, daß zusätzlich zum formalen Training für die Delegierten verschiedener Firmen die Gelegenheit besteht, gemeinsame Schwierigkeiten und deren Lösungen zu diskutieren und ganz allgemein Ansichten und Erfahrungen auszutauschen. Die Individuen und die Profession als solche können von dieser Form des Austauschs nur profitieren.

Ebenso wichtig wie die Fortbildung des Projektmanagers selbst ist, den Mitarbeitern in der Projektorganisation des Auftragnehmers eine aufgeklärte und informierte Einstellung zu modernen Projektmanagementtechniken und organisatorischen Verfahren zu vermitteln. Es besteht die Gefahr, daß diejenigen, denen in einem Projekt plötzlich unbekannte Techniken und Verfahren vorgesetzt werden, ohne Erklärung der diesen zugrunde liegenden Methoden oder der Gründe für ihre Einführung, nicht kooperieren wollen. Sie verweigern die Rückmeldung oder andere Reaktionen, die entscheidend sind für die Effizienz der Abläufe.

Sind die Zielsetzungen für ein bestimmtes Projekt dargelegt, sollte sich der Projektmanager im Idealfall vergewissern, daß die beteiligten Manager, Ingenieure und Vorgesetzten in den Abteilungen zumindest eine elementare Einführung in Netzplananalyse und Zeitplanung, in die Grundsätze der Kosten- und Ablaufkontrolle und in die Interpretation damit verbundener Computerberichte erhalten haben. Dabei muß auf jene Verfahren, die im betreffenden Projekt angewendet werden, besonderer Wert gelegt werden. Es sollte eine Einführung in die Verwendung der verschiedenen Formulare und Dokumente stattfinden. Wenn angebracht, sollte auch in den aktiven Gebrauch relevanter Computersysteme eingewiesen werden. Wenn die beteiligten Mitarbeiter die Verfahren und die Gründe für deren Anwendung verstehen, werden sie bereitwillig und effizient kooperieren.

Projektservicegruppen

Vorausgesetzt, die Organisation ist nicht zu klein, um die zusätzlichen Kosten zu tragen, ist es sinnvoll, das Projektmanagement durch die Einrichtung einer zentralen Gruppe oder Abteilung für Projektmanagementservice zu unterstützen. Diese besteht aus Leuten (aber nicht zu vielen!), die in der Lage sind, die tagtäglichen Routineaufgaben der Planung zu übernehmen: Ressourcenplanung, Kostenvoranschläge, Kostenbericht, Kostenkontrolle, Arbeitsplanung, Anfertigung von Fortschrittsberichten und Überwachung des Projektmanagement-Computersystems des Unternehmens. Zentralisierung hilft dabei, Gleichförmigkeit der Projektmanagementmethoden zu gewährleisten. Eine Projektservicegruppe ist oft die naheliegende Stelle, um Verfahren wie zum Beispiel Änderungskontrollen durchzuführen.

In einer Projektservicegruppe ist die Kompetenz eines Unternehmens in Projektmanagementtechniken konzentriert, genau wie jede Art von funktionaler Gruppenbildung die Fertigkeit in einer bestimmten Disziplin steigert. Die volle Ausnutzung von zur Verfügung stehenden Methoden und Anlagen und die Entwicklung fortschrittlicherer Anwendungsmöglichkeiten, etwa von Standardapplikationen oder im System vorhandenen Netzwerken, haben größere Erfolgsaussichten, wenn es einen zentralen Fachbereich für Projektservice gibt.

Außerdem kann der zentrale Service damit beauftragt werden, die Anwendung der Computersysteme für Projektmanagement zu überwachen und zu kontrollieren. Für die Unversehrtheit der Projektmanagement-Computerdaten ist gutes Management erforderlich, sowohl on line als auch in Form von Back-up-Dateien.

In einem Unternehmen, das eine relativ große Zahl von kleinen Projekten bearbeitet, von denen keines groß genug ist, um den Einsatz eines vollzeitig beschäftigten Projektmanagers zu rechtfertigen, kann die Projektservicegruppe auch als Projektkoordinator fungieren. In dieser Rolle vertritt sie die Projektmanager, zumindest was Kosten- und Terminplanung betrifft. Wenn das der Fall ist, muß ihr Leiter einen hinreichend hohen Rang innerhalb der Organisation haben, damit Koordinierung und Kontrolle wirkungsvoll sind.

Teil 2
Der
Finanz- und
Geschäftsrahmen

Kapitel 3

Definition des Projekts

Projektdefinition ist ein Vorgang, der beginnt, wenn ein Kunde oder Investor die Idee zu einem Projekt hat, und der erst endet, wenn die letzten Informationen archiviert wurden, die das Projekt in seinem fertigen, „wie gelieferten" Zustand beschreiben. Abbildung 3.1 zeigt einige der Elemente dieses Vorgangs. In diesem Kapitel wird jener Teil der Projektdefinition behandelt, der der Genehmigung eines Projekts vorausgeht. Es ist der entscheidende Teil, der das Projekt auf den richtigen Kurs bringt und eine wichtige Rolle beim Eingehen erster vertraglicher Verpflichtungen spielt. Daran anschließende Aspekte der Projektdefinition werden an späterer Stelle, besonders im Kapitel 24, erörtert.

Sobald ein Unternehmen Anfragen erhält, und mit Sicherheit, bevor Vorbereitungen für die Angebotserstellung bewilligt werden, müssen die Anforderungen des Kunden klar dargelegt und verstanden worden sein. Schon ganz zu Anfang muß das Projekt so exakt wie möglich definiert werden. Die auftragnehmende Firma muß wissen, worum sie sich bewirbt und welche Verpflichtungen auf sie zukommen, sollte sie den Auftrag erhalten.

Für den Kunden, der sich darüber im klaren sein muß, was er für sein Geld erwarten kann, ist eine adäquate Projektdefinition ebenso wichtig. Dies gilt in gleicher Weise für jedes Unternehmen, das ein innerbetriebliches Projekt erwägt. In diesem Fall läßt sich das eigene Unternehmen, als Investor in das Projekt, als der Kunde betrachten.

Entgegennahme von Kundenanfragen

Anfragen und die darauf folgenden Aufträge für kommerzielle Projekte gelangen in der Regel über die Verkaufs- oder Marketingorganisation in das auftragnehmende Unternehmen. Aus dieser Quelle erfahren dann auch die anderen Abteilungen von jeder neuen Anfrage oder von einem verbindlichen Auftrag. Selbst wenn Anfragen an der Verkaufsorganisation vorbeilaufen, sollten vernünftige Unternehmensregeln gewährleisten, daß sie an den Marketingdirektor oder Verkaufsleiter weitergeleitet werden, damit jede Anfrage „in das System aufgenommen" werden kann. So ist sichergestellt, daß jede eingegangene Anfrage einen formalen Prüfungsvorgang durchläuft, um Umfang, Risiko und Wert des potentiellen Projekts abzuwägen.

Jede Anfrage muß registriert und mit einem Referenznamen oder einer Referenznummer versehen werden, so daß sie eindeutig identifizierbar ist. Es hat keinen Sinn, auf der Anfragestufe Geld und Zeit in die Definition eines Projekts zu investieren, wenn später nicht zu jedem Zeitpunkt eindeutig klar ist, auf welche Anfrage oder Version einer Anfrage sich eine bestimmte Definition bezieht. Das Verfahren kann ganz einfach sein. Das Register kann dem im Kapitel 19 beschriebenen Projektregister ähneln.

Ein Unternehmen, das an einer großen Zahl kleinerer Projekte beteiligt ist, erhält unter Umständen eine unverhältnismäßig große Zahl von Kundenanfragen, oft einfach als Telefonanruf. Es ist nützlich, den Ingenieuren im Verkauf oder anderen relevanten Mitarbeitern des Unternehmens Vordrucke auszuhändigen, die einem doppelten Zweck dienen.

1. Sie sollten eine Checkliste der erforderlichen Informationen enthalten, die so angelegt ist, daß derjenige, der die Anfrage entgegennimmt, veranlaßt wird, alle notwendigen Fragen zu stellen.

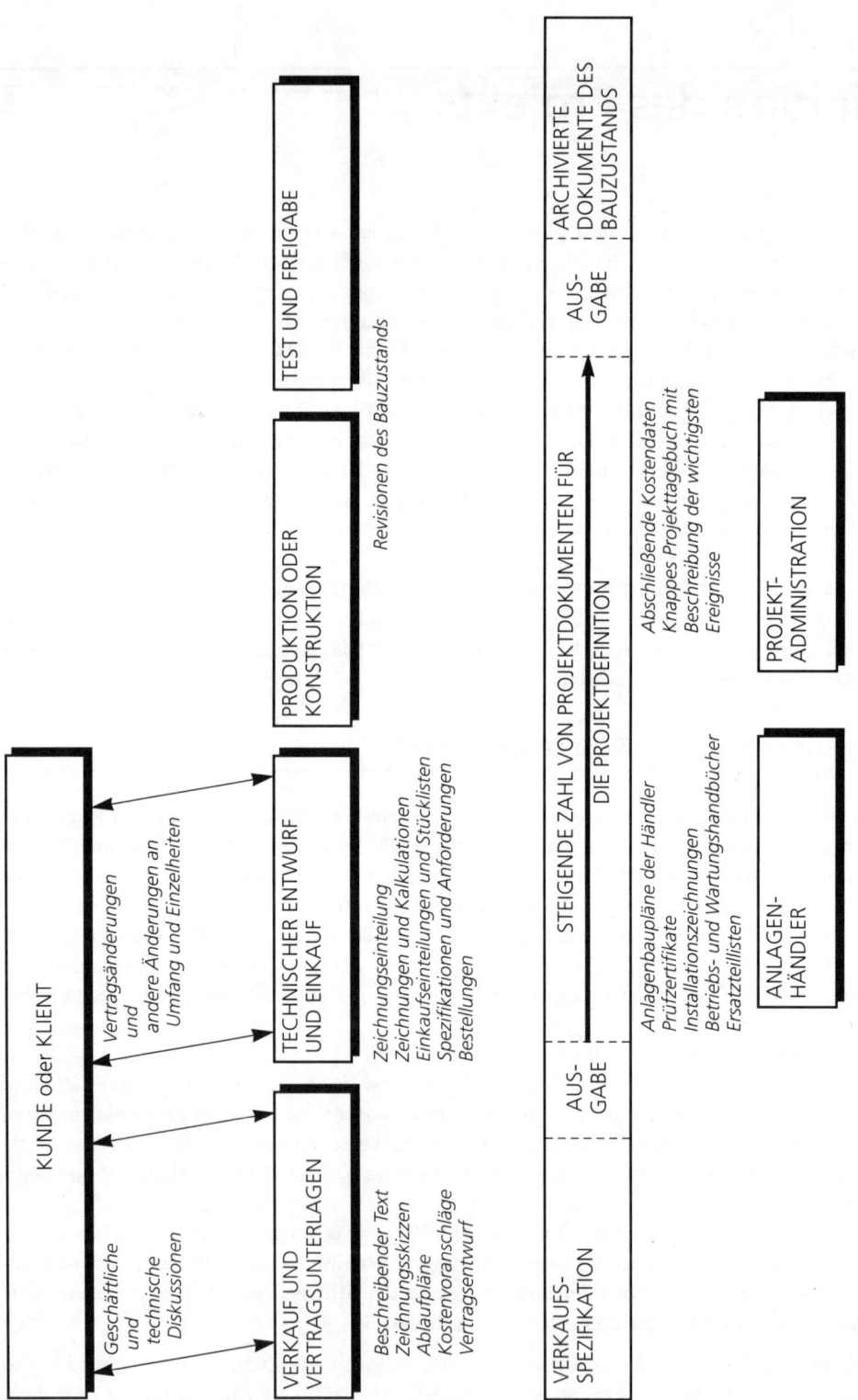

Abbildung 3.1   Der Prozeß der Projektdefinition

Die Verkaufsspezifikation ist lediglich die erste Stufe der Projektdefinition. Der Vorgang ist erst abgeschlossen, wenn der Bauzustand dokumentiert und die Dokumente für zukünftigen Zugriff sicher archiviert sind. Dieses Diagramm zeigt einige der wichtigen Elemente.

Projekttitel:		Anfragenummer	Revision

Kundenname und Anschrift: Kundenreferenznummer:

Anfragedatum:

Telefon:

Kontaktperson: Telefax:

Skizzenhafte Beschreibung des Projektvorschlags:

Genehmigung durch Prüfungsausschuß: Kommentare

Wir machen ein Angebot – Kunden informieren: ☐

Wir machen kein Angebot – Kunden informieren: ☐

Weitere Klärung mit dem Kunden und erneute Prüfung: ☐

Unterschrift:

Maßnahmen:	Durchzu-führen von:	Genehmigte Etats:			ge-wünschter Termin
		Lohn-kosten	Reise-kosten	andere Ausgaben	
Aufgabendefinition					
Revision der Aufgabendefinition mit dem Kunden					
Entwicklung von Projektentwurfslösungen					
Einschätzung der Betriebskosten des Kunden					
Revision der vorgeschlagenen Lösungen gemeinsam mit dem Kunden					
Voranschlag unserer Projektkosten					
Angebot schreiben und Planskizzen vorbereiten					
Drucken und Binden					
Vorgesehene Zeit für Angebotserarbeitung					
Angebotspräsentation					
Gesamtetats					
Name des verantwortlichen Ingenieurs:					

Abbildung 3.2   Ein Projektvorschlagsformular

Außerdem sollten die Formulare zum Beispiel freie Zeilen enthalten, in die Name und Anschrift des potentiellen Kunden sowie Name und Berufstitel der anrufenden Person eingetragen werden können. Selbstverständlich sollte genügend Platz zum Notieren von Einzelheiten zu den gewünschten Arbeiten vorhanden sein. Eine Firma, die sich auf einen bestimmten Technologiezweig spezialisiert hat, könnte häufig genutzte Entwurfs- und Leistungsparameter im Ankreuzverfahren verwenden.

2. Der andere Vorteil der Benutzung von richtig entworfenen und konsequent angewendeten Vordruckformularen liegt darin, daß mit der Aufnahme der ersten Anfragedetails eine Menge Zeit gespart wird.

Prüfung von Anfragen für Industrieprojekte

Die Arbeit an der Vorbereitung einer Ausschreibungsteilnahme kann leicht selbst ein kleines Projekt darstellen. Es sind oft umfangreiche vorläufige technische Entwurfsarbeiten sowie Verkaufsanstrengungen und Büroarbeiten erforderlich, die jeweils genehmigt und in der Finanzplanung vorgesehen werden müssen. Üblicherweise prüft ein potentieller Auftragnehmer jede Anfrage, die er erhält, bevor er sich entscheidet. Anfragen von Kunden, die in dem Ruf stehen, bei der Begleichung ihrer Rechnungen unzuverlässig zu sein, oder deren finanzielle Lage unsicher ist, werden zweifellos mit wenig Begeisterung betrachtet. Manche Anfragen könnten die Kapazitäten des Unternehmens übersteigen oder aus einer Reihe von anderen Gründen unpassend oder unerwünscht sein.

Es ist daher üblich, daß Unternehmen alle Anfragen für neue Projekte einem strengen Prüfungsprozeß unterwerfen, bevor sie die Vorbereitung eines förmlichen Angebots genehmigen. Diese Entscheidungen fallen in der Regel auf gehobener Managementebene, oft in Sitzungen, die in regelmäßigen Abständen zu diesem Zweck abgehalten werden. Einige Firmen benutzen für jede Anfrage Formulare wie das in Abbildung 3.2 dargestellte, um ihre Prüfungsentscheidungen zu dokumentieren und nachfolgende Aktivitäten zu planen.

Der potentielle Kunde setzt mit ziemlicher Sicherheit einen Abgabeschluß für die Ausschreibung fest. Die Vorbereitungszeit ist also in der Regel begrenzt. Wenn ein Angebot von adäquater Qualität rechtzeitig abgeschickt werden soll, muß alles genau geplant, koordiniert und kontrolliert werden. Häufig kommt es vor, daß die Angebotsvorbereitungen am Anfang nur schleppend vorankommen, so daß für die letzten Arbeitsschritte wie Tippen, Drucken, Binden, die Einholung aller erforderlichen Unterschriften und den Versand die Zeit knapp wird. Das führt in den letzten Minuten zu hektischer Eile. Mitarbeiter müssen die ganze Nacht durcharbeiten, um die Endfassung fertigzustellen, und Boten oder Kuriere stehen vor der fast unmöglichen Aufgabe, das Angebot noch rechtzeitig zum Schlußtermin beim Käufer abzuliefern.

Projekte, die nur schwer oder unmöglich zu definieren sind

Dieses Buch folgt weitgehend einem deterministischen Ansatz, dem zufolge mit dem Kunden oder Käufer schon am Anfang verbindliche Projektziele vereinbart werden können. Natürlich werden im Laufe der meisten Projekte vom Kunden gewünschte Modifizierungen auftreten, die die ursprünglichen Zielsetzungen verändern können. Doch die grundsätzliche Stoßrichtung effektiven Projektmanagements ist eine positive und deterministische Einstellung zur Festlegung, zur Beibehaltung und schließlich zur Erreichung von verbindlichen Zielsetzungen, wobei nötigenfalls Maßnahmen ergriffen werden, um das Projekt auf dem geplanten Kurs zu halten.

Die meisten der in diesem Buch beschriebenen Verfahren und Projektbeispiele werden aus der Sicht des Auftragnehmers betrachtet. Es wird davon ausgegangen, daß die Projektziele des Kunden und die Verpflichtungen des Auftragnehmers im voraus klar definiert wurden, so daß jede Entwicklungsstufe des Projekts und die entstehenden Ausgaben anhand eindeutiger Maßstäbe effizient verwaltet werden können.

Natürlich kommt es gelegentlich vor, daß ein vorgeschlagenes Projekt so kompliziert und voll von Unsicherheiten und Risiken ist, daß Vorankommen und Ergebnis nicht vorhergesagt werden können. Es kann, mit anderen Worten, der Fall sein, daß es dem Kunden oder Investor einfach unmöglich ist, das Projekt zu definieren.

Verwendung einer Durchführbarkeitsstudie zur Verbesserung der frühen Projektdefinition

Liegt einem Investor eine sehr unsichere Prognose für ein industrielles Projekt vor, so mag es ihm wünschenswert erscheinen, bei einer Consultingfirma oder einem professionell orientierten Vertragsunternehmen eine Durchführbarkeitsstudie in Auftrag zu geben, um mehr Fakten und Fachberatung zu erhalten. Häufig wird dieser Ansatz gewählt, um die technischen, logistischen, umwelttechnischen, kommerziellen und finanziellen Aspekte jeder Art von Projekt zu untersuchen und einzuschätzen, die größere Investitionen erfordert. Banken und andere Institute, die ersucht werden, ein unzureichend definiertes Projekt zu finanzieren oder auf andere Weise zu unterstützen, können darauf bestehen, daß ein befriedigender Bericht über eine Machbarkeitsstudie vorliegt, bevor sie Mittel freigeben. Häufig fordern Regierungsbehörden Berichte oder geben sie selbst in Auftrag, wenn die betreffenden Projekte nationale oder internationale Auswirkungen haben können.

Eine Durchführbarkeitsstudie für ein großes Projekt kann selbst ein umfangreiches Unterfangen darstellen. Die Vorbereitung kann unter Umständen Jahre dauern und Millionen von Geldeinheiten kosten. Doch eine gute Machbarkeitsstudie kann viel dazu beitragen, ein Projekt in die gewünschte Richtung zu lenken und seine Risiken und realistisch zu erreichenden Ziele zu definieren.

Eine Schritt-für-Schritt-Methode zur Risikobegrenzung

Ein andere Methode, ein unzureichend definiertes Projekt in Angriff zu nehmen, besteht darin, das Risiko durch schrittweise Genehmigung der Arbeiten zu begrenzen. Zu diesem Zweck ist es möglich, das Projekt in eine Reihe von Entwicklungsstufen aufzugliedern.

Solche Stufen können durch folgende Faktoren festgelegt werden:

* Das Auftreten von bedeutenden Ereignissen in der Projektentwicklung, die bei ihrem Erscheinen oder ihrer Herbeiführung leicht erkennbar sind.
* Das Auferlegen eines Zeitlimits für jede Stufe.
* Ein Budgetlimit für jede Stufe.
* Eine Kombination von je zwei der oben genannten.

Die Finanzierung oder Genehmigung von Ausgaben würde dann auf jeder Stufe des Projekts von einer kritischen Betrachtung des bisher Erreichten und einem Blick auf die Zukunftsaussichten abhängen. Diese Methode hat den Vorteil, daß das Risiko, das man eingeht, begrenzt wird, und, obwohl es weiterhin unmöglich bleibt, das Gesamtprojekt im voraus zu planen, sollte es doch möglich sein, weit genug vorauszublicken, um jede der begrenzten Stufe definieren zu können. Jede Stufe könnte dann den Projektmanagementverfahren zugänglich sein, die für das Projekt im Ganzen nicht anwendbar waren.

Reine Forschungsprojekte sind ein gutes Beispiel für diese Methode. Aufbau und Bereitstellung der Einrichtungen für den Beginn lassen sich wie ein definierbares Projekt behandeln. Die folgenden Ausgaben für die eigentliche Forschung, die erreichten Resultate und die Zukunftsentscheidungen können dann regelmäßig in adäquaten Zeitabständen überdacht werden.

Bei der Schritt-für-Schritt-Methode ist immer daran zu denken, daß es auf jeder Stufe notwendig werden kann, das Projekt aufzugeben und die bereits entstandenen Kosten abzuschreiben.

Einige kommerzielle Sicherungen

Wird ein Auftragnehmer aufgefordert, ein Projekt zu beginnen, ohne daß seine Rolle entsprechend definiert ist, so kann er den Auftrag natürlich annehmen, vorausgesetzt die Zahlungsvereinbarungen garantieren die Erstattung all seiner Kosten sowie angemessene Honorare oder Gewinne. Der Auftragnehmer sollte sicherstellen, daß der Kunde oder Investor in solchen Fällen das Risiko trägt. Derartige Vereinbarungen können für Auftragnehmer dennoch ungünstig oder potentiell schwierig sein, weil es ihnen Probleme bereiten kann, Ressourcen für ein Projekt zu arrangieren und bereitzustellen, dessen Dauer unbekannt ist und das kurzfristig aufgegeben werden könnte.

Bei Hochbauprojekten ist es üblich, jeden kleinen Teil des Projekts zu isolieren, der nicht adäquat definiert ist und sich außerhalb der Kontrolle des Auftragnehmers befindet, und im Angebot gesondert aufzuführen. Ein Beispiel dafür wäre ein Projekt, ein Gebäude zu renovieren, in dem Teile der Bausubstanz von Wandverkleidungen verdeckt sind und das sich in einem Zustand befindet, der nicht klar erkennbar ist. Das Angebot kann von einer stabilen Bausubstanz ausgehen, doch es sollte einen separaten, provisorischen Kostenvoranschlag enthalten, für den Fall, daß zusätzliche Arbeiten notwendig werden, nachdem die Verkleidung entfernt ist und der wahre Zustand sichtbar wird.

Techniken der Risikoanalyse

Es gibt Verfahren, die zulassen, daß Unwägbarkeiten oder Alternativoptionen in die anfängliche Projektplanung aufgenommen werden, so daß die Projektrisiken anhand statistischer Techniken eingeschätzt werden können. Das Kapitel 14 enthält die Zusammenfassung einer Methode der Risikoanalyse.

Beschreibung eines Projekts zur Beurteilung der finanziellen Ausgangslage

Es kann natürlich rechtliche, ethische oder betriebliche Gründe geben, an einem Projekt weiterzuarbeiten, in dessen Rahmen finanzielle Überlegungen zweitrangig sind. Ein Beispiel dafür wäre ein Programm zur strukturellen Umgestaltung, um im Unternehmen gesetzlichen Gesundheits- und Sicherheitsvorschriften zu entsprechen. Wenn ein kommerzielles Projekt erwogen wird, für das erhebliche Ausgaben erforderlich sind, ist in den meisten Fällen die Anwendung eines oder mehrerer der allgemein anerkannten Verfahren zur finanziellen Einschätzung von Projekten der angemessene Ansatz. Diese helfen bei der Vorhersage der wahrscheinlichen Nettoeinsparungen oder der Gewinne, die die Investition abwerfen wird. Diese werden im Verhältnis zu den Unternehmenszielen der Firma betrachtet und zum Risiko, daß die erwarteten Vorteile nicht eintreten.

All dies erfordert eine sorgfältige und umfangreiche Projektdefinition, die dann vollständig ist, wenn sie Angaben zu folgenden Parametern enthält:

- Eine umrißhafte Beschreibung des Projekts, wobei die erforderlichen Leistungscharakteristiken eindeutig zu quantifizieren sind.

- Die zu erwartende Gesamtsumme der Ausgaben für die Durchführung des Projekts und die nutzbringende Anwendung des daraus resultierenden Produkts oder der sich ergebenden Struktur.
- Den zu erwartenden Termin, wann das Produkt oder die Struktur zur effektiven Anwendung kommen kann.
- Eine Vorhersage aller späteren Betriebs- und Instandhaltungskosten für das neue Produkt oder die neue Struktur.
- Die Betriebs- oder Instandhaltungskosten für das bestehende Werk oder die vorhandene Struktur, welche das neue Produkt ablöst.
- Den Schrott- oder Wiederverkaufswert des abgelösten Werks bzw. der Einrichtung.
- Die zu erwartende wirtschaftliche Betriebszeit des neuen Werks oder der neuen Einrichtung.
- Der voraussichtliche Schrott- oder Wiederverkaufswert am Ende der Betriebszeit des neuen Werks oder der neuen Einrichtung.
- Eine Prognose der wahrscheinlichen Finanzierungskosten während der Einschätzungsperiode (Höhe der Zinsen, Inflationstrends, Trends der internationalen Währungskurse etc.).
- Steuerliche Überlegungen (steuergesetzliche Bedingungen oder finanzielle Anreize, die zu erwarten sind).
- Einen Terminplan, in dem alle bekannten Ausgaben für Anschaffungen *(cash outflows)* dargestellt sind.
- Ein Terminplan, der in derselben Aufstellung alle bekannten Einsparungen oder andere Beiträge zum Gewinn *(cash inflows)* darlegt.
- Ein Plan für den Netto-Cash-flow (die Differenz zwischen den Inflow- und Outflow-Plänen, wiederum in derselben Aufstellung aufgeführt).

Bei kurzen kommerziellen Projekten kann die finanzielle Einschätzung die Form einer einfachen Rückzahlungskalkulation annehmen. Hierbei werden die Ausgaben im Zeitverlauf dargestellt, entweder in tabellarischer oder in graphischer Form. In demselben Diagramm werden die finanziellen Vorzüge (Einsparungen oder Profite) festgehalten. Angenommen, man verwendet Kurven, dann ist der Schnittpunkt der beiden Graphen der Kostendeckungspunkt *(break even point),* von dem aus man sagen könnte, das Projekt habe „sich selbst finanziert". Die Zeitdauer bis zu diesem Punkt wird „Rückzahlungsperiode" genannt.

Jene Geldmengen, die für die kommenden Jahre als Ersparnis oder Kosten aufgeführt werden, werden im Laufe der Zeit verzerrt. Heute beispielsweise 100 Geldeinheiten (GE) auszugeben, ist teurer, als 100 GE in einem Jahr auszugeben. Das liegt an den verlorenen Zinsen, die das Geld dem Investor in der Zwischenzeit in Form einer Geldanlage hätte bringen können. Derartige Verzerrungen können einen erheblichen Effekt für die Cash-flow-Prognose eines Projekts, das länger als zwei oder drei Jahre dauert, haben, wenn keine Korrekturmaßnahmen ergriffen werden. Am besten geeignet ist die Anwendung von Diskonttechniken bei der finanziellen Einschätzung langfristiger Projekte (siehe Kapitel 6).

Natürlich brauchen Projektmanager keine Experten bei der finanziellen Einschätzung von Projekten zu sein. Sind sie es doch, könnte dieser Umstand dazu beitragen, ihren Entschluß zu festigen, die definierten Zielsetzungen zu erreichen, da sie die Zusammenhänge der Faktoren Zeit, Geld und Leistung, von denen sowohl der Investor als auch der Auftragnehmer abhängig sind, erkennen.

Projektspezifikation durch den Kunden

Die ersten Anfragen von Kunden können viele unterschiedliche Formen annehmen. Es kann ein Satz von Plänen oder Zeichnungen unterbreitet werden oder eine schriftliche Beschreibung der Projekt-

Projektstandort und andere örtliche Gegebenheiten

Standortsicherheit
Zugang zu öffentlicher Infrastruktur
– Strom
– Trinkwasser
– Nutzasser
– Abwasserentsorgung
Verkehrsinfrastruktur
Zugangsbeschränkungen (z. B. niedrige Brücken, Gewichtsbeschränkungen)
Nächster Bahnhof – Beschränkungen der Beladungsbreite, -länge oder -höhe?
Nächster geeigneter Seehafen
Nächster kommerzieller Flughafen
Landebahn vor Ort
Klimatische Bedingungen
– Temperaturen
– Niederschläge
– Luftfeuchtigkeit
– Windstärke und -richtung
– Sonneneinstrahlung
– Luftdruck
Standortpläne und -vermessung
Bodenuntersuchung und Fundamentanforderungen
Örtliche Fabrik- und Fertigungsanlagen
Örtliche Versorgung mit Rohmaterialien
Örtliche Transport- und Versicherungsmöglichkeiten
Örtliche Anlagenmiete
Örtliches Aufkommen an Arbeitskräften
– Experten
– Facharbeiter
– Ungelernte
Unterbringungsmöglichkeiten vor Ort für:
– Büroräume
– Gesicherte Lager
– Im Ausland lebende Manager und Techniker
– Handwerker
– Kurzbesucher
– VIPs
– Angehörige der Manager und Mitarbeiter
Catering und Kantinen vor Ort
Erste Hilfe, medizinische Versorgung, Krankenhäuser
Örtliche Banken
Vor Ort vorhandene oder mögliche Kommunikationswege
– Allgemeiner Post- und Luftpostdienst
– Spezielle Post, Datapost oder Kurierdienste
– Öffentliches Telefonnetz
– Direkte Telefonleitungen oder Satellitenverbindungen
– Fax
– Telex

Vertragliche und finanzielle Bedingungen

Wie verbindlich sind die Vorschläge?
Welche Ansprüche hat der Kunde hinsichtlich:
– Zeit?
– Geld?
– Qualität?

Abbildung 3.3   Teil einer Checkliste für die Projektdefinition

Dies sind die ersten Punkte auf einer Checkliste, die ein internationales Unternehmen benutzen könnte, um die Projektdefinition vor Beginn oder auf den sehr frühen Entwicklungsstufen eines Projekts zu erleichtern.

Welche Ansprüche stellt der Kunde hinsichtlich der Lieferung?
Welche Kostenzielsetzungen hat der Kunde? Kennen wir seine Etatplanung?
Umfang der zu erwartenden Arbeit:
– Nur Grundentwurf?
– Gesamtentwurf im Detail?
– Verantwortung für Einkauf liegt bei uns, beim Kunden oder woanders?
– Verantwortung für Konstruktion liegt bei uns, beim Kunden oder beim Generalunternehmer?
– Tests und Freigabe, Kundenschulung, Gebrauchsanweisung etc. (gegebenenfalls ausführen)
Wie exakt sind die existierenden Voranschläge:
– Grobe Schätzungen?
– Vergleichend?
Wurden die Kostenpunkte für unvorhergesehene Ausgaben mit der Checkliste im
Kostenrechnungshandbuch verglichen?
Wie soll das Projekt finanziert werden?
Was sagen uns unabhängige Berichte über den Kunden hinsichtlich
– seiner gegenwärtigen finanziellen Lage?
– seiner Zahlungsmoral in letzter Zeit?
Wird die Projektfinanzierung von einer Bank oder einer anderen geeigneten Institution garantiert?
Ist davon auszugehen, daß der Kunde für die Finanzierung von Einkäufen Einschränkungen auferlegen
oder gesonderte Zustimmungsbedingungen stellen wird?
Wird der Vertrag voraussichtlich Strafklauseln enthalten?
Gibt es für das Projekt eine Festpreisvereinbarung?
Welche Zahlungsform wurde vereinbart:
– Anzahlung?
– Abschlagszahlungen?
– Zahlung bei Übergabe?
Wie werden Zahlungen genehmigt?
Welche Versicherungen müssen oder sollten wir abschließen?
Welche Leistungsgarantien müssen wir bieten?

Projektorganisation

Ist die gesamte Projektorganisation bekannt?
Gibt es ein Organisationsdiagramm?
Die folgenden Informationen sind für alle beteiligten Unternehmen oder Organisationen zu beschaffen:
– Name der Organisation
– Name des Projektmanagers oder einer anderen verantwortlichen Person
– Namen, Berufsbezeichnungen und Verantwortungsbereich aller anderen wichtigen Mitarbeiter
– Name des Adressaten aller Korrespondenz, wenn es sich nicht um den Projektmanager handelt
– Postanschrift und Postleitzahl
– Anschrift für Warenlieferungen und Sendungen, die nicht per Post transportiert werden
– Telefonnummer
– Faxnummer
– Telexnummer

Erster Entwurf und technische Informationen

Ablaufpläne
Skizzen
Werden weitere Informationen vom Kunden benötigt?
Prozeßparameter
Entwurfsparameter
Entwurfsstandards, zu verwendende Zeichenbögen, Zeichnungsnumerierung etc.
Spezielle örtliche technische Normen oder gesetzliche Entwurfsbestimmungen
Wurden bereits vergleichbare Projekte durchgeführt, die nützliche Entwurfsinformationen zur Wieder-
verwendung enthalten?
etc.

Abbildung 3.3   Fortsetzung

ziele. Andere Möglichkeiten sind eine Kombination aus beiden, die Unterbreitung grober Skizzen oder auch nur eine mündliche Anfrage. Die darauf folgende Kommunikation, sei sie nun schriftlich oder mündlich, zwischen dem Kunden und dem Auftragnehmer kann zur Darstellung weiterer Einzelheiten, zur Modifikation oder zur Ergänzung der ursprünglichen Anfrage führen.

Alle diese Elemente werden zusammengefaßt und dokumentiert. Sie stellen die „Kundenspezifikation" dar, auf die sich alle Aspekte eines Angebots beziehen müssen. Wie alle anderen Arten von Spezifikationen müssen die Projektspezifikationen des Kunden mittels eigener Referenznummer, Datum und Ausgabe- oder Revisionsnummer jederzeit identifizierbar sein.

Umfang des Projekts

Wenn das Angebot erfolgreich ist und ein verbindlicher Auftrag erteilt wird, muß der Auftragnehmer sicherstellen, daß den Kundenspezifikationen in jeder Hinsicht entsprochen wird. Die Verbindlichkeiten des Auftragnehmers sind nicht auf technische Einzelheiten beschränkt, sondern umfassen auch alle geschäftlichen Bedingungen. Die Auftragsbestimmungen können spezifische Regeln für das Ausstellen von Rechnungen und eine Begutachtung der zu honorierenden Arbeiten festlegen. Inspektions- und Qualitätsstandards können im Vertrag festgelegt sein, und es sind mit Sicherheit genaue Bestimmungen zu den Lieferbedingungen zu erwarten. Auch die Ankündigung von Vertragsstrafen wird wahrscheinlich enthalten sein, die zu zahlen sind, sollte der Auftragnehmer den vereinbarten Termin nicht einhalten.

Kommt der Auftragnehmer seinen vertraglichen Verpflichtungen nicht nach, so wird sich dies auf seinen Ruf auswirken. Schlechte Nachrichten verbreiten sich schnell innerhalb einer Branche. Der Auftragnehmer könnte finanzielle Verluste erleiden, wenn er das Programm nicht einhalten kann oder den Umfang der Aufgabe, die er übernommen hat, in anderer Weise unterschätzt. Es ist für den Auftragnehmer daher von größter Wichtigkeit, von vornherein genau festzulegen, was der Kunde für sein Geld erwartet.

Die Kundenspezifikation muß also sämtliche Anforderungen eindeutig darlegen, damit Kunde und Auftragnehmer sie verstehen und in gleicher Weise interpretieren. In diesem Kapitel werden vorwiegend die technischen Anforderungen der Spezifikationen behandelt, doch ebenso wichtig ist, in welcher Weise die Verantwortung für die Arbeiten zwischen Auftragnehmer, Kunden und anderen geteilt wird. Präziser ausgedrückt, der Umfang der vom Kunden gewünschten Tätigkeiten, also die Größe des Beitrags des Auftragnehmers, muß deutlich gemacht werden.

Im einfachsten Fall ist der Umfang des Auftrags begrenzt auf die Herstellung und Auslieferung eines Artikels gemäß den vom Kunden vorgelegten Zeichnungen. Der entgegengesetzte Extremfall ist die Umfangsbeschreibung für ein großes Hochbau- oder Produktionswerkprojekt, die vorsieht, daß der Auftragnehmer das gesamte Projekt betreut und für sämtliche Arbeiten verantwortlich ist, bis der Käufer die Lieferung entgegennimmt oder ihm ein fertiges und nachweislich betriebsbereites Projekt übergeben wird (die bekannte „schlüsselfertige Übergabe").

Egal, ob der Umfang der Arbeiten eher dem einen oder eher dem anderen Extrem zuneigt, in jedem Fall muß eine Reihe von untergeordneten Punkten bedacht werden. Ist der Auftragnehmer für Schulungen der Mitarbeiter des Kunden verantwortlich? Wenn ja, in welchem Ausmaß sind diese im Projektvertrag vorgesehen und zu welchem Preis? Wie sieht es mit der Inbetriebnahme oder Betreuung während der ersten Wochen oder Monate der Betriebszeit des Projekts aus? Von welcher Art von Haftungs- oder Garantiebestimmungen wird ausgegangen? Müssen Ausbildungs-, Betriebs- oder Wartungsunterweisungen gegeben werden? Wenn ja, wieviel und in welcher Sprache?

Alle diese Frage müssen beantwortet und damit Teil der Projektdefinition sein, bevor Kostenvoranschläge, Angebote und verbindliche Verträge in Erwägung gezogen werden können.

Anwendung von Checklisten

Checklisten sind eine nützliche Methode um sicherzustellen, daß nichts Wichtiges vergessen wurde. Auftragnehmer, die umfangreiche Erfahrungen auf ihrem speziellen Gebiet von Projekten gesammelt haben, werden die Art von Fragen kennen, die sie ihren Kunden stellen müssen, um die Informationslücken weitgehend zu schließen und zu einer hinreichenden Spezifikation zu gelangen.

Die einfachste Art von Checklisten wird von Verkaufsingenieuren benutzt, die Kundenbestellungen für Standardanlagen aufnehmen, die in verschiedenen Versionen angeboten werden. Der Verkaufsingenieur verwendet einen Block von Vordrucken, auf denen er die vom Kunden gewünschten Optionen ankreuzt. Vertreter für doppelverglaste Fenster benutzen diese Vordrucke ebenfalls; ebenso wie einige Autohändler. Die Formulare sind leicht zu handhaben und ihre Verwendung gewährleistet, daß keine wichtigen Einzelheiten übersehen werden, wenn die Bestellung aufgenommen und zur weiteren Bearbeitung an die Fabrik weitergereicht wird.

Ein Hersteller von Maschinensystemen für besondere Anwendungen wird eine Menge Fragen zu den einzelnen Details der Produkte haben, die schließlich mit den Maschinen produziert werden sollen, und dazu, welche Vereinbarungen der Kunde in bezug auf Ein- und Auslaudepunkte, die Position von Befestigungs- und Einspannvorrichtungen, von unbeweglichen Teilen usw. treffen will. Das an anderer Stelle in diesem Buch (in Abbildung 19.6) dargestellte Standard-Netzwerkdiagramm wurde von einem Unternehmen für solche Fälle als logisch aufgebaute Checkliste benutzt.

Für Unternehmen, die sich an Ausschreibungen für Hochbau- oder Bergbauprojekte beteiligen, sind Checklisten sehr brauchbar. Eine Checkliste kann der Spezifizierung von Anforderungen an die Leistungskapazitäten einer Fabrik oder die Unterbringungsmöglichkeiten in einem Gebäude dienen. Möglicherweise müssen Daten über örtliche klimatische und geologische Bedingungen am beabsichtigten Standort des Projekts festgehalten werden. Wenn sich der Projektstandort im Ausland befindet, ist der Auftragnehmer unter Umständen über mögliche Gefahren wie starke Winde oder Erderschütterungen nicht informiert. Außerdem kann es notwendig sein, sich über spezielle gesetzliche Bestimmungen in der betreffenden Region zu informieren. Andere Daten betreffen nationale Arbeitspraktiken und den Einfluß örtlicher Gewerkschaften, das Vorhandensein brauchbarer Arbeitskräfte vor Ort, Unterbringungsmöglichkeiten für Mitarbeiter des Auftragnehmers und so weiter. Viele, viele Fragen müssen gestellt und beantwortet werden. Unter solchen Umständen sind Checklisten ideal. Das Beispiel in Abbildung 3.3 zeigt einige der Punkte, die in einer vollständigen Liste enthalten sein sollten.

Die Projekt- und Entwurfsspezifikationen des Auftragnehmers

Wenn die gewissenhafte Prüfung der Kundenspezifikationen einen Auftragnehmer veranlaßt, ein Angebot vorzubereiten, muß er natürlich Vorschläge für die technische und geschäftliche Durchführung des Projekts vorlegen. Diese Vorschläge sind die Grundlage der eigenen, provisorischen Entwurfsspezifikationen des Auftragnehmers. Normalerweise ist es erforderlich, die in der Spezifikation des Kunden definierten Anforderungen in eine Form zu übertragen, die mit der üblichen Praxis, den Qualitätsstandards, technischen Methoden und Kapazitäten des Auftragnehmers kompatibel ist. Die Entwurfsspezifikation dient als das entsprechende Verbindungsstück.

Definition des Entwurfskonzepts

Bekanntermaßen können die gewünschten Endresultate eines Projekts oft erst durch eine Vielzahl von verschiedenen technischen und logistischen Konzepten erreicht werden. Es können erhebliche Unterschiede zwischen den unterbreiteten Vorschlägen von Unternehmen auftreten, die um denselben Auftrag konkurrieren. Ist der Auftrag aber einmal vergeben, sind die unterlegenen Alternativlösungen in der Regel Geschichte – doch es existiert weiterhin eine Reihe von Möglichkeiten für den detaillierten Entwurf des Projekts innerhalb der definierten Grenzen des akzeptierten Vorschlags und des darauf basierenden Vertrages.

Nehmen wir ein winziges Element eines technischen Projekts als Beispiel. Angenommen, es soll eine Fabrik entworfen werden, für die eine der Anforderungen besagt, daß es einen Schalter geben muß, der von Zeit zu Zeit durch automatische Fernbedienung umgeschaltet werden soll. Es kann aus einer Reihe von Antriebsmechanismen gewählt werden; dies können hydraulische, mechanische, pneumatische oder elektromagnetische Vorrichtungen sein. Jede von ihnen kann in eine weitere Serie von Ausführungen unterteilt werden. Wenn beispielsweise ein elektromagnetisches System ausgewählt wurde, kann es sich dabei um eine Magnetspule, einen Stufenmotor oder einen Servomotor handeln. Für jede dieser Methoden gibt es noch weitere Variationen. Das ausgewählte Teil muß möglicherweise feuersicher oder magnetisch abgeschirmt sein oder andere besondere Eigenschaften haben.

Jedesmal nun, wenn der Schalter in eine neue Position bewegt wird, sind verschiedene Methoden zur Messung und Prüfung des Resultats vorstellbar. Elektro-optische, elektrische, elektronische oder mechanische Verfahren kommen dafür in Frage. Mit großer Wahrscheinlichkeit werden die Daten, die diese Positionsmessung ergibt, in einer Art Kontroll- oder Rückmeldungssystem verwendet, um Fehler zu korrigieren. Es gibt also eine sehr große Zahl von verschiedenen Kombinationsmöglichkeiten der verschiedenen Arten von Antrieb, Messung und Positionskontrolle. Die letztlich gewählte Lösung ist unter Umständen nicht die optimale (wenn es eine solche überhaupt gibt), sondern die Lösung, die der Auftragnehmers üblicherweise wählt, oder es ist einfach die, die der verantwortliche Ingenieur bevorzugt.

Wenn es schon für eine so einfache Operation so viele Methoden gibt, dann gehen die Auswahlmöglichkeiten ins Unendliche, wenn man die verschiedenen Kombinationen aller Varianten für den Entwurf eines großen Projekts betrachtet. Es ist klar, daß mit diesen verschiedenen Möglichkeiten ganz unterschiedliche Kosten einhergehen, da einige Methoden aufgrund ihrer Eigenschaften zwangsläufig teurer sind als andere. Wenn für ein Projekt ein Preis oder Etat genannt wird, hängt dieser also offensichtlich nicht nur von ökonomischen Faktoren wie dem Standort der Firma und der Kosten-Profit-Struktur ab, sondern auch vom System und den Absichten, die dem detaillierten Entwurf zugrunde liegen.

Die Methoden der Projektkostenberechnung werden in den Kapiteln 4 und 5 behandelt. Es wird jedoch schon hier deutlich, daß die wichtigsten technischen Vorschläge wegen ihrer Bedeutung für die Gesamtkosten klar sein müssen, bevor man sich ernsthaft an die Kostenschätzung machen kann. Wenn über diese Entwurfsrichtlinien entschieden wurde, müssen sie in eine provisorische Entwurfsspezifikation aufgenommen werden.

Ohne detaillierte Entwurfsspezifikation besteht die Gefahr, daß ein Projekt aufgrund bestimmter Entwurfsmodelle veranschlagt, ausgepreist und verkauft wird, aber mit Hilfe eines anderen, kostspieligeren Ansatzes durchgeführt wird. Dies ist eine sehr reale Gefahr. In der Praxis taucht sie dann auf, wenn die Zeitdauer zwischen Angebotsunterbreitung und dem tatsächlichen Eingang des Auftrags mehrere Monate überschreitet, so daß die ursprünglichen Absichten inzwischen in Vergessenheit geraten.

Nicht bei uns erfunden

Gelegentlich kommt es vor, daß Ingenieure es vorziehen, einen völlig neuen Entwurf zu machen, obwohl bereits ein adäquater vorliegt. Sie haben das Gefühl, daß sie es besser machen können, oder finden Fehler in den Entwürfen anderer (selbst wenn die anderen Ingenieure einen guten Ruf haben und die Entwürfe sich bei früheren Projekten als erfolgreich herausgestellt haben). Eine solche Entwicklung wird gelegentlich das „Nicht bei uns erfunden"-Syndrom genannt. Die Folgen können schwerwiegend sein. Zwei Beispiele aus meiner eigenen Erfahrung können dies belegen.
Im ersten Fall hatte der technische Leiter einer britischen Firma gekündigt. Sein Nachfolger veranlaßte, daß alle bereits begonnenen Entwürfe für ein wichtiges Exportprojekt verworfen und ein neuer Entwurf ausgearbeitet wurde. Die Gesamtkosten für die Entwicklungsarbeiten entsprachen schließlich dem Festpreis, für den das Gesamtprojekt verkauft worden war. Die Firma mußte die erheblichen Kosten für Fertigung und Installation selbst tragen. Der ausländische Käufer fragte regelmäßig mit bewundernswerter Höflichkeit nach, worum es sich denn bei diesen „unvorhersehbaren Umständen" handle, die es unmöglich machten, daß er seine Anlagen erhielt. Die Firma machte nicht nur enorme Verluste, sondern der Käufer konnte den Betrieb erst mit mehr als einem Jahr Verspätung aufnehmen.
In einem anderen Fall sandte ein amerikanisches Unternehmen mit einem sehr guten Ruf für ausgezeichnete Produkte einen Satz von Maschinenbau- und Produktionsplänen an sein neues englisches Tochterunternehmen. Es handelte sich um ein vollständiges Paket von Entwürfen für ein großes Maschinenbauprojekt, und die Absicht bestand darin, das brandneue Fertigungswerk für jene Zeit mit Arbeit zu versorgen, in der das britische Entwicklungsteam eingerichtet werden sollte. Die in Amerika hergestellten Pläne bedurften jedoch der „Anglisierung". Das bedeutete letztlich nur, daß Techniker und Einkaufsabteilung prüfen mußten, ob Standardspezifizierungen und die Liste der eingekauften Komponenten mit der britischen Praxis übereinstimmten. Was tatsächlich geschah war, daß sich das britische Team über den amerikanischen Entwurf lustig machte und das gesamte Projekt umgestaltet wurde. Die Mehrkosten betrugen über eine Million Pfund.
Der Sinn einer Spezifikation liegt darin, wie der Name schon nahelegt, zu spezifizieren, was zu tun ist. Manager, die zulassen, daß ihre Untergebenen ohne guten Grund von Entwurfsspezifizierungen abweichen, sind entweder inkompetent oder schwach oder beides zugleich.

Spezifikation der Produktionsmethoden

Ähnliche Argumente wie die im Zusammenhang mit technischen Entwürfen diskutierten, gelten für die Notwendigkeit, die in Fertigungsprojekten wirklich angewandten Produktionsmethoden mit jenen abzugleichen, von denen in den Kostenvoranschlägen und den darauf basierenden Etats ausgegangen wurde. Es kommt vor, daß einige besonders kluge Köpfe auf der Vorschlagsstufe Ideen äußern, die die Sache abkürzen und die zu erwartenden Kosten verringern können, immer mit dem Ziel, zu einem günstigeren und attraktiveren Angebotspreis zu gelangen. Das ist natürlich äußerst löblich. Vorausgesetzt, diese Ideen werden zusammen mit den Voranschlägen aufgezeichnet, wird alles glatt laufen, und die Kosteneinsparungen können im Verlauf des Projekts wirklich erzielt werden.
Stellen wir uns aber vor, was beispielsweise geschehen würde, wenn ein Zweig des Unternehmens einen Projektvorschlag unterbreitet, doch nachdem der Auftrag schließlich erteilt wurde, beschließt die Unternehmensleitung, die Arbeit an einem anderen, weit entfernten Standort der Firma durchführen zu lassen. Wenn die ursprünglichen Ideen für Einsparungen bei den Produktionskosten nicht aufgezeichnet wurden, könnte dies katastrophale Folgen für die Kostenentwicklung haben.
Unglücklicherweise ist es nicht einmal erforderlich, daß die Durchführung von einem Standort zum nächsten transferiert wird, damit es zu Fehlern dieser Art kommt. Schon die Kündigung eines Pro-

duktionsingenieurs in einem Fertigungsunternehmen kann zu solchen Konsequenzen führen, wenn seine Absichten nicht adäquat dokumentiert wurden.

Die goldene Regel lautet wieder einmal, das Projekt in jeder Hinsicht zu definieren und zu dokumentieren, bevor Kostenvoranschläge erstellt und in Etats und Preis übersetzt werden.

Hochbauspezifikationen

Hochbauprojekte stellen ein weiteres Beispiel für Arbeiten dar, die durch Spezifikationen definiert werden müssen. Jeder seriöse Auftragnehmer der Baubranche arbeitet gemäß detaillierten Spezifikationen. Die Notwendigkeit, behördliche Auflagen zu erfüllen, ist nur einer der Gründe dafür, die Spezifikationen für Gebäudelage, Raumaufteilung, beabsichtigte Nutzung, Notausgänge, äußeres Erscheinungsbild und viele weitere Faktoren zu dokumentieren.

Natürlich gibt es viele Einzelaspekte bei der Ausstattung eines Gebäudes, die den Preis beeinflussen, z. B. die Art der Inneneinrichtung, die Qualität der Installationen und Geräte, der Standard von Beleuchtung und Klimaanlagen.

Unstimmigkeiten können minimiert, wenn nicht sogar völlig vermieden werden, indem der Auftragnehmer seine eigenen detaillierten Projektspezifikationen erstellt und den Kunden ersucht, diesen vor Vertragsunterzeichnung zuzustimmen. Alle später vom Kunden gewünschten Veränderungen sind dann leicht als Abweichungen von der vereinbarten Spezifikation zu erkennen und werden zusätzlich in Rechnung gestellt.

Spezifikationen von Produktentwicklungsprojekten

Entwicklungsprogramme mit dem Ziel der Erweiterung oder Veränderung der Produktpalette eines Unternehmens sind möglicherweise anfälliger als die meisten anderen, den Etat und die Zeitplanung zu überschreiten. Ein mögliche Erklärung dafür ist ein Phänomen auf der Ebene der Techniker, das man „schleichende Verbesserungskrankheit" nennen könnte. Viele werden die Situation wiedererkennen, die im folgenden Beispiel beschrieben wird.

Fallstudie

Das Projekt

Eine Firma, die Elektronik- und Audioanlagen für den Normalverbraucher herstellt, hat eine Marktstudie durchgeführt. Auf Grundlage der Marktanalyse plant die Firma, einen neues, attraktives Stereokassettenrecorder-Modell einzuführen. Das Ziel ist ein Gerät mit attraktivem Styling, Netzstrom- oder Batteriebetrieb, annehmbarer Leistung und geringem Preis, und es soll – der Konkurrenz durch Importartikel trotzend – dem Geschmack von Teenagern entsprechen.

Es handelt sich um ein vergleichsweise kleines Projekt, für das nur einfache Etatplanung und in gewissem Ausmaß Programmkontrolle nötig ist. Sein Erfolg hängt jedoch nicht von der Anwendung modernster Projektmanagementtechniken ab. Eigentlich müßte alles völlig unkompliziert ablaufen; nichts kann schiefgehen.

Das Kick-off-Meeting

Die Einführung des neuen Produktentwurfs muß man sich zunächst als ein Treffen im Büro des technischen Leiters in den Entwicklungslabors des Unternehmens vorstellen. Außer dem technischen Leiter werden wahrscheinlich Vertreter anderer interessierter Abteilungen wie Verkauf und Produktion an dem Treffen teilnehmen. Ein weiterer Vertreter – erforderlich für die Beschlußfähigkeit der Gruppe – ist natürlich der Entwicklungsingenieur (in unserem Fall George genannt), der die tatsächliche Entwicklungsarbeit durchführen wird.

Die Diskussion wird zweifellos darauf abzielen, den Ingenieur auf die richtige Bahn zu bringen, um jene Einheit zu schaffen, die sich die Firmendirektoren aufgrund der vor kurzem durchgeführten Marktanalyse vorgestellt haben. So werden George also eine Reihe von Zielsetzungen gegeben. Gehen wir aber davon aus, daß die Zielsetzungen, wie es oft vorkommt, recht grundsätzlicher Natur sind und nicht in einer förmlichen Produktspezifikation festgehalten wurden.

Man kann sich vorstellen, daß George sich eine Reihe der Informationen, die man ihm während der Diskussion mündlich gegeben hat, eingeprägt hat. Vielleicht hat er noch ein paar eigene Notizen und grobe Skizzen angefertigt. Ohne Zweifel wird man ihm eine Vorstellung von angepeilten Produktionskosten, von Styling, Leistung, angestrebtem Verkaufspreis und einen ungefähren Termin geben haben, wann die Lagerbestände für den Vertrieb bereitstehen sollten und das Produkt auf den Markt kommen kann.

Die erste Entwurfsstufe

Wir können davon ausgehen, daß George vor Enthusiasmus übersprudeln wird. Die meisten kompetenten Ingenieure sind begeistert, wenn sie die Verantwortung für ein neues Produkt übernehmen, an dem sie ihre kreativen Fähigkeiten erproben können. Nach ein paar Wochen der Geschäftigkeit hinter den geschlossenen Türen seines Labors wird George mit einem aus ersten Entwürfen hervorgegangenen Modell des neuen Kassettenrecorders auftauchen. Dieses Arbeitsmodell muß dann der kritischen Betrachtung verschiedener Experten überantwortet werden. Unter ihnen werden Marketingleute, ein Industriedesigner und Produktionsingenieure sowie entsprechende Repräsentanten anderer Abteilungen sein, die schließlich an der Produktion beteiligt sein werden.

Die Stufe der Produktionsvorbereitung

Die nächste Stufe des Projekts, nach günstiger Beurteilung des Prototyps und der Aufnahme von Verbesserungsvorschlägen der Experten, besteht in der Vorbereitung von Produktionszeichnungen und der Aufstellung der benötigten Materialien und Spezifikationen, nach denen eine kleine Partie von Pilotmodellen gefertigt werden kann. Erfahrungsgemäß geht man vernünftigerweise davon aus, daß diese die Produktion vorbereitende Phase erheblich länger dauert als der ursprüngliche Entwurf des Labormodells. Die Produktionsabteilung wird vielleicht Werkzeuge und Anlagen vorbereiten, und die Produktionsingenieure werden Versuchsdurchläufe der Fertigungsverfahren starten, die Programme für automatisierte Fertigung testen und allgemeine Überlegungen zu Montage- und Prüfmethoden anstellen.

Erste Zweifel

George muß nun eine Warteperiode über sich ergehen lassen, während der er, abgesehen von der Überprüfung von Zeichnungen und der gelegentlichen Beantwortung von Fragen der Produktions- und Einkaufsabteilung, frei ist, über seinen Entwurf nachzudenken. Dabei kommen ihm erste Zweifel. Er blättert seine Komponentenkataloge durch, wobei ihm auffällt, daß er einen anderen Verstärker in die Spezifikation aufnehmen könnte, der leistungsstärker und sogar etwas günstiger ist.

Frühzeitige Änderungen

George beschließt, die Änderung mit aufzunehmen, was gleichzeitig eine Umgestaltung der Schaltkreisplatten erfordert. Diese sind jedoch bereits gezeichnet worden und ihre Produktion in Prototypmengen wurde in Auftrag gegeben. George beginnt mit der Umgestaltung und stoppt den Auftrag für die Platten.

Die umgearbeiteten Zeichnungen und Stücklisten werden an die Produktions- und Einkaufsabteilung weitergeleitet. Die Produktionskostenschätzer finden heraus, daß die vom Umschwenken auf den neuen Verstärker zu erwartenden Kostenersparnisse weniger als ein Prozent pro Einheit der geschätzten Gesamtkosten ausmachen. Bis zu diesem Zeitpunkt hat die Veränderung eine dreiwöchige Verzögerung verursacht. Außerdem mußten die Vorbereitungsarbeiten verschiedener Abteilungen verworfen und neu begonnen werden.

In der Zwischenzeit wurde George vom Vertreter der Firma besucht, die er für die Lieferung der Lautsprecher ausgewählt hat. Der Vertreter ist höchst erfreut über das mögliche Geschäft. Doch gleichzeitig nimmt er eine technische Broschüre aus seiner Aktentasche, weil er George zeigen möchte, daß er neue, günstige Lautsprecher im Angebot hat, die zur Größe und Form des Gehäuses passen, den Baßbereich um eine ganze Oktave erweitern und besser geeignet sind, dem leistungsstärkeren Verstärker standzuhalten. Die neuen Lautsprecher sind etwas größer als die alten, was zur Folge hat, daß die Zeichnungen erneut geändert und ein Teil der bisherigen Arbeit an den Pilotmodellen verworfen werden müssen. George erachtet dies als einen geringen Preis für die erhebliche Leistungsverbesserung und beschließt, die Veränderung durchzuführen.

Unvorhergesehene Schwierigkeiten

Schließlich ist die Partie der Prototypen trotz der Verzögerungen und zusätzlichen Kosten fertig und wird zur Beurteilung zurück ins Labor geschickt. Bestürzt stellt George fest, daß jedes einzelne Prototypmodell zwei Fehler aufweist, die im ersten, im Labor produzierten Testmodell nicht erkennbar waren. Der Antriebsmotor für die Kassetten gibt ein deutlich wahrnehmbares Dröhnen von sich. Wie sich herausstellt, ist es Folge der Verbesserungen im Baßbereich. Aus demselben Grund ist ein Summen der stromführenden Teile vernehmbar.

George stehen jetzt drei Möglichkeiten offen. Er könnte zum ursprünglichen Entwurf zurückkehren und die ursprünglichen Verstärker und Lautsprecher benutzen. George hat jedoch hohe Ansprüche, und die Vorstellung, die Leistungsfähigkeit herunterzuschrauben, gefällt ihm gar nicht. Seine zweite Option besteht in der Einführung eines einfachen Filters, der den Baßbereich beschneidet und das Dröhnen und Summen abdämpft. Das würde wiederum die Qualität verringern.

George entschließt sich, das einzige ihm als passend Erscheinende zu tun. Er verbessert die Stromeinheit, um das Summen zu eliminieren, und er entwirft einen Kassettenantriebsmotor höherer Qualität, um das Dröhnen zu reduzieren. Diese Veränderungen verursachen zwar weitere Verzögerungen und Kosten, doch im Ergebnis gibt es nun endlich einen Prototyp, der alle Tests erfolgreich durchläuft.

Es ist nun an der Zeit, das Resultat zu beurteilen.

Ein gutes Ergebnis?

Das Endresultat ist ausgesprochen gut. Die Leistung des modifizierten Prototyps entspricht schließlich Georges äußerst kritischen Ansprüchen. Er ist höchst erfreut über das Ergebnis seiner Anstrengungen und gratuliert sich selbst zu seiner guten Arbeit.

Die Betriebsleitung dagegen ist wenig begeistert. Die oft wiederholte Phrase „Zeit ist Geld" ist im Projektmanagement so zutreffend wie überall, und in der Regel kann man zu Recht davon ausgehen, daß beim Überziehen der geplanten Zeitspanne die geplanten Kosten ebenfalls überschritten werden. In diesem Fall ist offensichtlich, daß die Entwicklungskosten weit über den Etat hinausgeschossen sind.

Die Herstellungskosten pro Einheit sind derart angestiegen, daß es nicht mehr möglich ist, das Gerät zum vorgesehenen Preis wirtschaftlich zu verkaufen. Außerdem ist die Produktion des neuen Modells so spät angelaufen, daß die ursprünglich bestehende Marktlücke mittlerweile von einem Konkurrenzprodukt gefüllt wurde.

All das wäre vermieden worden, hätte George sich an seine ursprünglichen Anweisungen gehalten. Doch was waren diese ursprünglichen Anweisungen genau? Wo sind die Dokumente zu deren Nachweis?

Dieses einfache Beispiel zeigt einige der Gefahren, die in einem Produktentwicklungsprojekt auftauchen können, das nicht in Form einer adäquaten Projektspezifikation kontrolliert wird.

George hat ein sehr gutes Produkt entwickelt. Nur war es nicht das Produkt, dessen Entwicklung ihm aufgetragen worden war. Er hat zugelassen, daß seine eigenen Vorstellungen ihm ins Gehege kamen, und er hat damit die ursprünglichen Zielsetzungen aus den Augen verloren. George ist in eine weit verbreitete Falle getappt, denn er hat zugelassen, daß „das Beste" zum Feind „des Guten" wurde.

Betrachtung der Fallstudie: Wie hätte es gemacht werden sollen?

Sehen wir uns das imaginäre Projekt noch einmal an, um festzustellen, wie es bei Anwendung der wesentlichen Elemente der Projektkontrolle abgelaufen wäre.

Schriftliche Spezifikation

Der erste deutliche Unterschied bestünde im Vorliegen einer schriftlichen Spezifikation. Der Hauptteil wäre eine technische Produktspezifikation, die abgefaßt wird, um sicherzustellen, daß alle Zielsetzungen für den Entwurf von Anfang an klar definiert sind. Zu solchen Produktspezifikationen gehören eine Beschreibung der erwarteten Leistungsfähigkeit mit quantifizierten Daten, Angaben zu Qualitäts- und Zuverlässigkeitsstandards, Richtlinien für das Design, Angaben zu Umfangs- und Gewichtslimits und vieles andere.

Die kommerziellen Zielsetzungen für das Produktentwicklungsprojekt müssen ebenfalls spezifiziert werden. Um die ungefähre Rendite der Kapitalinvestition einstufen zu können, muß die Betriebsleitung schon bei der ersten Projekteinschätzung eine einigermaßen klare Vorstellung davon haben, wie hoch diese Investition sein wird.

Der Etat für Entwicklungskosten, Vorbereitung der Produktionsanlagen und andere Kosten sollten daher schon zu Beginn zusammengestellt und bewilligt und im kommerziellen Teil der Spezifikation dokumentiert werden. Die maximal zulässigen Produktionskosten pro Einheit und der angestrebte Verkaufspreis müssen ebenfalls festgelegt werden. Beide Zahlen sind in Verbindung mit den Verkaufsprognosen zu betrachten, die die Produktionsmengen für die ersten zwei oder drei Jahre bestimmen.

Bleibt die Frage des Zeitbudgets: Über das Datum, zu dem das Produkt auf den Markt kommen soll, muß mit aller Sorgfalt entschieden werden, damit diese Zielsetzung auch realistisch ist. Oft fällt der gewählte Termin mit einer wichtigen Handelsmesse zusammen.

Planung und Kontrolle

Der Fortschritt hätte in unserem Beispiel viel effektiver überwacht werden können, wenn ein einfacher Terminplan (etwa in Form eines Balkendiagramms) Teil der Projektspezifikation gewesen wäre. Wären alle wichtigen Projektereignisse („Meilensteine") darin eingetragen gewesen, hätten die regelmäßigen Überprüfungen durch das Management die Gefahr der Verzögerung rechtzeitig erkennbar gemacht, und Korrekturmaßnahmen wären möglich gewesen.

Kontrolle der Veränderungen

Nehmen wir nun an, George befände sich auf jener Stufe des Projekts, wo es ihm gelang, seine erste Entwurfsänderung durchzuführen (den Verstärker). Unter den Bedingungen effektiver Kontrolle wäre es nicht zugelassen worden, daß er nach Ausgabe der Produktionszeichnungen Änderungen vornimmt, ohne diese zuvor mit den betroffenen Abteilungen zu diskutieren. Üblicherweise werden Änderungen dieser Art von einem repräsentativen „Änderungskomitee" genehmigt. Das Komitee überprüft alle möglichen Folgen der vorgeschlagenen Veränderung für den Lagerbestand und angefangenen Arbeiten, die Zuverlässigkeit, die Kosten, die Terminplanung und so fort, bevor es seine Zustimmung oder andere Anweisungen gibt. Mit Sicherheit wären zumindest einige der nachteiligen Auswirkungen von Georges erstem Änderungsvorschlag von einem Änderungsausschuß vorhergesehen worden. Abgesehen von den technischen Gründen wäre diese Idee schon deshalb im Keim erstickt worden, weil sie die Zeitplanung gefährdete.

Detaillierte Verfahren für die Kontrolle von Modifikationen werden im Kapitel 21 dargestellt. Hier genügt es festzuhalten, daß die anderen Änderungen im Kassettenrecorderprojekt von einer kompetenten Betriebsleitung ebenfalls schnell abgeschmettert worden wären. George wäre auf dem „richtigen" Weg geblieben, hätte es eine formale Produktspezifikation und ein Entwicklungsprogramm gegeben und wäre eine vernünftige Kontrolle der Modifikationen und, natürlich, die tagtägliche Überwachung durch seine Vorgesetzten gewährleistet gewesen.

Entwicklung und Dokumentation der Projektspezifikation

Da es von so großer Wichtigkeit ist, die Projektanforderungen so exakt wie möglich zu spezifizieren, scheint es angebracht, dieses Kapitel mit einigen Überlegungen zur Vorbereitung eines Spezifikationsdokuments abzuschließen.

Spezifikationsentwicklung (Problemlösungsverfahren)

Obwohl sich der Kunde von vornherein über seine Bedürfnisse im klaren sein mag, ist es üblich, daß vor der Vertragsunterzeichnung ein Dialog zwischen dem Kunden und einem oder mehreren möglichen Auftragnehmern stattfindet. Es ist davon auszugehen, daß jeder der konkurrierenden Auftragnehmer während dieses Vorgangs unterschiedliche Vorschläge für die Durchführung des Projekts macht, die die ursprüngliche Anfrage des Kunden effektiv erweitern oder ändern.

In einigen Unternehmen wird diese Phase der Projektvorbereitung treffend „Problemlösungsverfahren" genannt, weil die Verkaufsingenieure jedes Auftragnehmers daran arbeiten, eine technische Lösung zu finden und zu empfehlen, von der sie glauben, daß sie die für den Kunden am besten geeignete ist (und den Auftrag sichern wird). Ein solches Verfahren kann ein paar Tage, mehrere Monate oder sogar Jahre dauern. Es kann ein kostspieliges Unterfangen sein, besonders wenn das endgültige Angebot nicht den Auftrag bekommt.

Es ist zwar eine hübsche Vorstellung, daß die Verkaufsingenieure des ausgewählten Auftragnehmers am Ende der Problemlösungsphase ihre Füller aufs Papier setzen und die definitive Projektspezifikation niederschreiben, doch die Praxis wird wahrscheinlich völlig anders aussehen. Eine ursprüngliche Beschreibung, die ziemlich zu Beginn des Ablaufs abgefaßt wurde, wird im Laufe der Entwicklung erweitert und verändert werden, und es wird wahrscheinlich, je nach Art des Projekts, einen Berg von Zeichnungen, Designskizzen, Flußdiagrammen, Zeitplänen und anderen Dokumenten geben, die ihrerseits verändert und ausgetauscht werden.

Es ist eine fundamentale und gleichzeitig offensichtliche Notwendigkeit, daß sich nach Vertragsun- terzeichnung mit absoluter Sicherheit bestimmen lassen muß, welche dieser Versionen die tatsächli- che vertragliche Verpflichtung dokumentiert. Es ist immer daran zu denken, daß die neueste Ausga- be eines Dokuments nicht immer die korrekte sein muß.

Form und Inhalt

Die hier beschriebene Form ist ein charakteristisches Beispiel für eine optimal gestaltete Pro- jektspezifikation.

1. Ordner: Die Spezifikation für ein großes Projekt ist eine Zeitlang im Umlauf und wird oft benutzt. Sie muß in einem geeigneten Ordner abgelegt werden, sinnvollerweise ein Loseblattordner oder ein ähnliches System, das erlaubt, veränderte Seiten hinzuzufügen oder auszutauschen.

2. Spezifikationskennung: Natürlich muß der Ordner Projektnummer und -titel aufweisen, die deut- lich sichtbar sein sollten.

3. Kontrollplan der Spezifikationsdokumente: Dieser äußerst wichtige Teil der Spezifikation ergänzt die Spezifikationskennung, indem er den Bearbeitungsstand des kompletten Dokuments anzeigt. Im Idealfall wird er zusammen mit dem Haupttext in den Ordner aufgenommen, entwe- der vorne oder hinten.

   Der Kontrollplan muß jedes Dokument auflisten, das Teil der Gesamtspezifikation ist. Dazu ge- hören auch Zeichnungen, die zu groß sind, um mit dem Haupttext in den Ordner geheftet zu wer- den, und andere externe Dokumente, die für eine adäquate Projektdefinition relevant sind, zum Beispiel technische Spezifikationsstandards oder behördliche Bestimmungen.

   Unerläßlich ist die Aufzeichnung der Serien- und korrekten Revisionsnummer aller Dokumente. Vorzugsweise sollte der Titel jedes Dokuments ebenfalls angegeben werden. Sollte eines der be- treffenden Dokumente seinerseits komplexer aufgebaut sein, so sollte es dafür einen gesonderten Kontrollplan innerhalb des Ordners geben.

   Der Kontrollplan sollte dieselbe Serien- und Revisionsnummer haben wie das Dokument, das er kontrolliert. Wenn die Spezifikation die Nummer „XYZ123" hat und es sich um die sechste Revi- sion handelt, dann muß der Kontrollplan die Nummer „XYZ123, Revision 6" tragen. Dieses Ver- fahren gewährleistet, daß der geänderte Stand der gesamten Projektspezifikation, mit allen Zusät- zen und angeschlossenen Dokumenten, jederzeit exakt bestimmt werden kann, indem einfach eine Revisionsnummer angegeben wird.

   Weitere Informationen von allgemeiner Bedeutung für mehrseitige Verwaltungsdokumente und deren Änderungen befinden sich am Ende des Abschnitts über die Einkaufsspezifikation im Kapitel 18.

4. Der beschreibende Text: Die Projektbeschreibung sollte verständlich und knapp abgefaßt wer- den. Dem Text sollte ein Inhaltsverzeichnis vorangestellt werden, und er sollte in logische Ab- schnitte aufgeteilt werden. Alle Seiten sind zu numerieren.

   Jede Änderung muß eine Seriennummer oder einen Buchstaben zur Kennung bekommen, und die Änderungs- oder Revisionsnummer der gesamten Spezifikation muß entsprechend nach jeder Textänderung erhöht werden. Geänderte Absätze oder zusätzliche Seiten sollten deutlich ge- macht werden, zum Beispiel indem die entsprechende Änderungsnummer neben der Verände- rung aufgeführt wird, möglicherweise mit einem umgekehrten Dreieck, wie es oft in technischen Zeichnungen benutzt wird.

5. Zusatzdokumente: Die meisten Projektspezifikationen bedürfen einer Reihe von zusätzlichen technischen oder anderen Dokumenten, die nicht im Ordner abheftbar sind. Diese sind Teil der Spezifikation und müssen vollständig im Kontrollplan angeführt werden.

6. Verteilerliste: Eine verantwortliche Person behält eine Liste mit den Namen derjenigen, die die erste Ausgabe einer Spezifikation erhalten haben, damit sie später auch alle geänderten Versionen bekommen. Die sicherste Möglichkeit wäre, diese Liste mit allen Kopien der Spezifikation abzuheften, aber das mag aus betriebspolitischen Gründen gelegentlich unangebracht sein.

Kapitel 4

Kostenvoranschläge – Teil 1: Definitionen und Grundsätze

Ein exakter Voranschlag der Projektkosten stellt einen unabdinglichen Teil einer brauchbaren Grundlage für Managemententscheidungen und -kontrollen dar. Der offensichtlichste Grund für die Erstellung von Kostenvoranschlägen besteht darin, den Preis festzulegen, doch das ist bei weitem nicht alles. Kostenvoranschläge sind in der Regel für jedes kommerzielle Projekt erforderlich, auch für innerbetriebliche Projekte und solche, die ohne festgelegte Preise verkauft werden. Terminplanung, Zuweisung der Projektressourcen, Einrichtung eines Haushaltsplanes für die Finanzierung, Kontrolle der Arbeitskräfte und -kosten und die Beurteilung des Erreichten angesichts der erwarteten Leistung erfordern die Erstellung solider Kostenvoranschläge.

Wesentliche Kostendefinitionen und -grundsätze

Im Rechnungswesen geht man allgemein davon aus, daß das Wort „Kosten" niemals allein, ohne qualifizierendes Adjektiv benutzt werden sollte. Es muß immer deutlich gemacht werden, welche Art von Kosten gemeint sind. Kosten lassen sich unterschiedlich beschreiben, doch innerhalb dieses Kapitels genügt es, einige der Begriffe zu skizzieren, mit denen Kostenschätzer oder Kostenrechner und Projektmanager vertraut sein sollten. Offensichtliche, von sich aus verständliche Begriffe wie Lohnkosten, Materialkosten etc. müssen nicht erklärt werden, und daher wurde die folgende Liste auf ein paar wesentliche Begriffe beschränkt, die nicht jedem Leser vertraut sein mögen. Die Stichworte sind in alphabetischer Reihenfolge aufgeführt.

Absorbierende Kostenberechnung
Siehe Rückgewinnung der Betriebskosten

Außerordentliche Aufwendungen
Dieser Ausdruck wird als Überbegriff für verschiedene Aufwendungen verwendet, die hinzukommen, nachdem ein vollständiger Grundkostenvoranschlag erstellt wurde. Es kann sich dabei um Aufwendungen für Kosteneskalation, Währungskursschwankungen und unvorhergesehene Aufwendungen handeln.

Direkte Kosten
Kosten, die direkt einem Arbeitsgang oder einer Projektaufgabe zugeschrieben werden können, heißen direkte Kosten. Wenn also jemand zwei Stunden mit der Fertigung einer Komponente verbringt, die eindeutig für ein bestimmtes Projekt benötigt wird, dann wird diese Zeit als direkte Arbeitsleistung eingestuft und die Kosten als direkte Kosten aufgenommen und direkt für das Projekt in Rechnung gestellt. Ebenso werden Materialien, Komponenten und Ausgaben, die einem bestimmten Projekt zugeschrieben werden können, als direkt eingestuft.

Artikel	GE	GE	GE
Direkt verwendete Materialien			
Messingblech		50,00	
Messingstangen		25,00	
Andere		20,00	
Direkte Gesamtmaterialkosten			95,00
Direkte Lohnkosten (zu Standardtarifen)			
Entwurf			
10 Ingenieurstunden	zu 25,00	250,00	
15 Stunden technischer Zeichner	zu 15,00	225,00	
1 Stunde Prüfer	zu 17,00	17,00	
Fertigung			
20 Stunden Metallblech	zu 13,00	260,00	
3 Stunden Drechsler	zu 13,00	39,00	
1 Stunde Montage	zu 13,00	13,00	
1 Stunde Prüfung	zu 16,00	16,00	
Direkte Gesamtlohnkosten			820,00
Selbstkosten			915,00
Gemeinkosten zu 75% der direkten Lohnkosten			615,00
Herstellungskosten			1530,00
Gewinnaufschlag zu 50%			765,00
Verkaufspreis			2295,00

Abbildung 4.1   **Kosten- und Preisstruktur eines einfachen Fertigungsprojekts**

Fixkosten
Kosten werden als fix betrachtet, wenn sie unveränderlich sind und kontinuierlich entstehen, obwohl die Arbeitsauslastung zwischen Null und der maximalen Kapazität schwankt. Zu diesen Kosten gehören Gehaltszahlungen für Management und Verwaltung, Miete, kommunale Abgaben, Heizung, Versicherung und so weiter. Fixkosten bilden in der Regel den größten Teil der indirekten oder Gemeinkosten eines Unternehmens.

Gemeinkosten
Siehe Indirekte Kosten

Herstellungskosten
Bei Fertigungsprojekten sind die Herstellungskosten die Gesamtkosten für einen Auftrag oder ein Projekt ohne Gewinnzuschlag. Sie umfassen sämtliche direkten und indirekten Kosten für Arbeitszeit, Materialien und Ausgaben. Abbildung 4.1 ist ein sehr einfaches Beispiel, das die Beziehung der Herstellungskosten zur Preisstruktur darstellt.
Entwicklungskosten werden in der Fertigungsindustrie oft als indirekte Kosten betrachtet und als Gemeinkosten über den Massenverkauf des Endprodukts wieder zurückgeholt. Das Beispiel in Abbildung 4.1 zeigt jedoch ein Spezialprojekt. Es ist zwar ein kleines, aber dennoch ein Projekt, denn es dient der Entwicklung und einmaligen Fertigung eines Einzelteils entsprechend der Sonderbe-

stellung eines Kunden. Sämtliche Entwicklungskosten können aufgeführt und direkt diesem Projekt zugeschrieben werden. Daher werden sie in diesem Fall als direkte Kosten behandelt.

Indexanpassung

Indexanpassung bezeichnet den Anstieg jeden Elements der Projektkosten, wenn die Kosten dieses Elements zu zwei verschiedenen Zeitpunkten miteinander verglichen werden (zum Beispiel heute und in zwei Jahren). Diese Kosteneskalation wird durch Lohn- und Gehaltszahlungen und Inflationsdruck auf Preise, die für eingekaufte Materialien und Komponenten gezahlt wurden, verursacht. Sie wird oft als eine jährliche Prozentrate ausgedrückt.

Indirekte Kosten (Gemeinkosten, Overhead-Kosten)

Die Bereitstellung von Anlagen und Dienstleistungen wie Fabrik- und Büroräume, Management, Personal- und Wohlfahrtseinrichtungen, Ausbildung, Kostenrechnung und Finanzbuchhaltung, allgemeine Verwaltung, Heizung, Strom und Wartung verursachen Kosten, die in jedem Betrieb auftreten. Zu ihnen gehören außerdem Lohn- und Gehaltszahlungen, Materialkosten und andere Ausgaben. Doch diese allgemeinen Kosten können nicht direkt einem Auftrag oder Projekt zugeschrieben werden, es sei denn in dem sehr ungewöhnlichen Fall, daß eine Organisation allein aus dem Grunde aufgebaut wird, ein einziges Projekt durchzuführen. Daher nennt man diese Kosten indirekte Kosten oder auch Betriebskosten.

Wichtig ist, daß die Bereitstellung von Anlagen am Standort eines Bauprojekts als direkte Kosten eingestuft werden können, obwohl dazu auch Unterbringung und Dienstleistungen gehören, die man im Hauptbüro oder am Firmensitz als indirekt bezeichnen würde. Sind sie jedoch extra für ein bestimmtes Projekt bereitgestellt worden, so stehen sie nur mit diesem Projekt in Verbindung und werden direkt berechnet.

Zwischen verschiedenen Firmen gibt es erhebliche Unterschiede in der Interpretation von direkten und indirekten Kosten. Einige Firmen berechnen zum Beispiel die Druckkosten für Pläne den Projekten und holen die Kosten direkt wieder herein, indem sie sie dem Klienten oder Kunden in Rechnung stellen. Andere Firmen würden diese Kosten als indirekt betrachten und den Gemeinkosten zuschlagen. Manchmal variiert die Einstufung der Kosten als direkt oder indirekt sogar von einem Projekt zum nächsten, je nachdem, was ein Kunde laut Vertrag bereit ist, als direkte Kosten zu bezahlen.

Kostenschätzer und Projektmanager müssen sich darüber im klaren sein, was in ihrem jeweiligen Unternehmen den direkten oder den indirekten Kosten zuzurechnen ist. Außerdem müssen sie auf Sonderbestimmungen im Angebot und im Vertrag jedes Projekts achten.

Indirekte Kosten sind zwar vorwiegend Fixkosten, doch sie können zum Teil auch variable Kosten enthalten. Die Unterhaltung eines permanenten Firmenhauptsitzes verursacht feste, indirekte Kosten, denn sie entstehen ungeachtet der normalen Schwankungen der Arbeitsauslastung. Die vorübergehende Beschäftigung von Bürokräften für die Arbeit in den Verwaltungsabteilungen verursacht variable Kosten, denn die Ausgabenrate (die Anzahl und Art der beschäftigen Bürokräfte) variiert entsprechend den Faktoren Arbeitsvolumen und Anzahl der einsatzfähigen festen Mitarbeiter. Die Betriebsleitung ist frei in ihrer Entscheidung, die Zahl der Zeitarbeiter zu erhöhen oder zu verringern. Die Einstufung der Betriebskosten in feste und variable Kosten ist für die Zusammenhänge in diesem Buch weitgehend nebensächlich, doch in der fertigenden und verarbeitenden Industrie ist sie von Bedeutung für die Beziehung zwischen Preisen, Rentabilität und dem Produktionsvolumen.

In jeder Branche ist das Management bemüht, die Gemeinkosten im Verhältnis zu den direkten Kosten so gering wie möglich zu halten, weil hohe Gemeinkosten die Wettbewerbschancen eines

Unternehmens am Markt untergraben. Bei den variablen Gemeinkosten lassen sich am schnellsten und einfachsten Einsparungen realisieren, abgesehen von der Verlegung des Firmensitzes oder der Entlassung von festangestellten Mitarbeitern in Verwaltung und Management.

Lohnnebenkosten

Lohnnebenkosten oder Personalnebenkosten sind eine Summe, die in der Regel in Prozent ausgedrückt und der Grundlohnrate pro Stunde oder Woche hinzugefügt wird. Es handelt sich hier zum Beispiel um Arbeitgeberbeiträge zur Sozialversicherung, Lohnfortzahlungen im Krankheitsfall und freiwillige Leistungen.

Materialzusatzkosten, Materialgemeinkosten

Materialien, die für ein Projekt erworben werden, werden als direkte Kosten in Rechnung gestellt. In der Regel verlangen die Auftragnehmer jedoch einen Aufschlag, um ihre Verwaltungs- und Bearbeitungskosten abzudecken. Üblicherweise schwankt dieser Aufschlag zwischen 15 Prozent (oder weniger) für sehr große, kostspielige Artikel, die direkt an einen Standort geliefert werden müssen, und 25 Prozent oder mehr für kleinere, günstige Artikel, die im Verhältnis zu ihrem Wert hohe Bearbeitungs- und Verwaltungskosten verursachen. Eine übliche Durchschnittsrate für die Materialzusatzkosten beträgt 15 Prozent.

Rückgewinnung der Betriebskosten

Die meisten Projektkostenrechnungssysteme berechnen die direkten Lohnkosten, inklusive der Lohnnebenkosten, indem die Arbeitszeit pro Auftrag mit dem üblichen Stundenlohn für die betreffende Einkommensstufe multipliziert wird. Dem kann eine den Lohnkosten proportionale Summe hinzugefügt werden (üblicherweise eine Prozentrate), die einen Teil der indirekten Betriebskosten des Unternehmens abdeckt. Das Beispiel in Abbildung 4.1 illustriert, wenn auch sehr vereinfacht, dieses Prinzip.

Dieselbe Betriebskostenrate (75 Prozent in Abbildung 4.1) wird auf alle vergleichbaren Projekte der Firma angewandt. In manchen Branchen kann die Betriebskostenrate 100 Prozent, 200 Prozent oder noch mehr betragen. Zum Beispiel in Unternehmen, die in hohem Maße Forschungs- und Entwicklungsarbeiten finanzieren. In arbeitsintensiven Branchen, ohne hohe Anteile an Forschung, Entwicklung und kostspieligen Einrichtungen, kann die Betriebskostenrate bei 50 Prozent oder weniger liegen. Im Rahmen dieses Buches ist es nicht möglich, Normen festzulegen, weil die Umstände sich je nach Unternehmen erheblich voneinander unterscheiden, selbst wenn diese ähnliche Arbeiten durchführen. Offensichtlich gewinnt ein Unternehmen, dem es gelingt seine indirekten Kosten und die Gemeinkostenrate niedrig zu halten, einen Wettbewerbsvorteil hinsichtlich Kosten und Preisangebot.

Die beschriebene Methode der Rückgewinnung der Betriebskosten durch einen „Preisaufschlag" auf die direkten Lohnkosten wird „absorptive Kostenberechnung" genannt. Die Prozentzahl für die Betriebskostenrate richtig anzusetzen, ist eine Aufgabe des Rechnungswesens, die gutes Wahrnehmungsvermögen und Geschick erfordert. Die richtige Lösung zu finden, hängt von exakten Prognosen der Arbeitsauslastung und effektiver Berechnung und Kontrolle der Betriebskosten ab.

Wenn die vorausgeplante direkte Arbeitsauslastung aus irgendwelchen Gründen nicht eintritt, vielleicht durch Auftragsstornierungen oder zu optimistische Verkaufsprognosen, können den Aufträgen nur geringere direkte Lohnkosten zugeordnet und in Rechnung gestellt werden. Das führt zu einer entsprechenden Verringerung der vorhergesehenen Rückgewinnung von Betriebskosten. Dieser ungünstige Zustand wird „mangelhafte Rückgewinnung der Betriebskosten" genannt. Dem kann durch den Einsatz folgender Maßnahmen abgeholfen werden:

- Erhöhung der Verkaufseinnahmen durch Hinaufsetzen der Gemeinkostenrate, wodurch jedoch die Preise steigen, was die Auftragslage weiter verschlechtern kann.
- Erhöhung der Verkaufseinnahmen durch höheren Absatz.
- Neue Kunden dazu bringen, der Einstufung von Aufgaben, die früher indirekte Kosten waren, als direkte Kosten zuzustimmen, um sie jedem Einzelprojekt berechnen zu können (zum Beispiel Planausdrucke, Telefonkosten, Reisekosten und so weiter).
- Einsparungen zur Verringerung der Gemeinkosten.

Kunden mit großen Kapitalinvestitionsprojekten stehen den vorgeschlagenen Gemeinkostenraten, die ihren Projekten berechnet werden, gelegentlich sehr kritisch gegenüber. Oft verlangen sie detaillierte Erläuterungen, was diese Sätze enthalten sollen. Oft muß die Gemeinkostenrate für ein großes Projekt mit dem Kunden ausgehandelt werden, bevor ein Auftrag vergeben wird.

Unverhältnismäßige Rückgewinnung von Gemeinkosten tritt dann auf, wenn die Arbeitsauslastung oder Berechnung direkter Lohnkosten die Erwartungen übersteigen, so daß sich die geforderte Prozentrate als zu hoch herausstellt. Zwar wird so kurzfristig die Rentabilität erhöht, doch es kann dennoch ungünstig sein, weil es unter Umständen bedeutet, daß das Unternehmen aufgrund seiner Preispolitik nicht hinreichend wettbewerbsfähig ist. Für die Zukunft kann sich das negativ auf die Auftragslage auswirken.

Selbstkostenpreis
Die Summe aller direkten Kosten, die bei der Durchführung eines bestimmten Auftrags oder Projekts anfallen (direkte Kosten für Lohn, Material sowie andere Ausgaben), wird manchmal als Selbstkostenpreis bezeichnet.

Standardkostenrechnung
Kostenrechnung setzt sich aus Kostenvoranschlägen und Plänen zusammen, wobei Standardkosten für Lohn und Material angenommenen werden, die sich aus den durchschnittlichen Kosten ableiten. Bei der Projektkostenberechnung werden diese Standards sowohl für Kostenvoranschläge als auch für die darauffolgende Routineaufgabe der Kostenaufstellung in Form von Arbeitszeitbögen und Materialeinkauf verwendet. Der Vergleich der verwendeten Standardkosten mit den entsprechenden Etats kann als Leistungsmaßstab dienen. Die Unterschiede (Varianzen) können analysiert werden, um das Management mit Kontrollinformationen zu versorgen.

Nach Möglichkeit berechnen die Finanzbuchhalter die tatsächlichen Kostenraten in regelmäßigen Abständen und vergleichen sie mit den verwendeten Standardraten, wobei sich eine weitere Gruppe von Varianzen ergibt. Wenn sich diese Varianzen als erheblich herausstellen – meist eine Folge der Kosteninflation –, dann müssen die Standards untersucht und entsprechend korrigiert werden.

Die Kostenrechnung umfaßt noch weitere Produktionsmengen und -berechnungen, doch im Zusammenhang mit dem Projektmanagement ist sie irrelevant.

Siehe auch Varianzen.

Standardlohnkosten
Es wäre sehr mühsam und unpraktisch, bei der Durchführung der Kostenberechnung, Etatplanung, Buchhaltung und Kostenaufstellung für einen Auftrag oder ein Projekt sämtliche Einkommensstufen der einzelnen Mitarbeiter zu verwenden. Zwei Techniker mit vergleichbaren Fähigkeiten und identischen Arbeitstiteln können zum Beispiel völlig unterschiedliche Gehälter bekommen. Diese Abweichungen treten aus guten Gründen auf allen Stufen in Betriebsleitung und Belegschaft auf. Doch der Kostenschätzer kann unmöglich jeden einzelnen namentlich nennen, der mit einem Auf-

trag beschäftigt sein wird, und dessen Tätigkeit erst Monate oder gar Jahre nach Erstellung des Kostenvoranschlags beginnt. Selbst wenn Namen eingetragen werden könnten, gibt es doch keine Garantie, daß wirklich diese Leute die Arbeiten durchführen werden. Außerdem müssen die tatsächlichen Einkommen der einzelnen Beschäftigten geheimgehalten werden.

Die bewährte Lösung dieses Problems ist die Anwendung einer konsequenten Kostenrechnung.

Bei Lohnkosten besteht der erste Schritt darin, die Personen anhand geeigneter Regeln einzustufen, üblicherweise auf der Grundlage der Arbeit, die sie verrichten, und der allgemeinen Stufe in der Gehaltsstruktur, auf der sie sich befinden. Hier sind zum Beispiel die Kategorien, die ein Unternehmen für seine Hauptsitzmitarbeiter im Management der Bereiche Technik, Einkauf und Hochbau bei Kapitalinvestitionsprojekten gewählt hat, aufgeführt.

- Kategorie 1: Geschäftsführer, Unternehmensbereichsleiter und Fachkräfte im Beraterrang
- Kategorie 2: Projektmanager und Abteilungsleiter; dazu gehören die technischen Leiter aller technischen Spezialdisziplinen
- Kategorie 3: Projekttechniker und leitende Techniker; unabhängig von der technischen Disziplin
- Kategorie 4: Techniker und untergeordnete Techniker
- Kategorie 5: Gruppenleiter der technischen Zeichner und Prüfer
- Kategorie 6: Zeichner
- Kategorie 7: Verwaltungsmitarbeiter: Einkäufer, Verkaufsangestellte, Sekretärinnen, Sachbearbeiter und alle Mitarbeiter außer Managern, die im Verwaltungsbereich tätig sind, unabhängig von ihrem Rang oder Einkommen

Die Zahl der verschiedenen Kategorien sollte auf ein Minimum, maximal jedoch zehn, beschränkt werden. Die Buchhaltung berechnet die durchschnittlichen Lohnkosten für alle, die sich auf einer Standardstufe befinden. Alle Kostenvoranschläge und tatsächlichen Aufträge werden dann mit Hilfe dieser Stufen und Standards berechnet.

Da die Kalkulationen innerhalb der Buchhaltung stattfinden, hat die Methode den Vorteil, daß die vertrauliche Behandlung der jeweiligen Gehaltsdaten gewahrt bleibt. Den Kostenschätzern und Projektverwaltungsmitarbeitern müssen lediglich die aktuellen Standardraten mitgeteilt werden. Allerdings sollten auch die Standards vertraulich behandelt werden, da sie zum Beispiel für die Konkurrenz von Nutzen sein können.

Standardmaterialkosten
In Fertigungsbetrieben können Standardkostenraten für eingelagerte Materialien und zugekaufte Einzelteile entwickelt werden. Die Standards stellen nachvollziehbare Mittelwerte auf der Grundlage der Stückkostenpreise, die von Zulieferern verrechnet werden, dar.

Variable Kosten
Variable Kosten sind die Kosten, deren Auftreten von der Arbeitsaktivität abhängig ist. Normalerweise handelt es sich dabei um direkte Kosten, doch in geringem Ausmaß treten sie als indirekte Kosten auf.

Varianzen
Varianzen sind alle Abweichungen zwischen geplanten oder im Etat vorgesehenen Mengenangaben und der Menge, die nachträglich tatsächlich gemessen wurde. Sie werden in der Regel im Zusammenhang mit Kosten verwendet, besonders in der Kostenrechnung. Der Begriff wird zum Beispiel benutzt, um die Fehler (geringfügige, wie man hofft) zu beschreiben, die entstehen, wenn kalkulierte Mittelwerte für Lohn- und Materialkosten in Etats und Kostenrechnung verwendet werden. Die-

se Abweichungen treten zutage, wenn die Konten für die Lohn- und Gehaltslisten und das Einkaufsbuch in regelmäßigen Abständen mit der Projektkostenplanung in Übereinstimmung gebracht werden.

Varianzen sind im Projektmanagement besonders nützlich, weil sie Irrtümer deutlich machen und einen Managementstil ermöglichen, der sich zum Ziel setzt, aus Fehlern und Erfolgen zu lernen *(management by exception)*.

Genauigkeit der Kostenberechnung

Die Kostenberechnung muß offensichtlich von einer Projektspezifikation ausgehen. Dabei ist eines klar: Je genauer das Projekt zu Beginn definiert werden kann, desto geringer ist die Wahrscheinlichkeit, daß bei der Kostenberechnung Fehler auftreten werden. Die Wahrscheinlichkeit, daß Fehler auftreten, kann jedoch nie auf Null reduziert werden. Erste Kostenvoranschläge für ein Gesamtprojekt können niemals absolut fehlerfrei und vollkommen korrekt sein. Bei Kostenberechnungen spielt das persönliche Urteil immer eine gewisse Rolle. Ein Projekt wird immer – es handelt sich schließlich um eine neue Unternehmung – Überraschungen mit sich bringen. Sollten die tatsächlichen Projektkosten letztlich wirklich mit den ursprünglichen Kostenvoranschlägen übereinstimmen, so wäre dies Anlaß für großzügige Anerkennung und ein Grund zum Feiern, aber es wäre dennoch Zufall. In vielen Fällen ist es nicht einmal möglich, die wirklichen Gesamtkosten am Ende eines Projekts mit Gewißheit zu benennen, was am komplexen Wesen von Kostenentstehung und -verteilung sowie an den Buchhaltungsmethoden liegt.

Natürlich können Maßnahmen ergriffen werden, um einige der möglichen Fehlerquellen in Kostenvoranschlägen zu beseitigen und sicherzustellen, daß effiziente Systeme für die darauffolgende Kostenberechnung vorhanden sind. Einige dieser Methoden werden in diesem Kapitel und an anderer Stelle in diesem Buch behandelt. Kostenschätzer müssen sich dieser Probleme bewußt sein, doch sie dürfen sich dadurch nicht von ihrer Hauptaufgabe ablenken lassen, die darin besteht, sämtliche zugänglichen Daten und die zur Verfügung stehende Zeit dazu zu nutzen, einen so genauen Voranschlag wie möglich zu erstellen. Mit anderen Worten: Es handelt sich um eine kalkulierte Beurteilung dessen, was das Projekt kosten wird, wenn alles entsprechend den Erwartungen abläuft.

Kostenvoranschläge, die mit einem hohen Grad an Zuverlässigkeit ausgestattet sind, bedeuten eine große Hilfe für diejenigen, die für wettbewerbsorientierte Preisentscheidungen verantwortlich sind. Und exakte Voranschläge erhöhen den Nutzwert von Etats und Ressourcenplanungen.

Klassifizierung der Voranschläge entsprechend der Zuverlässigkeit

Eine Reihe von Unternehmen in Branchen wie Bauindustrie, Petrochemie oder Tiefbau finden es praktisch, Projektkostenvoranschläge gemäß der Zuverlässigkeit einzuteilen, mit der die Schätzer ihre Vorhersagen treffen. Diese Klassifizierungen hängen von der Qualität der Informationen ab, die den Schätzern zugänglich sind, und von der für die Berechnung zur Verfügung stehenden Zeit. Verschiedene Unternehmen haben ihre eigenen Vorstellungen zu diesem Thema, aber die folgende Liste bietet ein brauchbares Beispiel:

1. Grobe Schätzungen werden vor Beginn eines Projekts erstellt, wenn nur verschwommene Informationen erhältlich sind und praktisch sämtliche Einzelheiten der Arbeit erst formuliert werden

müssen. Grobe Schätzungen werden außerdem in Notfällen angestellt, wenn alle Detailinformationen für eine exakte Beurteilung vorliegen, aber nicht genug Zeit vorhanden ist, sie zu prüfen. Einem Produktionsmanager wird zum Beispiel ein Satz detaillierter Produktionszeichnungen vorgelegt, den er gedankenversunken in Händen hält. Nach einer kurzen Pause erklärt er: „Das hier enthält Arbeit im Wert von zwanzigtausend Geldeinheiten." In vielen Branchen sind grobe Schätzungen weit verbreitet. Besonders wertvoll sind sie für vorläufige Prüfungen möglicherweise benötigter Ressourcen, für die Prüfung von Anfragen und für andere frühe Planungsentscheidungen. Für andere Zwecke werden grobe Schätzungen kaum hinreichende Genauigkeit bieten. Sie sollten beispielsweise niemals als Grundlage eines Festpreisangebots herangezogen werden. Eine gut begründete grobe Schätzung kann mit viel Glück und guter Urteilskraft vielleicht eine Genauigkeit von plus/minus 25 Prozent erreichen.

2. Vergleichende Schätzungen werden angestellt, wie der Name schon sagt, indem die zu verrichtenden Arbeiten an dem neuen Projekt mit Arbeiten an einem vergleichbaren Projekt aus der Vergangenheit verglichen werden. Sie können angestellt werden, bevor die detaillierte Entwurfsarbeit beginnt, wenn es noch keine exakten Materiallisten und Arbeitszeitpläne gibt. Sie hängen von einer guten Projektdefinitionsskizze ab, die den Schätzer in die Lage versetzen muß, alle wesentlichen Elemente erkennen und ihren Umfang und Grad an Komplexität beurteilen zu können. Die andere Hauptvoraussetzung ist der Zugang zu Kosten- und technischen Archiven vergangener Projekte, die vergleichbare Elemente beinhalteten (sie müssen nicht identisch sein). Abgesehen von geschäftlichen Risiken, die sich außerhalb der Kontrolle des Schätzers befinden, etwa Währungskursschwankungen, hängt die Exaktheit vor allem davon ab, mit wieviel Zuversicht die vorgeschlagenen Entwurfslösungen und die schließlich beschlossenen Arbeitsmethoden betrachtet werden können und in welchem Ausmaß die neuen Projektelemente mit denen früherer Projekte vergleichbar sind. Wahrscheinlich ist es nicht möglich, eine Genauigkeit von mehr als plus/minus 15 Prozent zu erzielen. Vergleichende Schätzungen werden üblicherweise als Angebotsgrundlage für Fertigungs- und andere technische Projekte benutzt, vorausgesetzt, daß die angestrebte Profitmarge im Vergleich zu den wahrscheinlichen Berechnungsirrtümern hoch ist. Wenn die Zeit für das Erarbeiten eines Angebots knapp ist, sind auch Auftragnehmer der Bauindustrie gelegentlich auf vergleichende Schätzungen angewiesen. Doch sie sollten dann so viele Sonderausgaben für unvorhersehbare Kosten einplanen, wie ein wettbewerbsfähiges Preisangebot zuläßt.

3. Durchführbarkeitsschätzungen sind nur möglich, wenn bereits ein bedeutender Teil des vorläufigen Projektentwurfs vorhanden ist. Bei Hochbauprojekten etwa müssen die Bauspezifikationen, die Standortdaten, die provisorische Raumaufteilung und Zeichnungen für die Versorgungsanschlüsse vorliegen. Von Lieferanten kostspieliger Projektanlagen und Subunternehmern müssen Kostenvoranschläge vorliegen, und der Umfang des Materialverbrauchs oder andere Vorausplanungen müssen zugänglich sein, um die Materialkosten einschätzen zu können. Der „Zuverlässigkeitsfaktor" für die Genauigkeit von Durchführbarkeitsschätzungen sollte über plus/minus 10 Prozent liegen. Diese Art von Kostenrechnung wird häufig bei Angeboten in der Bauindustrie angewendet.

4. Definitive Schätzungen können erst erfolgen, nachdem die Entwurfsarbeit weitgehend abgeschlossen ist, alle größeren Einkaufsbestellungen zu bekannten Preisen aufgegeben wurden und die Arbeit an der Projektkonstruktion oder -fertigung ein gutes Stück fortgeschritten ist. Definitive Schätzungen können bei Null begonnen werden, doch es ist besser, wenn man die ursprünglichen vergleichenden oder Durchführbarkeitsschätzungen in regelmäßigen Abständen im Rahmen von Kostenaufstellung und Kontrollverfahren aktualisiert. Die Genauigkeit der Schätzungen verbessert sich natürlich mit der Zeit, wenn die bekannt gewordenen tatsächlichen Kosten

die entsprechenden Schätzungen in den Gesamtkostenberechnungen des Projekts ersetzen. Schätzungen können als „definitiv" bezeichnet werden, wenn jener Zeitpunkt erreicht ist, an dem die Genauigkeit mit plus/minus 5 Prozent eingestuft wird. Vorausgesetzt, Buchhaltung und Kostenkontrollsysteme sind nicht fehlerhaft, werden sich die Zahlen für die tatsächlichen Projektkosten und für die definitiven Projektschätzungen am Ende des Projekts annähern.

Genauigkeit der Voranschläge im Verhältnis zu Preis und Rentabilität

Es ist schwer, verbindliche Regeln für die Erreichung einer angemessenen Genauigkeit von Kostenvoranschlägen festzulegen, die für die Preisfestlegung und Kontrolle gedacht sind. In der Preisgestaltung hängt viel von der Größe der beabsichtigten Gewinnmarge ab, da eine hohe Gewinnspanne geringe Berechnungsfehler zu einem gewissen Grad mildert. Profitspannen variieren je nach Marktbedingungen und je nach der allgemein üblichen Praxis in der betreffenden Branche erheblich. Wenn es keinen Spielraum für großzügig gestaltete Sicherheitspolster in Form eines hohen Aufpreises oder von Sonderbeträgen für unvorhergesehene Ausgaben gibt, sind zuverlässige Kostenvoranschläge von sehr großem Wert für Manager, die mit der schwierigen Aufgabe konfrontiert sind, angesichts starker Konkurrenz den Preis für ein Projekt festzulegen.

Gefährdung der Profite

Die Gefährdung des Profits durch Kostenanstieg über die Voranschläge hinaus wird oft nicht in ihrer wahren Dimension erkannt. Ein einfaches Beispiel soll dies illustrieren:
Stellen wir uns ein Projekt vor, das für einen Festpreis von 1 Million GE verkauft wurde und dessen Gesamtkostenvoranschlag 900.000 GE betrug. Der geplante Bruttogewinn betrug also 100.000 GE oder 10 Prozent des Verkaufspreises.
Nehmen wir nun an, das Projekt hat in Wirklichkeit 950.000 GE gekostet. Der Unterschied zwischen den tatsächlichen und den veranschlagten Kosten (d. h. der Berechnungsfehler) beträgt nur etwa 5,6 Prozent. Doch die Auswirkung auf den Bruttogewinn ist verheerend. Er wurde von den erwarteten 100.000 auf 50.000 GE gekürzt. Die Abweichung beträgt nicht 5,6 Prozent, sondern 50 Prozent. Der erwartete Gewinn wurde also halbiert. – So würden Betriebsleiter und Aktionäre das Ergebnis beurteilen.
Vorgesehene Profite sind immer in Gefahr und können vielen Variablen unterworfen sein, von denen einige vorhersehbar sind. Andere treten jedoch als unangenehme Überraschungen auf. Das Endziel muß also darin bestehen, die Zahl der unbekannten Variablen so weit wie möglich zu reduzieren und dann für die übrigen ein vernünftiges Maß an Ausgaben vorzusehen.
Da die Gewinne so anfällig sind, müssen sie durch gute Kostenvoranschläge geschützt werden. Die Leitung eines Projekts, dessen Kosten unterschätzt wurden, kann zu einer traumatischen Erfahrung werden, wenn sich alles verspätet und alle verbleibenden Kostenvorhersagen darauf abzielen, die bevorstehenden Verluste einzudämmen. Kaum ein Projektmanager möchte eine solche Erfahrung wiederholen. – Wenn er in irgendeiner Weise die Verantwortung dafür getragen hat, wird er wohl auch kaum die Gelegenheit dazu bekommen.

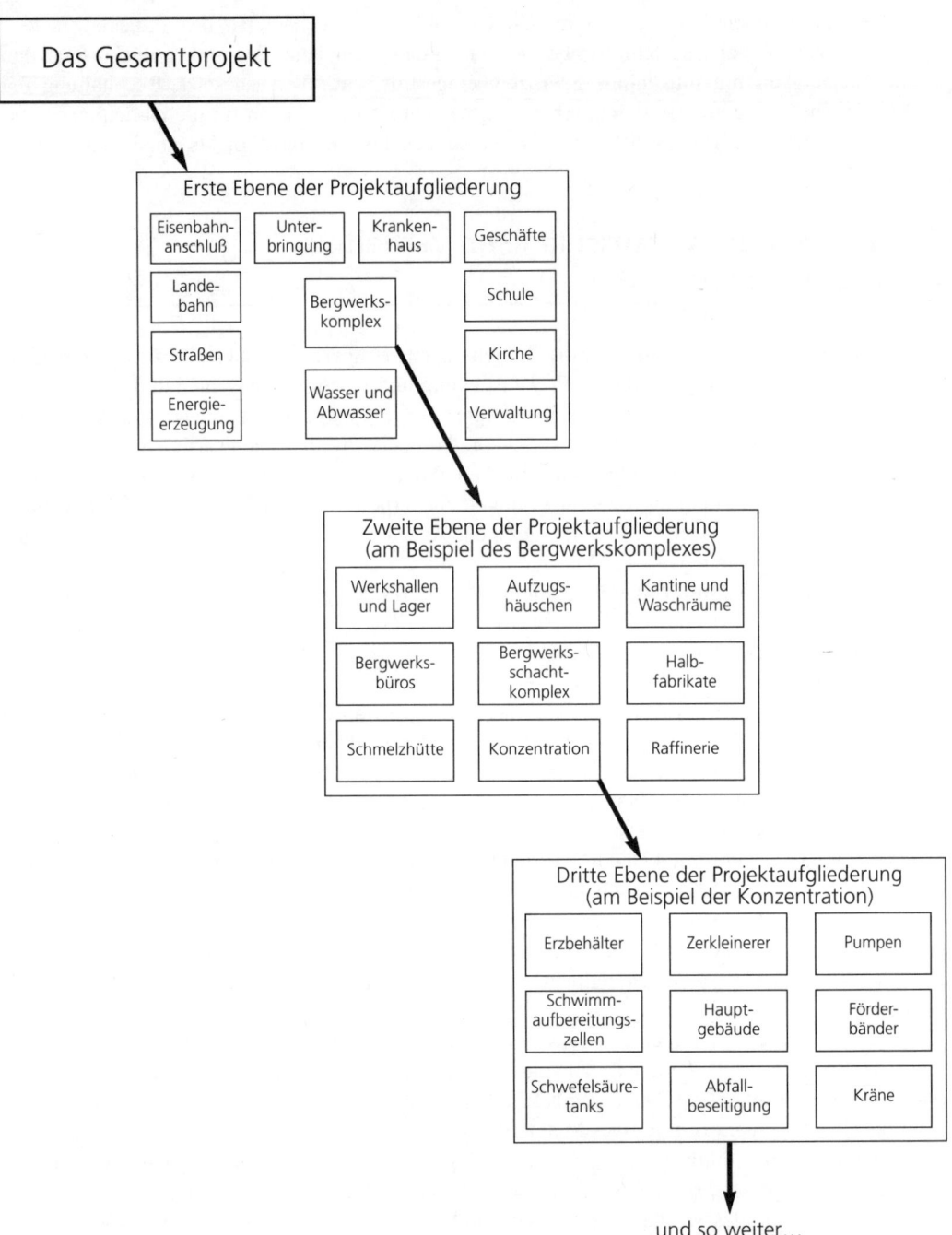

Abbildung 4.2   Teil einer Arbeitsaufgliederung für ein umfangreiches Bergwerksprojekt
Das hier dargestellte Diagramm basiert auf einem Beispiel aus der Realität, doch es wurde einiges ausgelassen, um die Lesbarkeit zu erleichtern. Es zeigt, wie die Arbeitsaufgliederung vom Gesamtprojekt ausgeht und in logischen Schritten mehr und mehr ins Detail geht. Die vollständige Aufgliederung würde bis zur Ebene der einzelnen Arbeitsschritte und der einzelnen Anlagenteile führen.

Kontrolle der verschiedenen Versionen von Projektkostenvoranschlägen

Mit großer Wahrscheinlichkeit werden für ein Projekt eine Reihe unterschiedlicher Kostenvoranschläge erstellt, bevor die eigentlichen Arbeiten genehmigt werden. Die Gründe dafür können darin liegen, daß es verschiedene technische Lösungen für bestimmte Projektspezifikationen gibt oder daß die Spezifikation selbst nach Diskussionen zwischen dem Kunden und dem potentiellen Auftragnehmer mehrfach geändert wird.

In diesen Fällen droht die Gefahr, daß die verschiedenen Voranschläge durcheinandergeraten, so daß es sich bei der Kostenberechnung, die schließlich die Grundlage für die Etatfestlegung und Angebotsvorbereitung ist, um die falsche Version handelt, also um einen Voranschlag, der sich auf einen früheren Stand der Spezifikation oder eine andere technische Lösung bezieht, als letztendlich vereinbart wurde.

Es ist daher unbedingt erforderlich, jedem Kostenvoranschlag eine einmalige und eindeutige Kennnummer zu geben. Diese kann auf der Seriennummer der Anfrage oder der Spezifikationsnummer basieren, doch die Nummern können auch nur Hauptkennungen sein, die den Voranschlag einfach mit einer bestimmten Anfrage oder einem bestimmten Projekt in Verbindung bringen. Immer wenn zwei oder mehrere unterschiedliche Kostenvoranschläge für dasselbe Projekt existieren – was in der Regel der Fall ist –, sollten die jeweils neuen Aufstellungen eine eigene Nummer erhalten. Der entsprechende Voranschlag kann dann jeweils anhand seiner Fallnummer und der Hauptkennung identifiziert werden.

Aufgliederung der Arbeitsschritte

Stellen wir uns ein Projekt vor, das die Entwicklung eines Bergwerkskomplexes oder eines anderen Werks für den Abbau und die Verarbeitung von Bodenschätzen vor Ort zum Ziel hat. Die Gegend ist bisher unbewohnt und der nächste Eisenbahnanschluß, Schiffs- oder Flughafen ist kilometerweit entfernt. Das Projekt für die Errichtung der Anlage kann weit über 100 Millionen GE kosten. Doch damit wäre nur ein Aspekt des gesamten Vorhabens abgedeckt. Möglicherweise müssen Straßen und eine Landebahn errichtet und Eisenbahnschienen verlegt werden, und es müssen Häuser, Schulen, Kirchen, Krankenhäuser oder sogar eine vollständige Siedlung gebaut werden (all das macht die Infrastruktur des Projekts aus).

Man kann sich gut vorstellen, wie schwierig es ist, die Kosten für ein so umfangreiches Projekt zu berechnen. Der Versuch, Etats und Pläne zu erstellen, mit deren Hilfe die Arbeiten geleitet werden, stellt ein weiteres Problem dar.

Die meisten Projekte, selbst wenn sie von geringerer Größenordnung sind, sind zu komplex, um effektiv berechnet, geplant und kontrolliert werden zu können, wenn sie nicht zunächst in kleinere Portionen mit überschaubaren Größenordnungen aufgeteilt werden. Handelt es sich um ein sehr großes Projekt, so muß es unter Umständen in kleinere Projekte oder Unterprojekte aufgesplittet werden. Jedes dieser Projekte oder Unterprojekte muß dann wiederum in kleinere Arbeitseinheiten und Aufgaben geteilt werden.

Stammbaumgliederung

Arbeitsaufgliederungen müssen in systematischer Weise erstellt und analysiert werden, so daß sich ein logisches Abfolgemuster in der Art eines Stammbaums ergibt. Die Bedeutung dieser

BEISPIELE	
Code	Operation
110-000	Funkverbindung aufbauen
110-100	Systementwurf
110-200	Sender
110-300	Empfänger
110-400	Antennen
110-220	Übertragungsmodulator
110-230	Betriebs- und Wartungsanleitung
110-410	Antennenaufreihung
110-420	Antennenmasten
110-221	Transformatormontage
110-222	Modulatorgehäuse
110-231	Instruktionsdiagramme
110-411	Antennenuntermontageeinheiten
110-421	Mastenuntermontageeinheiten
110-2211	Fertigung der Transformatorspule
110-2221	Fertigung des Modulatorgehäuses
110-4111	Fertigung der Antennen
110-4211	Mastenfundament
110-4212	Halteseile
nicht codiert	Ausmessen, Schneiden, Bohren, Löten, Falten, Streichen, Inspizieren usw.

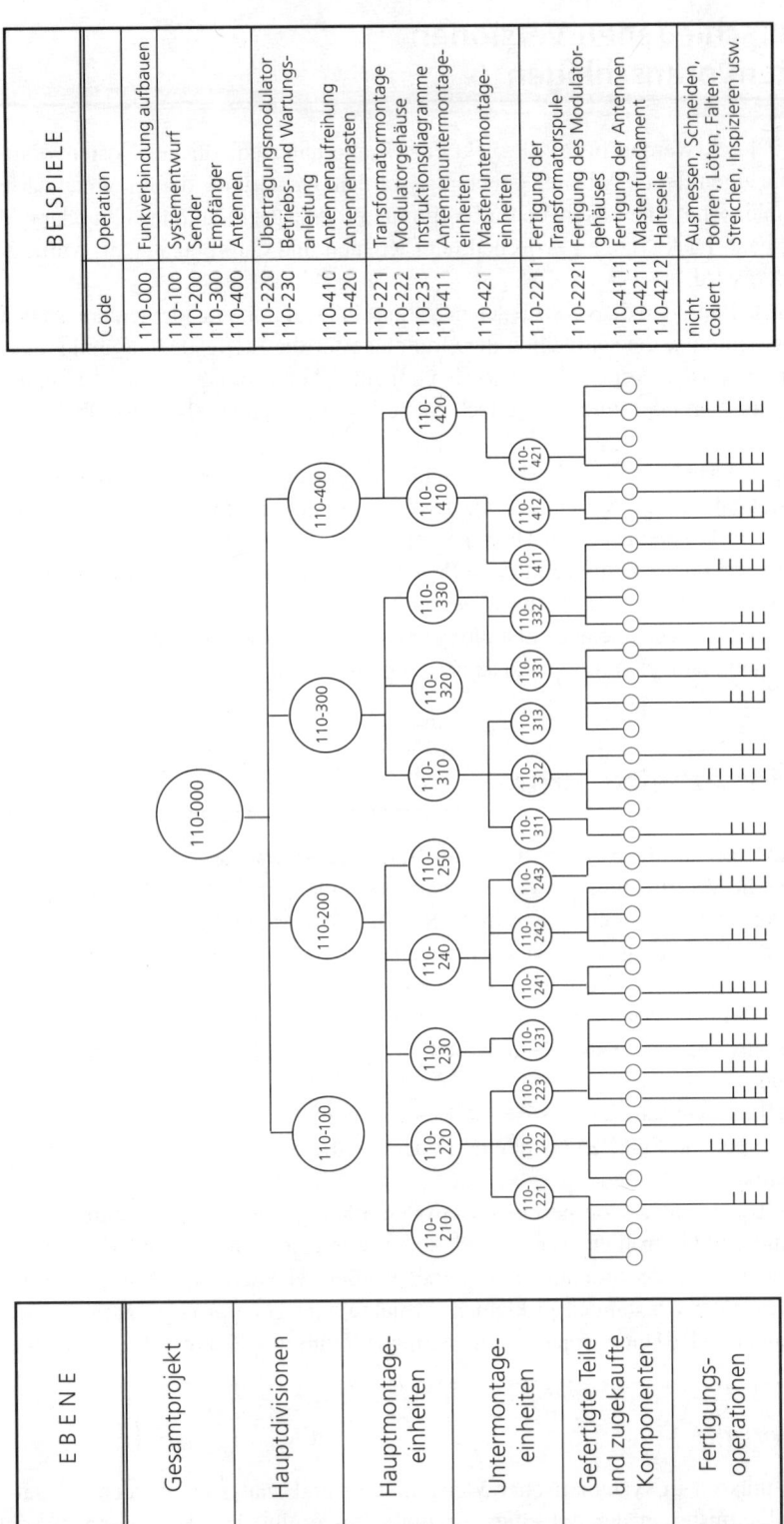

EBENE
Gesamtprojekt
Hauptdivisionen
Hauptmontageeinheiten
Untermontageeinheiten
Gefertigte Teile und zugekaufte Komponenten
Fertigungsoperationen

Abbildung 4.3   Arbeitsaufgliederung und Kostencodierungsstruktur für ein Fertigungsprojekt

Die Codenummern werden innerhalb hierarchischer Gruppen zugeteilt. An der Nummer des Transformators 110-221 wird deutlich, daß er zum Übertragungsmodulator 110-220 und damit auch zum Sender 110-200 gehört. Die ersten drei Stellen zeigen an, daß sämtliche Teile zu diesem Projekt – 110-000 – gehören (siehe auch Abbildung 4.4). Eine solche logische Aufgliederung ist für detaillierte Kostenvoranschläge und für die Kostenrechnung erforderlich. Es wäre nicht zweckmäßig, verschiedene Systeme für Teilenummern und Zeichnungsnummern zu verwenden.

strukturellen Beziehung zwischen den verschiedenen Teilen der Arbeitsaufgliederung hat zu der weitverbreiteten Verwendung des Begriffs „Projektstrukturplan" *(work breakdown structure)* geführt.

Abbildung 4.2 zeigt das Konzept eines Projektstrukturplans am Beispiel des Bergwerkprojekts. Die Illustration verdeutlicht, welch große Arbeitsblöcke am Beginn der Aufteilung stehen. In der Praxis wird der Prozeß der Arbeitsgliederung über eine wachsende Zahl kleinerer Blöcke so lange fortgesetzt, bis man am Ende bei den Einzelaufgaben angelangt ist. (Siehe auch Abbildungen 4.3 und 4.4, die die Arbeitsaufgliederung für ein relativ kleines Fertigungsprojekt demonstrieren.)

Logische Schnittstellen und Vollständigkeit

Die Arbeitsaufgliederung ist nicht nur als Stammbaum vorstellbar, sondern man kann sie zusätzlich auch als ein Puzzle betrachten, bei dem kein Teil fehlen darf und alle Teile an der richtigen Stelle liegen müssen. Dieses Konzept ist in zweierlei Hinsicht nützlich:

1. Es muß eine Methode gefunden werden, nach der jedes Teil des Puzzles und seine Position im Verhältnis zu den anderen Teilen klar und deutlich zu erkennen ist. Dies wird erreicht, indem jedes Stück eine Kennnummer erhält, die in einem sorgfältig entworfenen, logischen System als Suchnummer oder Adresse dient. (Weitere Ausführungen dazu finden sich im folgenden Abschnitt dieses Kapitels.)
2. Wichtig ist, daß bei der tatsächlichen Aufgliederung des Projekts jedes Stück des Puzzles vorhanden ist. Es darf kein Teilchen fehlen und somit das Gesamtbild beeinträchtigen. Diese Zielsetzung ist schwierig zu erreichen, doch das Risiko, etwas zu übersehen, kann durch die Verwendung geeigneter Checklisten verringert werden.

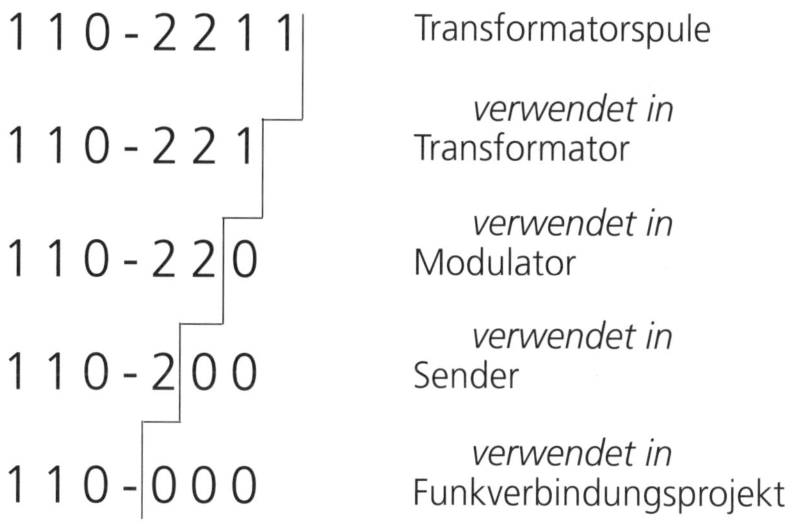

110-2211   Transformatorspule

110-221   *verwendet in* Transformator

110-220   *verwendet in* Modulator

110-200   *verwendet in* Sender

110-000   *verwendet in* Funkverbindungsprojekt

Abbildung 4.4   **Codierungssystem für ein Fertigungsprojekt**

Für dieses Beispiel wurde eine Tranformatorspule ausgewählt, die in dem Fertigungsprojekt verwendet wurde, das in Abbildung 4.3 dargestellt ist. Die Analyse zeigt, wie die Teilenummer der Spule als ein Code fungiert, der diese Komponente auf dem richtigen Zweig des Stammbaums plaziert. Ein solches generisches Numerierungssystem ergibt den größten Nutzwert, wenn es für Teilenummern, Zeichnungsnummern und Kostencodes ein gemeinsames System gibt.

Kostencodierungssysteme

Dieser Abschnitt steht zwar unter der Überschrift „Kostencodierung", doch diejenigen, die für die Erstellung eines Codierungssystems verantwortlich sind, müssen immer daran denken, daß es nicht isoliert von anderen Management- und technischen Informationssystemen des Unternehmens behandelt werden sollte. Es ist von großem Vorteil, wenn dasselbe System auf alle Projekte des Unternehmens und abgesehen von der Kostenrechnung, Buchhaltung und Etatüberwachung auch auf andere Aktivitäten angewandt wird. Einige der Vorzüge werden an späterer Stelle in diesem Abschnitt aufgeführt.

Die Funktionen von Codes

Ein Code ist eine Kurzschriftmethode für die Vermittlung wesentlicher Daten über einen bestimmten Sachverhalt. Für die Zwecke des Projektmanagements kann ein solcher Sachverhalt alles mögliche sein, vom gesamten Projekt bis zu einem kleinen Teil davon, konkret oder abstrakt. Es kann eine Komponente gemeint sein, eine Zeichnung, ein Auftrag, ein Fertigungsvorgang, ein Teil von Konstruktionsarbeiten, ein technischer Entwurfsvorgang, letztlich alles, was für ein Projekt erforderlich ist. Das einzige, das alle Sachverhalte gemeinsam haben, ist, daß sie fast immer Kosten verursachen. Jeder, entweder allein oder in Verbindung mit anderen, verursacht Kosten, die veranschlagt, im Etat vorgesehen, ausgegeben, berechnet, aufgestellt, beurteilt und, wenn möglich, zurückgewonnen werden müssen.

Es gibt viele Gründe dafür, einem Sachverhalt einen Code zuzuteilen, statt ihn einfach in Worten zu beschreiben. Codes können zum Beispiel so gestaltet werden, daß sie präzise und eindeutig sind. Außerdem haben sie einen Vorzug, der für Computersysteme von entscheidender Bedeutung ist: sie erleichtern die Datenablage, Analyse, Bearbeitung und Auswahl für Berichts- und Kontrollzwecke. Ein Code muß zumindest die erste der beiden folgenden Funktionen haben:

1. Er muß einen einmaligen Namen tragen, der den Sachverhalt, auf den er sich bezieht, deutlich macht.
2. Die Kenncodierung muß, unter Umständen unter Hinzunahme von Subcodes, so vorgenommen werden, daß sie den Sachverhalt, auf den sie sich bezieht, kategorisiert, qualifiziert oder in anderer Weise beschreibt.

Die besten Codierungssysteme verbinden diese beiden Funktionen so einfach wie möglich in Nummern, die für alle Informationssysteme des Managements benutzt werden können.

Beispiele für Codierungssysteme

Die folgende Liste enthält die verschiedenen Arten von Informationen, die eine Kostencodierung für jeden Gegenstand enthalten kann. Die als Beispiele genannten Systeme stammen aus dem Maschinenbau für die Leicht- und Schwerindustrie und aus dem Bergbau. Die grundsätzlichen Prinzipien sind jedoch zwischen diesen und allen anderen Projekttypen austauschbar.

1. *Projektkennung:* Abbildung 4.3 zeigt die Arbeitsgliederungsstruktur (Stammbaum) eines Projekts zur Entwicklung und Fertigung von Anlagen für eine Funkanlagenverbindung. Das Projekt trägt die Nummer 110-000, die das Projekt für Buchhaltung, Ingenieursarbeiten und Produktion kenntlich macht. Solche Projektnummern entsprechen in der Regel fortlaufenden Registereinträgen (siehe Kapitel 19). Sie können auch „Vertrags-" oder „Auftragsnummern" genannt werden. Es ist möglich, die Methode der Projektnumerierung so zu gestalten, daß jede Nummer außer der

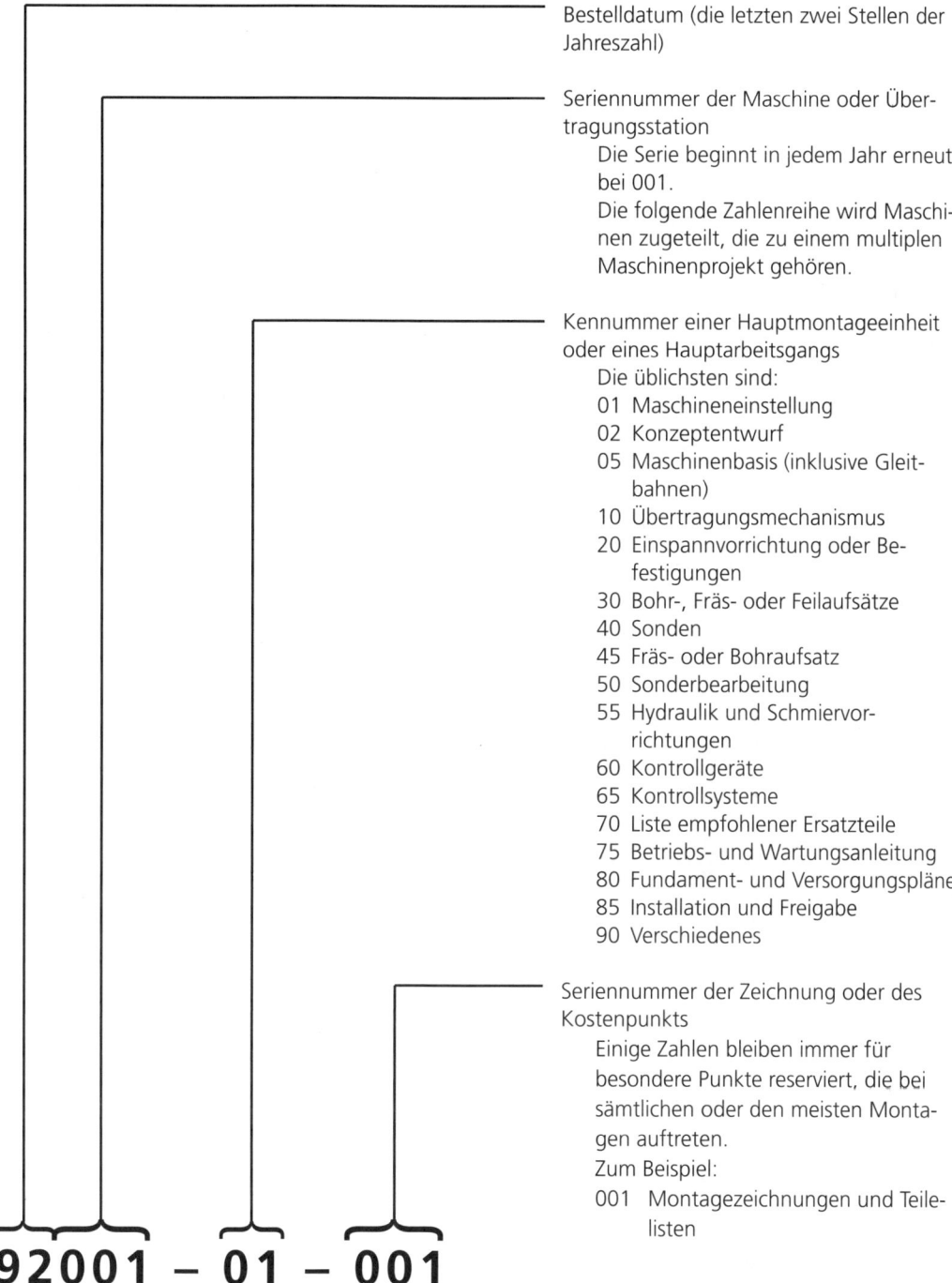

Bestelldatum (die letzten zwei Stellen der Jahreszahl)

Seriennummer der Maschine oder Übertragungsstation
    Die Serie beginnt in jedem Jahr erneut bei 001.
    Die folgende Zahlenreihe wird Maschinen zugeteilt, die zu einem multiplen Maschinenprojekt gehören.

Kennummer einer Hauptmontageeinheit oder eines Hauptarbeitsgangs
    Die üblichsten sind:
    01 Maschineneinstellung
    02 Konzeptentwurf
    05 Maschinenbasis (inklusive Gleitbahnen)
    10 Übertragungsmechanismus
    20 Einspannvorrichtung oder Befestigungen
    30 Bohr-, Fräs- oder Feilaufsätze
    40 Sonden
    45 Fräs- oder Bohraufsatz
    50 Sonderbearbeitung
    55 Hydraulik und Schmiervorrichtungen
    60 Kontrollgeräte
    65 Kontrollsysteme
    70 Liste empfohlener Ersatzteile
    75 Betriebs- und Wartungsanleitung
    80 Fundament- und Versorgungspläne
    85 Installation und Freigabe
    90 Verschiedenes

Seriennummer der Zeichnung oder des Kostenpunkts
    Einige Zahlen bleiben immer für besondere Punkte reserviert, die bei sämtlichen oder den meisten Montagen auftreten.
    Zum Beispiel:
    001 Montagezeichnungen und Teilelisten

92001 – 01 – 001

Abbildung 4.5   In einem Schwermaschinenbetrieb verwendetes Numerierungssystem
Diese Firma entwirft und fertigt spezielle Werkzeugmaschinen und Metallfrässysteme.

Kennnummer des Projekttyps
Wird verwendet, um dem Computer die folgenden
Such- und Berechnungsbefehle zu geben:
1. Spezifisches Projekt einer bekannten, vorausgeplanten Dauer für einen zahlenden Kunden.
   Kostenberichte und Etats werden für die gesamte
   Projektdauer erstellt.
2. Allgemeines Projekt, kontinuierlich oder von unbe-
   grenzter Dauer, für das ein Kunde die Kosten rück-
   erstattet, beispielsweise eine unbegrenzte Vereinbarung über die Leistung eines Consultingservice.
   Kostenberichte und Etats werden jährlich erneuert.
3. Firmeninterne Projekte für Entwicklung oder
   andere spezielle Projektarbeit, die keinem Kunden
   berechnet werden können. Die Etats werden für
   die Lebensdauer jedes Projekts erstellt, aber jährlich
   überarbeitet.
4. Verkaufs- und Vorschlagsarbeiten, wozu auch die
   Erstellung von Ausschreibungsangeboten gehört.
   Die Etats werden wie unter Punkt drei überarbeitet.
5. Firmenkonten für Betriebskosten. Kostenberichte
   und Etats werden jährlich erneuert.

Projektseriennummer
Innerhalb jedes Projekttyps werden Nummern von 001
bis 999 zugeteilt.

Kennnummern der Hauptanlagen
1 Bergbau – unter Tag
2 Bergbau – über Tag und Steinbruch
3 Erzbearbeitung und Konzentration
4 Schmelzhütte
5 Raffinerie
6 Halbfabrikate
7 Dienstleistungen und Straßen vor Ort
8 Werkshallen, Lager und andere Gebäude
9 Projektplanung und allgemeine Verwaltung

Kennnummern der Anlagenabschnitte
Beispiele (innerhalb der Anlage 3, Konzentration)
10 Förderbänder
12 Erzbehälter
14 Loren
20 Zerkleinerer
30 Abfallbeseitigung
etc.

Kennnummern der einzelnen Disziplinen
1 Bauingenieure
2 Statiker
3 Betriebsanlagenbau
4 Abwassertechnik
5 Elektriker
6 Verfahrenskontrolle
7 Planung und Projektverwaltung
8 –
9 Verschiedenes

Zeichnungsseriennummer
Innerhalb jeder Disziplin werden Nummern zwischen
001 und 999 zugeteilt.

1001 – 101 – 1001

Abbildung 4.6   **Von einem Bergwerksunternehmen verwendetes Numerierungssystem**

reinen Kennung bestimmte Schlüsselinformationen zu dem Projekt angibt (Beispiele finden sich in den Abbildungen 4.5 und 4.6).

2. *Gegenstandskennung:* Jede Nummer, vorausgesetzt sie ist innerhalb des Systems einmalig, kann jeden Gegenstand eindeutig bezeichnen. In der Praxis ist es jedoch immer ratsam, der Nummer eine knappe verbale Beschreibung beizufügen, wenn auf den Gegenstand Bezug genommen wird, um Schreibfehlern vorzubeugen. Es ist also immer besser, einen Gegenstand in den Dokumenten „Transformator 110-221" zu nennen, als einfach „Artikel Nummer 110-221".

3. *Verbindung innerhalb des Projekts:* Wie eine genauere Betrachtung der Abbildung 4.3 zeigt, wurden die Codenummern so gestaltet, daß sie sich innerhalb der Arbeitsaufgliederung bzw. des Stammbaums entsprechen. Bleiben wir bei dem Beispiel des Transformators 110-221. Die Tatsache, daß die Kosten- und Teilnummer dieser Komponente mit 110-22 beginnt, macht deutlich, daß der Transformator im Modulator 110-220 benutzt wird, der wiederum zum Projekt 110-000 gehört. (Diese Nummern befinden sich auf der linken Seite des Stammbaums in Abbildung 4.3.) Dieser Numerierungsprozeß wird in der gesamten Arbeitsaufgliederung durchgehalten, so daß selbst individuellen Komponenten ein Code zugewiesen werden kann, der mit der Hierarchie in Verbindung steht. Dies ist in Abbildung 4.4 illustriert, in der die Codierung der im Transformator 110-221 benutzten Spule analysiert wird.

4. *Arbeitsgangkennung:* Wicklung und Zusammensetzen des spezialangefertigten Transformators 110-221 können eine verwandte Kostencodierung bekommen, etwa 110-221W, wobei der Zusatz W den Vorgang des Wickelns bezeichnet. Zweistellige Zusätze sind weiter verbreitet als einzelne Buchstaben, weil sie mehr Freiraum für eine detaillierte Aufgliederung in einzelne Arbeitsschritte ermöglichen.

5. *Kennung für Abteilung, Fachdisziplin und Rang:* Häufig wird ein ein- oder zweistelliger Subcode mit aufgenommen, um anzuzeigen, welche Abteilungen für eine bestimmte Aufgabe oder einen Kostenpunkt zuständig sind. Zusätzliche Stellen können andeuten, welche Berufsgruppe oder technische Disziplin daran beteiligt ist. Betrachten wir zum Beispiel die Entwicklung von Transformator 110-221. Die Kostencodierung lautet 110-221-153, wobei der dreistellige Subcode 153 in diesem Fall andeutet, daß die technische Abteilung (1) für die Aufgabe verantwortlich ist. Die technische Disziplin ist die Elektrik (Codierung 5), und die letzte Stelle (3) zeigt den Rang des Mitarbeiters an, der die Arbeit der Entwicklung des Transformators erfahrungsgemäß durchführen wird, zum Beispiel ein leitender Techniker, einfacher Techniker oder Designer. Diese letzte Stelle kann auch die Standardrate des Stundenlohns für den Rang der betreffenden Person ausweisen.

6. *Familienkennung:* Viele Artikel, die für die Codierung vorgesehen sind, lassen sich in Familien gruppieren. Solche Familien umfassen sämtliche Projekte und gelten für riesige Kapitalinvestitionsprojekte ebenso wie für die kleinsten technischen und Fertigungsprojekte. Die Gruppierung von Artikeln mit identischen oder ähnlichen Eigenschaften in Familien ist für vergleichende Zwecke von Bedeutung. Die Familiengruppierung und -kennung läßt sich durch die Verwendung von passenden Zahlengruppen als Subcodes in die Artikelcodierung einfügen.
Eine Familie kann zum Beispiel alle Pumpen umfassen, die von einem Bergwerks- oder Petrochemieunternehmen spezifiziert wurden. In einem anderen Beispiel könnten die Subcodestellen 01 an bestimmter Stelle der Artikelcodierung für einen gefertigten Anlagenteil auftauchen, um anzudeuten, daß es sich um die Montage der Hauptanlage handelt. Einer anderen Art von Familien begegnen wir bei der Betrachtung von maschinell hergestellten Objekten, die in ihrer Form und wegen der durchzuführenden Maschinenoperationen bestimmte Gemeinsamkeiten haben. Diese Anwendung der Familiencodierung ist von entscheidender Bedeutung für die Herstellung von Komponenten von Gruppentechnologiezellen.

Abbildung 4.5 zeigt ein Codierungssystem inklusive Familienkennung, das von einem Unternehmen benutzt wird, das Fertigungsprojekte durchführt. Abbildung 4.6 stellt ein anderes System dar, das auf einen technischen Betrieb anwendbar ist, der große Bergwerksprojekte durchführt.

Die Vorzüge eines logischen Codierungssystems

Der Hauptzweck eines Codierungssystems ist die Kennung von Teilen und die Zuteilung von Kosten. Doch ein Unternehmen kommt in den Genuß vieler Vorteile, wenn es ein logisches Codierungssystem betreibt, dessen Codes und Subcodes in den Informationssystemen des Managements dieselbe Bedeutung haben. Diese Vorzüge wachsen mit der Zeit und der Zunahme der Dokumente, vorausgesetzt, das System wird einheitlich, ohne unzulässige Angleichungen und Zusätze benutzt. Die Vorzüge hängen davon ab, ob die Daten leicht aufzufinden und zu bearbeiten sind, was unweigerlich die Verwendung eines Computersystems, vorzugsweise in Form einer modernen Datenbank, erfordert.

Wenn ein Codierungssystem logisch aufgebaut ist und die hierarchische Struktur und die Familien mit einbezieht, sind alle oder einige der folgenden Vorzüge zu erwarten:

- Erleichtertes Suchen und Auffinden von Posten aus den Archiven vergangener Projekte, die in neuen Projekten zu erwartenden Posten entsprechen oder ähneln. Dies ist eine unverzichtbare Grundlage für das Erstellen vergleichender Kostenvoranschläge.
- Erleichtertes Suchen und Auffinden von Entwurfsinformationen (besonders Flußdiagramme, Kalkulationen und Zeichnungen) zu Verfahren, Montage oder Komponenten, die in vergangenen Projekten angewendet wurden und für das gegenwärtige Projekt relevant sind. Die Heranziehung dieser „wiederverwertbaren Technik" kann zu erheblichen Einsparungen bei der technischen Entwurfsarbeit sowie bei Zeit und Kosten führen, wenn der vorhergegangene Entwurf insgesamt oder teilweise wiederholt benutzt oder entsprechend angepaßt werden kann. Durch derartige „Entwurfsrettung" werden nicht nur die unnötigen Kosten für eine erneute Planung eingespart, sondern in das neue Projekt werden auch Entwürfe aufgenommen, die bereits realisiert und von Fehlern befreit sind, so daß der Raum für Irrtümer begrenzt wird. Bei CAD (*computer-aided design*) oder anderen Systemen, in denen Zeichnungen digital gespeichert werden, sind Umfang und Möglichkeiten der Wiederverwendung noch praktischer und attraktiver.
- Schnelles Auffinden von Einkaufsbestellungen und -spezifikationen aus älteren Projekten für Anlagen, die den neuen Anforderungen entsprechen. Dies ist ein weiteres Beispiel für „wiederverwertbare Technik", durch die die Erstellung neuer Einkaufsspezifikationen erheblich beschleunigt werden kann, besonders wenn der Haupttext der älteren Spezifikationen in den Dateien eines Textverarbeitungssystems wieder aufgefunden werden kann.
- Die Gruppierung von Komponenten in Familien gemäß ihrer grundsätzlichen Form und Größe ist für die erforderlichen Herstellungsprozesse relevant, um die Effizienz der Produktionstechnik zu maximieren (wie im Fall der Gruppentechnologiezellen).
- Wenn es möglich ist, ein gemeinsames System zu benutzen, können Kostenvoranschläge, Etats, Kostenaufstellungen, Zeichenprogramme sowie viele andere Dokumente und Aufgaben auf dem Projektplan in einer Datenbank für Projektverwaltung und zu Berichten für die Betriebsleitung und die Kontrolle zusammengefaßt werden.
- Weiters gibt es die Möglichkeit der Durchführung statistischer Analysen von Kosten oder anderen Daten vergangener Projekte, um zum Beispiel die Leistungstrends zu beobachten. Die folgenden Beispiele aus meiner eigenen Erfahrung waren einem Schwermaschinenbauunternehmen

von großem Nutzen und illustrieren nur zwei aus einer Vielzahl von Möglichkeiten für die nutzbringende Anwendung sinnvoll codierter Unterlagen.

1. Die Ermittlung von Durchschnittswerten für die aufgezeichneten Kosten von Arbeitsgängen, die in der Vergangenheit bei einer Reihe von Projektkategorien wiederholt aufgetreten waren, ermöglichte die Erstellung von Projektkostentabellen, die Arbeitsstunden und aktuelle Materialkosten enthielten. Diese Tabellen erwiesen sich als sehr nützlich für die Planung neuer Projekte und für umfassende Überprüfungen detaillierter Kostenvoranschläge für neue Projektangebote.
2. Eine Detailanalyse von Frachtlisten aus der Vergangenheit ermöglichte die Zusammenstellung einer Tabelle, die die durchschnittlichen und wahrscheinlichen maximalen Verladegewichte für kategorisierte Artikel zeigte, die in verschiedenen Arten von Schwermaschinenbauprojekten verwendet wurden. Mit Unterstützung einer Reederei wurde eine Tabelle für den Materialkontrollmanager erstellt, der sie mit gelegentlichen Aktualisierungen als Berechnungstabelle für die zu erwartenden Frachtgewichte und -kosten in alle relevanten Länder benutzte.

Auswahl des Codierungssystems

Hat man ein bestimmtes Codierungssystem eingeführt, ist es schwierig und unklug, es wesentlich zu verändern. Das System sollte daher mit Bedacht ausgewählt werden. Angenommen, ein Unternehmen arbeitet seit vielen Jahren mit einer umfassenden Codierungsmethode, die in all seinen Systemen für die Numerierung von Zeichnungen und anderen Dokumenten sowie für Kostenvoranschläge, Kostenrechnung und Teilenumerierung angewandt wird. Wenn dieses Unternehmen Veränderungen an dem Numerierungssystem vornimmt, so daß Zahlen, die zuvor eine bestimmte Bedeutung hatten, nun etwas ganz anderes aussagen, können einige der folgenden Probleme auftreten:

1. Zeichnungen sind unter zwei verschiedenen Systemen abgelegt.
2. Langjährigen Kunden, die ihre eigenen Zeichnungsablagen für Projekte unterhalten, werden ebenfalls ähnliche Unannehmlichkeiten bereitet.
3. Das Auffinden ähnlicher Aufträge der Vergangenheit für vergleichende Kostenvoranschläge wird erschwert.
4. Die Wiederverwendung früherer Entwürfe wird erschwert.
5. Mitarbeiter müssen lernen, mit zwei Systemen umzugehen statt mit einem.
6. Die Lagerhaltung bekommt Schwierigkeiten mit zwei unterschiedlichen Systemen für die Teilenumerierung. In früheren Projekten benutzte Teile sind für neuere Projekte umnumeriert worden, so daß nun die Möglichkeit besteht, daß identische Teile mit unterschiedlichen Nummern an verschiedenen Orten gelagert werden.
7. Jeder Versuch, eine Datenbank zu benutzen, die auf Codenumerierungen beruht, führt zu Chaos.

Einfachheit ist wichtig

An dieser Stelle sollte eine weitere Warnung ausgesprochen werden. Es droht die Gefahr, zu ehrgeizig zu sein und Zahlen zu schaffen, die zuviel Information enthalten. Dabei können Zahlen mit 14, 15 oder noch mehr Stellen herauskommen. Der Ersteller eines solchen Systems mag sehr stolz auf sein Werk sein, und Computersysteme sind durchaus in der Lage, solche Zahlen aufzunehmen und zu verarbeiten, aber bitte denken Sie an den menschlichen Faktor – die „Schnittstelle Mensch". Es gibt Leute, die mit diesen Zahlen umgehen müssen, um sie in schriftliche oder elektronische Unterlagen einzutragen. Einfache Codes nehmen weniger Bürozeit in Anspruch und halten die Zahl von Irrtümern gering.

Was geschieht, wenn der Kunde auf der Verwendung seines Codierungssystems besteht?

Nicht selten tritt das Problem auf, daß der Kunde auf der Verwendung seines eigenen statt des normalerweise vom Projektauftragnehmer verwendeten Numerierungssystems besteht. Das kommt besonders häufig dann vor, wenn der Kunde als Bestandteil des Vertrags vollständige Sätze der Zeichnungen oder Ausdrucke erhält und sie neben all seinen anderen Plänen in seinem eigenen System archivieren will. Dies ist bedauerlicherweise ein Fall, wo „der Kunde König ist".

Das Problem, das Numerierungssystem des Kunden übernehmen zu müssen, ist üblicherweise auf Zeichnungen beschränkt, doch für manche Projekte trifft es auch auf Anlagennummern und Teilenummern zu. Außerdem tritt dieses Problem – mit der Folge großer Verärgerung – bei der Kostencodierung von Subaufträgen oder bei der Materialbeschaffung für größere Projekte auf, wenn Kunde und Auftragnehmer zusammenarbeiten müssen, um die Freigabe von Finanzmitteln zu beantragen, zu genehmigen und zu arrangieren (entweder aus den Ressourcen des Kunden oder von einem Finanzinstitut). In diesen Fällen kann der Kunde darauf bestehen, daß alle Voranschläge, Etats und folgenden Kostenaufstellungen für das Projekt anhand seiner Kapitalzuweisungen oder anderer Kostencodierungen aufgeschlüsselt werden.

Drei Optionen

Drei Möglichkeiten stehen zur Auswahl, wenn der Kunde den Auftragnehmer auffordert, ein „fremdes" Codierungssystem zu benutzen.

Option 1: Lehnen Sie den Wunsch des Kunden ab

Diesen Weg zu wählen, erfordert entweder erheblichen Mut oder ist Ausdruck mangelnden Überblicks. Er kann sogar unter den Vertragsbedingungen ausgeschlossen sein. Das sofortige Ergebnis wäre in jedem Fall ein schlechtes Verhältnis zum Kunden oder gar der Verlust dieser Geschäftsverbindung.

Option 2: Stellen Sie vollständig auf das System des Kunden um

In diesem Fall betrachtet der Auftragnehmer das Projekt als einen „Spezialfall", gibt das betriebsübliche System auf, bittet den Kunden um eine Liste seiner Verfahrensweisen und benutzt diese für das Projekt. Aus den folgenden Gründen wird diese Verfahrensweise nicht empfohlen:

- Die Vorzüge des innerbetrieblichen Systems für das Informationsmanagement gehen für sämtliche das Projekt betreffende Daten verloren.
- Es wird sich schnell herausstellen, daß jedes Projekt ein „Spezialfall" ist. Bald stellt der Auftragnehmer fest, daß er genauso viele Codierungssysteme wie Kunden hat.

Option 3: Verwenden Sie beide Systeme gleichzeitig

Diese Option, der Weg des vernünftigen Kompromisses, ist die einzige angemessene Lösung. Jede Zeichnung und jeder andere betroffene Gegenstand muß doppelt numeriert werden, einmal für jedes System.

Dabei müssen natürlich genaueste Querverweise zwischen den beiden Systemen eingefügt werden. Das ist mühsam, zeitaufwendig und bedeutet, daß die Mitarbeiter mehr als ein System erlernen müssen. Vor einiger Zeit hätte es noch so viel Mehrarbeit verursacht, daß zumindest der Versuch gerechtfertigt gewesen wäre, eine Kostenrückerstattung vom Kunden zu verlangen. Glücklicherweise verringern Computersysteme die erforderlichen Anstrengungen für das Anlegen der Querverweise sowie für das Sortieren und Auffinden von Daten, die doppelt numeriert wurden.

Kapitel 5

Kostenvoranschläge – Teil 2: Kostenberechnung in der Praxis

Das vorherige Kapitel konzentrierte sich auf die Prinzipien und einige der Grundregeln, die uns bei der Kostenberechnung begegnen. In diesem Kapitel wird das Thema weitergeführt, indem der eigentliche Vorgang der Kostenrechnung untersucht wird.

Erstellung einer Liste der Aufgaben

Die erste Stufe des Vorgangs der Kostenberechnung besteht in der Zusammenstellung einer vollständigen Liste aller Punkte, die Ausgaben verursachen werden. Dies kann sich mitunter als schwierig herausstellen. Werden jedoch einzelne Punkte bei der Kostenberechnung übersehen, so hat dies zur Folge, daß die Gesamtprojektkosten falsch eingeschätzt werden. Dies kann wiederum Planung und Einteilung in Frage stellen und, wenn es zu spät bemerkt wird, zu ernsten Problemen führen und bei Projektübergabe an den Kunden Unannehmlichkeiten bereiten. Wurde das Projekt zu einem fixen Preis verkauft, werden zusätzliche Arbeiten natürlich nicht aus den Mitteln des Projektetats bezahlt, sondern die Aufwendungen werden den erwarteten Gewinnen des Auftragnehmers entnommen.

Die Arbeitsaufgliederung als Ausgangspunkt

Die Vorbereitung einer Arbeitsaufgliederung (Projektstrukturplan), etwa in der Form eines Stammbaums mit sämtlichen Kostencodierungen, ist eine sinnvolle Methode zur Betrachtung des Gesamtprojekts und sollte das Risiko verringern, daß etwas übersehen wird. Am Beginn eines Projekts wird die Arbeitsaufgliederung jedoch mit großer Wahrscheinlichkeit unter recht weit gefaßten Begriffen erfolgen müssen, weil viele Einzelheiten unbekannt bleiben, bis sich das Projekt in der technischen Entwurfsphase befindet (und dies ist dann lange nachdem der Vertrag unterzeichnet wurde und verbindlich ist).

Die Anwendung von Checklisten

Eine äußerst nützliche Methode ist die Verwendung von Checklisten. Jedes Unternehmen mit hinreichend Erfahrung kann solche entwickeln (siehe zum Beispiel Abbildung 3.3). Eine vollständige Checkliste enthält sämtliche möglichen Faktoren, seien sie technischer, finanzieller, gesetzlicher, umwelttechnischer, sozialer oder sonstiger Natur, die letztlich für die Arbeit und ihre Kosten von Belang sein könnten. Checklisten können lange, detaillierte Dokumente sein. Typischerweise führen sie sämtliche Möglichkeiten auf, die der Person, die sie zusammenstellt, einfallen, so daß sie unweigerlich eine Reihe von irrelevant erscheinenden Punkten enthalten. Doch gerade in dieser Fülle von Einzelheiten liegt oft die Stärke der Checklisten.

„Software"aufgaben

Die Aufgabenliste muß nicht nur alle augenfälligen Aspekte der Projekthardware aufführen, sondern auch jede damit verbundene Softwareaufgabe. „Software" ist ein vertrauter Begriff aus dem Bereich von Computer- und Informatikprojekten. Doch es ist festzuhalten, daß die meisten Projekte, die nichts mit Computerarbeit zu tun haben, dennoch ihren eigenen Softwareanteil haben. Zeitpläne für Produktionsinspektionen und Tests, Betriebs- und Wartungsanleitungen, Listen der empfohlenen Ersatzteile müssen speziell verfaßt werden. Diese, zusammen mit allen anderen Dokumentationsformen, die in den Vorschlägen oder im Vertrag spezifiziert wurden, bilden „Software", deren Erstellung in den veranschlagten Kosten vorgesehen werden muß.

Vergessene Aufgaben

Zu den Aktivitäten, die während der Kostenvoranschlagsphase für Fertigungsprojekte häufig vergessen werden und an die man sich dann zu spät erinnert, um sie noch in die Projektetats (und den Preis) mit aufnehmen zu können, gehören Produktionsprozesse wie das Aufsprühen von Farbe, Inspektionen und Tests. In einigen Firmen werden diese von der allgemeinen Betriebskostenrate abgedeckt, doch in vielen anderen ist dies eben nicht der Fall, und sie müssen zusammen mit den Voranschlägen für die direkten Kosten aufgeführt werden. Schutzbeschichtungen, Aufdrucke, Gravuren und ähnliches werden häufig in den Kostenvoranschlägen ausgelassen.

Gelegentlich werden während der Projektkostenberechnung jene Arbeiten übersehen, die mit der abschließenden Inbetriebsetzung, der Übergabe und der Übernahme des abgeschlossenen Projekts durch den Kunden zusammenhängen.

Häufig sehen Verträge vor, daß der Auftragnehmer Schulungen für einige der Maschinenführer oder Techniker des Kunden beistellen muß. Schulungen verursachen viel Arbeit für die leitenden Techniker des Auftragnehmers, sowohl beim eigentlichen Schulungsvorgang als auch bei der vorausgehenden Vorbereitung des Unterrichtsmaterials. Zusätzliche Kosten können durch Unterbringung und Verpflegung entstehen, je nachdem, wo die Schulung stattfindet.

Ob es sich bei dem Angebot um ein Fertigungsprojekt oder ein großes, kapitalintensives Hochbauprojekt handelt, das Füllen so vieler Lücken wie möglich ist ein Aspekt kontinuierlicher Projektdefinition. Tatsächlich kann es sein, daß die Projektspezifizierung unter Umständen mehr als einmal revidiert und neu verfaßt werden muß, während die Aufgabenliste entwickelt wird.

Umfang an Details in Projektkostenvoranschlägen

Es kann einige Schwierigkeiten bereiten, sich zu entscheiden, wie viele Details die Aufgabenliste enthalten sollte. Was ist in diesem Zusammenhang eine „Aufgabe"?

Betrachten wir das Problem eines Voranschlags für die Gesamtkosten eines Fertigungsprojekts als Teil eines Angebots. Der Kostenvoranschlag muß erstellt werden, bevor ein detaillierter Entwurf angefertigt wurde, und daher ohne Produktionszeichnungen auskommen. Es ist natürlich unmöglich, sämtliche Operationen aufzulisten, die für jedes Teilstückchen erforderlich sind. Möglicherweise ist zum gegebenen Zeitpunkt nicht einmal bekannt, wie viele Teile für das Projekt benötigt werden. Es ist daher klar, daß diese erste Kostenberechnung zwar zu einer Bindung an einen Festpreis führen mag, aber nur viel ungenauer durchgeführt werden kann als gewöhnliche Produktionskostenvoranschläge.

Im Idealfall sollte jede Aufgabe so ausgewählt werden, daß sie klein genug ist, um für die Zwecke der Kostenberechnung sichtbar zu sein. Andererseits muß die Aufgabe groß genug sein, um einen meßbaren, aussagekräftigen Teil des Gesamtprojekts darzustellen. Entwurf und Fertigung jeder Montageeinheit eines Hauptanlageteils können als eine Aufgabe eingestuft werden, während die abschließende Montage all dieser Einheiten eine weitere ist. Das Schreiben, Redigieren und Drucken einer Betriebsanleitung ist ein weiterer Vorgang, der als gesonderte Aufgabe behandelt werden sollte. Wenn sich der Erwerb von kostspieligen Komponenten oder Anlagen gesondert ausweisen läßt, sollte dies auch geschehen, sofern er nicht bereits in anderen Aufgaben enthalten ist. Alle speziellen Anforderungen an Verpackung und Versand (z. B. nach Übersee) sollten ebenfalls als Aufgaben aufgeführt werden.

Jedes dieser Beispiele beschreibt einen spezifischen Teil des Projekts, der nicht nur ausgewählt wurde, um die Aufgabe der Kostenberechnung zu erleichtern, sondern der später, bei der Abwicklung des Projekts, als Grundlage für die Planung der Etats und der Projektentwicklungsstufen dient.

Kostenberechnungsformulare

Mit dem Erstellen der Aufgabenliste erhält man eine Grundlage, auf der nun Projektkostenvoranschläge erstellt werden können. Wenn die Kostenvoranschläge zusammengeführt werden, erhält man eine enorme Menge von Daten. Diese Daten sollten vorzugsweise in tabellarischer Form präsentiert werden, um leichten Zugang, detaillierte Analyse und die Ausweitung zu Gesamtmengen zu ermöglichen, sowohl hinsichtlich der Abteilungen als auch der Arbeitsgruppen.

Beim Kostenberechnungsvorgang muß innerhalb der Organisation und von einem Projekt zum nächsten ein bestimmtes Maß an Verfahrensdisziplin gewährleistet sein. Kostenvoranschläge sollten gemäß dem Standardverfahren der Organisation erstellt werden und entsprechend der Kostencodierung innerhalb der Arbeitsaufgliederungsstruktur aufgeführt werden. Auf diese Weise wird es ermöglicht, Vergleiche auf einer strikten Punkt-für-Punkt-Basis zwischen den Voranschlägen und den letztlich wirklich aufgetretenen Kosten anzustellen, wie sie die Kostenprüfer dokumentiert haben. Dies ist von entscheidender Bedeutung für die Kostenkontrolle, und es wird im Laufe der Zeit viel Erfahrung gesammelt, die zur Genauigkeit der vergleichenden Kostenberechnung für neue Projekte beitragen kann.

Für Aufträge von Regierungsbehörden sind Kostenuntersuchungen und unabhängige Rechnungsprüfungen auf einer oder gar mehreren Stufen verpflichtend. Solche Untersuchungen können erheblich ins Detail gehen. Es ist vorteilhaft, die Sache von vornherein richtig anzugehen. Die Beachtung von Details bei der Vorlage der Kostenvoranschläge und eine sorgfältige Präsentation können sehr hilfreich bei der Entwicklung guter Beziehungen zwischen dem Kunden und dem Auftragnehmer sein.

Unterordnung unter die Kostenschätzungs- und Kostenberechnungsmethoden des Unternehmens ebenso wie die Notwendigkeit, die erforderlichen Arbeitsetats festzulegen, verpflichten den Projektmanager dazu, sicherzustellen, daß die Voranschläge in standardisierter und logischer Form dargestellt werden. Berechnungen auf Notizblöcken oder Schmierzetteln sind oft fehlerhaft oder gehen ohnehin meist verloren. Es ist unwahrscheinlich, daß sie auch nur einer der bereits erwähnten Voraussetzungen entsprechen. Mit anderen Worten, es sind standardisierte Kostenberechnungsformulare erforderlich, seien es Vordrucke oder Tabellen auf dem Computerschirm.

Berechnungsformulare für Projektkosten können so angelegt werden, daß sie mit den verschiedenen Arten von Arbeitsgliederungsstrukturen, die in den Abbildungen 4.3, 4.5 und 4.6 dargestellt sind, übereinstimmen. Jedem Ausschreibungspaket des Projekts oder jeder Aufgabengruppe kann ein Blatt zugeteilt werden, während die Zeilen auf dem Formular einer Aufgabe oder Aktivität gewidmet werden. Beim Eintragen der Kosten entlang der Zeilen ergeben sich die geschätzten Kosten für die entsprechende Aufgabe. (Dies ist, nebenbei bemerkt, sehr bequem für die Festsetzung von Preisen für Ersatzteile.) Aus der Gesamtberechnung der jeweiligen Spalten ergibt sich der von jeder Abteilung erwartete Einsatz, und die Ergebnisse sind den Abteilungen bei ihrer Etatberechnung und groben Ressourcenzuteilung von Nutzen.

Einige Versuche, Kostenberechnungsformulare zu gestalten, scheitern am Ehrgeiz. Es ist nicht erforderlich, für sämtliche unvorhergesehenen Ausgaben eine Spalte vorzusehen. Statt dessen können eine oder mehrere Spalten ohne Bezeichnung bleiben, die dann verwendet werden können, wenn es für spezielle Zwecke erforderlich wird.

Bei Projekten größeren Umfangs ist es wünschenswert, für das Zusammenstellen und die Gesamtberechnung der Voranschläge Computer zu verwenden. Dabei müssen die Berechnungstabellen jedoch so gestaltet werden, daß sie für die Computerdateneingabe geeignet sind. Wenn das Unternehmen seine Verfahren mit Voraussicht entwickelt hat, können die Berechnungsdaten in ein umfassendes Management-Informationssystem gespeist werden, das mit dem Voranschreiten der Arbeiten dazu benutzt werden kann, Ausgaben und Arbeitsfortschritt mit den ursprünglichen Planungen zu vergleichen.

Eine Berechnungstabelle für Projektkosten für die Fertigung und allgemeine Anwendungen

Abbildung 5.1 zeigt ein Beispiel für ein Kostenberechnungsformular für allgemeine Zwecke. Dieser Entwurf basiert auf einem Formular, das mehrere Abteilungen eines Unternehmens für Projekte verwenden, die von der Erstellung elektronischer Anlagen für militärische Zwecke bis zur vorgefertigten Ausstattung von Operationssälen in Krankenhäusern reichen. All diese Projekte sind zwar völlig unterschiedlich in Gestalt und Arbeitsinhalt, doch sie haben eine typische Eigenschaft von Fertigungsprojekten gemein: Sie erfordern spezielle technische Entwurfsarbeiten, gefolgt vom Projekteinkauf, hin zur Fertigung und Fertigstellung entweder in Einzelstücken oder sehr kleinen Mengen.

Diese Tabelle für die allgemeine Anwendung ermöglicht die Darstellung von sechs verschiedenen Lohnstufen und geht davon aus, daß sämtliche Arbeitsstunden zum entsprechenden Standardkostensatz berechnet werden. Ein Unternehmen wird wahrscheinlich mehr als sechs Lohnstufen für den Projektkostenvoranschlag benötigen, doch es ist sehr unwahrscheinlich, daß mehr als sechs Stufen für die Aufgaben benötigt werden, die auf einem Blatt eingetragen werden können. Der Kostenschätzer ist daher in der Lage, die Lohnstufen, die für die auf diesem bestimmten Blatt berechneten Arbeiten notwendig sind, in die Arbeitsspalten (die Nummern 4 bis 9 in diesem Beispiel) einzutragen. In das Feld über jeder Spalte sollte der standardisierte Code für die Lohnstufe eingetragen werden, damit deutlich wird, welche Sätze zur Zeit der Berechnung aktuell waren.

Üblicherweise ändern sich Löhne und Gehälter und die damit verbundenen Lohnraten von Jahr zu Jahr. Die Zeit, die für die Durchführung einer bestimmten Aufgabe bei Anwendung einer bestimmten Methode benötigt wird, ändert sich jedoch nicht. Daher werden Arbeitsstunden als das Fundament von Kostenvoranschlägen betrachtet. Die Umrechnung von Arbeitsstunden in Geldbeträge läßt sich also als ein abgeleiteter, zweitrangiger Vorgang betrachten, der von variablen Faktoren und anderen Einflüssen abhängt. Vergleichende Lohnkostenberechnungen sollten daher immer auf Arbeitsstunden oder anderen Zeiteinheiten beruhen und niemals auf Kosten, die sich auf verschiedene Zeitpunkte beziehen.

Es ist nicht erforderlich, allgemeine Kostenberechnungsformulare zu komplizieren, indem gesonderte Spalten für Punkte wie „Besonderes" vorgesehen werden. Entsprechende Dinge sind leicht unterzubringen, indem man sie als gesonderte Arbeitsschritte einordnet. Jeder von ihnen kann in

KOSTENVORANSCHLAG

Projektnummer oder Verkaufsreferenz:

Voranschlagsnummer:

Voranschlagsdatum:

Zusammengestellt von:

Seite ... von ... ... Seiten

Voranschlag für:

1	2	3	4	5	6	7	8	9	10	11	12	13	14	15
			Arbeitszeiten und resultierende Kosten nach Abteilungen oder Gehaltsstufen						Direkte Gesamtlohnkosten	Gemeinkosten ..%	Standardkosten	Frachtkosten ..%	Spätester Liefertermin (in Wochen)	Gesamtkosten (10 + 11 + 12 + 13)
Code	Artikel	Menge	Stunden / Kosten	Stunden / Kosten	Stunden / Kosten	Stunden / Kosten	Stunden / Kosten	Stunden / Kosten			Material			

Abbildung 5.1   Ein Kostenvoranschlagsformular für allgemeine Anwendung

eine Zeile eingetragen werden, und die Kosten werden genauso zusammengezählt wie bei jeder anderen Aufgabe.

Das Einfügen einer Spalte mit dem Titel „längste Lieferzeit" in allgemeinen Formularen ist nicht direkt mit der Kostenberechnung verbunden. Doch die Mitarbeiter, die die Materialkosten in die Tabelle eintragen, sind wahrscheinlich diejenigen, die am ehesten in der Lage sind, die zu erwartende Lieferzeit vorauszusehen. Es ist besser und wirkungsvoller, all diese Daten so früh wie möglich und zum selben Zeitpunkt zu bekommen. Die Nützlichkeit dieser Formulare wird durch das Einfügen der maximalen Entwicklungszeit augenblicklich erweitert, indem sie nun auch als wertvolle Informationsquelle für die nachfolgende Zeitplanung genutzt werden können.

Zusätzliche Spalten in den Berechnungsformularen können die Handelsspannen und Verkaufspreise zeigen. Diese wurden im Beispiel der Abbildung 5.1 bewußt ausgelassen, um die Tatsache zu unterstreichen, daß die Beziehung zwischen Kostenvoranschlägen und der Projektpreisfestlegung häufig zu kompliziert ist, als daß sie in einer einfachen Tabelle berechnet werden könnte. Mehr darüber findet sich im Kapitel 6.

Kostenberechnungsformulare für umfangreiche Hochbauprojekte

Es gibt eine Reihe von Formularentwürfen für die tabellarische Darstellung und Zusammenfassung der Kostenvoranschläge für große Projekte in den Bereichen Bergbau, Petrochemie und Hoch- und Tiefbau.

Bei Fertigungsprojekten bestehen die Hauptkosten in der Regel, und oft zu ungefähr gleichen Teilen, aus Lohn- und Materialkosten bei einem relativ kleinen Anteil von Aufträgen an Subunternehmer. Bei großen Hochbauprojekten ist dieses Gewicht üblicherweise verlagert. Der Großteil der direkten Lohnkosten entsteht wahrscheinlich in den technischen und Projektmanagementbereichen, wobei ein großer Teil der tatsächlichen Bauarbeiten von Spezialfirmen übernommen wird und die Errichtung von Anlagen einer Reihe von Subunternehmen übertragen wird. Üblicherweise entsteht daher ein erheblicher Anteil der Gesamtausgaben im Rahmen der Auftragsvergabe an Subunternehmen. Die Materialkosten sind in der Regel aufgeteilt in Massenlieferungen (Stahl, Rohre, Baumaterial usw.) und zu einem beträchtlichen Anteil in Investitionen in kostspielige Anlagen, deren Bereitstellung gelegentlich selbst die Form umfangreicher Projekte annimmt.

Die meisten der Kosten, die bei großen Hochbauprojekten entstehen, können unter ein paar Überbegriffen zusammengefaßt werden:

1. Ingenieursarbeiten und Projektmanagement (aufgeteilt zwischen Büros am Hauptsitz und auf der Baustelle).
2. Einkauf (unterteilt in Massenlieferungen von Baumaterial und Einkäufen von größeren Artikeln und Ausrüstungsgegenständen für die Anlagen).
3. Subunternehmer und Maschinenmiete.
4. Sonstige Ausgaben, wie Rechtsgebühren.

Kostenvoranschläge für die Zeitdauer der Ingenieursarbeiten am Hauptsitz und das Projektmanagement können in Tabellen für allgemeine Anwendung wie zum Beispiel in Abbildung 5.1 zusammengeführt werden.

Voranschläge für viele der in großen Mengen gelieferten Materialien werden häufig auf der Grundlage sehr detaillierter Zuteilungen oder Materialentnahmen erstellt, die für jede der beteiligten technischen Fachbereiche entworfen wurden (so wird zum Beispiel die benötigte Menge an Rohren von den Wasserwirtschaftsingenieuren berechnet, die Höhe der Entnahmen an Stahl wird von Statikern und Hochbauingenieuren eruiert).

ANLAGEN-/MATERIALKOSTENVORANSCHLAG

Voranschlag für:

Projektnummer oder
Verkaufsreferenz:

Voranschlagsnummer:

Voranschlagsdatum:

Zusammengestellt von:

Seite ...   von   ... Seiten

Spezifikationsnummer (wenn bekannt)	Anlagen oder Materialien	Vorgeschlagener Lieferant	Währung	Umtausch-satz	Kosten pro Einheit	Menge	Gesamt-kosten	Fracht-kosten	Zoll und Steuern	Liefer-kosten
Seiten gesamt										

Abbildung 5.2   **Formular für Anlagen- und Materialkostenvoranschläge**

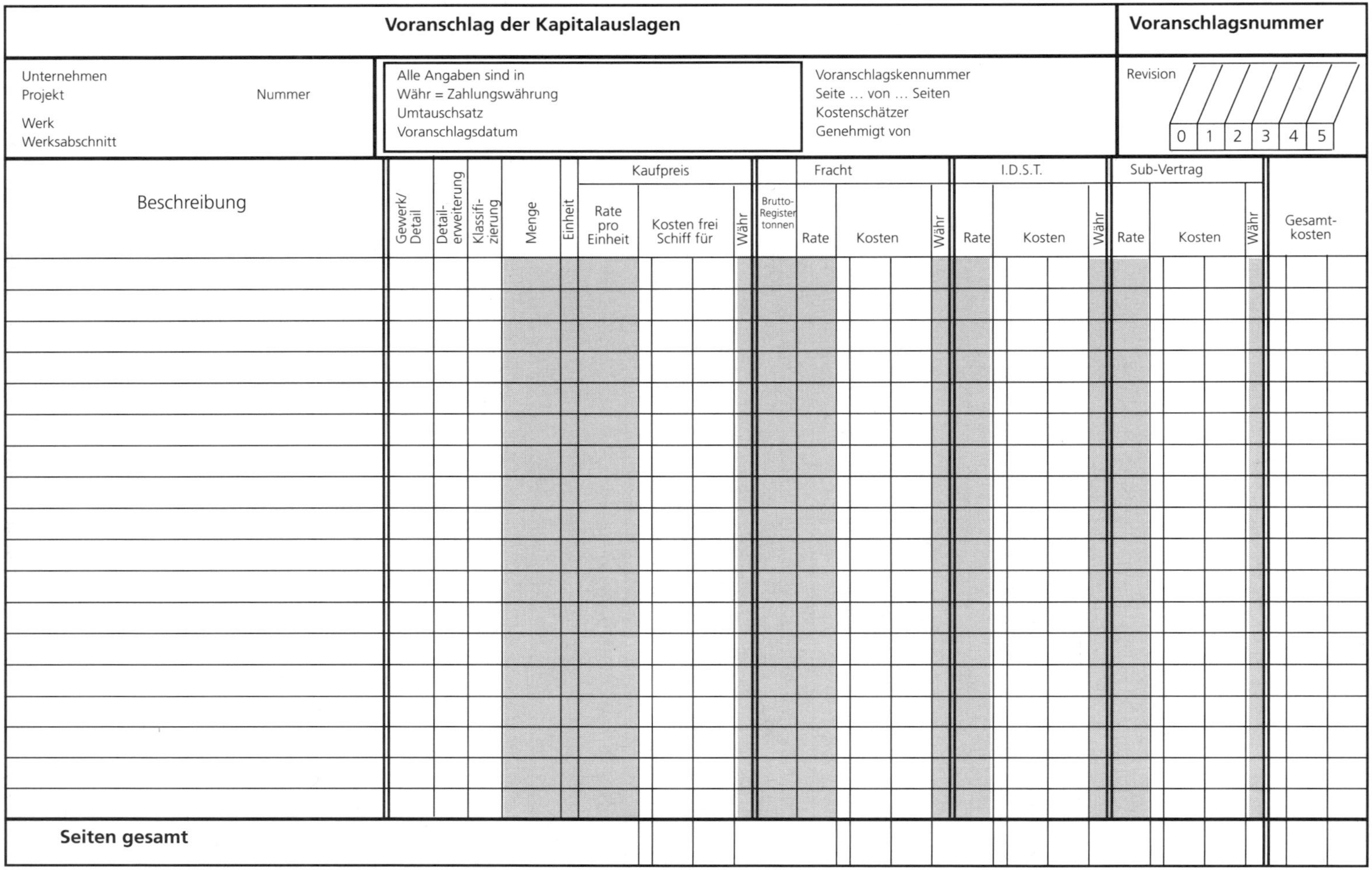

Voranschlag der Kapitalauslagen

Voranschlagsnummer

Unternehmen
Projekt
Werk
Werksabschnitt

Nummer

Alle Angaben sind in
Währ = Zahlungswährung
Umtauschsatz
Voranschlagsdatum

Voranschlagskennnummer
Seite ... von ... Seiten
Kostenschätzer
Genehmigt von

Revision

| 0 | 1 | 2 | 3 | 4 | 5 |

Beschreibung

Gewerk/Detail

Detail-erweiterung

Klassifi-zierung

Menge

Einheit

Kaufpreis — Rate pro Einheit — Kosten frei Schiff für — Währ

Brutto-Register-tonnen

Fracht — Rate — Kosten — Währ

I.D.S.T. — Rate — Kosten — Währ

Sub-Vertrag — Rate — Kosten — Währ

Gesamt-kosten

Seiten gesamt

Abbildung 5.3   Formular für die Auflistung der Kostenvoranschläge für Anlagegüter

Projektkostenaufstellung

Projekttitel: Voranschlags- oder Verkaufsreferenz:

Kunde: Datum:

Artikel

LOHNKOSTEN

1		
2		
3		
4		
5		
6		>

ANLAGEN, MATERIALIEN UND BEZAHLTE DIENSTLEISTUNGEN

7		
8		
9		
10		
11		>

ANDERE AUSGABEN (Honorare für Fachleute, Lizenzen etc.)

12		
13		
14		>
15	SELBSTKOSTEN	>

GEMEINKOSTEN UND BEARBEITUNGSGEBÜHREN

Anzahl berechneter Artikel   Berechnungsrate ..%

16		
17		
18		>
19	GRUNDVORANSCHLAG DER PROJEKTKOSTEN	>

RÜCKLAGEN

20	Rücklage für Indexanpassung ..%	
21	Rücklage für unvorhergesehene Ausgaben ..%	
22		>
23	GESAMTKOSTENVORANSCHLAG	>

PREISAUFSCHLAG

Für Artikel   Verwendete Rate ..%

24		>
25		>
26	EMPFOHLENER VERKAUFSPREIS	>

Bemerkungen:

Abbildung 5.4   Allgemeines Formular für Kostenberechnung und Preisfestlegung

Das Formular in Abbildung 5.2 kann für die Auflistung der Kostenvoranschläge für bedeutende Anlagenteile verwendet werden, die für ein Projekt erforderlich sind. Es ist möglich, Fracht- und Zollkosten in die Tabelle einzutragen, was natürlich besonders relevant wird, wenn der Baustandort weit entfernt von der Versorgungsquelle liegt. Gesamtmengen oder sinnvolle Zwischensummen der Materialentnahmen sollten in dieses Formular übertragen werden, damit die vollständigen Materialkosten zusammengefaßt und errechnet werden können.

Abbildung 5.3 zeigt ein weiteres Beispiel eines Formulars für die Auflistung und Berechnung von Kosten. In dieser Version, die von einem internationalen Bergwerksunternehmen für vorläufige Kostenvoranschläge verwendet wird, wird versucht, so viele Details wie möglich auf einer Seite unterzubringen. Jede Zeile dieses Formulars ist einem Teil der Arbeitsaufgliederung zugeordnet. Arbeitsstunden für Ingenieurs- und Projektmanagementaufgaben sind hier nicht aufgenommen, aber die Kosten für Subunternehmen der Baubranche, Materialmassenlieferungen, Anlagen und Fracht wurden mit einbezogen.

Ein Formular für eine umfassende Projektkosten- und Preisübersicht

Das Formular in Abbildung 5.4 kann in vielen Fällen dafür verwendet werden, eine Übersicht über Projektkostenvoranschläge zu geben, und es kann zur Preisfestlegung herangezogen werden. Das Formular wurde möglichst flexibel gestaltet, damit es einen weiten Bereich unterschiedlicher Projekte und Unternehmen abdeckt. Es ist Raum für verschiedene Beträge, Preisnachlässe und Handelsspannen vorgesehen, doch es kann der speziellen Art der Betriebsführung und den buchhalterischen Anforderungen eines Unternehmens angepaßt werden. Das Formular ermöglicht die Aufzeichnung der tatsächlichen Zahlen und Formeln, die in der Relation von Kosten und Preisfestlegung eine Rolle spielen, jedoch ohne den Mechanismus der Preisfestlegung selbst vorzuschreiben, denn diesen muß das Management entsprechend der jeweiligen Bedingungen für den Einzelfall erarbeiten.

Die Berechnung von Fertigungskosten

Kostenvoranschläge mit Produktionsplänen

Nehmen wir an, es soll ein Kostenvoranschlag für die Routineherstellung einer festgelegten Menge von Blechkästen erstellt werden. Zunächst ist ein Satz von Produktionszeichnungen erforderlich. Weitere wichtige Faktoren, die voraussichtlich das Ergebnis beeinflussen werden, sind die erforderliche Gesamtmenge von Kästen und die nötige Produktionszeit. Hinzu kommen wichtige Informationen wie z. B. über die Art der Produktionsanlagen, die voraussichtlich benutzt werden, und den Geldbetrag, der unter Umständen für spezielle Bearbeitungen zur Verfügung steht.

Alle diese Tatsachen ermöglichen es, den Auftrag als eine Abfolge von Produktionselementen oder -operationen zu betrachten. Jeder einzelne Schritt, der erforderlich ist, um das Rohmaterial in einen fertigen Kasten umzuwandeln, kann bis ins kleinste Detail und in chronologischer Abfolge in einem Terminplan oder „Prozeßpapier" aufgezeichnet werden. Ein Voranschlag, der die nötige Arbeitszeit für jede Einzeloperation beinhaltet – sei es für das Schneiden, Falten, Lochen, Schweißen, Vernieten oder sonstige Metallverarbeitung –, kann durch Rückgriff auf Daten erstellt werden, die in der Vergangenheit gesammelt wurden. Wahrscheinlich wären sogar Tabellen mit den Standardzeiten für alle Routineoperationen erhältlich. Der Detailumfang einiger Standardzeittafeln ist äußerst umfassend. Zeiten für die Einrichtung von Einspannvorrichtungen oder Maschinen könnten ebenfalls gut dokumentiert sein.

Bei sehr großen Massenproduktionsvorgängen können die Kosten- und die Arbeitszeitberechnung ein Ausmaß erreichen, wo selbst die Zeiten für Bewegungen der Maschinenführer aufgenommen werden. Diese werden dann in Arbeitssekunden oder noch kürzeren Zeiteinheiten ausgedrückt. Jeder Arbeitsschritt kann in solche kleinen Elemente aufgegliedert werden, und die veranschlagte Gesamtdauer für jeden Arbeitsschritt ergibt sich dann aus der „Synthese", dem Zusammenzählen aller dieser winzigen Bestandteile. Dieser Umfang an Details wird in Abbildung 5.3 nicht darge-stellt. Soll er in dem Diagramm enthalten sein, müßte ein eigener Platz unterhalb der Ebene der „Fer-tigungsoperationen" geschaffen werden, der die Bezeichnung „Synthesen" trägt. Die Produktions-zeiten von Routinevorgängen können oft mit solcher Genauigkeit vorhergesagt werden, daß die An-gaben in Arbeitsminuten gemacht werden.

Wenn computergesteuerte Maschinenanlagen benutzt werden, sollten die Produktionsingenieure in der Lage sein, die Dauer der Herstellungszeit exakt zu veranschlagen.

Im Fall des Metallkastens kommt daher am Ende ein sehr guter Voranschlag heraus, der sich aus dem Zusammenzählen der Zeiteinheiten für sämtliche Arbeitsschritte bei Berücksichtigung einer gewissen Menge an unproduktiver Zeit ergibt.

Wenn jeder Kasten einen bestimmten Apparat oder ein bestimmtes Instrument enthalten soll, so kann die Montagezeit anhand der Standardzeiten ebenfalls mit hinreichender Genauigkeit vorherge-sagt werden. Die Anzahl der zu benutzenden Schrauben oder Nieten, die Größe, Länge und Anzahl der Drähte und Rohre und die Arten der Verbindungen können anhand der Zeichnungen nachgezählt werden. Wiederum können die Voranschläge auf Angaben in Tabellen beruhen, die aus den bekann-ten Eigenschaften und der Produktionsleistung der Organisation und ihrer Mitarbeiter in der Fabrik gewonnen wurden.

Die Ausgaben für Materialien für die Produktionsarbeit lassen sich mit einiger Gewißheit vorhersa-gen. Der Verbrauch an Rohmaterial kann anhand der Zeichnungen eingeschätzt werden, wenn Anteile für Schnittverluste und Beschädigungen eingeplant werden. Andere Materialien und Kom-ponenten sind von den Entwurfstechnikern in Stücklisten oder Materialbestellungen aufgelistet wor-den und müssen lediglich an die Einkaufsabteilung oder das Kostenrechnungsbüro weitergereicht werden, damit die Standardkosten eingetragen werden können.

Nun ist der Zeitpunkt gekommen, an dem eingestanden werden muß, daß dieser kurze Abriß tradi-tioneller Produktionskostenberechnung wenig oder überhaupt nichts mit dem Thema Projektmana-gement zu tun hat. Er wurde dennoch hier angeführt, um als Kontrast zu dienen, anhand dessen die besonderen Schwierigkeiten erörtert werden können, mit denen sich Projektkostenschätzer konfron-tiert sehen.

Festzuhalten ist, daß eine Reihe von allgemeingültigen Schlüsselfaktoren bei der Anwendung von Routinemethoden deutlich geworden sind. Immer wird das Vorhaben in kleinere Elemente aufge-gliedert, bevor Voranschläge erstellt werden. Die Voranschläge selbst können gewöhnlich als „stan-dardisierte" oder „bekannte" Größen beschrieben werden, und die Notwendigkeit von Schätzungen ist entweder ausgeschlossen oder auf ein Minimum reduziert. Es wird nicht den persönlichen Mei-nungen darüber, wie lange jeder Arbeitsgang dauern sollte, Vertrauen geschenkt, sondern den Resul-taten langjähriger Erfahrung, detaillierter Analyse und wissenschaftlicher Methoden der Arbeitszeit-berechnung.

Kostenvoranschläge ohne detaillierte Produktionspläne

Nehmen wir nun an, daß ein Kostenvoranschlag für eine Kontrolleinheit vorbereitet werden soll. Dies ist ein mit Instrumenten gefüllter Kasten, doch anders als bei unserem Beispiel im vorherigen Abschnitt dieses Kapitels gibt es bisher keinen detaillierten Entwurf, und es existieren keine Produktionszeichnungen. Es soll nur ein Kasten dieser speziellen Art hergestellt werden, der für ein besonderes Projekt verwendet werden wird. Die einzige Information, auf der ein Kostenvoranschlag basieren kann, ist die schriftliche Entwurfsspezifikation eines Ingenieurs. Diese Spezifikation enthält kaum oder überhaupt keine Informationen über Ausmaße, Materialien oder den Inhalt des Kastens. Sie legt lediglich die Funktionsleistung fest, die vom fertigen Produkt erwartet wird, im Sinne der Input- und Output-Parameter und seiner voraussichtlichen Betriebsumgebung. Wenn der Kostenschätzer Glück hat, gibt es vielleicht eine grobe Umrißskizze des Kastens.

Standardisierte Kostenberechnungstabellen sind hier also voraussichtlich völlig unbrauchbar. Das Zeit- und Standardkostenaufkommen hängt von der Durchsetzung einer bestimmten Produktionskontinuität ab, die wiederum erfordert, daß ein gewisses Mindestproduktionsvolumen erreicht wurde. Derartige Standards können auf „einmalige" Produktionsvorgänge nicht angewandt werden, wo unbekannte Variablen das Bild bestimmen. Jedenfalls gibt es keine Zeichnungen, anhand derer sich die Arbeit in verschiedene Schritte aufgliedern ließe. Also ist es ausgeschlossen, daß Standardvoranschläge verwendet werden können.

Jetzt ist eine Stufe der Projektvorbereitung und des Planungsprozesses erreicht, auf der sich viele professionelle Kostenschätzer, Produktionsingenieure und Verfechter von Arbeitsstudien eindeutig überfordert sehen. Ihre bewährten Bücher mit Standardzeiten, die sie seit Jahren verwenden, und ein Großteil ihrer Berufsausbildung sind buchstäblich wertlos, wenn sie mit dem Problem konfrontiert werden, Kostenvoranschläge für Arbeit erstellen zu müssen, für die es keine Entwurfspläne gibt. Diese Menschen haben gelernt, Pläne als gewohnheitsmäßige Ausdrucks- und Kommunikationsmittel zu betrachten. Ohne solche Hilfsmittel sind sie hilflos. Sie fühlen sich ihrer Grundlagen beraubt und sind nicht bereit, für Voraussagen zu bürgen, die sie später unter Umständen rechtfertigen müssen.

Die geringe Zeit, die üblicherweise zur Verfügung steht, macht die Projektkostenberechnung nicht leichter. Allzu oft muß ein Angebot in wenigen Tagen vorbereitet werden, um rechtzeitig beim zukünftigen Kunden einzugehen. Verspäteter Eingang der Unterlagen bedeutet häufig die automatische Disqualifizierung des Angebots und den unwiderruflichen Verlust des Auftrags an einen Konkurrenten. Innerhalb der kurzen Zeitspanne, die zur Verfügung steht, müssen oft Kostenvoranschläge für eine große Anzahl von Einzelteilen erstellt werden. Für ein Projekt sind beispielsweise hunderte von Kontrolleinheiten erforderlich, die sich alle voneinander unterscheiden und einzeln gefertigt werden müssen. Selbst wenn ältere Pläne vorliegen, fehlt es an der nötigen Zeit, sie für eine detaillierte Kostenberechnung zu analysieren.

Die Aufgabe der Kostenberechnung selbst kann kostspielig sein. Während des Vorgangs wird leicht viel Zeit und Geld aufgewendet, besonders wenn kein Zeitdruck für eine rasche Fertigstellung der Voranschläge besteht. Bei geringer Wahrscheinlichkeit, den Projektauftrag zu erhalten, fehlt es an einer Rechtfertigung für die Investition in Voranschläge und Angebotsvorbereitung.

Projektkostenberechnung findet, wie bereits deutlich wurde, in einem viel größeren Maßstab statt als gewöhnliche Produktionsarbeit. Fehlt es an detaillierten Informationen, so muß man sich umfangreiche Ausschreibungspakete bildlich vorstellen. Die einzigen, die diesen größeren Überblick haben, sind wahrscheinlich höherrangige Mitarbeiter der Organisation. Abteilungsleiter sind häufig beteiligt, wenn nicht an der Erstellung der Voranschläge so doch zumindest an ihrer Genehmigung. Bei Voranschlägen für Fertigungsprojekte wird daher mit großer Wahrscheinlichkeit der Beitrag des Produktionsleiters erforderlich sein.

Es gibt keine einfache Lösung für all diese Schwierigkeiten, doch es ist möglich, einen Ansatz aufzuzeigen, der mit großer Wahrscheinlichkeit zu annehmbaren Ergebnissen führen wird. Glücklicherweise sind das Fehlen von Plänen und die Notwendigkeit, Voranschläge in kurzer Zeit zu erstellen, zwei Bedingungen, die ähnliche Techniken der Handhabung erfordern.

Bleiben wir beim Beispiel der Kontrolleinheit, dem kleinen Metallkasten gefüllt mit Instrumenten. Die Methode der Kostenberechnung würde sich entlang der folgenden Linien bewegen: Erstens ist eine Beschreibung des vorgeschlagenen Kastens und eine gewisse Vorstellung des Inhalts erforderlich. Diese Informationen müssen von den Entwurfstechnikern vorgelegt werden, denn sie sind die einzigen, die auf dieser Stufe eine wirkliche Vorstellung davon haben können, wie der fertige Artikel im einzelnen aussehen wird.

Wenn eine Beschreibung des Kastens vorliegt, ist es in der Regel möglich, in den Archiven ein in der Vergangenheit gefertigtes Teil zu finden, das gewisse Ähnlichkeiten mit dem neuen Auftrag hat. Die Klassifizierung und Codierung von Arbeits- und Kostenaufzeichnungen können von großer Hilfe sein, wenn eine solche Suche notwendig ist. Wiederum sind auf dieser frühen Stufe allein die Ingenieure in der Lage, sinnvolle Vergleiche anzustellen. Es mag sich herausstellen, daß es keine direkten Parallelen gibt, aber daß in der Vergangenheit ein ähnlicher Auftrag durchgeführt wurde, der etwas einfacher war als das gegenwärtig relevante Objekt. „Wieviel einfacher?" lautet die Frage, die nun gestellt werden muß. Der Ingenieur könnte zu dem Schluß kommen, daß diesmal etwa 10 Prozent mehr Einzelteile gebraucht werden, woraus sich eine Grundlage ergibt, auf der die Produktionsabteilung einen vergleichenden Kostenvoranschlag erstellen kann.

Wenn die Unterlagen über die tatsächlichen Ausgaben für den früheren Kasten eingesehen wurden, kann man vom Produktionsleiter oder Produktionsmanager vernünftigerweise erwarten, daß er einen Voranschlag für den neuen Auftrag erstellt, da er nun die Information hat, daß etwa 10 Prozent mehr Einzelteile untergebracht und montiert werden müssen. Wenn die Herstellung des alten Kastens eine Arbeitswoche in Anspruch genommen hat, mag man davon ausgehen, daß dieser Voranschlag für den kommenden Verarbeitungsvorgang ausreicht. Es sind lediglich ein paar zusätzliche Löcher erforderlich, um die zusätzlichen Komponenten zu befestigen. Verkabelung und Verrohrung dagegen werden mehr Zeit in Anspruch nehmen, da der zehnprozentige Anstieg der Anzahl von Einzelkomponenten einen entsprechenden Anstieg der notwendigen Verbindungen erforderlich machen wird. Die in der Vergangenheit dokumentierte Montagezeit von zwei Arbeitswochen könnte daher für den Voranschlag für den etwas komplizierteren Kasten auf zweieinhalb Wochen ausgedehnt werden.

Solche vergleichenden Voranschläge können natürlich niemals in kleinen Zeiteinheiten ausgedrückt oder betrachtet werden. Üblicherweise werden Arbeitswochen oder Arbeitsstunden gewählt. Verwendet der Kostenschätzer kleinere Einheiten, etwa Arbeitsminuten, so begibt er sich in Gefahr, in dieselbe Falle zu tappen wie der Wissenschaftler, der für seine Forschung Daten und Messungen mit 1 oder 2 Prozent Genauigkeitsabweichung benutzt, aber die Kühnheit besitzt, seine Endergebnisse mit langen Zahlenreihen hinter dem Komma auszudrücken.

Wenn sich erst einmal die Vorstellung durchgesetzt hat, daß Voranschläge für die Arbeitszeit in weiten Begriffen betrachtet werden müssen – vergleichbar dem Maßstab der Ausschreibungspakete bei der Arbeitsaufgliederung –, dann können sie exakt auf dieselbe Weise zusammengestellt werden wie die Voranschläge für technische Entwurfsarbeiten und andere Projektaktivitäten, die nicht zur Fertigung gehören. Das Berechnungssystem kann also standardisiert werden, und die Kostenvorhersagen können gemäß derselben Regeln und unter Benutzung eines allgemeingültigen Berechnungsformulars aufgezeichnet werden.

Einholen der Voranschläge für Arbeitszeiten

Im Idealfall sollten Projektvoranschläge immer jenen Abteilungen abverlangt werden, die am besten qualifiziert sind, diese zu erstellen. Bei der Projektarbeit verlagert sich im Vergleich zur Kostenberechnung bei der Routineproduktion, bei der man die Erstellung detaillierter Voranschläge einer Person oder einer Gruppe anvertrauen kann, die lediglich auf Kostenberechnung oder Produktionstechnik spezialisiert sind, der Schwerpunkt. Projektvoranschläge werden üblicherweise von Personen in gehobener Stellung innerhalb der Abteilungen ausgehändigt, die später auch die Verantwortung für die Verwaltung der tatsächlichen Projektverpflichtungen tragen. Es ist daher vernünftig, zum Beispiel vom technischen Leiter zu erwarten, daß er sämtliche Voranschläge für die technische Entwurfsarbeit erstellt, und vom Leiter der technischen Zeichner, daß er dies für die Planerstellung tut, usw. Der Produktionsmanager, der Servicemanager sowie andere Manager und Vorarbeiter können ebenfalls beteiligt werden.

Diese Art von Dezentralisierung der Kostenberechnungsaufgabe spiegelt die Maßstabsveränderung beim Übergang von Produktionskostenberechnung zur Projektarbeit wider. Sie wird nicht nur vorgenommen, um zu einem genaueren Voranschlag der Projektkosten zu gelangen, obwohl darin immer das Hauptziel liegen sollte. Bei der Planung eines umfangreichen Projekts haben die Voranschläge für die Arbeitszeiten massiven Einfluß auf die Etats für Personalstand und Arbeitskräftepotential der betreffenden Abteilungen für viele Jahre im voraus. Der Etat einer Abteilung, um welche Art von Arbeit es dabei auch gehen mag, kann nur dann effektiv eingesetzt werden, wenn der Abteilungsleiter eine erhebliche Rolle bei der Vereinbarung der Etatzielsetzungen gespielt hat, die ja schließlich zu zukünftigen Verpflichtungen des Leiters werden. Das bedeutet für jedes Projekt von einem gewissen Umfang, daß die Abteilungsleiter entweder selbst die Voranschläge für die Arbeit in ihren eigenen Abteilungen erstellen oder ihnen zumindest ihre Zustimmung geben müssen.

Die Dezentralisierung der Kostenberechnungsaufgaben hat zur Folge, daß ein Satz von Projektvoranschlagsformularen unter den betroffenen Abteilungen in Umlauf gebracht werden muß. Dies kann auf verschiedene Arten geschehen, die nicht alle in gleicher Weise wirkungsvoll sind.

Die erste Möglichkeit besteht darin, daß ein Hauptset von Formularen zusammengestellt wird, dem eine Verteilerliste beiliegt. Die Formulare werden dann an die erste Abteilung geschickt, die auf der Liste steht. Diese Abteilung soll ihre Voranschläge eintragen und den Satz von Formularen an die nächste Abteilung auf der Liste weiterreichen, bis schließlich alle Voranschläge vollständig sind und das Bündel zurück auf den Schreibtisch des Projektmanagers oder des Verantwortlichen für die Ausschreibungsvorschläge gelangt. Jeder weiß, wie lange der Umlauf des Bibliotheksexemplars einer Zeitschrift dauert und welche Gefahren während der Reise lauern. Häufig gelangt sie nie zurück zum Ausgangspunkt. Aus denselben Gründen kann diese Methode als ungeeignet betrachtet werden für das Einholen von Projektkostenvoranschlägen.

Die zweite Möglichkeit besteht darin, vorgedruckte Kostenvoranschlagsformulare gleichzeitig an jede Abteilung auszuteilen. Hier ergibt sich der Vorteil, daß die sich fortsetzenden Verzögerungen der ersten Methode ausgeschaltet werden. Doch alles hängt immer noch von der Kooperationsbereitschaft aller Abteilungsleiter ab. Verspätete Rücksendungen sind zu erwarten, und wir wissen aus unserer Erfahrung, daß Formulare verloren gehen können.

Es ist eine unbestreitbare Tatsache, daß Kostenberechnung häufig als eine unangenehme Aufgabe betrachtet wird, eine lästige Routinearbeit, die es um jeden Preis zu vermeiden gilt, wenn andere Prioritätensetzungen als Entschuldigung dienen können. Niemand sollte sich daher auf das schriftliche Ersuchen um das sachgerechte Ausfüllen der Kostenvoranschlagsformulare verlassen. Ein direkterer Ansatz ist hier notwendig.

Eine andere Methode, um Voranschläge einzuholen, wäre, sie während der Vorbereitungstreffen für die Netzplanung (erläutert im Kapitel 9) einzufordern und einen Satz von Voranschlagsformularen vor Ort ausfüllen zu lassen. Dies ist deswegen eine gute Gelegenheit, weil alle wichtigen Projektbeteiligten anwesend sind. Diese Methode kann für kleinere Treffen erwogen werden, doch bei größeren ergeben sich mindestens drei Probleme:

1. Netzplanvoranschläge werden grundsätzlich immer für die Aktivitätsdauer erstellt, also die verstrichene Gesamtzeit, und nicht für den Arbeitsinhalt in Arbeitsstunden. Einige Formen von Voranschlägen für den Arbeitsinhalt werden bei Netzplanbesprechungen erstellt, zusätzlich zu den Arbeitsdauervoranschlägen, wenn die Absicht besteht, den Netzplan für die spätere Ressourcenzuteilung zu verwenden.

2. Vorbereitungstreffen für die Netzplanung können sehr mühselig sein und viel Zeit in Anspruch nehmen, manchmal mehrere Stunden. In die Länge gezogene Besprechungen führen nicht zu optimalen Ergebnissen, und es ist besser, nicht zu viel von den Teilnehmern zu erwarten. Wenn eine Besprechung länger als zwei Stunden dauert, wird das „Gesetz vom abnehmenden Gewinn" anwendbar. Die Teilnehmer werden unruhig und wollen zurück in ihre Abteilung, um dringendere Probleme zu klären, oder nach Hause gehen.

3. Materialkosten sind in der Regel nicht Gegenstand von Netzplanbesprechungen. In den meisten Fällen wäre daher eine gesonderte Zusammenstellung der Materialkostenvoranschläge erforderlich.

Seit einigen Jahren bieten Computernetzwerke eine weitere Methode für das Zusammentragen von Informationen aus verschiedenen Quellen, und viele Unternehmen können diese Methode zweifellos für die Zusammenstellung ihre Projektvoranschläge verwenden. Es gibt sogar eine Reihe von Softwarepaketen für Projektmanagement, die zwar ursprünglich für Planung und Kontrolle entwickelt wurden, die es jedoch dem Systemanwender erlauben, Kostenberechnungsdaten in die Projektdatenbank einzugeben. Auch dies hängt jedoch vom guten Willen der Mitarbeiter ab.

Persönliche Befragungen sind die beste Methode, um zügig zu verläßlichen Ergebnissen zu kommen. Der Vorgang beginnt mit der Vorbereitung eines vollständigen Satzes von Kostenberechnungsformularen für das Projekt, in denen jede bekannte Aufgabe aufgelistet und mit einer Kostencodierung versehen ist. Die Papiere sollten gemäß der Arbeitsaufgliederungsstruktur logisch unterteilt werden. Der Projektmanager oder sein Vertreter kann dann seine Rundreise durch alle beteiligten Abteilungen beginnen und sich zielstrebig vor den Schreibtisch jedes Abteilungsleiters postieren. Das Ziel besteht darin, so lange in jeder Abteilung zu bleiben, bis sämtliche gewünschten Daten herausgerückt wurden. Die Person, die diese Aufgabe durchführt, kann sich dabei sehr unbeliebt machen – doch von allen geliebt zu werden, ist ohnehin nicht der wichtigste Aspekt des Jobs eines Projektmanagers.

Persönliche Befragung gibt dem Projektmanager oder dem für die Vorschläge Verantwortlichen die Gelegenheit, die Fertigkeit jedes einzelnen bei der Kostenberechnung einzuschätzen. Jeder Voranschlag, der unrealistisch oder übertrieben zu sein scheint, kann sofort hinterfragt werden, und viele weitere Einzelheiten können mit geringstem Aufwand und Zeitverlust geklärt werden. Eine Art von Fragen, die ein Kostenschätzer häufig stellen muß, lautet: „Hier ist von einem Arbeitsgang die Rede, der vier Arbeitswochen in Anspruch nimmt. Können vier Leute die Arbeit in einer Woche erledigen oder muß sie über die Dauer von vier Wochen ausgedehnt werden und nur einer kann daran arbeiten?" Die Antworten auf solche Fragen sind von großer Bedeutung für die Zuteilung von Arbeitszeit und Ressourcen, worüber in späteren Kapiteln mehr gesagt werden wird.

Produktionsmitarbeiter brauchen oft Hilfe bei der Aufgabe der Projektkostenberechnung. Die Person, die die Voranschläge zusammenträgt, kann auf ihrer Tour oft diese Hilfestellung geben, indem sie die Entwurfsspezifikation in Begriffe übersetzt, die die Produktionsmitarbeiter verstehen können. Dabei muß jedoch darauf geachtet werden, daß nichts in die Leistungsbeschreibung hineingelesen wird, was nicht da ist. Ähnlichkeiten mit vergangenen Projekten können dargelegt werden, und Freihandzeichnungen und andere vorhandene Skizzen können benutzt werden, um die verbale Beschreibung zu illustrieren. Sollten echte Zweifel an den Spezifikationen auftreten, so müssen sie jedoch an den verantwortlichen Ingenieur weitergeleitet werden, denn der Projekt- oder Vorschlagsmanager handelt in diesem Fall als Vermittler und sollte sich nicht in die Entwurfsarbeit einmischen.

Individuelle Einflüsse auf die Kostenberechnung

Projektkostenberechnung ist keine exakte Wissenschaft. Vieles in dem Vorgang, besonders bei der Einschätzung von Arbeitszeiten, hängt vom subjektiven Urteil von einzelnen ab. Wenn zehn Leute unabhängig voneinander aufgefordert würden, die erforderliche Zeit für eine bestimmte Projektaufgabe einzuschätzen, so ist es sehr unwahrscheinlich, daß dabei zehn identische Antworten herauskommen. Wird diese Übung mit denselben Leuten für eine Reihe von weiteren Projektaufgaben wiederholt, so wird bei der Analyse der Antworten wahrscheinlich ein Muster deutlich werden. Einige dieser Leute werden immer am niedrigeren Ende veranschlagen, während andere Antworten geben, die regelmäßig höher ausfallen. Wer die Projektkostenvoranschläge zusammenträgt, muß sich dieses Problems bewußt sein. So, wie es möglich ist, Voranschläge gemäß ihrer Zuverlässigkeit und Genauigkeit zu klassifizieren (beschrieben im Kapitel 4), so ist es möglich, die Kostenschätzer selbst zu klassifizieren.

Optimistische Kostenschätzer

Eine bewährte Grundregel für die Einschätzung von Voranschlägen jeder Art von Arbeit lautet, daß häufig eher unter- als übertrieben wird. Viele Menschen scheinen mit unendlichem Optimismus gesegnet zu sein, wenn sie aufgefordert werden, die erforderliche Zeit für den Abschluß einer bestimmten Aufgabe vorherzusagen. „Diese Sache erledige ich in drei Tagen", so wird oft behauptet, doch drei Wochen später ist außer Entschuldigungen nichts dabei herausgekommen. Ohne solchen Optimismus wäre die Welt zwar ein düsterer Ort für Leben und Arbeit, doch die Situation des Projektmanagers wäre bedeutend einfacher.

Eine interessante Eigenart der optimistischen Kostenschätzer ist jene, daß sie in ihrem Wolkenkuckucksheim weiterleben, selbst nachdem verschiedene Aufträge bis zur Fertigstellung doppelt so lange brauchten, als sie ursprünglich vorhergesagt hatten. Sie fahren damit fort, Voranschläge zu erstellen, von denen jeder so hoffnungsvoll ist wie der vorhergehende, und scheinen völlig unfähig zu sein, aus den Erfahrungen der Vergangenheit zu lernen. Ingenieure sind in dieser Hinsicht wahrscheinlich die Hauptdelinquenten, dicht gefolgt von leitenden technischen Zeichnern. Glücklicherweise bläst der Wind hier aus einer für den Projektmanager günstigen Richtung. Bei der Analyse dieser Voranschläge ist nämlich jene Tatsache tröstlich, daß sie in ihrem Trend zumindest einheitlich sind. Clevere Projektmanager werden mit zunehmender Erfahrung lernen, wie ausgeprägt dieser Trend in ihrem eigenen Unternehmen ist. Noch besser: Sie werden bald in der Lage sein, auf bestimmte Individuen bestimmte „Irrtumsfaktoren" anwenden zu können. Ein typischer Multiplikationsfaktor ist 1,5; mit anderen Worten, es ist oft erforderlich, dem ursprünglichen Voranschlag 50 Prozent hinzuzurechnen.

Pessimistische Kostenschätzer

Gelegentlich trifft man auf jene andere Art von Individuen, bei denen man sich, im Gegensatz zu den häufiger auftretenden Optimisten, darauf verlassen kann, daß sie für jede Aufgabe übertriebene Voranschläge liefern. Diese Eigenschaft ist nicht besonders häufig, und wenn man ihr begegnet, könnte es sich lohnen, die zugrundeliegenden Ursachen zu erforschen. Dem Kostenschätzer könnte es an

Selbstvertrauen fehlen, oder er ist inkompetent. Diese Erklärungen sind jedoch unwahrscheinlich, denn ein typisches Symptom von Inkompetenz bei der Kostenberechnung ist willkürliches Verhalten und nicht ein einheitlicher Trend zu Fehlern.

Das Bild wird klarer, aber auch unerfreulicher, wenn man sich daran erinnert, daß die Projektkostenvoranschläge eine große Rolle bei der Festlegung des Gesamtetats einer Abteilung spielen. Höhere Projektkostenvoranschläge bedeuten – vorausgesetzt, sie werden akzeptiert – größere Etats für betriebliche Ausgaben und Personal, also größer werdende Abteilungen, was wiederum den Status des Abteilungsleiters hebt. In diesen Fällen steht „K" nicht nur für „Kostenschätzer" sondern auch für „Königreichsgründer". Korrekturen sind möglich, aber es sind jene Maßnahmen wirkungsvoller, die sich nicht auf die Voranschläge sondern auf ihre Ersteller ausrichten.

Unbeständige Kostenschätzer

Der unbeständige Kostenschätzer ist die ewige Geißel in der Existenz des Projektmanagers. Hier haben wir jemanden vor uns, der scheinbar unfähig ist, irgendeinen Vorgang einzuschätzen, und der Antworten gibt, die das gesamte Spektrum zwischen lächerlichem Pessimismus und wahnwitzigem Optimismus abdecken. Die einzige Eigenschaft, die verläßlich zutage tritt, ist in der Tat Unbeständigkeit. Inkompetenz oder Unerfahrenheit sind die wahrscheinlichsten Ursachen; Gleichgültigkeit könnte eine andere sein. Ältere Menschen, die sich eher auf die Pensionierung freuen als auf die nächste Beförderung, und Mitarbeiter, die bei der letzten Beförderungsrunde übersehen wurden, können diese Symptome zeigen.

Unglücklicherweise kann sich diese Kategorie auf der Ebene der Abteilungsleitung manifestieren, unter jenen Leuten also, die am häufigsten aufgefordert werden müssen, Voranschläge zu erstellen. Dieses Problem kann nur die Zeit lösen.

Exakte Kostenschätzer

Es muß eingeräumt werden, daß die Möglichkeit besteht – wie unwahrscheinlich sie auch sein mag –, daß man auf einen Manager trifft, der in der Lage ist, Voranschläge zu erstellen, die sich als korrekt herausstellen, wenn die Arbeit tatsächlich durchgeführt wird. Diese Eventualität tritt so selten auf, daß sie beinahe unberücksichtigt bleiben kann. Wenn dieses seltene Phänomen auftaucht, führt es dazu, selbst den abgehärtetsten Projektmanager zu beunruhigen, der durch lange Erfahrung gelernt hat, jeden Bericht zu hinterfragen und niemals einen Kostenvoranschlag für bare Münze zu nehmen.

Abweichungen erlauben

Warum sollten wir nicht versuchen, die Kostenschätzer zu erziehen? Schließlich ist Vorsorge besser als Heilen. Die Resultate solcher Umerziehungsprogramme sind jedoch zwangsläufig unvorhersehbar, haben von Person zu Person unterschiedliche Auswirkungen und stören das zuvor bestehende Gleichgewicht. In jedem Fall muß man davon ausgehen, daß alle Kostenschätzer letztlich in ihr altes Verhalten zurückfallen, und während dies vor sich geht, kann die Tendenz ihrer Voranschläge zwischen extremem Optimismus und Pessimismus liegen. Auseinandersetzungen sind Zeitverschwendung, wenn nichts erreicht wird. Nehmen Sie die Situation hin, wie sie ist, und seien Sie dankbar, daß sie zumindest vorhersehbar ist.

Stellen wir uns also einen Projektmanager vor, der einen Satz von Voranschlägen für ein Projekt erhalten hat. Er setzt sich mit einer Liste aller Kostenschätzer hin, die daran beteiligt waren, sowie einer Aufstellung jener Korrekturmaßnahmen, die ihm für jeden einzelnen als angemessen erscheinen. Dann multipliziert er die ursprünglichen Kostenvoranschläge mit den entsprechenden Faktoren. – Weit hergeholt? Der Wert dieses Verfahrens wurde in der Praxis nachgewiesen.

Kostenvoranschläge für Material und Anlagen

Für Materialien sind immer zwei Arten von Voranschlägen nötig. Je nach Aufgabe oder Ausschreibungspaket sind es folgende:

1. Die erwarteten Gesamtkosten mit Fracht- und anderen Gebühren (Materialkosten machen in vielen Fällen mehr als die Hälfte der Gesamtkosten eines Projekts aus).
2. Die Gesamtentwicklungszeit, also die erwartete Zeitspanne zwischen dem Beginn des Einkaufsvorgangs und dem Erhalt des letzten Artikels, der für den Abschluß einer bestimmten Aufgabe erforderlich ist (verspäteter Materialeingang ist einer der häufigsten Gründe für Verzögerungen und verspäteten Projektabschluß).

Es kann auch erforderlich sein, Voranschläge für weitere Faktoren im Rahmen der betrieblichen Zwecke zu erstellen, zum Beispiel für das Volumen oder das Gewicht von Materialien (diese Informationen werden für die Lagerung und Bearbeitung benötigt).

Wenn noch kein detaillierter Entwurf angefertigt wurde, gibt es keine Stücklisten, Materialbestellungen oder sonstigen Einteilungen, mit denen sich der Vorgang der Kostenberechnung einleiten ließe. Die nächstliegende Methode ist daher, die Ingenieure um vorläufige Materiallisten für jeden Arbeitsschritt zu bitten. Im Detail wird dies unmöglich durchzuführen sein, doch das Problem ist nicht so schwierig, wie es auf Anhieb scheint. Für die meisten Arbeitsschritte haben die Ingenieure eine klare Vorstellung von den wichtigsten und kostspieligsten Artikeln, die erworben werden müssen. Es kann zum Beispiel spezielle Bestandteile geben, Instrumente, Kontrollgeräte, Maschinenlager, schwere Schweißgeräte oder Gußstücke. Alles hängt natürlich von der Art des Projekts ab. Solche Artikel können einen hohen Prozentsatz der Kosten ausmachen, und ihre Anschaffung nimmt häufig die längste Zeit in Anspruch. Bei Hochbauprojekten können Umrißschätzungen für die erforderliche Menge von Massenmaterialien angestellt werden.

Vorauskenntnis dieser Hauptausgabeposten verringert den unbekannten Bereich der Kostenberechnung und erhöht somit die Voraussagegenauigkeit. Wenn alle wichtigen Artikel aufgelistet und mit Preisen versehen werden können, lassen sich die Kosten für die verschiedenen übrigen Einkäufe mit etwas Überlegung bestimmen.

Aufzeichnungen von vergangenen Projekten können eingesehen werden, um den wahrscheinlichen Umfang des unbekannten Bereichs einzuschätzen. Wenn beispielsweise die bekannten Hauptkomponenten 50 Prozent der Materialgesamtkosten ausmachen, dann macht ein Abweichen um 10 Prozent bei der Kostenberechnung der übrigen Materialien nur noch 5 Prozent der Gesamtmenge aus. Es ist jedoch von größter Wichtigkeit, die Liste der bekannten Artikel sehr sorgfältig vorzubereiten und sicherzustellen, daß die Aufgabe gewissenhaft und ohne Auslassungen wichtiger Teile durchgeführt wird.

Es sollte immer die Einkaufsabteilung beteiligt werden. Wenn möglich, sollte man die Voranschläge für Preise und Lieferungszeiten durch sie erstellen lassen. Wenn nicht zugelassen wird, daß der Einkaufsbereich an der Vorbereitung detaillierter Voranschläge teilnimmt, besteht die reale Gefahr, daß die Waren, wenn es schließlich soweit ist, vom falschen Lieferanten und zum falschen Preis bestellt werden. Es ist weit besser, kostspielige Artikel auf der Grundlage von Voranschlägen der Lieferanten zu berechnen. Der Käufer kann diese Voranschläge in Ordnern aufbewahren, um sie für den Beginn des Projekts bereitzuhalten. Wenn sich die Einkaufsabteilung an einen Projektmaterialetat halten muß, ist es vernünftig, daß sie eine führende Rolle bei der Erstellung der Materialkosten-voranschläge spielt.

Die Verantwortung für die Materialkostenberechnung liegt also in zwei Bereichen. Die Ingenieure oder Vertreter der Entwurfsabteilung müssen spezifizieren, welche Materialien benötigt werden, und von der Einkaufsabteilung wird erwartet, daß sie herausfindet, was diese kosten werden und welche Zeit deren Anschaffung in Anspruch nehmen wird.

Ein Voranschlag für Materialien ist so lange unvollständig, bis alle Kosten für Verpackung, Transport, Versicherung, Zoll, Steuern und Bearbeitung berechnet wurden (siehe zum Beispiel den Hinweis auf Incoterms im Kapitel 16). Wer einen Kauf beabsichtigt, muß sich darüber im klaren sein, was im Preis enthalten ist, und er muß Vorkehrungen treffen für jeden erforderlichen Service, der nicht im genannten Preis berücksichtigt ist.

Eine weitere Warnung betrifft die Gültigkeitsdauer der vom potentiellen Lieferanten erhaltenen Voranschläge: Projektkostenvoranschläge werden oft viele Monate und manchmal sogar Jahre, bevor der Auftrag erteilt wird, erstellt. In der Regel sind Preisvoranschläge von Lieferanten nur 90 Tage oder sogar kürzer gültig. Es kann also zu Schwierigkeiten mit dem Materialkostenetat und der Lieferbarkeit von Waren kommen, wenn zuviel Zeit verstrichen ist.

Außerordentliche Aufwendungen

Vorkehrungen für unvorhergesehene Kosten

Eine häufige Quelle von Irrtümern bei der Kostenberechnung ist fehlendes Verständnis dafür, daß fast garantiert zusätzliche Kosten auftreten werden, sei es als Folge von Irrtümern im Entwurf, Produktionsfehlern, Material- oder Komponentenschwächen oder ähnlichem. Das Ausmaß, in dem diese Unwägbarkeiten die Projektkosten erhöhen, hängt von vielen Faktoren ab, zum Beispiel von der Art des Projekts, dem allgemeinen Effizienzniveau der Firma oder der Solidität der technischen Konzepte.

Die Leistung bei vorherigen Projekten ist ein verläßlicher Anhaltspunkt dafür, in welchem Umfang Vorkehrungen für unvorhergesehene Ereignisse getroffen werden sollten. Bei unkomplizierten Projekten, die keine übertriebenen Risiken bergen, wird ein Spielraum von 5 Prozent bei den unvorhergesehenen Ausgaben angemessen sein.

Die Einplanung von Mitteln für unvorhergesehene Ausgaben wird natürlich begrenzt, wenn Marktpreise durch die Konkurrenz in die Höhe getrieben werden. Wenn der Eindruck entsteht, daß die Risiken erhebliche Mittel für Unwägbarkeiten erfordern, sollte das Unternehmen vielleicht seine Teilnahme an der Ausschreibung überdenken.

Kostenanpassung

Jedes Jahr steigen die Löhne und Gehälter, Rohmaterialien und eingekaufte Komponenten werden teurer, Transportkosten steigen, und die Erhaltung von Maschinenanlagen und Gebäude verschlingt mehr Geld. Alle dieser Erhöhungen korrespondieren mit dem Sinken des realen Geldwerts, der Inflation. Dieser Verfall ist unvermeidlich, und die Inflationsrate ist in der Regel einigermaßen vorhersehbar. In einem Land mit einer Inflationsrate von 10 Prozent wird ein Projekt, dessen Kosten 1996 mit 5 Millionen Geldeinheiten veranschlagt wurden, möglicherweise eine Million mehr kosten, wenn sich der Beginn um zwei Jahre verzögert.

Nehmen wir an, es wurde ein Projekt zur Errichtung einer Deichanlage entlang eines 20 Kilometer langen Küstenstreifens in Gang gesetzt. Die Baurate beträgt 2 Kilometer pro Jahr, bei einer zehnjährigen Bauzeit. Infolge der Inflation werden sich die Baukosten im Laufe der Zeit schrittweise erhöhen. Der Effekt ist kumulativ, so daß die letzten beiden Kilometer bei einer jährlichen Inflationsrate von 7,5 Prozent doppelt so viel kosten werden wie die ersten beiden Kilometer.

Unglücklicherweise sind die Inflationsraten auf lange Sicht schwer vorherzusagen, weil sie dem Einfluß einer Reihe von politischen, umwelttechnischen und ökonomischen Faktoren unterliegen. Dennoch sollten bei Projekten, deren Dauer voraussichtlich ein Jahr überschreitet, Vorkehrungen zur Kostenanpassung auf der Grundlage der bestmöglichen Vorhersagen getroffen werden. Die vom Kostenschätzer gewählte Rate für die Anpassung unvorhergesehener Ausgaben muß unter Umständen mit dem Kunden verhandelt und vereinbart werden, beispielsweise bei Projekten, die für die Regierung durchgeführt werden.

Die Vertragsbedingungen können dem Auftragnehmer das Recht zu Preiserhöhungen einräumen, falls im voraus genannte Kostensteigerungen auftreten, die sich seiner Kontrolle entziehen, zum Beispiel landesweite Lohnerhöhungen in der Industrie. Doch dieser Fall ist anders zu betrachten als die Einbeziehung von Indexanpassungen in die veranschlagten Raten und Preise als Vorkehrung für unvorhergesehene Kosten.

Begrenzte Gültigkeitsdauer zur Verringerung des Risikos der Kosteneskalation

Der Starttermin eines Projekts kann sich erheblich verschieben, nachdem der Auftragnehmer ein Festpreisangebot eingereicht hat. Solche Verzögerungen sind durchaus üblich. Entscheidungsunfähigkeit interner Komitees, rechtliche Bedenken, Planungsvorschriften kommunaler Behörden, umweltbedingte Anforderungen, politische Einflußnahme, die Notwendigkeit abschließender Bestätigung technischer Details und die Zusammenstellung eines Finanzierungspakets können den Anfang eines Projekts und die nachfolgende Zeitplanung leicht um viele Monate oder gar Jahre hinauszögern. Ein Unternehmen, das an der Ausschreibung teilnimmt, kann sich gewöhnlich weitgehend gegen dieses Risiko absichern, indem es die Gültigkeit der in ihrem Angebot genannten Preise und Tarife zeitlich begrenzt.

Provisorische Summen

Es kommt besonders bei Bauaufträgen häufig vor, daß der Auftragnehmer zusätzliche Arbeiten voraussieht, die auftreten könnten, wenn es beim tatsächlichen Beginn des Projekts zu bestimmten Schwierigkeiten kommt. Der Bauherr könnte zum Beispiel festlegen, daß Baumaterial beim Abriß eines Gebäudes gelagert und für den Neubau wiederverwendet werden soll. Der Auftragnehmer sollte seine Position absichern, indem er eine provisorische Summe vorsieht, die dem Projektpreis aufgeschlagen wird, sollte sich herausstellen, daß die für die Wiederverwendung vorgesehenen Baustoffe ungeeignet sind. Es ist nicht ungewöhnlich, daß ein Projektvoranschlag mehr als eine provisorische Summe enthält, die die unterschiedlichen Eventualitäten abdecken.

Fremdwährungen

Die meisten Großprojekte sehen Geldtransaktionen in mehr als einer Währung vor. Die Möglichkeit von Wechselkursschwankungen kann hier zu Unsicherheiten und Risiken führen. Eine gewisse Abschwächung dieses Problems kann erreicht werden, wenn der Vertrag entsprechende Klauseln enthält oder wenn alle Kostenvoranschläge in der Heimatwährung erstellt werden. Auf jeden Fall sind hier Fachkenntnis, Urteilskraft und Voraussicht vonnöten.

Die herkömmliche Praxis bei der Projektkostenberechnung ist, eine Währung als Kontrollwährung für das Projekt zu benennen und dann alle Kostenberechnungen bei Verwendung genau festgelegter Wechselkurse in diese Währung umzurechnen. Zwar würde ein Auftragnehmer normalerweise seine Heimatwährung wählen, doch müssen Projektpreise dann in einer fremden Währung angegeben werden, wenn die Ausschreibungsbedingungen dies erfordern und der potentielle Kunde darauf besteht. Auf jeden Fall müssen die Kurse für alle Umrechnungen deutlich auf den Kostenberechnungsformularen kenntlich gemacht werden.

Revision der Kostenvoranschläge

Wenn alle Voranschläge zusammengeführt sind, sollte es theoretisch möglich sein, sie zusammenzuzählen und eine Prognose für die gesamten Projektkosten zu erstellen. Ist diese Stufe erreicht, lohnt es sich jedoch immer, etwas Abstand zu gewinnen und das Ganze von einem weiteren Blickwinkel aus zu betrachten. Vor allen Dingen sollte versucht werden, die Zahlen für Arbeitsstunden pro Mann in jene für Arbeitsjahre pro Mann umzurechnen.

Nehmen wir an, die für ein Projekt erforderlichen technischen Entwurfsarbeiten machen 8.750 Arbeitsstunden aus oder etwa 250 Arbeitswochen, je nach den verwendeten Kostenrechnungseinheiten. Wenn 1.750 Arbeitsstunden oder 50 Arbeitswochen ungefähr einem Arbeitsjahr entsprechen, so ergibt eine Division, daß fünf Arbeitsjahre erforderlich sind, um den Projektentwurf abzuschließen. Nehmen wir nun an, es sei vorgesehen, den Entwurf in den ersten sechs Monaten des Programms fertigzustellen. Vereinfacht gesagt hieße das, daß zehn Ingenieure sechs Monate lang damit beschäftigt wären.

Der Manager, der dieses Projekt in Angriff nimmt, mag eine böse Überraschung erleben, wenn er die Aufzeichnungen zu vergangenen Projekten einsieht. Er wird vielleicht feststellen, daß bei Projekten vergleichbarer Größe und Komplexität nicht zehn Ingenieure sechs Monate lang, sondern zehn Ingenieure für ein Jahr beschäftigt waren. Offensichtlich besteht ein Berechnungsfehler von fünf Mannjahren; wie man es auch betrachtet, ein Problem enormen Ausmaßes. Eine Ursache könnte sein, daß die Kostenschätzer jenen Teil der technischen Entwurfsarbeit übersehen haben, der nach der Fertigstellung der Pläne auftritt, also Korrekturen, Einarbeitung der im Etat nicht vorgesehenen Modifizierungen, die Beantwortung technischer Fragen der Mitarbeiter und des Auftraggebers, Berichterstellung und Archivierung der Unterlagen.

Selbstverständlich sind Kostenvoranschläge für ein Projekt von äußerster Wichtigkeit. Jeder grobe Fehler kann für den Auftragnehmer in einer Katastrophe enden und ebenso für den Kunden, wenn das beauftragte Unternehmen in finanzielle Bedrängnis gerät. Daher sollten Voranschläge wenn möglich immer von einer kompetenten Person überprüft werden, unabhängig von denjenigen, die die Voranschläge zusammengestellt haben. Vergleiche mit den tatsächlichen Gesamtkosten vergangener Projekte (für sämtliche Materialien und Arbeitszeiten, nicht nur für den technischen Entwurf) sind wertvoll als Kontrolle der Berechnung.

Der Kostenvoranschlag wird voraussichtlich die entscheidende Grundlage für viele wichtige finanzielle und Managemententscheidungen sein. Er sollte daher durch die Unterschrift eines verantwortlichen Mitglieds der Betriebsleitung, das sich davon überzeugt hat, daß mit angemessener Sorgfalt vorgegangen wurde, genehmigt werden.

Kapitel 6

Finanzmanagement

Die meisten Projektmanager werden ernannt, nachdem andere bereits einen ersten Finanzierungsrahmen für das Projekt geschaffen haben. Es hängt nun von der Größe und Art der Organisation ab, in welchem Maße der Projektmanager an der Finanzplanung beteiligt ist. Viele Großbetriebe erwarten von ihren Projektmanagern, daß sie alle Angelegenheiten, die finanzielle Entscheidungen erfordern, an die Marketing-, Finanz- oder Rechtsabteilung weiterleiten. Andere Unternehmen übertragen ihren Projektmanagern dagegen die ganze Verantwortung, so daß sie beispielsweise allein verantwortlich sind für die Verhandlungen über Änderungen des Hauptvertrags oder den Abschluß von Subverträgen. Abgesehen von Marketingaufgaben, gehören zu den wichtigsten Aufgaben des Finanzmanagements im Rahmen des Projektmanagement folgende Bereiche:

- Finanzielle Projekteinschätzung
- Finanzierung
- Verträge und Verhandlungen (inklusive Einkauf)
- Buchhaltung, Fakturierung und Kreditkontrolle
- Versicherung

Finanzielle Projekteinschätzung

Projektmanager befinden sich häufig in der Lage, entscheiden zu müssen, ob sie Investitionen in ein Projekt genehmigen sollen. Oft müssen sie zwischen zwei oder mehreren unterschiedlichen Projektoptionen auswählen. Die endgültige Entscheidung hängt von vielen Faktoren ab, unter anderem auch von der Beantwortung nachstehender Fragen:

- Ist das Projekt technisch durchführbar?
- Kann man darauf vertrauen, daß die Angaben der Ingenieure, Designer, Fachberater oder Architekten richtig sind?
- Welche Auswirkungen gibt es auf die Umwelt?
- Wird das Produktionsvolumen des Betriebes den Voraussagen der Experten entsprechen?
- Wenn das Volumen erreicht werden kann, läßt sich das Produkt absetzen und zu welchem Preis?
- Wird das Projekt voraussichtlich rechtzeitig abgeschlossen werden können?
- Wieviel wird es insgesamt kosten?
- Wie können wir das Geld aufbringen?
- Wird eine angemessene Kapitalrentabilität erreicht werden?

Es mag notwendig sein, daß eine oder mehrere Machbarkeitsstudien bei verschiedenen unabhängigen Fachleuten in Auftrag gegeben werden müssen, um diese Fragen beantworten zu können. Und selbst die Expertenberichte würden Zweifel erwecken oder weitere Fragen aufwerfen. Doch hat eine gewissenhafte Einschätzung des zu erwartenden finanziellen Ergebnisses einen erheblichen Einfluß auf die meisten Entscheidungen über Projektgenehmigungen.

Vorausgesetzt, eine hinreichende Finanzierung ist gewährleistet, werden die verbleibenden Fragen bezüglich der Finanzierung darauf abzielen, für die unterschiedlichen Projektoptionen die voraussichtliche Kapitalrendite einzuschätzen. Bei Projekten, die ohne Profitinteressen durchgeführt werden, stellt sich die Frage nach dem finanziellen Ergebnis in Form der realen Gesamtkosten oder der Kosteneinsparungen. Üblicherweise werden zwei unterschiedliche Methoden angewandt: Die einfache Rückzahlungsmethode und die des diskontierten Cash-flow. Welche Methode auch gewählt wird, in jedem Fall müssen für die Kalkulation gute Voranschläge für Umfang und Zeitpunkt aller bedeutenden Ausgaben (Cash-outflows) sowie aller Einnahmen oder Einsparungen (Cash-inflows) vorliegen.

Zum Cash-outflow gehören vor allem Erwerbskosten (sei es ein einmaliger Kaufpreis, schrittweise Abzahlung oder Raten für Miete bzw. Leasing), Zinszahlungen auf Kredite, Betriebs- und Wartungskosten, Ausbildungskosten, andere Ausgaben und Gebühren und sämtliche Zölle und Steuern. Zu den Cash-inflows gehören Einsparungen bei den Betriebs- und Wartungskosten im Vergleich zu den bisherigen Methoden, Einkünfte aus dem resultierenden Produktabsatz, der Verkaufserlös der vorhandenen Maschinenanlagen, der zukünftige Verkaufserlös der neuen Anlagen am Ende ihrer vorgesehenen Betriebsdauer sowie alle relevanten Einsparungen durch Steuervergünstigungen und andere finanzielle Anreize des Staates.

Einfache Rückzahlung

Einfache Rückzahlung ist die Bewertungsmethode, die den meisten Managern vertraut ist. Es geht dabei um die Beantwortung der Frage: „Wie lange wird es dauern, bis dieses Projekt sich selbst finanziert?" Nach dieser Methode werden die voraussichtlichen Cash-inflows und Cash-outflows in bezug auf eine neue Investitionsmöglichkeit mit einer Alternativoption verglichen. (In der Praxis bedeutet dies oft, die relativen Vorzüge eines Projekts mit der Möglichkeit zu vergleichen, nichts zu tun.) Kosten und Einnahmen bzw. Einsparungen werden für aufeinanderfolgende Zeitspannen, in der Regel Jahre, analysiert, bis jener Punkt erreicht ist, an dem die prognostizierten kumulativen Kosten des neuen Projekts durch den Cash-inflow, den das Projekt voraussichtlich erzielen wird, ausgeglichen, also zurückbezahlt sind.

Ein Beispiel für einfache Rückzahlung

Es wird ein Projekt erwogen, das die Installation neuer, leistungsstärkerer Boiler für die Zentralheizung in einigen Industriegebäuden zum Inhalt hat. Außerdem sind eine neue Kontrolleinheit für optimale Leistung sowie eine Wärmeisolierung der Gebäude vorgesehen. Die Gesamtkosten für das Projekt wurden mit 60.000 GE veranschlagt, und die Arbeiten können Mitte des Jahres 1998 durchgeführt werden. Das neue System soll den Vorzug haben, die jährlichen Heizölkosten von gegenwärtig 90.000 GE auf 80.000 GE zu verringern. Für 1998 sind allerdings nur Einsparungen von 5.000 GE zu erwarten, weil das Projekt nicht vor Juli in Angriff genommen werden kann. Die Wartung der neuen Anlage ist nach den Garantievereinbarungen für das erste Jahr kostenfrei. Von da an werden die voraussichtlichen Wartungskosten im zweiten Jahr 6.000 GE betragen und im dritten Jahr auf 8.000 GE ansteigen, da der Wartungsbedarf mit zunehmendem Alter der Anlage steigt, um schließlich 10.000 GE pro Jahr zu erreichen, was den Wartungskosten des alten Systems entspricht. Die Prognosen für jedes Kalenderjahr können, wie in Abbildung 6.1 ersichtlich, tabellarisch dargestellt werden. In diesem Fall wird deutlich, daß der Kostendeckungspunkt (break-even-point) kurz vor Ende des Jahres 2002 erreicht sein wird. Die Rückzahlungsperiode liegt also zwischen vier und fünf Jahren. Sollte größere Genauigkeit erforderlich sein, so kann eine Kurve der kumulativen jährlichen Nettoausgaben und Einsparungen gezeichnet werden, um den Zeitpunkt festzustellen, an dem die Kurve den Nullpunkt erreicht.

Jahr	1998	1999	2000	2001	2002	2003
Bestehendes System:						
Heizöl	90	90	90	90	90	90
Wartung	10	10	10	10	10	10
Ausgaben	100	100	100	100	100	100
SUMME	100	200	300	400	500	600
Vorschlag:						
neue Anlage	60					
Heizöl	85	80	80	80	80	80
Wartung		6	8	10	10	10
Ausgaben	145	86	88	90	90	90
SUMME	145	231	319	409	499	589
Erwartete Einsparungen (oder Mehrkosten), wenn das Projekt genehmigt wird:						
Jahr	(45)	14	12	10	10	10
SUMME	(45)	(31)	(19)	(9)	1	11

Anmerkung: Sämtliche Angaben in 1.000 GE

Abbildung 6.1   Einfache Rückzahlungstabelle für neues Boilerprojekt
Hier ergibt sich, daß die Rückzahlung am Ende des Jahres 2002 abgeschlossen ist (Break-even); oder –
mit anderen Worten – die Rückzahlungsperiode für dieses Projekt dauert zwischen vier und fünf Jahren.

Methoden des diskontierten Cash-flow

Die einfache Rückzahlungsmethode ist dann angebracht, wenn die Gesamtrückzahlungszeit ein Jahr
oder maximal zwei Jahre nicht überschreitet. Sie ist weniger zufriedenstellend, wenn längere Perioden betrachtet werden sollen. Der Grund dafür liegt darin, daß jede Geldsumme, die in der Zukunft
verdient oder ausgegeben wird, einen geringeren Realwert hat, als wenn dieselbe Geldmenge heute
verdient oder ausgegeben würde. Der Hauptgrund dafür liegt in der angenommenen Kaufkraft des
heutigen Geldwerts. Wenn 100 GE bei einer jährlichen Nettorendite von 10 Prozent investiert werden, so sollten die 100 GE nach einem Jahr 110 GE wert sein. Andersherum ausgedrückt entsprechen 110 GE, die in einem Jahr eingenommen oder ausgegeben werden, 100 GE, die heute eingenommen oder ausgegeben werden. Die heutigen 100 GE nennt man den diskontierten oder gegenwärtigen Nettowert der zukünftigen 110 GE.
Zwar kann Kosteninflation ebenfalls eine bedeutende Rolle spielen, doch sie wird bei Kalkulationen
für die finanzielle Einschätzung in der Regel vernachlässigt, weil die Inflationsrate üblicherweise
beide Seiten der Inflow/Outflow-Gleichung betrifft und der Effekt daher aufgehoben wird.
Es sind Tabellen erhältlich, in denen die Diskontierungsfaktoren für eine große Menge von unterschiedlichen Prozentanteilen und Zeitabschnitten aufgelistet sind. Die Diskontierung wird in der
Regel für volle Jahre kalkuliert, doch gelegentlich werden auch kürzere Perioden gewählt, besonders, wenn es sich um sehr große Summen handelt. Abbildung 6.2 enthält eine kurze, aber nützliche
Diskontierungstabelle. Welche Diskontierungsrate angewandt wird, unterliegt dem Urteil des Managements. Einflußreiche Faktoren sind voraussichtlich das gegenwärtige Zinsniveau und die finanziellen Zielsetzungen des Unternehmens. Die Einschätzung sollte mit Hilfe des Finanzleiters des
Unternehmens oder der Buchhaltung vorgenommen werden.

Beispiel einer Kalkulation des gegenwärtigen Nettowertes

Anhand des Boilerprojekts kann auch das Konzept des gegenwärtigen Nettowertes demonstriert werden. Das Beispiel wurde einfach gehalten und enthält nicht alle denkbaren Aspekte des Cashflow; besonders die Besteuerung wurde vernachlässigt.

Es wurde ein Fünfjahreszeitraum gewählt, weil die Betriebsleitung diese Periode für eine vernünftige Lebenserwartung der Anlage erachtet, ohne daß weitere Veränderungen vorgenommen werden. In vielen anderen Fällen finanzieller Einschätzung setzt ein vorausgeplantes, prognostiziertes oder festgelegtes Ereignis den Endpunkt eines Projekts fest und bestimmt damit den Zeitraum der Beurteilung. Beispiele für solche Ereignisse sind das Auslaufen des Pachtvertrags für ein Gebäude, der geplante Abbruch der Produktion eines bestimmten Artikels oder das prognostizierte Datum der Erschöpfung eines Mineralerzvorkommens.

Kalkulationen des gegenwärtigen Nettowerts können anfänglich etwas merkwürdig erscheinen, doch sie sind in der Tat recht einfach, wenn die korrekten Verfahrensweisen befolgt werden. Das Geheimnis liegt in der sorgfältigen Tabellarisierung aller Finanzposten in einer sinnvoll gestalteten Anordnung, wobei jeder Aspekt des Cash-inflow und Cash-outflow in seinen entsprechenden Zeitabschnitt gesetzt werden muß.

Für das Boilerprojektbeispiel wurden Tabellarisierung und Kalkulation des Netto-flow vor der Diskontierung bereits durchgeführt (siehe Abbildung 6.1). Die Diskontierungskalkulationen sind in Abbildung 6.3 dargestellt. Bei Verwendung einer Diskontierungsrate von 10 Prozent wird sichtbar, daß dieses Projekt nach fünf Jahren einen gegenwärtigen Nettowert von minus 1.812 GE hat. Es wird nicht kostendeckend sein, bzw. der gegenwärtige Nettowert wird nicht positiv werden, bevor das Jahr 2004 erreicht ist. Dies ist ein pessimistischeres, aber auch wirklichkeitsnäheres Ergebnis als das der einfachen Rückzahlungsanalyse. Es legt nahe, daß das Projekt aus rein finanziellen Erwägungen nicht gerechtfertigt werden kann. Doch es kann natürlich umweltpolitische, soziale oder sonstige Gründe geben, dennoch damit fortzufahren.

Die Kalkulation der voraussichtlichen Kapitalrendite

Nehmen wir an, die Betriebsleitung möchte herausfinden, wie hoch die voraussichtliche Rendite der Investitionen des Unternehmens in das Boilerprojekt über eine fünfjährige Periode ist. Die Kapitalrendite entspricht der prozentualen Diskontierungsrate, die einen gegenwärtigen Nettowert Null ergibt. Die Rate der Kapitalrendite wird also festgestellt, indem die in Abbildung 6.3 gezeigten Kalkulationen so lange mit verschiedenen Prozentraten wiederholt werden, bis eine gefunden wird, die den erforderlichen Nettowert Null ergibt. Dies kann auf drei unterschiedliche Arten erreicht werden:

1. Durch Zufall ergibt eine der Testkalkulationen den Nettowert Null oder einen Wert der nahe genug bei Null liegt.

2. Es ist unwahrscheinlich, daß eine Kalkulation mit ganzen Zahlen für die Prozentrate den Nettowert Null ergeben wird. Die Kalkulation muß also mit Bruchzahlen des Prozentsatzes wiederholt werden, wobei die Diskontierungsrate so lange in kleinen Schritten verändert wird, bis der Nettowert Null auftritt.

3. Statt der Wiederholung des Trial-and-error-Vorgangs können einige Kalkulationen mit Diskontierungsraten in ganzen Zahlen durchgeführt werden, bis sich eine Reihe von entsprechend kleinen, positiven und negativen Nettowerten ergibt. Diese Resultate können als Kurve des Nettowerts an den verwendeten Diskontierungsraten dargestellt werden. An der Stelle, an der die Linie den Nettowert Null berührt, kann der prognostizierte Prozentsatz für die Kapitalrendite abgelesen werden.

Jahr	1%	2%	3%	4%	5%	6%	7%	8%	9%	10%	11%	12%	13%	14%	15%	16%	17%	18%	19%	20%
0	1.000	1.000	1.000	1.000	1.000	1.000	1.000	1.000	1.000	1.000	1.000	1.000	1.000	1.000	1.000	1.000	1.000	1.000	1.000	1.000
1	0.990	0.980	0.971	0.962	0.952	0.943	0.935	0.926	0.917	0.909	0.901	0.893	0.885	0.877	0.870	0.862	0.855	0.848	0.840	0.833
2	0.980	0.961	0.943	0.925	0.907	0.890	0.873	0.857	0.842	0.826	0.812	0.797	0.783	0.770	0.756	0.743	0.731	0.718	0.706	0.694
3	0.971	0.942	0.915	0.889	0.864	0.840	0.816	0.794	0.772	0.751	0.731	0.712	0.693	0.675	0.658	0.641	0.624	0.609	0.593	0.579
4	0.961	0.924	0.889	0.855	0.823	0.792	0.763	0.735	0.708	0.683	0.659	0.636	0.613	0.592	0.572	0.552	0.534	0.516	0.499	0.482
5	0.952	0.906	0.863	0.822	0.784	0.747	0.713	0.681	0.650	0.621	0.594	0.567	0.543	0.519	0.497	0.476	0.456	0.437	0.419	0.402
6	0.942	0.888	0.838	0.790	0.746	0.705	0.666	0.630	0.596	0.565	0.535	0.507	0.480	0.456	0.432	0.410	0.390	0.370	0.352	0.335
7	0.933	0.871	0.813	0.760	0.711	0.665	0.623	0.584	0.547	0.513	0.482	0.452	0.425	0.400	0.376	0.354	0.333	0.314	0.296	0.279
8	0.923	0.854	0.789	0.731	0.677	0.627	0.582	0.540	0.502	0.467	0.434	0.404	0.376	0.351	0.327	0.305	0.284	0.266	0.249	0.233
9	0.914	0.837	0.766	0.703	0.645	0.592	0.544	0.500	0.460	0.424	0.391	0.361	0.333	0.308	0.284	0.263	0.243	0.226	0.209	0.194
10	0.905	0.820	0.744	0.676	0.614	0.558	0.508	0.463	0.422	0.386	0.352	0.322	0.295	0.270	0.247	0.227	0.208	0.191	0.176	0.162
11	0.896	0.804	0.722	0.650	0.585	0.527	0.475	0.429	0.388	0.351	0.317	0.288	0.261	0.237	0.215	0.195	0.178	0.162	0.148	0.135
12	0.887	0.789	0.701	0.625	0.557	0.497	0.444	0.397	0.356	0.319	0.286	0.257	0.231	0.208	0.187	0.169	0.152	0.137	0.124	0.112
13	0.879	0.773	0.681	0.601	0.530	0.469	0.415	0.368	0.326	0.290	0.258	0.229	0.204	0.182	0.163	0.145	0.130	0.116	0.104	0.094
14	0.870	0.758	0.661	0.578	0.505	0.442	0.388	0.341	0.299	0.263	0.232	0.205	0.181	0.160	0.141	0.125	0.111	0.099	0.088	0.078
15	0.861	0.743	0.642	0.555	0.481	0.417	0.362	0.315	0.275	0.239	0.209	0.183	0.160	0.140	0.123	0.108	0.095	0.084	0.074	0.065
16	0.853	0.728	0.623	0.534	0.458	0.394	0.339	0.292	0.252	0.218	0.188	0.163	0.142	0.123	0.107	0.093	0.082	0.071	0.062	0.054
17	0.844	0.714	0.605	0.513	0.436	0.371	0.317	0.270	0.231	0.198	0.170	0.146	0.125	0.108	0.093	0.080	0.069	0.060	0.052	0.045
18	0.836	0.700	0.587	0.494	0.412	0.350	0.296	0.250	0.212	0.180	0.153	0.130	0.111	0.095	0.081	0.069	0.059	0.051	0.044	0.038
19	0.828	0.686	0.570	0.475	0.396	0.331	0.277	0.232	0.195	0.164	0.138	0.116	0.098	0.083	0.070	0.060	0.051	0.043	0.037	0.031
20	0.820	0.673	0.554	0.456	0.377	0.312	0.258	0.215	0.178	0.149	0.124	0.104	0.087	0.073	0.061	0.051	0.043	0.037	0.030	0.026

Abbildung 6.2   Zinstabelle

Jahr	Cash-Inflow GE	Cash-Outflow GE	Netto-Cash-flow GE	Diskont-faktor @ 10%	Diskontierter Cash-flow GE
0 (1998)	–	45 000	(45 000)	1.000	(45 000)
1 (1999)	14 000	–	14 000	0.909	12 726
2 (2000)	12 000	–	12 000	0.826	9 912
3 (2001)	10 000	–	10 000	0.751	7 510
4 (2002)	10 000	–	10 000	0.683	6 830
5 (2003)	10 000	–	10 000	0.621	6 210
Gegenwärtiger Nettowert					(1 812)

Abbildung 6.3   Gegenwärtiger Nettowert des neuen Boilerprojekts
Für dieses Beispiel wurde eine jährliche Diskontrate von 10 Prozent verwendet. Die Diskontfaktoren wurden der Tabelle in Abbildung 6.2 entnommen. Die Bedeutung dieses Resultats wird im Text erläutert.

Projektfinanzierung

Finanzquellen

Die Projektfinanzierung mag die meisten Projektmanager nicht direkt betreffen, es sei denn, Geldmangel stellt die Zukunft des Projekts, und damit auch die seines Managers, in Frage. Nachfolgend werden jedoch einige mögliche Quellen aufgelistet, denen eine Organisation die notwendigen Mittel für Investitionen in ein Projekt entnehmen könnte:

- Geldreserven (Geld auf Bankkonten oder in Investitionen mit geringer Laufzeit, inklusive Gewinne, die nicht als Dividenden an die Aktionäre ausgeschüttet wurden).
- Vermögensveräußerungen (der Eigentümer eines Hauses könnte beispielsweise ein wertvolles Kunstwerk verkaufen, um das Kapital für ein Gebäuderenovierungsprojekt aufzubringen, oder ein Unternehmen macht seinen Grundbesitz im Sale-and-lease-back-Verfahren zu Bargeld).
- Belastung von Vermögen.
- Darlehen bei einer Bank oder einem anderen Finanzinstitut, entweder als Kredit oder als festverzinsliches Darlehen.
- Darlehen durch Leasing-Vereinbarungen.
- Miete oder Pacht (in diesem Fall wird das Projekt niemals zum Eigentum des Projektbesitzers).
- Ausgabe von Schuldverschreibungen oder Wandelanleihen.
- Kapitalbeschaffung durch die Ausgabe von Anteilen, entweder als Personengesellschaft oder als Aktiengesellschaft. Die Firma kann eigens für das Projekt gegründet werden.
- Zusammenarbeit mit anderen Unternehmen, um ein Konsortium oder Joint-Venture zu gründen, in dem alle Fertigkeiten, Ressourcen und Risiken geteilt werden.
- Staatliche Quellen auf internationaler, nationaler oder regionaler Ebene, entweder in Form von Subventionen oder steuerlichen Anreizen. Häufig ist es möglich, gegen Vorlage von Sicherheiten in Form von staatlichen Garantien Exportkredite von einer Bank zu bekommen (siehe „Finanzversicherungen" im Abschnitt über Versicherungen in diesem Kapitel).

Ein Unternehmen kann die Notwendigkeit der Aufnahme von Darlehen verringern, indem es seinen Cash-flow erhöht. Die folgenden Maßnahmen sollten erwogen werden:

- Verringerung des Inventars (Lagerung und angefangene Arbeiten).
- Die Aushandlung der längstmöglichen Zahlungsfristen bei Zulieferern und Subunternehmern.
- Die Minimierung der Anzahl der Schuldner des Unternehmens durch prompte und korrekte Rechnungslegung, die Forderung von Abschlagszahlungen, wo dies gerechtfertigt ist, und die Anwendung rigoroser Kreditkontrolle.

Die Perspektive des Auftragnehmers

Überlegungen zur Finanzierung von Projekten sind nicht ausschließlich Angelegenheit des Auftraggebers. Aus verschiedenen Gründen sollten sich Auftragnehmer ebenfalls ernsthaft mit der Finanzierung eines Projekts befassen:

- In einigen Fällen verpflichtet sich der Auftragnehmer, dem Kunden Unterstützung oder Beratung bei der Finanzierung zu geben. Finanzierungsvorschläge können sogar Gegenstand des Ausschreibungsangebots für ein Projekt sein.
- Der Auftragnehmer muß sich vergewissern, daß der Kunde über hinreichende Finanzmittel verfügt, um für sämtliche Projektkosten aufkommen zu können. Wird der Kunde in der Lage sein, seine Rechnungen zu begleichen?
- Der Auftragnehmer benötigt unter Umständen Finanzmittel, um in neue Maschinen zu investieren oder Anlagen zu erweitern, damit er das Projekt durchführen kann.
- Wenn das Projekt im Vergleich zu den anderen Vorhaben des Auftragnehmers von bedeutend größerem Umfang ist, stellt sich die Frage, ob ausreichend Bargeld zur Verfügung steht. Es kann der Fall sein, daß der Auftragnehmer kostspielige begonnene Arbeiten selbst finanzieren muß, bis er schließlich Zahlungen vom Projektkunden erhält. Gelegentlich werden Rechnungen angezweifelt, was den Eingang der Zahlungen weiter verzögert. Einige Kunden sind nicht nur aufgrund von unbeabsichtigten Verspätungen säumige Zahler, sondern es ist oft eine ausdrückliche Unternehmenspolitik, jede Rechnung so spät wie möglich zu begleichen. Ein erfahrener Auftragnehmer wird versuchen, dies zu verhindern, indem er auf einer vertraglichen Vereinbarung von Abschlagszahlungen besteht und effiziente Methoden der Fakturierung und Kreditkontrolle anwendet.
- Oft ist Geld von Kunden aus Übersee besonders schwierig zu bekommen; es besteht die Gefahr erheblicher Verspätungen und sogar von Zahlungsverweigerungen. Diese Schwierigkeiten ergeben sich aus der mangelnden Einhaltung komplizierter Formalitäten aber auch aus anderen, weniger respektablen Gründen. Banken können Neulingen wertvolle Auskünfte über das Exportgeschäft erteilen.

Die Finanzkraft der beteiligten Organisationen

Ein vernünftiger Auftragnehmer wird Schritte unternehmen, um sich Auskunft über die finanzielle Lage jedes wichtigen neuen Kunden zu verschaffen. Der Auftragnehmer kann damit beginnen, den Kunden um Vorlage seiner geprüften jährlichen Bilanzen und Berichte der letzten Jahre zu ersuchen. Organisationen wie z. B. die *Schutzgemeinschaft für allgemeine Kreditsicherung* (Schufa) in der Bundesrepublik Deutschland und der *Kreditschutzverband von 1870* in Österreich geben nützliche Informationen. Umgekehrt stellen Kunden oft ähnliche Untersuchungen über ihre neuen Auftragnehmer und Zulieferer an. Es gibt also zwei, einander ergänzende Vorgänge: Der Auftragnehmer will sich vergewissern, daß der Kunde in der Lage ist, seinen Zahlungen nachzukommen, während der Kunde sicherstellen will, daß er nicht einen Auftragnehmer beschäftigt, der voraussichtlich in finanzielle Schwierigkeiten geraten oder gar bankrott gehen wird, bevor er das Projekt abschließen kann.

Kreditkontrolle und Cash-flow

Der Projektmanager des Auftragnehmers spielt eine entscheidende Rolle dabei, den Cash-flow der Organisation abzusichern. Abgesehen von der Aufgabe, das Projekt selbst so zu leiten, daß es im Zeitplan bleibt, muß er auch darauf achten, daß Zahlungsaufforderungen umgehend zugestellt werden. Zahlungsaufforderungen müssen korrekt sein und von vertraglich vereinbarten Zertifikaten, Berichten oder entsprechenden Ein- und Ausfuhrpapieren untermauert sein, damit es keinerlei Veranlassung gibt, die Rechnungen anzuzweifeln. Außerdem müssen den Zahlungsaufforderungen höfliche aber sofortige Mahnmaßnahmen folgen, sobald die Zahlung überfällig wird.

Verträge

Professionelle Institutionen, Wirtschaftsverbände und einige Großunternehmen haben Standardformen von Verträgen entwickelt, die für ihre Branche oder Profession relevant sind. Es handelt sich dabei entweder um vorgedruckte, standardisierte Vertragsformulare, die die jeweils üblichen Vertragsbedingungen enthalten, oder um Zusammenstellungen der üblichen Vertragsbedingungen.

Die wesentlichen Elemente eines Vertrages

Es gibt viele Fälle, in denen durch mündliche Absprachen zwischen zwei Parteien ein rechtsverbindlicher Vertrag zustandekommt. Im Rahmen des Projektmanagements müssen der Vertrag zwischen dem Kunden und dem Auftragnehmer sowie die Verträge zwischen dem Auftragnehmer und seinen Zulieferern und Subunternehmern schriftlich abgefaßte Dokumente sein. Es sollte sichergestellt sein, daß sämtliche Aspekte jeder Vereinbarung jederzeit zur Hand sind, um den Vertragsinhalt erfüllen und mögliche Differenzen ausräumen zu können. Das Dokument kann ein Bestellformular sein, ein Schriftwechsel, ein speziell aufgesetzter Vertrag oder ein vorgedrucktes Standardformular. Es wird außerdem vorausgesetzt, daß alle späteren Änderungen oder Zusätze zum Vertrag ebenfalls in entsprechenden Dokumenten aufgezeichnet werden.

Es müssen eine Reihe von Bedingungen erfüllt sein, damit ein rechtsverbindlicher Vertrag zustandekommt. Im folgenden sind einige der wichtigsten Punkte zusammengefaßt:

1. Absicht – Die beteiligten Parteien müssen beabsichtigen, daß der Vertrag rechtsverbindlich sein soll. Bei Projektverträgen wird diese Absicht vorausgesetzt, es sei denn, die Parteien haben ausdrücklich anderes vereinbart, womit der Vertrag lediglich zu einer schriftlichen Ausführung eines „Gentleman's Agreement" wird. Projektmanager haben kaum mit der Frage der „Absicht" zu tun, außer möglicherweise bei Tarifvereinbarungen zwischen Betriebsleitung und Betriebsrat.

2. Angebot und Annahme – Der Auftragnehmer muß ein eindeutiges Angebot unterbreiten, in dem erklärt wird, daß er bereit ist, einen Vertrag unter den dargelegten Bedingungen abzuschließen. Der Vertrag wird für beide Seiten rechtsverbindlich, wenn der Kunde den Auftragnehmer darüber informiert, daß er das Angebot ohne Vorbehalte annimmt. Die Annahme muß erklärt werden, bevor zeitliche Begrenzungen, die der Auftragnehmer für sein Angebot gesetzt hat, verstrichen sind.

Gelegentlich verschwimmen die Konturen zwischen dem, was angeboten, und dem, und was tatsächlich angenommen wurde. Es ist daher von größter Wichtigkeit, daß das Angebot durch eine Spezifikation angemessen definiert ist. Diese sollte vollständig sein, den letzten Stand der Dinge wiedergeben und – wenn nötig – erweitert werden, um Änderungen, die während der Verhandlungen aufgetreten sein mögen, Rechnung zu tragen.

3. Entgelt – Ein Vertrag muß zum Ergebnis haben, daß jede Seite der anderen verspricht, ihr einen bewertbaren Vorteil zu verschaffen. Bei Projekten bedeutet das üblicherweise, daß eine Partei der anderen zusichert, bestimmte Güter oder Dienstleistungen zu einem festgelegten Termin bereitzustellen, während die andere Partei zusichert, die Güter oder Dienstleistungen zu übernehmen und dafür zu bezahlen. Kommt eine Partei ihren Verpflichtungen nicht nach, so kann dies wegen Vertragsbruch zu rechtlichen Schritten der jeweils anderen führen.

Begriffe zur Beschreibung der Vertragsbeteiligten

In diesem Buch werden die beiden Hauptbeteiligten an Projektverträgen allgemein Kunde und Auftragnehmer genannt, doch in der Praxis sind noch viele andere Begriffe in Gebrauch. Manche verwenden zur Bezeichnung des Kunden den Begriff „Eigentümer". Doch das kann irreführend sein, weil häufig Umstände auftreten, unter denen der Kunde erst vollen Rechtsanspruch auf das Projekt hat, wenn bestimmte Bedingungen hinsichtlich der Begleichung von Rechnungen, der Auslieferung und Übergabe oder der Kreditfinanzierung erfüllt sind. (Wenigstens ein britisches Unternehmen nennt seine eigenen Projektmanager „Eigentümer", was verwirrenderweise bedeutet, daß das Projekt in ihrer Verantwortung liegt, also ihr „Eigentum" innerhalb des Unternehmens ist, bis es dem Käufer übergeben wurde.) Die am weitesten verbreiteten Begriffe sind Auftraggeber, Käufer oder Kunde. In diesem Buch verwenden wir vorwiegend den Ausdruck „Auftraggeber". Wenn ein Projekt von einem Kunden an eine dritte Partei weitergereicht wird, kann der Ausdruck „Endverbraucher" nützlich sein, um den Empfänger zu bezeichnen.

Die Organisation, die das Projekt durchführt, wird Auftragnehmer, Händler oder Verkäufer genannt. Die Begriffe „Hauptauftragnehmer" oder „Generalunternehmer" werden häufig verwendet, um die Organisation zu beschreiben, die dem Projektkäufer gegenüber die direkte Verantwortung trägt, aber weitere Subunternehmen für einen Teil der Arbeit beschäftigt. „Generalunternehmer" ist nicht dasselbe wie „Leitungsbeauftragter". Letzterer koordiniert und überwacht die anderen Auftragnehmer im Namen des Auftraggebers. In diesem Buch wird vorwiegend der Begriff „Auftragnehmer" verwendet, womit ein einzelnes Unternehmen gemeint sein kann, aber auch eine Gruppe oder ein Konsortium von Firmen, die sich gemeinsam vertraglich verpflichtet haben, das Projekt durchzuführen.

Bei umfangreichen Verträgen tauchen oft unabhängige Fachberater auf, die ernannt wurden, um die Interessen der einen oder anderen Seite, aber in der Regel die des Käufers, zu vertreten. In solchen Fällen ist der Fachberater entweder ein Fachbetrieb oder eine Person mit geeigneter Qualifikation.

Vertragsumfang

Die Vertragsdokumente sollten natürlich ohne Zweideutigkeiten spezifizieren, welche Rolle der Auftragnehmer zu spielen hat. Auftraggeber und Auftragnehmer müssen sich darüber im klaren sein, was ein Angebot beinhaltet und was ausgeschlossen ist. Auf der untersten Ebene ist der Vertragsumfang begrenzt auf die untergeordnete Beteiligung einer Firma als Subunternehmer. Das andere Extrem ist ein Auftragnehmer mit totaler Aufsichtsbefugnis über ein großes Projekt und Verantwortung für sämtliche Arbeiten bis zur „schlüsselfertigen Übergabe", also bis zur Projektübergabe an den Kunden zu dem Zeitpunkt, wenn es völlig fertiggestellt und behördlich abgenommen ist. Die

Spezifizierung des technischen und finanziellen Umfangs eines Vertrages ist Teil des Projektdefinitionsvorgangs (Kapitel 3).

Zahlungsbedingungen

Es gibt viele verschiedene Wege für Auftragnehmer und ihre Kunden, die Preise und die Zahlungsmodalitäten für Projektarbeit festzulegen. Die Zahlungsbedingungen hängen in der Regel von den folgenden Faktoren ab:

- Risiken, Unwägbarkeiten und alle anderen Faktoren, die die Exaktheit der Definition, des Kostenvoranschlags und des Etats eines Projekts beeinflussen können.
- Die Absicht des Kunden, dem Auftragnehmer Leistungsanreize zu bieten. Diese zielen üblicherweise auf rechtzeitige Fertigstellung oder auf Kosteneinsparungen ab. Sie können sich aber auch auf handwerkliches Können und die Qualität beziehen. Um Leistungsmängel zu begrenzen, kann eine Strafklausel aufgenommen werden. Am weitesten verbreitet sind Vertragsstrafen, die im Falle des verzögerten Abschlusses des Projekts – auf der Grundlage von Tagen, Wochen oder anderen Zeiträumen – wirksam werden.

Überlegungen zur Preisfestsetzung

Es ist davon auszugehen, daß jedes halbwegs erfolgreiche Unternehmen eine gut definierte allgemeine Preispolitik betreibt. Die Profitziele und das Verhältnis zwischen veranschlagten Kosten und Verkaufspreisen können sehr streng festgelegt sein. Die Entscheidungen über die Preisfestlegung für bedeutende Projekte gehören in der Regel nicht in den Verantwortungsbereich des Projektmanagers, sondern werden vom gehobenen Management gefällt. Typischerweise gibt es in den meisten Unternehmen Genehmigungsverfahren für Angebote, die in der Regel in Besprechungen auf der Betriebsleitungs- oder Vorstandsebene diskutiert und vereinbart werden, bevor man einem potentiellen Kunden gegenüber Verpflichtungen eingeht.

Man könnte z. B. zu einem festen Verkaufspreis gelangen, indem man sich die Projektkostenvoranschläge zur Hand nimmt und einen Preisaufschlag auf die Kosten auf dem spezifizierten Niveau errechnet. Doch unglücklicherweise geht es im Leben nur selten so unkompliziert zu. Selbst wenn ein Projekt anhand bestimmter Tarife oder auf der Grundlage anderer, auf Kostenerstattung basierender Methoden ausgepreist wird, ist die Festlegung der Zahlungsforderungen häufig eher eine Angelegenheit für Experten als ein einfacher buchhalterischer Vorgang.

Unter gewissen Voraussetzungen kann sich eine Firma gezwungen sehen, ein Ausschreibungsangebot einzureichen oder einen Auftrag anzunehmen, bei dem der Preis so gering veranschlagt ist, daß ein angemessener Profit von vornherein ausgeschlossen ist. Stellen wir uns beispielsweise ein Unternehmen vor, das vorübergehend wenige Aufträge hat, aber mit Zuversicht der Kontinuität und Expansion des Geschäfts entgegensehen kann. Möglicherweise ist absehbar, daß eine Phase der Rezession zu Ende geht. Es kann auch sein, daß der Beginn eines oder mehrerer neuer Projekte sich verzögert hat, weil der Kunde noch die Finanzierung arrangieren muß, oder weil es andere finanzielle, politische oder technische Gründe (bei neuen Projekten sind solche Verzögerungen häufig) gab.

Der Auftragnehmer steht vor einem echten Dilemma: Er hat die Wahl, unbeschäftigte Arbeitskräfte zu entlassen oder sie auf der Lohnliste zu belassen, ohne Gewinne zu machen. Die Einstellung von Spezialisten und Facharbeitern ist schwierig und kostspielig. Ihre Ausbildung und die Erfahrung, die sie im Unternehmen gesammelt haben, sind eine Investition, die einen wertvollen Teil der unsichtbaren Vermögenswerte des Unternehmens darstellt. Die Auflösung eines solchen Teams gleicht dem

Abholzen eines alten Baums. Das Fällen und Zerkleinern nimmt nur wenige Stunden in Anspruch, aber es wird viele Jahre dauern, bis ein Baum vergleichbarer Größe herangewachsen ist. Niemand kann vorhersehen, ob der neue Baum sich zu einem so schönen Exemplar entwickeln wird wie sein Vorgänger. Außerdem ließe sich natürlich einwenden, daß die Absicherung der Belegschaft eine moralische oder soziale Verpflichtung des Arbeitgebers darstellt, besonders in jenen großen Industriezweigen, in denen die Beschäftigung und das Wohlergehen ganzer Regionen von einem Unternehmen abhängen.

Aus offensichtlichen Gründen werden Aufträge, die eine Firma annimmt, um eine Dürreperiode zu überstehen, „Überbrückungsaufträge" genannt. Unter solchen Umständen bekommt das Profitinteresse zweitrangige Bedeutung. Doch es gibt bei einer solchen Unternehmenspolitik natürlich Risiken, die bedacht und akzeptiert werden müssen. Die Folgen eines Kostenberechnungsfehlers oder jeder anderen Schwierigkeit, die dazu führt, daß der Etat überschritten wird, sind schwerwiegender ohne den Puffer erwarteter Gewinnmargen. Außerdem besteht zu einem gewissen Grad die Gefahr, daß Kunden, die sich mit Anfragen für zukünftige Projekte wiederum an dieselbe Firma wenden, enttäuscht oder verärgert sind, wenn sie feststellen, daß sich neuen Voranschläge nicht mehr mit den alten – künstlich niedrigen – Raten vergleichen lassen. Wahrscheinlicher ist jedoch das Risiko, daß ein unter dem Preis angebotenes Projekt viel später in Gang kommt als erwartet, wie es bei großen Projekten häufig der Fall ist, und dann nicht mehr in die Periode fällt, in der das Unternehmen eine Talsohle durchschreitet, sondern auf einen Zeitpunkt, wenn bereits wieder rentablere Aufträge erhältlich sind. Auf diese Weise kann das rentable Projekt gefährdet werden. Unter Umständen kann der Auftragnehmer sich erst an Ausschreibungen beteiligen oder rentable Arbeiten annehmen, wenn das unter dem Preis angebotene Projekt abgeschlossen ist.

Es kann zweckmäßig sein, ein Ausschreibungsangebot mit einem künstlich niedrigen Preis zu unterbreiten, um zu versuchen, in einen neuen Marktbereich einzudringen. Natürlich gibt es bessere, bewährte Möglichkeiten, dieses Ziel zu erreichen, so z. B. die Übernahme einer Firma, die bereits im betreffenden Marktsegment etabliert ist. Doch das Unterbieten der Preise, indem „Lockangebote" gestellt wurden, bleibt eine verbreitete, weniger drastische Alternative. Es ist kaum nötig zu betonen, daß sich ein Unternehmen, das bewußt Niedrigpreispolitik betreibt, bald böse die Finger verbrennen wird, wenn es nicht zuvor sorgfältig seine Hausaufgaben in Marketing gemacht hat.

Üblicherweise diktieren die Marktbedingungen den Preis, der für Güter, Dienstleistungen oder Projekte verlangt werden kann. Doch das genaue Verhältnis ist nicht klar und kann für Überraschungen sorgen. In bestimmten Fällen kann der Absatz, den normalen Erwartungen widersprechend, sogar gesteigert werden, indem der Preis hoch angesetzt wird. In der Regel gelten jedoch die Gesetze von Angebot und Nachfrage. Die meisten Projektausschreibungsangebote haben eine bessere Chance auf Annahme, wenn sie im Vergleich zu den Angeboten der Konkurrenz günstig sind. Selbst wenn eine Firma damit prahlen kann, ein Marktmonopol zu besitzen – es also überhaupt keine Konkurrenz gibt –, kann die Intensität der Nachfrage die Preise beeinflussen, die gefordert werden können. Wenn der Preis zu hoch ist, kann der potentielle Kunde einfach beschließen, die Sache ganz zu lassen.

Kommunale Verwaltungsbehörden oder andere staatliche Einrichtungen, die als Treuhänder von Staatsgeldern strengen Auflagen unterliegen, sind häufig gezwungen, dem günstigsten Angebot für eine Projektausschreibung den Zuschlag zu geben. Wenn eine solche Organisation einen Auftrag zu einem anderen Preis als dem allerniedrigsten erteilen will, so muß es dafür einen wichtigen Grund geben, den zu verteidigen sie bereit sein muß.

Unter bestimmten Bedingungen können Aufträge unwillkommen und sogar lästig sein. Stellen wir uns beispielsweise ein Unternehmen vor, das zu einem Zeitpunkt aufgefordert wird, an einer Projektausschreibung teilzunehmen, als seine Auftragsbücher bis zum Überlaufen gefüllt sind. Diese

Firma weiß, daß sie entweder eine sehr lange Lieferzeit veranschlagen muß oder – im Falle des Auftragszuschlags – gezwungen sein wird, Arbeiten, die sie lieber im Hause durchgeführt hätte, an Subunternehmer weiterzugeben. Dies kann zum Beispiel technische Entwürfe und das Design betreffen. Überauslastung kann außerdem zu Cash-flow-Problemen führen. Wenn das Unternehmen nicht von einer kontinuierlichen Expansion des Geschäfts ausgehen kann, die zusätzliche Kapitalerhöhungen und Kapazitätenerweiterung rechtfertigen würde, ist die Annahme des Auftrags möglicherweise einfach nicht wünschenswert. In einem solchen Fall kann die Firma entweder zu einem sehr hohen Preis bieten, oder sie sollte es überhaupt bleiben lassen.

Genaue Projektdefinition und verläßliche Kostenvoranschläge sind unabdinglich für die Preisfestlegung. Sie stellen die Grundlage dar, von der aus das Projekt im Verhältnis zu jedem Preis, der gefordert wird, berechenbar wird. Unsichere Voranschläge führen oft dazu, daß die Handelsspanne erhöht wird, um das erhöhte Risiko abzudecken, was in einer Wettbewerbssituation die Chancen zerstören kann, den Zuschlag zu bekommen. Solide Voranschläge sind außerdem von entscheidender Bedeutung für die späteren Preisverhandlungen mit dem Kunden. Ein Auftragnehmer muß so genau wie möglich wissen, wie weit er mit dem Preis nach unten gehen kann, bevor jede Hoffnung auf nennenswerten Gewinn dahinschwindet.

Festpreisverträge

Ein Festpreisvertrag ist das Resultat, wenn ein oder mehrere Auftragnehmer anhand der eindeutigen Spezifikation des Käufers ihr Angebot stellen, wobei sie einen Gesamtpreis für sämtliche Arbeiten nennen. Dabei weiß der Käufer, daß der Auftragnehmer den genannten Preis unter normalen Umständen nicht erhöhen kann. Das Angebot, ein Projekt zu einem Festpreis durchzuführen, demonstriert die Zuversicht des Auftragnehmers in seine Fähigkeit, das spezifizierte Projekt abzuschließen, ohne mehr als die veranschlagten Kosten ausgeben zu müssen.

In der Praxis gibt es gelegentlich Klauseln, selbst in sogenannten Festpreisverträgen, die begrenzte Nachverhandlungen über den Preis oder die zusätzlichen Kosten erlauben, wenn bestimmte, im voraus spezifizierte Umstände eintreten, die sich außerhalb der Kontrolle des Auftragnehmers befinden (so z. B. Lohnerhöhungen in der Industrie).

Kostenrückerstattungsverträge

Es gibt natürlich viele Arten von Verträgen, die nicht von der Nennung eines bekannten, festgelegten Gesamtpreises ausgehen. Die meisten von ihnen sind Verträge, die eine „Kostenrückerstattung" vorsehen. Sie basieren auf einer Vereinbarung, nach der der Kunde den Auftragnehmer für Arbeiten entsprechend einer im voraus vereinbarten Berechnung der Arbeitskosten bezahlt.

Auftragnehmer vermeiden in der Regel Festpreise in Situationen, in denen der Projektumfang bei Vertragsunterzeichnung nicht mit hinreichender Exaktheit vorhergesagt werden kann oder wenn die Arbeiten unter erhöhtem Risiko durchgeführt werden müssen. Wissenschaftliche Forschungsprojekte, in denen die erforderliche Arbeitszeit und die möglichen Resultate völlig unvorhersehbar sind, eignen sich offensichtlich nicht für Festpreisvoranschläge. Viele Bauaufträge für große Projekte oder Fertigungsanlagen unterliegen Risiken aufgrund der Standortbedingungen oder politischen und wirtschaftlichen Faktoren, die außerhalb der Kontrolle des Auftragnehmers liegen.

Auch bei Kostenrückerstattungsverträgen ohne Festpreis müssen die Manager über das Niveau der verschiedenen Kostenraten entscheiden. Es ist nicht davon auszugehen, daß ein Auftragnehmer allen Kunden dieselben Raten berechnen wird. Einige Kunden verlangen Detailangaben über die Zusammensetzung der direkten Kosten und der Betriebskosten und gehen davon aus, daß die letztlich gültigen Raten erst nach Verhandlungen vereinbart werden.

Bei jedem Vertrag, in dem Zahlungen von vereinbarten Raten abhängen, wird sich der Kunde vom Wahrheitsgehalt der Zahlungsforderungen des Auftragnehmers überzeugen wollen. Dies kann bedeuten, daß die Bücher des Auftragnehmers dem Kunden oder dem Rechnungsprüfer, der von ihm beauftragt wurde, zugänglich gemacht werden. Bei Hochbauaufträgen, deren Zahlung auf dem geleisteten Arbeitsvolumen beruht, handeln Gutachter im Auftrag des Kunden, um sicherzustellen, daß die berechneten Arbeiten auch tatsächlich durchgeführt wurden.

Eine exakte Kostenberechnung mag weniger wichtig scheinen, wenn nicht von Festpreisen ausgegangen wird, doch enthalten Ausschreibungsangebote ohne Festpreis praktisch ausnahmslos Etatvoranschläge. Sind diese zu hoch angesetzt, können sie potentielle Kunden vertreiben, und man wird den Auftrag an die Konkurrenz verlieren. Werden die Voranschläge dagegen zu niedrig angesetzt, können während der Durchführung der Arbeiten alle möglichen Probleme auftreten – nicht zuletzt können dem Kunden die Mittel ausgehen, um den Auftragnehmer zu bezahlen. Jeder Auftragnehmer, der seinen Ruf als zuverlässiger Geschäftspartner behalten möchte, muß die Falle zu niedriger Etatvoranschläge vermeiden – besonders dann, wenn dies geschieht, um einen Auftrag zu erhalten. In jedem Fall beeinträchtigen vermeidbare Ungenauigkeiten der Kostenberechnung zwangsläufig die spätere Planung, Zuteilung und Kontrolle.

Zusammenfassung der Vertragstypen

Preise oder Tarife fallen nicht immer vollständig in die eindeutigen Kategorien „Festpreis" oder „Kostendeckung", weil häufig eine der beiden Geschäftspartner ein Element von Leistungsanreiz oder Risikoabsicherung mit aufnehmen möchte. Einige Verträge (Mischverträge) beinhalten eine Mischung dieser Arrangements. Andere (Konvertierbare Verträge) können zu einem im voraus vereinbarten Zeitpunkt in Festpreisvereinbarungen umgewandelt werden, wenn es möglich geworden ist, den Gesamtumfang der Arbeiten und die voraussichtlichen Endkosten adäquat zu bestimmen. Einige der bekanntesten Möglichkeiten sind im folgenden aufgelistet. Abbildung 6.4 stellt das Verhältnis zwischen Risiko und Anreiz dar.

Festpreis

Für die im Vertrag spezifizierten Arbeiten wurde ein Preis genannt und akzeptiert. Der Preis wird nur dann verändert, wenn der Kunde den Vertrag ändert oder wenn die Vertragsbedingungen zulassen, daß Preiserhöhungen unter bestimmten Bedingungen ausgehandelt werden können, beispielsweise im Falle landesweiter Lohnerhöhungen in einer bestimmten Branche.

Richtpreis

Richtpreisverträge ähneln Festpreisverträgen, werden jedoch angewendet, wenn gerechtfertigte Unsicherheiten über die voraussichtlichen Kosten zur Durchführung des definierten Projekts bestehen. Der Vertrag ermöglicht Preisangleichungen, wenn die abgenommenen, letztgültigen Projektkosten entweder die Voranschläge überschreiten oder Einsparungen aufweisen. Zu einem gewissen Grad sind also Vorzüge und Risiken zwischen Kunde und Auftragnehmer aufgeteilt.

Garantierter Höchstpreis

Eine garantierte Höchstpreisvereinbarung ist ein Richtpreisvertrag, demzufolge zwar Kostenersparnisse geteilt werden, die Zusatzkosten, die der Auftragnehmer auf den Richtpreis aufschlagen kann, jedoch begrenzt sind.

Einfache Kostendeckung

Eine einfache Kostendeckungsvereinbarung bedeutet, daß dem Auftragnehmer lediglich Kosten und Auslagen erstattet werden. Er macht jedoch keinen Gewinn. Diese Zahlungsart taucht gelegentlich auf, wenn ein Unternehmen Tätigkeiten für sein Mutterunternehmen durchführt oder für ein anderes Unternehmen, das vollständig im Besitz der Firmengruppe ist. Förmliche Verträge werden in solchen Fällen häufig nicht angewendet.

Kosten plus

Kosten plus ist eine geläufige Form von Kostendeckungsverträgen. Wie in den einfachen Kostendeckungsverträgen berechnet der Auftragnehmer verwendete Materialien und für das Projekt in Stundenzetteln aufgezeichnete Arbeitszeit. Doch die mit dem Kunden vereinbarten Tarife liegen so hoch, daß sie nicht nur direkte und Betriebskosten decken, sondern einen Aufschlag als Gewinn für den Auftragnehmer enthalten.

Gestaffelte Tarife

Verträge mit gestaffelten Tarifen sind Kostendeckungsverträge, üblicherweise Kosten plus, nach denen die Berechnung gemäß der Anzahl der geleisteten Arbeitseinheiten erfolgt. Für jede beteiligte Berufsgruppe oder Art von Arbeit wird im voraus eine bestimmte Berechnungsrate pro Arbeitseinheit vereinbart.

Kostendeckung plus Managementhonorar

Dies ist eine Form des Kostendeckungsvertrages, in dem das Gewinnelement des Auftragnehmers als festes Honorar berechnet wird, und nicht als „Plus"-Element in den vereinbarten Raten enthalten ist. Im Gegensatz zu Kosten plus steigt das Gewinnaufkommen des Auftragnehmers nicht mit den Kosten, sondern sinkt proportional zum Anstieg der Gesamtkosten, woraus sich möglicherweise ein Anreiz für den Auftragnehmer ergibt, die Kosten gering zu halten.

Mengenberechnung mit gestaffelten Preisraten

Ein Mengenberechnungsvertrag ist kostendeckend und operiert mit gestaffelten Preisraten, doch die zu erwartende Gesamtmenge der Arbeitseinheiten jeder Berufsgruppe oder Art von Arbeit wurde im voraus veranschlagt und ist im Angebot enthalten.

Zahlungstermine

Zeitpunkt der Rechnungslegung bei Festpreisverträgen

Viele Großprojekte, die sich über Zeiträume von mehreren Jahren erstrecken können, erfordern, daß der Auftragnehmer große Mengen seines Geldes investiert. Wenn der Auftrag schließlich ausgeführt und bezahlt ist, kann sich herausstellen, daß die resultierenden Gewinne von den aufgewendeten Kapitalkosten aufgehoben oder zunichte gemacht wurden. Mit anderen Worten, der Auftragnehmer mußte die Zinskosten für das Kapital tragen, das in gelagertem Material und angefangenen Arbeiten gebunden war. Aus diesem Grund verabreden Kunde und Auftragnehmer häufig Abschlagszahlungen. Dies ermöglicht dem Auftragnehmer, einige Rechnungen im Verlauf des Projekts auszustellen, so daß er nicht die Gesamtkosten bis zum Abschluß des Projekts tragen muß, bis er schließlich die endgültige Rechnung stellen kann.

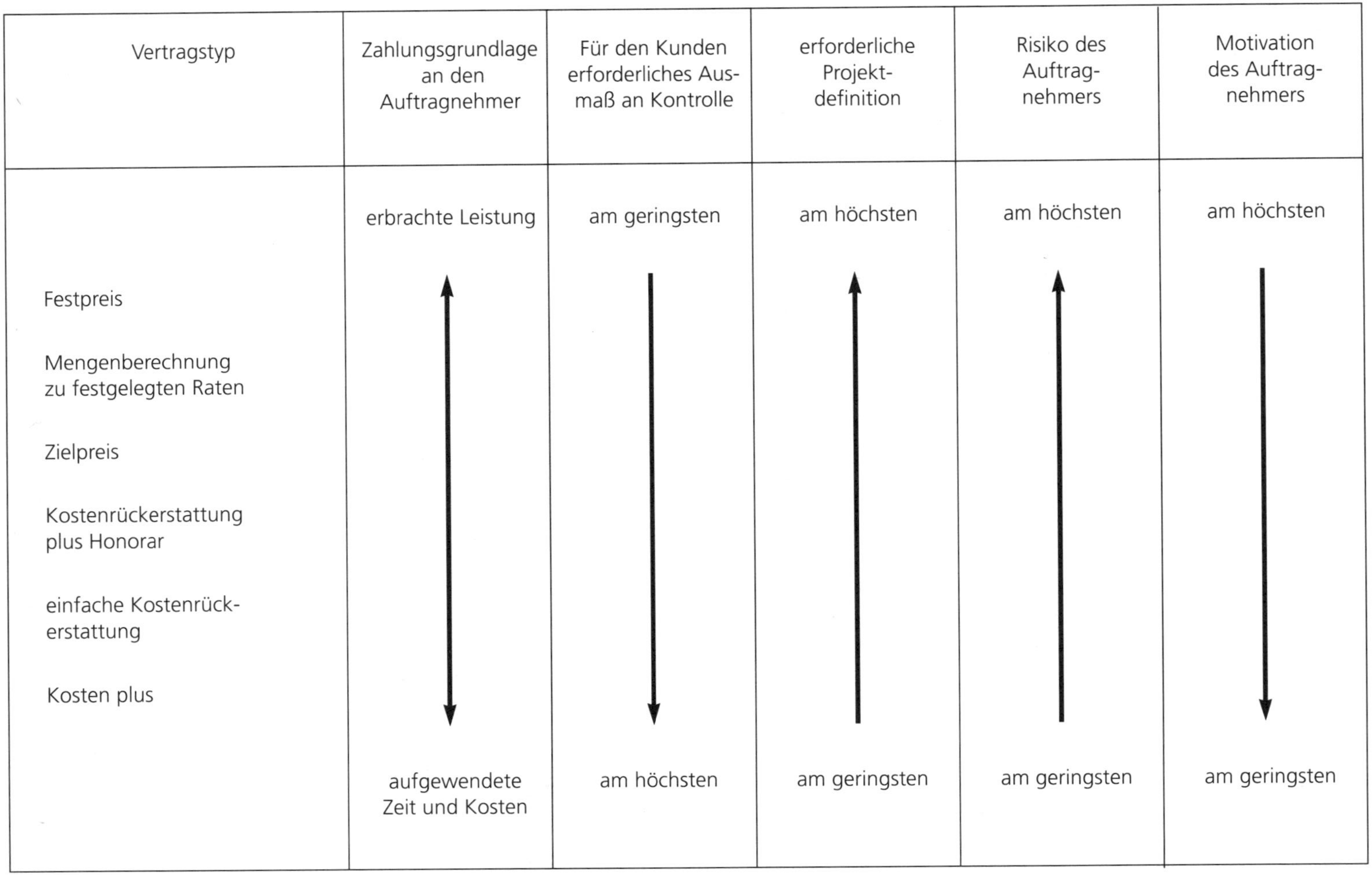

Vertragstyp	Zahlungsgrundlage an den Auftragnehmer	Für den Kunden erforderliches Ausmaß an Kontrolle	erforderliche Projektdefinition	Risiko des Auftragnehmers	Motivation des Auftragnehmers
Festpreis	erbrachte Leistung	am geringsten	am höchsten	am höchsten	am höchsten
Mengenberechnung zu festgelegten Raten	↕	↓	↑	↑	↓
Zielpreis					
Kostenrückerstattung plus Honorar					
einfache Kostenrückerstattung					
Kosten plus	aufgewendete Zeit und Kosten	am höchsten	am geringsten	am geringsten	am geringsten

Abbildung 6.4   Beziehung zwischen Vertragstypen und Kontrollschwerpunkt

Die Voraussetzungen für die Forderung nach Abschlagszahlungen können vertraglich so festgelegt werden, daß sie entweder vom Erreichen bestimmter Projektentwicklungsstufen abhängen oder von der Auslieferung bestimmter Anlagenteile an den Kunden. Häufig sind die Bedingungen für die Abschlagszahlungen in vertraglichen Standardbedingungen festgelegt. Sie können zum Beispiel auf folgende Weise arrangiert werden:

- 10 % bei Unterzeichnung des Vertrags oder Aufgabe der Bestellung, bevor der Auftragnehmer mit der Arbeit beginnt
- 20 % bei Entwurfgenehmigung durch den Kunden und bei Beginn der Fertigung
- 30 % bei Anlieferung der Hauptsendung beim Kunden
- 30 % bei der Übergabe
- 10 % „Zurückbehaltene Zahlung", die nach sechs Monaten zufriedenstellender Anwendung oder zufriedenstellendem Betrieb fällig wird

In anderen Fällen werden statt der definierten Zahlungsstufen Abschlagszahlungen in regelmäßigen Abständen fällig. Der Rechnungsbetrag wird gemäß des tatsächlich erreichten Fortschritts berechnet, entsprechend der Gutachten des Auftragnehmers oder eines unabhängigen Fachmanns. Dabei ist natürlich wichtig, daß das Erreichte exakt berechnet werden kann, um sicherzustellen, daß die Rechnungsbeträge mit dem tatsächlichen Fortschritt übereinstimmen. (Die Herstellung eines Bezugs zwischen abgeschlossenen Arbeiten und Kosten wird im Kapitel 23 behandelt.)

Zeitpunkt der Rechnungslegung bei Kostendeckungsprojekten

Zahlungen für Leih- oder Aushilfspersonal von Personalleasingfirmen werden gelegentlich wöchentlich in Rechnung gestellt. Doch die meisten Auftragnehmer versenden ihre Rechnungen regelmäßig zum Ende des Kalendermonats und legen Gutachten über die geleistete Arbeit oder Kostenbelege vor, die von unabhängiger Seite geprüft wurden.

Versicherung

Jeder Wirtschaftsbetrieb ist tagtäglich mit Risiken konfrontiert. Projekte, mit denen man immer, sei es im übertragenen oder auch im wörtlichen Sinn, „Neuland" betritt, enthalten einen übermäßig hohen Anteil von Unsicherheit. Es ist Teil der Aufgabe des Projektmanagers, so viele Risiken wie möglich im voraus zu erkennen und zu entscheiden, wie ihnen zu begegnen ist. Die erste Priorität besteht darin, den Betrieb und das Projekt so zu leiten, daß alle vorhersehbaren kommerziellen und physischen Risiken auf ein Minimum begrenzt werden. Einige Risiken sind jedoch unvermeidlich. In diesen Fällen sind Versicherungen die naheliegende Option.

Abbildung 6.5 zeigt, daß Projektmanager nicht vollständig frei sind in ihrer Entscheidung, gegen welche Risiken Versicherungen abzuschließen sind. Für jedes Risiko läßt sich entsprechend seiner Priorität entscheiden, ob es in das Versicherungsportfolio des Betriebs aufgenommen werden soll. Der Rest dieses Kapitels enthält eine kurze Zusammenfassung einiger der Risiken und Versicherungsarten, die für die Projektarbeit besonders relevant sind.

Versicherungen können direkt beim Versicherer abgeschlossen werden oder über einen Makler, vorzugsweise einem mit Erfahrung in der Art von Projekt, das versichert werden soll. Dem Versicherer müssen ausreichende Informationen gegeben werden, damit er das Risiko angemessen einschätzen kann. Außerdem ist der Auftragnehmer angehalten, den Versicherer über alle Änderungen der Umstände zu informieren, die Einfluß auf die Risiken haben, gegen die versichert wird. Manche Versi-

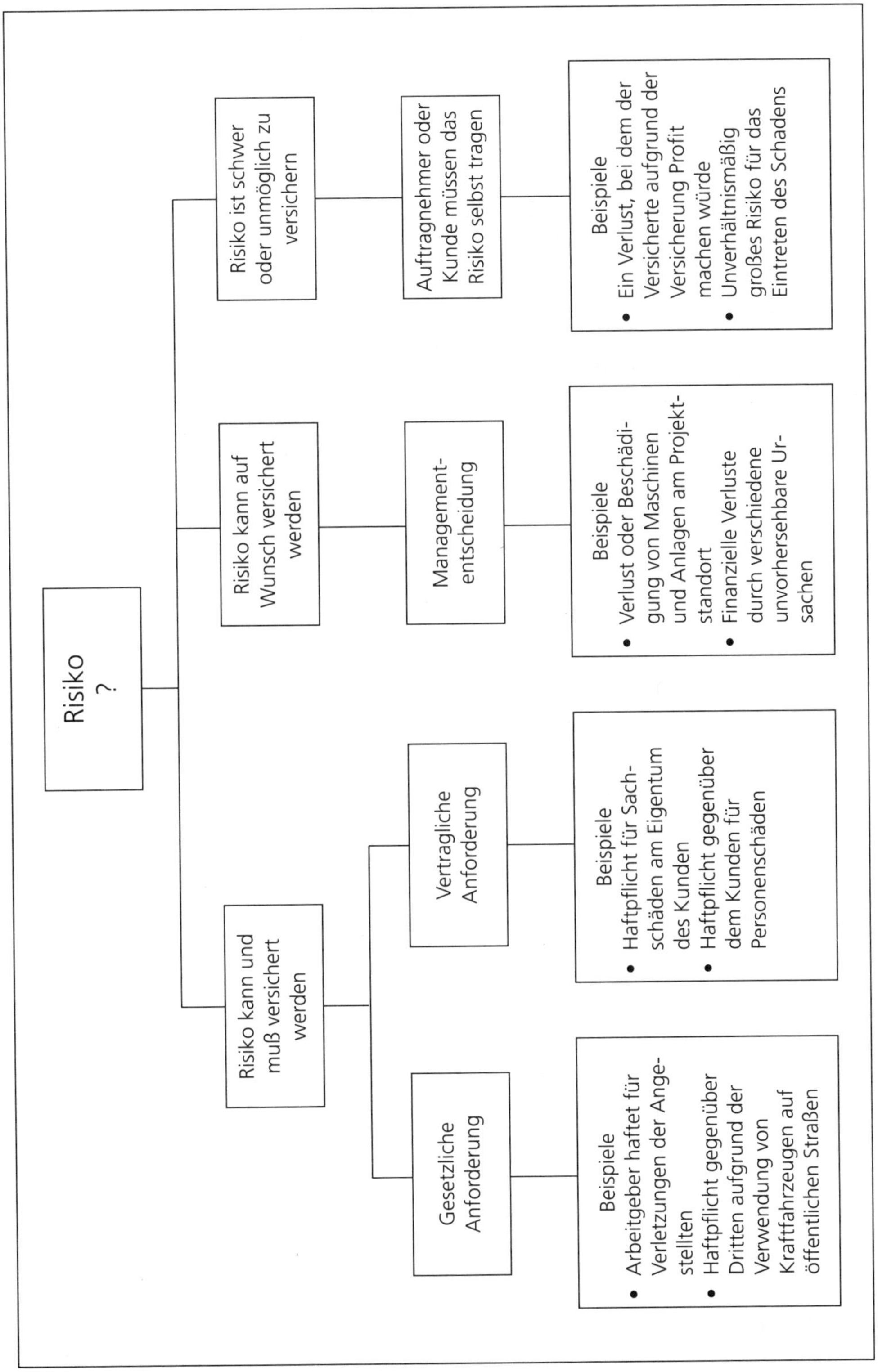

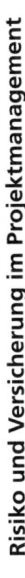

Abbildung 6.5   **Risiko und Versicherung im Projektmanagement**

cherer führen eigene Untersuchungen durch oder verfolgen die Projektarbeit durch eigene Experten. Fachberatung durch Versicherer kann oft sehr hilfreich sein bei der Risikoverringerung, besonders in den Bereichen Gesundheit, Sicherheit und Schutz vor Kriminalität.

Nicht versicherbare Risiken

Es gibt Risiken, für die ein Versicherer den Versicherungsschutz verweigern wird oder für die eine Versicherung durch die Höhe der Prämie ausgeschlossen ist. Diese Schwierigkeiten entstehen unter den folgenden Umständen:

- Wenn die Wahrscheinlichkeit, daß ein Verlust eintritt, zu hoch ist, oder – mit anderen Worten – wenn das Risiko eher als Gewißheit denn als Möglichkeit betrachtet wird. Beispiele wären Verluste durch Wirtschaftsspekulationen oder ungünstige Veränderungen der Wechselkurse.
- Wenn der Versicherer nicht die Möglichkeit hat, sein Risiko auf eine hinreichende Zahl von ähnlichen Risiken zu verteilen.
- Wenn dem Versicherer keine ausreichende Menge von Daten aus der Vergangenheit vorliegt, um das zukünftige Risiko zu quantifizieren.
- Wenn der Versicherte infolge eines Schadensfalles einen Vorteil hätte (mit Ausnahme einiger Arten von Personenversicherungen besteht das Prinzip der Versicherung in dem Bemühen, den Versicherten so zu stellen wie vor Eintritt des Verlusts).

In einigen Fällen gibt es jedoch andere finanzielle Möglichkeiten, die die Risiken abschwächen können.

Versicherbare Risiken

Es gibt vier Hauptklassen von Versicherungen:

1. Haftpflichtversicherungen (Zahlungen an Dritte in Folge gesetzlicher, vertraglicher oder beruflicher Verpflichtungen, gerichtlich zuerkannter Schadenersatz sowie Rechtskosten, aber nicht gerichtlich auferlegte Strafen).
2. Versicherungen gegen Verlust oder Beschädigung von Eigentum.
3. Personenversicherung.
4. Versicherung gegen finanzielle Verluste.

Eine Police kann Schutz gegen zwei oder mehr der genannten Risiken beinhalten.

Ganz oben auf der Liste stehen jene Versicherungen, die erforderlich sind, um staatlichen Gesetzen und Vorschriften zu entsprechen. Dazu gehören zum Beispiel die Haftpflichtversicherung für Kraftfahrzeuge sowie gesetzlich vorgeschriebene Kranken-, Unfall- und Pensionsversicherungen. Andere Bestimmungen betreffen Sicherheitsvorschriften für Fahrstühle und Lastenaufzüge u. ä.

Vertragliche Bestimmungen und Haftpflichtbestimmungen

Bei kommerziellen und industriellen Projekten, ob es sich um Bau- oder Fertigungsvorhaben handelt, wird von den beteiligten Parteien, in der Regel vom Auftragnehmer, gefordert, Versicherungsschutz für verschiedene Risiken zu gewährleisten. Sämtliche Modellverträge für Fertigungs- sowie Hoch- und Tiefbauaufträge enthalten solche Bestimmungen. Außerdem muß der Projektauftragnehmer sicherstellen, daß die beschäftigten Subunternehmer an vergleichbare Regelungen gehalten sind.

Bei Projektverträgen sind Haftpflichtversicherungen von besonderer Bedeutung. Der Projektkunde will gewährleistet wissen, daß der Auftragnehmer hier ausreichenden Versicherungsschutz genießt. Die Haftpflichtversicherung sollte folgende Bereiche umfassen:

- Schadenersatz bei Unfällen (Mitarbeiter aller beteiligten Parteien, andere am Standort beschäftigte Personen, Besucher etc.)
- Sachschäden und -verluste
- Produkthaftpflicht (hinsichtlich der Produktverwendung)
- Fahrlässigkeit
- Durch die Arbeit verursachte Belästigung
- Umweltschäden
- etc.

Risikoversicherung für Projektarbeit

Eine umfassende Risikoversicherung gewährt Versicherungsschutz während der Arbeiten, bis das Projekt abgeschlossen und dem Kunde übergeben wurde.
Gesamtrisikoversicherungen schützen angefangene Arbeiten in der Regel gegen Feuer, Sturmschäden, Diebstahl und mutwillige Beschädigung. Die Versicherungsbedingungen sollten hier jedoch sorgfältig gelesen werden, da sie oft Ausnahmen festlegen. Zusätzlich zu den angefangenen Arbeiten sollte für die folgenden Bereiche Versicherungsschutz gegen Verlust und Beschädigung bestehen:

- Konstruktionsanlagen und -maschinen
- Gemietete Anlagen
- Baumaterial während des Transports zur Baustelle
- Provisorische Gebäude und Bauwagen

Für die Kosten bei der Wiederaufnahme der Arbeit nach einem Unfall sollte ebenfalls Versicherungsschutz bestehen. Dazu gehören die Kosten für das Entfernen von Bauschutt und die Honorare für Architekten, Gutachter und beratende Techniker. Außerdem mag sich der Versicherer unter Umständen bereit erklären, zusätzliche Ausgaben, etwa für Überstunden und Expresslieferungen, zu übernehmen, um die Wiederaufnahme der Arbeit zu beschleunigen.

Finanzversicherungen

Diese Versicherungen sollen ein Unternehmen gegen finanzielle Verluste schützen, die aus den unterschiedlichsten Gründen auftreten können. Zu den versicherbaren Risiken gehören z. B. Unterschlagung, Verluste durch Unterbrechung des Geschäfts und Rechtskosten. Unter bestimmten Umständen ist es möglich, zukünftige Gewinne zu versichern, um sich vor Verzögerungen bei der Gewinnschöpfung auf Projektinvestitionen zu schützen, die durch verspäteten Projektabschluß verursacht werden.
Für Auftragnehmer, die mit ausländischen Kunden Geschäfte machen, sind Exportkreditversicherungen von besonderem Interesse. Der Auftragnehmer muß einen gewissen Teil des Risikos tragen, doch der Anteil ist in der Regel gering. Die Sicherheit, die eine Kreditversicherung bietet, kann ein wichtiger Faktor bei der Finanzierung eines Projekts sein.

Teil 3
Planung und
Einteilung

Kapitel 7

Eine Einführung in Planung und Einteilung

Immer wenn eine Aufgabe innerhalb einer bestimmten Zeitspanne oder zu einem bestimmten Termin fertiggestellt werden muß, ist es ratsam, eine gewisse Vorstellung von dem Verhältnis zwischen der zur Verfügung stehenden und der benötigten Zeit zu haben. Das gilt für jedes Projekt, ob ein Abendessen vorbereitet oder eine Autobahn gebaut werden soll. Im ersten Fall wäre man nicht gut beraten, den Gästen zu sagen: „Das Essen beginnt um sieben, aber die Kartoffeln werden nicht vor halb acht fertig sein." Ebenso sinnlos wäre es, die neue Autobahn von einer prominenten Persönlichkeit eröffnen zu lassen, wenn nach dem feierlichen Durchtrennen des Bandes ein eifriger, nichts Böses ahnender Strom von Autofahrern auf eine Brücke losgelassen würde, die lediglich aus ein paar Stahlträgern über einem gähnenden Abgrund mit einem reißenden Fluß bestünde.

Es kann also davon ausgegangen werden, daß eine gewisse Art von Planung immer ratsam ist, wenn die rechtzeitige Fertigstellung des Projekts gewährleistet sein soll. Für das kulinarische Beispiel kann die Planung sehr informell ablaufen und lediglich aus einer geistigen Übung des Kochs bestehen. Projekte wie der Bau einer Autobahn sind komplizierter und müssen mit Hilfe formaler Verfahren geplant werden.

Dies ist das erste von fünf Kapiteln, die die Grundsätze und Verfahren der Projektplanung und -einteilung (auch Planerstellung, Zusammenstellung) behandeln. In diesem Kapitel geht es insbesondere um Zeitdiagramme. Doch es ist erforderlich, dem dritten Teil dieses Buches eine Einführung voranzustellen, die eine Beschreibung der allgemein auf Planung und Einteilung anwendbaren Definitionen und Grundsätze enthält.

Unterscheidung zwischen Planung und Einteilung

In der Terminologie des Projektmanagements gehen eine Reihe von professionellen Planern davon aus, daß die Begriffe „Plan" und „Einteilung" unterschiedliche Bedeutung haben.

Ein „Plan" ist eine Auflistung oder visuelle Darstellung, die sich ergibt, wenn sämtliche Projektaktivitäten der Kostenberechnung, der Reihung in eine logische Abfolge und der Zeitanalyse unterworfen wurden. Zum Zwecke der praktischen Anwendung sind Formen der Netzplananalyse (Kapitel 8 und 9) in der Regel die bevorzugten Methoden für die Erstellung eines Plans, doch einige der in diesem Kapitel beschriebenen graphischen Präsentationsformen stellen bessere visuelle Hilfsmittel dar und sind unter Umständen besser geeignet, dem Projektpersonal die Pläne zu vermitteln.

Eine „Einteilung" (oder Terminplanung, Aufstellung, Planerstellung) ergibt sich nach zusätzlicher Arbeit am ursprünglichen Plan, so daß die für die Durchführung sämtlicher Projektaktivitäten benötigten Ressourcen mit einbezogen werden. Eine Einteilung ist, mit anderen Worten, ein praktisch anwendbares Arbeitsdokument, das sich aus dem Abgleichen des ursprünglichen Plans mit den der Organisation zur Verfügung stehenden Ressourcen ergibt.

Der Planungszeitrahmen

Planung (und Planerstellung) können von zwei unterschiedlichen Gesichtspunkten aus betrachtet werden:

1. Es wird ein Satz von Voranschlägen herangezogen, um einen Plan zu erstellen, der einen festen Termin für den Projektabschluß enthält und von allen Beteiligten als die Zielsetzung akzeptiert wird. Diese Methode wollen wir „freie Planung" nennen.
2. Das erforderliche Enddatum wurde im voraus festgesetzt und wird von Faktoren bestimmt, die sich außerhalb der Kontrolle des Planers befinden. Möglicherweise wurde dem Kunden im Ausschreibungsangebot ein Lieferversprechen für einen bestimmten Zeitpunkt gemacht oder das Projekt muß rechtzeitig für eine bevorstehende Ausstellung oder ein öffentliches Ereignis fertig werden. Diese Methode kann als „Zielplanung" bezeichnet werden.
   Jede der beiden Ausgangssituationen hat Vorzüge und Nachteile.

Die freie Planungsmethode

Einteilungen, die allein auf der Grundlage von Voranschlägen erstellt wurden, ohne daß äußere Zwänge den Zeitrahmen zu sehr begrenzen, erlauben es dem Planer, eine Arbeitseinteilung zu entwickeln, die garantiert realisiert werden kann, ohne am Projekt beteiligte Personen oder Ressourcen überstrapazieren zu müssen. Einige werden dies als den Idealzustand betrachten. Doch eine neue Projektplanung, die ohne jeden äußeren Druck entsteht, wird voraussichtlich einen Endtermin festlegen, der aus Sicht des Kunden nicht akzeptabel ist und jede Aussicht auf den Zuschlag zerstört.

Völlig freie Planung birgt also Gefahren. Der Zwang, Wege finden zu müssen, um ein Projekt einigermaßen zügig abschließen zu können, ist also gar nicht so schlecht. Zeit ist schließlich Geld, und Projekte, die sich zu lange hinschleppen, neigen dazu, aufgrund der fixen Betriebskosten und auch aus anderen Gründen höhere Kosten zu verursachen. Den Planern völlige Freiheit bei der Festlegung eines Enddatums zu lassen, ist daher nicht ganz so ratsam, wie es auf Anhieb scheint.

Zielplanung

Wenn der Plan einem im voraus bestimmten Liefertermin entsprechen muß, müssen alle Voranschläge so gut wie möglich in den vorgegebenen Zeitrahmen eingepaßt werden. Dabei muß der Versuchung widerstanden werden, Voranschläge willkürlich zu kürzen, ohne eine andere Rechtfertigung dafür zu haben, als daß es an der erforderlichen Zeit fehlt. Eine weitere Gefahrenquelle besteht darin, die Möglichkeit von Reserven aufzugeben (zum Beispiel die Einplanung von Überstunden oder einer Siebentagewoche), wodurch der Plan so eng wird, daß es keinerlei Spielraum gibt. Natürlich ist es gelegentlich möglich, die erforderliche Zeit zu verringern, indem mehr Ressourcen zugeteilt werden. Doch ein Projektmanager darf sich niemals zu einer Beschleunigung des Plans überreden oder zwingen lassen, indem die Voranschläge einfach ohne Rechtfertigung verringert werden. Projekte, die auf einer derart künstlichen Grundlage geplant werden, können mit größter Wahrscheinlichkeit nicht rechtzeitig vollendet werden. Solche optimistischen Pläne führen vielleicht zu einem vorübergehenden Vorteil, weil sie das übergeordnete Management zufriedenstellen oder einen vertrauensvollen Kunden täuschen, der dann den Auftrag erteilt; doch die Wahrheit kommt früher oder später ans Tageslicht und bringt die Firma in Mißkredit.

Meistens steht die Planung jedoch unter zeitlichen Zwängen. Wenn die vorhandene Zeit begrenzt ist, müssen praktische Wege gefunden werden, um die Arbeit anders einzuteilen. Eine bewährte Methode besteht in der kritischen Prüfung der Aufgabenabfolge. Diese kann dann umgestellt werden oder

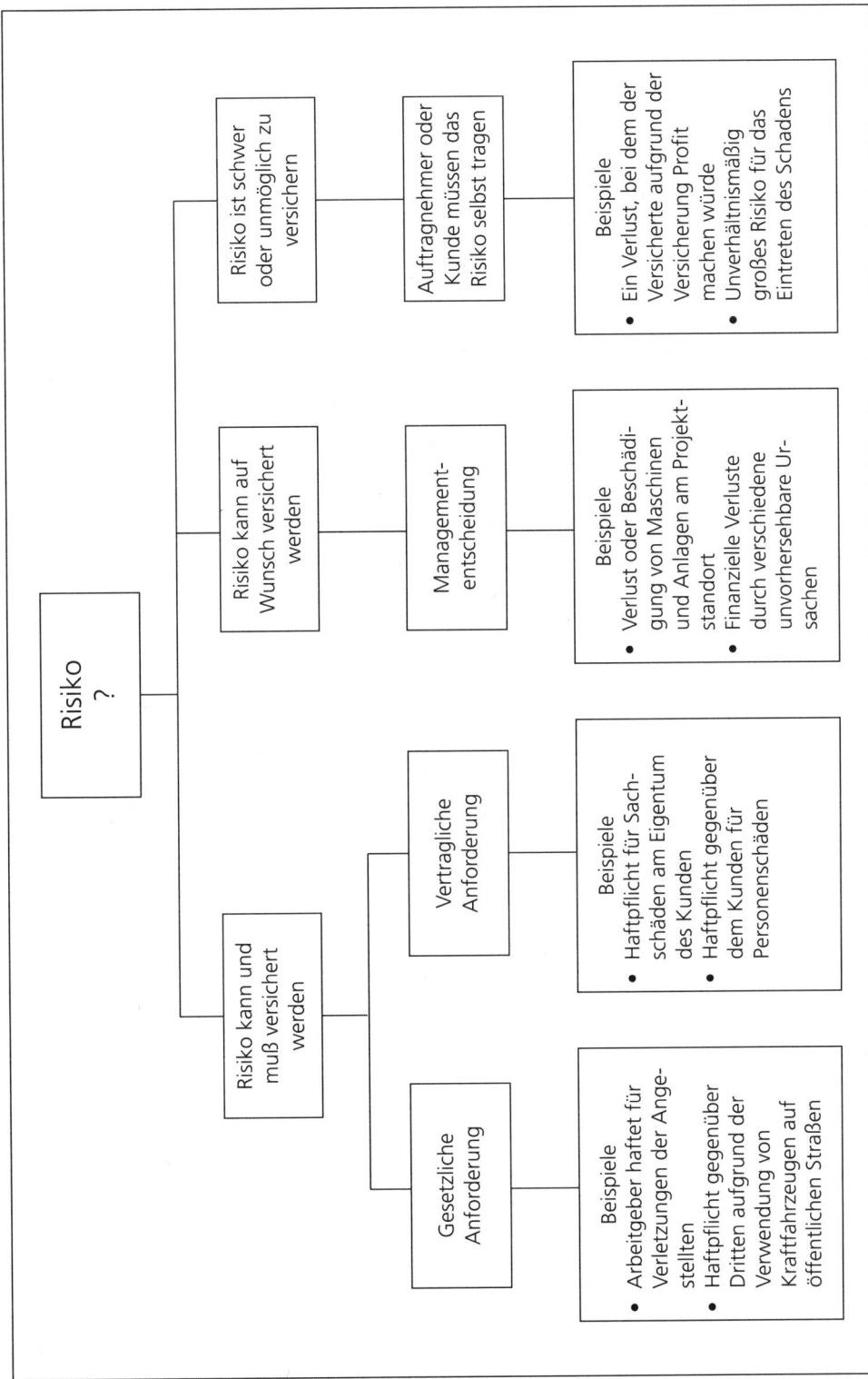

Abbildung 6.5   **Risiko und Versicherung im Projektmanagement**

cherer führen eigene Untersuchungen durch oder verfolgen die Projektarbeit durch eigene Experten. Fachberatung durch Versicherer kann oft sehr hilfreich sein bei der Risikoverringerung, besonders in den Bereichen Gesundheit, Sicherheit und Schutz vor Kriminalität.

Nicht versicherbare Risiken

Es gibt Risiken, für die ein Versicherer den Versicherungsschutz verweigern wird oder für die eine Versicherung durch die Höhe der Prämie ausgeschlossen ist. Diese Schwierigkeiten entstehen unter den folgenden Umständen:

- Wenn die Wahrscheinlichkeit, daß ein Verlust eintritt, zu hoch ist, oder – mit anderen Worten – wenn das Risiko eher als Gewißheit denn als Möglichkeit betrachtet wird. Beispiele wären Verluste durch Wirtschaftsspekulationen oder ungünstige Veränderungen der Wechselkurse.
- Wenn der Versicherer nicht die Möglichkeit hat, sein Risiko auf eine hinreichende Zahl von ähnlichen Risiken zu verteilen.
- Wenn dem Versicherer keine ausreichende Menge von Daten aus der Vergangenheit vorliegt, um das zukünftige Risiko zu quantifizieren.
- Wenn der Versicherte infolge eines Schadensfalles einen Vorteil hätte (mit Ausnahme einiger Arten von Personenversicherungen besteht das Prinzip der Versicherung in dem Bemühen, den Versicherten so zu stellen wie vor Eintritt des Verlusts).

In einigen Fällen gibt es jedoch andere finanzielle Möglichkeiten, die die Risiken abschwächen können.

Versicherbare Risiken

Es gibt vier Hauptklassen von Versicherungen:

1. Haftpflichtversicherungen (Zahlungen an Dritte in Folge gesetzlicher, vertraglicher oder beruflicher Verpflichtungen, gerichtlich zuerkannter Schadenersatz sowie Rechtskosten, aber nicht gerichtlich auferlegte Strafen).
2. Versicherungen gegen Verlust oder Beschädigung von Eigentum.
3. Personenversicherung.
4. Versicherung gegen finanzielle Verluste.

Eine Police kann Schutz gegen zwei oder mehr der genannten Risiken beinhalten.

Ganz oben auf der Liste stehen jene Versicherungen, die erforderlich sind, um staatlichen Gesetzen und Vorschriften zu entsprechen. Dazu gehören zum Beispiel die Haftpflichtversicherung für Kraftfahrzeuge sowie gesetzlich vorgeschriebene Kranken-, Unfall- und Pensionsversicherungen. Andere Bestimmungen betreffen Sicherheitsvorschriften für Fahrstühle und Lastenaufzüge u. ä.

Vertragliche Bestimmungen und Haftpflichtbestimmungen

Bei kommerziellen und industriellen Projekten, ob es sich um Bau- oder Fertigungsvorhaben handelt, wird von den beteiligten Parteien, in der Regel vom Auftragnehmer, gefordert, Versicherungsschutz für verschiedene Risiken zu gewährleisten. Sämtliche Modellverträge für Fertigungs- sowie Hoch- und Tiefbauaufträge enthalten solche Bestimmungen. Außerdem muß der Projektauftragnehmer sicherstellen, daß die beschäftigten Subunternehmer an vergleichbare Regelungen gehalten sind.

Bei Projektverträgen sind Haftpflichtversicherungen von besonderer Bedeutung. Der Projektkunde will gewährleistet wissen, daß der Auftragnehmer hier ausreichenden Versicherungsschutz genießt. Die Haftpflichtversicherung sollte folgende Bereiche umfassen:

- Schadenersatz bei Unfällen (Mitarbeiter aller beteiligten Parteien, andere am Standort beschäftigte Personen, Besucher etc.)
- Sachschäden und -verluste
- Produkthaftpflicht (hinsichtlich der Produktverwendung)
- Fahrlässigkeit
- Durch die Arbeit verursachte Belästigung
- Umweltschäden
- etc.

Risikoversicherung für Projektarbeit

Eine umfassende Risikoversicherung gewährt Versicherungsschutz während der Arbeiten, bis das Projekt abgeschlossen und dem Kunde übergeben wurde.

Gesamtrisikoversicherungen schützen angefangene Arbeiten in der Regel gegen Feuer, Sturmschäden, Diebstahl und mutwillige Beschädigung. Die Versicherungsbedingungen sollten hier jedoch sorgfältig gelesen werden, da sie oft Ausnahmen festlegen. Zusätzlich zu den angefangenen Arbeiten sollte für die folgenden Bereiche Versicherungsschutz gegen Verlust und Beschädigung bestehen:

- Konstruktionsanlagen und -maschinen
- Gemietete Anlagen
- Baumaterial während des Transports zur Baustelle
- Provisorische Gebäude und Bauwagen

Für die Kosten bei der Wiederaufnahme der Arbeit nach einem Unfall sollte ebenfalls Versicherungsschutz bestehen. Dazu gehören die Kosten für das Entfernen von Bauschutt und die Honorare für Architekten, Gutachter und beratende Techniker. Außerdem mag sich der Versicherer unter Umständen bereit erklären, zusätzliche Ausgaben, etwa für Überstunden und Expresslieferungen, zu übernehmen, um die Wiederaufnahme der Arbeit zu beschleunigen.

Finanzversicherungen

Diese Versicherungen sollen ein Unternehmen gegen finanzielle Verluste schützen, die aus den unterschiedlichsten Gründen auftreten können. Zu den versicherbaren Risiken gehören z. B. Unterschlagung, Verluste durch Unterbrechung des Geschäfts und Rechtskosten. Unter bestimmten Umständen ist es möglich, zukünftige Gewinne zu versichern, um sich vor Verzögerungen bei der Gewinnschöpfung auf Projektinvestitionen zu schützen, die durch verspäteten Projektabschluß verursacht werden.

Für Auftragnehmer, die mit ausländischen Kunden Geschäfte machen, sind Exportkreditversicherungen von besonderem Interesse. Der Auftragnehmer muß einen gewissen Teil des Risikos tragen, doch der Anteil ist in der Regel gering. Die Sicherheit, die eine Kreditversicherung bietet, kann ein wichtiger Faktor bei der Finanzierung eines Projekts sein.

Teil 3
Planung und
Einteilung

Kapitel 7

Eine Einführung in Planung und Einteilung

Immer wenn eine Aufgabe innerhalb einer bestimmten Zeitspanne oder zu einem bestimmten Termin fertiggestellt werden muß, ist es ratsam, eine gewisse Vorstellung von dem Verhältnis zwischen der zur Verfügung stehenden und der benötigten Zeit zu haben. Das gilt für jedes Projekt, ob ein Abendessen vorbereitet oder eine Autobahn gebaut werden soll. Im ersten Fall wäre man nicht gut beraten, den Gästen zu sagen: „Das Essen beginnt um sieben, aber die Kartoffeln werden nicht vor halb acht fertig sein." Ebenso sinnlos wäre es, die neue Autobahn von einer prominenten Persönlichkeit eröffnen zu lassen, wenn nach dem feierlichen Durchtrennen des Bandes ein eifriger, nichts Böses ahnender Strom von Autofahrern auf eine Brücke losgelassen würde, die lediglich aus ein paar Stahlträgern über einem gähnenden Abgrund mit einem reißenden Fluß bestünde.

Es kann also davon ausgegangen werden, daß eine gewisse Art von Planung immer ratsam ist, wenn die rechtzeitige Fertigstellung des Projekts gewährleistet sein soll. Für das kulinarische Beispiel kann die Planung sehr informell ablaufen und lediglich aus einer geistigen Übung des Kochs bestehen. Projekte wie der Bau einer Autobahn sind komplizierter und müssen mit Hilfe formaler Verfahren geplant werden.

Dies ist das erste von fünf Kapiteln, die die Grundsätze und Verfahren der Projektplanung und -einteilung (auch Planerstellung, Zusammenstellung) behandeln. In diesem Kapitel geht es insbesondere um Zeitdiagramme. Doch es ist erforderlich, dem dritten Teil dieses Buches eine Einführung voranzustellen, die eine Beschreibung der allgemein auf Planung und Einteilung anwendbaren Definitionen und Grundsätze enthält.

Unterscheidung zwischen Planung und Einteilung

In der Terminologie des Projektmanagements gehen eine Reihe von professionellen Planern davon aus, daß die Begriffe „Plan" und „Einteilung" unterschiedliche Bedeutung haben.

Ein „Plan" ist eine Auflistung oder visuelle Darstellung, die sich ergibt, wenn sämtliche Projektaktivitäten der Kostenberechnung, der Reihung in eine logische Abfolge und der Zeitanalyse unterworfen wurden. Zum Zwecke der praktischen Anwendung sind Formen der Netzplananalyse (Kapitel 8 und 9) in der Regel die bevorzugten Methoden für die Erstellung eines Plans, doch einige der in diesem Kapitel beschriebenen graphischen Präsentationsformen stellen bessere visuelle Hilfsmittel dar und sind unter Umständen besser geeignet, dem Projektpersonal die Pläne zu vermitteln.

Eine „Einteilung" (oder Terminplanung, Aufstellung, Planerstellung) ergibt sich nach zusätzlicher Arbeit am ursprünglichen Plan, so daß die für die Durchführung sämtlicher Projektaktivitäten benötigten Ressourcen mit einbezogen werden. Eine Einteilung ist, mit anderen Worten, ein praktisch anwendbares Arbeitsdokument, das sich aus dem Abgleichen des ursprünglichen Plans mit den der Organisation zur Verfügung stehenden Ressourcen ergibt.

Der Planungszeitrahmen

Planung (und Planerstellung) können von zwei unterschiedlichen Gesichtspunkten aus betrachtet werden:

1. Es wird ein Satz von Voranschlägen herangezogen, um einen Plan zu erstellen, der einen festen Termin für den Projektabschluß enthält und von allen Beteiligten als die Zielsetzung akzeptiert wird. Diese Methode wollen wir „freie Planung" nennen.
2. Das erforderliche Enddatum wurde im voraus festgesetzt und wird von Faktoren bestimmt, die sich außerhalb der Kontrolle des Planers befinden. Möglicherweise wurde dem Kunden im Ausschreibungsangebot ein Lieferversprechen für einen bestimmten Zeitpunkt gemacht oder das Projekt muß rechtzeitig für eine bevorstehende Ausstellung oder ein öffentliches Ereignis fertig werden. Diese Methode kann als „Zielplanung" bezeichnet werden.
   Jede der beiden Ausgangssituationen hat Vorzüge und Nachteile.

Die freie Planungsmethode

Einteilungen, die allein auf der Grundlage von Voranschlägen erstellt wurden, ohne daß äußere Zwänge den Zeitrahmen zu sehr begrenzen, erlauben es dem Planer, eine Arbeitseinteilung zu entwickeln, die garantiert realisiert werden kann, ohne am Projekt beteiligte Personen oder Ressourcen überstrapazieren zu müssen. Einige werden dies als den Idealzustand betrachten. Doch eine neue Projektplanung, die ohne jeden äußeren Druck entsteht, wird voraussichtlich einen Endtermin festlegen, der aus Sicht des Kunden nicht akzeptabel ist und jede Aussicht auf den Zuschlag zerstört. Völlig freie Planung birgt also Gefahren. Der Zwang, Wege finden zu müssen, um ein Projekt einigermaßen zügig abschließen zu können, ist also gar nicht so schlecht. Zeit ist schließlich Geld, und Projekte, die sich zu lange hinschleppen, neigen dazu, aufgrund der fixen Betriebskosten und auch aus anderen Gründen höhere Kosten zu verursachen. Den Planern völlige Freiheit bei der Festlegung eines Enddatums zu lassen, ist daher nicht ganz so ratsam, wie es auf Anhieb scheint.

Zielplanung

Wenn der Plan einem im voraus bestimmten Liefertermin entsprechen muß, müssen alle Voranschläge so gut wie möglich in den vorgegebenen Zeitrahmen eingepaßt werden. Dabei muß der Versuchung widerstanden werden, Voranschläge willkürlich zu kürzen, ohne eine andere Rechtfertigung dafür zu haben, als daß es an der erforderlichen Zeit fehlt. Eine weitere Gefahrenquelle besteht darin, die Möglichkeit von Reserven aufzugeben (zum Beispiel die Einplanung von Überstunden oder einer Siebentagewoche), wodurch der Plan so eng wird, daß es keinerlei Spielraum gibt. Natürlich ist es gelegentlich möglich, die erforderliche Zeit zu verringern, indem mehr Ressourcen zugeteilt werden. Doch ein Projektmanager darf sich niemals zu einer Beschleunigung des Plans überreden oder zwingen lassen, indem die Voranschläge einfach ohne Rechtfertigung verringert werden. Projekte, die auf einer derart künstlichen Grundlage geplant werden, können mit größter Wahrscheinlichkeit nicht rechtzeitig vollendet werden. Solche optimistischen Pläne führen vielleicht zu einem vorübergehenden Vorteil, weil sie das übergeordnete Management zufriedenstellen oder einen vertrauensvollen Kunden täuschen, der dann den Auftrag erteilt; doch die Wahrheit kommt früher oder später ans Tageslicht und bringt die Firma in Mißkredit.

Meistens steht die Planung jedoch unter zeitlichen Zwängen. Wenn die vorhandene Zeit begrenzt ist, müssen praktische Wege gefunden werden, um die Arbeit anders einzuteilen. Eine bewährte Methode besteht in der kritischen Prüfung der Aufgabenabfolge. Diese kann dann umgestellt werden oder

Aufgaben können zeitgleich ablaufen, so daß die Gesamtzeit verkürzt wird, doch weiterhin für jede Aufgabe ein realistischer Voranschlag erhalten bleibt. Diese Methode, die außerordentlich gute Kooperation und Kommunikation zwischen allen Beteiligten innerhalb der Organisation erfordert, ermöglicht eine Lösung, die sich dem effektivsten Arbeitsplan und der kürzesten Fertigstellungszeit annähert, während die Integrität aller Voranschläge erhalten bleibt. (Eine Technik, die „Fast-Tracking" genannt wird, macht intensiv von dieser Methode Gebrauch, ohne jedoch unakzeptable Risiken zu verursachen.)

Eine weitere Gefahr, die dann entsteht, wenn Zeitrahmen willkürlich oder aufgrund äußerer Zwänge gesetzt wurden, besteht darin, daß die geplante Gesamtdauer länger ist als eigentlich erforderlich. Das ist zwar eher ungewöhnlich, aber nicht unmöglich. Solche ausgedehnten Planungen sind ein idealer Nährboden für Etatüberziehungen, Professor Parkinsons berühmtestem Gesetz folgend: „Die Arbeit zieht sich so lange hin, bis der zu ihrer Fertigstellung vorhandene Zeitrahmen ausgefüllt ist" (*Parkinson's Law or the Pursuit of Progress*, London 1958).

Ressourcen

Sind Ressourcen begrenzt, kann das die Zielplanungen komplizieren. Üblicherweise treten die Schwierigkeiten auf, weil der ursprüngliche Plan ohne Rücksicht auf die zur Verfügung stehenden Ressourcen erstellt wurde. In der Folge werden dann, zu einem viel späteren Zeitpunkt, Zeiteinteilungen erstellt, die unmöglich realisiert werden können, weil die erforderlichen Ressourcen entweder nicht vorhanden sind oder für andere Projekte der Organisation verwendet werden. Diese wichtigen Aspekte von Planung und Einteilung werden in den Kapiteln 9, 10, 11 sowie in späteren Kapiteln behandelt.

Der ideale Ansatz

Um wirklich effektiv zu sein, müssen die Elemente eines Plans zuverlässig veranschlagt und in ihrer Abfolge so logisch wie möglich angeordnet sein. Der ideale Projektplan erfordert sorgfältige Zusammenarbeit zwischen allen wichtigen Beteiligten, die danach streben müssen, den Bedürfnissen des Kunden zu entsprechen und diese mit den Möglichkeiten und Ressourcen der Projektorganisation auszubalancieren.

Einfache Tabellenplanung (Zeittabellen)

Zeittabellen sind die einfachste Form von Projektplänen. Obwohl simple Planungsmethoden häufig ihre Vorzüge haben und ideal für sehr kleine Projekte sein können, ist diese Zeitplanmethode zu einfach. Sie kann jedoch gut einer Einführung in das Thema Projektplanungsmethoden dienen, indem sie illustriert, „wie man es nicht machen sollte".

Fallstudie: Wie man nicht planen sollte

Es sollte ein Prototyp für eine kleine elektromechanische Einheit entworfen und produziert werden. Dem technischen Leiter der Firma wurde aufgetragen, das Projekt zu überwachen, und er hatte insgesamt 19 Wochen Zeit, um den Prototyp für Tests und Begutachtung fertigzustellen.

Der Plan

Der technische Leiter erstellte den folgenden Zeitplan:

	Beginn	Fertigstellung
Technischer Entwurf	2. Jan. 1996	15. März 1996
Komponenteneinkauf	18. März 1996	19. April 1996
Fertigung	8. April 1996	26. April 1996
Montage und Tests	29. April 1996	10. Mai 1996

Arbeitsbesprechung

Ende Januar berichtete der technische Leiter bei einer informellen Arbeitsbesprechung „gutes Vorankommen" an dem Projekt.

Nach weiteren vier Wochen (Ende Februar) wurde in einer Besprechung mitgeteilt, daß die Ingenieursarbeiten „aufgrund unvorhergesehener Probleme etwas verspätet" wären. Der technische Leiter wurde festgenagelt, und so schätzte er, die Verzögerung würde „etwa eine Woche" betragen.

Ende März, als der Entwurf abgeschlossen hätte sein sollen, wurde eine dritte Besprechung einberufen, doch die Prognose lautete, daß noch weitere drei Wochen Entwurfsarbeiten erforderlich sein würden.

Zu spät

Die Planzeichnungen und Einkaufsvorgaben wurden letzten Endes nicht vor Ende April fertiggestellt und ausgegeben. Damit hatten Produktion und Einkaufsabteilung keine Chance mehr, das Projekt rechtzeitig abzuschließen. Der Prototyp konnte also erst sehr spät fertig werden.

Alle anderen Aufgaben, denen sich die Entwurfsingenieure in der Folge zuwenden sollten, konnten aufgrund des Domino-Effekts ebenfalls nur erheblich verspätet in Angriff genommen werden.

Was ist schiefgegangen?

Ein Projektmanager muß während eines Projekts jederzeit zwei, einander ergänzende Fragen beantworten können:

1. Wo sollten wir uns laut Plan augenblicklich befinden?
2. Wo genau befinden wir uns augenblicklich auf dem Plan?

Es gab eine Reihe von Mängeln bei der Beaufsichtigung dieses Projekts, aber die Hauptschuld trifft den unzureichenden Plan. Zeittabellen sind nur selten die Ideallösung und werden oft ohne ausreichende Sorgfalt und Überlegung erstellt. Aus den folgenden Gründen stellte sich der Plan in diesem Beispiel für die tägliche Beobachtung und Kontrolle des Vorankommens als unbrauchbar heraus:

• Er wurde ohne hinreichende Aufmerksamkeit für Details erstellt und machte eine objektive, tägliche Bemessung anhand zwischenzeitlich eintretender Ereignisse unmöglich.

• Die gegebenen Details wurden schlecht dargestellt. Abbildung 7.1 zeigt eine Balkendiagrammversion desselben Plans. Es wird sofort deutlich, daß diese das Programm effektiver darstellt.

Balkendiagramme

Balkendiagramme lassen sich auf die Gantt-Diagramme zurückführen, die nach ihrem Erfinder, dem amerikanischen Industrieingenieur Henry Gantt (1861–1919) benannt sind. Ihre Anwendung ist seit langem weit verbreitet. Nach wie vor sind sie ein äußerst wertvolles Planungshilfsmittel. Balkendiagramme sind nicht nur einfach zu zeichnen bzw. konstruieren und zu interpretieren, sie lassen sich auch leicht einer Vielzahl unterschiedlicher Planungsanforderungen anpassen.

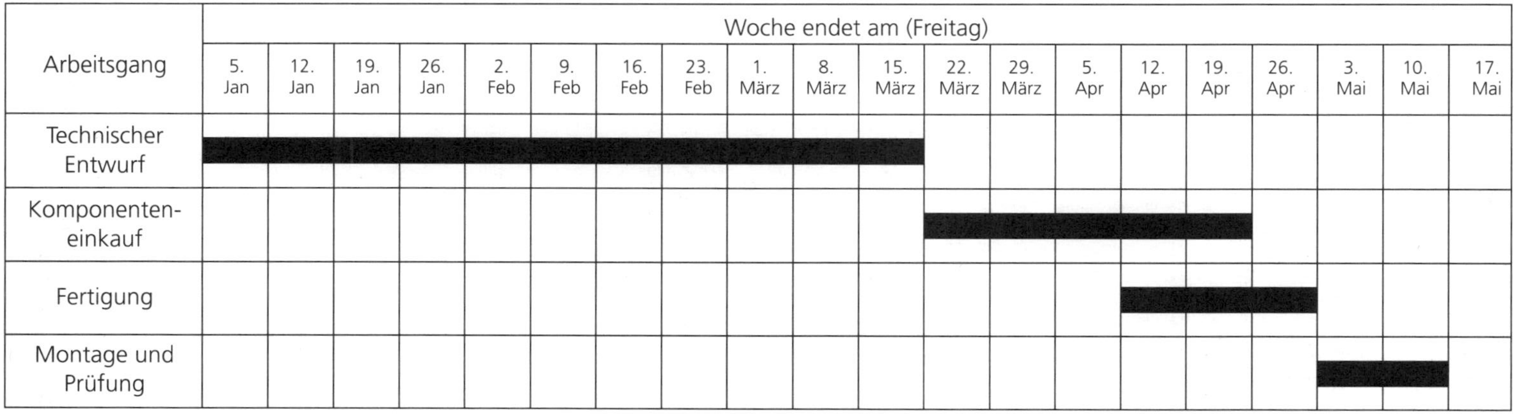

Woche endet am (Freitag)

Arbeitsgang	5. Jan	12. Jan	19. Jan	26. Jan	2. Feb	9. Feb	16. Feb	23. Feb	1. März	8. März	15. März	22. März	29. März	5. Apr	12. Apr	19. Apr	26. Apr	3. Mai	10. Mai	17. Mai
Technischer Entwurf		■	■	■	■	■	■	■	■	■	■									
Komponenteneinkauf												■	■	■	■	■				
Fertigung															■	■	■			
Montage und Prüfung																			■	

Abbildung 7.1   **Balkendiagramm für den Entwurf und die Fertigung eines Prototyps einer elektromechanischen Montageeinheit**
Dies ist derselbe Plan, der im Text in Form einer Zeittafel dargestellt ist. Doch in dieser Form ist er visuell eindrucksvoller.

Mit dem Entstehen moderner Planungsmethoden, vor allem der Netzplananalyse des kritischen Weges, sind die Balkendiagramme unverdienterweise mehr und mehr in Verruf geraten. Zwar ist es ratsam, die moderneren Techniken in vielen Situationen vorzuziehen, doch die alten Darstellungsformen haben noch immer ihren Wert. Und: Planung mit Balkendiagrammen ist um etliches besser als gar keine Planung.

Eine visuell gut gelöste Terminplanung kann ein mächtiges Hilfsmittel bei der Kontrolle eines einfachen Projekts sein. In den Büros vieler Führungskräfte werden die Balkendiagramme noch immer den anderen Methoden vorgezogen, sei es auf Projektbaustellen oder in Fabriken. Sie finden auf allen Ebenen der Beaufsichtigung und Leitung als bequeme Kontrollwerkzeuge tagtägliche Anwendung. Selbst wenn Projekte mit fortschrittlichen Computertechniken geplant wurden, werden häufig dieselben Computer benutzt, um die Planungen für die tagtägliche Anwendung in Balkendiagramme zu übersetzen.

Zeit

Balkendiagramme werden entlang einer Skala gezeichnet, wobei die horizontale Achse direkt proportional zur Zeit ist. In Abbildung 7.1 wurden Kalenderwochen verwendet, aber häufig werden auch Tage, Monate, Jahre oder andere Einheiten benutzt. Die Auswahl hängt von der Dauer des Projekts ab. Jeder horizontale Balken repräsentiert eine Projektaufgabe, wobei ihre Länge der erwarteten Zeitdauer entspricht. Name oder Beschreibung jeder Aufgabe werden in derselben Reihe, an der linken Seite des Diagramms, eingetragen.

Jetztzeit-Cursor

Die Wirksamkeit eines Balkendiagramms wird gesteigert, indem an der Stelle des augenblicklichen Datums im Diagramm eine vertikale Linie gezogen oder ein Positionszeiger (*cursor*) plaziert wird. So werden die Aufgaben (oder Teile der Aufgaben), die bereits erledigt sein sollten, auf der linken Seite des Cursors herausgestellt, und noch zu erledigende Aufgaben sind auf der rechten Seite des Zeigers zu sehen.

Codierung

In komplizierteren Diagrammen werden die Balken häufig mit Farben codiert oder, wenn Kolorierung nicht möglich ist, unterschiedlich schattiert, um die für die Aufgabe verantwortliche Abteilung, Branche oder Einzelperson zu bezeichnen. Besonders in Diagrammen, die von Computern ausgedruckt werden, wird gelegentlich Rot verwendet, um kritische Aufgaben, das heißt solche mit höchster Priorität für die termingerechte Abwicklung des Projekts, anzuzeigen.

An dieser Stelle sei jedoch eine Warnung angebracht: Wie bei vielen anderen Managementwerkzeugen droht die Gefahr, die Wirksamkeit eines Diagramms durch übertriebenen Ehrgeiz zu zerstören. Ein Balkendiagramm ist vor allen Dingen die visuelle Darstellung eines Plans und muß leicht verständlich sein. Wenn mehr als etwa sechs verschiedene Farben oder Schattierungsmuster verwendet werden, geht ein Großteil des visuellen Eindrucks verloren, und das codierte Diagramm ist schwierig zu interpretieren.

Balkendiagramme für die Ressourcenzuteilung

Bei sehr kleinen Projekten sind codierte Balkendiagramme die einfachste Methode für die Zuteilung von Ressourcen.

Nehmen wir an, für jede Aufgabe, an der ein Elektriker beteiligt ist, wurde ein blauer Balken verwendet. Will man herausfinden, wie viele Elektriker zu einem bestimmten Zeitpunkt für den Gesamtplan gebraucht werden, müssen lediglich die blauen Balken innerhalb der betreffenden Zeitbalken zusammengezählt werden, um die erforderliche Gesamtzahl von Elektrikern festzustellen.

Wenn die Balken auf einer verstellbaren Tafel befestigt sind, können sie seitlich verschoben (neu eingeteilt) werden, um unerwünschte Über- und Unterauslastung der Arbeitskräfte auszugleichen. So kann das Projekt geplant werden, ohne die zur Verfügung stehenden Ressourcen zu überschreiten.

Wenn mehr als eine Person für eine Aufgabe erforderlich sind, wird diese Methode im allgemeinen sehr kompliziert. Vorausgesetzt, daß keine Aufgabe mehr als zwei oder drei Leute erfordert, können jedoch verschiedene Balken parallel zueinander benutzt werden. Wenn beispielsweise Gelb die Codierung für einen Elektrikergehilfen ist, und für die Aufgabe voraussichtlich zwei Elektriker und ein Gehilfe erforderlich sind, dann werden zwei blaue und eine gelber Balken nebeneinander plaziert. Zur Darstellung größerer Quantitäten sind Balkendiagramme jedoch ungeeignet.

Käufliche Bausätze

Verschiedene Anbieter von Bürozubehör produzieren eigene Modelle von Balkendiagrammen, die aus Sets zusammengesetzt und an die Wand gehängt werden können.

Einige verwenden Magnetstreifen, die auf einem Metallhintergrund haften. Doch diese haben den Nachteil, daß eine ausgeklügelte Einteilung, die in mühseliger Kleinarbeit erstellt wurde, in einem Augenblick vernichtet werden kann, wenn jemand im Vorübergehen versehentlich die Tafel streift. Andere Systeme verwenden einsteckbare Plastik- oder Pappstreifen, die in Schlitzen befestigt werden. Eine typische Anordnung wären 4 mm breite Streifen, die in Löchern auf einem quadratischen Raster von 6 mm Breite pro Kästchen befestigt werden. Eine Tafel mit einer Höhe von nur 60 cm kann so an die 100 Reihen aufnehmen. In der Horizontalen kann ein umfangreicher Projektzeitplan in Balken zur Bezeichnung von Wochen oder gar Tagen aufgegliedert werden, ohne daß die Tafel zu lang wird. Bei geringerer Höhe können immer noch 50 oder mehr Reihen untergebracht werden. Es läßt sich also eine überraschend große Zahl von Aktivitäten mit einer gewaltigen Menge an Details unterbringen.

Bewegliche Diagramme

Balkendiagramme, die für die Planung der kontinuierlichen Arbeit einer Abteilung verwendet werden, können nur für einen begrenzten Zeitraum erstellt werden. Wenn das Ende dieser Periode erreicht ist, muß das Diagramm neu berechnet und erstellt werden. Wenn es sich um ein sehr detailliertes Diagramm handelt, kann diese Aufgabe äußerst zeitaufwendig sein. Manche Hersteller haben dieses Problem erkannt und bietet eine nützliche Lösung an. Diese Diagramme bestehen aus zwei oder mehr Tafeln, die vom an der Wand befestigten Rahmen entfernt werden können. Das Prinzip wird in Abbildung 7.2 illustriert.

Die Mängel von Balkendiagrammen

Natürlich haben Balkendiagramme ihre Mängel. Zwar ist es möglich, über 100 Aufgaben in einem verstellbaren Diagramm unterzubringen, doch ihre Umstellung ist eine andere Geschichte. Die ursprüngliche Erstellung eines komplexen Plans mag eine Woche in Anspruch nehmen, doch eine spätere Anpassung an Veränderungen kann sich als unmöglich herausstellen.

Planer, die zu komplizierte Balkendiagramme verwenden, haben Schwierigkeiten damit, ihren Blick auf einer Linie zu halten, ohne in eine andere zu rutschen, und wenn sie diese Arbeit zu lange aus-

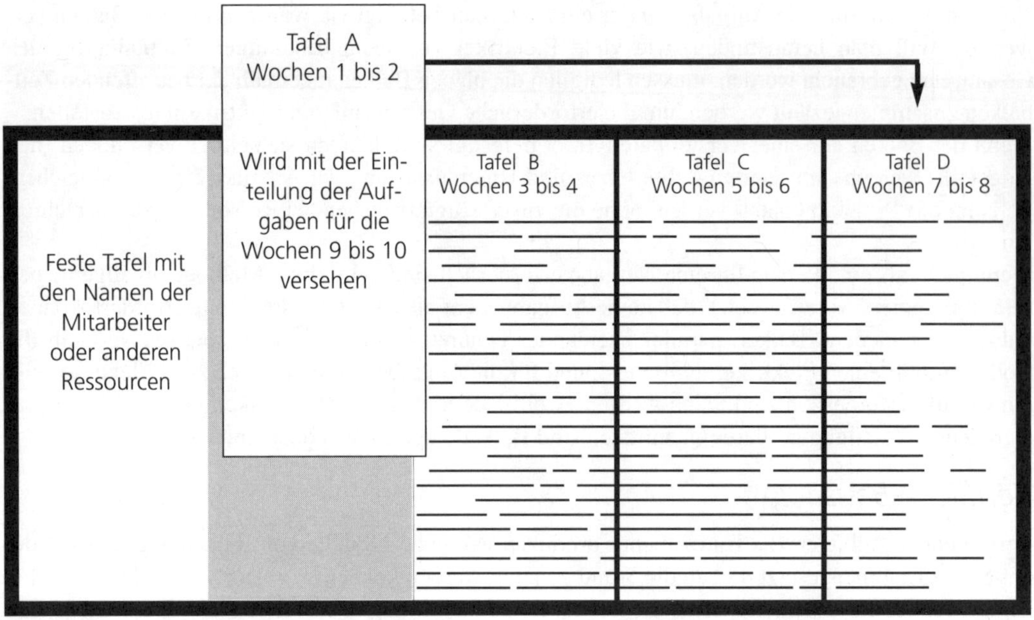

```
                    Tafel  A
                    Wochen 1 bis 2

                    Wird mit der Ein-      Tafel  B          Tafel  C          Tafel  D
                    teilung der Auf-       Wochen 3 bis 4    Wochen 5 bis 6    Wochen 7 bis 8
                    gaben für die
   Feste Tafel mit  Wochen 9 bis 10
   den Namen der    versehen
   Mitarbeiter
   oder anderen
   Ressourcen
```

Abbildung 7.2   Ein veränderbares, an der Wand befestigtes Balkendiagramm mit „rotierenden" Tafeln

Bewegliche, verschiebbare Module ermöglichen kontinuierliches Weiterführen der Einteilungen. Es ist nicht erforderlich, das gesamte Diagramm umzustrukturieren, sobald das Ende der jeweils dargestellten Gesamtperiode erreicht ist. In diesem Beispiel deckt jede der beweglichen Tafeln eine Periode von zwei Wochen ab. Wenn der auf Tafel A dargestellte Zeitraum verstrichen ist, wird die Tafel entfernt, und die Tafeln B, C und D werden nach links verschoben und damit zu den Tafeln A, B und C. Die ehemalige Tafel A wird dann zur Tafel D und so weiter.

üben, sind sie leicht an ihren geröteten Augen oder an ihrem „Planerblinzeln" erkennbar. Erfordert die Projektplanung eine derartige Menge an Details, gibt es äußerst effektive Alternativen auf der Basis von Computersystemen, die in späteren Kapiteln behandelt werden.

Verknüpfte Balkendiagramme

Ein weiteres Problem der Balkendiagramme liegt darin, daß sie in der Regel nicht geeignet sind, um ineinandergreifende Beziehungen zwischen verschiedenen Aufgaben darzustellen. Abbildung 7.3 zeigt ein einfaches Balkendiagramm für ein Projekt mit dem Ziel der Prototypentwicklung für eine Garnitur von Tischen und Stühlen. In diesem Diagramm wird nicht ausdrücklich deutlich gemacht, daß es aus Gründen der Logik unbedingt erforderlich ist, die ergonomische Studie abzuschließen, bevor die Entwurfs- und Zeichenarbeiten beginnen können. In solchen kleinen Diagrammen kann man diesen Erfordernissen im Geiste Rechnung tragen, doch bei größeren Diagrammen kommt es leicht zu Fehlern, und der Beginn bestimmter Aufgaben wird vorgesehen, bevor er logisch möglich ist. Das Risiko solcher Fehler steigt, wenn die Aufgaben in großen, verstellbaren Diagrammen umgestellt werden, um die Arbeitsbelastung auszugleichen.

Es können vertikale Verknüpfungslinien in die Balkendiagramme aufgenommen werden, um die zwangsläufige Verbindung zwischen den Aufgaben anzudeuten. Abbildung 7.4 zeigt eine verknüpf-

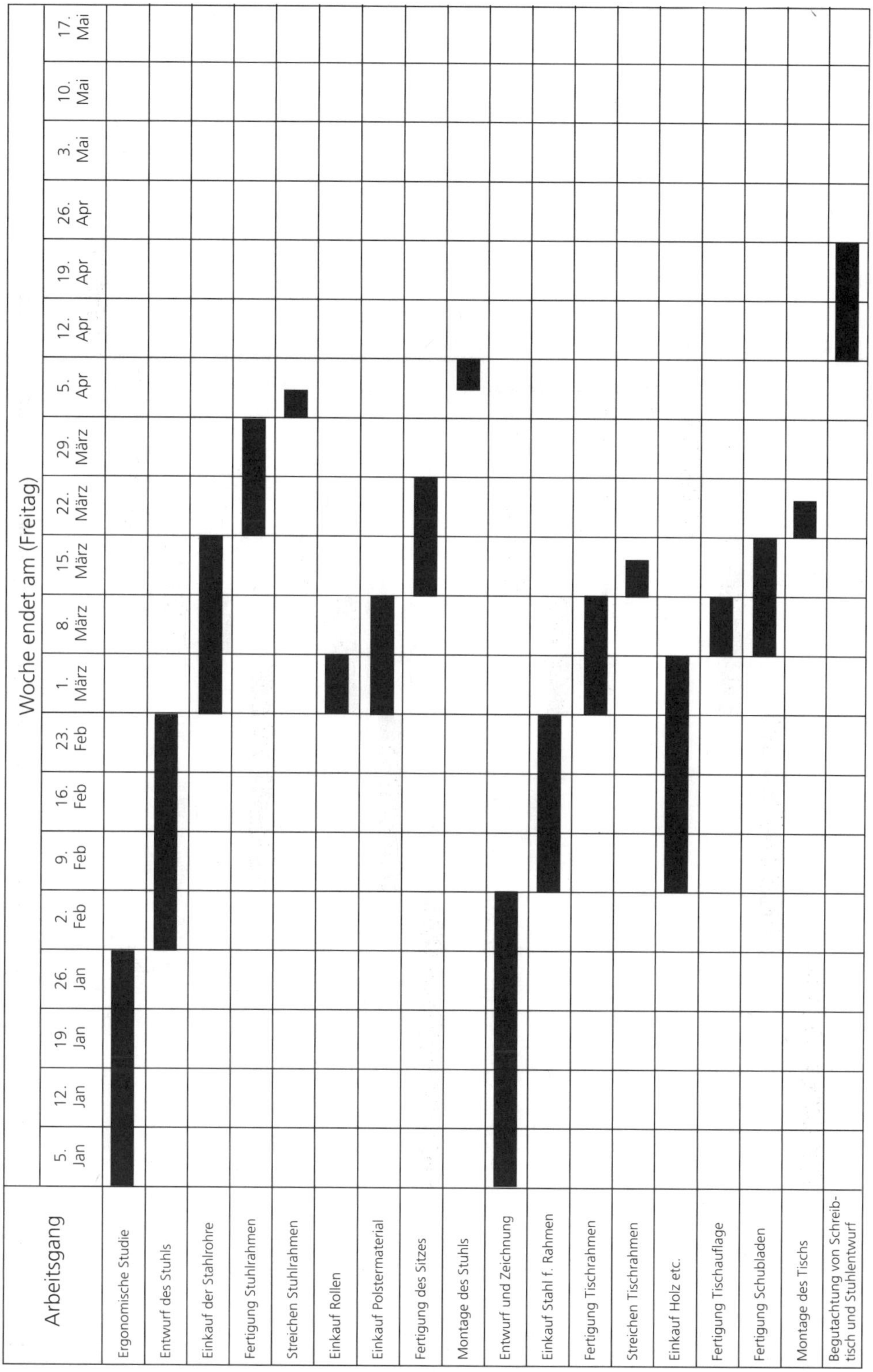

Woche endet am (Freitag)

Arbeitsgang	5. Jan	12. Jan	19. Jan	26. Jan	2. Feb	9. Feb	16. Feb	23. Feb	1. März	8. März	15. März	22. März	29. März	5. Apr	12. Apr	19. Apr	26. Apr	3. Mai	10. Mai	17. Mai
Ergonomische Studie																				
Entwurf des Stuhls																				
Einkauf der Stahlrohre																				
Fertigung Stuhlrahmen																				
Streichen Stuhlrahmen																				
Einkauf Rollen																				
Einkauf Polstermaterial																				
Fertigung des Sitzes																				
Montage des Stuhls																				
Entwurf und Zeichnung																				
Einkauf Stahl f. Rahmen																				
Fertigung Tischrahmen																				
Streichen Tischrahmen																				
Einkauf Holz etc.																				
Fertigung Tischauflage																				
Fertigung Schubladen																				
Montage des Tischs																				
Begutachtung von Schreibtisch und Stuhlentwurf																				

Abbildung 7.3   **Balkendiagramm für Schreibtisch- und Stuhlprojekt**

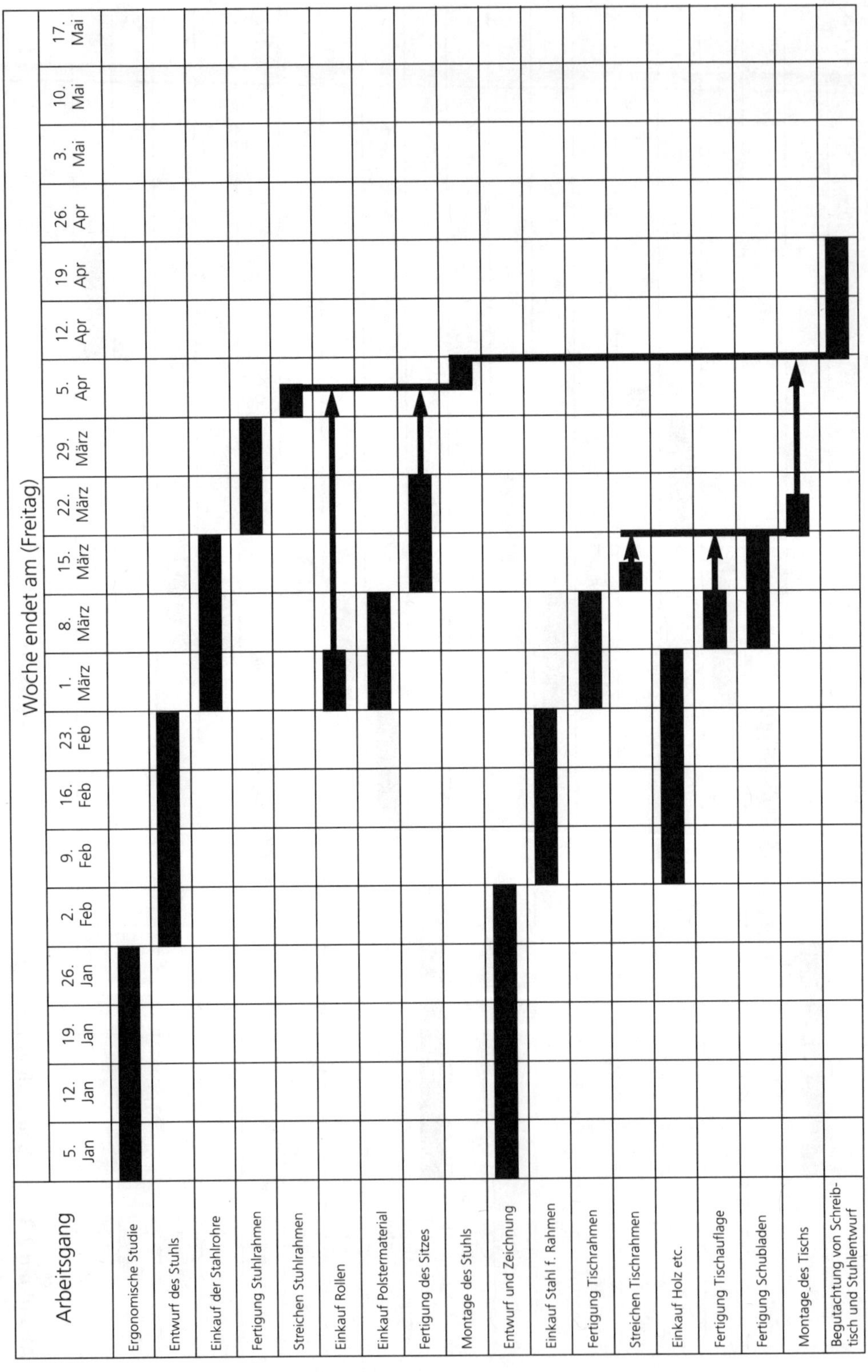

Abbildung 7.4   Verknüpftes Balkendiagramm für Schreibtisch- und Stuhlprojekt

Aufgaben können zeitgleich ablaufen, so daß die Gesamtzeit verkürzt wird, doch weiterhin für jede Aufgabe ein realistischer Voranschlag erhalten bleibt. Diese Methode, die außerordentlich gute Kooperation und Kommunikation zwischen allen Beteiligten innerhalb der Organisation erfordert, ermöglicht eine Lösung, die sich dem effektivsten Arbeitsplan und der kürzesten Fertigstellungszeit annähert, während die Integrität aller Voranschläge erhalten bleibt. (Eine Technik, die „Fast-Tracking" genannt wird, macht intensiv von dieser Methode Gebrauch, ohne jedoch unakzeptable Risiken zu verursachen.)

Eine weitere Gefahr, die dann entsteht, wenn Zeitrahmen willkürlich oder aufgrund äußerer Zwänge gesetzt wurden, besteht darin, daß die geplante Gesamtdauer länger ist als eigentlich erforderlich. Das ist zwar eher ungewöhnlich, aber nicht unmöglich. Solche ausgedehnten Planungen sind ein idealer Nährboden für Etatüberziehungen, Professor Parkinsons berühmtestem Gesetz folgend: „Die Arbeit zieht sich so lange hin, bis der zu ihrer Fertigstellung vorhandene Zeitrahmen ausgefüllt ist" (*Parkinson's Law or the Pursuit of Progress*, London 1958).

Ressourcen

Sind Ressourcen begrenzt, kann das die Zielplanungen komplizieren. Üblicherweise treten die Schwierigkeiten auf, weil der ursprüngliche Plan ohne Rücksicht auf die zur Verfügung stehenden Ressourcen erstellt wurde. In der Folge werden dann, zu einem viel späteren Zeitpunkt, Zeiteinteilungen erstellt, die unmöglich realisiert werden können, weil die erforderlichen Ressourcen entweder nicht vorhanden sind oder für andere Projekte der Organisation verwendet werden. Diese wichtigen Aspekte von Planung und Einteilung werden in den Kapiteln 9, 10, 11 sowie in späteren Kapiteln behandelt.

Der ideale Ansatz

Um wirklich effektiv zu sein, müssen die Elemente eines Plans zuverlässig veranschlagt und in ihrer Abfolge so logisch wie möglich angeordnet sein. Der ideale Projektplan erfordert sorgfältige Zusammenarbeit zwischen allen wichtigen Beteiligten, die danach streben müssen, den Bedürfnissen des Kunden zu entsprechen und diese mit den Möglichkeiten und Ressourcen der Projektorganisation auszubalancieren.

Einfache Tabellenplanung (Zeittabellen)

Zeittabellen sind die einfachste Form von Projektplänen. Obwohl simple Planungsmethoden häufig ihre Vorzüge haben und ideal für sehr kleine Projekte sein können, ist diese Zeitplanmethode zu einfach. Sie kann jedoch gut einer Einführung in das Thema Projektplanungsmethoden dienen, indem sie illustriert, „wie man es nicht machen sollte".

Fallstudie: Wie man nicht planen sollte

Es sollte ein Prototyp für eine kleine elektromechanische Einheit entworfen und produziert werden. Dem technischen Leiter der Firma wurde aufgetragen, das Projekt zu überwachen, und er hatte insgesamt 19 Wochen Zeit, um den Prototyp für Tests und Begutachtung fertigzustellen.

Der Plan

Der technische Leiter erstellte den folgenden Zeitplan:

	Beginn	Fertigstellung
Technischer Entwurf	2. Jan. 1996	15. März 1996
Komponenteneinkauf	18. März 1996	19. April 1996
Fertigung	8. April 1996	26. April 1996
Montage und Tests	29. April 1996	10. Mai 1996

Arbeitsbesprechung

Ende Januar berichtete der technische Leiter bei einer informellen Arbeitsbesprechung „gutes Vorankommen" an dem Projekt.

Nach weiteren vier Wochen (Ende Februar) wurde in einer Besprechung mitgeteilt, daß die Ingenieursarbeiten „aufgrund unvorhergesehener Probleme etwas verspätet" wären. Der technische Leiter wurde festgenagelt, und so schätzte er, die Verzögerung würde „etwa eine Woche" betragen.

Ende März, als der Entwurf abgeschlossen hätte sein sollen, wurde eine dritte Besprechung einberufen, doch die Prognose lautete, daß noch weitere drei Wochen Entwurfsarbeiten erforderlich sein würden.

Zu spät

Die Planzeichnungen und Einkaufsvorgaben wurden letzten Endes nicht vor Ende April fertiggestellt und ausgegeben. Damit hatten Produktion und Einkaufsabteilung keine Chance mehr, das Projekt rechtzeitig abzuschließen. Der Prototyp konnte also erst sehr spät fertig werden.

Alle anderen Aufgaben, denen sich die Entwurfsingenieure in der Folge zuwenden sollten, konnten aufgrund des Domino-Effekts ebenfalls nur erheblich verspätet in Angriff genommen werden.

Was ist schiefgegangen?

Ein Projektmanager muß während eines Projekts jederzeit zwei, einander ergänzende Fragen beantworten können:

1. Wo sollten wir uns laut Plan augenblicklich befinden?
2. Wo genau befinden wir uns augenblicklich auf dem Plan?

Es gab eine Reihe von Mängeln bei der Beaufsichtigung dieses Projekts, aber die Hauptschuld trifft den unzureichenden Plan. Zeittabellen sind nur selten die Ideallösung und werden oft ohne ausreichende Sorgfalt und Überlegung erstellt. Aus den folgenden Gründen stellte sich der Plan in diesem Beispiel für die tägliche Beobachtung und Kontrolle des Vorankommens als unbrauchbar heraus:

- Er wurde ohne hinreichende Aufmerksamkeit für Details erstellt und machte eine objektive, tägliche Bemessung anhand zwischenzeitlich eintretender Ereignisse unmöglich.
- Die gegebenen Details wurden schlecht dargestellt. Abbildung 7.1 zeigt eine Balkendiagrammversion desselben Plans. Es wird sofort deutlich, daß diese das Programm effektiver darstellt.

Balkendiagramme

Balkendiagramme lassen sich auf die Gantt-Diagramme zurückführen, die nach ihrem Erfinder, dem amerikanischen Industrieingenieur Henry Gantt (1861–1919) benannt sind. Ihre Anwendung ist seit langem weit verbreitet. Nach wie vor sind sie ein äußerst wertvolles Planungshilfsmittel. Balkendiagramme sind nicht nur einfach zu zeichnen bzw. konstruieren und zu interpretieren, sie lassen sich auch leicht einer Vielzahl unterschiedlicher Planungsanforderungen anpassen.

Woche endet am (Freitag)

Arbeitsgang	5. Jan	12. Jan	19. Jan	26. Jan	2. Feb	9. Feb	16. Feb	23. Feb	1. März	8. März	15. März	22. März	29. März	5. Apr	12. Apr	19. Apr	26. Apr	3. Mai	10. Mai	17. Mai
Technischer Entwurf	■	■	■	■	■	■	■	■	■	■	■									
Komponenten-einkauf												■	■	■	■	■				
Fertigung															■	■	■			
Montage und Prüfung																			■	

Abbildung 7.1   Balkendiagramm für den Entwurf und die Fertigung eines Prototyps einer elektromechanischen Montageeinheit
Dies ist derselbe Plan, der im Text in Form einer Zeittafel dargestellt ist. Doch in dieser Form ist er visuell eindrucksvoller.

Mit dem Entstehen moderner Planungsmethoden, vor allem der Netzplananalyse des kritischen Weges, sind die Balkendiagramme unverdienterweise mehr und mehr in Verruf geraten. Zwar ist es ratsam, die moderneren Techniken in vielen Situationen vorzuziehen, doch die alten Darstellungsformen haben noch immer ihren Wert. Und: Planung mit Balkendiagrammen ist um etliches besser als gar keine Planung.

Eine visuell gut gelöste Terminplanung kann ein mächtiges Hilfsmittel bei der Kontrolle eines einfachen Projekts sein. In den Büros vieler Führungskräfte werden die Balkendiagramme noch immer den anderen Methoden vorgezogen, sei es auf Projektbaustellen oder in Fabriken. Sie finden auf allen Ebenen der Beaufsichtigung und Leitung als bequeme Kontrollwerkzeuge tagtägliche Anwendung. Selbst wenn Projekte mit fortschrittlichen Computertechniken geplant wurden, werden häufig dieselben Computer benutzt, um die Planungen für die tagtägliche Anwendung in Balkendiagramme zu übersetzen.

Zeit

Balkendiagramme werden entlang einer Skala gezeichnet, wobei die horizontale Achse direkt proportional zur Zeit ist. In Abbildung 7.1 wurden Kalenderwochen verwendet, aber häufig werden auch Tage, Monate, Jahre oder andere Einheiten benutzt. Die Auswahl hängt von der Dauer des Projekts ab. Jeder horizontale Balken repräsentiert eine Projektaufgabe, wobei ihre Länge der erwarteten Zeitdauer entspricht. Name oder Beschreibung jeder Aufgabe werden in derselben Reihe, an der linken Seite des Diagramms, eingetragen.

Jetztzeit-Cursor

Die Wirksamkeit eines Balkendiagramms wird gesteigert, indem an der Stelle des augenblicklichen Datums im Diagramm eine vertikale Linie gezogen oder ein Positionszeiger (*cursor*) plaziert wird. So werden die Aufgaben (oder Teile der Aufgaben), die bereits erledigt sein sollten, auf der linken Seite des Cursors herausgestellt, und noch zu erledigende Aufgaben sind auf der rechten Seite des Zeigers zu sehen.

Codierung

In komplizierteren Diagrammen werden die Balken häufig mit Farben codiert oder, wenn Kolorierung nicht möglich ist, unterschiedlich schattiert, um die für die Aufgabe verantwortliche Abteilung, Branche oder Einzelperson zu bezeichnen. Besonders in Diagrammen, die von Computern ausgedruckt werden, wird gelegentlich Rot verwendet, um kritische Aufgaben, das heißt solche mit höchster Priorität für die termingerechte Abwicklung des Projekts, anzuzeigen.

An dieser Stelle sei jedoch eine Warnung angebracht: Wie bei vielen anderen Managementwerkzeugen droht die Gefahr, die Wirksamkeit eines Diagramms durch übertriebenen Ehrgeiz zu zerstören. Ein Balkendiagramm ist vor allen Dingen die visuelle Darstellung eines Plans und muß leicht verständlich sein. Wenn mehr als etwa sechs verschiedene Farben oder Schattierungsmuster verwendet werden, geht ein Großteil des visuellen Eindrucks verloren, und das codierte Diagramm ist schwierig zu interpretieren.

Balkendiagramme für die Ressourcenzuteilung

Bei sehr kleinen Projekten sind codierte Balkendiagramme die einfachste Methode für die Zuteilung von Ressourcen.

Nehmen wir an, für jede Aufgabe, an der ein Elektriker beteiligt ist, wurde ein blauer Balken verwendet. Will man herausfinden, wie viele Elektriker zu einem bestimmten Zeitpunkt für den Gesamtplan gebraucht werden, müssen lediglich die blauen Balken innerhalb der betreffenden Zeitbalken zusammengezählt werden, um die erforderliche Gesamtzahl von Elektrikern festzustellen.

Wenn die Balken auf einer verstellbaren Tafel befestigt sind, können sie seitlich verschoben (neu eingeteilt) werden, um unerwünschte Über- und Unterauslastung der Arbeitskräfte auszugleichen. So kann das Projekt geplant werden, ohne die zur Verfügung stehenden Ressourcen zu überschreiten.

Wenn mehr als eine Person für eine Aufgabe erforderlich sind, wird diese Methode im allgemeinen sehr kompliziert. Vorausgesetzt, daß keine Aufgabe mehr als zwei oder drei Leute erfordert, können jedoch verschiedene Balken parallel zueinander benutzt werden. Wenn beispielsweise Gelb die Codierung für einen Elektrikergehilfen ist, und für die Aufgabe voraussichtlich zwei Elektriker und ein Gehilfe erforderlich sind, dann werden zwei blaue und eine gelber Balken nebeneinander plaziert. Zur Darstellung größerer Quantitäten sind Balkendiagramme jedoch ungeeignet.

Käufliche Bausätze

Verschiedene Anbieter von Bürozubehör produzieren eigene Modelle von Balkendiagrammen, die aus Sets zusammengesetzt und an die Wand gehängt werden können.

Einige verwenden Magnetstreifen, die auf einem Metallhintergrund haften. Doch diese haben den Nachteil, daß eine ausgeklügelte Einteilung, die in mühseliger Kleinarbeit erstellt wurde, in einem Augenblick vernichtet werden kann, wenn jemand im Vorübergehen versehentlich die Tafel streift. Andere Systeme verwenden einsteckbare Plastik- oder Pappstreifen, die in Schlitzen befestigt werden. Eine typische Anordnung wären 4 mm breite Streifen, die in Löchern auf einem quadratischen Raster von 6 mm Breite pro Kästchen befestigt werden. Eine Tafel mit einer Höhe von nur 60 cm kann so an die 100 Reihen aufnehmen. In der Horizontalen kann ein umfangreicher Projektzeitplan in Balken zur Bezeichnung von Wochen oder gar Tagen aufgegliedert werden, ohne daß die Tafel zu lang wird. Bei geringerer Höhe können immer noch 50 oder mehr Reihen untergebracht werden. Es läßt sich also eine überraschend große Zahl von Aktivitäten mit einer gewaltigen Menge an Details unterbringen.

Bewegliche Diagramme

Balkendiagramme, die für die Planung der kontinuierlichen Arbeit einer Abteilung verwendet werden, können nur für einen begrenzten Zeitraum erstellt werden. Wenn das Ende dieser Periode erreicht ist, muß das Diagramm neu berechnet und erstellt werden. Wenn es sich um ein sehr detailliertes Diagramm handelt, kann diese Aufgabe äußerst zeitaufwendig sein. Manche Hersteller haben dieses Problem erkannt und bietet eine nützliche Lösung an. Diese Diagramme bestehen aus zwei oder mehr Tafeln, die vom an der Wand befestigten Rahmen entfernt werden können. Das Prinzip wird in Abbildung 7.2 illustriert.

Die Mängel von Balkendiagrammen

Natürlich haben Balkendiagramme ihre Mängel. Zwar ist es möglich, über 100 Aufgaben in einem verstellbaren Diagramm unterzubringen, doch ihre Umstellung ist eine andere Geschichte. Die ursprüngliche Erstellung eines komplexen Plans mag eine Woche in Anspruch nehmen, doch eine spätere Anpassung an Veränderungen kann sich als unmöglich herausstellen.

Planer, die zu komplizierte Balkendiagramme verwenden, haben Schwierigkeiten damit, ihren Blick auf einer Linie zu halten, ohne in eine andere zu rutschen, und wenn sie diese Arbeit zu lange aus-

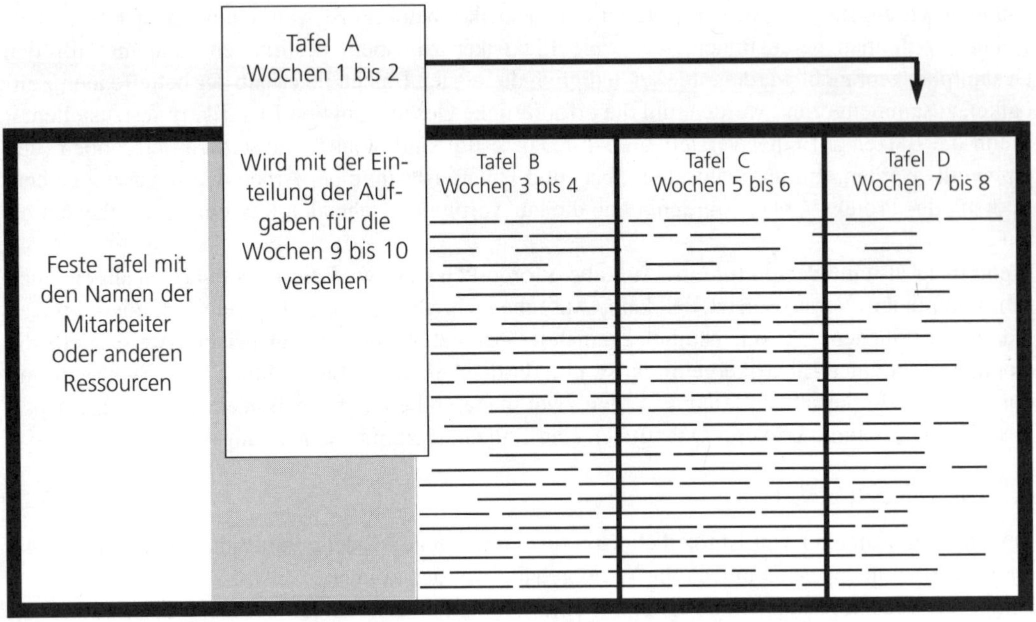

Tafel A
Wochen 1 bis 2

Wird mit der Ein-
teilung der Auf-
gaben für die
Wochen 9 bis 10
versehen

Feste Tafel mit
den Namen der
Mitarbeiter
oder anderen
Ressourcen

Tafel B
Wochen 3 bis 4

Tafel C
Wochen 5 bis 6

Tafel D
Wochen 7 bis 8

Abbildung 7.2   Ein veränderbares, an der Wand befestigtes Balkendiagramm mit „rotierenden" Tafeln
Bewegliche, verschiebbare Module ermöglichen kontinuierliches Weiterführen der Einteilungen. Es ist nicht erforderlich, das gesamte Diagramm umzustrukturieren, sobald das Ende der jeweils dargestellten Gesamtperiode erreicht ist. In diesem Beispiel deckt jede der beweglichen Tafeln eine Periode von zwei Wochen ab. Wenn der auf Tafel A dargestellte Zeitraum verstrichen ist, wird die Tafel entfernt, und die Tafeln B, C und D werden nach links verschoben und damit zu den Tafeln A, B und C. Die ehemalige Tafel A wird dann zur Tafel D und so weiter.

üben, sind sie leicht an ihren geröteten Augen oder an ihrem „Planerblinzeln" erkennbar. Erfordert die Projektplanung eine derartige Menge an Details, gibt es äußerst effektive Alternativen auf der Basis von Computersystemen, die in späteren Kapiteln behandelt werden.

Verknüpfte Balkendiagramme

Ein weiteres Problem der Balkendiagramme liegt darin, daß sie in der Regel nicht geeignet sind, um ineinandergreifende Beziehungen zwischen verschiedenen Aufgaben darzustellen. Abbildung 7.3 zeigt ein einfaches Balkendiagramm für ein Projekt mit dem Ziel der Prototypentwicklung für eine Garnitur von Tischen und Stühlen. In diesem Diagramm wird nicht ausdrücklich deutlich gemacht, daß es aus Gründen der Logik unbedingt erforderlich ist, die ergonomische Studie abzuschließen, bevor die Entwurfs- und Zeichenarbeiten beginnen können. In solchen kleinen Diagrammen kann man diesen Erfordernissen im Geiste Rechnung tragen, doch bei größeren Diagrammen kommt es leicht zu Fehlern, und der Beginn bestimmter Aufgaben wird vorgesehen, bevor er logisch möglich ist. Das Risiko solcher Fehler steigt, wenn die Aufgaben in großen, verstellbaren Diagrammen umgestellt werden, um die Arbeitsbelastung auszugleichen.

Es können vertikale Verknüpfungslinien in die Balkendiagramme aufgenommen werden, um die zwangsläufige Verbindung zwischen den Aufgaben anzudeuten. Abbildung 7.4 zeigt eine verknüpf-

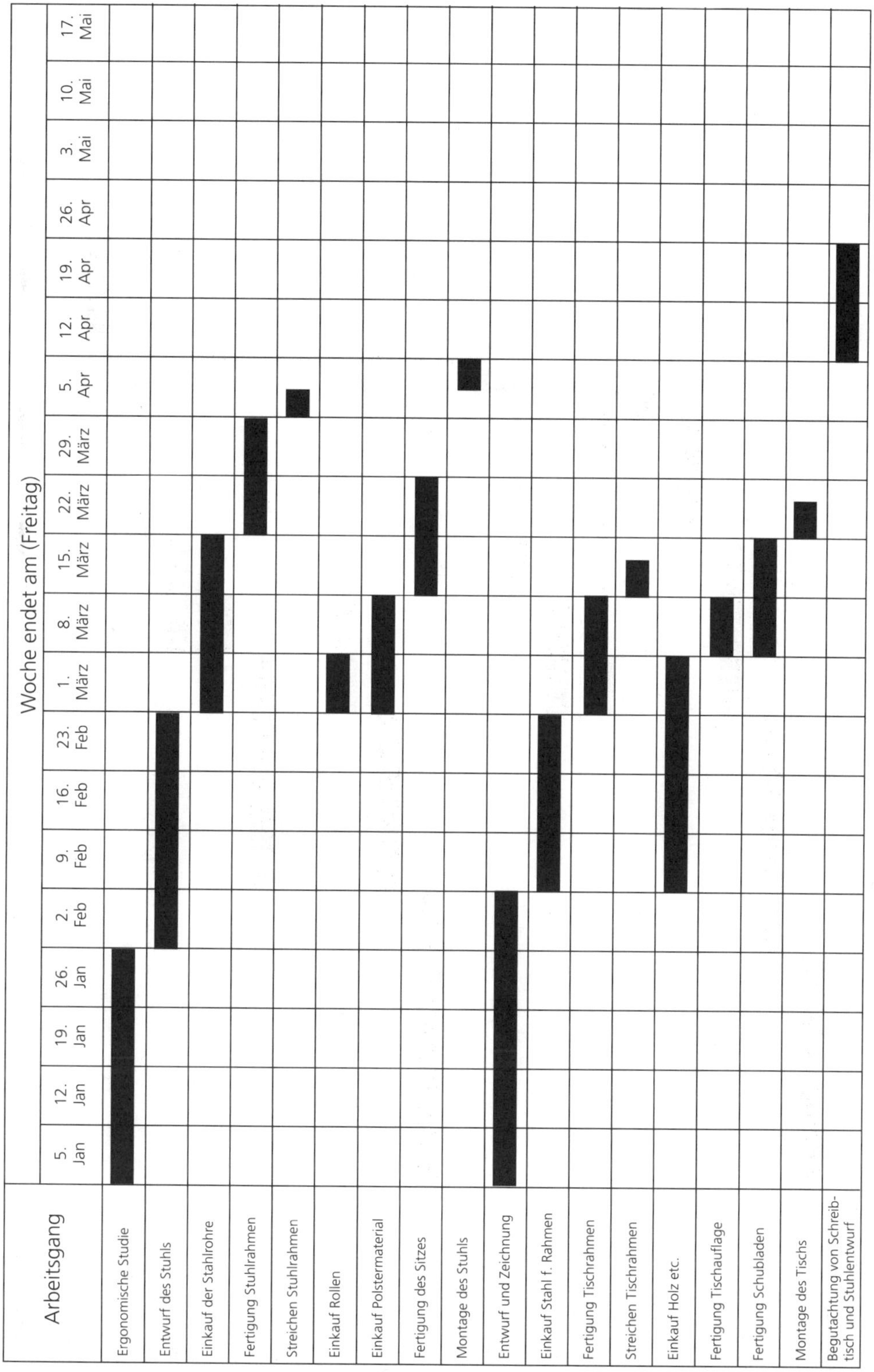

Woche endet am (Freitag)

Arbeitsgang	5. Jan	12. Jan	19. Jan	26. Jan	2. Feb	9. Feb	16. Feb	23. Feb	1. März	8. März	15. März	22. März	29. März	5. Apr	12. Apr	19. Apr	26. Apr	3. Mai	10. Mai	17. Mai
Ergonomische Studie																				
Entwurf des Stuhls																				
Einkauf der Stahlrohre																				
Fertigung Stuhlrahmen																				
Streichen Stuhlrahmen																				
Einkauf Rollen																				
Einkauf Polstermaterial																				
Fertigung des Sitzes																				
Montage des Stuhls																				
Entwurf und Zeichnung																				
Einkauf Stahl f. Rahmen																				
Fertigung Tischrahmen																				
Streichen Tischrahmen																				
Einkauf Holz etc.																				
Fertigung Tischauflage																				
Fertigung Schubladen																				
Montage des Tischs																				
Begutachtung von Schreibtisch und Stuhlentwurf																				

Abbildung 7.3   **Balkendiagramm für Schreibtisch- und Stuhlprojekt**

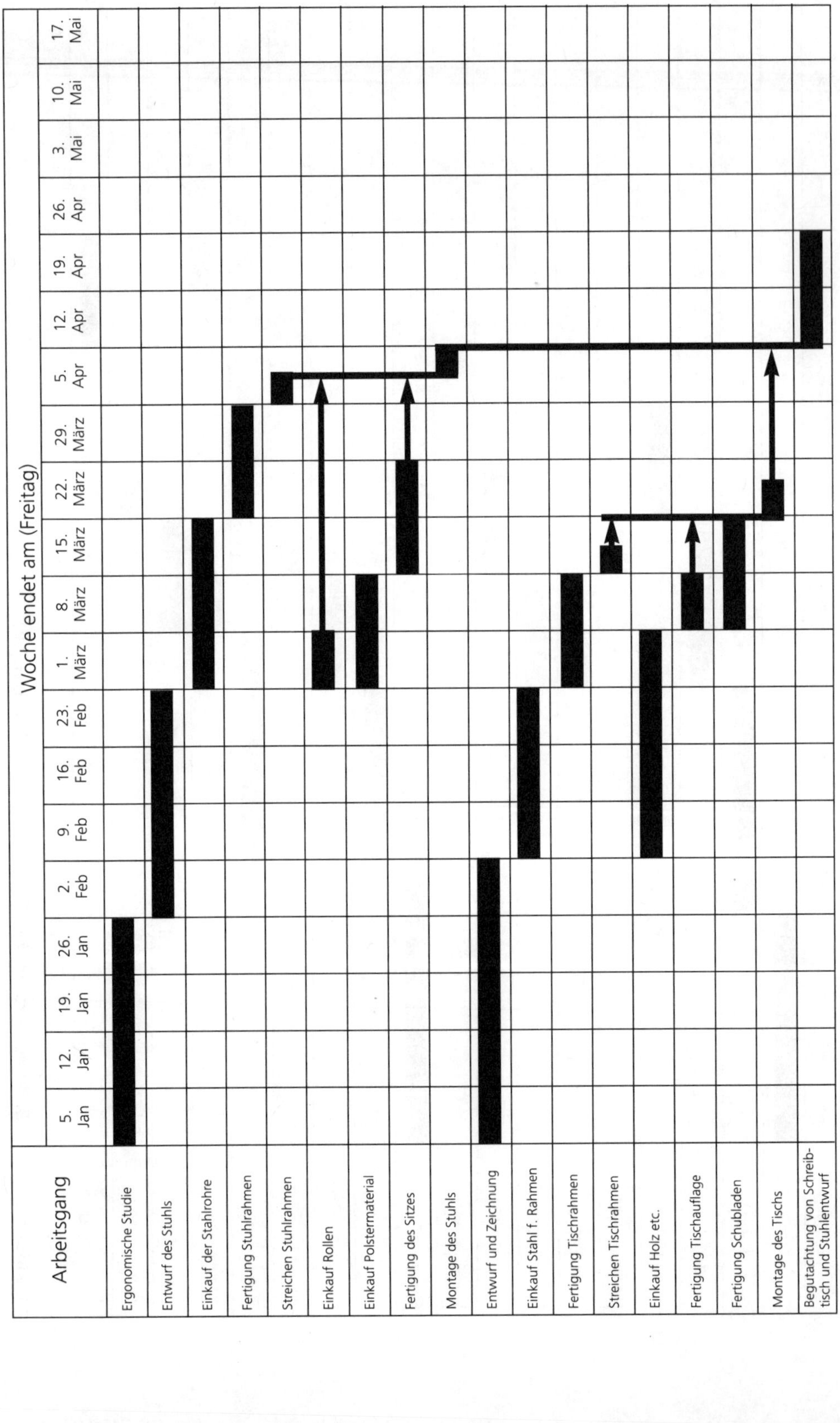

Woche endet am (Freitag)

Arbeitsgang	5. Jan	12. Jan	19. Jan	26. Jan	2. Feb	9. Feb	16. Feb	23. Feb	1. März	8. März	15. März	22. März	29. März	5. Apr	12. Apr	19. Apr	26. Apr	3. Mai	10. Mai	17. Mai
Ergonomische Studie																				
Entwurf des Stuhls																				
Einkauf der Stahlrohre																				
Fertigung Stuhlrahmen																				
Streichen Stuhlrahmen																				
Einkauf Rollen																				
Einkauf Polstermaterial																				
Fertigung des Sitzes																				
Montage des Stuhls																				
Entwurf und Zeichnung																				
Einkauf Stahl f. Rahmen																				
Fertigung Tischrahmen																				
Streichen Tischrahmen																				
Einkauf Holz etc.																				
Fertigung Tischauflage																				
Fertigung Schubladen																				
Montage des Tischs																				
Begutachtung von Schreibtisch und Stuhlentwurf																				

Abbildung 7.4   Verknüpftes Balkendiagramm für Schreibtisch- und Stuhlprojekt

te Version des Balkendiagramms in Abbildung 7.3. Verknüpfte Balkendiagramme sind jedoch nur für relativ kleine Projekte geeignet.

Bilanzliniendiagramme

Bilanzliniendiagramme sind komplizierter als Balkendiagramme, sie sind mühseliger zu entwerfen und schwieriger zu interpretieren. Es ist daher keine Überraschung, daß sie vergleichsweise selten vorkommen. Es gibt zwei völlig unterschiedliche Versionen.
Eine Bilanzlinienmethode ist der Vorläufer des MRPII (Material Requirements Planning – Materialanforderungsplanung); diese kann für die Zuteilung von Teilen und Materialien verwendet werden.

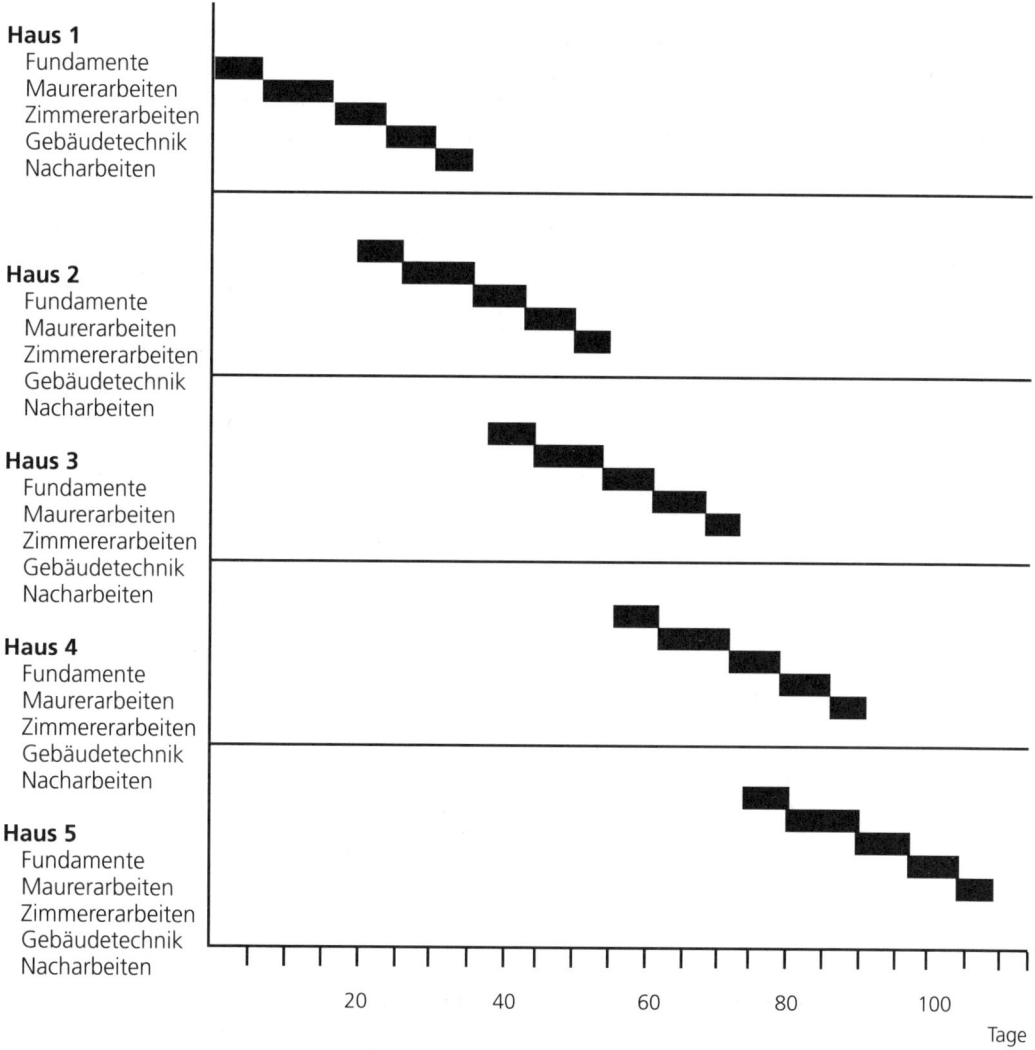

Abbildung 7.5   **Fünf-Häuser-Projekt: herkömmliches Balkendiagramm**

Diese Methode ist für Projekte mit sich wiederholenden Produktstapeln bei unterschiedlichen Mengen an Stapeln geeignet. Das Kapitel 15 enthält eine detaillierte Beschreibung.

Die andere hier beschriebene Bilanzlinienmethode ist etwas einfacher und für Projekte geeignet, bei denen eine Anzahl von identischen Artikeln einzeln in einer vorgegebenen Reihenfolge hergestellt werden muß. Das am häufigsten verwendete Beispiel ist ein Hochbauprojekt für den Bau einer Reihe identischer Gebäude an einem Standort. Andere Anwendungen dieser Methode sind die wiederholte Einführung identischer Verfahren in einer Reihe von Büros oder jedes andere Projekt, für das erforderlich ist, daß ein Muster von Aufgaben innerhalb eines vorgegebenen Zeitrahmens mehrfach wiederholt wird.

Wie bei den einfachen Balkendiagrammen kann der tägliche Fortschritt anhand eines vertikalen Zeitcursors überprüft werden.

Hochbauprojekt: Fünf Häuser

Abbildung 7.5 zeigt ein einfaches Balkendiagramm für den Bau von fünf ähnlichen Häusern auf einem neuen Siedlungsgebiet. Ein Bilanzliniendiagramm wird gezeichnet, indem das Balkendiagramm umgestellt wird, wie die Abbildung 7.6 zeigt. Es ist darauf zu achten, daß korrespondierende Aufgaben durch logische Verbindungen verknüpft sind. Dies sind Beschränkungen, die der

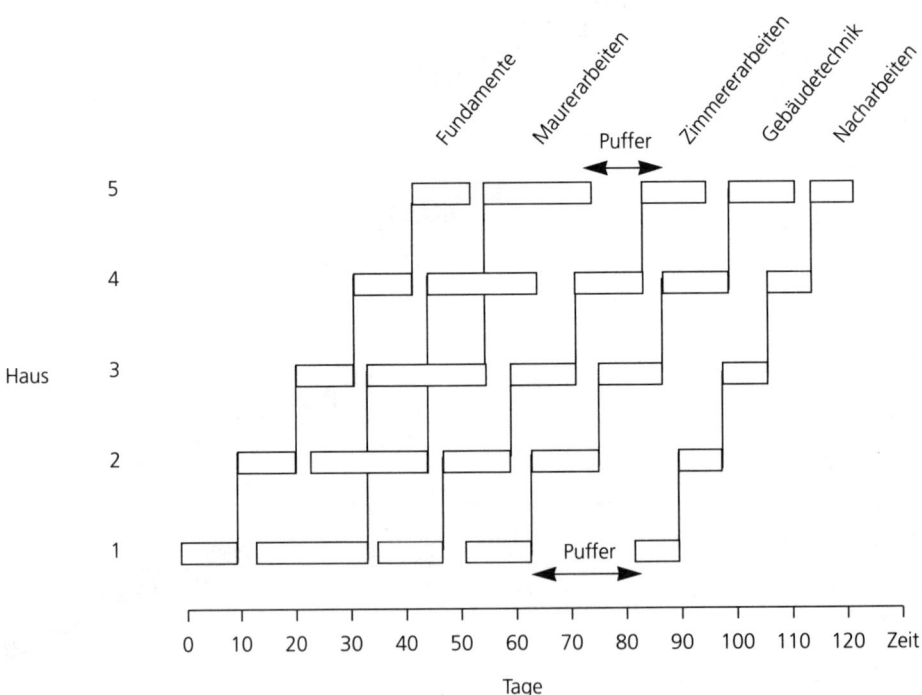

Abbildung 7.6   **Fünf-Häuser-Projekt: Bilanzliniendiagramm**

Dies ist dasselbe Projekt wie das in Abbildung 7.5 dargestellte, doch das Diagramm wurde neu gezeichnet. Die vertikalen Verknüpfungen zeigen, wie die Handwerkerkolonnen von einem Haus zum nächsten weitergehen, während die Arbeitsgänge voranschreiten.

Zugang zu Ressourcen auferlegt, und sie haben zur Folge, daß jede Aufgabe abgeschlossen sein muß, bevor die betreffenden Handwerker sich an das nächste Haus machen können.

Jeder, der ein solches Diagramm zeichnet, wird bald ein Einteilungsproblem feststellen, das dadurch verursacht wird, daß nicht alle Aufgaben gleich lang dauern. Jene Handwerker, die mit den kürzesten Aufgaben beschäftigt sind, müssen gelegentlich ihre Arbeit unterbrechen und abwarten, bis ihre mehr beschäftigten Kollegen sie eingeholt haben. Eine Lösung bietet jedoch die Einplanung von Pufferzeiten, wie in Abbildung 7.6 dargestellt.

Projekt für den Bau von 80 Häusern

Abbildung 7.7 zeigt ein weiteres Bilanzliniendiagramm, das ebenfalls einen Plan für den Bau von Häusern darstellt. Dieses Projekt umfaßt jedoch 80 Häuser, und für jedes Haus sind 15 unterschiedliche Aufgaben vorgesehen. In Abbildung 7.6 waren es nur fünf. Obwohl dieses Diagramm völlig anders aussieht als das Balkendiagramm in Abbildung 7.6, folgt es letztlich derselben Methode. Der einzige Unterschied besteht darin, daß die Zeichnung vergröbert wurde, um nicht in mühsamer Arbeit 1.200 voneinander getrennte Aufgaben in abgestufter Reihenfolge einzeichnen zu müssen. Jede der schrägen Linien in diesem Diagramm repräsentiert 80 miteinander verbundene, schrittweise aufeinander folgende identische Aufgaben.

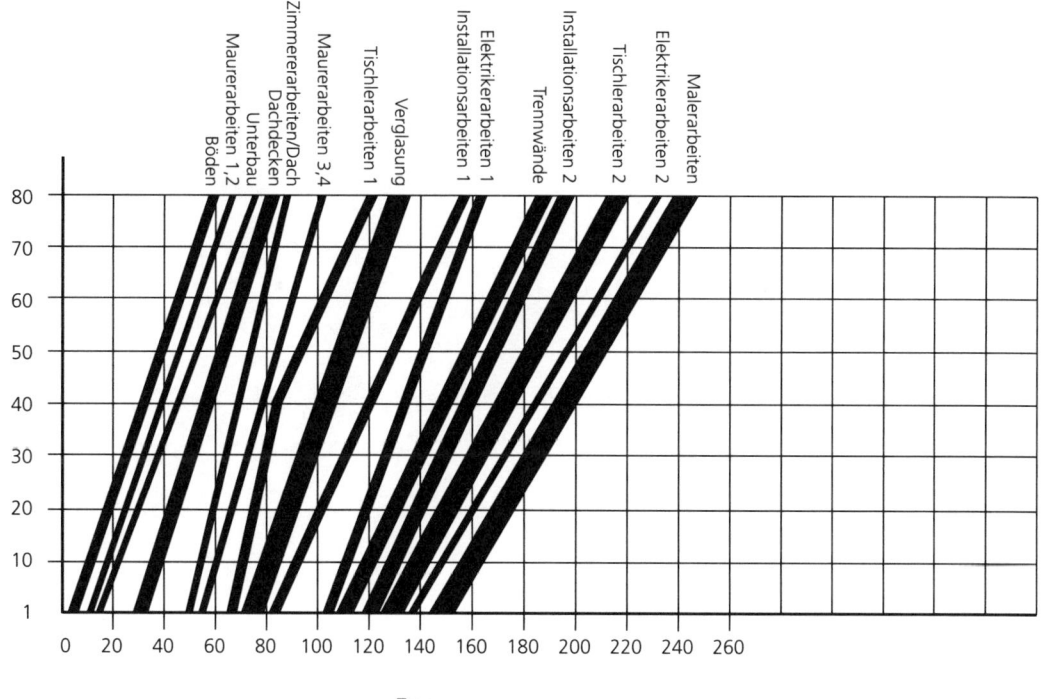

Abbildung 7.7   **80-Häuser-Projekt: Bilanzliniendiagramm**

Das Raster sollte in horizontaler Richtung so weit wie praktisch möglich ausgedehnt werden, damit die einzelnen Säulen in einem möglichst geringen Winkel schräg verlaufen. Wenn dann der vertikale Cursor mit dem „heutigen Datum" auf dem Diagramm plaziert wird, überschneidet er jeden Balken und zeigt die Anzahl der Häuser an, die an jedem Tage fertiggestellt sein sollten.

Kapitel 8

Netzplananalyse: Logikdiagramme und der kritische Weg

Sämtliche Beispiele im vorigen Kapitel, die in das Thema Planung und Einteilung einführten, basieren auf Methoden, die Zeitskalendiagramme verwendeten. In diesem Kapitel wird in den Bereich Netzplananalyse des kritischen Weges eingeführt. Die meisten der folgenden Erklärungen und Beispiele in diesem Buch setzen die Verwendung von Netzplänen voraus.

Hintergrund

Netzplananalyse ist ein Überbegriff für verschiedene Projektplanungsmethoden, die sich auf Entwicklungen in Europa, aber auch anderswo zurückführen lassen. Volle Anwendung fanden sie jedoch in den späten fünfziger Jahren, als sie mit großem Erfolg und öffentlichem Interesse in der Planung und Kontrolle von US-Verteidigungsprojekten eingesetzt wurden. Seitdem haben ihre Vorzüge gegenüber älteren Methoden dazu geführt, daß sie in vielen Branchen übernommen wurden, weit über die USA und ebenso über die Rüstungsindustrie hinaus.

Zeitskalendiagramme stellen in der Regel gute visuelle Hilfsmittel dar und benötigen wenig Erklärung. Netzpläne können dagegen auf den ersten Blick befremdlich und ungewöhnlich erscheinen. Sie werden nicht maßstabsgerecht gezeichnet, sondern zeigen lediglich sämtliche Aufgaben an der Stelle, an der sie logisch auftreten.

Netzpläne sind schlecht geeignet, Aufgaben in einer Zeitskala darzustellen, doch sie haben andere Stärken. Im Vergleich zu den Balkendiagrammen und den verknüpften Balkendiagrammen ist ihre Notation besser geeignet, sämtliche logischen Interdependenzen zwischen verschiedenen Aufgaben zu zeigen. Der Planer kann zum Beispiel sicherstellen, daß der Beginn der Maurerarbeiten niemals vor Fertigstellung der Fundamente vorgesehen wird. Bei komplizierten Balkendiagrammen treten solche Fehler leicht auf, wenn nicht alle Bedingungen dargestellt oder in Erinnerung gehalten werden können.

Eine weitere große Stärke der Netzpläne liegt darin, daß sie die Feststellung von Prioritäten auf Grundlage der Analyse sämtlicher Voranschläge für die Aufgabendauer ermöglichen. Jene Aufgaben, die nicht verzögert werden können, ohne daß der rechtzeitige Projektabschluß gefährdet wäre, werden als „kritisch" eingestuft. Alle anderen Aufgaben lassen sich dann ebenfalls anhand ihrer Wichtigkeit einstufen.

Netzpläne allein können nicht für die Ressourcenzuteilung verwendet werden. Balkendiagramme sind in dieser Hinsicht überlegen und leichter verständlich, vorausgesetzt, die Anzahl der Aktivitäten ist sehr gering. Dennoch tragen Netzpläne sehr zum Ressourcenzuteilungsprozeß bei, indem sie zeitabhängige Prioritäten zuweisen und kritische Aufgaben kenntlich machen. Wenn geeignete Computerprogramme verwendet werden, ergeben sich umfangreiche Kapazitäten in der Zuteilung von Ressourcen.

Die unterschiedlichen Systeme für die Netzplantechnik

Im Laufe der zweiten Hälfte des zwanzigsten Jahrhunderts sind verschiedene Netzplansysteme entstanden. Sie passen jedoch alle in eine von zwei Hauptgruppen, die sich durch ihre Notationsmethode unterscheiden:

1. Das Vorgangspfeil-Netzplansystem (häufig einfach „Pfeilnetzpläne" genannt). Zu den Bezeichnungen, die innerhalb dieser Gruppe verwendet werden, gehören:
   * ADM (Arrow Diagrams Method – Pfeildiagramme), CPM (Critical Path Method – Methode des kritischen Weges) oder CPA (Critical Path Analysis – Analyse des kritischen Weges). Diese Begriffe werden praktisch synonym verwendet.
   * PERT (Programme Evaluation and Review Technique)

2. Vorgangsknoten-Netzplansystem. Zu diesen gehören:
   * Präzedenzdiagramme (PDM). Sie sind die am weitesten verbreiteten.
   * Die nach ihrem Erfinder benannte Roy-Methode, die auch als Methode der Potentiale bekannt ist (MOM – Method of Potentials – oder MPM – Metra Potential Méthode). Es handelt sich dabei um ein frühes Vorgangsknoten-Netzplansystem, das der Präzedenznotation sehr ähnelt und heute kaum, wenn überhaupt, verwendet wird.
   * Einige sehr frühe, nicht länger verwendete Pfeilnetzpläne, die die Aktivitäten an den Knotenpunkten plazieren (Verbindungs- und Kreisnetzpläne).

Es gibt außerdem noch eine Reihe von Systemen, die bei der Produktions- und Materialkontrolle Anwendung finden und eigentlich Netzplanmethoden sind, doch ihre Behandlung würde den Rahmen dieses Buches überschreiten. Eine von ihnen, die Bilanzlinienmethode, wird jedoch im Kapitel 15 beschrieben.

Die Unterscheidung zwischen Begriffen wie PERT, CPA und CPM ist im Laufe der Zeit etwas undeutlich geworden, und die Ausdrücke werden fälschlicherweise oft vertauscht, was aber nicht weiter von Belang ist.

Welches System sollte verwendet werden?

Mit der Netzplananalyse und besonders durch die Verwendung von Pfeildiagrammen haben Planer ein wertvolles neues Werkzeug in die Hand bekommen, um die Logik auszudrücken, die dem Arbeitsplan für ihre Projekte zugrunde liegt. Verbunden mit dem Konzept des kritischen Weges und der Verwendung von Spielräumen bei der Prioritätenfestlegung waren dies gewaltige Schritte nach vorn. Doch die Pfeildiagramme hatten weiterhin ihre Nachteile, zu denen vor allem die Schwierigkeiten gehörten, die Netzplananalytiker damit hatten, ihre Manager und andere Beteiligte dazu zu bringen, die neue, ungewöhnliche Notation zu benutzen. Es wurden weiterhin Balkendiagramme bevorzugt.

In den vergangenen Jahren ist das Präzedenzsystem populärer geworden und ist nun weit verbreitet. Ein Grund für diesen Übergang ist, daß die Präzedenzdiagramme Leuten ohne Planungserfahrung „anwenderfreundlicher" erscheinen, weil sie ein wenig technischen Flußdiagrammen ähneln. Darüber hinaus waren Pfeildiagramme in ihrer Anwendung begrenzt. Zwar konnten sie viele komplizierte Verbindungen zwischen verschiedenen Aktivitäten und Ereignissen darstellen, doch sie waren ungeeignet, Aktivitäten darzustellen, deren Anfang und Ende einander überlappten. Das Präzedenzsystem ermöglicht die Einplanung einer Reihe komplizierterer Zwänge (siehe Abbildung 8.11)

Der Großteil der Computersoftware des unteren und mittleren Preissegments arbeitet lediglich mit Präzedenznotationen. Nur die professionelleren Softwarepakete ermöglichen dem Planer die Freiheit der Wahl zwischen ADM- und PDM-Netzplänen, und für die Zukunft ist sogar fraglich, ob ADM-Netzpläne weiter benutzt werden können.

Das Beherrschen der Pfeilnotation bleibt eine nützliche Fertigkeit für Planungsfachleute. Pfeilnetzpläne lassen sich sehr leicht mit Bleistift und Papier zeichnen. Die Schnelligkeit und Flexibilität ihrer Anwendung macht sie besonders für „Brainstorming"-Treffen nützlich, bei denen die Logik diskutiert und in eine Form gebracht werden soll. Zeitanalyse ohne Computer scheint mit Hilfe der Pfeilnotation ebenfalls leichter zu sein.

Ich verwende beide Methoden jeweils für einen bestimmten Zweck. Pfeilnetzpläne sind für erste Freihand-Planungen besser geeignet, weil sie schneller und leichter zu zeichnen sind. Diese Geschwindigkeit ermöglicht die Einsparung wertvoller Zeit bei Besprechungen, an denen Manager und andere Mitglieder der Betriebsleitung teilnehmen. Wenn die Netzpläne später überarbeitet, überprüft und neu gezeichnet werden, bevor sie in den Computer eingegeben werden, müssen sie einfach nur noch in die Präzedenznotation übertragen werden. Die sich ergebende Präzedenzlogik ist besonders einfach zu zeichnen und auf dem Computerbildschirm zu bearbeiten.

Sowohl Pfeil- als auch Präzedenzsysteme werden in diesem Buch beschrieben. Die Netzpläne für einige der Fallstudien erscheinen in zwei Versionen, um dem Leser zu ermöglichen, eine auszuwählen oder beide miteinander zu vergleichen.

Analyse des kritischen Weges mit Hilfe von Pfeildiagrammen

Das Logikdiagramm

Das Herz jedes Diagramms, in dem die Aktivitäten auf einem Pfeil dargestellt werden, ist das Pfeildiagramm, das Logikdiagramm oder der „Netzplan" selbst. Es unterscheidet sich in einigen wichtigen Punkten vom vertrauteren Balkendiagramm. Pfeildiagramme, genau wie alle anderen Netzplanmethoden, werden nicht maßstabsgerecht gezeichnet. Doch jeder Netzplan wird mit sorgfältiger Überlegung erstellt, um sicherzugehen, daß er so genau wie möglich die logischen Verbindungen und Interdependenzen jeder Aktivität oder Aufgabe mit allen anderen im Projekt darstellt. Aus diesem Grunde werden Netzpläne gelegentlich Logikdiagramme genannt.

Aktivitäten und Ereignisse

Abbildung 8.1 zeigt ein sehr einfaches Pfeildiagramm. Jeder Kreis repräsentiert ein Projektereignis, wie den Arbeitsbeginn oder den Abschluß einer Aufgabe. Der Pfeil, der je zwei Ereignisse miteinander verbindet, repräsentiert die Aktivität oder Aufgabe, die durchgeführt werden muß, bevor das zweite Ereignis als erreicht betrachtet werden kann. In diesem Beispiel gibt es also vier Aktivitäten, die fünf Ereignisse verbinden.

Ausrichtung

Es ist üblich, die Aktivitätenpfeile immer von links nach rechts zu zeichnen.

Maßstab

Netzplandiagramme werden in der Regel nicht maßstabsgerecht gezeichnet, und die Länge der Pfeile und der Abstand zwischen den Ereignissen haben keinerlei Bedeutung.

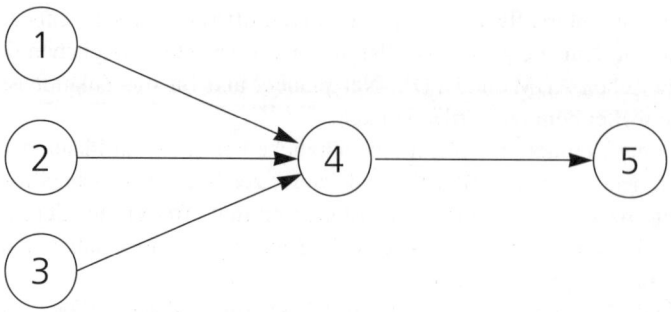

Abbildung 8.1   Die Hauptelemente der Pfeilnetzpanlogik

Jeder Kreis repräsentiert ein Projektereignis, etwa den Beginn oder den Abschluß einer Projektaktivität. Der Pfeil, der je zwei Ereignisse miteinander verbindet, bezeichnet eine Aktivität oder Aufgabe, die in der Arbeit oder Zeit besteht, die ein Projekt benötigt, um von einem Ereignis zum nächsten voranzuschreiten. Keine Aktivität kann beginnen, bevor alle Aktivitäten, die zum Startereignis der neuen Aktivität hinführen, abgeschlossen sind. Die Ereignisse sind numeriert, um sie identifizierbar zu machen, und die Kennnummern der Aktivitäten ergeben sich aus den ihnen vorausgehenden und nachfolgenden Ereignissen. Die Aktivität, die mit Ereignis 1 beginnt und mit Ereignis 4 endet, wird daher als Aktivität 1 zu 4 bezeichnet. In diesem Beispiel können die Aktivitäten 4 und 5 nicht beginnen, bevor die Aktivitäten 1 zu 4, 2 zu 4 und 3 zu 4 abgeschlossen sind. Netzpläne werden in der Regel nicht maßstabsgerecht gezeichnet und die Länge eines Pfeils hat keine Bedeutung.

Kennummern

Die in die Ereigniskreise eingetragenen Zahlen kennzeichnen einfach nur die jeweiligen Ereignisse. Sie ermöglichen einen eindeutigen Bezug auf die Ereignisse und die mit ihnen verbundenen Aktivitäten. Der Pfeil von Ereignis 1 zu Ereignis 4 kann also als die Aktivität 1 zu 4 bezeichnet werden. Dies ist eine praktische Möglichkeit der Beschriftung für sämtliche Pfeilnetzpläne und unabdinglich für solche, die im Computer verarbeitet werden sollen.

Logische Abhängigkeiten und Beschränkungen

Die entscheidende logische Konsequenz im Diagramm in Abbildung 8.1 besteht darin, daß Ereignis 4 erst als erreicht betrachtet werden kann, wenn die drei Aktivitäten, die zu ihm führten, abgeschlossen sind. Erst dann – und nicht früher – kann Aktivität 4 zu 5 begonnen werden. Die Abhängigkeit der Aktivität 4 zu 5 von allen vorausgehenden Aktivitäten ist deutlich herausgestellt.

Nehmen wir an – um die Methode auf ein alltägliches „Projekt" anzuwenden –, es ist geplant, im Garten einen Baum zu pflanzen. Sollte ein Pfeildiagramm gezeichnet werden, so würde das Ergebnis etwa so aussehen wie die Abfolge in Abbildung 8.2. In diesem Fall ist die Interdependenz der Aktivitäten eindeutig, und nur eine Ereignisabfolge ist möglich. Der Baum kann nicht in das Loch plaziert werden, bevor das Loch ausgehoben wurde, und es hätte wenig Sinn, das Loch zuzuschütten, bevor der Baum plaziert wurde.

Schätzung der Dauer der Aktivitäten und ihre Beschreibung

Es wurden folgende Voranschläge für die Dauer jeder Aktivität in diesem einfachen Baumprojekt erstellt:

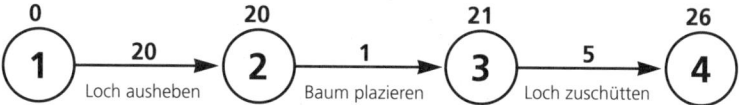

Abbildung 8.2   Baumprojektnetzplan (Pfeilnotation)
In diesem äußerst einfachen Netzplan zeigen die Zahlen über den Aktivitätspfeilen die veranschlagte Dauer jedes Arbeitsschritts an. Die Zeiteinheiten sind in diesem Fall Minuten, doch bei einem Industrieprojekt sind Tage oder Wochen wahrscheinlicher. Die Zahlen über den Ereigniskreisen ergeben sich aus der Summe sämtlicher Voranschläge von links nach rechts und stellen den frühesten Zeitpunkt dar, zu dem jedes Ereignis erreicht werden kann.

Aktivität	*Beschreibung*	*Geschätzte Dauer*
1–2	Loch ausheben	20 Minuten
2–3	Baum plazieren	1 Minute
3–4	Loch zuschütten	5 Minuten

Niemand wird Netzplananalyse benötigen, um festzustellen, daß dieses Projekt bis zu seinem Abschluß mindestens 26 Minuten in Anspruch nehmen wird. Beachtenswert ist jedoch, daß die veranschlagte Dauer über jeden Aktivitätspfeil geschrieben wurde und eine knappe Aktivitätsbeschreibung darunter. Die veranschlagte Abschlußdauer für jedes Ereignis steht über den Ereigniskreisen. Sie ergibt sich aus der Summe der Aktivitätsdauern von links nach rechts entlang des Pfeilweges. Diese veranschlagten Zeiten für die Ereignisse weisen also die frühestmöglichen Zeitpunkte aus, an denen sie erreicht werden können.

Scheinaktivitäten

Der Netzplan in Abbildung 8.3 zeigt ein etwas komplizierteres Projekt. Die hier sichtbare Konfiguration ist nun wirklich ein Netzwerk verschiedener Aktivitäten und nicht einfach eine Abfolge in gerader Linie. In diesem Beispiel gibt es mehr als einen Pfad entlang der Pfeile hin zum Projektabschluß, Ereignis 6. Das ist bei allen Projektnetzplänen üblich. Es gibt hier drei mögliche Wege, von denen einer über die gestrichelte Pfeillinie bzw. die „Scheinaktivität" 4 zu 3 führt.
Scheinaktivitäten stellen keinen wirklichen Arbeitsgang dar und haben praktisch immer eine Dauer Null. Sie bezeichnen vielmehr eine Beschränkung oder eine Abhängigkeitslinie zwischen verschiedenen Aktivitäten. In diesem Fall ist also der Beginn der Aktivität 3 zu 6 nicht nur vom Abschluß der Aktivität 2 zu 3 abhängig, sondern es ist außerdem der Abschluß der Aktivität 1 zu 4 abzuwarten. Anders ausgedrückt, Aktivität 3 zu 6 kann erst beginnen, wenn die Ereignisse 3 und 4 eingetreten sind.

Zeitanalyse mit Pfeilnetzplänen

Zeiteinheiten für Aktivitätslängen

Im äußerst einfachen „Baumprojekt" sind Zahlen über die Aktivitätspfeile in Abbildung 8.3 geschrieben worden, um die veranschlagte Dauer anzuzeigen. Der Planer wählt immer die Einheiten aus, die für das Projekt am besten geeignet sind. Im Beispiel des Baumprojekts wurden die Einheiten in Minuten angegeben, doch für das Beispiel in Abbildung 8.3 schienen Wochen besser geeignet. Ist jedoch einmal eine Entscheidung über die Zeiteinheit gefallen, muß diese durchgängig für den gesamten Netzplan verwendet werden.

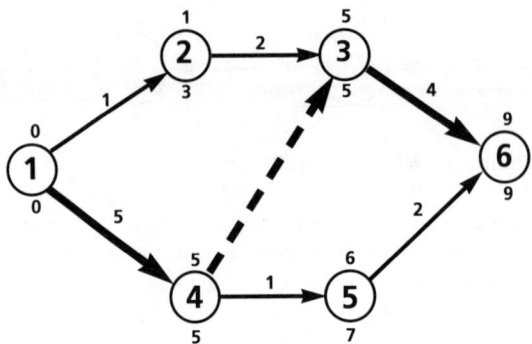

Abbildung 8.3   Ein Beispiel für Pfeilnetzplanzeitanalyse

Die gestrichelte Linie in diesem Netzplan ist eine Scheinaktivität. Eine Scheinaktivität repräsentiert keine tatsächlichen Arbeiten und hat gewöhnlich eine Dauer von null. Sie dient als logische Einschränkung der auf sie folgenden Aktivitäten. In diesem Beispiel kann daher die Aktivität 3 zu 6 nicht beginnen, bevor die Aktivitäten 2 zu 3 und 1 zu 4 abgeschlossen sind. Die Zeiten über den Ereigniskreisen zeigen den frühestmöglichen Ereigniszeitpunkt, der sich aus der Summe der geschätzten Dauern von links nach rechts ergibt, wie bereits im Baumprojekt (Abbildung 8.2) demonstriert. Hier ist der frühestmögliche Termin für Ereignis 3 durch die Scheinaktivität festgelegt worden. Die Zahlen unterhalb der Ereigniskreise ergaben sich aus der Subtraktion der veranschlagten Aktivitätendauern vom frühestmöglichen Termin des letzten Ereignisses (Ereignis 6), wobei diesmal von rechts nach links entlang des Weges vorangeschritten wurde. Diese Zahlen stellen die spätesten Termine dar, zu denen jedes Ereignis begonnen werden muß, wenn der Abschluß des Projekts nicht verzögert werden soll. Es gibt immer zumindest einen Weg (den kritischen Weg), auf dem die frühesten und spätesten Termine identisch sind. In diesem Beispiel wird der kritische Weg durch die fettgedruckte Linie herausgestellt.

Der Schritt vorwärts

Für den Projektnetzplan in Abbildung 8.3 wurde die kürzeste Projektdauer berechnet, indem die Aktivitätslängen entlang der Pfeile von links nach rechts addiert wurden. Dies ist immer der erste Schritt der vollständigen Zeitanalyse und ist als der „Schritt vorwärts" bekannt.

Der vorwärtsgerichtete Additionsvorgang ist in diesem Fall etwas komplizierter, weil es mehr als einen möglichen Weg durch den Netzplan gibt. Die Summen hängen davon ab, welchem Weg gefolgt wird. Die frühestmögliche Abschlußzeit für Ereignis 3, beispielsweise, scheint $1 + 2 = 3$ zu sein, wenn der Pfad durch die Ereignisse 1, 2 und 3 verläuft. Ereignis 3 kann jedoch in Wirklichkeit nicht vor der fünften Woche abgeschlossen werden, was an dem längeren Weg durch das „Scheinereignis" liegt. Der frühestmögliche Starttermin für Aktivität 3 zu 6 ist also Woche 5.

Der frühestmögliche Zeitpunkt für jedes Ereignis und der frühestmögliche Starttermin für die folgenden Aktivitäten entsprechen also der Summe der veranschlagten Längen aller vorausgehenden Aktivitäten entlang des Pfades, die die längste Zeitdauer ergeben. Folgt man diesem Verfahren, stellt sich heraus, daß die kürzeste Fertigstellungszeit für das Projekt neun Wochen beträgt.

Der Schritt rückwärts

Betrachten wir nun Ereignis 5 in Abbildung 8.3. Es kann frühestens in der sechsten Woche erreicht werden, drei Wochen bevor das Projekt mit Ereignis 6 abgeschlossen werden kann. Es wird also klar, daß Aktivität 5 zu 6, die voraussichtlich nur zwei Wochen in Anspruch nehmen wird, um eine weitere Woche verzögert werden könnte, ohne daß die Gesamtzeitplanung durcheinandergeriete. Mit anderen Worten ist der frühestmögliche Zeitpunkt für das Erreichen der Aktivität 5 zwar Woche 6, doch der späteste zulässige Zeitpunkt dafür wäre Woche 7. Dieses Ergebnis kann im Pfeildiagramm angegeben werden, indem der späteste zulässige Zeitpunkt unter den Ereigniskreis geschrieben wird. Diesmal ergibt sich das Resultat nicht aus der Addition von links nach rechts entlang des Pfades, sondern, genau umgekehrt, aus der Subtraktion der veranschlagten Aktivitätenlängen von rechts nach links (9 – 2 = 7 für Ereignis 5).

Dieser Subtraktionsvorgang kann im gesamten Netzplan wiederholt werden, wobei die spätesten zulässigen Zeitpunkte unter die Ereigniskreise geschrieben werden. Wenn es mehr als einen Pfad gibt, muß der längste gewählt werden, damit sich nach der Subtraktion die geringste Restmenge ergibt. Dies wird bei Ereignis 4 sichtbar, wo die korrekte Subtraktionsroute durch die Scheinaktivität verläuft.

Die frühesten und spätesten Zeitpunkte werden zwar über und unter die Ereigniskreise geschrieben, doch sie können auch auf die Aktivitäten angewendet werden, die zu den Ereignissen hin und von ihnen weg führen. Für Aktivität 5 zu 6, beispielsweise, gilt daher:

- Dauer: 2 Wochen
- Frühester möglicher Starttermin: Anfang von Woche 6
- Frühester möglicher Abschlußtermin (6 + 2): Ende von Woche 8
- Spätester zulässiger Abschlußtermin: Ende von Woche 9
- Gesamtspielraum (9 – 8): 1 Woche

Spielraum

Mit dem Begriff „Spielraum" wird die Menge an Zeit beschrieben, die zwischen Anfang und Abschluß einer Aktivität zur Verfügung steht. Es wird auch der Ausdruck „Verzögerung" verwendet, allerdings viel seltener und gewöhnlich eher in Verbindung mit den Zeitpunkten für Ereignisse als für Aktivitäten. Es gibt eine Reihe von Kategorien für den Spielraum, die im Kapitel 10 erläutert werden; doch für die Beispiele in diesem Kapitel können sie ignoriert werden.

Der kritische Weg

Wenn alle frühestmöglichen und letzten zulässigen Zeitpunkte in das Diagramm eingetragen wurden, wird sich immer eine Kette von Ereignissen ergeben, bei der die frühestmöglichen und die spätestmöglichen Termine identisch sind, wo es also keinen Spielraum gibt. Diese Ereignisse sind „kritisch" für den erfolgreichen Abschluß des Gesamtprojekts zum frühestmöglichen Abschlußtermin. Die Route, die diese Ereignisse miteinander verbindet, wird daher der „kritische Weg" genannt wird. Zwar sind alle Aktivitäten wichtig, doch die kritischen Aktivitäten müssen bei der Ressourcenzuteilung und in der Aufmerksamkeit des Managements Vorrang haben.

Analyse des kritischen Weges mit Hilfe der Präzedenznotation

Für die Notation wird das Präzedenzsystem von vielen bevorzugt und es hat sich aus folgenden Gründen als die vorherrschende Methode herausgestellt:

- Die Logikdiagramme ähneln sehr stark den technischen Flußdiagrammen oder schematischen Blockdiagrammen und sind daher für diejenigen, die nicht in Netzplanung geschult sind, leichter verständlich.

- Die Präzedenznotation ermöglicht eine klare Darstellung von Aktivitäten, deren Beginn und Ende nicht direkt mit dem Beginn und Ende ihrer Vorgänger oder Nachfolger übereinstimmen. Präzedenznetzpläne können, mit anderen Worten, Aktivitäten zeigen, die einander überlappen sollen oder, umgekehrt, durch eine Zeitverschiebung voneinander getrennt werden müssen.
- Es ist eine große Menge von Computersoftware für Präzedenznetzpläne erhältlich, während es nur noch ein paar Softwarepakete in den höheren Preisklassen gibt, die für Pfeilnotationen anwendbar sind.

Weiterhin bestehen die Schwierigkeiten mit der Ressourcenzuteilung. Wie die Pfeildiagramme sind Präzedenznetzpläne nicht für die Zuteilung von Ressourcen geeignet, ohne daß sie zuvor (für ganz kleine Projekte) in Balkendiagramme umgewandelt werden oder ein Computer verwendet wird.

Aktivitäten

Abbildung 8.4 zeigt die Notation, die üblicherweise für eine Aktivität in der Präzedenznotation angewendet wird.

Ausrichtung

Der Arbeitsfluß verläuft in einem Präzedenzdiagramm, wie bei Pfeildiagrammen, von links nach rechts.

Maßstab

Präzedenzdiagramme werden in der Regel nicht maßstabsgerecht gezeichnet, und die Länge der Verbindungslinien oder die Größe der Aktivitätskästen sind völlig bedeutungslos.

Kennummern

Jeder Aktivität wird eine einzigartige Kennummer gegeben, die häufig „Identifizierungscode" genannt wird. Diese Codes sind für die Verarbeitung im Computer von größter Wichtigkeit. Identifizierungscodes können aus kurzen Zahlenreihen bestehen oder aus komplizierten Verbindungen von Zahlen und Buchstaben mit 10 oder mehr Stellen. Dies hängt von der Größe und der Komplexität der Netzpläne und der geplanten Projekte ab.

Logische Abhängigkeiten und Beschränkungen

Sämtliche Aktivitäten, die das Projekt bilden, werden mit Pfeilen verbunden, die – anders als in den Pfeildiagrammen – einfach Beschränkungen oder Verbindungen darstellen.

Die Präzedenznotation gibt mehr Freiheit bei der Darstellung von komplexen Beziehungen zwischen den Aktivitäten als die Pfeilmethode. In den hier gegebenen Beispielen werden jedoch nur sehr einfache, aufeinander folgende Beziehungen (Anfang bis Ende) dargestellt. Diese einfachen Verbindungen sind die bei weitem am häufigsten verwendeten. Viele vermeiden die komplizierteren Verbindungen, doch sie werden später in diesem Kapitel beschrieben (siehe Abbildung 8.11)

Voranschläge und Beschreibungen der Aktivitätendauer

Das einfache „Baumprojekt", das in Abbildung 8.2 als die Abfolge von drei Pfeilaktivitäten dargestellt wurde, kann leicht in ein Präzedenzdiagramm übertragen werden, wie in Abbildung 8.5 dargestellt. Die Voranschläge für die Aktivitätendauer lauten folgendermaßen:

Frühester Start	Veranschlagte Dauer	Frühester Abschluß
Aktivitätsnummer		
Aktivitätsbeschreibung		
Spätester Start	Spielraum	Spätester Abschluß

Abbildung 8.4   Eine Präzedenzaktivität

Aktivität Identifizierungsnummer	*Beschreibung*	*Geschätzte Dauer*
1	Loch ausheben	20 Minuten
2	Baum plazieren	1 Minute
3	Loch zuschütten	5 Minuten

Die veranschlagten frühesten Start- und Abschlußtermine für diese Aktivitäten ergeben sich durch das Addieren der veranschlagten Längen von links nach rechts und werden in die Aktivitätskästen eingetragen.

Scheinaktivitäten

Eine „Scheinaktivität" erfordert keine Arbeit und stellt keine wirkliche Aktivität oder Zeitdauer dar. In Präzedenznetzplänen sind Scheinaktivitäten in der Regel nicht erforderlich, doch sie können als Anfang- und Abschlußaktivitäten nützlich sein (siehe Abbildung 8.6) oder als Schnittstellenaktivitäten dienen, die zwei oder mehreren verschiedenen Projektnetzplänen gemeinsam sind, wie später, im Kapitel 9, ausgeführt wird.

Zeitanalyse mit Hilfe von Präzedenznetzplänen

Abbildung 8.6 zeigt einen sehr einfachen Präzedenznetzplan. Es ist das Äquivalent zum Pfeilnetzplan in Abbildung 8.3. In diesem Beispiel wurden alle Zeitvoranschläge in Wochen ausgedrückt.

Der Schritt vorwärts

Im Projektnetzplan in Abbildung 8.6 wurde die kürzeste mögliche Projektgesamtdauer errechnet, indem die Voranschläge für die Aktivitätenlängen entlang der verschiedenen Pfade und über die Verbindungen von links nach recht addiert wurden.

Da es mehr als einen möglichen Weg durch den Netzplan gibt, hängen die Gesamtmengen natürlich davon ab, welchem Pfad gefolgt wird. Der frühestmögliche Starttermin für Aktivität 4 beispielsweise scheint 0 + 1 + 2 = 3 zu sein, der Anfang von Woche 3 also, wenn der Pfad über die Aktivitäten 1, 2, und 3 gewählt wird. Aktivität 4 kann jedoch nicht vor Woche 5 beginnen, weil sie gezwungenermaßen über den längeren Pfad zwischen den Aktivitäten 1 und 5 führt. Folglich ist der frühestmögliche Abschlußtermin für Aktivität 4 (der früheste Starttermin plus Dauer) das Ende von Woche 9.

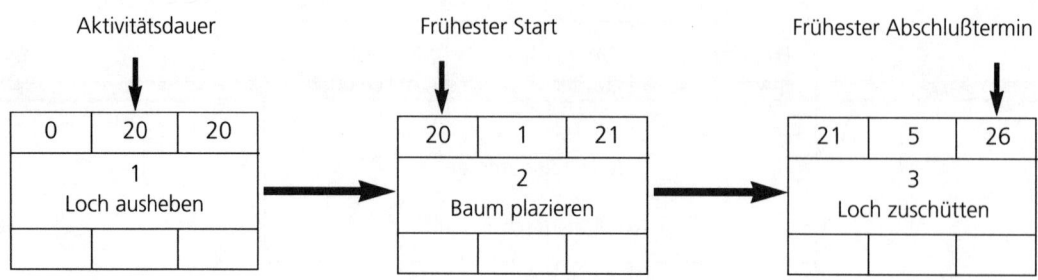

Abbildung 8.5   **Baumprojektnetzplan (Präzedenzversion)**

Die frühesten und letzten möglichen Zeitpunkte für Beginn und Abschluß jeder Aktivität ergeben sich aus der Summe aller vorausgehenden Aktivitäten entlang des längsten Pfades im Netzplan. Folgt man diesem Verfahren durch den Netzplan bis zum Ende des Projekts bei Aktivität 8, so stellt sich heraus, daß die kürzeste mögliche Projektdauer 9 Wochen beträgt.

Der Schritt rückwärts

Betrachten wir Aktivität 7 in Abbildung 8.6. Ihr frühestmöglicher Starttermin ist Woche 6, drei Wochen vor dem frühestmöglichen Abschlußtermin für das Projekt bei Aktivität 8. Es wird deutlich, daß Aktivität 7, die voraussichtlich nur zwei Wochen in Anspruch nehmen wird, um bis zu eine Woche verzögert werden könnte, ohne daß die Gesamtzeitplanung durcheinander geriete. Dieses Ergebnis wird im Aktivitätskasten angezeigt, indem der letzte mögliche Starttermin in die untere, linke Ecke eingetragen wird. Diesmal wurde das Resultat nicht durch Addieren von links nach rechts entlang der Pfeile erreicht, sondern, genau umgekehrt, durch Subtraktion von rechts nach links (9 – 2 = 7 für Aktivität 7). Nun können die anderen Mengen unten in den Kasten eingetragen werden, nämlich der Spielraum von einer Woche und der späteste mögliche Abschlußtermin der Aktivität in Woche 9.

Dieser Subtraktionsvorgang kann im gesamten Netzplan wiederholt werden, wobei die letzten zulässigen Termine und die Spielräume in sämtliche Aktivitätskästen eingetragen werden. Wo mehr als ein Pfad existiert, muß der längste gewählt werden, damit das Ergebnis nach der Subtraktion die kleinste Restmenge wiedergibt. Dies läßt sich beispielsweise in Aktivität 5 zeigen, wo die korrekte Route der Subtraktion durch die Aktivitäten 8 und 4 verläuft.

Spielraum

Mit dem Begriff „Spielraum" wird die Menge an Zeit beschrieben, die zwischen Anfang und Abschluß einer Aktivität zur Verfügung steht. Es gibt eine Reihe von Kategorien für den Spielraum, die im Kapitel 10 erläutert werden. Doch für die Beispiele in diesem Kapitel können sie ignoriert werden.

Der kritische Weg

Wenn alle frühestmöglichen und letzten zulässigen Zeitpunkte in das Diagramm eingetragen wurden, wird sich immer zumindest eine Kette von Ereignissen ergeben, bei der die frühesten und die spätesten Termine identisch sind, wo es also keinen Spielraum gibt. Diese Ereignisse sind „kritisch" für den erfolgreichen Abschluß des Gesamtprojekts zum frühestmöglichen Abschlußtermin. Es ist

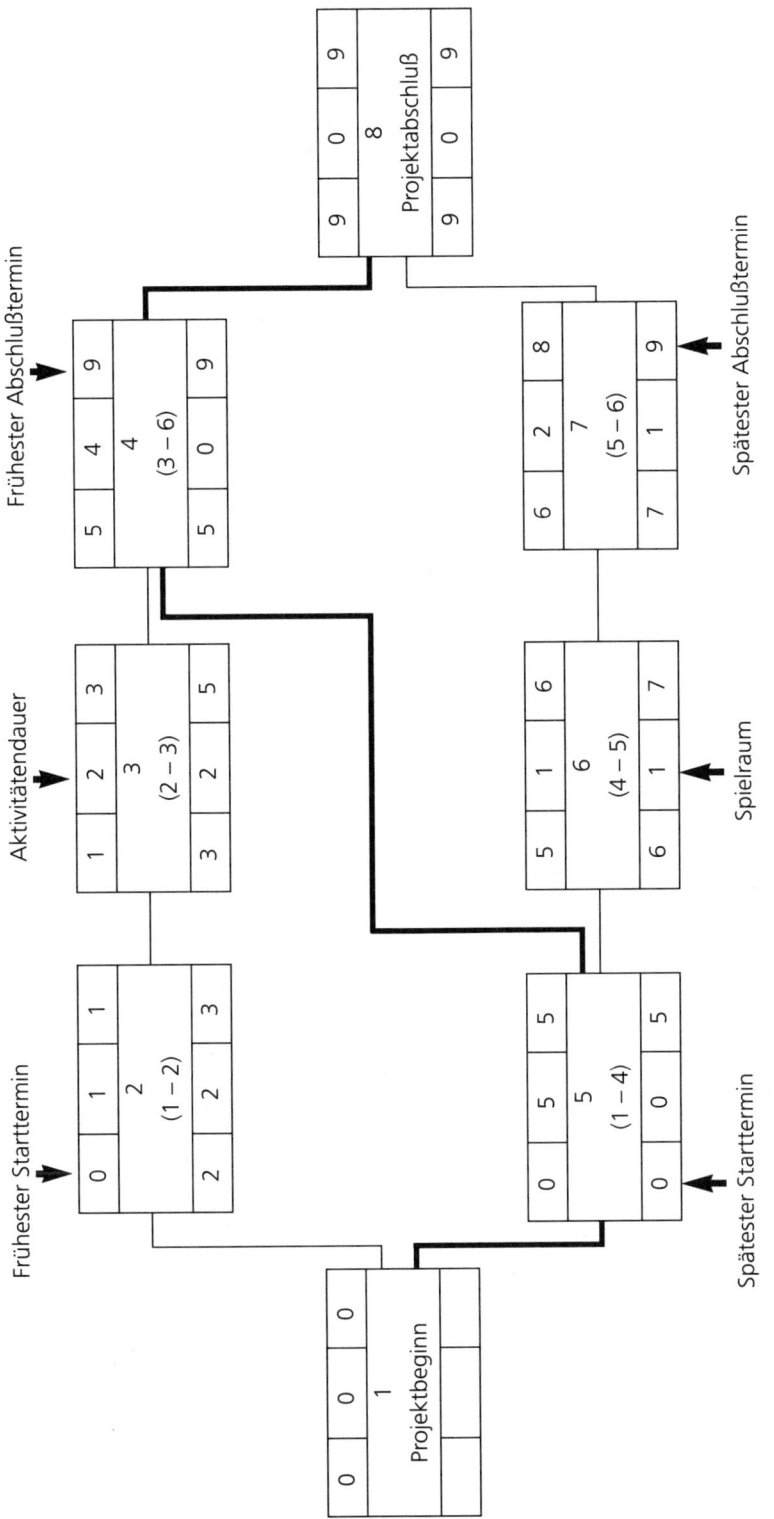

Abbildung 8.6   Der kritische Weg (Präzedenzversion)
Der kritische Weg wird durch die fettgedruckten Verbindungen dargestellt. Die Aktivitätennummern in Klammern zeigen die entsprechenden Aktivitäten in der Pfeilversion dieses Netzplans an, die in Abbildung 8.3 dargestellt wurde.

daher keine Überraschung, daß die Route, die diese Ereignisse miteinander verbindet, der „kritische Weg" genannt wird.

Zwar sind alle Aktivitäten wichtig, doch die kritischen Aktivitäten müssen bei der Ressourcenzuteilung und in der Aufmerksamkeit des Managements Vorrang haben.

Fallstudie: Stahlträgerprojekt

Ein etwas umfangreicheres Projektbeispiel soll zeigen, wie Netzplanlogik und Kalkulationen des kritischen Weges in der Praxis vor sich gehen.

Projektanforderungen

Abbildung 8.7 zeigt eine Stahlträgerkonstruktion, die auf dem Hang eines steilen Hügels errichtet werden soll. Die Anforderungen für dieses Projekt sind recht einfach, doch einigen Punkten in der Arbeitsabfolge muß besondere Aufmerksamkeit geschenkt werden.

Der erste Schritt bei der Errichtung dieses Stahlgerüsts ist die Festlegung des Standorts und die Vorbereitung der Fundamente. Nehmen wir an, sämtliche Vorbereitungen sowie die Anlieferung von Maschinen und Materialien zur Baustelle haben bereits stattgefunden. Aufgrund der Asymmetrie sind die Fundamente der beiden Türme unterschiedlich groß, weil das Fundament B mehr Gewicht trägt als das andere. Der Turm B muß auf einem vorgefertigten Sockel plaziert werden, damit er die-

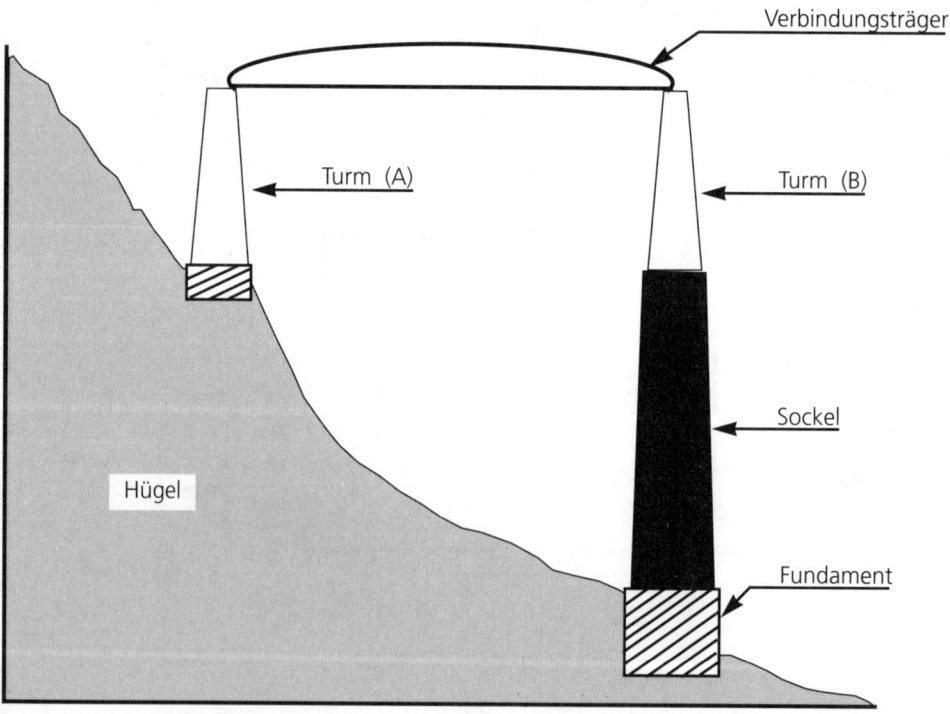

Abbildung 8.7   Stahlträgerprojekt
Dies ist die Querschnittsansicht eines Hügels. Hier wird die Struktur eines Projekts für die Errichtung einer Stahlträgerkonstruktion gezeigt.

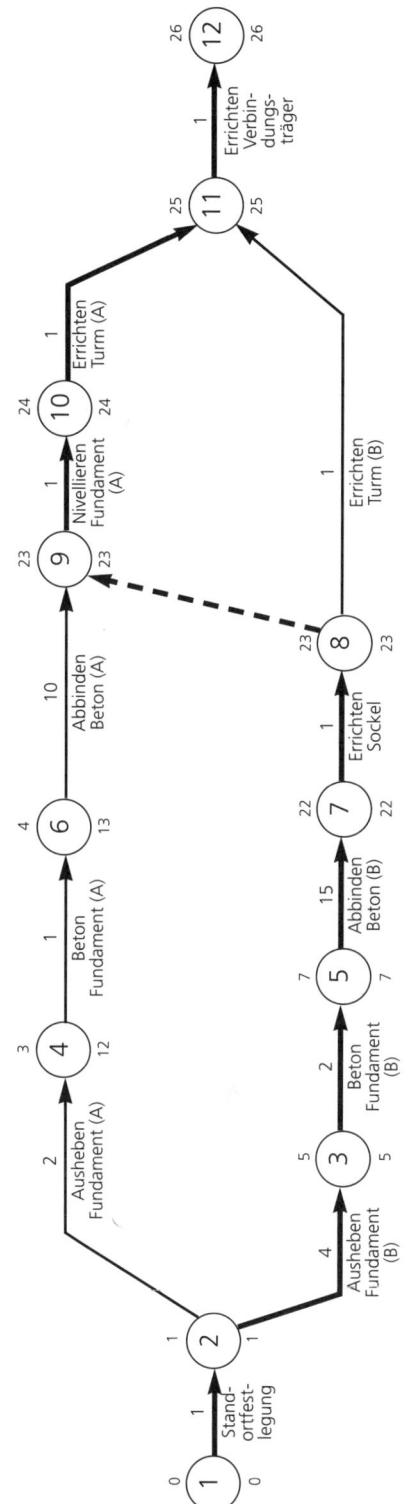

Abbildung 8.8   Stahlträgerprojektnetzplan (Pfeilnotation)

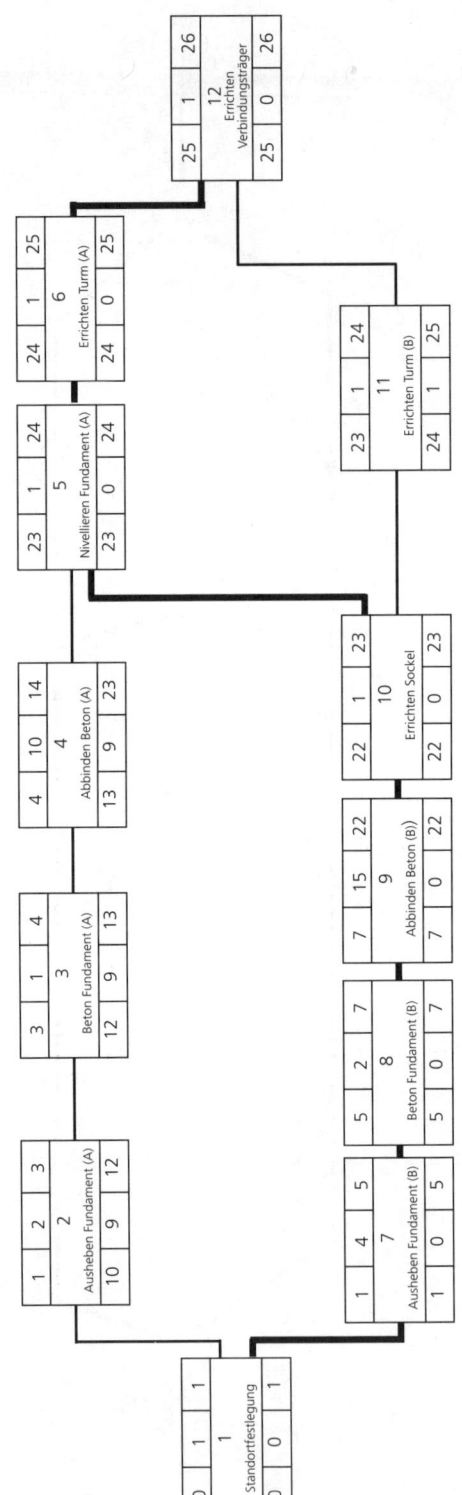

Abbildung 8.9   Stahlträgerprojekt (Präzedenzversion)

Der kritische Weg verläuft durch die fettgedruckten Verbindungen. Streng genommen hätte Aktivität 4, die einfach im Warten auf das Abbinden des Betons besteht, als eine Zeitverzögerung auf der Anfang-Abschluß-Verbindung zwischen den Aktivitäten 3 und 5 dargestellt werden können. Dies als eine gesonderte Aktivität darzustellen, hilft jedoch dabei, die Absicht des Planers deutlich zu machen, und sie ist nützlich bei der Prüfung des logischen Ablaufs. Außerdem verhindert es – falls ein Computer verwendet wird –, daß diese Zeitverzögerung in den nicht gemeldeten Daten verborgen bleibt. Die Pfeilversion dieses Netzplans wird in Abbildung 8.8 dargestellt.

selbe Höhe erreicht wie Turm A. Nachdem der Sockel für B errichtet wurde, muß eine letzte Nivellierung am Fundament A vorgenommen werden, was nach der Vermessung mit Hilfe eines Theodoliten von der Sockelspitze aus geschieht. Sämtliche dieser speziellen Anforderungen werden im Projektnetzplandiagramm wiedergegeben.

Alle Voranschläge und Zeiten werden für dieses Projekt in Tagen angegeben.

Netzplandiagramm für das Stahlträgerprojekt

Pfeilversion (ADM)

Abbildung 8.8 zeigt das Pfeildiagramm für dieses Projekt. Zu beachten ist die Scheinaktivität 8 zu 9, die die notwendige Verzögerung vor der Nivellierung des Fundaments A darstellt. So wird sichergestellt, daß zunächst der Sockel errichtet wird, ohne den keine Vermessung durchgeführt werden kann.

Präzedenzversion (PDM)

Abbildung 8.9 zeigt das Präzedenzdiagramm für das Stahlträgerprojekt. Es folgt derselben Logik wie das Pfeildiagramm in Abbildung 8.8, aber vor der Nivellierung des Fundaments A ist keine Scheinaktivität mehr nötig, weil es dafür die Verknüpfung der Aktivität 10 mit Aktivität 5 gibt.

Die Aktivitäten 4 und 9 sind Wartezeiten, in denen der Beton abbindet. Diese sind schwerlich als Arbeitsgänge oder Aktivitäten zu bezeichnen. In der Präzedenznotation ist es daher möglich, diese Aktivitäten als Verknüpfungen zwischen 3 zu 5 und 8 zu 10 darzustellen und den Verbindungen eine Zeitdauer zuzuteilen. Es ist jedoch immer sicherer, Aktivitäten in den Netzplan einzufügen, wenn es genug Platz auf dem Papier oder im Computerentwurf gibt, weil die logische Abfolge und die Absichten des Planers so klarer dokumentiert und sichtbar gemacht werden. „Sichtbarkeit" wird sich als sehr vorteilhaft herausstellen, wenn anschließend der Netzplan überprüft und die Computerberichte interpretiert werden müssen.

Zeitanalyse des Netzplans für das Stahlträgerprojekt

Die Projektaktivitäten und ihre Voranschläge lauten folgendermaßen:

Aktivitätsidentifizierung		Beschreibung	Dauer (Tage)
Präzedenz	*Pfeil*		
1	1–2	Standortfestlegung	1
2	2–4	Ausheben Fundament A	2
3	4–6	Beton Fundament A	1
4	6–9	Wartezeit Fundament A	10
7	2–3	Ausheben Fundament B	4
8	3–5	Beton Fundament B	2
9	5–7	Wartezeit Fundament B	15
10	7–8	Errichten Sockel B	1
–	8–9	Scheinaktivität	0
11	8–11	Errichten Turm B	1
5	9–10	Nivellieren Fundament A	1
6	10–11	Errichten Turm A	1
12	11–12	Errichten Verbindungsträger	1

Wenn sämtliche dieser Schätzungen für die Dauer der Aktivitäten im Netzplan eingetragen sind, kann die Zeitanalyse beginnen.

Der Schritt vorwärts

Die Summe der Zeitvoranschläge, bei Durcharbeiten des Netzplans von links nach rechts, ergibt den frühestmöglichen Abschlußzeitpunkt für jedes Ereignis (Pfeil) oder den Start- und Abschlußtermin für jede Aktivität (Präzedenz).

Wo es mehrere Wege gibt, mit mehr als einem unmittelbaren Vorgänger für eine Aktivität, bestimmt der längste Weg den frühestmöglichen Starttermin für die Aktivität. Dies wird bei den Ereignissen 9 und 11 in Abbildung 8.8 und bei den Aktivitäten 5 und 12 in Abbildung 8.9 deutlich. Bei Ereignis 12 in Abbildung 8.8 beispielsweise liegt der frühestmögliche Projektabschluß bei 26, d. h. am Ende des 26. Arbeitstages.

Der Schritt rückwärts

Der kritische Weg im Stahlträgerprojekt ergab sich, wie in den früheren Beispielen in den Abbildungen 8.3 und 8.6, aus der Subtraktion der Aktivitätenlängen entlang der Netzplanpfade von rechts nach links. Der kritische Weg in Abbildung 8.8 verläuft durch die Ereignisse 1, 2, 3, 5, 7, 8, 9, 10, 11 und 12. Im Präzedenznetzplan (Abbildung 8.9) verläuft der kritische Weg durch die Aktivitäten 1, 7, 8, 9, 10, 5, 6, und 12. Alle Aktivitäten auf diesem Pfad sind kritisch, und wenn eine von ihnen verzögert wird, verschiebt sich der Projektabschluß.

Zusammenfassung der Ergebnisse der Zeitanalyse für das Stahlträgerprojekt

Es folgen die Zeitanalyseresultate für das Stahlträgerprojekt in tabellarischer Form, wie sie eine einfache Computerkalkulation ergeben würde. Die Identifizierungsnummern für die Aktivitäten gelten für das Präzedenzdiagramm (Abbildung 8.9), die Pfeilentsprechungen stehen in der zweiten Spalte.

Aktivitäts-identifizierung		Beschreibung	Dauer	Spielr.	FAZ	FEZ	SAZ	SEZ
1	1–2	Standortfestlegung	1	0	0	1	0	1
2	2–4	Ausheben Fundament A	2	9	1	3	10	12
3	4–6	Beton Fundament A	1	9	3	4	12	13
4	6–9	Wartezeit Fundament A	10	9	4	14	13	23
7	2–3	Ausheben Fundament B	4	0	1	5	1	5
8	3–5	Beton Fundament B	2	0	5	7	5	7
9	5–7	Wartezeit Fundament B	15	0	7	22	7	22
10	7–8	Errichten Sockel B	1	0	22	23	22	23
–	8–9	Scheinaktivität	0	–	–	–	–	–
11	8–11	Errichten Turm B	1	1	23	24	24	25
5	9–10	Nivellieren Fundament Turm A	1	0	23	24	23	24
6	10–11	Errichten Turm A	1	0	24	25	24	25
12	11–12	Errichten Verbindungsträger	1	0	25	26	25	26

Die für die Beschriftung der Balken verwendeten Abkürzungen könnten also lauten: FAZ (Frühester Anfangszeitpunkt), FEZ (Frühester Endzeitpunkt), SAZ (Spätester Anfangszeitpunkt) und SEZ (Spätester Endzeitpunkt).

Wenn die Zeiten in dieser Tabelle Kalenderdaten entsprechen sollen – was in der Regel der Fall sein wird –, muß für die Umwandlung ein Kalender hinzugezogen werden. Tage, an denen nicht gearbeitet wird, wie Wochenenden und gesetzliche Feiertage, müssen herausgenommen werden. Dies ist eine der vielen lästigen Aufgaben, die durch die Benutzung eines Computers vermieden werden können.

Optimierte Beschleunigungsmaßnahmen mit Hilfe der Analyse des kritischen Weges

Die Analyse des kritischen Weges hilft durch Kenntlichmachen der kritischen Aufgaben bei der wirkungsvollsten Zuteilung knapper Ressourcen. Die detaillierte Einteilung der Projektressourcen wird in späteren Kapiteln behandelt, doch es gibt eine spezifische Anwendung der Analyse des kritischen Weges hinsichtlich der Ressource, die hier erklärt werden soll. Diese Ressource ist Geld.

Nehmen wir an, der Projektkunde erklärt die veranschlagte Dauer von 26 Tagen für das Stahlträgerprojekt als inakzeptabel. Es muß das kürzestmögliche Programm entwickelt werden, selbst wenn dies die Projektkosten erhöht. Der Projektmanager kann verschiedene Optionen in Betracht ziehen, angefangen von der Überprüfung der Netzplanlogik, um herauszufinden, ob Abkürzungen möglich sind und die Voranschläge verändert werden können. In diesem Fall ist es nicht möglich, den Netzplan zu verbessern, und der Projektmanager ist gezwungen, Beschleunigungsmaßnahmen für einige oder gar alle Aktivitäten zu finden. Die folgenden Maßnahmen können erwogen werden:

- Anwerbung zusätzlicher Arbeitskräfte (was zu einer gewissen Ineffizienz führen kann, denn die Verdoppelung der Mitarbeiterzahl halbiert nicht in jedem Fall die erforderliche Arbeitszeit),
- Anmieten leistungsstärkerer oder zusätzlicher Maschinen,
- Überstunden an Wochentagen oder an Wochenenden (was Mehrarbeitsaufschläge erforderlich macht),
- Nachtarbeit (was ebenfalls Mehrarbeitsaufschläge verursacht sowie zusätzliche Kosten für die Überwachung der Arbeit und Flutlichtausleuchtung des Hügels und der Zugangswege),
- Verwendung von Zusatzstoffen zur Abkürzung der Zeit, die der Beton benötigt, um abzubinden (was ebenfalls die Kosten erhöht).

Entsprechend der folgenden Tabelle wurden Kosten- und Zeitprognosen für die Beschleunigung aller geeigneten Aktivitäten erstellt. Aktivitäten, die, unabhängig von den Kosten, nicht beschleunigt werden können, wurden nicht in die Tabelle aufgenommen. Die Aktivitätenidentifizierungen beziehen sich auf Abbildung 8.9.

Aktivitäten-identifizierung		*Normale Dauer*	*Beschleunigte Dauer*	*Zusatz-kosten*
–	Anmietung von Flutlichtanlage	–	–	500
–	zusätzliche Überwachung (nachts)	–	–	750
2	Ausheben Fundament A	2	1	200
3	Beton Fundament A	1	0,5	50
4	Verkürzte Wartezeit für Beton A	10	5	100
7	Ausheben Fundament B	4	2	300
8	Beton Fundament B	2	1	100
9	Verkürzte Wartezeit Beton B	15	8	200

6	Errichten Turm A	1	0,5	150
11	Errichten Turm B	1	0,5	200
12	Errichten Verbindungsträger	1	0,5	50
Gesamtkosten für die Beschleunigung aller geeigneten Aktivitäten				2.600 GE

Wenn die kürzeren Arbeitszeiten in den Projektnetzplan (Abbildung 8.9) aufgenommen werden, stellt sich heraus, daß die veranschlagte Gesamtprojektdauer von 26 auf 15 Arbeitstage verkürzt wurde. Weitere Zeitersparnis ergab sich daraus, daß die Einteilung nun die Arbeit an Wochenenden und gesetzlichen Feiertagen erlaubt.

Bei genauerer Betrachtung des Netzplans wird jedoch deutlich, daß es keinen Sinn hat, jede Aktivität ohne Rücksicht auf die Kosten zu beschleunigen. Für einige Aufgaben gibt es einen Spielraum von 9 Tagen, die Kürzung ihrer ursprünglichen Dauer ist also völlig wirkungslos, und dafür aufgewendete Geldmittel sind nutzlos vergeudet.

Theoretisch besteht eine optimale Zeit-Kosten-Lösung. Um dieses Optimum zu erreichen, müssen zunächst alle kritischen Aktivitäten beschleunigt werden. Anhand des Stahlträgerprojekts zeigt sich, daß der ursprüngliche kritische Weg kürzer geworden ist. Eine Reihe von Aktivitäten ist nicht mehr kritisch, was bedeutet, daß ein oder mehrere andere kritische Pfade geschaffen wurden.

Die Aufmerksamkeit muß nun auf die Aktivitäten gerichtet werden, die am neuen kritischen Weg liegen. Sie müssen ebenfalls beschleunigt werden, bis sie nicht mehr kritisch sind.

Dieser Prozeß kann wiederholt werden, was viel Zeit und Aufwand für ein großes Projekt bedeutet (obwohl mit dem Einsatz von Computern zur Zeitanalyse viel an Aufwand wieder eingespart werden kann). Wirkliche Optimierung ist nur möglich, indem man so viele Abläufe wie möglich beschleunigt, bis sie kritisch werden und viele kritische Wege durch den Netzplan produzieren. Man wird nicht immer bis zu diesem äußersten Extrem vorgehen, aber in der Moderation kann der Einsatz dieses Prinzips Zeit und Geld bei nicht-kritischen Aufgaben sparen helfen.

Übung

Benutzen Sie entweder den Pfeilnetzplan in Abbildung 8.8 oder den Präzedenznetzplan in Abbildung 8.9, um im Stahlträgerprojekt eine vernünftige Lösung für einen beschleunigten Abschluß in 15 Tagen bei minimalen Extrakosten zu finden. Sehen Sie nur dann die Beschleunigung von Aktivitäten vor, wenn dadurch die Gesamtabschlußzeit verkürzt wird.

Bei dieser Übung sollte sich herausstellen, daß es überflüssig ist, die Aktivitäten 3, 4 und 11 zu beschleunigen. Dadurch werden die durch die Beschleunigung verursachten zusätzlichen Gesamtkosten von 2.600 GE auf 2.250 GE verringert, was also eine Einsparung von 350 GE ergibt.

In einem typischen Projektnetzplan mit weit mehr Aktivitäten und größerer Komplexität kann das Ergebnis weit weniger deutlich sein, und es ließen sich viel mehr überflüssige Ausgaben einsparen. Doch zu welchem Zweck der Netzplan auch gezeichnet wurde, die Aufmerksamkeit und spätere Kontrolle wird in der Regel auf die kritischen Aktivitäten gerichtet werden. Es wird keine Zeit damit verloren, sich um Vorgänge und Situationen zu sorgen, die der Netzplan als folgenlos ausweist. Alle Eventualitäten sollten anhand des Netzplans auf ihre Relevanz hin überprüft werden. Und nur solche Faktoren, die wirklich die Aufmerksamkeit des Managements erfordern, müssen an Führungskräfte weitergemeldet werden. – Dies wäre ein praktisches Beispiel für *Management by exception* – Management durch Ausnahmen.

PERT

PERT (Programme Evaluation and Review Technique) ist der Analyse des kritischen Weges sehr ähnlich, und häufig werden die beiden Methoden miteinander verwechselt. Doch das hat nur geringe Auswirkungen. Bei beiden Methoden werden die Netzplandiagramme in derselben Weise konstruiert, und der Hauptunterschied wird erst deutlich, wenn die Dauer der Aktivitäten veranschlagt wird.

Für PERT sind für jede Aktivität drei Zeitvoranschläge erforderlich.

t_o = die *optimistischste* Annahme der Dauer
t_m = die *wahrscheinlichste* Dauer
t_p = die *pessimistischste* Annahme der Dauer

Aus diesen Mengen wird auf statistischer Basis für jede Aktivität die voraussichtliche Dauer errechnet, wobei davon ausgegangen wird, daß die Fehler innerhalb der Normalverteilungskurve bleiben werden.

$$t_e = \frac{t_o + 4t_m + t_p}{6} \quad \text{(wobei } t_e \text{ die erwartete Zeitdauer ist)}$$

Diese Berechnung wird für alle Aktivitäten im Netzplan durchgeführt und dafür verwendet, die Wahrscheinlichkeit, mit der das Projekt innerhalb der vorgesehenen Zeit fertiggestellt werden kann, vorherzusagen.

Wenn mehr als etwa 100 verschiedene Aktivitäten im Netzplan enthalten sind, wird die Verwendung eines Computers erforderlich, um die mühselige Arbeit der Berechnung zu erleichtern und die Ergebnisse rechtzeitig für entsprechende Maßnahmen zugänglich zu machen.

Einige Fachleute akzeptieren nicht, daß eine Normalverteilungskurve für die Vorhersage der Verbreitung von Voranschlagsfehlern geeignet ist. Es ist allgemein bekannt, daß Voranschläge häufig eher zu optimistisch als zu pessimistisch sind. Dieser Tendenz kann vorgebeugt werden, indem die Verteilungskurve bewußt verzerrt wird. Die folgende Variation der Formel ist beispielsweise in der Praxis angewendet worden:

$$t_e = \frac{t_o + 3t_m + 2t_p}{6}$$

Welche statistische Grundlage auch gewählt wird, PERT ergibt einen kritischen Weg auf dieselbe Weise wie jede andere Netzplananalysemethode. Der Schwerpunkt ist jedoch verschoben von der Kosten-Zeit-Analyse und der Konzentration auf den kritischen Weg hin zu einem mehr statistisch orientierten Ansatz, der die Feststellung der Wahrscheinlichkeit des Projektabschlusses zu einem bestimmten Zeitpunkt ermöglicht.

Viele Anwender nennen ihre Netzpläne PERT, doch der Begriff wird häufig falsch verwendet. Am weitesten verbreitet ist die unkompliziertere Analysemethode des kritischen Weges mit den einzelnen Voranschlägen für die Dauer.

Kompliziertere Notationen

Häufig stellt sich heraus, daß der Beginn einer Aktivität nicht davon abhängt, daß ihre unmittelbare Vorgängeraktivität völlig abgeschlossen ist, wie der Netzplan nahelegt, sondern es genügt oft, daß die vorausgehende Aktivität teilweise abgeschlossen ist. Ein typisches Beispiel dafür ist die technische Entwurfsarbeit, wo eine komplette Entwurfsaufgabe zwar sechs Wochen in Anspruch nehmen mag, es jedoch schon nach drei Wochen möglich ist, der Einkaufsabteilung Informationen zu geben, so daß Komponenten mit langen Lieferzeiten so frühzeitig wie möglich bestellt werden können.

Stufenleiteraktivitäten – die Pfeildiagrammlösung für einander überschneidende Aktivitäten

Abbildung 8.10 zeigt einen kleinen Auszug aus einem viel größeren Netzplan. Es sind drei Aktivitäten beteiligt: technische Entwurfsarbeiten, Zeichnung und die Beschaffung von Materialien. Abbildung 8.10(a) zeigt den Netzplan, wie er ursprünglich gezeichnet wurde. Die drei Aktivitäten folgen aufeinander und sind durch die strenge Anfang-bis-Ende-Abfolge eingeschränkt. Die Aktivitäten lagen auf dem kritischen Weg und machten 28 Wochen der Gesamtdauer des Projekts aus, was inakzeptabel war.

Eine Überprüfung des Netzplans enthüllt einen fundamentalen Irrtum in den zugrundeliegenden logischen Überlegungen. Muß wirklich der gesamte technische Entwurf abgeschlossen sein, bevor mit den detaillierten Zeichnungen begonnen werden kann? Natürlich nicht. Diese Aktivitäten können sich durchaus in gewissem Maße überschneiden. Genauso können einige der Artikel mit langen Lieferzeiten im voraus bestellt werden, sobald die Techniker sie spezifizieren können. Es ist nicht nötig, auf die letztgültige Stückliste zu warten.

In Abbildung 8.10(b) wurde in einer neuen Zeichnung des Netzplans der Versuch unternommen, die zulässigen Überschneidungen der Aktivitäten anzudeuten. Die Einschränkungen durch Beginn und Abschluß wurden abgeschwächt durch die Aufnahme von Scheinaktivitäten, von denen jeder eine gewisse Dauer zugeteilt wurde. Mit den Zeichnungen kann zwei Wochen nach Beginn der Entwurfsarbeiten begonnen werden, doch sie können erst drei Wochen nach Fertigstellung der Entwürfe abgeschlossen werden. Der Einkauf kann drei Wochen nach Beginn der Zeichnungen anfangen, denn die Artikel mit langen Lieferzeiten können voraussichtlich zu diesem Zeitpunkt spezifiziert werden. Einige Artikel können jedoch erst bestellt werden, wenn die Stückliste zusammen mit den allgemeinen Montagezeichnungen ausgegeben wird, und die Auslieferung dieser spät bestellten Artikel wird erst vier Wochen nach Abschluß der Zeichnungen erwartet. Obwohl keine Beschleunigungsmaßnahmen vorgesehen wurden, konnte der Zeitrahmen für diesen kleinen Teil des Hauptnetzplans von 28 auf 17 Wochen verkürzt werden, die Zeit wurde also beinahe halbiert.

In der Pfeilnotation werden einander überschneidende Aktivitäten, bei denen eine vom Arbeits- oder Informationsfluß der anderen abhängt „Stufenleiteraktivitäten" genannt.

Strenggenommen würde die in Abbildung 8.10(b) zugrundeliegende Logik einer genauen Untersuchung nicht standhalten. Es könnte vermutet werden, daß zwei Wochen nach Woche 0 mit den Zeichnungen begonnen werden kann, selbst wenn noch keine Entwurfsarbeiten durchgeführt wurden, und daß in Woche 5 mit dem Einkauf begonnen werden kann, egal wie weit die Entwürfe und Zeichnungen sind. Das entsprach eindeutig nicht der Absicht des Planers, während er den Netzplan zeichnete, und es sollten Alternativnetzpläne vorgestellt werden. In Abbildung 8.10(c) wurde dieselbe Aktivitätenabfolge dargestellt, doch durch das Aufspalten der Entwurfs- und Zeichenarbeiten in zwei Phasen wurden die echten Verbindungen und Einschränkungen klarer definiert. Doch diesmal ergab sich eine andere, ebenfalls falsche Antwort. Der Fehler liegt in der Beschränkung für den Beginn des Einkaufs, der in Wirklichkeit nicht vom Abschluß der Entwurfsarbeiten abhängt, sondern von Phase 1 der Zeichnungen. Das echte Bild ergibt sich aus der Zeichnung des Netzplans in Abbildung 8.10(d), in alle Scheinaktivitäten korrekt plaziert sind.

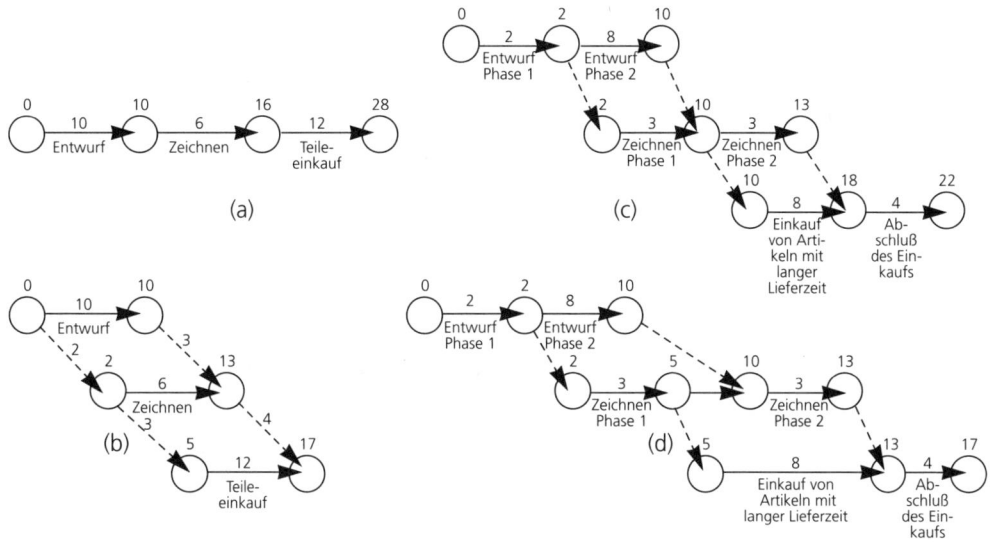

Abbildung 8.10   Stufenleiteraktivitäten in Pfeilnotation

Die Anwendung der Präzedenznotation auf komplexe Beschränkungen

Die Präzedenznotation ist für einander überschneidende Aktivitäten und andere komplexere Beschränkungen besser geeignet. Komplex bedeutet hier jede Verknüpfung zwischen zwei Aktivitäten, die sich von der herkömmlichen Anfang-bis-Ende-Vorgabe unterscheidet, wo eine Aktivität begonnen werden kann, sobald die vorausgehende abgeschlossen ist.

Abbildung 8.11 zeigt die vier Typen von Präzedenzverbindungen, die benutzt werden können. Die entsprechende Präzedenzmethode für die Darstellung der Stufenleiterlogik im Pfeildiagramm in Abbildung 8.10(d) basiert auf der Art von Verbindungen, die in Abbildung 8.11(b) gezeigt werden. Diese Art der Notation ermöglicht eine viel elegantere Lösung für das Problem einander überschneidender Aktivitäten.

Selbst eine normale Anfang-Ende-Verbindung wie in Abbildung 8.11(a) kann, wenn erforderlich, komplexer gestaltet werden, indem der Verknüpfung ein Zeitwert gegeben wird. Auf diese Weise wird eine Verzögerung zwischen dem Abschluß einer Aktivität und dem Beginn der nächsten erzwungen. Diese Art von Verzögerungsbeziehung ist nützlich für Aktivitäten wie Wartezeiten beim Härten von Beton oder beim Trocknen von Farbe.

Ist das Präzedenzsystem immer am besten?

Ein deutlicher Nachteil des Präzedenzsystems wird in Abbildung 8.12 illustriert. Immer wenn eine erhebliche Anzahl von Aktivitäten unabhängig voneinander mit verschiedenen nachfolgenden Aktivitäten verknüpft werden muß, wird die Verwendung von Scheinaktivitäten in Pfeildiagrammen ein klareres Diagramm erzeugen als das Präzedenzgegenstück. Scheinaktivitäten können in der Präzedenznotation jedoch geschaffen werden, indem einfach eine gewöhnliche Präzedenzaktivität mit null Dauer eingefügt wird. Sie ist nützlich für die Bündelung von Aktivitäten am Anfang eines Pro-

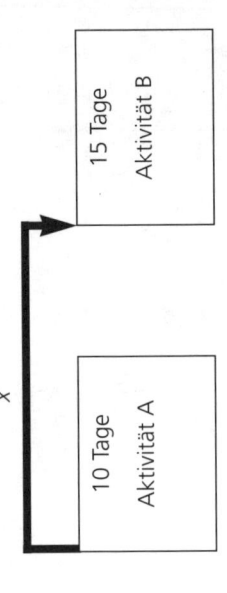

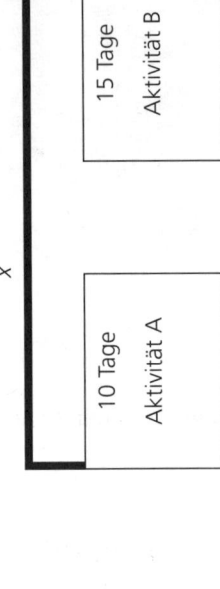

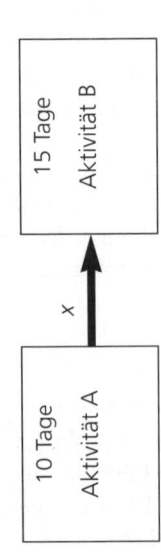

(a) Abschluß-zu-Anfang-Einschränkung. Aktivität B, mit einer Dauer von 15 Tagen, kann erst x Tage nach dem Abschluß von Aktivität A (Dauer 10 Tage) begonnen werden.

(b) Anfang-zu-Anfang-Einschränkung. Aktivität B kann erst x Tage nach dem Anfang von Aktivität A begonnen werden.

(c) Abschluß-zu-Abschluß-Einschränkung. Aktivität B kann erst x Tage nach dem Abschluß von Aktivität A als abgeschlossen betrachtet werden.

(d) Anfang-zu-Abschluß-Einschränkung. Aktivität B kann erst x Tage nach dem Anfang von Aktivität A als abgeschlossen betrachtet werden.

Abbildung 8.11   Präzedenznotation: Komplexe Einschränkungen

Dieses Diagramm zeigt zwei Aktivitäten aus einem Präzedenznetzplan und die verschiedenen Einschränkungen, die zwischen ihnen spezifiziert werden können. Für dieses Beispiel wurden Tage als Einheit der Aktivitätendauer ausgewählt. Einschränkungen kann jede Zahl von Zeitdauereinheiten zugeteilt werden, doch üblich ist die Dauer null beim gewöhnlichsten Fall wie unter (a), der zwei aufeinander folgenden Aktivitäten in einem Pfeildiagramm entspricht.

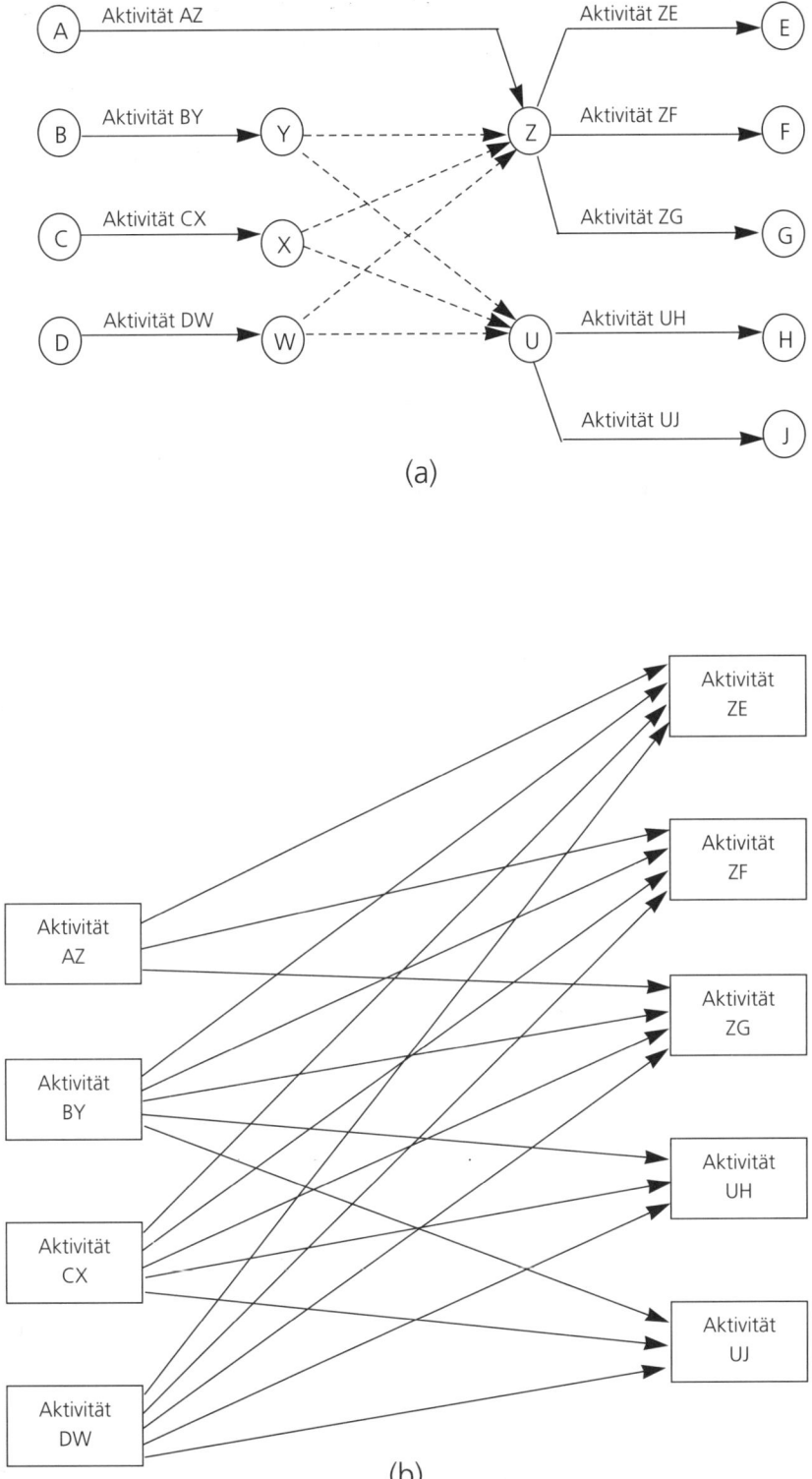

(a)

(b)

Abbildung 8.12   Ein Nachteil der Präzedenzlogik
Präzedenznetzpläne können komplexe Beziehungen zwischen Aktivitäten sehr deutlich darstellen (Abbildung 8.11). Doch unter bestimmten Umständen sind Pfeildiagramme leichter nachzuvollziehen. Hier ist ein Beispiel. Beide Netzpläne zeigen dieselbe Logik, doch die Pfeilversion unter (a) ist leichter nachzuvollziehen als ihr Präzedenzgegenstück unter (b). Es gibt jedoch ein Hilfsmittel in Form von Verwendung von Präzedenzaktivitäten mit einer Dauer null (der Präzedenzentsprechung von Scheinaktivitätenpfeilen), die zur Bündelung dienen.

jekts und bei seinem Abschluß. Im Beispiel in Abbildung 8.12 kann die zugrundeliegende Logik durch Einfügen zwei solcher Bündelungsaktivitäten erheblich vereinfacht werden. Die Lösung wurde hier nicht dargestellt, um dem interessierten Leser eine Übungsmöglichkeit zu geben.

Kapitel 9
Netzplananalyse in der Praxis

Im vorigen Kapitel wurde in die grundlegenden Techniken der Projektnetzplananalyse eingeführt, indem die verwendete Notation erklärt und die Grundsätze der Zeitanalyse mit einigen einfachen Beispielen dargestellt wurden. In diesem Kapitel werden die Verfahren und Methoden beschrieben, die für eine erfolgreiche Implementierung der Netzplananalyse in der Praxis erforderlich sind. Bei einigen dieser Schritte wird die Verwendung eines Computers für die Zeitanalyse und die Abfassung von Berichten für den Netzplan vorausgesetzt.

Das Zeichnen eines Projektnetzplans

Der Planer

Wenn ein Netzplan gezeichnet wird, muß gewährleistet sein, daß die Person, die die Arbeitsvorschläge aufs Papier bringt, für diese Aufgabe hinreichend kompetent ist.

Die federführende Person beim ersten Netzplantreffen sollte ein Netzplananalytiker mit soviel Fachkenntnis und Erfahrung wie möglich sein. Die Aufgabe dieses Experten wird erleichtert, wenn alle Anwesenden hinreichend geschult wurden, um die Bedeutung des entstehenden Netzplans erfassen zu können. Die wichtigsten Elemente der Netzplananalyse sind nicht schwer zu erlernen und können in wenigen Stunden vermittelt werden. Vollständiges Beherrschen der Kunst der Netzplanlogik erfordert etwas mehr Zeit und viel Übung.

Es gibt eine Reihe von Stolpersteinen, die einen potentiellen Netzplanexperten um Exaktheit und damit um den Erfolg bringen können. Obwohl für die zugrundeliegende Logik nur einige wenige Symbole benutzt werden, ist es nicht immer leicht, sie so zusammenzustellen, daß bei der Darstellung einer praktikablen Methode für die Abwicklung eines Projekts Fehler völlig vermieden werden. Zu einem gewissen Grad hängt der Erfolg von der Eignung des einzelnen ab. Die richtige Logik zu entwickeln, läßt sich mit dem Lösen eines Puzzlespiels vergleichen, und einige Leute betrachten die Herausforderung, die das Zeichnen eines Netzplans bedeutet, in diesem Licht. – Netzplanung kann in der Tat Spaß machen.

Wenn drei verschiedene Projektplaner dieselben Daten für ein Projekt vor sich haben, so werden sie wahrscheinlich drei unterschiedliche Netzpläne erstellen, die jeweils die persönliche Vorstellung des Planers davon wiedergeben, wie die Arbeitsschritte logisch aufeinander folgen sollten. Das bedeutet nicht unbedingt, daß einer der Netzpläne falsch ist. Jede der vorgeschlagenen Arbeitsmethoden kann zulässig sein und zu einem befriedigenden Ergebnis führen. Aber natürlich ist es wichtig, daß tatsächliche logische Fehler und Aufgabenauslassungen so weit wie möglich vermieden werden.

Organisieren eines Brainstorming-Treffens

Die Anzahl der Leute, die am Zeichnen eines Netzplans beteiligt sind, hängt zu einem gewissen Grad von der Größe des Projekts ab. In der kleinsten Version zeichnen einzelne Personen einen Netzplan, um einfach ihre eigenen Aktivitäten zu planen und zu kontrollieren. Bei größeren Projekten ist es üblich und wünschenswert, daß zumindest jeweils ein Verantwortlicher anwesend ist, der für jede beteiligte Abteilung oder Organisation sprechen kann.

Die ausgewählten Personen sollten einen Dienstrang haben, der es ihnen ermöglicht, den Plan für ihre Abteilungen verbindlich zu machen, wozu auch die spezifischen Arbeitsmethoden oder Voranschläge gehören, von denen dieser abhängt.

Der Netzplan sollte zügig gezeichnet werden und so groß wie möglich, und er sollte für alle, die Informationen beitragen, sichtbar sein. Ich finde, daß die Pfeilnotation für diesen Zweck am besten geeignet ist, weil sie sich schneller skizzieren läßt. Später, nach der Besprechung, ist es immer sehr einfach, ein Pfeildiagramm in ein Präzedenzsystem zu übertragen, wodurch sich wertvolle und kostspielige Arbeitszeit der Teilnehmer einsparen läßt.

Folgende Dinge sind bei dieser Arbeit sehr nützlich:

- Ein großer Bogen Papier, der so plaziert ist, daß er für alle bei der Besprechung anwesenden Personen gut sichtbar ist,
- eine ausreichende Menge gespitzter, weicher Bleistifte,
- weiche Radiergummis,
- ein langes Lineal; in dieses Lineal kann ein Loch gebohrt werden, das als Schablone für die Ereigniskreise dient.

Zwar kann der erste Netzplan auch freihändig gezeichnet werden, aber Lineal und Schablone helfen dabei, ihn übersichtlich zu gestalten und zu verhindern, daß er sich über einen zu großen Bereich des Papiers ausbreitet, was zu Schwierigkeiten führen würde, wenn das Papier beim Erreichen der späteren Stufen bereits vollgeschrieben ist. Zwar kann der Netzplan nach der Besprechung neu gezeichnet werden, doch wenn die erste Fassung zu wenig sorgfältig erstellt wird, kann der Plan aufgrund der vielen Ausradierungen, Korrekturen und Zusätze während der Besprechung schnell unleserlich und damit unklar werden. Das Diagramm kann ebensogut von vornherein gerade Linien und die passenden Abstände enthalten.

Beitrag des Planungsexperten

Der fachlich vorgebildete Analytiker sollte, unabhängig von seinem Dienstrang, die Möglichkeit bekommen, das Treffen zu kontrollieren. Er wird sicherstellen, daß sich die Logik entlang der richtigen Linien entwickelt, indem er von Zeit zu Zeit Kontrollfragen stellt, um die Logik zu überprüfen und Fehler zu vermeiden. Diese Kontrollfragen können folgendermaßen lauten:

- „Müssen diese Zeichnungen nicht vor der Ausgabe überprüft werden?"
- „Ist die Zustimmung des Auftraggebers erforderlich, bevor diese Aktivität begonnen werden kann?"
- „Muß diese Stahlkonstruktion vor der Errichtung einen Schutzanstrich bekommen oder in anderer Weise behandelt werden?"
- „Kann dieser Turm wirklich errichtet werden, sobald das Betonfundament gegossen wurde, oder wird er in dem feuchten Zement langsam absacken?"
- „Hängt der Beginn dieser Aktivität wirklich von all diesen vorhergehenden Aktivitäten ab?"

Ein Diagramm, das die Narben vieler Ausradierungen und Zusätze trägt, wenn das erste Treffen vorüber ist, zeigt, daß man sich bei der Entwicklung der Logik aktiv und umfassend Gedanken gemacht hat. Der Analytiker darf nie zu bequem sein oder zögern, Teile des Netzplans auszuradieren und neu zu zeichnen, wenn sich alle, die sich während der Besprechung Gedanken gemacht haben, auf die korrekte Logik geeinigt haben.

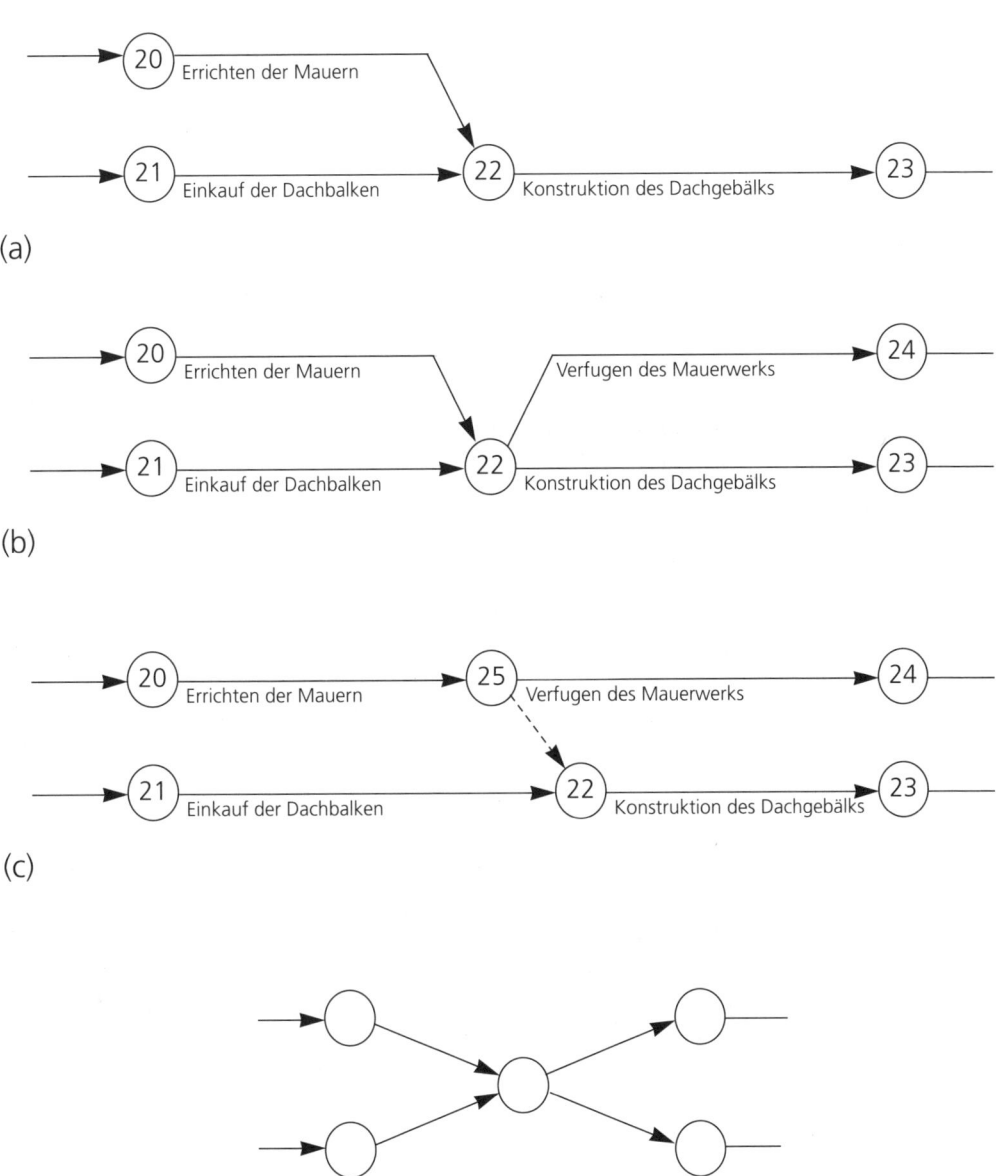

(a)

(b)

(c)

(d)

Abbildung 9.1   Eine Fehlerquelle in der Pfeillogik
Der hier unter (a), (b) und (c) dargestellte Netzplan ist ein Auszug aus einem größeren Netzplan. Unter (a) befindet sich der Netzplan bei der Konstruktion, während unter (b) eine weitere Aktivität eingefügt wurde. Durch diesen Zusatz ist jedoch ein Fehler in der Logik entstanden. Das Verfugen des Mauerwerks hängt zwar davon ab, daß die Mauern errichtet wurden, doch es hängt keinesfalls vom Einkauf der Dachbalken ab. Die korrigierte Version wird unter (c) dargestellt. Immer wenn ein Muster wie das unter (d) dargestellte auftaucht, wo mehrere Aktivitäten in ein Ereignis laufen und es wieder verlassen, muß sich der Planer fragen: „Hängen wirklich alle Aktivitäten von den vorausgehenden Aktivitäten ab?" Ist dies nicht der Fall, muß die Logik korrigiert werden, indem Scheinaktivitäten und isolierende Ereignisse eingefügt werden.

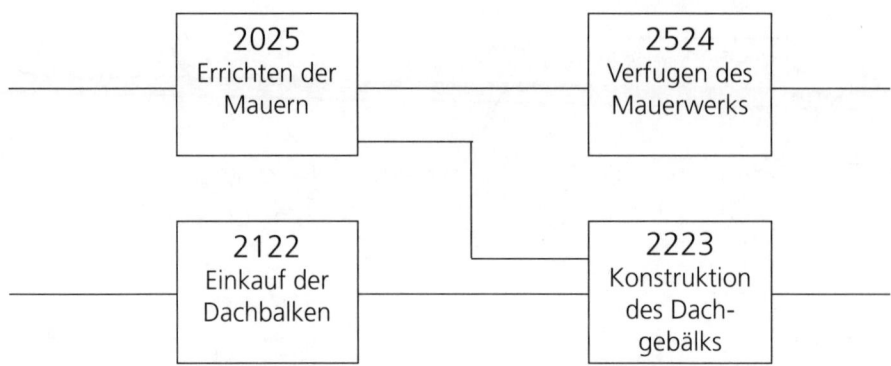

Abbildung 9.2   Präzedenzversion der Abbildung 9.1(c)
Der logische Fehler, der im Pfeilnetzplan in Abbildung 9.1(b) dargestellt ist, kann bei Verwendung von Präzedenzlogik nur sehr schwer auftreten. Hier wird die korrekte Logik dargestellt.

Eine Fehlerquelle in der Pfeillogik

Während der Plan entsteht, kann es vorkommen, daß unabsichtlich logische Fehler aufgenommen werden. Ein Beispiel dafür enthält Abbildung 9.1, eine klassische Falle, die allen Experten gut vertraut ist, die während der Treffen die Pfeillogik benutzen.

Nehmen wir an, ein Bauunternehmen entwirft einen Netzplan für die Planung und die Kontrolle eines neuen Gebäudeprojekts. Abbildung 9.1(a) zeigt einen Ausschnitt aus diesem Netzplan am Anfang des Planungstreffens. Es ist zu beachten, daß das Dachgerüst selbstverständlich nicht begonnen werden kann, bevor die Wände gemauert sind und das erforderliche Bauholz gekauft wurde. So weit, so gut. Nehmen wir nun an, die nächste Aktivität, die aufgezählt wird, ist „Verfugen des Mauerwerks". Hiermit kann begonnen werden, sobald die Wände stehen, also nach Ereignis 22. Die Fehlerquelle besteht darin, daß die logische Abfolge so gezeichnet wird wie in Abbildung 9.1(b), wo die neue Aktivität als aus Ereignis 22 hervorgehend dargestellt wird. Die korrekte Logik findet sich in Abbildung 9.1(c), da es ja nicht erforderlich ist, die Dachbalken zu erwerben, bevor mit dem Verfugen begonnen werden kann.

Ein Planer, der die Pfeilnotation verwendet, muß die Logik immer kritisch betrachten, wenn sich an einem Ereignis, wie in Abbildung 9.1(d), mehrere Input- und Output-Aktivitäten ergeben.

Das Präzedenzäquivalent

Versuchen Sie, den in Abbildung 9.1 gezeigten Fehler in der Präzedenznotation zu wiederholen. Die korrekte Logik findet sich in Abbildung 9.2; es stellt sich heraus, daß dieser besondere Irrtum im Präzedenzverfahren praktisch ausgeschlossen ist.

Es ist jedoch in jedem Fall empfehlenswert, egal welche Form der Notation benutzt wird, immer die Logik zu überprüfen, wenn mehrere Verbindungen auf einen Knotenpunkt treffen oder ihn verlassen.

Umfang an Details in der Netzplanung

Viele Planer, die neu im Geschäft sind, stellen sich die Frage: „Wie viele Detail müssen wir im Netzplan zeigen?" Anders ausgedrückt, welche Aktivitäten sollten im Netzplan enthalten sein, und welche sollten nicht aufgenommen oder mit anderen zusammengefaßt werden?

Dies ist zu einem gewissen Maße abhängig vom Umfang des Projekts, von der Projektdauer, den für die Dauer gewählten Einheiten, dem zugänglichen Umfang an Details und dem Zweck des Netzplans. Ein äußerst detaillierter Netzplan, der 20.000 Aktivitäten umfaßt, mag sehr beeindruckend sein, doch mit kleineren Netzplänen ist viel leichter zu arbeiten. Außerdem können sehr umfangreiche einzelne Netzpläne äußerst ermüdend sein, wenn sie zusammen mit den Plänen für andere Projekte für ein Multiprojektplanungssystem untersucht werden müssen.

Richtlinien

Es gibt eine Reihe von Richtlinien, die grundsätzlich für den Umfang an Details gelten, der in Projektnetzplandiagrammen enthalten sein sollte.

Aktivitäten mit verhältnismäßig sehr kurzer Dauer

Es ist wahrscheinlich vorteilhaft, Arbeitsschritte, deren Dauer nur einen winzigen Bruchteil der voraussichtlichen Gesamtdauer ausmacht, nicht als gesonderte Aktivitäten darzustellen; besonders dann nicht, wenn sie keine Ressourcen erfordern. Natürlich können diese Aktivitäten nicht ignoriert werden, doch sie lassen sich als Teil anderer Aktivitäten im Netzplan aufnehmen.

Ein Beispiel wäre die Vorbereitung eines Satzes von Zeichnungen, wo „Ausführung und Prüfung der Untergruppe X" als eine einzelne Aktivität auftauchen sollte und nicht ein separater Satz von Aktivitäten für die Detailausführung jeder einzelnen Zeichnung und ein anderer Satz für ihre Überprüfung.

Bei einem kurzen Projekt, das nur wenige Woche dauert, etwa die Überholung und Wartung eines Elektrizitätswerks, das für eine bestimmte Zeit abgeschaltet ist, wäre es vernünftig, Netzplaneinheiten wie Tage oder Bruchteile von Tagen zu wählen und Aktivitäten aufzunehmen, die nur einen halben Tag in Anspruch nehmen. Bei Projekten, die mehrere Jahre dauern, bestehen die Planungseinheiten in Wochen, und es werden nur sehr wenige Aktivitäten aufgenommen, die weniger als eine Woche dauern.

Doch wie bei allen Regeln gibt es einige Ausnahmen. Einige Aktivitäten von sehr kurzer Dauer können so wichtig sein, daß sie mit aufgenommen werden müssen, zum Beispiel Aktivitäten wie die Beschaffung einer Genehmigung oder Zustimmung, die für die Aufnahme der nachfolgenden Arbeit erforderlich ist.

Umfang an Details in Abhängigkeit von Verantwortlichkeit für Aufgaben

Ein Netzplanpfad sollte immer dann unterbrochen werden, um eine neue Aktivität aufzunehmen, wenn die Durchführung von einer Abteilung oder Organisation auf eine andere übergeht; mit anderen Worten, wenn sich die Verantwortlichkeit für die Arbeit ändert. In den Tagen, als praktisch jeder Pfeilnetzpläne verwendete, war dieses Konzept leicht zu definieren: Es sollte immer dann ein neues Ereignis geschaffen werden, wenn die Verantwortlichkeit von einem Manager auf den nächsten überging bzw. von einer Abteilung auf die nächste.

Ein nützlicher Anhaltspunkt besteht darin, sich zu vergegenwärtigen, daß der Zweck des Netzplans letztlich darin besteht, die Einteilung und Kontrolle der Projektarbeit zu ermöglichen. Zu gegebener Zeit werden sich aus dem Netzplan Aufgabenlisten für verschiedene Manager ergeben. Der Netzplan muß alle Arbeitsschritte enthalten, die für diese Listen benötigt werden. Das bedeutet, daß

• keine Netzplanaktivität zu groß sein sollte, um grundsätzlich der Kontrolle einer, und wirklich nur einer, Abteilung oder einem Manager unterstellt werden zu können;

- der Zeitraum zwischen dem Beginn und dem Abschluß jeder Aktivität im Verhältnis zur Gesamt-dauer des Projekts nicht zu lang sein sollte, damit die vorausgeplanten Ereignisse entsprechend häufig überprüft werden können.

Die umfassende Detaillierung des Netzplans ermöglicht, daß folgende Arten von Ereignissen kennt-lich gemacht, geplant und überprüft oder bemessen werden:

1. Genehmigung der Arbeit, entweder als ein interner Arbeitsauftrag oder in Form einer Bestellung oder eines Vertrags mit dem Kunden.
2. Genehmigung der Finanzierung durch den Kunden, besonders, wenn das Risiko von Arbeits-verzögerungen im Laufe des Projekts besteht.
3. Planungsanträge und Genehmigungen kommunaler Behörden.
4. Anfang und Abschluß der Entwürfe für jede Montageeinheit. Wenn die Dauer der Entwurfsar-beiten zwei oder drei Wochen übersteigt, kann es ratsam sein, entsprechend der Entwurfsphasen separate, kürzere Aktivitäten zu definieren.
5. Ausgabe der vollständigen Produktions- oder Konstruktionszeichnungen, voraussichtlich in Sätzen zusammengestellt.
6. Beginn der Einkaufsaktivität für jede Montageeinheit oder jedes Ausschreibungspaket anhand der Ausgabe einer Materialliste, Einkaufsspezifikation oder Vorabausgabe von Informationen über Artikel mit bekanntermaßen langen Lieferfristen durch die Ingenieursabteilung.
7. Ausgabe von Einladungen zur Teilnahme an einer Ausschreibung oder Einkaufsanfrage.
8. Empfang und Analyse der Angebote.
9. Im Anschluß an 6, 7 und 8 Aufgabe einer Bestellung bei einem Händler oder Subunternehmer, wiederum auf der Ebene von Ausschreibungspaketen oder Montageeinheiten und nicht als klei-ne, individuelle Kaufvorgänge.
10. Materialanlieferungen, womit häufig jener Moment gemeint ist, zu dem letzte Artikel der benötigten Materialien für ein bestimmtes Ausschreibungspaket oder für ein einzelnes Investi-tionsgut auf der Baustelle oder in der Fabrik in Empfang genommen wurden.
    Bei internationalen Projekten kann der Auslieferungsort auch ein Schiff oder Flugzeug sein, und die folgende Transportzeit wird als separate, sich anschließende Aktivität dargestellt, falls die Regel der veränderten Verantwortlichkeit anwendbar ist (da mit dem Übergehen der Verantwor-tung auf die Spedition ein Ereignis geschaffen wurde).
11. Anfang und Abschluß der Fertigungsstufen; bei großen Projekten wird lediglich der Ein- und der Austritt der Verantwortung bei der Produktionskontrolle betrachtet, und es wird wiederum von Ausschreibungspaketen oder Montageeinheiten ausgegangen und nicht von kleinen Einzel-einheiten.
12. Anfang und Ende der Konstruktionsunterverträge und wichtige Zwischenereignisse in solchen Verträgen (siehe unten den Abschnitt über „Meilensteine").
13. Der Vorgang der Übergabe abgeschlossener Arbeitspakete. Hierzu gehört die Übergabe des fer-tigen Projekts oder substantieller Teile davon an den Kunden, aber es ist sicherzustellen, daß damit verbundene Punkte wie Wartung und Betriebsanleitungen im Netzplan aufgeführt sind.

Dies sind natürlich nur Richtlinien. Die Liste ist weder obligatorisch noch vollständig.

Umfang an Details im Verhältnis zu den Aktivitätskosten

Methoden der Kostenkontrolle werden an späterer Stelle in diesem Buch beschrieben, doch be-stimmte Aspekte von Kostenberichten und -kontrolle sind undurchführbar, wenn bestimmten Akti-vitäten nicht schon bei der Erstellung des Netzplandiagramms hinreichend Aufmerksamkeit ge-schenkt wird.

Es ist möglich, einer Aktivität Kosten zuzuteilen, etwa dem Erwerb von Materialien. Wenn jede geplante Ausgabe einer Bestellung auf dem Netzplan einer Aktivität entspricht, dann kann diesen Aktivitäten der jeweilige Wert der Bestellung zugeordnet werden. Dies ermöglicht die Erstellung eines Computerberichts, in dem der Zeitpunkt für diese Ausgaben entsprechend der Aufgabe der Bestellung festgesetzt ist. So ergibt sich eine zeitliche Einteilung der Verbindlichkeiten aufgrund des Einkaufs.

Wenn für den Empfang dieser Güter eine weitere Aktivität eingefügt wird, so kann diesen späteren Aktivitäten der jeweilige Wert der entsprechenden Bestellungen zugeordnet werden. Mit Hilfe entsprechender Computertechniken, die später beschrieben werden, können Kostenpläne erstellt werden, die sich auf jenen Zeitpunkt beziehen, an dem Rechnungen fällig werden. Diese Pläne zeigen den erforderlichen Cash-flow an.

Keiner der hier genannten Punkte könnte ohne ausreichende Detaillierung des Netzplans erfüllt werden. Abbildung 9.3 illustriert diesen Umstand.

Sollte ein großer Netzplan in kleinere aufgebrochen werden?

Einige Unternehmen zeichnen skizzenhafte Netzpläne ihrer Projekte, die unter Umständen nur etwa 100 oder 150 Aktivitäten in recht groben Details umfassen. Diese werden dann von der Betriebsleitung als Kontrollmaßstäbe benutzt, doch sie müssen später durch detailliertere Netzpläne ergänzt werden, die für die verschiedenen Projektabteilungen und -beteiligten erstellt werden. Alle diese Netzpläne müssen auf dieselbe Weise miteinander verknüpft werden, damit die korrespondierenden Ereignisse auf dieselben Termine gelegt werden und denselben Spielraum haben.

Dieser Zusammenhang wird hergestellt, indem alle detaillierten Netzpläne dem Hauptkontrollnetzplan als untergeordnete Pläne zugeteilt werden und geteilte Ereignisse oder Aktivitäten als Schnittstellenereignisse oder -aktivitäten kenntlich gemacht werden (siehe den folgenden Abschnitt).

Schnittstellenereignisse und -aktivitäten

Es gibt eine Reihe von Umständen, unter denen eine Aktivität oder ein Ereignis in einem Netzplan eine logische Verbindung oder Einschränkung einer Aktivität oder eines Ereignisses in einem anderen Netzplan darstellt.

Die Notwendigkeit, Schnittstellenaktivitäten und -ereignisse kenntlich zu machen, ergibt sich am häufigsten, wenn ein Gesamtprojektnetzplan in eine Reihe kleinerer, besser zu bearbeitender Unternetzpläne aufgebrochen wurde. Dies kann die Folge einer Arbeits- oder Organisationsaufgliederung sein. Es kann auch vorkommen, daß verschiedene kleine Netzwerkmodule oder -schablonen miteinander vereinigt werden müssen, um einen Gesamtnetzplan zu bilden (diese Technik wird im Kapitel 14 beschrieben). Gelegentlich haben mehr als zwei Unternetzpläne eine gemeinsame Schnittstelle, etwa wenn verschiedene Unternetzwerke denselben Anfangs- oder Endpunkt haben.

Schnittstellen sollten nur bei echten logischen Verknüpfungen zugelassen werden. Sie sollten nicht verwendet werden, um operationale Probleme, wie den Wettstreit um eine knappe Ressource, zu beschreiben (dafür werden an späterer Stelle andere Methoden beschrieben).

Schnittstellen werden in Logikdiagrammen deutlich gemacht, indem die Ereignis- oder Aktivitätsgrenzen, wie in Abbildung 9.4, mit doppelten, gestrichelten Linien gezeichnet werden.

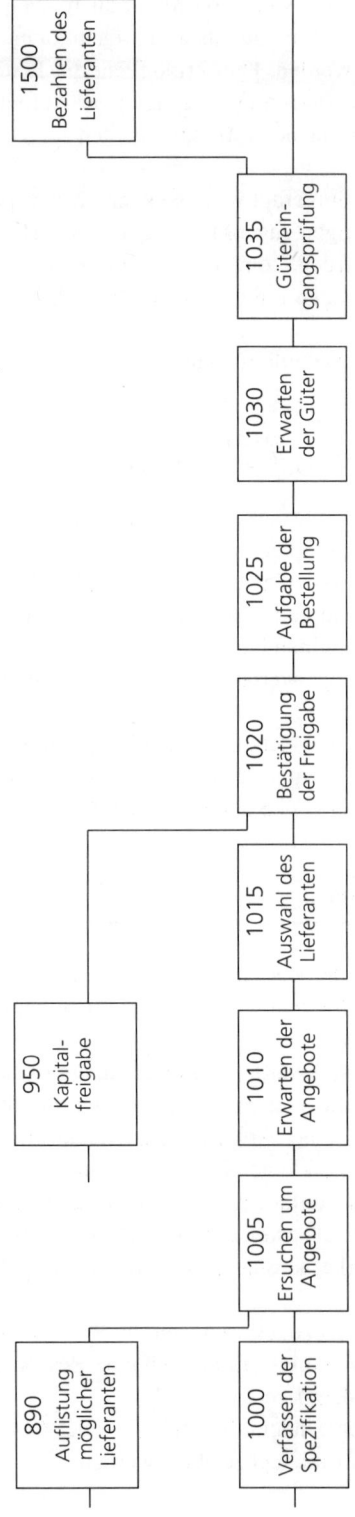

Abbildung 9.3   Umfang an Netzplandetails in einer Projekteinkaufssequenz

Dieser Ausschnitt aus einem Netzplan zeigt einige der Aktivitäten, die für die Beschaffung eines Artikels der Projektausrüstung erforderlich sind. Dieses Ausmaß an Details wird in einigen Fällen zu umfangreich sein, doch manche Projektorganisationen werden sogar noch mehr Details benötigen. Wichtig ist, daß der Netzplan genug Punkte enthält, damit der Fortschritt beobachtet und kontrolliert werden kann, doch nicht so detailliert ist, daß Hunderte von überflüssigen Aktivitäten geschaffen werden. In diesem Beispiel ist Aktivität 1000 ein Kontrollpunkt für die Projektingenieure. Aktivität 1025 ist entscheidend für die Kontrolle der Einkaufsabteilung. Wird der Etatwert der Güter der Aktivität 1025 als Aktivitätenkosten beigestellt und alle anderen Bestellaktivitäten werden entsprechend behandelt, ist es möglich, Computerberichte zu erstellen, in denen sämtliche dieser Kosten zusammengezählt werden, um eine Einteilung der entstandenen Kosten zu erhalten. Die Arbeit der Einkaufskontrolleure an diesem Projekt wird vereinfacht, wenn sie zusammenfassende Berichte erhalten, die in chronologischer Reihenfolge sämtliche Projektaktivitäten aufführen, die Aktivität 1030 ähneln. Aktivitäten 950 und 1020 können wichtig sein, um die Verantwortung der Geschäftsleitung oder des Kunden deutlich zu machen, wenn einer von ihnen durch verspätete Ausgabengenehmigung den Fortschritt aufhält. Aktivität 1500 ist nicht die Art von Aktivität, die häufig in Netzplänen auftaucht, doch wenn diese Aktivitäten mit den Materialkosten versehen werden, ermöglicht die Auswahl eines geeigneten Berichtscodes, daß der Computer Cash-outflow-Einteilungen erstellt, die für den Kostenrechner des Projekts von entscheidender Bedeutung sind. Erfahrene Planer sind mit diesen Möglichkeiten des Detailumfangs in allen Teilen des Netzplans vertraut. Sie werden das Ausmaß an Netzplandetails auf einem Niveau ansiedeln, das für das Projekt und seine Organisation angemessen ist.

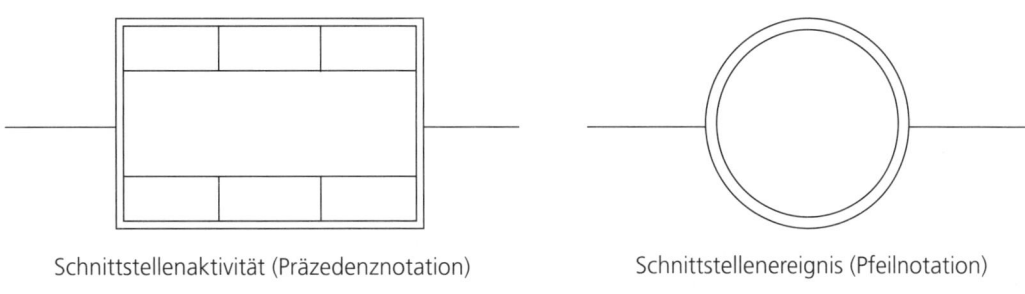

Schnittstellenaktivität (Präzedenznotation)   Schnittstellenereignis (Pfeilnotation)

Abbildung 9.4   Schnittstellen

Meilensteine

Man sollte immer daran denken, daß der Zweck des Netzplandiagramms darin liegt, einen Zeitplan zu haben, auf dessen Grundlage das Projekt in Gang gesetzt und und sein Fortschritt kontrolliert wird. Vor diesem Hintergrund ist es erforderlich, im Netzplan und in allen sich daraus ergebenden Zeitplänen Zwischenpunkte zu setzen, die als Fixpunkte dienen können. Dies geschieht, indem Aktivitäten ausgewählt werden, die für besonders wichtig gehalten werden. Sie werden „Meilensteine" genannt. Ein Meilenstein ist erreicht, wenn die entsprechende Meilensteinaktivität abgeschlossen ist (in Pfeildiagrammen können Ereignisse als Meilensteinereignisse bezeichnet werden).
Computerprogramme für die Projekteinteilung machen es möglich, Berichte so zu filtern und so auszudrucken, daß sie lediglich diese Meilensteinaktivitäten enthalten. Dies ist sehr hilfreich für die Einschätzung des Fortschritts hinsichtlich der Zeit und der Kosten und von großem Wert für das Berichtswesen in Richtung des übergeordneten Managements und des Kunden.

Voranschläge für die Aktivitätendauer

Sobald der Netzplan gezeichnet ist, bzw. möglichst bald danach, müssen Schätzungen für die Dauer sämtlicher Aktivitäten erstellt werden. Diese Voranschläge beziehen sich auf die verstrichene Zeit und sind nicht notwendigerweise direkt mit Kostenvoranschlägen verbunden.

Einheiten der Dauer

Welche Einheiten der Dauer sollten verwendet werden? Das kann von der Dauer des Projekts abhängen. Die Verwendung von Wochen kann geeignet sein, doch oft werden Tage angegeben. Grundsätzlich sind halbe Tage (0,5) eine sehr nützliche Einheit, weil viele Projekte auf der Grundlage einer Fünftagewoche durchgeführt werden; eine Woche hat dann zehn Einheiten. Selbst wenn die Dauer mehrere Jahre umfaßt, ist die Verwendung von halben oder ganzen Tagen als Projekteinheit unproblematisch, vorausgesetzt, für die anschließenden Berechnungen wird ein Computer benutzt. Eine feinere Auflösung der Voranschläge als die Dauer von 0,5 Tagen ist gewöhnlich nicht erforderlich, doch einige Computerprogramme akzeptieren sogar Minuten.
Sobald eine Entscheidung für die Einheiten der Dauer gefällt wurde, müssen dieselben Einheiten im gesamten Netzplan verwendet werden.

Verfahren

Das übliche Verfahren ist, die Voranschläge hinzuzufügen, während der Netzplan gezeichnet wird. Nach einem anderen Verfahren wird die Netzplanskizze von einer Abteilung an die nächste weitergereicht, damit der jeweils zuständige Manager die Voranschläge für die Aktivitäten eintragen kann, für die er die Verantwortung trägt.

Einige schlagen vor, die Schätzungen für Aktivitäten willkürlich zu erstellen und nicht gemäß ihrer Reihenfolge von links nach rechts. Sie behaupten, eine Erarbeitung der Voranschläge, die der Abfolge entlang der Netzplanpfade folgt, führe zu frühzeitigem Erkennen der kritischen Aktivitäten und von Überlastungen des Programms. Mit anderen Worten, die Unvoreingenommenheit der Schätzer würde eingeschränkt, und die Voranschläge würden eher durch Projektanforderungen beeinflußt als durch die wahre Natur jedes Arbeitsschritts und die Zeit, die tatsächlich für ihre Durchführung erforderlich ist.

Überstunden

Es sollte der Versuchung widerstanden werden, Überstunden von vornherein in die Planung einzubeziehen, und die Arbeitsdauer sollte nicht im Hinblick auf die Möglichkeit von Überstunden veranschlagt werden. Überstunden können die Dauer einer Aktivität verringern, doch sie sollten immer als eine Ressourcenreserve angesehen werden, falls unvorhergesehene widrige Umstände eintreten.

Ist die dargestellte Zeitdauer zu lang?

Häufig stellt sich beim ersten Durchgang durch den Netzplan heraus, daß ein Abschlußtermin vorhergesagt wird, der für viel zu spät gehalten wird. Der Planer wird dann voraussichtlich unter großen Druck geraten, einen Alternativplan zu entwickeln, der dem erforderlichen Zeitrahmen entspricht (und möglicherweise einer bereits erfolgten Lieferzusage an den Kunden nachkommen muß).

Eine Möglichkeit besteht darin, beschleunigende Maßnahmen zu erwägen. Doch diese erhöhen die Kosten, ohne einen Wertzuwachs für das Projekt zu schaffen, und sollten, wenn möglich, vermieden werden.

Der Planer mag versucht sein, die Voranschläge willkürlich zu kürzen, möglicherweise auf den Rat anderer Manager hin, bis die Arbeiten schließlich exakt in den Zeitrahmen passen. Dies darf natürlich niemals als eine realistische Option betrachten werden, solange nicht ausreichend begründet werden kann, wie die kürzeren Zeiten zu erreichen sind.

Eine vernünftigere erste Maßnahme besteht in der Überprüfung der Netzplanlogik. Sind wirklich alle Einschränkungen zwingend? Können Aktivitäten einander überschneiden, so daß die Starttermine für einige kritische Aktivitäten vorverlegt werden können? Dem Konzept der Projektbeschleunigung liegt die parallele Durchführung von Aktivitäten zugrunde, die traditionell in Abfolge, eine nach der anderen, durchgeführt wurden. In jedem Fall sollte ein Netzplan immer daraufhin überprüft werden, daß er wirklich die praktikabelste und effektivste Arbeitsweise wiedergibt.

Die meisten Netzpläne verwenden die einfache Beziehung zwischen Beginn und Abschluß, doch der Planer sollte sich jederzeit vergegenwärtigen, daß ihm die Notierung komplexer Einschränkungen zur Verfügung steht, und er sollte bereit sein, sie in solchen Fällen anzuwenden, in denen das Projekt von ihnen profitieren könnte.

Ein Beispiel für das Zeichnen der Netzpläne von rechts nach links

Das folgende Beispiel illustriert, wie ein sachkundiger und erfahrener Netzwerkplaner eine Besprechung so kontrollieren und leiten kann, daß sich aus einer scheinbar unmöglichen Ausgangslage ein durchführbarer Plan ergibt. Das Beispiel weist außerdem auf Umstände hin, unter denen es besser sein kann, den Netzplan von rechts nach links zu zeichnen. (Bei unserem Beispiel handelt es sich um eine wahre Begebenheit.)

Fallstudie

Es wurde bereits seit einigen Monaten an einem Projekt gearbeitet, dessen Ziel die Bereitstellung von Prototypen oder Produktionsmodellen aus vier verschiedenen Entwicklungsströmen war, um sie dann auf einer nationalen Messe an einem Stand gemeinsam auszustellen. Alle Produkte fielen unter die Verantwortung einer Produktionsleitungsorganisation und beinhalteten folgendes:

- Vorgefertigte Operationssaalausstattungen
- Eine Reihe von elektronischen Patientenüberwachungsgeräten
- Herz-Lungen-Maschinen und Zubehör
- Sterilisationsgeräte

Das angestrebte Enddatum für dieses Projekt war vom Eröffnungstermin der Handelsausstellung bestimmt und kam rasch näher. Die Planung war jedoch aufgrund der erforderlichen Koordination zwischen verschiedenen Bereichen der Organisation schwierig gewesen. Tatsächlich gab es überhaupt keinen Plan, geschweige denn ein Netzplandiagramm. Es war also zugelassen worden, daß die Lage außer Kontrolle geriet. Der Bereichsleiter rief daher einen erfahrenen Netzplaner, organisierte ein Treffen aller für das Projekt verantwortlichen Manager und übertrug dem Netzplaner die Leitung.

Der Planer (Dennis) stellte fest, daß ihm niemand den gegenwärtigen Entwicklungsstand vermitteln konnte. Die Lage war so verworren, daß niemand wußte, wie man damit beginnen sollte, einen Plan zu erarbeiten. Dennis forderte alle auf, sich auf das Endereignis zu konzentrieren, auf die Fertigstellung des Standes für die Messeeröffnung. Dieses abschließende Ereignis wurde ordnungsgemäß (in Pfeilnotation) auf der rechten Seite des Netzplanbogens eingetragen. „Ich möchte, daß Sie sich den Stand kurz vor der Messeeröffnung vorstellen, bevor die Besucher hereinströmen", sagte Dennis. „Was ist das letzte, das erledigt werden muß, damit der Stand fertig und präsentierbar ist?" Zögerlich kam die Antwort: „Den Teppich staubsaugen und alles aufräumen." Dieser Aktivitätspfeil wurde vor das Abschlußereignis gezeichnet. Die Befragung wurde auf diese Weise fortgesetzt und ging dabei mehr und mehr ins Detail. Die Zuversicht der Besprechungsteilnehmer wuchs und ebenso wuchs der Netzplan – von rechts nach links. Voranschläge für die Aktivitätsdauern wurden hinzugefügt, während sich der Plan entwickelte.

Der Netzplan dehnte sich in einer Reihe von logischen Schritten aus und arbeitete sich von einem Ausstellungsprodukt zum nächsten vor, bis das Diagramm schließlich an der linken Seite in einer Reihe von ungeordneten Anfangsereignissen endete. Jedes der Anfangsereignisse bezog sich entweder auf:

- einen bestimmten Aspekt des gegenwärtigen Entwicklungsstands
  oder
- eine Aktivität, an die zuvor nicht gedacht worden war.

Nun kannte jeder genau:
- Den gegenwärtigen Entwicklungsstand.
- Die verbleibenden Aufgaben und ihre Abfolge.
- Die erforderliche Zeit und welche Arbeitsschritte die kritischen waren.

Es gab nun einen detaillierten Plan, mit dem die verbleibende Arbeit kontrolliert werden konnte. Indem die Planungsstrategien dem besonderen Projektfall angepaßt wurden, konnte im Chaos eine Ordnung entdeckt werden. Die Messe wurde rechtzeitig eröffnet, und alle Produkte waren am Stand ausgestellt.

Frühzeitige Überlegungen zu Ressourcenbeschränkungen

Bisher wurde nicht viel über eine mögliche Ressourcenknappheit und die zusätzlichen Einschränkungen, die derartige Schwierigkeiten für die Netzplanlogik oder die veranschlagten Aktivitätsdauern bedeuten, gesagt.

Betrachten wir beispielsweise den einfachsten Fall einer Ressourceneinschränkung: ein einzelner muß eine Reihe von Netzplanaktivitäten allein durchführen. Nehmen wir an, diese Person kann nicht zwei Aktivitäten gleichzeitig ausführen. Dem Planer ist dies bewußt, und er mag versucht sein, Scheinaktivitäten oder Einschränkungen in den Netzplan aufzunehmen, um diesem Sachverhalt Rechnung zu tragen und zu verhindern, daß zwei dieser Aktivitäten als gleichzeitig durchführbar eingeplant werden. Doch wenn all diese Aktivitäten auf unterschiedlichen Pfaden liegen, wo sollen dann die Einschränkungen eingefügt werden? Vor Durchführung der Zeitanalyse kann der Planer nicht wissen, in welcher Reihenfolge diese Schritte abzuarbeiten sind.

Vergleichbare Bedenken im Zusammenhang mit Ressourcen können sich bei anderen Aktivitäten ergeben, bei denen die Anforderungen an die Ressourcen komplexer sind, wenn mehrere Aktivitäten parallel durchgeführt werden oder einander überschneiden – vorausgesetzt, die Gesamtmenge der benötigten Ressourcen überschreitet nicht die vorhandene Gesamtmenge.

Glücklicherweise gibt es eine einfache Lösung für das Problem der Ressourcenbeschränkungen. Ignorieren Sie sie einfach auf dieser Planungsstufe! Zweck der Zeichnung des ersten Netzplans ist, die logische Aufgliederung des wünschenswertesten Arbeitsmusters festzulegen, ausgehend von der Annahme, daß es keine Ressourcenbeschränkungen gibt. Durch die folgende Zeitanalyse wird festgestellt, wieviel Spielraum es gibt, wodurch allen Aktivitäten effektiv bestimmte Prioritätswerte zugeteilt werden. All diese Informationen schaffen eine solide Grundlage für die folgende Ressourcenzuteilung, die ein völlig separater Vorgang ist (der in den folgenden Kapiteln beschrieben wird).

Bei Planung und Einteilung erfolgt immer ein Schritt nach dem anderen. Überlegungen zu Ressourcenzwängen sind ein Schritt, der nicht unternommen wird, wenn der erste Netzplan gezeichnet wird. Der Planer muß in dieser Hinsicht jedoch gesunden Menschenverstand walten lassen. Nehmen wir an, für eine Aktivität, für die ausgebildete Monteure erforderlich sind, wurden 150 Arbeitsstunden veranschlagt, und es ist, wenn nötig, möglich, daß mehrere Leute gleichzeitig an dem Arbeitsschritt tätig sind, ohne einander in die Quere zu kommen. Die Dauer dieser Aktivität hängt dann also von der Anzahl der eingeteilten Leute ab:

- 1 Monteur 20 Tage lang,
- 2 Monteure 10 Tage lang,
- 3 Monteure 7 Tage lang,
- 4 Monteure 5 Tage lang,
  … und so weiter.

Der richtige Ansatz für den Planer wäre, den Leiter der verantwortlichen Abteilung oder dessen Vertreter zu fragen, welche Zahl von Monteuren am besten für diese Aufgabe die günstigste wäre, und die entsprechende Dauer im Netzplan einzutragen. Die möglichen Anforderungen anderer Aktivitäten an diese Monteure werden auf dieser Stufe nicht beachtet. Wenn die Firma jedoch nur zwei geeignete Monteure beschäftigt, wäre der Planer dumm, wenn er mehr als zwei für diese oder irgendeine andere Aufgabe vorsähe. – Hier kommt also der gesunde Menschenverstand ins Spiel.

Netzplananalyse als Grundwerkzeug des Managements

Netzplananalyse erfordert gesunden Menschenverstand und sonst nur sehr wenig. Als die Techniken erstmals eingeführt wurden, betrachteten viele sie mit Mißtrauen, und man neigte dazu, sie mit einer Aura des Elitären zu versehen. Das war schade und unnötig. Die Grundelemente der Netzplannotation sind einfach. Ein Projektnetzplan kann zwar Tausende von Aktivitäten enthalten, doch alles für seine Notation Erforderliche wurde in den einfachen Beispielen in den Abbildungen 8.8 und 8.9 dargelegt.

Jeder Interessierte wird in einem Tag zumindest die Grundlagen der Erstellung von Logikdiagrammen erlernen können. Von größter Wichtigkeit ist dabei jedoch die Art, wie es ihm beigebracht wird. Es muß vermieden werden, zu früh mehr als das Grundgerüst des Systems einzuführen. Außerdem ist es sinnvoll, mit Übungen zu beginnen, um Kompetenz im Umgang mit der Notierung zu erwerben, die logische Abfolge richtig hinzubekommen und Zeitanalysen kleiner Netzpläne im Geiste durchzuführen. All dies sollte stattfinden, bevor mit der Benutzung eines Computers und fortgeschrittenen Verfahren wie Kostenplanung und Ressourceneinteilung begonnen wird.

Wer ohne die Kenntnis der Einzelheiten der Netzplanungssprache durch das Projektleben geht, wird ins Hintertreffen geraten, wenn er aufgefordert wird, Netzplanprobleme mit kompetenteren Kollegen zu diskutieren. Jeder Fachberuf hat seinen eigenen technischen Wortschatz, ohne den die Kommunikation leiden wird. Doch auch ohne ihn kann die tatsächliche Anwendung der Techniken des kritischen Weges sehr effektiv sein, vorausgesetzt, die zugrundeliegenden logischen Konzepte wurden hinreichend verstanden. Die grundlegende Netzplananalyse ist ein einfaches, aber wertvolles Managementhilfsmittel, das niemals als eine komplizierte und fortschrittliche Technik betrachtet werden sollte, die allein den Spezialisten vorbehalten ist.

Immer besteht die Gefahr, daß man versucht, zu schlau zu sein und keinen einzigen i-Punkt übersehen will. Planung ist keine exakte Technik, und Netzpläne sind wirkungsvoller, wenn sie so einfach wie möglich gehalten werden, bei Aufnahme aller Aktivitäten und Einschränkungen. Mit größter Wahrscheinlichkeit wird der Versuch unternommen werden, bestehende Techniken zu verbessern – nicht weil die Techniken selbst unzureichend sind, sondern weil die Planer nicht in der Lage sind, sie richtig anzuwenden.

Oft sind die Vorzüge, die sich aus dem Zeichnen eines Netzplans ergeben, allein schon die Mühe wert, selbst wenn keine Voranschläge für die Zeitdauern erstellt werden, keine Zeitanalyse stattfindet und der Netzplan nicht zur Kontrolle des Fortgangs der Arbeit verwendet wird. Netzplanung fördert ein logisches Voranschreiten des Denkens und Planens. Ein Netzplanungstreffen kann in der Tat als eine produktive Form von Brainstorming betrachtet werden. Die Notation ermöglicht nicht nur, alle Abhängigkeiten und Beziehungen zwischen verschiedenen Aktivitäten zum Ausdruck zu bringen, sondern sie schafft die sehr wichtige Möglichkeit, daß Aktivitäten ans Tageslicht kommen können, die andernfalls von der Zeitplanung, den Voranschlägen und – vor allen Dingen – von der Preisfestsetzung ausgeschlossen gewesen wären.

Es wäre unsinnig und wirklichkeitsfremd, vom Projektmanager zu erwarten, daß er die Netzwerkplanung und andere Planungsvorgänge in Isolation durchführt. Der Projektmanager muß auf die Unterstützung und Kooperation jeder Abteilung des Betriebs zählen können. Das trifft nicht nur auf das erste Planungstreffen zu, sondern auch auf alle folgenden Diskussionen und Betrachtungen des Fortgangs. Diese Unterstützung ist nur möglich, wenn geeignete Schulungen stattgefunden haben. Am wichtigsten jedoch ist, daß von der Spitze, von der Betriebsleitung, Ermutigung und Unterstützung kommen. Wenn sich die Vorstellung von Projektplanung und -kontrolle durch Netzpläne innerhalb des Betriebs durchgesetzt hat, ist die Schlacht schon so gut wie gewonnen.

Kapitel 10
Ressourcenplanung – Teil 1: Grundsätze

Ressourceneinteilung ist ein kompliziertes Thema, das von einer Reihe von unterschiedlichen Standpunkten aus betrachtet werden kann. Auf der strategischen Ebene wird sie von vielen Industrieunternehmen als wichtiges Element der Formulierung langfristiger Pläne betrachtet. In diesem Buch wird sie aus Sicht des Projektmanagers beschrieben, der sich in der Regel eher um die kurzfristig angelegten Operationen des Betriebs kümmert. Die hier beschriebenen Techniken für das Management der Projektressourcen können jedoch nicht als isoliert von der langfristigen Strategie betrachtet werden, da Projekt- und andere Arbeitsplanungen notwendigerweise wesentliche Informationen zum strategischen Planungsprozeß auf höherer Ebene beitragen.

Es gibt einige, hier nicht im Detail erörterte Überlegungen zur Einstellung der Unternehmensleitung zur Stabilität ihres Mitarbeiterstamms. In einem Betrieb, der Stabilität des Personals in Ehren hält und in dem Arbeitsplatzsicherheit und langfristige Karriereentwicklungsmöglichkeiten auf der Liste für die Motivation der Mitarbeiter hoch oben stehen, wird die Ressourcenplanung als ein Prozeß betrachtet, der dazu dient, deutlich zu machen, welche Ressourcen zur Verfügung stehen, um dann zu versuchen, sie so wirksam wie möglich für die Zielsetzungen des Betriebs einzusetzen. Die Anzahl der Betriebe, die diesem Ansatz folgen, scheint sich in den letzten Jahren verringert zu haben. Die Mehrzahl der Unternehmen beginnt damit, die Erfordernisse des Betriebs zu betrachten, denen sie dann die Mitarbeiterzahl anpaßt. In vielen Fällen bedeutet das gnadenlose „Rationalisierung".

Ressourcenmanagement kann auch auf andere Weise betrachtet werden, je nach Art des Betriebs und der im Management vorherrschenden Einstellungen. In Branchen mit einem großen Anteil von Aushilfskräften oder in solchen, in denen Arbeiten in großem Umfang an Subunternehmen weitergegeben werden, ist die innerbetriebliche Ressourcenplanung in der Regel auf die verhältnismäßig wenigen festen Mitarbeiter am Hauptsitz beschränkt. Doch selbst in solchen Branchen ist eine gewisse Kenntnis von den voraussichtlichen zukünftigen Ressourcenerfordernissen wünschenswert, damit Subunternehmer vorgewarnt werden können.

Ein Betrieb, der Projekte mit seinen eigenen festen Ingenieuren und Produktions- bzw. Baumitarbeitern durchführt, muß die Ressourcenplanung äußerst ernst nehmen. Er muß detaillierte Arbeitspläne erstellen, die den Anforderungen jedes einzelnen Projekts ebenso nachkommen, wie sie die miteinander konkurrierenden Anforderungen der Gesamtarbeitsbelastung im Auge behalten müssen. Die möglichen Auswirkungen auf zu erwartende neue Arbeit müssen geprüft werden, vorzugsweise indem ein Modell auf Grundlage der Frage „Was geschieht, wenn …?" erarbeitet wird. Es müssen Informationen über die längerfristigen Arbeitsanforderungen des Betriebs zusammengestellt werden, damit die Nutzung der Anlagen geplant und diese für die in Zukunft erwartete Arbeitsbelastung zur Verfügung gestellt werden können.

Planbare Ressourcen

Bei der Erörterung der Planung von Projektressourcen (die gelegentlich auch Ressourcenzuteilung oder Ressourcenangleichung genannt wird) denken die meisten zuerst an Ressourcen in Form von

Menschen. Aber Gegenstand der Planung können auch andere Ressourcen wie Anlagen und Geräte, Rohstoffe und Geld sein. Die Behandlung dieser nicht arbeitskraftbezogenen Ressourcen ähnelt in der Regel der Personalplanung, lediglich die Bezeichnungen und Mengeneinheiten ändern sich. Es gibt jedoch gesonderte Abschnitte im Kapitel 11, die die Planung von Cash-flow und Materialkosten beschreiben, weil dort andere Begriffe verwendet werden und spezifische Methoden erforderlich sind.

„Unterbringung" ist eine Ressource, die schwer oder gar unmöglich zu planen ist, weil die Anforderungen an Flächenaufteilung oder das nötige Raumvolumen häufig kompliziert sind. Bei Schwermaschinenbauprojekten zum Beispiel kann es erforderlich sein, daß Maschinen, die für Tests vor der Auslieferung aufgestellt werden, entsprechend der Anforderungen an Höhe und Fundamente im Montage- oder Testbereich plaziert werden müssen. Um Raum zu sparen, kann es dann erforderlich sein, daß einige Maschinen übereinander stehen müssen. Solche Schwierigkeiten können natürlich nicht einfach mit Begriffen von Ressourceneinheiten gelöst werden. In solchen Situationen muß der für die Unterbringung verantwortliche Manager auf andere Formen der Planung zurückgreifen, sei es auf dem Papier, mit maßstabsgetreuen Modellen oder durch die Anwendung dreidimensionaler Computermodellierung.

Die Rolle der Netzplananalyse bei der Ressourcenplanung

Ein Netzplan ist für sich allein normalerweise nicht geeignet, den zu einem bestimmten Zeitpunkt benötigten Umfang an Ressourcen anzuzeigen. Wenn der Netzplan gezeichnet wird, können die in der Zukunft wirklich zur Verfügung stehenden Ressourcen nicht sinnvoll mit einbezogen werden. Gewöhnlich wird davon ausgegangen, daß der Beginn jeder Aktivität vom Abschluß der vorausgegangenen abhängt und nicht vom Vorhandensein von Ressourcen zum richtigen Zeitpunkt.

Nehmen wir an, einem Planungsteam ist bewußt, daß in der Projektorganisation insgesamt vier Installateure beschäftigt sind. Die Planer würden die Dauer der Aktivität „Rohrinstallation" dann natürlich nicht auf einem Niveau veranschlagen, das die Beschäftigung von mehr als vier Installateuren nötig macht. Es kann jedoch nicht der Möglichkeit vorgebeugt werden, daß an anderer Stelle im Netzplan gleichzeitig andere Rohrinstallationsaktivitäten auftauchen. In jedem Fall kann der Zeitpunkt dieser anderen Aktivitäten nicht bestimmt werden, bevor die Zeitanalyse durchgeführt wurde.

Allgemein zeigt die Netzplanlogik daher nur solche Einschränkungen zwischen Aktivitäten, die sich aus der logischen, bevorzugten Arbeitsabfolge ergeben. Obwohl ein Netzplan hinsichtlich der Logik in Ordnung sein sollte, ist es daher unwahrscheinlich, daß alle Aktivitäten so geplant werden können, daß sie an ihrem frühestmöglichen Zeitpunkt beginnen können. Es kann sich aufgrund zusätzlicher Beschränkungen durch unzureichende Ressourcen als unmöglich herausstellen, das Projekt in der durch den kritischen Weg angezeigten Zeit durchzuführen.

Das soll jedoch keineswegs bedeuten, daß die Zeit für das Erstellen eines Netzplans des kritischen Weges vergeblich aufgewendet wurde, selbst wenn Ressourcenmängel die frühestmöglichen Starttermine für einige Aktivitäten unpraktikabel erscheinen lassen. Vielmehr sollten die Konstruktion des Netzplans und die Zeitanalyse als der erste, wesentliche Schritt im umfangreicheren Prozeß der Ressourceneinteilung betrachtet werden. Ressourceneinschränkungen werden als separates Problem behandelt, das mindestens eine weitere Stufe der Planung erfordert, nachdem Spielraum und Plazierung auf dem kritischen Weg festgelegt sind.

Die Festlegung von Prioritäten entsprechend dem Spielraum

Entsprechend der Netzplan-Zeitanalyse wird die Priorität der Aktivitäten festgelegt. Wenn verschiedene Aktivitäten um dieselben, begrenzten Ressourcen konkurrieren, werden Prioritätsregeln angewendet, um die Ressourcen dort zuzuteilen, wo sie am dringendsten benötigt werden. Gewöhnlich hat die Aktivität mit dem geringsten Spielraum die höchste Priorität. Entscheidungen der Betriebsleitung können auf diesen Daten beruhen, zum Beispiel während einer schwierigen Periode zusätzliche Arbeitskräfte von Subunternehmern zu beschäftigen. Alle diese Punkte werden an späterer Stelle in diesem Kapitel ausführlicher erörtert.

Fallstudie: Garagenprojekt

Die Grundsätze der Ressourceneinteilung und einige der Schwierigkeiten können erläutert werden, indem wir ein sehr einfaches Hochbauprojekt betrachten. Zunächst werden traditionelle Büroarbeitsweisen erörtert (im Gegensatz zur Anwendung von Computern), weil sie eine sehr nützliche Einführung in die fortschrittlicheren Methoden ermöglichen, die in den Kapiteln 12, 13 und 14 behandelt werden.

Definition des Garagenprojekts

Es wurde eine kleine Baufirma beauftragt, eine freistehende Garage zu errichten. Das Gebäude soll aus Ziegeln bestehen und ein Wellblechdach haben. In das Dach werden einige durchsichtige Platten als Oberlichter anstelle von Fenstern integriert. Die Türen haben einen Holzrahmen und hängen an Bandscharnieren. Schwere Lasten müssen in diesem Projekt nicht gehoben werden, und für keine Aktivität sind mehr als zwei Leute erforderlich.

Vorhandene Ressourcen

Die beauftragte Baufirma ist eine winzige Organisation, die aus dem nicht ungewöhnlichen Team von Vater und Sohn besteht. Der Vater ist nicht mehr in der Lage, schwere Arbeit zu leisten, doch er ist ein guter, vielseitiger Handwerker mit langer Erfahrung. Der Sohn ist wohl am besten als Zuarbeiter zu beschreiben, kräftig und ausdauernd, aber ohne besondere Erfahrung oder Fertigkeit. Die vorhandenen Ressourcen der Firma können also folgendermaßen aufgelistet werden:

Facharbeiter – 1
Hilfsarbeiter – 1

Netzplandiagramm für das Garagenprojekt

Abbildung 10.1 zeigt das Präzedenz-Netzplandiagramm für dieses Projekt. Wer Pfeilnotation bevorzugt, sei auf Abbildung 10.2 verwiesen, die das Pfeiläquivalent für Abbildung 10.1 enthält. Zur Vereinfachung wird in dem Plan davon ausgegangen, daß alle erforderlichen Materialien und Geräte auf der Baustelle sind, wenn sie gebraucht werden. Die Notation in Abbildung 10.1 wurde im Sinne größerer Klarheit so gestaltet und entspricht nicht dem üblichen Standard. Unten rechts im Diagramm befindet sich der Schlüssel zur Erklärung.
Alle Aktivitätsdauern wurden in Tagen veranschlagt und gehen von einer geringen Mitarbeiterzahl aus, die aus einem ausgebildeten, vielseitigen Handwerker besteht, dem ein Hilfsarbeiter, wo nötig, zuarbeitet.

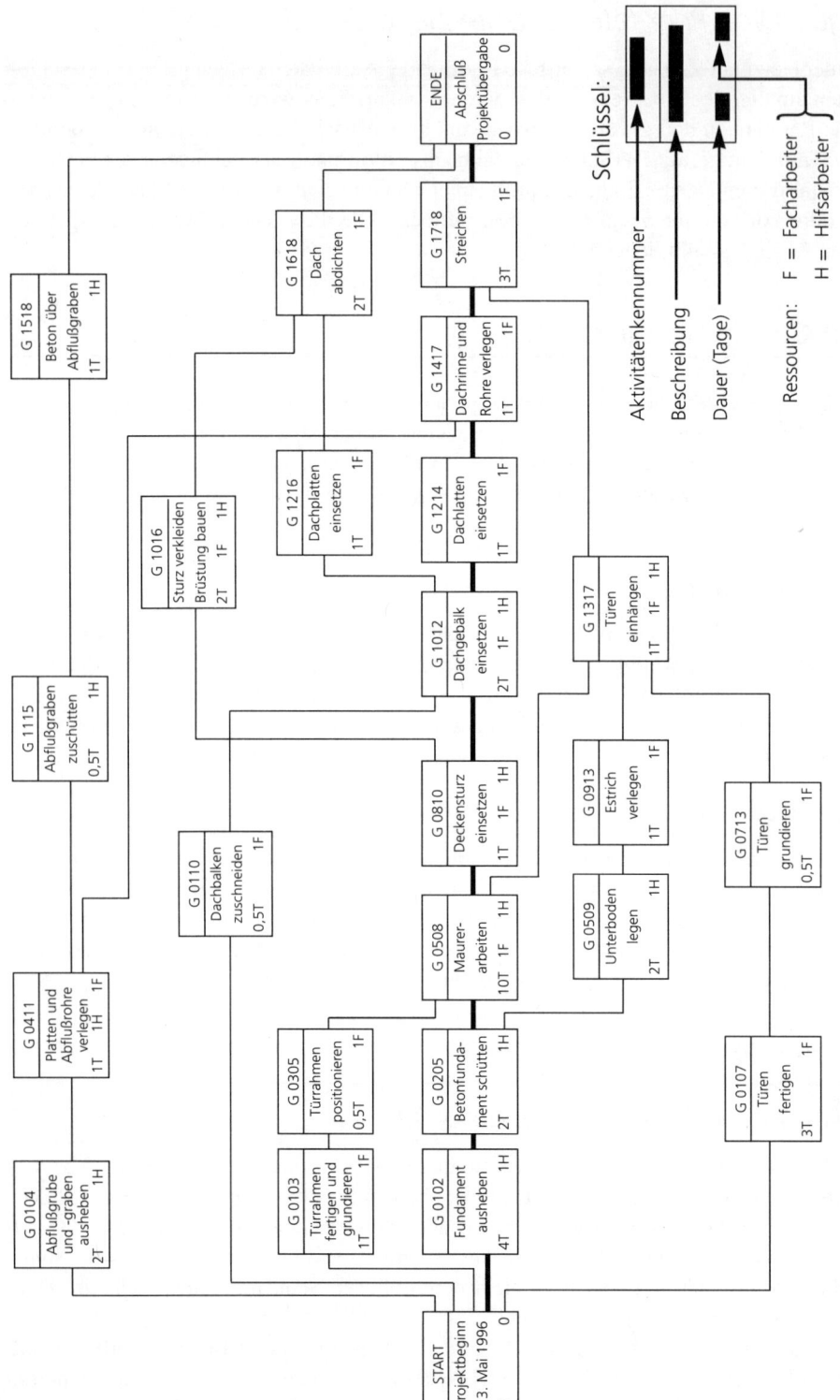

Abbildung 10.1   Garagenkonstruktionsnetzplan
Die fettgedruckten Verbindungen bezeichnen den kritischen Weg durch diesen Netzplan.

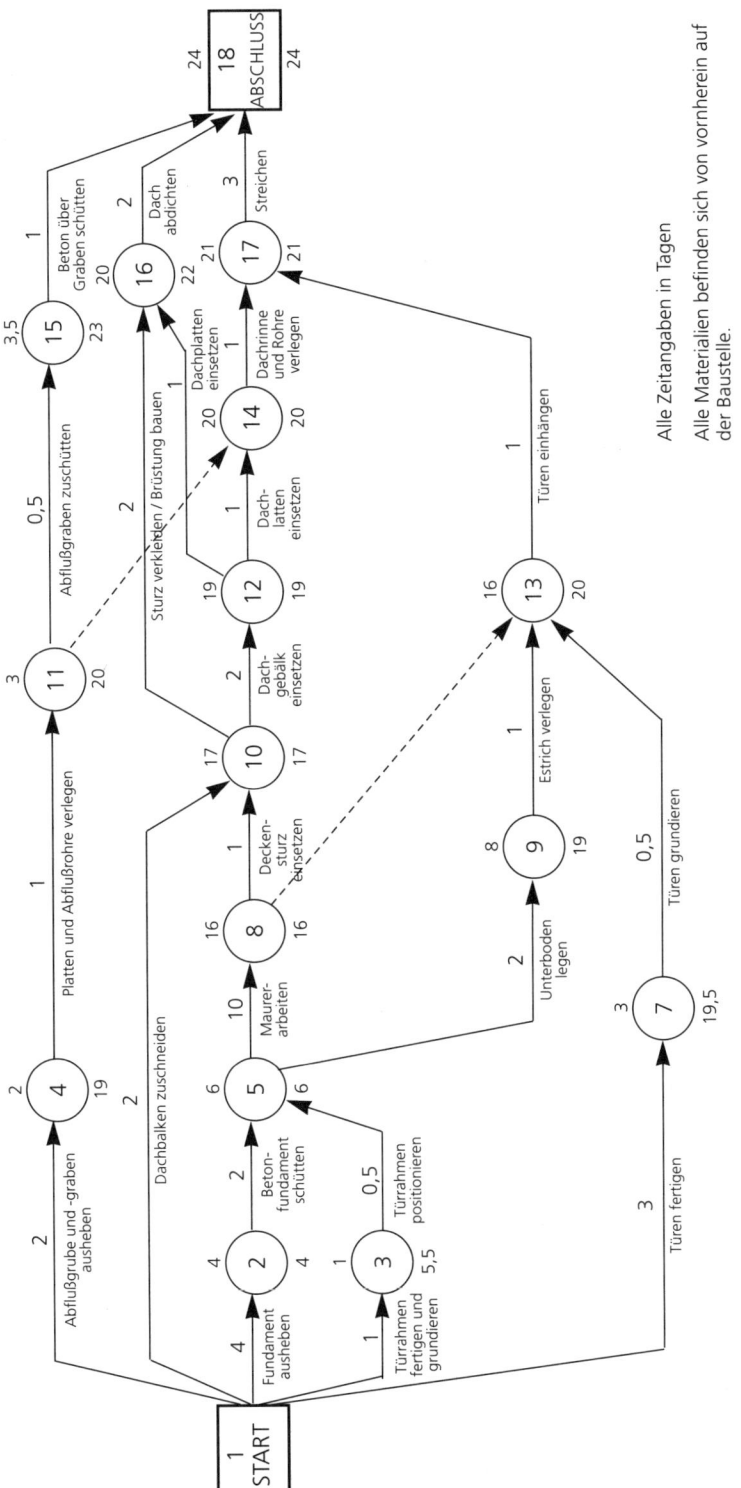

Abbildung 10.2   Pfeilversion des Garagenkonstruktionsnetzplans
Dies ist dieselbe Logik wie im Präzedenzdiagramm in Abbildung 10.1.

Aktivitäten-kennnummer PDM	ADM	Beschreibung	Dauer	Frühester Start	Frühester Abschluß	Spätester Start	Spätester Abschluß	Gesamt-spielraum	Ressourcen
START		Projektstart							
G0102	1–2	Fundamente ausheben	4	0	4	0	4	0	1H
G0205	2–5	Betonfundament schütten	2	4	6	4	6	0	1H
G0103	1–3	Türrahmen fertigen u. grundieren	1	0	1	4,5	5,5	4,5	1F
G0305	3–5	Türrahmen positionieren	0,5	1	1,5	5,5	6,0	4,5	1F
G0508	5–8	Maurerarbeiten	10	6	16	6	16	0	1F, 1H
G0810	8–10	Deckensturz einsetzen	1	16	17	16	17	0	1F, 1H
G0110	1–10	Dachbalken zuschneiden	0,5	0	0,5	16,5	17	16,5	1F
G1016	10–16	Sturz verkleiden u. Brüstung bauen	2	17	19	20	22	3	1F, 1H
G1012	10–12	Dachgebälk einsetzen	2	17	19	17	19	0	1F, 1H
G1214	12–14	Dachlatten einsetzen	1	19	20	19	20	0	1F
G1216	12–16	Dachplatten einsetzen	1	19	20	21	22	2	1F
G0104	1–4	Abflußgrube u. -graben ausheben	2	0	2	17	19	17	1H
G0411	4–11	Platten und Abflußrohre verlegen	1	2	3	19	20	17	1F, 1H
G1115	11–15	Zuschütten	0,5	3	3,5	22,5	23	19,5	1H
G1518	15–18	Beton über Graben schütten	1	3,5	4,5	23	24	19,5	1H
G0509	5–9	Unterboden legen	2	6	8	17	19	11	1H
G0913	9–13	Bodenestrich verlegen	1	8	9	19	20	11	1F
G0107	1–7	Türen fertigen	3	0	3	16,5	19,5	16,5	1F
G0713	7–13	Türen grundieren	0,5	3	3,5	19,5	20	16,5	1F
G1317	13–17	Türen einhängen	1	16	17	20	21	4	1F, 1H
G1718	17–18	Streichen	3	21	24	21	24	0	1F
G1417	14–17	Dachrinnen und Rohre verlegen	1	20	21	20	21	0	1F
G1618	16–18	Dach abdichten	2	20	22	22	24	2	1F
ABSCHLUSS	–	Projektübergabe							

Abbildung 10.3   Netzplandaten und Zeitanalyseergebnisse für das Garagenprojekt

PDM-Aktivitätenkennnummern beziehen sich auf den Präzedenznetzplan in Abbildung 10.1, und die ADM-Nummern gelten für das entsprechende Pfeildiagramm in Abbildung 10.2. Die Codes in der Ressourcenspalte sind „H" für Hilfsarbeiter und „F" für Facharbeiter.

Beim Zeichnen des Netzplans wurde der Möglichkeit, daß mehrere Aufgaben gleichzeitig mit diesen geringen Ressourcen durchzuführen sind, keine Beachtung geschenkt. Der Planer wußte, daß solche Probleme in einem separaten, späteren Einteilungsvorgang gelöst werden würden.

Zeitanalyse

Die Ergebnisse der Zeitanalyse für das Garagenprojekt werden in der Abbildung 10.3 wiedergegeben, die auch die wesentlichen Aufgabendaten enthält. Wenn davon ausgegangen wird, daß die jeweils frühesten Termine erreicht werden können und mögliche Ressourcenmängel ignoriert werden, sollte das gesamte Projekt 24 Arbeitstage in Anspruch nehmen. Aus dem Netzplan oder seiner Zeitanalyse ergibt sich jedoch nicht direkt, wie viele Menschen beschäftigt werden müssen, um dieses Ergebnis zu erreichen.

Balkendiagramm

Der erste Schritt bei der Festlegung der Arbeitsanforderungen ist die Umwandlung des Netzplandiagramms in ein Balkendiagramm. Abbildung 10.4 zeigt das Ergebnis für dieses Projekt. Der für

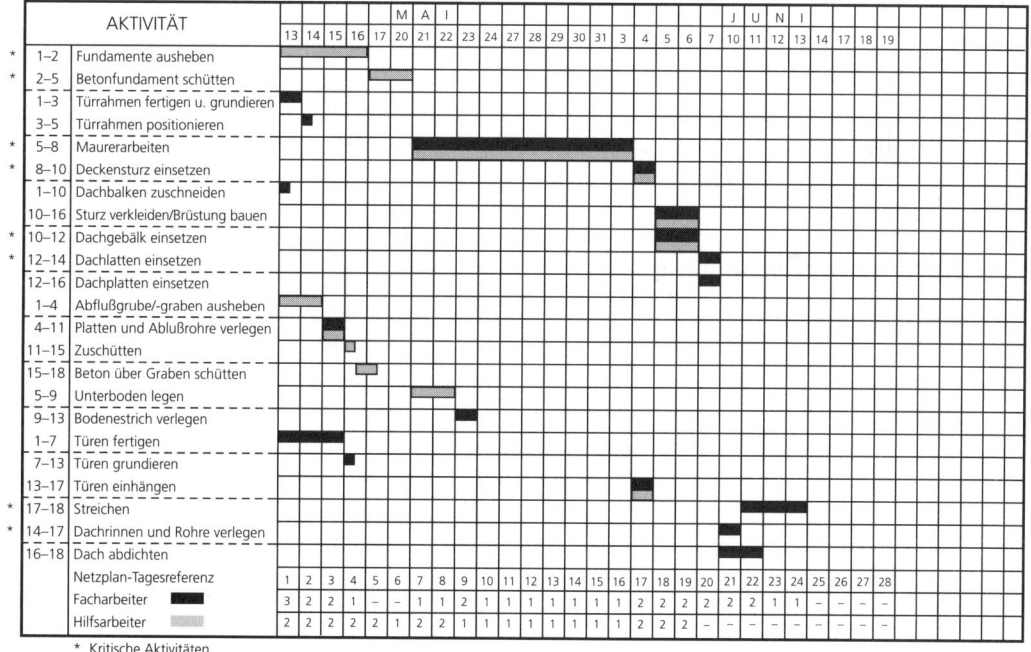

Abbildung 10.4   Ressourceneinteilung für Garagenprojekt vor Angleichung

Diese Einteilung bezieht sich auf den Netzplan in Abbildung 10.1, mit dem Unterschied, daß die Planung in Kalenderdaten umgewandelt wurde. Unterbrechungen an Wochenenden wurden berücksichtigt. Jede Aktivität wurde zu ihrem frühesten Anfangstermin vorgesehen, der anhand des Netzplans ermittelt wurde. Die Abbildungen am Fuße jeder Spalte zeigen die sich ergebende Unausgeglichenheit des Ressourcenverbrauchs. Diese einfache Methode wird als Ressourcenanhäufung bezeichnet. Es handelt sich dabei um keine echte Ressourceneinteilung.

die Horizontalachse in der Originalversion dieses Diagramms verwendete Maßstab betrug 6 mm für jeden Arbeitstag. Jeder horizontale Streifen stellt eine Aktivität im Netzplan dar, wobei die Länge der Balken der veranschlagten Dauer der Aktivität entspricht.

Kalender- und Zeitplandetails

Die Zeitplanung wurde mit Rücksicht auf Wochenendpausen erstellt. Bei einer Fünftagewoche werden Samstage und Sonntage daher nicht dargestellt. Gesetzliche Feiertage wurden ignoriert, doch in der Realität würde zumindest ein Feiertag dazwischenkommen und sollte daher natürlich ebenfalls in die Planung mit aufgenommen werden. Ruft man sich in Erinnerung, daß die Zeitanalyse des Netzplans den frühestmöglichen Abschluß des Projekts nach 24 Arbeitstagen vorhergesagt hat, so wird die Projektdauer durch die Wochenenden auf 32 Kalendertage ausgedehnt.

Gibt es sehr wichtige Gründe, dieses Projekt rechtzeitig abzuschließen, so kann der Auftragnehmer Samstagvormittage, die nicht im Diagramm enthalten sind, für unvorhergesehene Umstände in Reserve halten. Überstunden am Abend sind eine vergleichbare Ressourcenreserve. Diese möglichen zusätzlichen Arbeitsstunden sind jedoch verborgene Reserven, die nicht in der ersten Planung enthalten sein dürfen.

Ressourcenplanung

Stellen Sie sich das Balkendiagramm in Abbildung 10.4 an einer Wandtafel vor, wobei die Streifen eingestöpselt oder in anderer Weise befestigt sind, so daß sie sich leicht bewegen lassen, um die Einteilung zu korrigieren. Die Streifen sind mit Farben oder Mustern codiert, die die Art der erforderlichen Arbeit anzeigen. In diesem Beispiel wurde Schwarz benutzt, um einen Facharbeiter darzustellen, und Schraffierungen für einen Hilfsarbeiter. Jeder Streifen repräsentiert eine Person. Wenn für einen Arbeitsgang mehr als eine Person benötigt wird, wird die erforderliche Anzahl von Streifen nebeneinander gelegt.

Einfache Ressourcenanhäufung

Jede Aktivität im Balkendiagramm in Abbildung 10.4 wird so dargestellt, daß sie zum frühestmöglichen Zeitpunkt beginnt, wie es die Zeitanalyse des Netzplans ergeben hat. Bisher wurde nicht über die benötigten Ressourcen nachgedacht, und es ist an der Zeit, dies zu korrigieren. Die täglich für die Durchführung dieses einfachen Plans benötigten Ressourcen sind leicht zu berechnen. Es muß lediglich zusammengezählt werden, wie oft Streifen jeder Farbe in jedem Tagesbalken auftauchen. Wo ein halbtägiger Arbeitsschritt auftaucht, wird dies als eine Person der jeweiligen Ressourcenart für den Tag betrachtet. Wenn jedoch zwei halbtägige Arbeitsschritte für denselben Tag auftauchen, können sie zusammengefaßt werden, so daß die für den Tag gezeigte Anforderung immer noch eine Person beträgt.

Der tägliche Gesamtverbrauch an Ressourcen wird unterhalb des Diagramms eingetragen, wie in Abbildung 10.4 dargestellt. Im Histogramm in Abbildung 10.5 werden diese Werte jedoch klarer wiedergegeben. Das sichtbare Ergebnis ist, um es vorsichtig auszudrücken, nicht zufriedenstellend. An einigen Tagen wird von den Arbeitskräften erwartet, untätig zu sein, an anderen werden drei Leute benötigt. Die Arbeitsauslastung ist unausgeglichen; sie weist zu viele Höhen und Tiefen auf, um rentabel zu sein. Entweder muß der Auftragnehmer in der Lage und willens sein, Leute kurzfristig zwischen verschiedenen Baustellen hin und her zu schicken, oder er muß die unrentable Alternative auf sich nehmen und unproduktive Arbeitszeit bezahlen.

Der Grund für die unausgeglichene Einteilung liegt darin, daß der Planer jeden Arbeitsschritt ungeachtet der Erforderlichkeit und Priorität zum frühestmöglichen Zeitpunkt beginnen ließ. Ein solcher

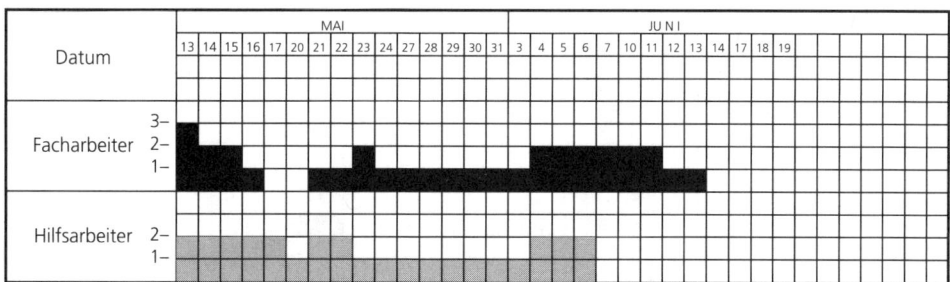

Abbildung 10.5   Ressourcenhistogramm für Garagenprojekt vor Angleichung
Dieses Histogramm macht die Unausgeglichenheit der Ressourcenanforderung für die in Abbildung 10.4 dargestellte Einteilung deutlich.

Plan wird „Ressourcenanhäufung" genannt und hat wenig praktischen Nutzen, außer als Vorstufe zu einer praktischeren Einteilung zu dienen, der „Ressourcenzuteilung".
Der wichtige Grundsatz ist hier, daß die Zeitanalyse für viele der Arbeitsschritte einen Spielraum aufzeigt. Der Anfang dieser Aktivitäten kann daher also verschoben werden, um die Arbeitsbelastung auszugleichen, ohne daß der Endtermin herausgezögert wird. Bei Verwendung eines verstellbaren Wanddiagramms ist es möglich, nicht kritische Aktivitäten neu einzuteilen und einige oder sogar alle unerwünschten Arbeitsbelastungsspitzen zu eliminieren.

Ressourcenbegrenzte Planungen

Wenn das Garagenprojekt von dem Team aus Vater und Sohn ausgeführt werden soll, so ist klar, daß die in Abbildung 10.4 gezeigte Planung nutzlos ist und nicht umgesetzt werden kann. Die Einteilung muß so umgestellt werden, daß die bescheidenen Ressourcen nicht „doppelt gebucht" werden. Bei Benutzung des veränderbaren Diagramms wird dies erreicht, indem die Aktivitäten so lange umgestellt werden, bis die Gesamtzahl in keinem Balken die Anzahl der vorhandenen Personen überschreitet. Wenn diese Umstellung erfolgt, muß jedoch immer die Logik des Netzplans, auf der das Balkendiagramm beruht, in Erinnerung bleiben und alle Einschränkungen müssen beachtet werden. Abbildung 10.6 zeigt das Balkendiagramm für das Garagenprojekt, nachdem es so ausgeglichen wurde, daß es auf die Ressourcenbeschränkung Rücksicht nimmt. Das resultierende Histogramm der Arbeitsbelastung wird in Abbildung 10.7 dargestellt. Die Einschränkung durch Ressourcenknappheit hat den Zeitplan um 12 Kalendertage verlängert, womit die Gesamtdauer von 32 auf 44 Kalendertage erhöht wurde. Nun besteht jedoch eine schöne, ausgeglichene Einteilung, die für die Firma perfekt ist, weil es keine untätigen verbrachten Tage oder unerwünschte Überbelastungen gibt.

Zeitbegrenzter Ressourcenausgleich für das Garagenprojekt

Für den Kunden, der die Auslieferung eines teuren, neuen Autos erwartet, das er in der Garage sicher abstellen möchte, wird die neue Planung weniger akzeptabel sein. Wenn nicht zugesichert werden kann, daß die Garage rechtzeitig fertig wird, könnte sich der Kunde, verständlicherweise, entschließen, eine andere Firma zu beauftragen.
Unter diesen Umständen stehen der kleinen Baufirma verschiedene Reaktionsmöglichkeiten zur Wahl:

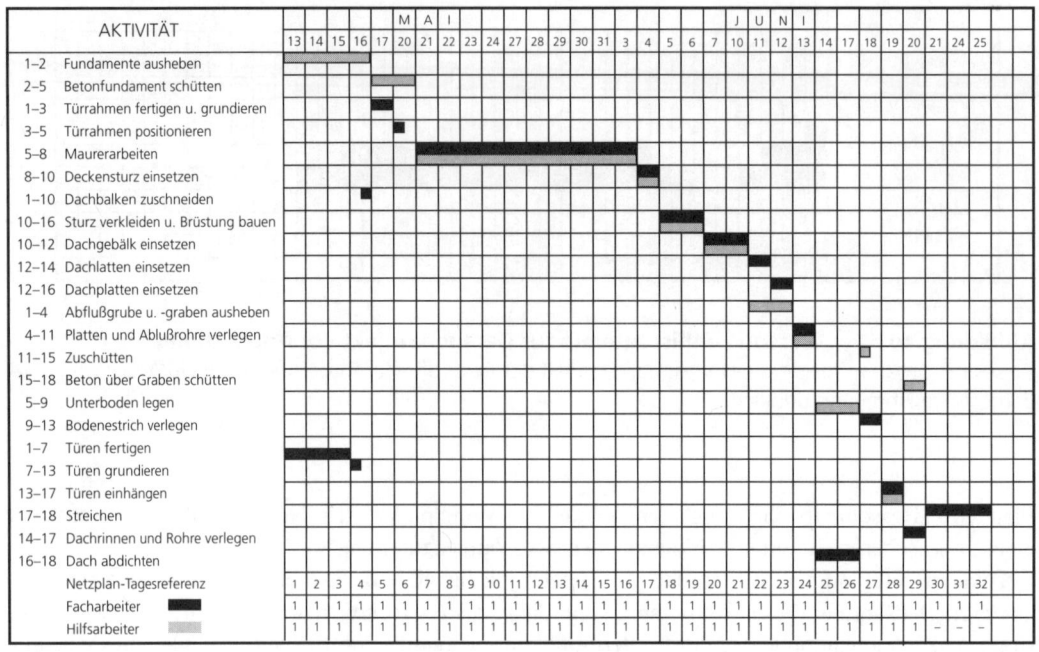

AKTIVITÄT						MAI												JUNI															
		13	14	15	16	17	20	21	22	23	24	27	28	29	30	31	3	4	5	6	7	10	11	12	13	14	17	18	19	20	21	24	25
1–2	Fundamente ausheben																																
2–5	Betonfundament schütten																																
1–3	Türrahmen fertigen u. grundieren																																
3–5	Türrahmen positionieren																																
5–8	Maurerarbeiten																																
8–10	Deckensturz einsetzen																																
1–10	Dachbalken zuschneiden																																
10–16	Sturz verkleiden u. Brüstung bauen																																
10–12	Dachgebälk einsetzen																																
12–14	Dachlatten einsetzen																																
12–16	Dachplatten einsetzen																																
1–4	Abflußgrube u. -graben ausheben																																
4–11	Platten und Ablußrohre verlegen																																
11–15	Zuschütten																																
15–18	Beton über Graben schütten																																
5–9	Unterboden legen																																
9–13	Bodenestrich verlegen																																
1–7	Türen fertigen																																
7–13	Türen grundieren																																
13–17	Türen einhängen																																
17–18	Streichen																																
14–17	Dachrinnen und Rohre verlegen																																
16–18	Dach abdichten																																
	Netzplan-Tagesreferenz	1	2	3	4	5	6	7	8	9	10	11	12	13	14	15	16	17	18	19	20	21	22	23	24	25	26	27	28	29	30	31	32
	Facharbeiter	1	1	1	1	1	1	1	1	1	1	1	1	1	1	1	1	1	1	1	1	1	1	1	1	1	1	1	1	1	1	1	1
	Hilfsarbeiter	1	1	1	1	1	1	1	1	1	1	1	1	1	1	1	1	1	1	1	1	1	1	1	1	1	1	1	1	1	–	–	–

Abbildung 10.6   Ausgeglichene Einteilung des Garagenprojekts innerhalb der vorhandenen Ressourcen

Die Arbeit wurde so neu eingeteilt, daß nur die vorhandenen Ressourcen verwendet und gleichzeitig die logischen Einschränkungen des Netzplans beachtet werden. Dabei war es unvermeidlich, daß die Projektdauer verlängert wurde.

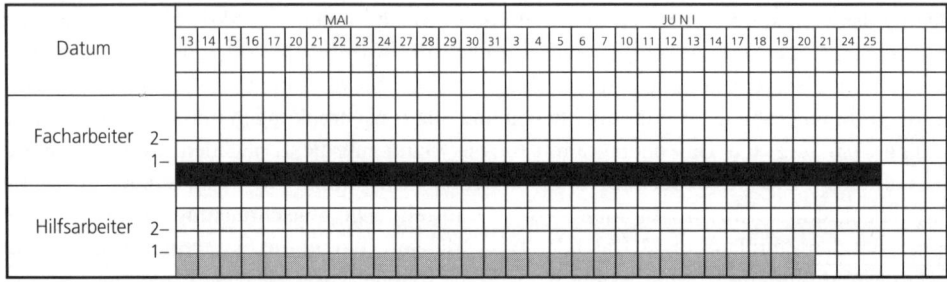

Abbildung 10.7   Ausgeglichenes Histogramm des Garagenprojekts innerhalb der vorhandenen Ressourcen

Das Histogramm zeigt deutlich den erzielten Ausgleich der Ressourceneinteilung in Abbildung 10.6. Dieses Resultat wird gewöhnlich als ressourcenbegrenzte Einteilung bezeichnet.

1. Arbeit gemäß der ressourcenbegrenzten Zeitplanung von 44 Tagen (Abbildung 10.6 und 10.7), aber unerfüllbares Versprechen an den Kunden, daß die Garage bereits nach 32 Tagen fertig sein wird. Ein derartiges Vorgehen kann jedoch auf keinen Fall empfohlen werden, sowohl aus geschäftlichen als auch aus moralischen Gründen.

2. Dem Kunden mitteilen, daß das Projekt nicht in 32 Tagen fertiggestellt werden kann, und damit den Auftrag verlieren – quasi als Strafe dafür, daß man dem Kunden die Wahrheit gesagt hat.
3. Rückkehr zur ursprünglichen Planung mit angehäuften Ressourcen wie in Abbildung 10.4 und 10.5 und Anstellung zusätzlicher Arbeiter, ungeachtet der Kosten, um das Projekt in 32 Tagen fertig stellen zu können.
4. Planen, daß das Projekt innerhalb der vorgegebenen 32 Tage fertiggestellt werden kann, die Notwendigkeit zusätzlicher Arbeiter hinnehmen, aber die ressourcengehäufte Planung prüfen und anpassen, in dem Bestreben, die Arbeitsbelastung in einem kosteneffektiveren Muster auszugleichen.

Üblicherweise wird Option 4 bei der Projekteinteilung gewählt, und für das Garagenprojekt würde sie gut funktionieren. Es muß daran gedacht werden, daß diese Neueinteilung der Aktivitäten nur innerhalb der von der Netzplanlogik auferlegten Einschränkungen erfolgen kann, daß also keine Aktivität beginnen kann, bevor das vorausgehende Ereignis abgeschlossen wurde. Weiters darf die Neuplanung der Aktivitäten nicht dazu führen, daß sie nach dem letzten zulässigen Starttermin begonnen werden, der anhand der Netzplan-Zeitanalyse bestimmt wurde, damit die Gesamtzeitplanung für das Projekt nicht überschritten wird. Das heißt, daß nicht-kritische Aktivitäten innerhalb ihres Spielraums verschoben werden können. Kritische Aktivitäten haben keinen Spielraum und müssen daher auch bei der Neueinteilung immer zum frühestmöglichen Zeitpunkt begonnen werden.

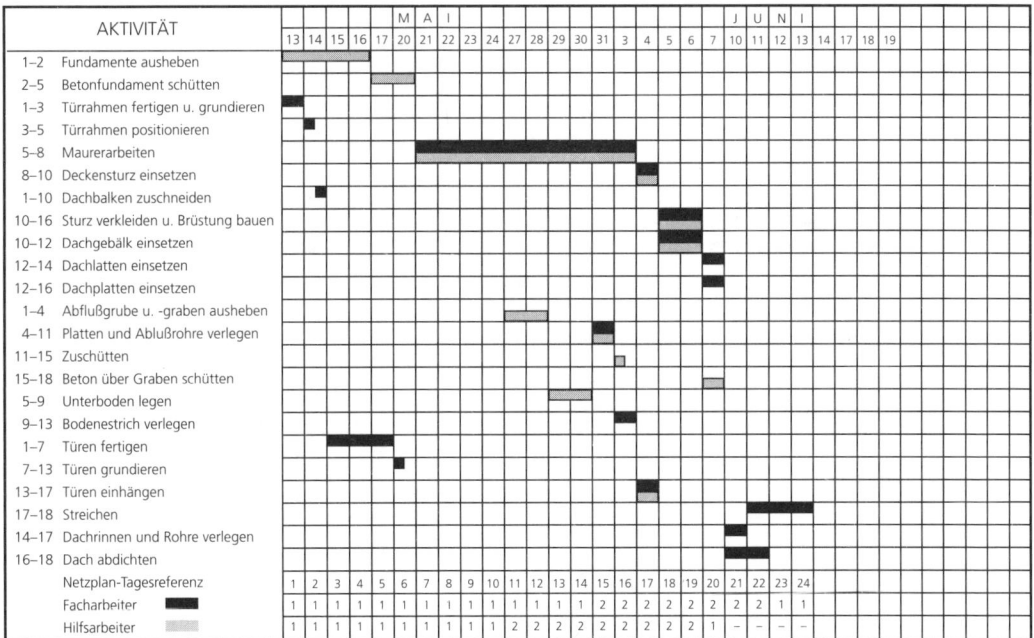

Abbildung 10.8   Ausgeglichene Ressourceneinteilung des Garagenprojekts, um die frühesten Abschlußtermine zu erreichen

Hier kann das Projekt innerhalb des geringsten Netzplanzeitrahmens abgeschlossen werden. Die unerwünschten, zu hohen Arbeitsbelastungen, wie in den Abbildungen 10.4 und 10.5 dargestellt, wurden entfernt, indem die Aktivitäten innerhalb ihrer Netzplanbegrenzungen hin- und hergeschoben wurden.

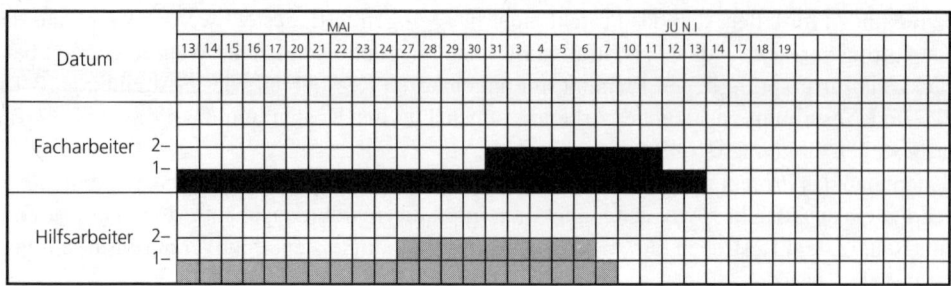

Abbildung 10.9   Ausgeglichenes Ressourcenhistogramm für den frühestmöglichen Projekt-abschluß

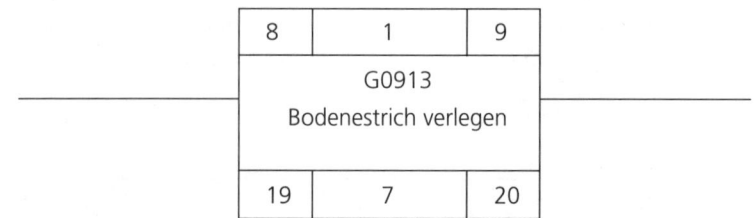

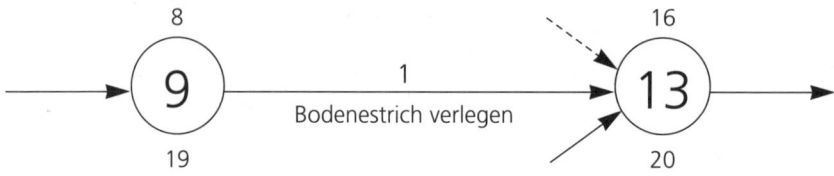

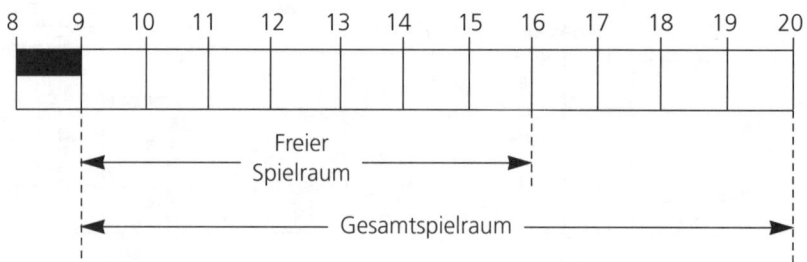

Abbildung 10.10   Garagenprojekt: Spielraumanalyse für Bodenestrichaktivität
Der Netzplanausschnitt wird sowohl in seiner Präzedenz- als auch in der Pfeilversion dargestellt. Der scheinbare Unterschied bei der Zeitanalyse ergibt sich, weil sie sich bei Präzedenz auf die Aktivität bezieht, während sich die Pfeilzeiten auf die Ereignisse beziehen. Dies wird im Text ausführlicher erläutert.

Abbildung 10.8 enthält das neu geplante Balkendiagramm, und das entsprechende Ressourcenhistogramm zeigt, daß es in der Tat möglich ist, die Aktivitäten so umzustellen, daß sich ein viel ausgeglicheneres und akzeptableres Ressourcennutzungsmuster ergibt.

Spielraum

Manchmal sind das Konzept des Spielraums und die spezifischen Regeln für seine möglichen Variationen schwierig zu verstehen. Da wir im Zusammenhang mit dem Ressourcenplanungsprozeß eine der praktischen Anwendungsmöglichkeiten des Spielraums festgestellt haben, ist es sinnvoll, ihn an dieser Stelle im einzelnen zu demonstrieren und definieren. Der Netzplan des Garagenprojekts (Abbildung 10.1 oder Abbildung 10.2) ist ein geeignetes Fallbeispiel.

Alle Abbildungen in diesem Abschnitt beziehen sich sowohl auf Präzedenz- als auch auf Pfeilnetzpläne. Dem Leser wird es wahrscheinlich leichter fallen, der Pfeilnotation zu folgen, wenn die im folgenden beschriebenen, unterschiedlichen Arten von Spielraum berechnet werden. Die Aktivitätsidentifizierungen werden zunächst für die Präzedenzdiagramme angegeben, gefolgt von ihren Pfeilentsprechungen in Klammern.

Betrachten wir zunächst Aktivität G0913 (9 zu 13) „Estrich legen". Um es deutlicher zu machen, wurde diese Aktivität in Abbildung 10.10 als separater Ausschnitt dargestellt. In diesem Diagramm wurde die Aktivität zwar vom Diagramm isoliert, doch alle auf den Spielraum bezogenen Daten sind sichtbar. Dazu gehören die frühesten und spätesten Termine sowohl der vorausgehenden als auch der nachfolgenden Ereignisse und die veranschlagte Dauer der Aktivität. Ein Blick auf den Netzplanausschnitt zeigt, daß die Aktivität frühestens an Tag 8 begonnen werden kann. Der letzte zulässige Abschlußtermin ist Tag 20.

Erlaubt man eine Dauer von einem Tag für diese Aktivität, so wird schnell deutlich, daß Beginn und Abschluß um bis zu 11 Tage verschoben werden können, ohne daß die folgenden Aktivitäten verzögert werden. Diese 11 Tage machen den Gesamtspielraum der Aktivität aus.

Wenn die „Estrich"-Operation aufgrund von Verzögerungen im Projekt oder aufgrund beabsichtigter Neueinteilung der Ressourcen später stattfindet als zum frühestmöglichen Zeitpunkt, wird ein Teil, möglicherweise sogar ihr gesamter Spielraum aufgehoben. Dies wirkt sich in der Regel als Domino-Effekt im gesamten Netzplan aus und beraubt die folgenden Aktivitäten eines Teils ihres Spielraums, weil sie nun nicht mehr zum frühestmöglichen Zeitpunkt begonnen werden können. Der Spielraum jeder Aktivität muß also immer im Hinblick darauf betrachtet werden, wie er den Spielraum anderer Aktivitäten im Netzplan beeinflußt oder von ihnen beeinflußt wird.

Überlegungen zu diesen Auswirkungen führen zu Definitionen von verschiedenen Arten von Spielraum. Diese Definitionen werden im folgenden dargelegt, doch es ist nicht erforderlich, mit allen von ihnen vertraut zu sein. Vor Beginn des Projekts beschäftigen sich Planer und Projektmanager in der Regel vorwiegend mit dem Gesamtspielraum. Vom Zeitpunkt der Ressourcenplanung an und während der aktiven Lebensdauer des Projekts verlagert sich der Schwerpunkt auf Überlegungen zum verbleibenden Spielraum.

Gesamtspielraum

Gesamtspielraum ist definiert als der Gesamtzeitraum, um den eine Aktivität verzögert werden kann, wenn alle ihr vorausgehenden Aktivitäten zum frühestmöglichen Zeitpunkt begonnen werden und mit den folgenden Aktivitäten bis zum letzten zulässigen Zeitpunkt gewartet wird.

Zwar entspricht der Gesamtspielraum von Aktivität G0913 (9 zu 13) zufällig der Differenz zwischen dem frühesten und dem spätesten Starttermin dieser Aktivität, doch dies ist keine zuverlässige Richt-

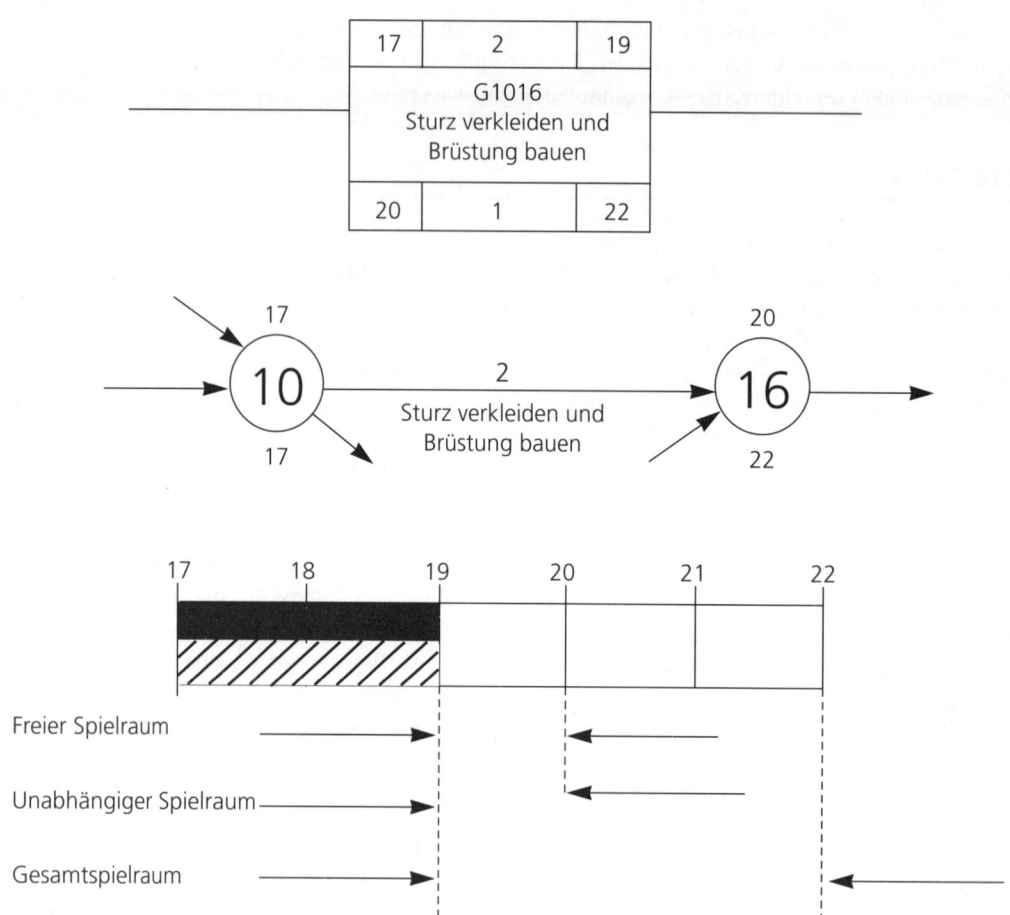

Abbildung 10.11   Garagenprojekt: Spielraumanalyse der Aktivität G1016 (10 zu 16)

linie für den Umfang des vorhandenen Spielraums aller Aktivitäten. Dies wird deutlich bei der Untersuchung einer anderen Aktivität im Garagenprojekt.

In Abbildung 10.11 wurde die Aktivität G1016 (10 zu 16), „Sturzverschalung und Brüstungsbau" isoliert und einer gesonderten Analyse unterworfen. Es ist einfacher, den folgenden Ausführungen zu folgen, wenn der Pfeildiagrammausschnitt betrachtet wird, weil dieser die Abschluß- und Anfangsereignisse isoliert. Es wird deutlich, daß der früheste und der späteste Zeitpunkt für Ereignis 10 einander entsprechen, was null Spielraum und eine kritische Aktivität anzeigt. Zwar liegt Ereignis 10 am kritischen Weg des Netzplans, doch der Pfad biegt an diesem Ereignis ab und führt von der Aktivität 10 zu 16 fort. Ein Blick auf den Gesamtnetzplan in Abbildung 10.1 zeigt, daß der kritische Weg durch die Aktivität G1012 (Aktivität 10 zu 12 in Abbildung 10.2) verläuft. Aktivität G1016 (10 zu 16) hat also doch Spielraum.

Die tatsächlichen Bedingungen des Spielraums werden am besten durch einen Ausschnitt aus dem Balkendiagramm illustriert, der in Abbildung 10.11 enthalten ist. In diesem Diagramm wird bei Anwendung der formalen Definition deutlich, daß der Gesamtspielraum für Abbildung G1016 drei

Tage beträgt. Es ist nicht schwierig, auf den einfachen mathematischen Ausdruck zu kommen, die für die Berechnung dieses Spielraums erforderlich ist, wenn Balkendiagrammausschnitt und Aktivität in Abbildung 10.11 miteinander verglichen werden.

Gesamtspielraum	=	letzter zulässiger Zeitpunkt für Endereignis
minus		frühestmöglicher Zeitpunkt für Anfangsereignis
minus		Aktivitätsdauer

Die Anwendung dieser Formel auf die Daten aus Abbildung 10.11 ergibt:

$$\text{Gesamtspielraum der Aktivität G1016} = (22 - 17 - 2) = 3 \text{ Tage}$$

Freier Spielraum

Kehren wir zum Netzplandiagramm zurück und nehmen an, daß die „Estrich"-Aktivität G0913 (9 zu 13) um ein oder zwei Tage verschoben werden muß, weil zum entsprechenden Zeitpunkt keine Arbeiter da sind. Der Netzplan zeigt, daß die folgende Aktivität G1317 (13 zu 17), „Einhängen der Türen", keinesfalls vor Tag 16 beginnen kann, was an der Einschränkung durch die Verknüpfung mit G0508, der von Ereignis 8 im Pfeildiagramm ausgehenden Scheinaktivität, liegt. Das bedeutet, daß der Beginn der Bodenestrich-Aktivität bis zu Tag 15 hinausgezögert werden kann, ohne daß sich negative Auswirkungen auf die folgenden Aktivitäten ergeben. Diesen Spielraum von sieben Tagen nennt man den freien Spielraum der Aktivität G0913 (9 zu 13). Zwar kann keine Veränderung der Aktivität innerhalb dieses freien Spielraums folgende Aktivitäten beeinträchtigen, doch der freie Spielraum wird aufgehoben, wenn zugelassen wird, daß eines der vorausgehenden Ereignisse später als zum frühestmöglichen Zeitpunkt auftritt.

Der freie Spielraum ist also definiert als der Umfang von vorhandenem Spielraum, wenn alle vorausgehenden Ereignisse zum frühestmöglichen Zeitpunkt stattfinden und die folgenden Ereignisse ebenfalls zum frühestmöglichen Zeitpunkt stattfinden können.

Freier Spielraum	=	frühestmöglicher Zeitpunkt des Endereignisses
minus		frühestmöglicher Zeitpunkt des Anfangsereignisses
minus		Aktivitätsdauer

Die Anwendung dieser Formel auf die Daten aus Abbildung 10.10 ergibt:

Freier Spielraum der Aktivität G10913 = $(16 - 8 - 1) = 7$ Tage

Unabhängiger Spielraum

Betrachten wir noch einmal Aktivität G1016 (10 zu 16), wie sie in Abbildung 10.11 dargestellt ist. Es ist möglich, diese Aktivität innerhalb einer eintägigen Periode umzustellen, unabhängig davon, was mit dem Zeitplan aller anderen Netzplanaktivitäten geschieht. Es ist unerheblich, ob die vorausgehenden Ereignisse erst zum spätesten zulässigen Termin erreicht werden oder ob die folgenden Ereignisse zum frühestmöglichen Zeitpunkt eintreten müssen. Diese Aktivität kann innerhalb der Gesamtperiode von einem Tag vor- und zurückverlegt werden, ohne daß eine andere Aktivität beeinträchtigt wird. Weil diese geringe Gesamtmenge von Spielraum von den umliegenden Aktivitäten völlig unabhängig ist, wird sie „unabhängiger Spielraum" genannt.

Die formale Definition des unabhängigen Spielraums ist der Umfang an vorhandenem Spielraum, wenn das vorausgehende Ereignis zum letzten zulässigen Zeitpunkt stattfindet und alle folgenden Aktivitäten zum frühestmöglichen Zeitpunkt beginnen.

Unabhängiger Spielraum	=	frühestmöglicher Zeitpunkt des Endereignisses
minus		letzter zulässiger Termin des Startereignisses
minus		Aktivitätsdauer

Die Anwendung wiederum auf die Daten aus Abbildung 10.11 ergibt:

Gesamtspielraum der Aktivität G1016 = (20 − 17 − 2) = 1 Tag

Unabhängiger Spielraum tritt vergleichsweise selten auf. Üblicherweise ergibt die Anwendung der oben stehenden Formel auf jede Aktivität im Netzplan das Ergebnis null.

Verbleibender Spielraum

Der Gesamtspielraum jeder Aktivität ist von dem Moment an in Gefahr, verringert zu werden, wenn die Neueinteilung der Projektressourcen beginnt, bis hin zu dem Zeitpunkt, wenn die Aktivität abgeschlossen ist. Eine Verringerung des Gesamtspielraums kann zum Beispiel die Folge einer bewußten Verzögerung des geplanten Anfangstermins einer Aktivität sein, um im Rahmen des Prozesses der Neueinteilung der Ressourcen ein ausgeglicheneres Muster der Arbeitsauslastung herbeizuführen. Und außerdem besteht natürlich immer die Gefahr, daß sich vorausgehende Ereignisse verzögern und der Gesamtspielraum teilweise oder völlig absorbiert wird.

Aus praktischen Gründen ist der Projektmanager, sobald das Projekt begonnen wurde, nicht mehr an dem Gesamtspielraum interessiert, den eine Aktivität anfangs hatte, als der Netzplan gezeichnet wurde. Es ist der verbleibende Rest von Spielraum jeder unabgeschlossenen Aktivität, der den Projektmanager beschäftigen sollte. Dies ist der „verbleibende Spielraum".

Aktivitäten ohne verbleibenden Spielraum

Aktivitäten mit null verbleibendem Spielraum sind offensichtlich zu kritischen Aktivitäten geworden. Bei der Zuteilung von Ressourcen und in der Aufmerksamkeit des Managements sollten sie höchste Priorität haben, damit gewährleistet ist, daß sie ohne Verzögerung abgeschlossen werden können. Andernfalls wird sich der Projektabschluß selbst verzögern.

Aktivitäten mit negativem Spielraum

Nehmen wir an, der kritische Weg durch einen Netzplan wurde mit einer Gesamtdauer von 100 Wochen veranschlagt. Der frühestmögliche Abschlußtermin der Endaktivität wird daher 100 sein. Wenn andere Überlegungen außer acht gelassen werden, ist der letzte zulässige Abschlußtermin des Projekts ebenfalls am Ende der hundertsten Woche. Wie üblich wird die Zeitanalyse einen oder mehrere kritische Wege durch den Netzplan bis zurück zum Anfang ergeben, in denen alle kritischen Aktivitäten null Gesamtspielraum haben. Nehmen wir nun aber an, eine dieser „anderen Überlegungen" beinhaltet das Versprechen an den Kunden, das Projekt werde innerhalb von 90 Wochen abgeschlossen. Nun haben alle Aktivitäten, die sich zuvor auf dem kritischen Weg mit einem Gesamtspielraum von null befanden, einen Gesamtspielraum von minus 10 Wochen.

Negativer Spielraum wird verursacht, wenn für die Endaktivität, oder letztlich jede andere Aktivität im Netzplan, ein Zieltermin festgelegt wird.

Negativer Spielraum tritt in jedem Zeitplan (besonders in mit Computer erstellten) auf, bei dem es nicht möglich ist, den geplanten Zieltermin aus einem der folgenden Gründe einzuhalten:

1. Die kürzeste mögliche Dauer des entsprechenden Weges durch den Netzplan hin zu der Aktivität, für die ein Abschlußtermin festgelegt wurde, ist länger, als der Termin zuläßt.

2. Verzögertes Vorankommen macht es unmöglich, den letzten zulässigen Abschlußtermin irgendeiner Aktivität einzuhalten.
3. Aktivitäten müssen über ihren letzten zulässigen Abschlußtermin herausgezögert werden, weil die vorhandenen Ressourcen nicht ausreichen.

Es muß wohl nicht betont werden, daß Aktivitäten mit negativem Spielraum „hyperkritisch" geworden sind. Unverzügliches Handeln des Managements ist angesagt, um mögliche Korrekturmaßnahmen aufzuspüren, die die Aktivitäten beschleunigen und das Projekt retten.

Zwei fundamentale Prioritätsregeln für die Ressourcenplanung

In der Regel wird die Methode der Ressourcenplanung durch die Entscheidung zwischen zwei Planungsoptionen oder Prioritätsregeln bestimmt, nämlich ob gemäß der Planung die Ressourcen oder die Zeit begrenzt sein sollen. Diese Optionen sind bereits im Zusammenhang mit dem Garagenprojekt an früherer Stelle in diesem Kapitel aufgetaucht, doch sie erfordern weitere Erläuterungen. Die Entscheidung zwischen diesen beiden Regeln muß immer dann fallen, wenn rechtzeitiger Projektabschluß und Beschaffung der erforderlichen Ressourcen nicht miteinander vereinbar sind. Abbildung 10.12 zeigt eine graphische Darstellung der Konzepte von Ressourcen- und Zeitbegrenzung. Der Ballon repräsentiert ein Projekt – in Form einer nicht kompressierbaren Flüssigkeit mit konstantem Volumen, die von den Beschränkungen „Zeit" und „Ressourcen" her unter Druck gerät.

Planung mit Ressourcenbegrenzung

Einteilung mit Ressourcenbegrenzung resultiert in einem Plan, in dem die bekannten Niveaus der zugänglichen Ressourcen niemals überschritten werden. Das bedeutet häufig, daß ein Projektabschlußtermin hingenommen werden muß, der hinter dem anhand der Netzplan-Zeitanalyse vorhergesagten frühestmöglichen Zeitpunkt liegt. Mit anderen Worten wird die Arbeit innerhalb der vorhandenen Ressourcenniveaus als wichtigste Zielsetzung der Einteilung betrachtet, gefolgt von der Priorität, das Projekt in so kurzer Zeit wie möglich fertig zu stellen.

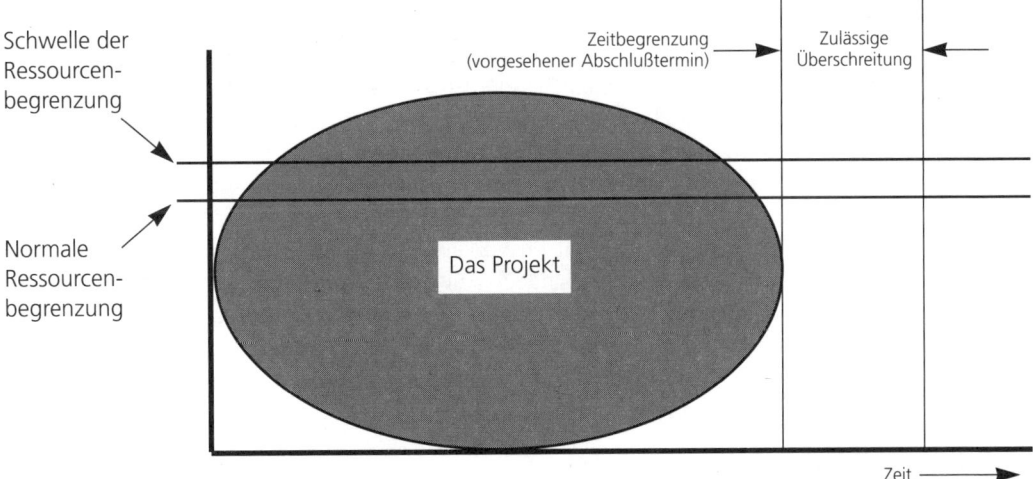

Abbildung 10.12 **Zeitbegrenzte im Gegensatz zu ressourcenbegrenzten Einschränkungen**

Plan mit Zeitbegrenzung

Wenn die Abschlußzeit die wichtigste Zielsetzung ist, muß die Planung von begrenzt zur Verfügung stehender Zeit ausgehen. Das Wichtigste ist, daß das Projekt so eingeteilt werden kann, daß es zu einem spezifizierten Datum fertig wird. Häufig ist dieses Datum der frühestmögliche Abschlußtermin, wie er sich aus der Netzplan-Zeitanalyse ergeben hat, also die Dauer des kritischen Weges, aber es kann auch ein etwas späterer Termin sein.

Einteilung mit Zeitbegrenzung bedeutet, daß alle vorhersehbaren Ressourcenüberlastungen hingenommen werden müssen. Dabei wird voraussichtlich davon ausgegangen werden, daß diese durch die Beschäftigung von Zeitarbeitskräften oder durch andere kurzfristige Maßnahmen der Ressourcenplanung behoben werden können.

Obwohl die Ressourceneinschränkungen in einer Planungen mit Zeitbegrenzung als zweitrangig betrachtet werden, sollte der Planer dennoch versuchen, ein ausgeglichenes Ressourcenverbrauchsmuster herbeizuführen, und unnötige Unterbrechungen sowie Höhen und Tiefen im Arbeitsauslastungsmuster für sämtliche Projektressourcen vermeiden.

Methoden zur Erleichterung der Ressourcen- und Zeiteinschränkungen

Wenn strenge Ressourcen- oder Zeitbegrenzung nicht zu einer akzeptablen Einteilung führt, ist es erforderlich, entweder die Begrenzungen zu überschreiten, oder aber zu versuchen, sie so zu erleichtern, daß eine Kompromißlösung möglich wird.

Anwendung von Schwellenressourcen zur Erweiterung der zugänglichen Ressourcen

Manchmal ist es möglich, eine zweite Stufe oder „Schwellenebene" für eine bestimmte Ressource zu erwägen, die nur dann in den Planungen zur Anwendung kommt, wenn die normalerweise zugänglichen Ressourcen anderen Aktivitäten zugeteilt worden sind und wenn andernfalls die Projektzeitplanung in Gefahr geriete (siehe Abbildung 10.12). Ein Beispiel dafür wäre eine technische Abteilung mit einer Ressource von 75 festen Angestellten, wobei der technische Leiter jedoch weiß, daß zusätzliche 30 Techniker über verschiedene Subunternehmerfirmen zugänglich sind.

Wenn für die Einteilung mit vorhandenen Schwellenressourcen ein Computerprogramm verwendet wird, so versucht dieses zunächst, eine Einteilung nur mit den normalerweise vorhandenen Ressourcen zu erstellen. Die zusätzlichen Ressourcen kommen erst ins Spiel, wenn der Computer nicht in der Lage ist, die Einteilung einer Aktivität vorzunehmen, ohne den bekannten Umfang oder die „Schwelle" der normalerweise vorhandenen Ressourcen zu überschreiten. Die Planung mag noch immer das beabsichtigte Abschlußdatum überschreiten, doch zumindest hat die Verwendung der Schwellenressourcen die Belastung etwas vermindert.

Im Fall der technischen Abteilung würde der technische Leiter einen Computerbericht erhalten, der zeigt, wie viele der 30 Leute von Subunternehmen voraussichtlich benötigt werden und zu welchem Zeitpunkt. Dies ermöglicht ihm, bereits weit im voraus mit den Subunternehmerfirmen über die zusätzlichen technischen Mitarbeiter zu verhandeln. Außerdem gibt es dem Unternehmen Zeit, für Unterbringungsmöglichkeiten und die Beschaffung der notwendigen Geräte zu sorgen. Dies ist ein weiteres Beispiel aus dem täglichen Leben, wo das System effektiv arbeitet, Panik in der letzten Minute verhindert und ausreichend Zeit gibt, um zusätzliche (Subunternehmens-)Mitarbeiter und Geräte aus der kostengünstigsten Quelle zu beschaffen.

Spezifizierung alternativer Ressourcen

Gelegentlich kommt es vor, daß der Beginn einer Aktivität verschoben werden muß, weil die spezifizierte Ressource nicht zur Verfügung steht, obwohl es innerhalb der Projektorganisation eine andere Art von Ressource gibt, die diese ersetzen könnte. Diese Situation könnte sich zum Beispiel in einem Ingenieursbüro ergeben. Es kann vorkommen, daß ein Elektronikspezialist auch Fachkenntnisse in Kontroll- und Schmiersystementwurf hat. Einige Computerprogramme ermöglichen dem Planer, solche Alternativressourcen im ursprünglichen Plan zu vermerken, so daß der Computer wenn nötig auf sie zurückgreifen kann.

Vorsehen eines gleitenden Projektendes

Manche Computersoftware ermöglicht es dem Planer, vorzusehen, daß der Projektabschluß in begrenztem Maße über den vorgesehenen Termin hinausgehen kann. Der Computer kann diese Zusatzzeit nutzen, wenn – aber nur wenn – andernfalls die Ressourcen in einer Kalkulation mit Zeitbeschränkung überschritten würden (siehe Abbildung 10.12). Die Möglichkeit eines gleitenden Projektendes wird bei der Zeitanalyse nicht mit berücksichtigt und der Spielraum wird weiterhin vom normalen Ende des Projekts aus berechnet. Wenn also beispielsweise eine Übergangszeit von acht Wochen nach dem Ende der letzten Projektaktivität vorgesehen wurde, so sind diese in der berechneten Länge des kritischen Weges nicht enthalten. Andernfalls würden acht Wochen künstlichen Spielraums geschaffen, die jedem am Projekt Beteiligten ein irreführendes Sicherheitsgefühl vermitteln.

Zusammenfassung: Die wesentlichen Elemente einer praktikablen Planung

Ein Beispiel, wie man nicht planen und einteilen sollte

Ein mir bekannter technischer Direktor ließ einmal einen Abteilungsplan erstellen, der auf ein den gesamten Konferenztisch einnehmendes Blatt Papier gezeichnet wurde. Er sollte 30 Ingenieure, die tatsächlich mit ihren Namen identifiziert wurden, Aufgaben aus verschiedenen Projekten zuteilen, wobei es sich um tatsächliche und mögliche Aufträge handelte. Es wurde eine Periode von nicht weniger als zwei Jahren in Wochenintervalle aufgegliedert. Für dieses enorme Diagramm waren daher auch etwa 3.000 Einträge erforderlich. Dies nahm zehn Tage der hochbezahlten Zeit eines technischen Leiters in Anspruch und erforderte detaillierte Diskussionen mit dem technischen Direktor und anderen.

Als die Einteilung fertig war, sah sie recht beeindruckend aus, doch sie war völlig unflexibel und es stellte sich als unmöglich heraus, sie kurzfristig zu verändern. Keine Überraschung also, daß sie schon nach wenigen Wochen nutzlos geworden war. Selbst wenn die Arbeitspläne eine solide Grundlage gehabt hätten, was hier nicht zutraf, ist es in jedem Fall unmöglich, namentlich genannten Individuen spezifische Aufgaben zuzuteilen, die so weit in der Zukunft liegen. Selbst wenn alle erwarteten Aufträge für neue Projekte eingegangen wären und alle Arbeitsschritte zufällig wirklich in jenen Wochen aufgetreten wären, die im Plan vorgesehen waren, bleibt doch immer noch die große Frage, wie viele der 30 namentlich genannten Ingenieure zu dem Zeitpunkt noch in der Firma beschäftigt sein würden. Letztlich wurde die Firma mit gewaltigen Schulden aufgelöst, noch bevor jene zwei Jahre vorüber waren, die der Plan abdeckte.

So sollte es gemacht werden

Jede Planung von Projektarbeit muß die folgenden Anforderungen erfüllen, um praktikabel zu sein:

*   Der Zeitrahmen muß realistisch sein.
*   Der dargestellte Umfang an Details muß den Zielsetzungen des Plans gerecht werden.

- Vorzugsweise sollte die Planerstellung auf der Grundlage eines Netzplans erfolgen, damit:
  - die Aktivitäten in einer logischen, realisierbaren Abfolge aufgeführt sind und
  - Prioritäten anhand der Netzplan-Zeitanalyse quantifiziert werden können, so daß bei der Zuteilung knapper Ressourcen und dem folgenden Management des Ablaufs der Spielraum für jede Aktivität bedacht wird.
- Die Einteilung muß flexibel sein, damit sie angesichts des Fortschritts und bei Veränderungen der Projektspezifikation leicht auf den neuesten Stand gebracht werden kann.

Unglücklicherweise werden diese Grundsätze nicht immer verstanden oder akzeptiert. Noch immer finden sich Projektmanager, Ingenieure und Planer, die komplizierte Balkendiagramme und Histogramme zeichnen, um angeblich Arbeitspläne für viele Monate und gar Jahre darzustellen, ohne die geringste logische Rechtfertigung und in minutiösen Details. Planungen müssen flexibel sein, damit sie, wenn nötig, neu kalkuliert werden können, um neue Arbeiten und Veränderungen unterzubringen. Von Hand erstellte Einteilungssysteme bieten nur in den allereinfachsten Fällen hinreichende Flexibilität. Im folgenden Kapitel, wo dieses Thema im einzelnen weitergeführt wird, wird allgemein die Verwendung eines Computers vorausgesetzt.

Kapitel 11

Ressourcenplanung – Teil 2: Die Praxis

Im vorigen Kapitel wurden einige der Prinzipien eingeführt, auf denen die Einteilung von Projektressourcen basieren sollte, insbesondere hinsichtlich der Beziehung zwischen der Netzplanlogik des kritischen Weges, spielraumabhängiger Prioritäten und des Vorhandenseins von Ressourcen. Die verwendeten Beispiele wurden bewußt sehr einfach gehalten. Bevor die Ressourcenplanung in realistischerem Umfang durchgeführt werden kann, wird der Projektmanager oder Planer mit einer Reihe von Fragen konfrontiert sein, die entweder Probleme aufwerfen oder Entscheidungen erfordern, besonders wenn Daten für den Computer gesammelt werden. In diesem Kapitel wird daher das Thema Ressourcenplanung weitergeführt, wobei die Aufmerksamkeit einigen dieser Fragen gilt.

Auswahl der einzuteilenden Arbeitskraftressourcen

Technische Entwürfe und Zeichnungen

Projekte in der Petrochemie und Konstruktionsprojekte

Bei der technischen Entwurfsarbeit für große petrochemische und Konstruktionsprojekte ist es voraussichtlich erforderlich, Arbeit und Personalressourcen am Verwaltungssitz für jede der wichtigsten technischen Fachdisziplinen einzuteilen (Tiefbau, Statik, Gebäudetechnik, Elektrotechnik, Heizung und Sanitär und so weiter). Diese Einteilung kann weiter aufgegliedert werden in Ingenieursarbeiten, Planzeichnung und Prüfung. Bei Entwurfsarbeiten mit Hilfe eines Computers (CAD) verschwimmen jedoch hier die Grenzen und eine solche Aufgliederung ist kaum noch erforderlich. Üblicherweise wird der Umfang der Arbeiten für diese Zwecke nicht das Niveau einzelner Detailzeichnungen erreichen, sondern voraussichtlich werden Planzeichnungen für Anlagen- oder Gebäudeflächen oder andere geeignete kleinere Ausschreibungspakete in Gruppen zusammengefaßt werden.

Fertigungsprojekte

Es hat sich bei der Entwurfsarbeit für Fertigungsprojekte – wobei die Planungsdetails wiederum eher auf Montageeinheiten oder Planzeichnungsgruppen als auf einzelne Pläne begrenzt sind – als ausreichend herausgestellt, lediglich drei Arten von Ressourcen zu betrachten:

- technische Gestaltung
- Detailplanung
- Prüfung

Selbstverständlich ist hier nicht jede Art von Techniker abgedeckt. Mechanische Entwürfe können beispielsweise einen Anteil von Schmiersystem- und Prozeßkontrollentwürfen beinhalten. Der gesunde Menschenverstand legt jedoch nahe, hier zu viele Details zu vermeiden. Wenn das Unternehmen aus Erfahrung weiß, daß Prozeßkontrolle immer zusammen mit den mechanischen Entwürfen durchgeführt wird, aber nur zehn Prozent der mechanischen Entwürfe ausmacht, dann kann es überflüssig sein, die Prozeßkontrollentwürfe gesondert in die Ressourceneinteilung aufzunehmen. Es müssen also lediglich die Ingenieure für die mechanischen Entwürfe eingeteilt werden.

Unter solchen Umständen müßten die Aktivitäten des Prozeßkontrollentwurfs nicht einmal im Netzplandiagramm aufgeführt werden, es sei denn, sie hätten individuell eine besondere Bedeutung. Es genügt, wenn der Leiter der Prozeßkontrolle die Arbeit seiner Abteilung parallel zur Haupteinteilung des mechanischen Entwurfs plant, wobei die Arbeitskraftanforderung für den Prozeßkontrollentwurf als 10 Prozent dessen angenommen wird, was für die Mechanikingenieure kalkuliert wurde. Diese Methode mag dem pingeligen Fachmann oder ängstlichen Planer nicht gefallen, aber sie erleichtert die Planung erheblich und hat sich in der Praxis bewährt.

Fertigung

Für die Planung von Projekten in einer Fabrik kann es wiederum erforderlich sein, nur zwei oder drei wichtige Ressourcentypen auszuwählen. Diese Auswahl kann so grob sein wie die folgende:

- Leichtmaschinen
- Schwermaschinen
- Montage

Oder es gibt, je nach Betrieb und seinen Verfahren, ein paar andere Auswahlmöglichkeiten.

Wenn dies überraschend klingt, so sollte daran gedacht werden, daß Projektplaner und Projektmanager nicht mit der tagtäglichen Planung der einzelnen Arbeitsgänge beschäftigt sind, was eine separate Aufgabe der Produktionskontrolle ist. Die Projektplanungen stellen einfach nur sicher, daß die Projektarbeit der Fabrik in einer Rate erfolgt, die mit den angenommenen Kapazitäten übereinstimmt.

Aus ähnlichen Gründen ist es nicht erforderlich, sich um die Fluktuationen im Ressourcenverbrauch zu sorgen, die normalerweise im Laufe eines einzelnen Fertigungsvorgangs auftreten, wie es der Netzplan und die daraus resultierenden Projektplanungen darstellen. Ein Beispiel dafür wäre eine Aktivität, die die Produktion sämtlicher Komponenten abdeckt, die für eine Montageeinheit des Projekts benötigt werden. Bei großen Fertigungsprojekten oder wenn mehrere Projekte in einer Gesamtkalkulation erfaßt werden, muß lediglich eine durchschnittliche Verbrauchsrate für jede Produktionsressource spezifiziert werden, die gleichmäßig über die Dauer jeder Produktionsaktivität verteilt wird.

Der Grund dafür ist, daß jede dieser Aktivitäten im Verhältnis zur Gesamtarbeitsbelastung voraussichtlich sehr klein ist, da jene ja aus Hunderten oder Tausenden von anderen Fertigungsvorgängen besteht. Höhen und Tiefen in der Arbeitsbelastung einzelner Aktivitäten sind im Verhältnis zum Ganzen so geringfügig, daß sie dazu neigen, einander auszugleichen, besonders wenn die Aktivitäten so eingeteilt wurden, daß sie die vorgesehene Gesamtproduktionskapazität nicht überschreiten.

Die Zuteilung der Projektressourcen wird daher sicherstellen, daß die Arbeit in einem Tempo in die Fabrik gelangt, das das einzelne Produktionskontrollsystem nicht überlastet, welches dann die Fertigungsaktivitäten der Projektplanung in detaillierte Fabrikarbeitspläne aufgliedert.

Diese Argumente die Fertigungsaktivitäten betreffend führen dazu, daß man eine große Datenmenge benötigt, da hier der statistische Zufall eine wichtige Rolle spielt. Sie haben die größte Rechtfertigung, wenn die Gesamtarbeitsbelastung durch die Fertigung für sämtliche Projekte mindestens einige hundert Aktivitäten beträgt. All dies ist von der Verwendung von Multiprojektplanungen abhängig, wie sie im Kapitel 14 beschrieben werden.

Wahl der Ressourceneinheiten

Immer wenn Ressourcen für die Planung betrachtet werden, muß entschieden werden, welche Einheiten verwendet werden sollen. In der Regel ist es angebracht, mit einfachen Einheiten zu arbeiten, damit die Menge „eins" eine Person aus einer bestimmten Abteilung oder einer bestimmten Ressourcenart bedeutet. Wenn 50 Arbeiter für die Zuteilung zu einem Projekt vorhanden sind, dann werden als die vorhandene Arbeitskraft 50 Ressourceneinheiten in den Computer oder ein anderes System eingegeben. Wenn für eine bestimmte Aktivität acht Arbeiter erforderlich sind, wird dies im Netzplan, bei der Computereingabe und den späteren Einteilungen als 8ARB ausgewiesen. („ARB" oder ein anderer geeigneter Code weist die Ressource als Arbeiter aus.)

Es ist zu beachten, daß einer Aktivität zwei, drei oder mehr Arten von Ressourcen zugeteilt werden können. Das wurde im Garagenprojekt im Kapitel 10 deutlich, wo für einige Aufgaben sowohl ein Facharbeiter als auch ein einfacher Zuarbeiter erforderlich waren.

Ressourcenquantifizierung in Dezimalstellen

Es kommt vor, daß eine oder mehrere Personen, die an einem Projekt arbeiten, ihre Zeit auf mehrere Aktivitäten verteilen müssen. Ein gutes Beispiel sind Büroangestellte in der Einkaufsabteilung. Im Laufe der Gesamtdauer einer Einkaufsaktivität ist ein Einkäufer nur in Abständen beteiligt, weil die meisten Einkäufer zu jedem gegebenen Zeitpunkt verschiedene Anfragen oder Bestellungen gleichzeitig bearbeiten. Große Projekte können Einkaufsabteilungen jedoch eine enorme und unausgeglichene Arbeitsbelastung auferlegen. Es kann daher wünschenswert sein, daß die Aktivitäten der Einkäufer ebenfalls eingeteilt werden, damit die Durchführung des Einkaufs in der korrekten Reihenfolge sichergestellt ist und um Überlastungen zu vermeiden. Einkäufer werden dann als eine Ressource spezifiziert und als eine Anforderung an jede Einkaufsaktivität dargestellt.

Eine Gruppe von fünf Einkäufern kann leicht 50 Anfragen und Bestellungen auf verschiedenen Entwicklungsstufen in Vorbereitung haben. Dieses Problem kann der Planer überwinden, indem er schlußfolgert, daß der durchschnittliche Einkäufer (EKÄ) nur zehn Prozent seiner Zeit mit einer Bestellung verbringt, so daß die Verbrauchsrate von 0,1EKÄ als Ressourcenanforderung einer typischen Einkaufsaktivität dargestellt werden kann. Eine Einkaufsaktivität mit einer veranschlagten Dauer von zwei Wochen und einer Ressourcenanforderung von 0,1EKÄ bedeutet, daß zehn Prozent der Zeit eines Einkäufers über zwei Wochen verteilt werden müssen, damit die Bestellung genehmigt und aufgegeben werden kann.

Multiplizierte Einheiten

Einige Computerprogramme sind noch nicht in der Lage, Ressourcenquantitäten aufzunehmen, die nicht in ganzen Zahlen ausgedrückt sind. Wenn die Software keine Dezimalstellen audrücken kann, muß auf einen Trick zurückgegriffen werden. Multiplikation ist die Lösung.

Im Fall der Einkäufer der Einkaufsabteilung, die im vorigen Abschnitt erwähnt wurde, ist es erforderlich, jeden Einkäufer mit 10 Ressourceneinheiten zu bezeichnen. Die Gesamtzahl der als Einkäufer vorhandenen Leute muß dann ebenfalls mit 10 multipliziert werden. Die Gruppe von 5 Einkäufern kann daher dann als ein Ressourcenaufkommen von 50EKÄ ausgewiesen werden. Wenn also im Netzplan eine Ressourcenanforderung von 1EKÄ für eine zweiwöchige Einkaufsaktivität eingetragen ist, so bedeutet dies in Wirklichkeit, daß ein Einkäufer während der zweiwöchigen Aktivitätsdauer 10 Prozent seiner Zeit aufwenden muß.

Wenn für die Ressource eine Kostenrate spezifiziert wurde, muß diese durch den generellen Faktor (üblicherweise 10) geteilt werden, damit sie den durch den Multiplikationstrick künstlich vergrößerten Quantitäten entspricht.

Verwendung von Arbeitsstunden

In vielen Programmen ist es möglich, die Ressourcen als Arbeitsstunden zu spezifizieren, entweder als die für einen Tag erforderliche Menge oder als vorhandene Menge. Dies ist zulässig, obwohl die Aktivitätslängen in Tagen veranschlagt wurden. Eine Aktivitätsdauer von eins könnte daher als ein Arbeitstag von sieben Stunden spezifiziert sein, und sieben Einheiten irgendeiner Ressource für diese Aktivität bedeuten dann sieben Stunden pro Tag, also eine Person pro Tag. Ein Ressourcenverbrauch von eins bedeutet in diesem Fall eine Stunde pro Tag oder ein Siebentel der Zeit einer Person für diese Aktivität.

Die Verwendung von Arbeitsstunden in dieser Weise bedeutet, daß Dezimalbrüche oder Multiplikationen der Ressourcen nicht unbedingt erforderlich sind, vorausgesetzt, Siebentel, und nicht Zehntel, sind eine ausreichend genaue Aufgliederung.

Ratenkonstante und nicht ratenkonstante Verwendung von Ressourcen

Es wird allgemein davon ausgegangen, daß die Verwendung jeder Ressource für eine Aktivität konstant bleibt. Wenn also eine Aktivität mit einer veranschlagten Dauer von einer Woche dargestellt wird, für die 1MAU und 1ARB nötig sind (wobei „MAU" der Code für Maurer ist und „ARB" Arbeiter bedeutet), so heißt das, für den Arbeitsschritt sind ein Maurer und ein Zuarbeiter erforderlich, die eine Woche vollzeitig beschäftigt sein werden. Dies ist in der Planungsterminologie als ratenkonstante Verwendung von Ressourcen bekannt.

Mit einigen Computersystemen ist die Planung unregelmäßigen Ressourcenverbrauchs innerhalb einer Aktivität möglich. Für die gerade beschriebene Aktivität könnten beispielsweise nicht ein Maurer oder Arbeiter für zwei Tage in der Mitte der Periode erforderlich sein, sondern zwei Maurer und zwei Arbeiter an den letzten beiden Tagen. Ressourcengesamtkosten und -anforderung sind dieselben geblieben, doch das Verbrauchsmuster ist nicht mehr ratenkonstant.

In der Praxis ist es nur selten erforderlich, sich mit solchen Feinheiten der Projektplanung beschäftigen zu müssen. Das gilt besonders für große Netzpläne, in denen die Anzahl der eingeteilten Aktivitäten solche geringen Schwankungen ausgleichen sollte. Die Verwendung der meisten, wenn nicht gar aller, Ressourcen in einer Projektplanung kann in der Regel als ratenkonstant betrachtet werden.

Spezifizierung des Umfangs der zugänglichen Abteilungsressourcen

Effizienz und der Sicherheitsfaktor

Wenn es hundert Personen einer Ressourcenart in einer Abteilung gibt, scheint es vernünftig, 100 Einheiten dieser Ressource als für das Projekt vorhanden zu erklären. Doch es ist natürlich komplizierter. Einige dieser Leute werden für andere Projekte benötigt werden. Diese Schwierigkeit kann behoben werden, indem man alle Projekte in einem Multiprojektsystem einteilt (siehe Kapitel 14).

Außerdem ist es eine Tatsache, daß keine Abteilung jemals hundertprozentige Effizienz erreicht. Leute nehmen sich frei oder arbeiten aus verschiedenen Gründen mit verringerter Effizienz (Krankheit, Urlaub, Zahnarztbesuch, kurze Aufenthalte im Umkleideraum, lange Aufenthalte im Umkleideraum, Wartezeiten, bis Arbeit zugeteilt wird, Maschinen- oder Computerausfälle, Schulungen etc.). Außerdem werden einige dieser Leute mit unvorhergesehenen Aufgaben beschäftigt sein wie Korrekturmaßnahmen und dergleichen.

Die Antwort liegt hier darin, das Effizienzniveau jeder Abteilung oder Ressourcenart zu veranschlagen und die Ressource in entsprechend geringerem Umfang als für das Projekt zur Verfügung stehend zu erklären. Wenn es Zweifel darüber gibt, ist es ratsam, mit 80 Prozent zu beginnen, und, wenn sich im Laufe der Zeit mehr Erfahrung ansammelt, entsprechende Änderungen vorzunehmen. Obwohl die permanent vorhandene Arbeitskraft einer bestimmen Ressourcenkategorie in einer Abteilung 100 Leute beträgt, würden daher also nur 80 für die Einteilung auf sämtliche Projekte für vorhanden erklärt. So verbleibt ein Sicherheitsfaktor von 20 Prozent für ungeplante Abwesenheiten und Ausfallzeiten sowie für Arbeit, deren Einteilung nicht möglich oder unpraktikabel ist.

Überstunden als zugängliche Ressource

Projekte sollten nicht mit der Absicht geplant werden, Ressourcen für Überstunden aufzuwenden. Im Laufe der Arbeit an dem Projekt können Überstunden eine wertvolle Zusatzressource bilden, auf die im Notfall zurückgegriffen werden kann, wenn sich kritische Aktivitäten zu verzögern drohen. Überstunden sollten normalerweise für solche Notfälle in Reserve gehalten werden, und der als vorhanden erklärte Ressourcenumfang sollte auf die Kapazität begrenzt werden, die bei normalen Arbeitszeiten zur Verfügung steht.

Schichtarbeit

Gelegentlich kommt es vor, daß eine Einteilung eine Mischung aus normalem Ein-Schicht-Betrieb und Zwei- oder Drei-Schicht-Betrieb ermöglichen muß.

Es ist möglich, diese Ressourcen in einen speziellen Zwei- oder Drei-Schicht-Kalender einzutragen. Die einfachste und übersichtlichste Lösung dieses Problems ist jedoch, die Anzahl der für eine durchschnittliche Schicht vorhandenen Ressourceneinheiten mit der Anzahl der zu arbeitenden Schichten zu multiplizieren. Wenn drei Monteure in jeder von zwei Schichten arbeiten sollen, dann beträgt die für jeden Arbeitstag insgesamt vorhandene Ressource sechs Monteure.

Einplanung von Veränderungen der vorhandenen Mengen

Der vorhandene Umfang jeder Arbeitskraftressource kann sich natürlich verändern, während sich das Projekt weiterentwickelt. Er kann in Folge von Neueinstellungen ansteigen oder aufgrund von Rationalisierungsmaßnahmen schrumpfen. Ausmaß und Zeitpunkt solcher geplanten Veränderungen sollten in den langfristigen Etat- und Personalplanungen des Betriebs ersichtlich sein. Diese Pläne werden ihrerseits durch die Ergebnisse der Projekteinteilung beeinflußt, also in einem Prozeß gegenseitiger Befruchtung.

Natürlich ist es erforderlich, dafür zu sorgen, daß die Ressourcen, die für die Projekteinteilung für vorhanden erklärt wurden, mit dem Personalumfang gemäß der Vorausplanung übereinstimmen. Computer-Planungsprogramme lassen solche Veränderungen zu, so daß das vorhandene Aufkommen jeder Ressource für ausgewählte kontinuierliche oder aufeinander folgende Perioden auf unterschiedlichen Niveaus spezifiziert werden kann. Ein expandierendes Unternehmen könnte beispiels-

weise das wachsende Aufkommen an Design-Ingenieuren entsprechend dem folgenden Muster darlegen:

Ressource	Vorhanden von	bis	Anzahl
DI	1. Jan. 96	30. Juni 96	48
DI	1. Juli 96	30. Sept. 96	50
DI	1. Okt. 96	28. Feb. 97	51
DI	1. März 97	30. Juni 97	53

… und so weiter.

Dieses Muster des (erklärten) Vorhandenseins einer Arbeitskraftressource hat daher entweder ein
kontinuierliches, konstantes Niveau, oder es variiert während der Lebensdauer der Einteilung je
nach der entsprechenden Personalplanung der Abteilung in einem oder mehreren Schritten nach
oben oder unten.

Kalender

Vorprogrammierte Kalender

In die Betriebssysteme sämtlicher Computer sind Kalender integriert, die Kalenderdaten über eine
lange Zeitdauer erkennen können. Gute Projektmanagement-Software beinhaltet ebenfalls Kalender, die weit bis ins 21. Jahrhundert reichen. Sie sollten für jedes Industrieprojekt mehr als ausreichend sein.

Der Projektplaner wird vor der Frage stehen, ob er einen vorprogrammierten Kalender übernehmen
oder modifizieren will. Es handelt sich dabei um den Kalender, der die Tagenumerierung der Zeitanalyse in echte Kalendertage überträgt, je nachdem, wie viele Tage jeweils pro Woche gearbeitet
wird. Der üblichste vorprogrammierte Kalender sieht eine Arbeitswoche von fünf Tagen vor, wobei
die Wochenenden nicht für die Arbeit zur Verfügung stehen. In einigen Programmen wird dies als 5-
Tage-Woche (5 d/w: 5 day week) ausgedrückt.

In der Regel kann jede Ressourcenart, je nach Anweisung des Projektmanagers oder Planers, entweder in einen vorprogrammierten oder eine andere Art von Kalender eingetragen werden. Das bedeutet, daß der Computer Ressourcen nur für solche Tage als zur Verfügung stehend akzeptiert, die
dem gewählten Kalender zufolge gültig sind. Die Planung von Aktivitäten, die diese Ressourcen an
anderen Tagen erfordern, wird er nicht bearbeiten.

Voraussichtlich ist die Eintragung von Aktivitäten in den gewählten Kalender ebenso möglich wie
die Eintragung der Ressourcen. Zumindest ein Programm erlaubt sogar die Zuteilung von Präze-
denzverknüpfungen, die jedoch nur relevant werden, wenn den Verknüpfungen eine Dauer gegeben
wird.

Verwendung anderer Kalender für Wochenendarbeit

Eine Komplizierung der Planung tritt auf, wenn einige Gruppen von Leuten fünf Tage pro Woche
und andere Abteilungen im selben Projektbetrieb an einem oder beiden Tagen des Wochenendes
arbeiten. Betrachten wir als Beispiel einen technischen Fertigungsbetrieb, dessen Ingenieure und
andere Büromitarbeiter vertraglich nur an Wochentagen beschäftigt werden können, während das
Fertigungswerk auch an Samstagen in Betrieb ist.

In unserem Beispiel würden Techniker und andere Büroangestellte einem Kalender (Kalender 1) zugewiesen, in dem nur Wochentage für die Einteilung gültig sind. Die sechstägigen Aktivitäten mit

ihren Ressourcen würden dagegen in einen anderen Kalender (Kalender 2) eingetragen, der sechs Arbeitstage pro Woche vorsieht.

Mitarbeiterferien

Individueller Jahresurlaub kann, vorausgesetzt, daß er nicht von allen gemeinsam genommen und der Betrieb geschlossen wird, als eine generelle Verringerung der zur Verfügung stehenden Ressourcen behandelt werden. Dies wird von der vorgeschlagenen 20%igen Verringerung abgedeckt, die oben, im Abschnitt über die Spezifizierung des vorhandenen Ressourcenumfangs erwähnt wurde. Doch in zumindest einem Computerprogramm (*4C* von *InterSoftware UK Ltd*) ist es möglich, eine Mitarbeiterkartei zum Ressourcenaufkommen in Beziehung zu setzen. Für jeden Mitarbeiter werden verschiedene Beschäftigungseinzelheiten in Dateien gespeichert, unter anderem geplante Abwesenheiten, so daß individuelle Ferien und andere geplante Fehltage spezifiziert und aus dem Bestand der zur Verfügung stehenden Ressourcen herausgenommen werden können.

Gesetzliche Feiertage und andere allgemeine Ferien

Die Termine kommender gesetzlicher Feiertage, an denen die gesamte Projektarbeit eingestellt werden muß, sollten im voraus, mit Hilfe von Terminplänen und mehrjährigen Kalendern in der Planung vorgesehen werden. Vollständige Schließung während Betriebsferien und branchenweiten Ferien müssen in derselben Weise bestimmt werden. Dann sind diese Termine von den für die Einteilung zur Verfügung stehenden Tagen wegzunehmen. In der Regel ist es möglich, solche Termine in Computerprogrammen zu spezifizieren, während der oder die Kalender erstellt werden. Eine verbreitete Methode besteht darin, eine oder mehrere Feriendateien im Computer einzurichten, die separat sind von den Projektkalendern, aber zusammen mit ihnen benutzt werden.

Planung der Lohnkosten

Es wird mit Sicherheit erforderlich sein, die veranschlagten Ausgaben zu planen, und für diesen Zweck können ebenfalls Computerprogramme verwendet werden. Die Computerprogramme für Projektmanagement erlauben die Spezifizierung von Kostenraten pro Einheit und ermöglichen dem Planer außerdem die Alternativoption, die veranschlagten Kosten für eine gesamte Aktivität festzulegen.

Die sich daraus ergebenden Planungen sind äußerst wertvoll, weil sie die erwarteten Kosten dem geplanten Projektzeitrahmen gegenüberstellen, was einen der wesentlichen Bestandteile der Kostenkontrolle und der Verwaltung des Cash-flow darstellt.

Verwendung von Ressourcenraten für die Lohnkosten

Es ist möglich, für jede Ressourcenkategorie eine Kostenrate pro Netzplan-Zeiteinheit festzulegen. Außerdem ist es in den besseren Programmen möglich, Kostenraten für Schwellenressourcen festzulegen, die das Auftreten anderer Kosten, zum Beispiel für Zeitarbeiter, erkennen. Der Computer kalkuliert die Kosten für eine Aktivität folgendermaßen:

Nehmen wir an, die Dauer einer Aktivität wurde mit 10 Tagen (entsprechend zwei Kalenderwochen) veranschlagt, und die Ressourcenanforderung beträgt 1 Ingenieur. Die Kostenrate für diese Ressource (Ingenieure) wurde auf 200 GE pro Tag festgelegt, wenn normalerweise zur Verfügung stehende Mitarbeiter damit betraut werden. Die Rate beträgt 250 GE pro Tag auf der Schwellenebene.

Der Computer multipliziert die normale Rate mit der Dauer, was (10 x 200) GE = 2.000 GE als veranschlagte Kosten oder Etatkosten für die Aktivität ergibt.

Wenn der Computer Ressourcen aus dem Schwellenbestand zuteilen muß, wird er für die Kostenberechnung die Schwellenrate verwenden, und die Kosten für diese Aktivität steigen auf 2.500 GE an. Wenn multiplizierte Ressourceneinheiten benutzt werden, muß die Kostenrate für die Einheit in Originalgröße natürlich durch den Faktor geteilt werden. Im Fall der Einkäufer (siehe oben, Abschnitt „Multiplizierte Einheiten") bedeutet das, wenn die Rate pro Einkäufer mit 150 GE pro Tag angegeben wurde und jeder Einkäufer als 10EKÄ dargestellt wird, daß die für die Computereingabe spezifizierte Rate 15 GE pro 1EKÄ pro Tag betragen muß.

Planung der Kosten für Materialien und andere Anschaffungen

Die veranschlagten Kosten für Materialien und Anlagen werden eingeteilt, indem die Etatkosten neben den entsprechenden Einkaufsaktivitäten plaziert werden. Der Computer erstellt dann eine zeitliche Ausgabenplanung. Es wurde bereits im Kapitel 9 kurz in dieses Thema eingeführt, und Abbildung 9.3 kann auch für die hier gegebenen, weiterführenden Erläuterungen zur Illustration dienen.

Die Planung der vorgesehenen Einkaufskosten

Es läßt sich zu verschiedenen Zeitpunkten während des Einkaufsvorgangs argumentieren, daß Kosten unwiderruflich vorgesehen und akzeptiert sind. Doch in der Praxis verpflichtet sich der Projektauftraggeber erst zur Übernahme der Kosten für Anschaffungen, wenn die Bestellung aufgegeben wurde. (Ein verbindlicher Vertrag existiert allerdings erst, wenn der Anbieter die Auftragsbedingungen empfangen und akzeptiert hat.)

Um die vorgesehenen Gesamtkosten für den Erwerb von Materialien für ein Projekt planen zu können, ist es daher sinnvoll, die Kosten für jede Bestellung neben der entsprechenden Aktivität „Aufgabe der Bestellung" im Projektnetzplan zu plazieren. Aktivität 1025 in Abbildung 9.3 ist ein Beispiel dafür. Gibt man allen vergleichbaren Aktivitäten eine Dauer von einem Tag und einen geeigneten Berichtscode, so wird die Erstellung von Berichten über vorgesehene Materialkosten in Form von Listen oder Kurven möglich.

Wenn diese Einrichtung erforderlich ist, so ist es natürlich wichtig sicherzustellen, daß das Netzplandiagramm eine geeignete Aktivität (etwa wie „Aufgabe der Bestellung") enthält, der die Materialkosten für jede Anschaffung zugeteilt werden können. Wenn die Einkaufsabteilung erklärt, daß es zwei Wochen dauert, eine Bestellung vorzubereiten und aufzugeben, dann könnte ein neuer Satz von Aktivitäten mit der Bezeichnung „Vorbereitung der Bestellung" eingeführt werden, die alle eine Dauer von 9 oder 10 Arbeitstagen haben.

Planung der Ausgaben für Materialkosten

Es kommt vor, daß die Buchhaltung des Projektbetriebs die Planer um eine Aufstellung bittet, die darlegt, wann die Finanzmittel für die Bezahlung von Anschaffungen zur Verfügung stehen müssen. Eigentlich ist dies eine andere Anwendung der Ressourcenplanung, die es erforderlich macht, daß der Planer ausarbeitet, wann die Rechnungen der Lieferanten zu begleichen sind.

Wiederum kann dies erreicht werden, indem die Kosten für jede Anschaffung einer Aktivität innerhalb des entsprechenden Einkaufsstrangs zugeteilt werden. Doch diesmal muß eine Aktivität ausgewählt werden, die nach der Materialanlieferung auftritt, wenn die Bezahlung der Rechnung fällig ist. Eine Möglichkeit ist, eine Aktivität „Wareneingang" vorzusehen, eine andere, die Kosten neben einer Aktivität für Wareneingangsinspektionen zu plazieren. Alternativ dazu könnten gesonderte „Zahlungs"-Aktivitäten geschaffen werden, wie Aktivität 1500 in Abbildung 9.3.

Die meisten Auftragnehmer bezahlen ihre Lieferanten jedoch nicht sofort nach Eingang der Waren. Nehmen wir an, die normale Frist zwischen Eingang der Güter und Begleichen der Rechnung beträgt acht Wochen (40 Arbeitstage). Dies könnte in der Planung vorgesehen werden durch die Einführung einer anderen Aktivität in jeden Einkaufsstrang mit einer veranschlagten Dauer von 40 Tagen, die eine Bezeichnung wie „Zahlungsverzögerung" bekommt. Dies ist praktisch eine Scheinaktivität.

Einige Softwarepakete lassen zu, daß der „Zahlungs"-Aktivität selbst eine Dauer von 40 Tagen gegeben wird, und lassen den Planer das Geld als eine nicht ratenkonstante Ressource behandeln, die erst am letzten der 40 Tage genutzt wird. Es kann aber auch der Verbindung, die zur Zahlungsaktivität führt, eine Verzögerungszeit von 40 Tagen zugeordnet werden.

Ich bevorzuge die Verwendung von zwei separaten, aufeinander folgenden Aktivitäten („Verzögerung" und „Zahlung"), weil diese Methode im Netzplan klarer sichtbar ist und einem Ansatz entspricht, den ich „Sichtbare Logik" nenne. Zwar sind verzögernde Verbindungen, verzerrte Ressourcenverbrauchsmuster und Nutzung der Ressourcen am Ende möglich, doch diese Merkmale neigen dazu, im Computer versteckt zu bleiben, sie können die Logik verbergen und machen Überprüfungen schwierig.

Überprüfung der Logik und darauf beruhendes Verständnis der Berichte wird ebenfalls erleichtert, wenn der Zahlungsaktivität eine Kennummer gegeben werden kann, die sich direkt auf die mit ihr verbundene Einkaufaktivität bezieht. Beim Zeichnen des Netzplans sind die Bestellungsnummern voraussichtlich noch nicht bekannt, doch eine einfache Lösung liegt darin, die Identifizierungscodes der Aktivitäten zu verwenden. Die Beschriftung der Aktivität 1500 in Abbildung 9.3 würde dann einfach lauten „Zahlung, betr. 1025".

Wie im Fall der Einteilung der vorgesehenen Kosten wird die Verwendung eines Computers wiederum die Erstellung einer zeitbezogenen Kostenplanung ermöglichen. Wird sämtlichen dieser Zahlungsaktivitäten ein unverwechselbarer Berichtscode zugeteilt, ist der Computer in der Lage, konkret diese Kosten zu berichten. Geschieht dies nach Berechnung der Ressourcenplanung, so fallen alle Kosten in den richtigen Zeitrahmen des Cash-outflow.

Vorzüge des Computers

Ist man mit der Anwendung von Computersystemen und der Verwendung von Filter-, Ordnungs- und Berichtscodes vertraut, wird es möglich sein, beide der oben genannten Optionen aus demselben Netzplandiagramm anzuwenden und Einteilungen und Kurven sowohl für die vorgesehenen Kosten als auch für den Cash-outflow zu erhalten.

Planer, die sich mit einem bestimmten Programm vertraut gemacht haben, werden, vorausgesetzt, sie haben die erforderliche Eignung, lernen, entsprechende Aufstellungen zu machen. Sie werden dann auch in der Lage sein, die hier skizzierten Methoden auszuweiten und auf das komplexere Problem von Ratenzahlungen für erworbene Kapitalgüter und Subunternehmeraufträge anzuwenden. Schließlich muß sichergestellt werden, daß es geeignete Aktivitäten im Netzplan gibt, die mit den Ratenzahlungen für diese Anschaffungen und Verträge in Verbindung gebracht werden können.

Planung des Cash-flow

Das Konzept der Planung des Cash-flow bereitet einigen Projektmitarbeitern Schwierigkeiten, deren Ausbildung und Interessen eher technisch als kommerziell orientiert sind. Cash-flow-Planungen

PROJECTS UNLIMITED LTD

Cash-flow-Planung für Loxylene-Chemiewerk

Kunde: Lox Chemicals PLC

Projektnummer C1919/450

Ausgabedatum: 3. November 1997

Kostenpunkt	Code	Vierteljahresperioden – in 1.000 GE																Etat
		1997				1998				1999				2000				
		1	2	3	4	1	2	3	4	1	2	3	4	1	2	3	4	
INGENIEURSARBEITEN	A																	
Entwurf	A105	10	20	50	70	75	50	30	10									315
Unterstützung	A110			2	2	2	5	5	5	5	5	3	2	2	2	2	2	44
Tests und Freigabe	A200														6	10	10	28
Projektmanagement	A500	4	5	7	8	8	8	8	8	7	6	6	4		2	2	2	88
EINKAUF	B																	
Hauptanlagen	B110					400		500		500				2200			400	4000
Öfen	B150						60				480			10			60	600
Lüftungsanlagen	B175					10	20	20		25		160	2	2	1		10	200
Elektroartikel	B200					50	5	5		20	40	5		20	20			225
Rohre	B300						5				140	40	50					230
Stahl	B400			20		80	200	200	200	200				10				900
Kräne	B500								50				400	5	50	2		500
Anderes	B999		5	25	5	10	20	20	50	5	5	10	5		5			177
KONSTRUKTION	C																	
Anlagenmiete	C100				2	3	10	10	8	6	4	2	1	1				47
Straßen	C200				10	20	40	80	60	5	5							220
Außenbeleuchtung	C250				5				40			5						50
Hauptgebäude	C300																	
Lohnkosten	C310					10	30	100	150	200	400	100	50	40	20	20		1120
Materialkosten	C320					2	10	30	100	200	220	200	100	100	10	5		977
Lagergebäude	C400																	
Lohnkosten	C410						5	20	20	20	20	60	60	30	5			240
Materialkosten	C420						2	5	15	5	5	15	30	15	10	5		107
Regale	C450														45			50
Gabelstapler	C455															120		120
SONDERAUSGABEN	X100					10	20	25	25	30	30	35	35	45	45	50	50	400
PREISANPASSUNG	Y100					35	29	74	59	110	136	70	88	322	30	32	85	1070
VIERTELJÄHRLICHE GESAMTMENGEN		14	30	104	102	715	519	1132	800	1338	1496	711	827	2802	251	248	619	11708

Abbildung 11.1   Cash-flow-Planung

Dies ist ein vereinfachtes Beispiel einer Planung, die das Managementteam eines umfangreichen Projekts für einen Kunden erstellen könnte. Werden solche Planungen bei Kosten-plus-Verträgen verwendet, können sie dem Kunden bei der Kostenaufstellung helfen. Das Aufgliederungsausmaß wird häufig zwischen dem Kunden und dem Auftragnehmer vereinbart; unter Umständen werden die Kostencodes vom Kunden spezifiziert.

müssen entweder Ausgaben (*outflows*), entsprechende Einnahmen oder Einsparungen (*inflows*) oder eine Kombination der Ausgaben und der sich aus ihnen ergebenden Einkünfte (*net flow*) zeigen.

Die Einteilung von Cash-flow wurde bereits im Kapitel 6 in Verbindung mit der finanziellen Einschätzung von Projekten beschrieben, die eine wichtige Anwendung darstellt, in der erwartete Netto-Cash-flows eingeschätzt werden müssen. Zweifellos ist Geld eine grundlegende Projektressource. Pläne, die den voraussichtlichen Ein- und Ausgang von Geld während der Gesamtdauer eines Projekts darlegen, sind also ein wichtiger Aspekt der Einteilung von Projektressourcen.

Das entscheidende Merkmal jeder Cash-flow-Planung ist, daß sie so zusammengestellt werden muß, daß jede Geldmenge in der Periode plaziert wird, in der sie für Zahlung oder Empfang fällig wird. Dann können die fälligen Gesamtzahlungen oder -einkünfte für jede dieser Perioden berechnet werden.

Gründe für die Cash-flow-Planung im Projektmanagement

Jede Organisation, die Finanzmittel in ein großes Projekt von mehrjähriger Dauer investiert, will nicht nur wissen, welche Geldmenge erforderlich ist, sondern auch, wann das Geld voraussichtlich fällig wird. Der offensichtlichste Grund dafür liegt darin, daß Absprachen mit Banken und anderen Finanzquellen getroffen werden müssen, damit die Gelder zu den verschiedenen Zeitpunkten, wenn sie benötigt werden, auch wirklich zur Verfügung stehen. Der Cash-outflow für Anschaffungen wurde mit dieser Anforderung im Hinterkopf im vorigen Abschnitt dieses Kapitels erwähnt.

Es kann auch vorkommen, daß Projektmanagern auferlegt wird, Cash-flow-Vorhersagen als Service für den Kunden vorzubereiten, so daß dieser seine Projektfinanzierung planen kann.

Methode

Ob Cash-flow-Planungen für die Projekteinschätzung verwendet werden oder für das Zusammenstellen der tatsächlichen Projektfinanzierung, sie sind notwendigerweise mit Zeitplanung des Projekts verknüpft. Eine Cash-flow-Planung für die Projekteinschätzung kann erst vorbereitet werden, wenn die Zeitpunkte für die Schlüsselereignisse des Projekts vorhergesagt worden sind, wofür wahrscheinlich ein Balkendiagramm oder ein anderer einfacher Plan verwendet wird. Eine detaillierte Einteilung des Cash-flow für ein aktives Projekt muß warten, bis das Projekt vollständig geplant wurde.

Die hier beschriebene Methode wird mit einem Beispiel herkömmlicher Buchhaltertätigkeit illustriert, doch in der Praxis wird ein Großteil der Daten für die Cash-flow-Planung von einem Computersystem geliefert. Eine Methode für die Zusammenstellung von Materialkosten für eine Cash-flow-Planung wurde im vorigen Abschnitt dieses Kapitels beschrieben. Andere Projektkosten sind dagegen schwieriger in ihrem korrekten (verzögerten) Zeitrahmen zu plazieren und erfordern detaillierteres Netzplandesign oder spezielle Software.

Beispiel einer für einen Kunden vorbereiteten Aufstellung

Abbildung 11.1 ist ein Beispiel für eine Planung des Cash-outflow, die ein Projektmanagement-Team für einen Kunden erstellt hat. In dieser Abbildung wurde der Zeitrahmen wegen des beschränkten Platzes in Jahresquartale unterteilt. In der Praxis werden eher Kalendermonate verwendet.

Das dargestellte Projekt beinhaltet die technische Planung, den Einkauf und den Bau eines Chemiewerks für die Herstellung des Kunststoffs „Loxylene". Der Kunde hat sich vertraglich zu viertel-

Kostenpunkt	Haupttermine	Voraussichtliche Zahlungsverzögerung	Anmerkungen
Arbeitsstunden am Hauptsitz inklusive Ingenieursarbeiten, Einkauf und Management	Arbeitskrafteinteilung	1 Monat	
Anlagen, wie folgt: Lieferantenrechnungen, wenn Gesamtbeträge	Vorgesehene Liefertermine frei Schiff	1 Monat	
Lieferantenrechnungen, wenn Ratenzahlungen vereinbart wurden	Vertraglich vereinbarte Zahlungstermine	Keine	
Transportgebühren vor Ort	Vorgesehene Anlieferung vor Ort	2 Monate	
Hafen- und Zollgebühren	Vorgesehene Anlieferung vor Ort	Keine	Gewöhnlich zahlbar vor Freigabe der Waren
Bauunterverträge	In Einteilung vorgesehene Arbeitsraten	2 Monate	Verzögerungen aufgrund von Kommunikationsschwierigkeiten zu erwarten
Bauleitung	Arbeitskrafteinteilung	1 Monat	
Vor Ort erworbenes Baustellenmaterial	In Einteilung vorgesehene Verbrauchsrate	2 Monate	
Vor Ort eingestellte Baustellenarbeitskräfte	Arbeitskrafteinteilung	2 Monate	
Kosten für Tests und Freigabe	Arbeitskrafteinteilung	1 Monat	

Abbildung 11.2   Tabelle mit Regeln für Cash-flow-Zeitplanung für Projekt eines Kunden

Ein Unternehmen kann eine solche Tabelle erstellen, um seinen Projektmitarbeitern Richtlinien für die Zeitplanung der Cash-outflows zu geben. Die Tabelle basiert auf betrieblicher Erfahrung und hilft beim Zusammenstellen einer Cash-flow-Planung (wie der in Abbildung 11.1), jede Ausgabe im entsprechenden Zeitabschnitt zu plazieren.

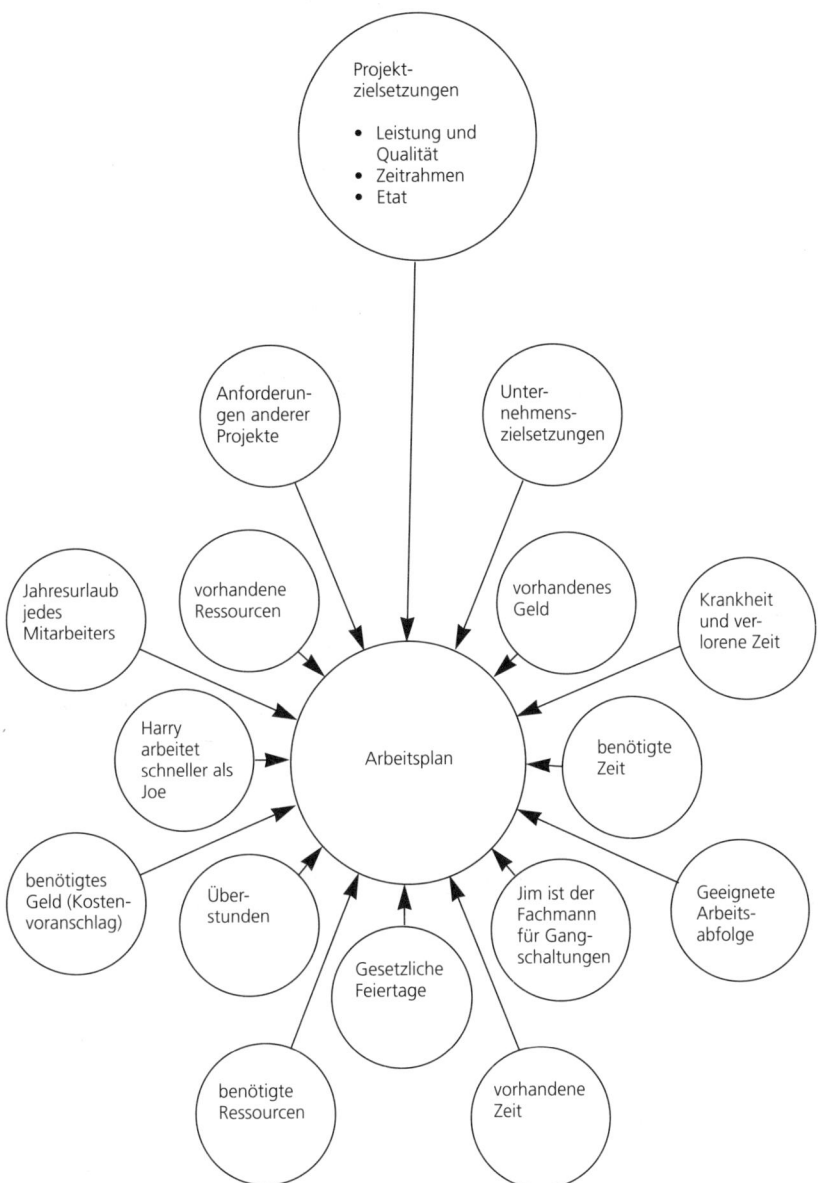

Abbildung 11.3   Konfliktfaktoren bei der Projektressourceneinteilung

In der Regel ist die Zahl miteinander im Konflikt stehender Faktoren, die die letztgültige Arbeitseinteilung beeinflussen, so groß, daß der Einteilungsvorgang in vielen Fällen vorerst intuitiv erfolgen muß. Die Aufgabe professioneller Planer besteht darin, Intuition durch fundierte Argumentation zu ersetzen. Dies erreichen sie, indem in logischer Abfolge geeignete Techniken angewandt werden, um die Unwägbarkeiten mit einfachen Schritten auszuschalten. Sieben unterschiedliche Schritte sind in Abbildung 11.4 aufgeführt.

jährlichen Zahlungen auf Kosten-plus-Basis verpflichtet und den Auftragnehmer um eine Cash-flow-Aufstellung gebeten. Wenn Cash-flow-Einteilungen in dieser Weise verwendet werden, nennt man sie auch Stufenetats. Der Kunde kann die Informationen benutzen, um seine eigene Etatplanung und die Verhandlungen mit seinen Finanziers zu erleichtern.

Wenn eine Cash-flow-Planung zum Gebrauch des Kunden erarbeitet wird, wird jeder Kostenpunkt für die Periode in der Tabelle eingegeben, in der die Zahlung erwartet wird. Oft verlangt der Kunde,

	Schritt	Methode
1	Definition der Zielsetzungen – technisch	Lösung, Konzept oder Machbarkeitsstudie, Resultate werden in einer technischen Spezifikation dokumentiert
	– finanziell	Kostenvoranschläge der vorgeschlagenen Lösungen, aufgeführt und entwickelt in Kostenetats
	– planerisch	Dargestellt in einem einfachen Diagramm, tatsächliche Zeitplanung ergibt sich aus Erfahrung mit vergangenen Projekten
2	Aufteilung des Projekts in überschaubare Teile	Vorbereitung von Arbeitsaufgliederungslisten, die die wichtigsten Arbeitsbereiche sowie die hauptverantwortlichen Abteilungen und Organisationen definieren; diese Arbeitsbereiche werden gelegentlich als Arbeitspakete bezeichnet
3	Festlegung, was im einzelnen in welcher Reihenfolge zu tun ist	Balkendiagramme für sehr einfache Projekte, sonst Netzplandiagramme
4	Voranschläge der Dauer jeder einzelnen Aktivität	Einschätzung der Zeit, die voraussichtlich zwischen dem Beginn einer Aktivität und ihrem Abschluß verstreichen wird; Ressourcen bleiben an dieser Stelle außer acht
5	Anhand der Voranschläge der Aktivitätendauer Kalkulation der voraussichtlichen Projektdauer und der Relevanz jeder Aktivität hinsichtlich der Zeitplanungszielsetzungen	Bei sehr einfachen Projekten können Balkendiagramme verwendet werden, doch gewöhnlich ist Netzplananalyse die bessere Methode; bei sehr umfangreichen Projekten kann für die Berechnung ein Computer verwendet werden; sind die Ergebnisse unakzeptabel, müssen entweder der Netzplan, die Voranschläge oder die Zeitplanungszielsetzungen geändert werden
6	Abstimmung des Programms mit den vorhandenen Ressourcen	Bei sehr kleinen Projekten kann ein Balkendiagramm als Auslastungsdiagramm verwendet werden; bei größeren Projekten und in Fällen, wo mehrere Projekte gemeinsam genützte Ressourcen verwenden, arbeitet man mit dem Computer, um die Ressourcen zuzuteilen, wobei die Daten berücksichtigt werden, die sich aus der Netzplananalyse ergeben
7	Zuteilung der Aufgaben an namentlich genannte Einzelpersonen	Dies ist eine Beaufsichtigungsaufgabe, die normalerweise nicht im Verantwortungsbereich des Projektplaners liegt; sie erfordert persönliche Kenntnis jedes einzelnen sowie gewisse technische Kompetenz, Arbeitsgeschwindigkeit, Genauigkeit und besondere Eigenschaften

Abbildung 11.4   Sieben logische Schritte zu einer Projektressourceneinteilung

daß alle Einträge in Zahlungs-Planungen und anderen Kostenaufstellungen mit Codes klassifiziert werden, die der Kunde für seine eigenen Konten oder Kapitalplanungen verwendet.

Einzelheiten der Cash-flow-Planung des Vertragspartners

Die folgenden Vereinbarungen sind für ein Projekt mit Kosten-plus-Zahlungsbedingungen geeignet.

Wenn der Zeitplanungsrahmen in Monate unterteilt ist, werden die Summen für Lohnkosten als monatliche Prognosen dargestellt und einen Monat später eingetragen, als die Kosten laut Einteilung für den Auftragnehmer entstehen, also nachdem die Löhne bezahlt sind. Bei dieser typischen Art von Vereinbarung wird davon ausgegangen, daß dem Kunden monatlich eine Rechnung für die Lohnkosten zugestellt wird, die er innerhalb von 30 Tagen nach Ausstellung begleichen sollte.

Umfangreiche Anschaffungen von Anlagen werden dem Kunden so bald wie möglich berechnet, nachdem der Auftragnehmer die Rechnung des Lieferanten erhalten hat. Sämtliche Abschlagszahlungen, die zwischen dem Auftragnehmer und seinen Lieferanten oder Subunternehmern vereinbart wurden, werden dem Kunden ebenfalls umgehend in Rechnung gestellt. Sämtliche dieser Zahlungen sollten einzeln aufgeführt werden. Gehen wir wiederum davon aus, daß die Rechnungen des Auftragnehmers monatlich ausgestellt werden und 30 Tage Kredit gewährt werden, dann sind die Zahlungen des Kunden für jenen Monat einzuteilen, nach dem dem Auftragnehmer diese Kosten entstanden sind.

Ausgabe von Richtlinien

Es kann sich als nützlich erweisen, denjenigen, die für die Berechnung von Cash-flow-Aufstellungen zuständig sind, Richtlinien zur Verfügung zu stellen, die auf den Erfahrungen innerhalb des Betriebes beruhen. Diese sollten die üblicherweise zu erwartenden Verzögerungen bei verschiedenen Zahlungsarten und dem jeweiligen Zahlungsvorgang enthalten. Abbildung 11.2 zeigt ein Beispiel für eine Firma, die mit ausländischen Kunden arbeitet.

Die sieben Schritte der Projekteinteilung

Offensichtlich muß eine große Zahl von Faktoren bedacht werden, bevor eine durchführbare Projektplanung erstellt werden kann. Einige dieser Faktoren werden in Abbildung 11.3 dargestellt.

Ein Mathematiker, der mit einem Problem konfrontiert ist, das eine Reihe von unbekannten Größen enthält, würde wahrscheinlich eine logische Methode wählen und versuchen, die Werte der Unbekannten zu ermitteln, indem er eine nach der anderen löst. Diese Methode kann man sich für die Projekteinteilung zunutze machen, und es gibt sieben deutlich erkennbare Schritte, die aus potentiellem Chaos zu einer praktikablen Lösung führen. Die sieben Schritte wurden in Abbildung 11.4 aufgeführt und erläutert.

Projektplanung im Unternehmenszusammenhang

Die gewählte Methode der Planung hängt davon ab, wofür sie verwendet werden soll. In jeder Organisation muß auf verschiedenen Ebenen Planung stattfinden. Diese reicht von umfassenden, langfristigen Unternehmensstrategien zur tagtäglichen Zuteilung von Aufgaben an einzelne Mitarbeiter und Maschinen. Die Projektplanungen liegen auf einer Ebene zwischen diesen Extremen und dienen verschiedenen Zwecken im Gesamtplanungskontext.

Projekteinteilungen stellen, gemeinsam mit den Verkaufsprognosen für mögliche zukünftige Arbeit, die Datengrundlage für Personal-, Finanz- und andere langfristige Unternehmenspläne dar. Diese Daten müssen nicht ins kleinste Detail gehen, sondern sollten in Mengen zusammengefaßt werden, die zur breit angelegten Unternehmensplanung passen, in die sie eingespeist werden. Dies ist die „nach oben blickende" Anwendung von Projektplanungen, für welche sie Personalstand und Anlagen, die in den Abteilungen benötigt werden, die erforderlichen Arten von Fachkenntnissen, den Cash-flow und dergleichen vorhersagen sollen. Wenn es sich bei der Organisation um ein Joint-Venture oder ein Unternehmen handelt, das gegründet wurde, um ein einziges Großprojekt durchzuführen, dann gibt es eine Planungsebene weniger für den Betrieb, weil sich die Projekteinteilung in der Anwendung als Unternehmensstrategieplanung verdoppelt.

Die „abwärts blickende" Anwendung von Projektplanung besteht im Prinzip darin, die Arbeitsschritte aufzulisten, die in sämtlichen Abteilungen durchgeführt werden müssen. Diese Listen werden gelegentlich Arbeitszuteilungslisten genannt. Ihr Sinn besteht darin, den Abteilungen die Arbeit in der richtigen Reihenfolge und zu einem Zeitpunkt zuzuteilen, der mit den Anforderungen des Projekts übereinstimmt. Die sachgerechte Ressourceneinteilung vor Ausgabe der Arbeitszuteilungslisten soll gewährleisten, daß der den Abteilungen zugeteilte Arbeitsumfang keine Überlastung verursacht. Dann ist es Aufgabe der Abteilungsleiter, die unterste Ebene der Planung zu gestalten, die in der tagtäglichen Zuteilung der Arbeitsschritte an einzelne Mitarbeiter entsprechend ihrer Verfügbarkeit oder besonderen Befähigungen besteht.

Aus Gründen der Klarheit mußten die Fallstudien und Beispiele in diesem Buch einfach gehalten werden. Im wirklichen Leben beinhalten Projekte voraussichtlich weit mehr als die circa 50 Aktivitäten, die in unseren Beispielen vorkommen. Projektnetzpläne mit mehreren Tausend Aktivitäten sind nicht ungewöhnlich. Dazu kommt, daß ein Auftragnehmer unter Umständen mehrere Projekte gleichzeitig verwalten muß, die sich alle auf unterschiedlichen Entwicklungsstufen befinden und von allen gemeinsam genutzte Ressourcen erfordern. Es versteht sich von selbst, daß keine Projektplanung isoliert von anderen Projekten betrachtet werden kann, die innerhalb derselben Organisation bearbeitet werden. Das gilt besonders für die Zuteilung von Ressourcen. In der Vergangenheit mußten Unternehmen die Gesamtplanung, selbst bei genanntem Umfang, mit Hilfe von Balkendiagrammen auf beweglichen Planungstafeln bewältigen. Mit modernen Computersystemen läßt sich diese Aufgabe sorgfältiger und mit weit mehr Flexibilität lösen. Dieses Verfahren, Multiprojektplanung genannt, wird im Kapitel 14 beschrieben.

Teil 4
Computeranwendungen

Kapitel 12

Computersysteme für Projektmanagement – Teil 1: Vorbereitung

Dieses Kapitel enthält eine Einführung in dieses komplexe Thema und behandelt einige der Vorbereitungen, die für die Anwendung eines Computersystems erforderlich sind. Im Kapitel 13 werden die allgemeineren Aspekte der Projektdatenverarbeitung beschrieben. Im Kapitel 14 werden einige der Techniken dargestellt, die dem erfahrenen Planer oder Projektmanager zur Verfügung stehen.

Zeitplanung mit oder ohne Computer

Zeitanalyse

Ein Planungsexperte, der vor der Aufgabe steht, einen Netzplan für ein Projekt zu erstellen und zu analysieren, das nur eine geringe Zahl von Aktivitäten enthält, wird zweifellos am schnellsten zum Ziel gelangen, wenn er von Hand ein Pfeildiagramm zeichnet und es im Kopf analysiert. Wahrscheinlich wird die Anwendung eines Computers mehr Zeit in Anspruch nehmen, weil eine Reihe von formalen Schritten erforderlich sind, um das neue Projekt im System einzurichten und die Daten einzugeben. Die Zeitanalyse des kleinen Garagenprojekt-Netzplans im Kapitel 10 (Abbildung 10.2) kann zum Beispiel rasch und ohne Probleme mit Papier und Bleistift bewerkstelligt werden.

Planer, die Netzpläne des kritischen Weges verwenden, aber den Planungsvorgang nicht bis zur konkreten Ressourceneinteilung durchführen, mögen in der Lage sein, die Zeitanalyse für recht umfangreiche Netzpläne ohne die Hilfe eines Computers durchzuführen. Es ist nicht schwer, alle Wege durch einen großen Pfeilnetzplan nachzuvollziehen (ausgenommen vielleicht bei Präzedenzdiagrammen mit komplexen Einschränkungen), die frühest- und die letztmöglichen Zeitpunkte handschriftlich einzutragen und dann alle kritischen Aktivitäten kenntlich zu machen.

Die erste Zeitanalyse mag relativ einfach sein, die Aktualisierung des Netzplans, um Veränderungen in der Logik oder Informationen über den Fortschritt unterzubringen, sind eine ganz andere Sache. Ab eines gewissen Umfanges des Netzplans steht der Planer ohne Computer vor dem Problem, große Teile der Zeitanalysedaten im Netzplandiagramm löschen und von vorn beginnen zu müssen. Selbst wenn nur die erwartete Dauer einer einzigen Aktivität geändert werden muß oder eine einzige Änderung der Netzplanlogik vorgenommen wird, kann es sein, daß umfangreiche Anpassungen im gesamten Netzplan nötig werden.

Ressourcenplanung

Die die Ressourcenplanung betreffenden Argumente ähneln jenen für die Zeitanalyse. Ein sehr kleines Projekt sollte einem Planer, der mit einem veränderbaren Balkendiagramm arbeitet und mit allen relevanten Fakten ausgestattet ist, keine Schwierigkeiten bereiten. Mit Hilfe solcher veränderbaren Systeme können Projekte mit bis zu 100 verschiedenen Aufgaben geplant werden. Das Zeichnen der ersten Einteilung wird einen oder zwei Tage in Anspruch nehmen, doch es kann ein brauchbarer Plan entstehen, der ausgeglichene Ressourcenbelastungen enthält.

Das größte Problem bei von Hand erstellten graphischen Darstellungsformen ist jedoch, daß diese oft zu unflexibel sind. Eine Änderung des Plans kann – abgesehen von den allerkleinsten Projekten – zu Stunden mühseliger Arbeit an der Umstellung sämtlicher Aufgaben im Diagramm führen. Bei diesem Vorgang droht außerdem immer die Gefahr, daß logische oder sonstige Fehler auftreten. Die meisten Projekte beinhalten natürlich mehr als 100 Aktivitäten, was die von Hand durchgeführte Ressourcenplanung sehr schwierig und bei wirklich großen Projekten unmöglich macht. Diese Aufgabe muß dann von einem Computer übernommen werden.

Geschwindigkeit und Flexibilität

Die bekannten Vorzüge der Anwendung von Computern bei einer Vielzahl von Geschäftsvorgängen treffen ebenso auf das Projektmanagement zu. Große Mengen von Daten können schnell und sorgfältig verarbeitet werden, und dieser Vorgang kann in derselben Schnelligkeit wiederholt werden, um den erreichten Fortschritt oder Änderungen in Projektumfang oder -planung aufzuzeigen. Nimmt es auch erhebliche Zeit in Anspruch, alle Projektparameter und -daten im Computer zu installieren, die Flexibilität für Änderungen und die Geschwindigkeit bei der Verarbeitung werden sich als bedeutende Vorzüge für Projektplanung und -kontrolle herausstellen.

Informationsmanagement

Ein weiteres wichtiges Merkmal von Computersystemen ist, daß sie eine schnelle und effektive Gewinnung und Verbreitung von Informationen für das Management ermöglichen.

Bei einem von Hand erstellten Wanddiagramm besteht die einzige praktikable Möglichkeit, Informationen schnell zu verbreiten, darin, das Diagramm zu fotografieren und Farbabzüge zu verteilen. Ein auf Papier gezeichnetes Balken- oder Netzplandiagramm dagegen kann natürlich in Form von Kopien in Umlauf gebracht werden. Doch die Details, die in diesen Schaubildern und Diagrammen klar dargestellt werden können, sind in ihrer Menge begrenzt. In der Regel werden sie das gesamte Projekt abdecken, so daß die Kopien nicht immer in ausreichendem Maß für spezifische Abteilungen oder Manager geeignet sind. Die Fähigkeit eines Computers, Daten zu filtern, zu sortieren und aufzulisten, ist hier von unschätzbarem Wert.

Computersysteme ermöglichen die Erstellung von Berichten, die aktuell und äußerst detailliert sind, die aber gleichzeitig so gestaltet sind, daß sie den Personen und Abteilungen, an die sie gerichtet sind, als spezifische Handlungsanweisung dienen können. Aktivitäten können in jeder gewünschten Reihenfolge aufgelistet werden, wobei die kritischen Aktivitäten deutlich gekennzeichnet werden können.

Stehen den Anwendern PCs mit Anschluß an ein Netzwerk zur Verfügung, können sie jederzeit Informationen aus dem System abrufen oder interaktiv mit diesem arbeiten. So können zum Beispiel Informationen über Arbeitszeitplanung und Fortschritt des Projekts eingegeben werden. Die wirkungsvollsten Projektmanagementprogramme arbeiten mit einer Datenbank, die häufig so eingerichtet ist, daß der Datenimport und -export mit Hilfe einer oder mehrerer anderen Datenbanken des Unternehmens möglich ist; so läßt sich ein gut integriertes Managementinformationssystem schaffen.

Multiprojekteinteilung

Ein Computer macht es möglich, alle Projekte eines Unternehmens gleichzeitig in einer kombinierten Multiprojektkalkulation zu planen. Dabei wird der Gesamtressourcenbedarf des Unternehmens berechnet und mit den Ressourcen, die zur Verfügung gestellt werden können, in Relation gesetzt. Auf diese Weise wird die Arbeit entsprechend den Prioritäten im Netzplan des kritischen Weges zugeteilt. Dies sollte zu einem einigermaßen ausgeglichenen Arbeitsmuster führen und brauchbares Datenmaterial für die zukünftige Etat-, Personal- oder sonstige Unternehmensplanung ergeben. Außerdem können solche Systeme für die Modellierung benutzt werden, wobei mögliche neue Projekte oder Strategieentscheidungen eingeführt und auf der Grundlage der Frage „Was geschieht, wenn …?" kalkuliert werden.

Investitionen

Natürlich erfordert die Verwendung jeder Art von Computersystem gewisse Investitionen. Beim Projektmanagement bedeutet das die Geldinvestition in einen geeigneten Computer oder in die Bereitstellung von Kapazitäten in einem bestehenden System sowie die Anschaffung von Software, deren Kosten erheblich sein können. Außerdem muß jede Menge Zeit investiert werden: für die Auswahl des Systems und seine Einrichtung, für Schulungen sowie für die Aufbereitung der Daten am Beginn jedes Projekts. Vorausgesetzt, es wurde eine sinnvolle Wahl getroffen, wird sich diese Investition jedoch bezahlt machen.

Erforderliche Einrichtungen

Faktoren der Organisation

Unterstützung durch das Management

Bevor ein Projekt mit Hilfe eines Computers geplant werden kann, muß der Projektmanager sicherstellen, daß geeignete Einrichtungen vorhanden sind, womit zunächst die Hardware und spezielle Software gemeint sind. Der Großteil dieses Kapitels ist Aspekten des Computersystems gewidmet, doch selbst die beste Auswahl des Systems ist an sich noch keine Erfolgsgarantie.

Ein zweifellos entscheidender Faktor ist – wie so oft – die Entschlossenheit und Unterstützung der Firmenleitung. Dazu gehört nicht nur die Bereitschaft, Geldmittel für Einrichtungen, Anlagen und Personal bereitzustellen, sondern auch die aktive Unterstützung und Ermutigung. Diese Ermutigung ist besonders während der Vorbereitungs- und Einführungsphase von großer Wichtigkeit, wenn erste Probleme mit dem Betrieb oder das Mißtrauen der Projektmitarbeiter dem Unterfangen unter Umständen den Todesstoß versetzen könnten.

Personal

Wenn nicht die allereinfachste Computersoftware für Projektmanagement verwendet wird, sind in jedem Fall Fachleute erforderlich. Es besteht jedoch in der Mehrzahl der Fälle keine Veranlassung, große, kostspielige Gruppen einzurichten. Es sollte einen Experten für die Anwendung des Systems geben, der von mindestens einer weiteren Person bei Abwesenheit oder in Notfällen ersetzt werden kann. Ansonsten hängt die erforderliche Mitarbeiterzahl natürlich von der Größe des Betriebs und der Anzahl der Projekte ab, die zentral geplant werden.

Es gibt Techniken, die den Aufwand bei der Netzplaneinrichtung und der Dateneingabe erheblich verringern. Dazu gehört die Verwendung von Netzplanmodulen oder -schablonen, die im Kapitel 14 beschrieben werden. Die Effizienz der Planung kann damit enorm gesteigert werden, und die Koordinierung eines umfangreichen Planungsvorgangs durch lediglich zwei oder drei Personen wird auf diese Weise möglich. Zunächst muß jedoch eine zentrale Einheit oder ein Koordinator vorhanden sein, damit das erforderliche, im System befindliche Wissen gesammelt werden kann, das für die Entwicklung der Module und der standardisierten Voranschläge gebraucht wird.

Einige Betriebe erlauben ihren Projektmanagern, eigene Projekte unabhängig zu planen, wofür relativ einfache Software verwendet wird (hier wird häufig *Microsoft Project* eingesetzt). Diese Methode erspart zwar die Kosten für eine zentrale Planungseinheit, doch ist der (verborgene) Aufwand an Zeit, die die Projektmanager mit der detaillierten Planung verbringen, zu berücksichtigen.

Das Fehlen einer zentralen Planungseinheit kann den Betrieb um die Vorzüge der Multiprojekteinteilung bringen, die die Berechnung des Gesamtressourcenaufkommens der Organisation für alle Projekte ermöglicht. Es gibt eine Teillösung für dieses Problem, die im Kapitel 14 beschrieben wird. Hierbei läuft zentrale Datenbanksoftware auf einem Server, die es ermöglicht, sämtliche Daten auf den Computern der einzelnen Projektmanager zu verarbeiten. (Die Projektmanager selbst verwenden für jedes einzelne Projekt wiederum *Microsoft Project*.) Bei dieser Methode sollte man jedoch zumindest einen zentralen Koordinator einsetzen.

Schulung

Gewöhnlich versteht man darunter Spezialschulungen für die Planer, doch allgemeinere Schulungsprogramme innerhalb der Organisation sind ebenfalls erforderlich. Diese allgemeine Schulung sollte intern organisiert werden, wobei Manager und Gruppenleiter die Ziele und potentiellen Vorzüge des vorgeschlagenen Systems vermitteln. Zwar werden externe Fachleute bei der Schulung der Planer mit Sicherheit erforderlich sein, doch sollte die allgemeine Schulung von Mitarbeitern der Organisation selbst durchgeführt werden. Voraussichtlich wird dies ein leitender Planer übernehmen. Dieses allgemeine Schulungsprogramm sollte den wichtigsten Projektmitarbeitern vermitteln, welche Rolle sie zu spielen haben, damit das Computersystem gut funktioniert. Das Wichtigste ist jedoch, daß allen Projektmitarbeitern in Schlüsselstellungen bewußt gemacht wird, daß der Erfolg des Systems letztlich von ihrem Beitrag abhängt – seien dies nun die Daten für die erste Projektplanung, die Rückmeldungen über den Fortschritt oder das konsequente Befolgen der Planungen.

Unterbringung

Die für die Planung Verantwortlichen sollten einen Raum bekommen, in dem sie während der – fehleranfälligen – Dateneingabe ungestört arbeiten können. Außerdem brauchen sie Platz, um die Projektnetzpläne ausbreiten und aufbewahren zu können. Die Netzpläne können zwar auf dem Bildschirm dargestellt werden, doch die beste Methode für das Nachvollziehen und Prüfen der Logik bleibt das einzelne Blatt oder die Rolle Papier.

Systemanforderungen

Die grundlegenden Systemanforderungen sind schnell aufgelistet:

1. Computerhardware mit ausreichender Kapazität und Geschwindigkeit.
2. Geeignete Software.
3. Angemessene Wartung und Systemunterstützung sowohl für Hardware wie für Software.

Hardware

Computer

Heute wird die Mehrzahl der Programme für die Anwendung unter *Microsoft Windows* geschrieben und erfordert ein Gerät, das mindestens einen 486DX33-Prozessor und 4 MB RAM hat. Ein System mit einem 486DX2/66-Prozessor und 16 MB Arbeitsspeicher, ein recht bescheidenes Modell gemessen am Standard Mitte der neunziger Jahre, wird voraussichtlich in der Lage sein, die größte und leistungsstärkste der erhältlichen Projektmanagementsoftware in angemessener Geschwindigkeit zum Laufen zu bringen. Wenn es genug Platz auf der Festplatte gibt, kann das Gerät wahrscheinlich Zehntausende von Aktivitäten adäquat verarbeiten und alle Projektressourcenplanungen eines Betriebs durchschnittlicher Größe im Multiprojektmodus bewältigen.

Viele Unternehmen verbinden ihre Desktop-Geräte miteinander oder lassen ihre Projektmanagementsoftware auf einem Netzwerkserver laufen. Dies ermöglicht mehreren Anwendern den Zugang von ihren Desktop-Geräten aus und kann gewaltige Vorteile in Form von Papierverringerung, in der Verbesserung der Kommunikation und in der Bearbeitung von Managementinformationen mit sich bringen.

Drucker und Plotter

Der Großteil der Software kann zwar Berichte auf billigen Matrixdruckern ausdrucken, doch besser geeignet sind Inkjet- oder Laserdrucker. Die Anwender werden wahrscheinlich feststellen, daß der Drucker ein neuralgischer Punkt ist, wenn Berichte kurzfristig benötigt werden. Mit Tabellenberichten in Schriftform gibt es in der Regel keine Schwierigkeiten, doch einige Graphiken, wie Balkendiagramme oder Netzplanzeichnungen, können für ein paar Seiten Stunden in Anspruch nehmen, wenn Programm, Druckertreiber und Drucker nicht richtig aufeinander abgestimmt sind.

Viele Programme können mehrfarbige Graphiken produzieren, wofür dann natürlich ein Farbdrucker erforderlich ist. Farbausdrucke sind allerdings nicht empfehlenswert, wenn es nicht möglich ist, sie auch in Farbe zu kopieren.

Wenn der Umfang an Details eine DIN-A4-Seite überschreitet, setzt das Programm den Ausdruck in der Regel auf den folgenden Seiten fort. Das Drucken einiger Berichtsformen, besonders von Balkendiagrammen und Netzplänen, erfolgt auf Blättern, die später zerschnitten und in einem Gitter- oder Matrixmuster zusammengeklebt werden müssen. Für ein Einzelprojekt mit seltenen Aktualisierungen ist dies tragbar; bei aufwendigeren Systemen dagegen sollte die Konfiguration einen Plotter enthalten, der den Ausdruck auf größeren Papierformaten oder gar auf Papierrollen erlaubt.

Software

Ein knapper Überblick

Die ersten Anwender von Projektmanagementsoftware zögerten, alle Möglichkeiten wahrzunehmen, die die wenigen, seinerzeit existierenden, guten Systeme boten. Den meisten Leuten genügte es, eine Zeitanalyse durchzuführen, die Ergebnisse auszudrucken und zu versuchen, ihre Projekte unter Verwendung der frühestmöglichen Zeitpunkte durchzuführen, ohne dabei den Ressourceneinschränkungen viel Aufmerksamkeit zu schenken. In Branchen mit großer Ressourcenflexibilität oder in solchen, in denen die Arbeit in der Regel an Subunternehmen weitergegeben wird, die dann die Ressourcen bereitstellen und verwalten müssen, ist und bleibt die Unterlassung detaillierter Ressourceneinteilung ein vernünftiger Ansatz. Viele Unternehmen hatten jedoch ernste Probleme damit, die Projekte rechtzeitig fertigzustellen, wenn es nicht ausreichend transparent gemacht werden konnte, wie die knappen Ressourcen problemlos zugeteilt werden konnten.

In den sechziger Jahren kamen verschiedene Programme auf den Markt, für die damit geworben wurde, daß sie in der Lage seien, Kostenberichte und Ressourceneinteilungen zu erstellen. Nur sehr wenige von ihnen funktionierten wirklich. Zu diesen gehörten vor allen Dingen die Produkte von *K&H Projects Systems* und *ICL PERT 1900*. *K&H* hat als Teil von *InterSoftware UK Ltd* überlebt, und ihr neuestes Produkt – *4C for Windows* – ist eines der am wenigsten bekannten, aber auch eines der besten der zur Zeit erhältlichen Pakete. Zusätzlich zu *4C* habe ich die DOS-Version von *Open Plan* von *Welcom Software Technology International* in meinem System. Es zeichnet sich durch Leistungsstärke und einfache Anwendung aus. Unter dem Namen *Open Plan Professional* ist *Open Plan* auch in einer Version für *Microsoft Windows* erhältlich.

Ein großer Teil der angebotenen Software ist jüngeren Ursprungs, wobei das nützliche, aber nicht gerade billige System *Artemis Prestige* auf einem älteren *K&H Prestige*-Paket basiert, das so angepaßt und entwickelt wurde, daß es unter *Microsoft Windows* läuft.

Die bisher erwähnte Software gehört in die höhere Preisklasse, und sie ist in der Lage, sehr große Netzpläne zu bearbeiten; eine Vielzahl von Managementfunktionen rechtfertigen die Bezeichnung „leistungsstark".

Relativ häufig erscheinen neue Produkte, und bestehende Programme werden verändert und erweitert. Das betrifft nicht nur die bereits erwähnten Systeme „gehobener Qualität", sondern unzählige andere Pakete, die von sehr umfangreich bis extrem einfach reichen, und die sich entsprechend im Preis unterscheiden. (Eine kleine Auswahl finden Sie am Ende des Buches.)

Auswahl eines geeigneten Computerprogramms

Vorsicht ist geboten

Einige Programme leisten nicht, was ihre Anbieter in der Werbung behaupten. Selbst einige Programme, die gute Kritiken in unabhängigen Computerzeitschriften erhalten haben, stellen sich als fehlerhaft heraus, wenn sie von Planungsfachleuten ausprobiert werden. Der Preis ist dabei unglücklicherweise keine verläßliche Richtlinie. Das teuerste am Markt erhältliche System ist zwar sehr gut, aber es ist nicht das beste. Die Unterschiede zwischen Preis und Leistung sind gewaltig, und der Preis gibt nicht immer Aufschluß über die Qualität.

Ein Großteil der Werbung muß mit kritischer gelesen werden. Der Begriff „leistungsstark" wird zum Beispiel oft fälschlich benutzt, um Systeme zu beschreiben, die zwar für kleine Projekte wertvoll sein können, aber keinem Vergleich mit wirklich leistungsstarken Programmen standhalten, die gewaltige Datenmengen in großen Multiprojekt-Datenbanken verarbeiten können. Für einen neuen Projektmanager kann all dies sehr verwirrend sein, und schnell ist Zeit und Geld für Systeme verschwendet, die nicht halten, was sie versprechen, oder die den Erwartungen des Managers nicht standhalten.

Wird ein Programm erworben, das nicht so funktioniert wie erwartet, können die Folgen sehr kostspielig sein. Die Kosten beinhalten nicht nur den Preis für die Software selbst, sondern auch Investitionen in Schulungen, probeweise Anwendung und die verlorene Mühe für die Dateneingabe. Es kommt zu zwei weiteren nachteiligen Folgen, wenn ein System versagt: Das unabdingliche Vertrauen und die Unterstützung von anderen Mitgliedern der Organisation gehen verloren, und die Effizienz wird verringert, weil erwartete Projekteinteilungen nicht rechtzeitig vorliegen.

Wartung und Unterstützung

Zumindest für das erste Betriebsjahr der Hard- und der Software sollte die Garantie gelten. Danach können mit den Anbietern in der Regel Wartungs- und Unterstützungsverträge abgeschlossen werden.

Der Anwender muß sich davon überzeugen, daß der Softwareanbieter entsprechende Updates der Software und auch der Begleitliteratur zur Verfügung stellt. Ein weiterer, äußerst wichtiger Aspekt ist der Zugang zu einer Hotline, die der Anwender anrufen kann, wenn Schwierigkeiten beim Betrieb auftreten. Der Hotline-Service mancher Firmen ist jedoch nicht zufriedenstellend, weil er nicht immer zu den Betriebszeiten des Anwenders erreichbar ist oder weil nicht umgehend geantwortet wird.

Kombinierter Erwerb von Hardware und Software

Es gibt Unternehmen, die sowohl Hardware als auch Software anbieten. Es kann sinnvoll sein, das gesamte System bei solchen Händlern zu kaufen. Im Falle eines Systemausfalls besteht dann nicht das Risiko, daß der Anwender „der Dumme" ist, während der Softwareanbieter die Hardware für den Fehler verantwortlich machen und der Hardwarehersteller der Software die Schuld geben kann.

Anwenderspezifikation und Anbieterfragebogen

Der Ausgangspunkt bei der Auswahl neuer Software muß eine sorgfältig begründete Spezifizierung dessen sein, was der Betrieb des Projektmanagers benötigt. Der Käufer sollte sich mit einer Reihe fester Zielvorstellungen an die Softwarehäuser wenden und deutlich zum Ausdruck bringen: „Dies brauchen wir. Können Sie das liefern?" Dieser Ansatz ist viel besser, als die schwächere Position einzunehmen, ausgedrückt durch Fragen wie: „Was können Sie anbieten, und wie, glauben Sie, könnten wir es nutzen?"

Abbildung 12.1 enthält eine Checkliste mit wichtigen Punkten, die bei der Zusammenstellung der Spezifikation (oder eines Pflichtenheftes) bedacht werden sollten. Diese Checkliste wird nicht in jedem Detail zu jeder Organisation passen. Einige sehr fortschrittliche Möglichkeiten, die dem Experten offenstehen, wurden ausgelassen, und jede Organisation ist einzigartig und hat ihre eigenen, speziellen Anforderungen. Dennoch bietet die Checkliste wichtige Hinweise. Mit ihrer Hilfe kann man z. B. einen Fragebogen erstellen, der an geeignete Softwareanbieter verschickt wird.

Ohne ein gewisses Maß an Erfahrung wird der Anwender wahrscheinlich nicht in der Lage sein, eine Spezifikation zu verfassen, die die zukünftigen Bedürfnisse der Organisation widerspiegelt. Der Autor der Spezifikation muß mit der Verwendung von Netzplänen, den Grundsätzen von Planung und Zeitplanung und den Möglichkeiten, die moderne Projektmanagementsoftware grundsätzlich bietet, vertraut sein. Es wird in erheblichem Maße interne Forschung erforderlich sein, um die voraussichtliche Größe und Art der zu planenden Projekte einschätzen zu können und so die Parameter für die Mindestkapazitäten der neuen Software festzulegen.

Wenn die Anwenderspezifikation abgefaßt worden ist, kann ein entsprechender Fragebogen zusammengestellt werden. Dieser führt die in der Spezifikation genannten Anforderungen noch einmal auf, überträgt aber jede Aussage in eine Frage. Der Anbieter kann dann Quantitäten und erforderliche Eigenschaften eintragen.

Begutachtung der Anbieter

Es gibt eine Menge potentieller Anbieter, und es ist an dieser Stelle nicht möglich, sie alle aufzulisten. Die wichtigsten Softwarehäuser sind in der Regel auf entsprechenden Messen und Ausstellungen vertreten. Es ist ratsam, sich von verschiedenen Firmen Informationsmaterial und Broschüren schicken zu lassen, und in vielen Fällen wird man hier bereits eine Vorauswahl treffen können.

Wenn der Fragebogen fertig ist, kann mit der Bitte um einen Kostenvoranschlag Kontakt zu möglichen Anbietern aufgenommen werden. Für die Antworten sollte man einen Einsendeschluß festlegen.

Anwendungsaspekt	Programmeigenschaften
Netzplantyp	• Nur für Pfeilnetzpläne geeignet? • Nur für Präzedenznetzpläne geeignet? • Für Pfeil- und Präzedenznetzpläne geeignet?
Betriebssystem	• MS-DOS? • Microsoft Windows? • Andere?
Benutzerfreundlichkeit	• Ist die Menüleiste hilfreich? • Wie gut sind die Hilfsmenüs? • Wie gut sind die mitgelieferten Handbücher? • Wie schnell ist die voraussichtliche Verarbeitungszeit bei Verwendung von Hardware, die (a) vorhanden? (b) empfohlen ist?
Aktivitäten	• Maximale Anzahl von Aktivitäten, die in einem Projekt möglich sind? • Maximale Anzahl von Präzedenzverknüpfungen, die in einem Projekt möglich sind? • Maximale Anzahl von Aktivitäten, die insgesamt möglich sind? • Maximale Anzahl von Präzedenzverknüpfungen, die in einem System möglich sind? • Maximale Anzahl von Zeichen in einer Aktivitätenkennnummer? • Alphanumerische Kennummern? • Maximale Anzahl von Zeichen in einer Aktivitätenbeschreibung? • Ist Aufspaltung während der Ressourceneinteilung möglich?
Kalender	• Gesamtumfang des Kalenders im System? • Wie viele unterschiedliche Kalender können im System spezifiziert werden? • Welche Zeiteinheiten sind innerhalb dieser Kalender möglich?
Aktualisierung	• Welche Berichtsmethoden werden verwendet? • Besteht die Gefahr, daß Aktivitäten, die als angefangen gemeldet wurden, neu geplant werden?
Berichte	• Welche Standardberichte werden erstellt? • Welche Standardfilterungs- und -sortierfunktionen gibt es? • Wie aufwendig ist das Erstellen spezieller Berichte? • Mit welcher Geschwindigkeit werden Graphiken ausgedruckt? • Wird das System den Anforderungen unseres Unternehmens in den nächsten fünf Jahren genügen?
Fehlerentdeckung	• Wie wirkungsvoll sind die Fehlersuchroutinen? • Wie aufwendig ist es, Fehlerprotokolle einzusehen und auszudrucken? • Sind Fehlermeldungen in verständlicher Sprache formuliert? • Werden Schleifen ausreichend analysiert und spezifiziert?
Ressourcen	• Kann Ressourceneinteilung durchgeführt werden? • Wie viele verschiedene Arten von Ressourcen können spezifiziert werden? • Mit wie vielen Zeichen können Ressourcencodes spezifiziert werden? • Können einzelnen Gruppen oder Abteilungen Ressourcen zugeteilt werden?

Abbildung 12.1   Checkliste für den Erwerb von Projektmanagementsoftware
Eine solche Checkliste kann die Grundlage eines Fragebogens darstellen, der an Softwarehäuser geschickt wird. Die Fragen in diesem Beispiel wurden hauptsächlich für Präzedenznetzplananwendungen formuliert.

Anwendungsaspekt	Programmeigenschaften
Ressourcen	• Können Schwellenressourcen spezifiziert werden? • Können alternative Ressourcen spezifiziert werden? • Welche speziellen Ressourcenplanungsfunktionen bietet das Programm?
Kostendaten	• Kann das Programm jeder Ressourcenkategorie stündliche/tägliche Kostenraten zuteilen? • Können für intern und extern zu berechnende Ressourcen unterschiedliche Kostenraten zugeteilt werden? • Können für Überstunden oder Schwellenressourcen unterschiedliche Raten zugeteilt werden? • Können einer Aktivität geschätzte Kosten zugeteilt werden? • Welche tabellarischen Kostenberichtsformen sind möglich? • Können Kosten/Zeit-Graphiken erstellt werden? • Gibt es eine Stundenzettel-Berichtsfunktion, die für die Mitarbeiter geeignet ist?
Schablonen	• Ermöglicht das Programm die Erstellung von Schablonen? • Wie aufwendig ist das Erstellen von Schablonen? • Wie aufwendig ist das Bearbeiten von Schablonen? • Können Schablonen über Schnittstellenverknüpfungen miteinander verbunden werden?
Projekte	• Maximale Anzahl von Zeichen für eine Projektkennnummer? • Können Projektkennnummern alphanumerisch sein? • Können Aktivitätenkennnummern in verschiedenen Projekten auftauchen? • Können Projekte einzelnen Gruppen in Multiprojekteinteilungen zugeteilt werden? • Ist eine Probeplanerstellung gemäß „Was geschieht, wenn …?"-Funktionen möglich, um die Auswirkungen möglicher Projektänderungen festzustellen?
Betriebsaspekte	• Welche Hardware wird empfohlen? • Läuft die Software auf unserem bestehenden Server? • Kann die neue Software mit unseren bestehenden Datenbanken kommunizieren? • Gibt es Sicherheitsvorkehrungen, um unzulässigen Zugang auszuschließen? • Wenn ja, wie viele Sicherheitsebenen gibt es? • Können wir diese Sicherheitsstufen selbst festlegen?
Systemkosten	• Was ist der Grundpreis der Software für einen einzelnen PC-Anwender? • Was ist der Grundpreis der Software für mehrere, über Netzwerk verbundene Anwender (5, 10 oder eine andere Zahl)? • Ist die Stundenzettelfunktion im Preis enthalten? • Beinhaltet die Stundenzettelfunktion den Zugang mehrerer Anwender? • Welcher Umfang von Schulung wird empfohlen und was wird das kosten? • Wenn die Schulungen bei uns stattfinden, enthält der Preis die Spesen für die Ausbilder?
Systemservice	• Sind Wartung und Service im ersten Jahr gratis? • Welche Tarife werden in den folgenden Jahren für Service und Wartung berechnet? • Beinhaltet der Service kostenlose Updates der Software? • Gibt es eine Hotline für Beratung und Problemlösung? • Zu welchen Zeiten ist diese Hotline besetzt?

Abbildung 12.1   Fortsetzung

Die engere Auswahl

Die zurückgeschickten Fragebögen sollten einem fairen Vergleich unterzogen werden, damit die Produkte, die einer oder mehreren Bedingungen der Anwenderspezifikation nicht entsprechen, nach dem einfachen Prinzip „geht" oder „geht nicht" eliminiert werden können. Dabei ist es hilfreich, alle Antworten in einem Matrixdiagramm darzustellen, wobei jedem Balken im Diagramm das Produkt eines Anbieters zugeteilt wird und die Fragen und Antworten entlang der Reihen verteilt werden. Dabei sollte sich eine Auswahl möglicher Anbieter ergeben.

Demonstrationen

Eine gute Methode besteht darin, die Finalisten in der engeren Auswahl getrennt voneinander für eine Demonstration ihrer Systeme einzuladen. Es sollte sich dabei um wirkliche Vorführungen am Computer handeln und nicht um Verkaufspräsentationen mit audiovisuellen Techniken. Solche Demonstrationen können sehr aufschlußreich sein, besonders wenn die passenden Fragen gestellt werden und um die Durchführung bestimmter Testdurchläufe gebeten wird. Die Daten für diese Demonstrationen und die zu beobachtenden Tests sollten vom Anwender zur Verfügung gestellt werden, damit sie so repräsentativ wie möglich für die Projekte sind, die letztlich geplant werden sollen. Mit Ausnahme der Anbieter sehr billiger Pakete werden die meisten Unternehmen in der Lage sein, die Demonstration kostenfrei durchzuführen. Alle, die voraussichtlich an der Kaufentscheidung beteiligt sein werden, sollten auch tatsächlich an diesen Präsentationen teilnehmen.

Unabhängige Sachverständige und andere Anwender

Es kann hilfreich sein, Kontakt zu Unternehmen aufzunehmen, die bereits mit Erfolg Computersysteme für Projektplanung und -management verwenden. Ihre Mitarbeiter sind in der Lage, die jeweiligen Verfahren zu demonstrieren. Die Meinung dieser – unabhängigen – Anwender kann sich beim Skizzieren möglicher Probleme oder Einschränkungen als vorteilhaft herausstellen. Viele Anwender nutzen ihre Systeme jedoch nicht vollständig aus, wodurch ihnen einige der potentiellen Vorzüge entgehen. Sie um Rat zu fragen, kann also auch ein falsches Bild ergeben. Es wird also meist, zumindest in der Anfangsphase der Auswahl, notwendig sein, einen unabhängigen Spezialisten als Fachberater beizuziehen.

Die endgültige Entscheidung

Wahrscheinlich wird mehr als ein Anbieter in der Lage sein, den wichtigsten Punkten der Anwenderspezifikation zu entsprechen. In jenem Fall ist es hilfreich, ein formales Verfahren für die Zusammenfassung der Angebote anzuwenden, ähnlich dem im Kapitel 18 beschriebenen. Dazu werden zwei Tabellen erstellt: eine für den Vergleich der technischen Leistungsfähigkeit und die andere für den Preisvergleich und andere finanzielle Erwägungen.

Bei der endgültigen Entscheidung empfiehlt es sich, mit einem kleinen Rahmen zu beginnen, damit der oder die Anwender nicht von all den Funktionen eines leistungsstarken Projektmanagementpakets überwältigt werden. Zukünftige Anforderungen sollten jedoch nicht aus den Augen verloren werden. Frei nach dem Motto „‚Think big' – aber fang klein an" ist es also äußerst ratsam, ein Programm zu erwerben, das flexibel genug ist, einen Anfang im kleinen Maßstab zu ermöglichen, aber gleichzeitig die Kapazitäten für spätere, ehrgeizigere Anwendungen in Reserve hat.

Spezielle Netzplanlogikanforderungen bei Computeranwendungen

Der Großteil der Projektmanagementsoftware verwendet entweder Präzedenznotation oder eine Art von verknüpften Balkendiagrammen. Bei diesen Systemen gibt es keinen wirklichen Unterschied in den Methoden für die Zeichnung erster Netzpläne oder Diagramme. Es sind jedoch noch einige Programme erhältlich, die die Pfeilnotation verwenden können. Hier sind bei die Erstellung von Netzplänen Vorsichtsmaßnahmen erforderlich.

Ein nur in Pfeildiagrammen auftretendes Problem

Bei Pfeildiagrammen sind es eher die Ereignisse als die Aktivitäten, die den logischen Weg durch den Netzplan festlegen. Jedes Ereignis muß einen einmaligen, entweder numerischen oder alphanumerischen Identifizierungscode erhalten. Jede Aktivität wird in der Computersoftware durch das ihr vorausgehende (I) und das auf sie folgende Ereignis (J) kenntlich gemacht (der IJ-Code). Parallele Aktivitäten müssen deshalb vermieden werden, da sie gemeinsame vorausgehende und nachfolgende Ereignisse haben und ihre IJ-Codes daher identisch sind. Der Computer wäre nicht in der

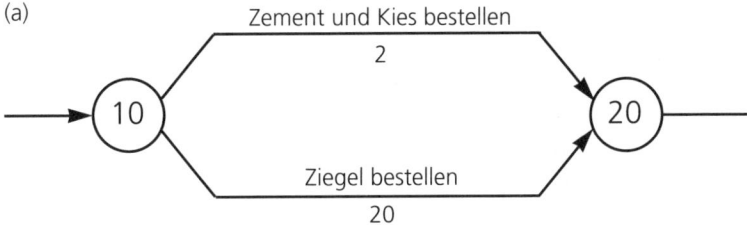

Abbildung 12.2   Parallele Aktivitäten in Pfeildiagrammen
Der Computer erkennt eine Aktivität in der Pfeilnotation anhand der Nummer ihrer vorausgehenden und nachfolgenden Ereignisse (den I- und J-Knotenpunkten). Treten zwei oder mehr Aktivitäten parallel zueinander auf, ist ein Arrangement wie unter (a) nicht zulässig, weil die beiden Aktivitäten gemeinsame I- und J-Knotenpunkte teilen und die Computersoftware sie daher als Duplikate betrachten würde. Die Lösung besteht darin, einen zusätzlichen Knotenpunkt zur Kenntlichmachung zu schaffen, indem wie unter (b) eine Scheinaktivität eingefügt wird. Dieses Problem ist eine Eigenart der Pfeilnotation und taucht in Präzedenznetzplänen nicht auf.

Lage, eine Aktivität von der anderen zu unterscheiden, und würde eine von ihnen als ein irrtümliches Duplikat der anderen zurückweisen. Die Lösung besteht darin, zusätzliche Ereignisse zur Identifizierung zu schaffen, indem Scheinaktivitäten eingefügt werden (siehe Abbildung 12.2).

Zusammenfassung der Anfangs- und Abschlußknotenpunkte

Die Bezeichnung „Knotenpunkt" wird hier so verwendet, daß sie entweder ein Ereignis in der Pfeilnotation bezeichnet oder eine Aktivität in einem Präzedenznetzplan. Ein Knotenpunkt ist dann jeder Punkt eines Netzplans, durch den zwei oder mehr Verknüpfungen oder Pfeile verlaufen.

In einigen der älteren Programme war es verpflichtend, nur einen Anfangs- und Endknotenpunkt für den gesamten Netzplan zu haben. Selbst bei moderneren Programmen ist dies aus den folgenden Gründen eine sinnvolle Anordnung:

- Ein einziger Anfangsknotenpunkt ist die geeignete Stelle für die Zuteilung eines vorgesehenen Starttermins für das Gesamtprojekt.
- Ebenso bietet ein einziger Abschlußknotenpunkt eine Stelle für die Kenntlichmachung des beabsichtigten Abschlußtermins für das Projekt.
- Ein einziger Abschlußknotenpunkt vereinfacht die Kalkulationen des kritischen Weges.
- Jeweils nur einen Knotenpunkt als Anfang und Abschluß zu erklären, wird sich bei der Analyse von Fehlerberichten als äußerst nützlich erweisen. Alle anderen in Berichten auftauchenden Anfänge und Abschlüsse können dann als „irrtümliche lose Enden" kenntlich gemacht werden (diese werden im Kapitel 13 beschrieben).

Abbildung 12.3 zeigt die Notation, die sowohl in Präzedenz- als auch in Pfeildiagrammen verwendet wird, um jeweils nur einen Start- und Abschlußknotenpunkt zu haben.

Zeichnen des Netzplans auf dem Bildschirm

Bei den meisten Systemen ist es möglich, die Logik direkt auf dem Computerbildschirm zu „zeichnen", sei es in Form eines verknüpften Balkendiagramms oder als Präzedenznetzplan. Präzedenznotation ist für diesen Zweck ideal, doch können nur ganz winzige Netzpläne im Ganzen dargestellt werden.

Zwar kann ein großer Netzplan durch Verschieben auf dem Bildschirm oder durch Erstellen eines vorläufigen Ausdrucks betrachtet werden, doch das ist nicht so praktisch, wie mit einem Netzplan zu arbeiten, der auf einem einzigen Blatt, auf einer einzigen Papierrolle oder auf einem Film festgehalten ist. Nichtsdestotrotz ist die Möglichkeit, einen bestehenden Netzplan auf dem Bildschirm bearbeiten zu können, äußerst nützlich. Auf jeden Fall aber sollte die Logik hinterher noch einmal auf einem Ausdruck nachvollzogen werden.

Vorbereitungen für die erste Computerplanung

Vorausgesetzt, das Programm wurde richtig installiert und getestet, besteht der erste Schritt der Einrichtung einer Computerplanung für ein neues Projekt in der Vorbereitung und Eingabe sämtlicher Daten. Die Weise, in der dies geschieht, hängt von den Anforderungen des jeweiligen Programms ab, doch moderne Systeme sind in dieser Hinsicht sehr leicht zu benutzen. Für jeden wichtigen Schritt sind Bildschirmmeldungen und Hilfsmenüs vorhanden.

Wenn sich die Anwender mit ihren Systemen vertraut gemacht haben, stellen sie gewöhnlich fest, daß die Daten auf unterschiedliche Weise eingegeben werden können. Das Auflisten der Aktivitä-

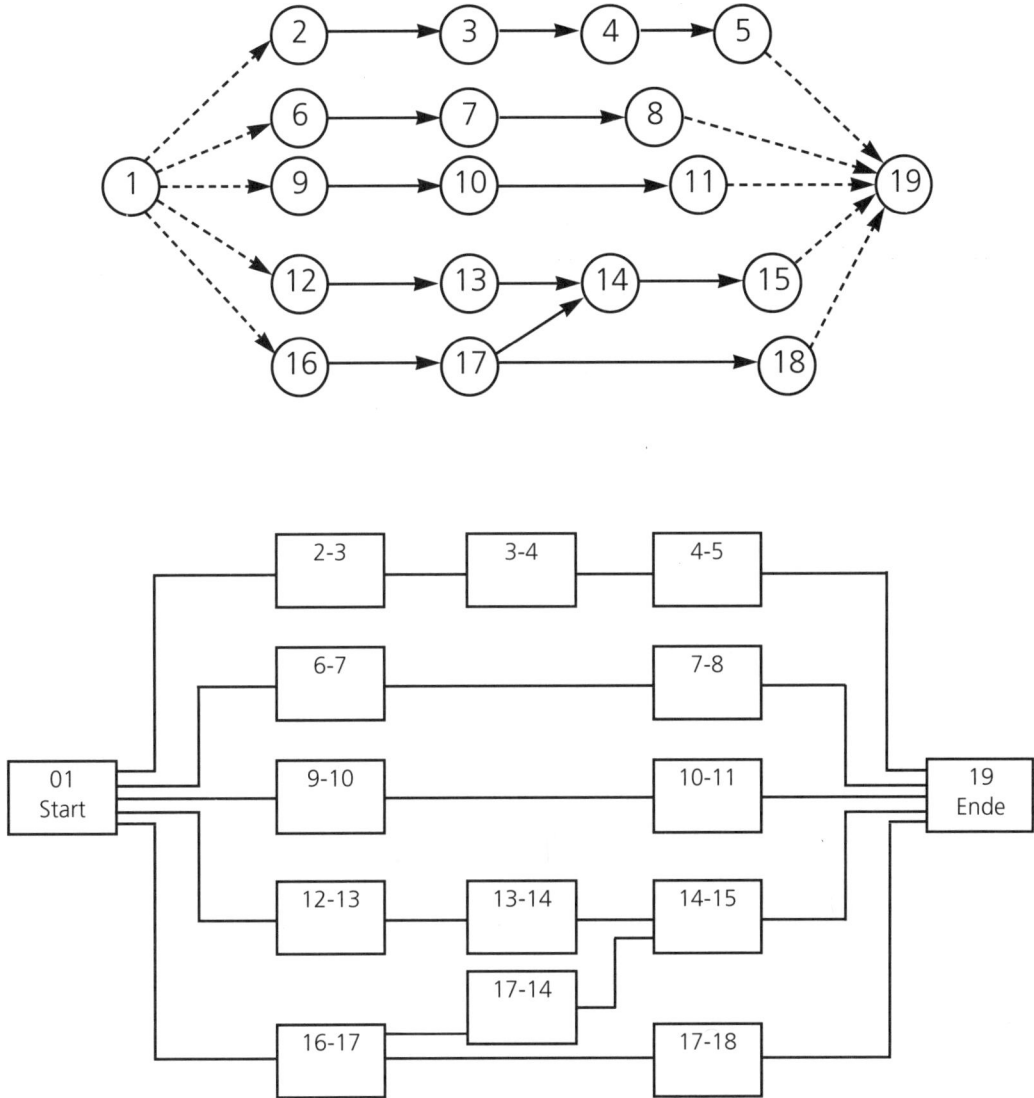

Abbildung 12.3   Ordnen der Netzplananfänge und -enden

Diese Netzpläne zeigen dieselben Aktivitäten in Pfeil- und Präzedenzlogik. Der Planer hat jeweils ausgefranste Netzplanenden vermieden, indem er die logischen Abfolgen in einzelnen Start- und Endknotenpunkten zusammenfaßte. Dies erleichtert die Verarbeitung im Computer, weil es die Plazierung von Zieldaten für Projektstart und -ende vereinfacht, Uneindeutigkeiten bei der Zeitanalyse ausschließt und die Zahl von gültigen losen Enden, die als scheinbare Fehler gemeldet werden, verringert. Die Scheinaktivitäten an den Anfangs- und Endereignissen in der Pfeilversion sind überflüssig. Die Pfeilaktivitäten selbst hätten direkt in die Ereignisse 1 und 19 gezeichnet werden können. Doch wenn die Netzplanzeitanalyse manuell überprüft werden soll, isolieren die Scheinaktivitäten die Ereignisse 2, 5, 6, 8, 9, 11, 12, 15, 16 und 18, so daß die frühesten und spätesten Zeitpunkte für diese Ereignisse in das Diagramm eingetragen werden können. Im Präzedenzdiagramm sind die Start- und Endknotenpunkte praktisch Scheinaktivitäten.

tendaten geht beispielsweise schneller vor sich als die Eingabe der Daten in einer Abfolge von Reaktionen auf Programmaufforderungen. In einigen Programmen ist es möglich, die Daten direkt in eine Netzplanskizze auf dem Bildschirm einzugeben, so daß die Verbindungen mit Hilfe der Maus an die richtige Stelle gezogen werden können.

Welche Methode auch immer für die Dateneingabe gewählt wird, die Informationen können gewöhnlich in drei Hauptgruppen eingeteilt werden:

1. Projektkontrolldaten, wobei es sich um die Daten handelt, die sämtliche Projektparameter festlegen, nach denen der Computer kalkulieren und berichten soll.
2. Ressourcendaten, die die Codes und Beschreibungen sämtlicher Ressourcen spezifizieren, die verwendet werden sollen, sowie deren Kosten, Zugänglichkeit und Position in der organisatorischen Gliederungsstruktur.
3. Aktivitäteneinträge, mit einem Eintrag für jede Aktivität im Netzplan, zusammen mit ihrer Beschreibung, Angaben zur Dauer und mit anderen relevanten Daten.

Wird ein Pfeilnetzplan verwendet, so kann es notwendig sein, daß für einige der Ereignisse gesonderte Aufzeichnungen angelegt werden müssen. Das gilt besonders für solche, die am Anfang oder am Ende stehen sollen, sowie für Schlüssel- oder Meilensteinereignisse, Schnittstellenereignisse oder Ereignisse mit bereits im voraus festgelegten Terminen. (Systeme, die Managementinformationsdaten innerhalb einer Datenbank aufnehmen können, bedürfen unter Umständen eines größeren Umfangs an Aufzeichnungen. Für die Grundlagen der Projektplanung ist dies jedoch nicht von entscheidender Bedeutung und wird daher in diesem Kapitel nicht erörtert.)

Projektkontrolldaten

Kontrolldaten sind etwas schwieriger zu verstehen und in Erinnerung zu behalten als die Aktivitätenaufzeichnungsdaten. Einige Programme erfordern verschiedene spezielle Befehle. Da sie nicht so oft auftauchen wie die Aktivitätenaufzeichnungen oder letztlich nicht bei jedem Durchlauf erforderlich sind, kann es länger dauern, sich mit dem Wesen der Befehle vertraut zu machen und ihre Anwendung zu erlernen. In diesem Zusammenhang ist ein Programm mit Benutzeroberfläche und Bildschirmmeldungen äußerst hilfreich, besonders dann, wenn es ein gutes Hilfsmenü enthält. Hier ist ein klar verständliches Benutzerhandbuch von großer Bedeutung.

Es ist ratsam, daß der Planer eine Checkliste vorbereitet, die alle Faktoren enthält, die bedacht und als Kontrolldaten eingegeben werden müssen. Einige dieser Punkte können nur einmal auftreten – wenn der Netzplan zum ersten Mal in den Computer eingegeben wird. Andere dagegen müssen bei jeder Aktualisierung der Planung erneut betrachtet werden. Wurde ausreichend Erfahrung mit dem Programm gesammelt, können Standardformulare erstellt werden, die den Kontrolldatenanforderungen entsprechen. Diese Formulare dienen dann als Checklisten und präsentieren sämtliche Daten in der vom Programm geforderten Abfolge und im vom System verlangten Format.

Kalender und Termine

Der Computer muß einen Grundkalender enthalten, der die Gesamtperiode umfaßt, über die die Projekte voraussichtlich geplant werden. Heute enthalten die meisten Programme Kalender, die bis in die Mitte des einundzwanzigsten Jahrhunderts und sogar darüber hinaus reichen.

Entsprechend den besonderen Einteilungserfordernissen müssen ein oder mehrere Spezialkalender definiert und eingegeben werden. Der wichtigste von diesen ist der Haupt- oder vorprogrammierte Kalender, der sämtliche Daten enthält, außer jenen Tagen, an denen keine Arbeit eingeteilt werden kann, etwa Wochenenden. In vielen Fällen ist nur dieser Hauptkalender erforderlich.

Es muß festgelegt werden, welche Zeiteinheiten für die Netzpläne verwendet werden, und wie sie sich auf jeden Kalender beziehen. Eine Standardeinheit 1 kann zum Beispiel gewählt werden, um einen Tag in einem Kalender mit fünf Arbeitstagen pro Kalenderwoche darzustellen. Wenn dies der (vorprogrammierte) Hauptkalender ist, der im gesamten System verwendet wird, dann würde eine veranschlagte Aktivitätsdauer von einer Kalenderwoche als „5" in das Netzplandiagramm eingetragen und als 5 Einheiten in den Computer eingegeben werden. Die meisten Systeme erlauben dem Anwender eine große Auswahl von Einheiten, die von Minuten bis zu Monaten und mehr reichen. Einige Projektmanagementprogramme ermöglichen die Spezifizierung von Hunderten von unterschiedlichen Kalendern. Jeder gesonderte Kalender muß seine eigene Kennummer erhalten. Wenn der Computer Einteilungen berechnet, arbeitet er mit dem Haupt- oder vorprogrammierten Kalender, es sei denn, einer Aktivität oder Ressource wurde einer der Spezialkalender zugeteilt. Es folgen einige Beispiele, die zeigen, warum solche Spezialkalender erforderlich sein können und wie sie definiert werden. Die Anforderungen an die Eingabe variieren von Programm zu Programm, und diese Beispiele sollen lediglich als allgemeine Richtlinie dienen.

Spezialkalender, Beispiel 1
Ein Betrieb arbeitet nur an Wochentagen, und die gesamte Projektarbeit findet innerhalb der normalen Büroarbeitszeit statt; es gibt also keinen Schichtbetrieb. Der Projektmanager hat entschieden, daß Arbeit an Samstagen und Sonntagen nie erforderlich sein wird, und er möchte die Möglichkeit haben, Arbeitsgänge mit der Dauer von einem halben Tag zu veranschlagen.
In diesem Fall ist nur ein Kalender, der Hauptkalender, erforderlich. Eine Möglichkeit besteht nun darin, eine Standardzeiteinheit von 0,5 Tagen zu spezifizieren. Das bedeutet, daß jeder Arbeitstag aus 2 Einheiten bestehen wird, wobei, aus praktischen Gründen, eine Einheit die Arbeit am Morgen bezeichnet und die andere die Arbeitszeit am Nachmittag. Es wird in den Computer eingegeben, daß der Kalender 10 Einheiten in 1 Woche enthält, wobei nur die Tage von Montag bis Freitag für die Einteilung gültige Daten sind. Selbstverständlich müssen dieselben Einheiten in das Netzplandiagramm eingetragen werden, so daß eine Aktivität, deren Dauer mit zwei Wochen veranschlagt wurde, beispielsweise als 20 Einheiten geschrieben wird.
Der Computer zählt für die Netzplan-Zeitanalyse 2 Einheiten als einen vollständigen Kalendertag. Diese beiden Zeiträume machen also die Perioden von 00.01 Uhr bis 12.00 Uhr aus und von 12.01 Uhr bis 00.00 Uhr. Arbeitslisten und alle anderen Berichte des Systems werden dann lediglich das Datum von Arbeitstagen aufführen, und Samstage und Sonntage werden nicht als für die Einteilung zulässige Daten betrachtet. Es ist jedoch darauf zu achten, daß eine Netzplan-Zeitanalyse, die diesen Kalender verwendet, weiterhin für solche Aktivitäten wie Verzögerungen bei der Auslieferung gültig bleibt, die ja selbstverständlich Wochenenden mit einbeziehen. Abholung und Anlieferung können laut der Berichte jedoch nur an Wochentagen stattfinden.

Spezialkalender, Beispiel 2
Die meisten Leute in einem Unternehmen arbeiten lediglich von Montag bis Freitag und können nicht für Arbeit an Samstagen und Sonntagen eingeteilt werden. Eine Abteilung arbeitet jedoch an Samstagen.
Der Haupt- oder vorprogrammierte Kalender könnte in diesem Fall dem ähneln, der in Beispiel 1 beschrieben wurde. Nun kann ein zweiter Kalender definiert werden, der die Bezeichnung „Kalender 2" bekommt, in dem die Arbeitswoche 6 Tage enthält und nur Sonntage ausgeschlossen sind. Wenn erforderlich, kommt nun Kalender 2 ins Spiel, entweder, indem die Anwendung dieses Kalenders spezifiziert wird, während die Dateneingabe für jede relevante Aktivität erfolgt, oder, vorzugsweise, indem Kalender 2 mit der betreffenden Arbeitskategorie (der Ressourcenart) in Beziehung gesetzt wird.

Spezialkalender, Beispiel 3

Die Aktivitäten für ein Projekt werden in zwei oder mehr Ländern durchgeführt, in denen unterschiedliche Arbeitstage und gesetzliche Feiertage gelten. Sämtliche Aktivitäten sind in einem Netzplan in komplexer Logik enthalten. Es ist also nicht wünschenswert oder möglich, für jedes Land einen gesonderten Netzplan zu zeichnen. Der gesamte Plan muß vom Hauptsitz des Projektbetriebs erstellt und kontrolliert werden.

Eine Lösungsmöglichkeit besteht hier darin, zu entscheiden, wo der Großteil der Aktivitäten stattfinden wird, und einen Haupt- oder vorprogrammierten Kalender einzurichten, der dem Ablauf der Feiertage in dem betreffenden Land entspricht. Dann muß ein Spezialkalender für jedes Land eingerichtet werden, in dem andere Bedingungen für Arbeits- und Feiertage gelten. Aktivitäten und Ressourcen werden dann anhand der Kalender eingeteilt, die für die entsprechenden Länder relevant sind, in denen sie laut Planung auftreten sollen.

Spezialkalender, Beispiel 4

In einem Unternehmen gibt es zumindest eine Abteilung, die innerhalb einer Periode von 24 Stunden mehr als eine Schicht arbeitet. Einige Schichten laufen ohne Unterbrechung an Wochentagen und Wochenenden.

Für jeden unterschiedlichen Ablauf der Schichtarbeit kann ein Sonderkalender zugeteilt werden. Beispielsweise würden 21 Arbeitsperioden als einer Kalenderwoche entsprechend erklärt werden, wenn an jedem Tag, inklusive Wochenenden, drei Schichten gearbeitet werden. Der Planer muß entsprechend der Anforderungen des jeweiligen Computerprogramms festlegen, wie dies die im Netzplandiagramm eingetragenen Arbeitszeitvoranschläge beeinflussen wird.

Eine andere Methode für den Umgang mit Schichtbetrieb besteht darin, nur einen Hauptkalender zu verwenden, die Anzahl der vorhandenen Ressourceneinheiten zu multiplizieren, um sämtliche Schichten zu berücksichtigen, und dann das entsprechende Verwendungsmuster für jede der betroffenen Ressourcenarten festzulegen, also die Ressourcen für nicht ratenkonstant zu erklären.

Urlaubsdatei

Die meisten Programme fordern automatisch dazu auf, zumindest eine Urlaubsdatei einzugeben. Diese führt gesetzliche Feiertage und andere Termine auf, an denen der gesamte Projektbetrieb ruht.

Starttermin des Projekts

Es ist wichtig, dem Computer einen Nullpunkt vorzugeben, von dem aus er das Projekt beginnt. Dies geschieht in der Regel, indem ein geplanter Anfangstermin für die erste Projektaktivität oder das erste Ereignis vorgegeben wird. Für spätere Aktualisierungen muß ein „Jetztzeit"-Datum vorgesehen werden (dies wird im Abschnitt „Aktualisierung" im Kapitel 13 erläutert).

Planungstermine

Unter Umständen möchte der Planer für bestimmte Aktivitäten im Netzplan feste Termine festlegen. In den meisten Systemen ist es möglich, einen oder mehrere Planungstermine wie folgt zu definieren:

- Einen frühen Termin, was bedeutet, daß der Computer den Beginn keiner Aktivität vor dem Zeitpunkt im Netzplan vorsehen darf, der als Planungstermin gilt – etwa vor dem Zeitpunkt, zu dem ein Projektstandort voraussichtlich von seinem bisherigen Besitzer geräumt wird.
- Einen späten Termin, wobei es sich um einen vorgegebenen, letzten zulässigen Termin für eine Aktivität oder ein Ereignis handelt.
- Einen fixen Termin.

Vorgegebene Planungstermine werden mit größter Wahrscheinlichkeit nicht mit den Terminen überinstimmen, die sich aus der Zeitanalyse ergeben haben, und werden daher die Kalkulationen des Spielraums beeinflussen. Wenn ein auferlegter Termin logisch unmöglich ist, wird negativer Spielraum geschaffen und gemeldet.

Ressourcendaten

Ressourcendaten müssen eingegeben werden, wenn der Computer Ressourcenzuteilungen durchführen oder Kostenberichte erstellen soll, die auf den Kostenraten der Ressourcen beruhen.

Der Planer muß damit beginnen, zu entscheiden, wie viele unterschiedliche Ressourcenarten betrachtet und zugeteilt werden sollen. Es ist nicht erforderlich – und sogar ein Fehler –, zu versuchen, jede mögliche Abteilung oder jede Art von Arbeitskraft einzuteilen, die vom Projektbetrieb beschäftigt werden. Beispielsweise ist es ganz offensichtlich nicht nötig, Kantinenmitarbeiter, Reinigungspersonal, Verwaltungsangestellte usw. einzuteilen. Es gibt in der Regel einige direkte Arbeitskräfte, die nicht in die Ressourcenzuteilung aufgenommen zu werden brauchen, weil ihre Arbeit als eine Dienstleistung erfolgt oder sich automatisch aus der Arbeit anderer ergibt, die wiederum eingeteilt werden müssen. (Diese Gesichtspunkte wurden im Kapitel 11 ausführlich dargestellt.)

Notwendige Ressourcendaten

Die folgenden Daten müssen für jede Ressourcenart eingegeben werden, die für die Einteilung erforderlich erscheint.

Ressourcencode
Ein einfacher Identifizierungscode, der häufig einen, zwei oder drei Buchstaben enthält. Beispiele dafür sind ING für Ingenieur, MAU für Maurer, INS für Installateur.

Ressourcenbezeichnung
Die Bezeichnung der Ressourcenart, wie sie in den Berichten erscheinen wird.

Verfügbarkeit
Die Anzahl an Ressourceneinheiten, die dem Programm üblicherweise für die Zuteilung an gleichzeitig ablaufende Projektaktivitäten zur Verfügung steht. In einigen Fällen mag es erforderlich sein, künstliche Einheiten zu verwenden, die im Abschnitt unter der Überschrift „Multiplizierte Einheiten" im Kapitel 11 erläutert wurden. Grundsätzlich ist es nicht ratsam, die Gesamtarbeitskraft einer Abteilung als für die Einteilung zur Verfügung stehend zu erklären. Im Zweifelsfall sollte mit 80 oder 85 Prozent des Gesamtumfangs begonnen werden. Die Gründe dafür wurden im Kapitel 11 im Abschnitt „Spezifizierung des Umfangs der zugänglichen Abteilungsressourcen" erläutert. Wird eine Ressource mit einem Spezialkalender für Zwei- oder Dreischichtbetrieb verwendet, muß der vorgesehene, zur Verfügung stehende Umfang weiter verringert werden, um zu ermöglichen, daß die Leute auf verschiedene Schichten verteilt werden können, und außerdem ihren Ruhetagen Rechnung getragen wird.

Nicht zwingende Ressourcendaten

Die folgenden, nicht zwingenden Daten können ebenfalls mit den meisten Systemen für jeden spezifizierten Datentyp oder jede Ressourcenart eingegeben werden:

Kalender
Der Code jedes Spezialkalenders, anhand dessen eine bestimmte Ressource zugeteilt werden soll.

Kostenraten
Die unter normalen Umständen voraussichtlich auftretenden Kosten bei der Verwendung einer Einheit der Ressource für eine Netzplanzeiteinheit.

Zum Beispiel: 1 MAU = 90 GE pro Tag.

Schwellenressourcen
Dies sind Ressourcen außerhalb des normalerweise zur Verfügung stehenden Umfangs, deren Verwendung der Computer vorsehen kann, wenn das Projekt bei Verwendung des üblicherweise zur Verfügung stehenden Umfangs nicht geplant werden kann. Beispiele wären Zusatzstunden durch die Leistung von Überstunden oder zusätzliche Arbeitskräfte, die als Zeitarbeitskräfte oder Mitarbeiter von Subunternehmen beschäftigt werden.

Schwellenkostenraten
Die zu erwartende Kostenrate, wenn eine Einheit einer Schwellenressource während einer Netzplanzeiteinheit verwendet wird, beispielsweise die zu zahlende Überstundenrate.

Ratenkonstanz
Einige Programme erlauben dem Anwender, jede Ressourcenkategorie als ratenkonstant oder nicht ratenkonstant zu erklären. Im Normalfall der ratenkonstanten Ressourcen wird bei der Einteilung davon ausgegangen, daß, wenn zwei Leute für eine Aktivität benötigt werden, über die Gesamtdauer der Aktivität anhand der konstanten Rate zwei Leute eingeteilt werden.
Für nicht ratenkonstante Ressourcen kann ein zyklisches Muster des Vorhandenseins spezifiziert werden (zum Beispiel: vorhanden an den ersten fünf Tagen jeder Siebentageperiode). Diese Methode wird nicht sehr oft angewendet, doch sie bietet eine Alternative zu den Spezialkalendern und stellt für den Planer eine andere Möglichkeit dar, Planungsschwierigkeiten zu lösen, die im Zusammenhang mit Abteilungen auftreten, die eine unterschiedliche Anzahl von Tagen oder Schichten arbeiten. Wenn die Einteilung aus dem Schritt gerät, droht hier die Gefahr, daß der Zyklus am falschen Wochentag beginnt.

Andere Ressourcendaten

Es gibt weitere mit Ressourcen verbundene Datengruppen, die stark von der verwendeten Software abhängig sind. Bei einigen Systemen kann einer Ressourcenart mehr als ein bestimmter Typ von Fachgruppen zugeteilt werden. Außerdem ist es möglich, im Rahmen einer organisatorischen Aufgliederungsstruktur die Ressourcen Gruppen innerhalb der Abteilungen zuzuteilen. Zumindest ein System ermöglicht das Anlegen einer Mitarbeiterdatei, wobei die Namen sämtlicher Beschäftigten und einige Einzelheiten über ihren beruflichen Werdegang in die allgemeine Datenbank eingegeben werden können.

Multiple Ressourcendateien

Einige Systeme ermöglichen das Anlegen von mehr als einer Ressourcendatei. Jede Datei erhält einen Codenamen, so daß einem bestimmten Projekt die entsprechenden Ressourcen zugeteilt werden können.

Prioritätsregeln

Ist Ressourcenzuteilung gewünscht, müssen bestimmte Prioritätsregeln definiert werden. Allerdings mag der Anwender zu diesen Entscheidungen erst kurz vor Beginn der Verarbeitung aufgefordert werden. Die Hauptregeln lauten wie folgt:

- Die Einteilung erfolgt entweder aufgrund von Zeit- oder von Ressourcenbegrenzung.
- Die Prioritätsregel gilt für die Zuteilung von Ressourcen bei miteinander konkurrierenden Aktivitäten – es ist sinnvoll, den Aktivitäten mit dem geringsten verbleibenden Spielraum Priorität zu geben.

Aktivitätsaufzeichnungen

Die Aktivitätsaufzeichnungen umfassen die Masse der Daten, die vor dem ersten Durchlauf eingegeben werden müssen. Bei diesen Daten ist es am wahrscheinlichsten, daß es zu Eingabefehlern kommt. Eine sinnvolle Herangehensweise an diese Aufgabe ist, einen Ausdruck des Netzplandiagramms zur Hand zu nehmen und jede Aktivität abzuhaken, wenn sie eingetippt wurde. So können Auslassungs- und Wiederholungsfehler vermieden werden.

Scheinaktivitäten (nur bei Pfeildiagrammen)

Scheinaktivitäten sind sehr leicht einzugeben. Es müssen lediglich die vorausgehende und die nachfolgende Ereignisnummer eingetippt und die Aktivität als Scheinaktivität bezeichnet werden. In der Regel wird von einer Dauer von Null ausgegangen.

Notwendige Aktivitätsdaten

Die folgenden Daten müssen immer für jede Aktivität eingegeben werden. Andernfalls wird der Computer nicht in der Lage sein, auch nur eine einfache Zeitanalyse durchzuführen.

Für Pfeilnetzpläne
Die vorausgehenden und nachfolgenden Ereignisnummern. (Sie werden auch die I- und J-Knotenpunktnummern genannt.)

Für Präzedenznetzpläne
Die Aktivitätennummer sowie die ihr vorausgehende Aktivitätennummer mit der Art von Einschränkung, beispielsweise Ende–Anfang, und die Dauer der Einschränkung (wenn vorhanden).

Für jede Art von Netzplan
Die veranschlagte Aktivitätsdauer, ausgedrückt in den Einheiten, die für den spezifizierten Projektkalender anzuwenden sind.

Nicht zwingende Aktivitätsdaten

Beschreibung
Zwar ist es nicht streng verpflichtend, Aktivitätsbeschreibungen vorzusehen, doch ohne sie sind die Einteilungen nicht viel wert. Moderne Systeme ermöglichen die Aneinanderreihung einer Vielzahl von Buchstaben für die Beschreibung von Aktivitäten, doch es wird sich im allgemeinen als sinnvoll herausstellen, maximal etwa 30 Buchstaben für die Beschreibung zu verwenden und auf diese Weise genügend Platz für andere Daten zu lassen.

Alternative Arbeitszeitvoranschläge
Die Aufnahme optimistischer und pessimistischer Arbeitszeitvoranschläge für die Verwendung bei PERT oder bei Kalkulationen der Risikoanalyse. Diese Anwendung ist jedoch unüblich.

Bearbeitungs- und Auswahlcodes
Ein Auswahlcode einer Abteilung kann in der Regel so gewählt werden, daß die Berichte nur solche Aktivitäten enthalten, die für den entsprechenden Abteilungsleiter oder die Abteilung von Interesse sind. Einige Systeme ermöglichen die Eingabe von Auswahl- und Bearbeitungssequenzen für verschiedene Teile der Aktivitätsdaten. Es könnte zum Beispiel möglich sein, einen Teil des Beschreibungsfelds als einen Auswahlcode zu verwenden (möglicherweise durch die Hinzunahme einer Jobnummer oder eines Kostencodes als Teil der Beschreibung jeder Aktivität).

Ressourcendaten
Der Code und die durchschnittliche Anzahl von Ressourceneinheiten, die voraussichtlich für jede Ressourcenart benötigt werden. Diese Eingabe kann auch für die Ressourcenzuteilung und außerdem – vorausgesetzt, es wurden Kostenraten für die Ressourcen spezifiziert – für Kosteneinteilungen und -berichte verwendet werden.

Kosten
Die veranschlagten Kosten oder der Etat für jede Aktivität. Diese Methode der Eingabe von Kostendaten wird für Aktivitäten verwendet, die keine vorgesehenen Ressourcen verbrauchen, aber dennoch Kosten verursachen. Am häufigsten wird sie für Maschinen- und Materialkosten verwendet.

Besondere Einschränkungsregeln
Einige Programme ermöglichen, daß besondere logische Einschränkungen für eine Aktivität definiert werden. Dazu gehören verknüpfte Aktivitäten, bei denen zwei bezeichnete Aktivitäten ohne Verzögerung aufeinander folgen müssen, zum Beispiel „Schütten des Betons" gefolgt von „Zeit für das Absetzen".

Aufspaltbare Aktivitäten (nur für die Ressourcenzuteilung anwendbar)
Aktivitäten können als aufspaltbar erklärt werden, wenn ihr Fortgang eine oder mehrere Unterbrechungen erlaubt. Wird diese Funktion aktiviert, unterbricht das Programm eine Aktivität, wenn die beteiligten Ressourcen an anderer Stelle dringender benötigt werden.

Kapitel 13

Computersysteme für Projektmanagement – Teil 2: Typische Anwendungen

Im Kapitel 12 wurden einige der Faktoren aufgeführt, die bei der Auswahl von Projektmanagementsoftware bedacht werden müssen. Außerdem wurden einige der Vorbereitungen und Entscheidungen erläutert, die notwendig sind, bevor Planung und Einteilung beginnen können. In diesem Kapitel werden einige typische Verfahren der Verarbeitung beschrieben. Als Grundlage für diese Beschreibungen wird ein einfaches Projekt verwendet.

Fallstudie

Das Projekt

Bei dem Projekt, das in diesem Kapitel als Fallstudie dient, handelt es sich um das im Kapitel 10 eingeführte Garagenprojekt. Diesmal werden jedoch die Materialkosten mit einbezogen, und es gibt einige Änderungen und Zusätze. Voranschläge für die Aktivitätendauer von weniger als einem Tag wurden auf einen ganzen Tag aufgerundet, um die Dateneingabe und die daraus folgenden Berichte zu vereinfachen. Die Identifizierungscodes für Ressourcen wurden auf zwei Buchstaben erweitert, „AR" bedeutet Arbeiter und „FA" beschreibt einen Facharbeiter. Der überarbeitete Projektnetzplan wird in Abbildung 13.1 dargestellt.

Der Leser hat die Möglichkeit, die in diesem Kapitel gezeigten, am Computer erstellten Einteilungen mit den im Kopf kalkulierten im Kapitel 10 zu vergleichen.

Computersystem der Fallstudie

Der Garagenprojektnetzplan wurde mit einem IBM-kompatiblen PC mit einem 486DX2/66Mhz-Prozessor verarbeitet, der mit einem Tintenstrahldrucker gekoppelt ist. Die zur Verfügung stehende Kapazität, 20 MB RAM und 340 MB Festplattenspeicher, war mehr als ausreichend und hätte die Verarbeitung sehr umfangreicher Netzpläne ermöglicht. Es wurden zwei äußerst unterschiedliche Programme benutzt, um Vergleiche und Variationen zu ermöglichen:

1. *Open Plan,* Version 5.1 *(Welcom Software Technology International).* Diese Version lief unter *DOS 6.2,* doch *Open Plan Professional* ist auch für *Microsoft Windows* erhältlich.
2. *Microsoft Project,* Version 4 *(Microsoft Corporation),* das unter *Microsoft Windows* läuft.

Das erste dieser Pakete gehört in die „gehobene Preisklasse". Es ist in der Lage, äußerst umfangreiche Netzpläne zu verarbeiten, und es hat viele fortschrittliche Funktionen. *Microsoft Project* ist ein kostengünstigeres Programm, das weit verbreitet ist.

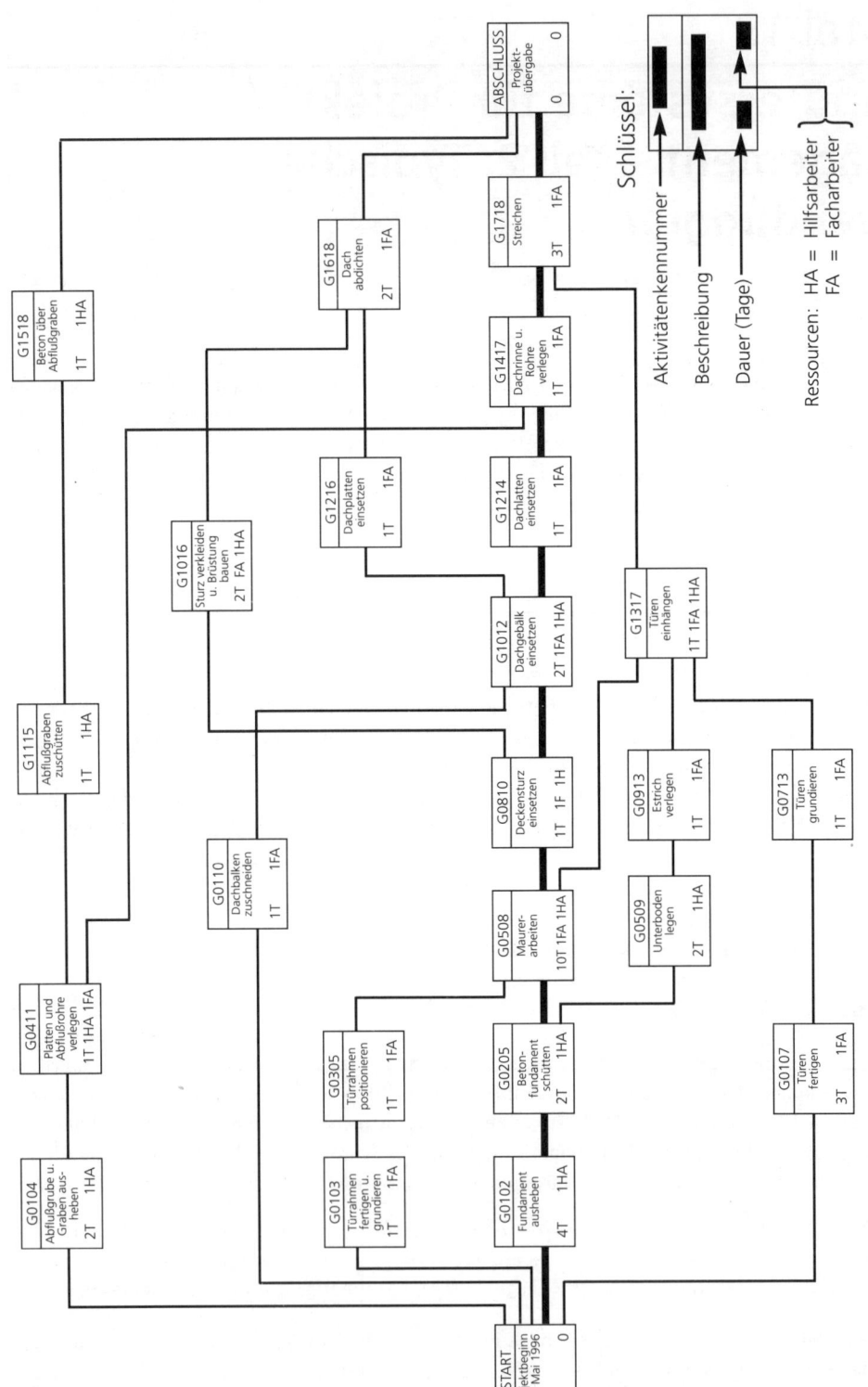

Abbildung 13.1   Garagenkonstruktionsnetzplan

Diese Abbildung ähnelt Abbildung 10.1, doch es wurden hier zweistellige Ressourcencodes verwendet, und Aktivitätsdauern von weniger als einem Tag wurden auf einen Tag aufgerundet.

Vorbereitung der Fallstudiendaten

Die Einzelheiten für die Datenvorbereitung waren bei den verwendeten Programmen unterschiedlich, doch die Informationen ließen sich logisch in die drei im vorigen Kapitel beschriebenen Gruppen aufgliedern, nämlich Projektkontrolldaten, allgemeine Ressourcendaten und Aktivitäten- oder Arbeitsschrittaufzeichnungen.

Kontrolldaten

Die folgenden Kontrolldaten wurden verwendet, um die Projektparameter und die Planungsumgebung einzurichten:

- Ein vorprogrammierter Kalender mit einer Fünftagewoche.
- Starttermin des Projekts und „Jetztzeit"-Datum für den ersten Planungsdurchlauf wurden beide auf den 13. Mai 1996 festgelegt.
- Es wurde eine Datei für die Ressourcendefinition eingerichtet, die die folgenden Daten enthielt:
  AR – Arbeiter zu 50 GE pro Tag, 1 Person vorhanden
  FA – Facharbeiter zu 75 GE pro Tag, 1 Person vorhanden
  KO – Materialkosten, täglich 750 GE vorhanden

Es wurde keine Urlaubsdatei eingerichtet, und gesetzliche Feiertage wurden für dieses Projekt außer acht gelassen.

Daten für die Aktivitätsaufzeichnungen

Mit Ausnahme der Materialkosten stammen alle Daten, die für jede Aktivitätsaufzeichnung benötigt werden, aus dem Netzplandiagramm (Abbildung 13.1).

Materialkosten

Die Tabelle mit den Materialkosten und anderen Kosten, die nicht mit Lohnkosten verbunden sind, findet sich in Abbildung 13.2.

Diese Materialkosten hätte man den Computerdaten zufügen können – und wahrscheinlich auch sollen –, indem sie als Etatkosten für eine angemessene Anzahl von Materialbestellungsaktivitäten definiert und an entsprechender Stelle im Netzplan plaziert worden wären. Aufgrund des Platzmangels auf diesen Seiten und um die Netzplanlogik einfach und lesbar zu halten, wurden hier jedoch keine zusätzlichen Aktivitäten in den Netzplan aufgenommen.

Die Projektmanagementsoftware eröffnet dem Anwender in der Regel eine Reihe von Wegen, um mit den unterschiedlichen Problemen umzugehen. Um diese Materialkosten in die Projektkostenkalkulation mit aufzunehmen, habe ich entschieden, sie als Ressourcenanforderungen zu behandeln. Es wurde der Ressourcencode KO verwendet.

Für *Open Plan* wurde eine Ressourceneinheit von 1 gewählt, die 1 GE entspricht. Werden für eine Aktivität beispielsweise 50 KO veranschlagt, so bedeutet dies, daß für diese Aktivität tägliche Kosten von 50 GE für Materialien oder Anlagenmiete erwartet werden. Für jede Aktivität, deren Dauer einen Tag übersteigt, muß der Gesamtetat für Materialkosten durch die Dauer geteilt werden, um zur täglichen Verbrauchsrate zu gelangen, die in den Eingabedaten spezifiziert werden muß. Um sicherzustellen, daß diese Kostenressourcen nicht zu Einschränkungen während der ressourcenbegrenzten Einteilung führen, habe ich ein überdurchschnittliches täglich zur Verfügung stehendes Ressourcenaufkommen für KO von 750 festgelegt, was tägliche Höchstausgaben von 750 GE ermöglicht.

Aktivität	Materialien	Kostenvoranschlag
G0102	gemietete Geräte (kleiner Schaufelbagger)	60 GE pro Tag
G0103	Holz und Farbe	25 GE
G0104	gemietete Geräte (kleiner Schaufelbagger)	60 GE pro Tag
G0107	Holz	225 GE
G0110	Holz	175 GE
G0205	Zement, Sand und Schotter	40 GE
G0305	für diese Aktivität keine Materialien verwendet	
G0411	Abflußrohre aus Ton	45 GE
G0508	Zement, Sand und Ziegel	450 GE
G0509	Zement, Sand und Schotter	30 GE
G0713	Farbe	10 GE
G0810	Deckensturz aus Rollstahl	40 GE
G0913	Zement und Sand	45 GE
G1012	für diese Aktivität keine Materialien verwendet	
G1016	Zement, Sand und Ziegel	100 GE
G1115	für diese Aktivität keine Materialien verwendet	
G1214	Holz	40 GE
G1216	Dachplatten und Befestigungen	250 GE
G1317	Türbeschläge (Schloß, Riegel, Scharniere)	160 GE
G1417	Abflußrinnen, -rohre und Schotter	75 GE
G1518	Zement, Sand und Schotter	25 GE
G1618	Spritzpistole und Dichtungsmaterial	30 GE
G1718	Farbe	27 GE

Abbildung 13.2   Materialkostenvoranschläge für das Garagenprojekt

Als ich versuchte, dieselben Daten in die Version 4 von *Microsoft Project* einzugeben, stellte sich heraus, daß das Programm keine zur Verfügung stehenden Ressourcenmengen von mehr als 100 Einheiten annahm. Dieses Problem ließ sich leicht durch die Anwendung eines Maßstabsfaktors von 10 lösen. Bei *Microsoft Project* wurden daher 0,1 Materialressourceneinheiten als Äquivalent zu den Materialkosten von täglich 1 GE festgelegt. Die Festlegung von täglich zur Verfügung stehenden Gesamtressourcen von 75 setzte also den täglich zur Verfügung stehenden Etat auf 750 GE fest.

Vermeidung von Fehlern und Prüfung – Allgemeines

Fehler bei der Dateneingabe

Da es zahlreiche Möglichkeiten für – oft später nicht mehr feststellbare – Fehler gibt, lohnt es sich, bei der anfänglichen Dateneingabe besonders sorgfältig vorzugehen. Am sinnvollsten ist, eine Person die Daten eintippen zu lassen, während eine andere Hilfestellung gibt, indem sie jeden Punkt auf einer Kopie des Netzplans abhakt, sobald er eingegeben wurde.

Nach der Dateneingabe sollte ein Ausdruck gemacht werden, damit die Aktivitätsdaten von Hand auf Fehler und Auslassungen überprüft werden können. Der für diesen Zweck nützlichste Bericht ist eine Liste aller Aktivitätsaufzeichnungen, deren Reihenfolge ihren Identifizierungsnummern entspricht. Der Ausdruck sollte außerdem Verknüpfungen zu vorausgehenden und nachfolgenden Aktivitäten sowie die Aktivitätsdauern enthalten.

Fehlersuche

Ob der Computer nur für die Zeitanalyse verwendet wird oder für die vollständige Ressourcen- und Kosteneinteilung – wenn er sämtliche Daten verdaut hat, besteht seine erste Verarbeitungsaufgabe darin, eine Zeitanalyse zu versuchen, wofür er vorwärts und rückwärts gerichtete Schritte durch den Netzplan unternehmen wird. Er wird die Netzplanlogik anhand der Codes sämtlicher Aktivitäten und ihrer spezifizierten Verknüpfungen erkennen (oder anhand der Ereignisnummern bei Pfeilnetzplänen). Während dieser Schritte vor und zurück wird das Programm offensichtliche Fehler aufspüren.

Alle guten Programme für Netzplaneinteilungen enthalten umfassende Routineabläufe für die Fehlerentdeckung, die so gestaltet sind, daß sie bestimmte Arten von Fehlern entdecken und dem Planer zur Korrektur melden bzw. zur Bestätigung, daß die entsprechenden Daten korrekt sind, so wie sie eingegeben wurden, und daß alle scheinbaren Unregelmäßigkeiten beabsichtigt sind. Irrtümer resultieren aus Verwechslungen oder Lesefehlern, Tippfehlern, übersehenen Daten, der Eingabe ungültiger Kontrolldaten (zum Beispiel eines Datums außerhalb des Hauptkalenders) oder aus einem grundlegenden Fehler in der Logik des Netzplandiagramms selbst.

Wenn alle Daten korrekt eingegeben wurden, besteht die Möglichkeit, daß die Zeitanalyse bereits beim ersten Versuch klappt. Liegen keine Fehler vor, vollendet der Computer die Zeitanalyse und schreibt die Ergebnisse in die Datenbank. Abgesehen von wirklich kleinen Netzplänen, kann jedoch mit Gewißheit davon ausgegangen werden, daß es nicht gleich zu Beginn funktionieren wird.

Typische Fehler

Eingabefehler können in zwei Kategorien aufgeteilt werden:

1. Fehler oder scheinbare Fehler, die der Computer erkennen kann und in Fehlerberichten zurückmeldet. Hier einige Beispiele:
   - Ungültige Daten.
   - Doppelte Aktivitätenaufzeichnungen (es gibt Software, die die doppelte Eingabe von Identifizierungscodes nicht zuläßt).
   - Unverbundene Aktivitäten (unten erläutert).
   - Logische Schleifen.
   - Andere offensichtliche Unregelmäßigkeiten, zum Beispiel eine vorgesehene Dauer von null für eine Aktivität, für die gleichzeitig Ressourcen benötigt werden.
2. Fehler, die der Computer nicht erkennen kann und die unentdeckt bleiben und möglicherweise zu Planungsfehlern führen können. Dazu gehören:
   - Inkorrekte Aktivitätsdauern.
   - Inkorrekte Beschreibungen, beispielsweise Vertauschen von zwei Beschreibungen und zwei Aktivitätsidentifizierungscodes.
   - Angabe der falschen Art von Einschränkung für eine Aktivität in einem Präzedenznetzplan.

- Vergessen der Spezifizierung der Kosten für eine Materialeinkaufsaktivität.
- Eingabe des falschen Ressourcen- oder Auswahlcodes für eine Aktivität.

Fehler bei Aktivitätsdaten, die die Netzplanlogik beeinflussen

Es ist keine Überraschung, daß die bei weitem häufigste Quelle von Eingabefehlern bei den Aktivitätsaufzeichnungen liegt, da diese die mit Abstand größte einzugebende Datenmenge darstellen. Solche Fehler für große Netzpläne zu berichten, kann zur Detektivarbeit werden, wobei der Computer lediglich Hinweise liefert. Die drei Hauptfehlertypen sind:

1. Doppelte Aktivitäten. Zwei unterschiedliche Aktivitätsaufzeichnungen wurden unter derselben Kennummer eingegeben. Ein modernes System würde diese Art von Fehler mit ziemlicher Sicherheit melden, sobald der Versuch unternommen wird, die zweite Aktivitätsaufzeichnung einzutippen. Ältere Systeme ließen den ahnungslosen Planer bis zum Abschluß des ersten Prüfungsdurchlaufs warten. Die Ursache für diesen Fehler ist wahrscheinlich eine der folgenden Vorgehensweisen:
   - Der Versuch, dieselbe Aktivität zweimal einzugeben, was beispielsweise vorkommen kann, wenn die mit der Dateneingabe beschäftigte Person unterbrochen wird und vergißt, daß die Aktivität bereits eingegeben wurde.
   - Ein Tippfehler bei der Eingabe der Aktivitätskennummer.
   - Ein Zählfehler im Netzplandiagramm.

2. Unverbundene Aktivitäten. Diese treten immer dann auf, wenn Aufzeichnungen für Aktivitäten angelegt wurden, die keine vorausgehenden Aktivitäten haben (Anfangsenden) oder keine nachfolgenden (Abschlußenden). Natürlich sind die Aktivitäten, die mit dem ersten und dem letzten Ereignis im Netzplan verbunden sind, als lose Pfeile sichtbar. Bei einigen Programmen ist es möglich, diese von vornherein als solche zu definieren, so daß sie nicht in der Fehlermeldung auftauchen. Ungewollte lose Enden treten auf, weil eine Aktivität oder eine Verknüpfung entweder ausgelassen oder fehlerhaft spezifiziert wurde.

3. Schleifen können durch die Eingabe einer inkorrekten Aktivitätsnummer oder einer falschen Präzedenzeinschränkung verursacht werden, besonders dadurch, daß eine Einschränkung in der falschen Richtung plaziert wird. Der Effekt einer Schleife ist, daß ein kontinuierlicher Weg durch einen Ring von Aktivitäten entsteht. Es ist dem Computer unmöglich, eine Zeitanalyse für eine Schleife durchzuführen, weil er sich in einem endlosen Zyklus von Aktivitäten verfängt, aus dem es kein Entkommen gibt. Das Computerprogramm sollte in der Lage sein, alle Aktivitäten aufzulisten, die innerhalb der Schleife liegen, oder, im Fall eines Pfeilnetzplans, alle Ereignisse, die in der Schleife enthalten sind.

Andere Fehler

Sämtliche Computerprogramme enthalten mehr Routineabläufe zur Aufdeckung von Fehlern als die drei oben beschriebenen. Es wird beispielsweise eine Fehlermeldung auftauchen, wenn der Planer versucht hat, ein Zieldatum für den Projektabschluß einzugeben, das vor dem spezifizierten Starttermin liegt.

Weitere Meldungen treten auf, wenn eine der Programmkapazitäten überschritten wird. Dies geschieht zum Beispiel, wenn der Netzplan zu umfangreich ist, um vom Computer verarbeitet werden zu können. Eine andere Möglichkeit ist, daß die Gesamtdauer des Projekts für den spezifizierten Projektkalender zu lang sein könnte.

Trotz dieser Vielzahl von anderen Stolpersteinen sind es jedoch wahrscheinlich die losen Enden und Schleifen, mit denen es der Planer zu tun haben wird. Dies sind auch die Fehler, die am häufigsten unbemerkt bleiben, bis die erste Berechnung einer Einteilung unternommen wird.

Entdecken von Fehlern im Fallstudienprojekt

Im Fall der Garagenprojektdaten wurden bewußt zwei Fehler eingefügt, um das System zu Fehlermeldungen zu zwingen (es wurde *Open Plan* benutzt):

1. Die Verbindung von G0509 zu G0913 wurde weggelassen. Dies führte dazu, daß Aktivität G0509 als eine Abschlußaktivität erkannt und gemeldet wurde und Aktivität G0913 als eine Anfangsaktivität.
2. Es wurde eine Schleife erzeugt, indem das Ende von Aktivität G0913 logisch mit dem Anfang der Aktivität G0102 verknüpft wurde.

Dem Programm den zweiten dieser Fehler anzutun, war besonders unfreundlich, aber wie Abbildung 13.3 zeigt, meldete *Open Plan* beide Fehler korrekt, inklusive einer Analyse der in der Schleife enthaltenen Aktivitäten.

Zwei weitere Fehler sind unbeabsichtigt aufgetreten, während die Daten für *Open Plan* und *Microsoft Project* eingegeben wurden, die identisch sein sollten.

1. Bei Verwendung von *Open Plan* war für Aktivität G013 keine Zeitdauer angegeben worden. Das Programm wies automatisch eine Dauer von null zu. Beim Versuch der Zeitanalyse warnte *Open Plan* davor, daß einer Aktivität mit Dauer von null Ressourcen zugeordnet worden waren.
2. Beim Vergleich der Ergebnisse von *Open Plan* und *Microsoft Project* stellte sich heraus, daß *Microsoft Project* den Projektabschluß einen Tag zu früh vorhersagte. Außerdem waren die von *Microsoft Project* gemeldeten Gesamtprojektkosten zu gering. Es fehlten die Kosten für den Tagessatz eines Arbeiters sowie einer ausgebildeten Person. Eine Untersuchung ergab, daß ich die Dauer einer Aktivität irrtümlich mit einem statt mit zwei Tagen angegeben hatte. Dies ist ein gutes Beispiel für einen Fehler, der leicht unbemerkt bleibt. Er wurde nur entdeckt, weil die Meldungen von zwei unterschiedlichen Programmen miteinander verglichen wurden.

Sämtliche dieser Fehler wurden korrigiert, bevor mit den verbleibenden Schritten, die in diesem Kapitel beschrieben werden, fortgefahren wurde.

Netzplanausdruck

Den Netzplan sollte schon frühzeitig ausgedruckt werden, um zu überprüfen, ob jede Verbindung und jede Aktivität während der Dateneingabe an die richtige Stelle gesetzt wurden.

Der von *Open Plan* erstellte Ausdruck ist in Abbildung 13.4 dargestellt. Es handelt sich um einen Abdruck des Bildschirms im Schrift- und nicht im Graphikmodus, da dieser besser lesbar und für Verkleinerung und Wiedergabe in diesem Buch besser geeignet ist. Der Anwender von *Open Plan* hat die Möglichkeit, weit größere Informationsmengen zu wählen oder zu spezifizieren. Der Ausdruck wird sich dann natürlich über eine entsprechend große Papierfläche ausbreiten. Für unser Beispiel waren lediglich die Identifizierungscodes der Aktivitäten erforderlich, und schon dieser einfache Projektbericht nahm vier DIN-A4-Seiten in Anspruch. Die Illustration in Abbildung 13.4 ist das Ergebnis sorgfältigen Verkleinerns und Zusammenklebens.

```
Open plan (R) PDM Time Analysis        Project: GARAGE
Revision 5.10                          Out-of-sequence progress option o.
                                          2 start nodes.
Copyright © 1985-1994, WST Corp.          2 finish nodes.
                                       Finish date is 13JUN96.
Company: DENNIS LOCK                    Minimum total float is      o.
Serial:   64 AQAS

Start Time: 12:07:49
─────────────────────────────────────────────────────────────────────
START is a start activity.
FINISH is a finish activity.
G0509 is a finish activity.
G0913 is a start activity.




─────────────────────────────────────────────────────────────────────
Normal end of job. Send error log to (P)rinter (D)isk or <SPACE> to skip?
Elapsed time:   :00:01     (100% complete)
```

```
Open plan (R) PDM Time Analysis        Project: GARAGE
Revision 5.10                          Out-of-sequence progress option o.

Copyright © 1985-1994, WST Corp.          1 finish nodes.

Company: DENNIS LOCK
Serial:   64 AQAS

Start Time: 16:31:11
─────────────────────────────────────────────────────────────────────
FINISH is a finish activity.
LOOP # 1 DETECTED:
START is in loop.
G0102 is in loop.
G0205 is in loop.
G0509 is in loop.
G0913 is in loop.
LOOP DETECTED. TERMINATING.


─────────────────────────────────────────────────────────────────────
Aborted: FATAL ERROR. Send error log to (P)rinter (D)isk or <SPACE> to skip?
Elapsed time:   :00:01     (48% complete)
```

Abbildung 13.3   Warnung vor Dateneingabefehlern bei Garagenprojekt
Diese Bildschirmausdrucke zeigen die Ergebnisse von zwei Fehlern bei der Dateneingabe, die bewußt gemacht wurden, um das System zu testen und die Meldungen zu erzwingen. Siehe Abbildung 13.1 für die korrekte logische Abfolge. Beim ersten Test (obere Meldung) wurde die Verbindung von G0509 zu G0913 ausgelassen. Dies führte dazu, daß G0509 als ein Abschlußende gemeldet wurde und G0913 als ein Anfang. Der zweite Test war drastischer. Es wurde eine Schleife geschaffen, indem vom Ende von G0913 eine Verbindung zurück zum Anfang der START-Aktivität spezifiziert wurde. Erwartungsgemäß verursachte dies einen „fatal error", doch *Open Plan* analysierte die Schleife korrekt und meldete ihren Weg.

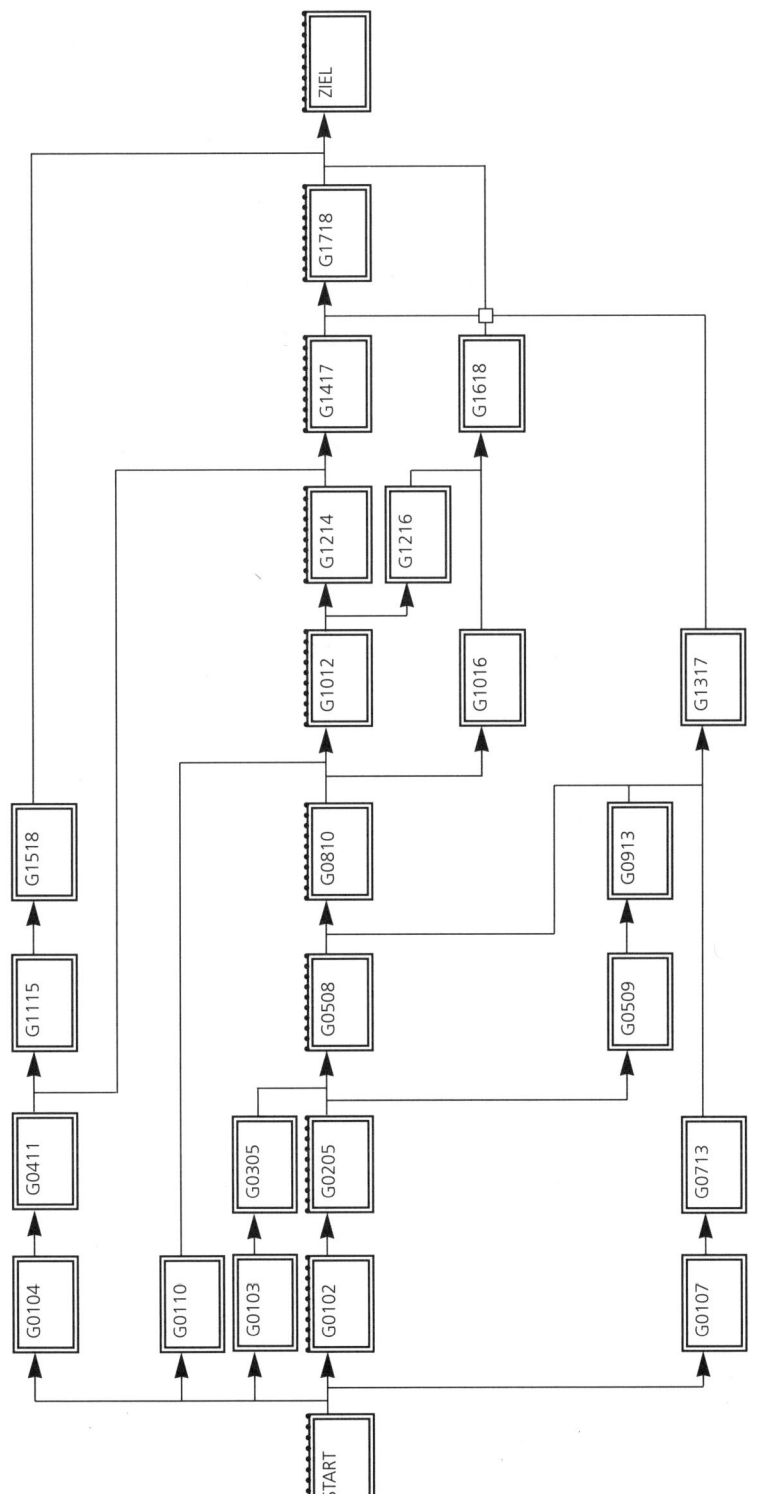

Abbildung 13.4   Garagenprojektnetzplan ausgedruckt von Open Plan

Hier wurden vier Bildschirmausdrucke, hergestellt unter Verwendung des einfachsten Druckmodus des Programms, zusammengeklebt. Kritische Aktivitäten werden durch gestrichelte obere Linien dargestellt. *Open Plan* ermöglicht außerdem verschiedene andere Ausdruckoptionen wie Graphiken und partielle Zeitskalen.

(Der Netzplanausdruck von *Microsoft Project* war enttäuschend und für eine Wiedergabe ungeeignet.)

Ein weiteres Programm, *4C for Windows,* wurde ebenfalls ausprobiert. Dies ist ebenfalls ein Paket der gehobenen Preisklasse, das im folgenden Kapitel näher beschrieben wird. Der Graphikausdruck füllte, bei Verwendung der Option des verringerten Detailumfangs, lediglich eine DIN-A4-Seite (Abbildung 13.5).

Zeitanalyse des Garagenprojektnetzplans

Nun wurde dem Computer der Befehl zur Durchführung der Zeitanalyse für das Garagenprojekt gegeben. Hierfür waren vorwärts- und rückwärtsgerichtete Schritte durch den Netzplan erforderlich, um den Umfang an Spielraum bestimmen sowie die frühestmöglichen und spätesten zulässigen Zeitpunkte für Start und Abschluß jeder Aktivität festlegen zu können.

Die Auswirkung festgelegter Termine

Ein Projektmanagementsystem beachtet während der Zeitanalyse alle Einschränkungen, die sich aus der Festlegung von Terminen für Aktivitäten an jeder Stelle im Netzplan ergeben. Dadurch werden der Spielraum sowie die Route des kritischen Weges beeinflußt. Abgesehen vom Starttermin des Projekts, wurden jedoch für das Garagenprojekt zunächst keine festgelegten Termine spezifiziert.

Da kein Abschlußdatum vorgegeben worden war, nahmen beide für diese Fallstudie verwendeten Programme den frühestmöglichen Abschlußtermin der letzten Aktivität gleichzeitig als den letzten zulässigen Abschlußtermin an und kalkulierten den vorhandenen Spielraum entsprechend.

Zeitanalysebericht

Abbildung 13.6 enthält den von *Open Plan* erstellten Zeitanalysebericht. Er listet sämtliche Aktivitäten für das Garagenprojekt in Reihenfolge ihrer frühestmöglichen Starttermine auf.

Die in diesem Bericht enthaltene Datenmenge wurde bewußt begrenzt, damit das Ergebnis für unseren Zweck lesbar bleibt. In der Praxis erlauben es *Open Plan* und viele andere Programme dem Anwender, die Aufnahme zusätzlicher Spalten (Datenfelder) zu spezifizieren. Die einzige Einschränkung besteht in der Papiergröße, die der Drucker verwenden kann. Insbesondere Spalten für den spätesten Start, den spätesten Abschluß und die Etatkosten sind nützlich. Typischerweise wären die folgenden Spaltenüberschriften für einen Analysebericht der Gesamtzeit erforderlich:

- Aktivitätsidentifizierung
- Aktivitätsbeschreibung
- Veranschlagte Dauer
- Frühestmöglicher Starttermin
- Letzter zulässiger Starttermin
- Frühestmöglicher Abschlußtermin
- Letzter zulässiger Abschlußtermin
- Gesamtspielraum
- Freier Spielraum

In der Datenbank von *Open Plan* sind viele weitere Felder vorhanden, die der Anwender in die Zeitanalysetabelle mit aufnehmen kann. Diese behandeln besonders Kostendaten, Ressourcenanforde-

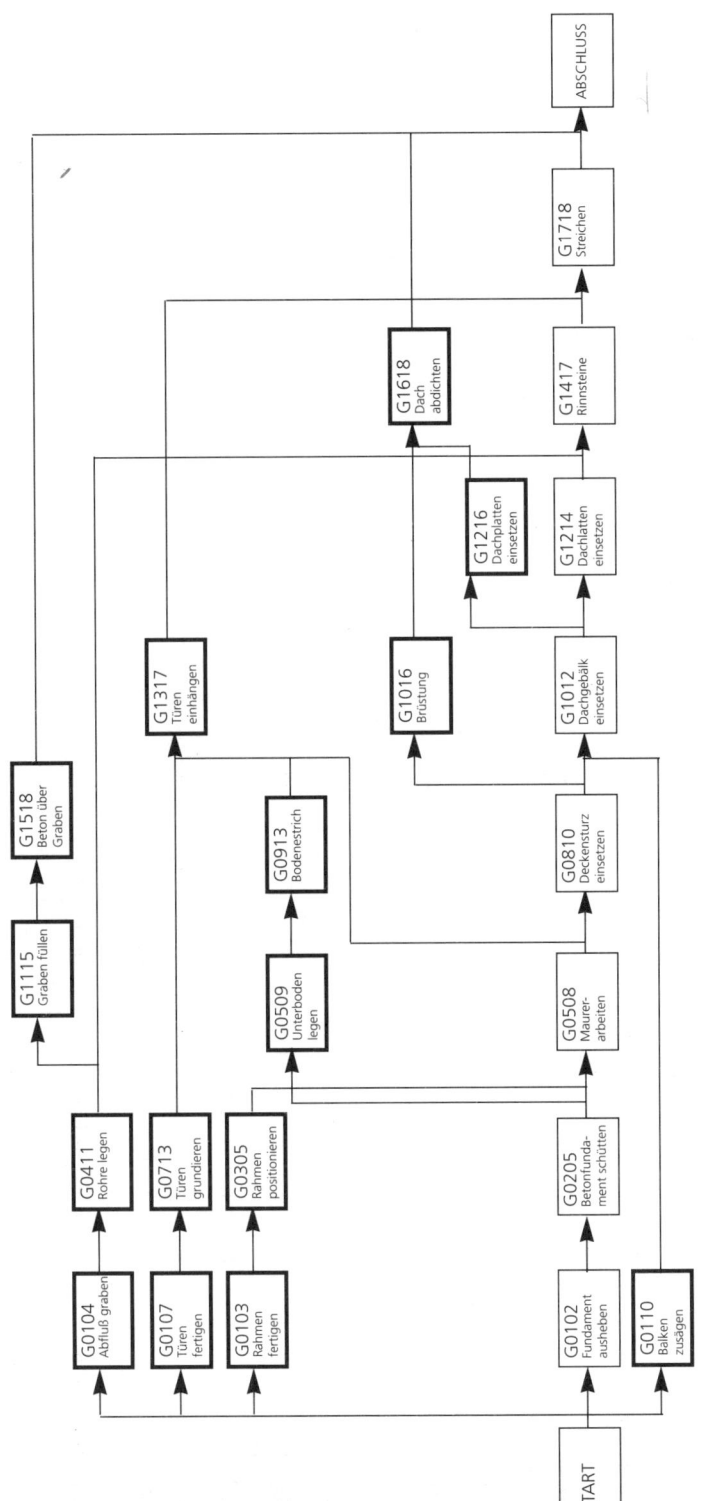

Abbildung 13.5   Garagenprojektnetzplan ausgedruckt von 4C for Windows

Dies ist der einfache „Übersichts"-Graphikmodus. Kritische Aktivitäten werden durch dünne Umrandungen dargestellt. Dieses Programm hat außerdem einen detaillierten Graphikmodus, der die Aufnahme von mehr Daten in die Aktivitätskästen ermöglicht.

OPEN PLAN	DENNIS LOCK			SEITE: 1		
BERICHT: ACTPICK	GARAGENPROJEKT			BERICHTSDATUM: 11. JUNI 1995		
PROJEKT: GARAGE				JETZTZEIT: 13. MAI 1996		
Aktivitäten-kennummer	Beschreibung	frühester Start	frühester Abschluß	spätester Abschluß	Gesamt-spielraum	freier Spielraum
START	Beginn des Garagenprojekts	13. Mai 96	13. Mai 96	13. Mai 96	0	0
G0104	Abflußgrube und -graben ausheben	13. Mai 96	14. Mai 96	6. Juni 96	17	0
G0103	Türrahmen fertigen und grundieren	13. Mai 96	13. Mai 96	17. Mai 96	4	0
G0102	Fundamente ausheben	13. Mai 96	16. Mai 96	16. Mai 96	0	0
G0107	Türen fertigen	13. Mai 96	15. Mai 96	6. Juni 96	16	0
G0110	Dachbalken zuschneiden	13. Mai 96	13. Mai 96	4. Juni 96	16	16
G0305	Türrahmen positionieren	14. Mai 96	14. Mai 96	20. Mai 96	4	4
G0411	Platten und Abflußrohre verlegen	15. Mai 96	15. Mai 96	7. Juni 96	17	0
G1115	Abflußgraben zuschütten	16. Mai 96	16. Mai 96	12. Juni 96	19	0
G0713	Türen grundieren	16. Mai 96	16. Mai 96	7. Juni 96	16	12
G1518	Beton über Graben schütten	17. Mai 96	17. Mai 96	13. Juni 96	19	19
G0205	Betonfundament schütten	17. Mai 96	20. Mai 96	20. Mai 96	0	0
G0508	Maurerarbeiten	21. Mai 96	3. Juni 96	3. Juni 96	0	0
G0509	Unterboden legen	21. Mai 96	22. Mai 96	6. Juni 96	11	0
G0913	Bodenestrich verlegen	23. Mai 96	23. Mai 96	7. Juni 96	11	7
G0810	Stürze über Türen einsetzen	4. Juni 96	4. Juni 96	4. Juni 96	0	0
G1317	Türen einhängen	4. Juni 96	4. Juni 96	10. Juni 96	4	4
G1012	Dachgebälk einsetzen	5. Juni 96	6. Juni 96	6. Juni 96	0	0
G1016	Sturz verkleiden und Brüstung bauen	5. Juni 96	6. Juni 96	11. Juni 96	3	1
G1216	Dachplatten einsetzen	7. Juni 96	7. Juni 96	11. Juni 96	2	0
G1214	Dachlatten einsetzen	7. Juni 96	7. Juni 96	7. Juni 96	0	0
G1618	Dach abdichten	10. Juni 96	11. Juni 96	13. Juni 96	2	2
G1417	Dachrinnen und Regenwasserrohre verlegen	10. Juni 96	10. Juni 96	10. Juni 96	0	0
G1718	Streichen	11. Juni 96	13. Juni 96	13. Juni 96	0	0
ABSCHLUSS	Projektabschluß und Übergabe	14. Juni 96	13. Juni 96	13. Juni 96	0	0

Abbildung 13.6   Zeitanalysebericht für das Garagenprojekt
Für jede Aktivität hätten hier noch weit mehr Informationen dargestellt werden können, doch die Anzahl der Felder aus den Open Plan-Menüoptionen wurde hier im Sinne leichterer Lesbarkeit begrenzt.

rungen, den kritischen Status und – sobald das Projekt begonnen wurde – Informationen über den Fortschritt.

Anwendungsnutzen des Zeitanalyseberichts

Wenn der Projektbetrieb Zugang zu unbegrenzten und äußerst flexiblen Ressourcen hat, oder wenn die Verwaltung der Arbeitskraft und anderer Ressourcenauslastungen an Subunternehmer delegiert wird, kann die Zeitanalyse ausreichend sein. In diesen Fällen kann (und wird sehr häufig) ein Bericht, der auf den im vorigen Abschnitt vorgeschlagenen Feldern beruht, als einzige Grundlage für die Planung und Verwaltung des Projektfortgangs benutzt. Andernfalls sollte immer Ressourceneinteilung erwogen werden.

Ein Widerspruch in den Berichtsdaten für Aktivitäten mit einer Dauer von null

Die Daten für die Abschlußaktivität des Garagenprojekts, die einen Tag vor dem tatsächlichen Abschluß vorgesehen ist, scheinen widersprüchlich zu sein. Dieses Phänomen ist in Projektplanungsberichten üblich. Der Grund dafür liegt in der veranschlagten Dauer von null für die Abschlußaktivität.

Nehmen wir zunächst an, daß die Abschlußaktivität (die Projektübergabe) statt dessen mit einer Dauer von einem Tag veranschlagt worden wäre. Der Computer hätte dann den Beginn der Abschlußaktivität für den Anfang des 14. Juni vorgesehen und ihren Abschluß mit Arbeitsende desselben Tages. Bei einer Dauer von null subtrahiert der Computer jedoch einen Tag vom Anfang und meldet den Abschluß für die Nacht davor.

Der wirkliche frühestmögliche Abschlußtermin für das Garagenprojekt ist daher das Arbeitsende am 13. Juni 1996.

Ressourceneinteilung – allgemeine Vorgangsweise

Erinnert man sich daran, daß die Garagenprojektfirma aus nur zwei Arbeitern bestand, einem mit spezieller Qualifikation und einem ohne, so ist es erforderlich, die Ressourceneinteilung so durchzuführen, daß die Arbeit ausgeglichen zugeteilt wird und die vorhandenen Ressourcen so effektiv wie möglich genutzt werden. Zunächst müssen das Computerverfahren skizziert und einige der Grundregeln beschrieben werden, nach denen Einteilungen berechnet werden können.

Einfache Ressourcenzuteilung

Unzureichende Programme können keine Ressourcenangleichung vornehmen, sondern werden lediglich jede Aktivität zum frühestmöglichen Termin einplanen, die veranschlagte Anzahl von Ressourcen für die Periode der Aktivität zuteilen und diesen Vorgang anschließend für alle anderen Aktivitäten wiederholen. Es wird nicht der Versuch unternommen, eine Aktivität an anderer Stelle einzuplanen als zum frühestmöglichen Zeitpunkt, und das Ressourcenmuster, das sich für jede Art von Ressourcen ergibt, wird durch einfache Addition berechnet. Der Nutzen dieser Art der Ressourcenzuteilung entsprechend den frühesten Terminen ist in der Anwendung sehr begrenzt, weil Ressourcenmängel nicht mit einbezogen werden.

Die Programme, die für die Garagenprojekt-Fallstudie verwendet wurden, sind, wie die meisten modernen Projektmanagementprogramme, für echte Ressourceneinteilungen geeignet.

Ressourcenangleichung oder -zuteilung

Ein typisches Programm versucht, jede Aktivität zu ihrem frühestmöglichen Zeitpunkt einzuteilen, und „zieht" die Anzahl der von jeder Ressourcenkategorie für die Aktivität benötigten Ressourceneinheiten aus dem in der Projektressourcendefinitionsdatei des Projekts als zur Verfügung stehend festgelegten Gesamtzahl. Wenn die Aktivität beendet ist, kehren die nicht länger benötigten Ressourcen in den Pool zugänglicher Ressourcen zurück, um bei Bedarf anderen Ressourcen zugeteilt zu werden.

Wenn die Ressourcen für eine Aktivität, die zum frühesten Zeitpunkt beginnt, unzureichend sind, trifft der Computer eine Entscheidung aufgrund der Prioritätsregeln, die der Planer festgelegt hat.

Prioritätsregeln

Beeinflussung des Spielraums

Wenn der Computer mehrere Aktivitäten aufgrund von knappen Ressourcen verschieben muß, wird häufig anhand des Spielraums entschieden, welche der konkurrierenden Aktivitäten höchste Priorität hat.

Wenn der Computer eine Aktivität später als zu ihrem frühestmöglichen Zeitpunkt einteilt, hat er offensichtlich einen Teil des Gesamtspielraums aufgebraucht, den sie und die auf sie folgenden Aktivitäten ursprünglich hatten. Der im jeweiligen Fall übrigbleibende Spielraum wird gelegentlich „verbleibender Spielraum" genannt. Eine nützliche Prioritätsregel lautet, daß die Aktivitäten mit dem geringsten verbleibenden Spielraum Vorrang bekommen.

Ressourcenbegrenzte Einteilung

Die möglicherweise wichtigste Entscheidung, die der Planer hinsichtlich der Prioritäten bei der Ressourcenzuteilung treffen muß, ist die Entscheidung, ob die Einteilung ressourcen- oder zeitbegrenzt sein soll.

Wenn der Computer unter der Regel begrenzter Ressourcen operiert, so ist er angewiesen, niemals eine Aktivität zu einem Zeitpunkt einzuteilen, der mehr Ressourcen irgendeiner Art erforderlich macht als die für das Projekt zur Verfügung stehende Gesamtmenge. Das bedeutet, daß einige Aktivitäten hinter ihren spätesten (kritischen) Starttermin verlegt werden müssen, wo sie verharren, bis Ressourcen von noch kritischeren Aktivitäten freiwerden.

Bei der ressourcenbegrenzten Einteilung muß das Projekt daher unter Umständen über seinen von der Länge des kritischen Weges ausgewiesenen frühestmöglichen Abschlußtermin hinaus verzögert werden. Dies kann auch bedeuten, daß einige für Schlüsselaktivitäten innerhalb des Netzplans angestrebte Abschlußtermine ignoriert werden müssen.

Zeitbegrenzte Einteilung

Wenn statt der Ressourcenbegrenzung die Regel der Zeitbegrenzung gewählt wird, plant der Computer alle Aktivitäten zu den Terminen ein, die eingehalten werden müssen, damit das Projekt innerhalb des spezifizierten Zeitraums abgeschlossen werden kann. Alle Zieldaten, die für den Beginn oder den Abschluß einzelner Aktivitäten innerhalb des Netzplans festgelegt wurden, erhalten ebenfalls Vorrang. Wenn nötig, wird der Computer die Anzahl der als zur Verfügung stehend erklärten Ressourcen überschreiten, um den Anforderungen hinsichtlich der Zeit entsprechen zu können. Der Computer kann jedoch nicht den Beginn einer Aktivität vor dem gemäß der Netzplan-Zeitanalyse kalkulierten frühestmöglichen Zeitpunkt einplanen. Er wird also alle vom Planer vorgegebenen

Zieldaten ignorieren, die aufgrund des kumulativen, veranschlagten Werts der vorausgehenden Aktivitäten einfach unmöglich einzuhalten sind.

Effektivität der Ressourcenangleichung

Es ist allgemein anerkannt, daß Ressourcenzuteilung mit Hilfe des Computers nicht notwendigerweise das ausgeglichenste Muster des Ressourcenverbrauchs ergeben wird. Selbst wenn eine Ressourceneinteilung so kalkuliert wurde, daß sie niemals die vorgegebenen Kapazitäten übersteigt, kann es doch Höhen und Tiefen geben, die durch weitere Kalkulationen ausgebügelt werden könnten. Wenn zum Beispiel 10 Elektriker zur Verfügung stehen, könnte der Computer eine Einteilung für ein bestimmtes Projekt erstellen, die den Einsatz der Elektriker entlang der folgenden Linien fordert:

Tag	benötigte Elektriker	vorhandene Elektriker	nicht genutzte Elektriker
1	3	10	7
2	2	10	8
3	8	10	2
4	10	10	0
5	2	10	8
6	4	10	8
7	10	10	0
8	9	10	1
9	8	10	2
10	4	10	6

... und so weiter.

Die Tabelle in diesem Beispiel ist zwar Ergebnis einer Ressourceneinteilung und überschreitet nie die Gesamtzahl der zur Verfügung stehenden Elektriker, doch sie ist aufgrund ihrer Unausgeglichenheit wenig brauchbar. Dies wäre besonders problematisch, befände sich der Projektstandort an einem Ort weit entfernt vom Hauptsitz der Firma. In einem solchen Fall besteht eine ideal ausgeglichene Arbeitseinteilung in einer vor Ort stationierten Gruppe mit halbwegs konstanter Stärke. Ein besserer Planer hätte vielleicht ein tägliches Aufkommen erreicht, das nicht weit vom Mittelwert abgewichen wäre, der während dieser Zehn-Tage-Periode 6 Elektriker pro Tag beträgt.

Dieses Beispiel ist natürlich überzeichnet, und in der Regel ist dies kein ernstes Problem. Im allgemeinen erstellt der Computer ausgeglichenere Einteilungen, wenn er die Möglichkeit hat, eine größere Anzahl von Aktivitäten zu verarbeiten und sich die Ressourcenanforderungen der zur Verfügung stehenden Anzahl nähern.

Einige Computerprogramme können über die Ressourcenzuteilung hinausgehen und eine Optimierung versuchen. Diese Systeme laufen in mehreren Durchgängen der Ressourcenangleichung durch den Netzplan, um vermeidbare Abweichungen vom Verbrauchsmuster für jede Ressourcenkategorie zu eliminieren.

Ressourcenzuteilung für das Garagenprojekt

Ressourcenbegrenzte Verarbeitung

Da die für das Garagenprojekt zur Verfügung stehenden Arbeitskräfte lediglich aus einem Familienbetrieb, nämlich aus Vater und Sohn, bestehen, sollte die Einteilung – wenn möglich – natürlich ressourcenbegrenzt sein, da es sehr schwierig, wenn nicht gar unmöglich sein wird, diese geringe Arbeitskraft zu verstärken.

Open Plan zeigt während des Ressourcenzuteilungsvorgangs einen äußerst hilfreichen Kommentar auf dem Bildschirm, der alle Aktivitäten darstellt, die aufgrund mangelnder Ressourcen hinter ihren frühestmöglichen Starttermin verlegt wurden.

Die ressourcenbegrenzte Einteilung für das Garagenprojekt wird in Abbildung 13.7 dargestellt. Wiederum wurde die Anzahl der Felder, die vom System abgerufen wurde, im Sinne von mehr Übersichtlichkeit klein gehalten.

In der Praxis würde ein typischer Satz von Spaltenüberschriften folgendermaßen bezeichnet werden:

- Aktivitätsidentifizierung
- Aktivitätsbeschreibung
- Dauer
- Frühester Start
- Geplanter Start
- Geplanter Abschluß
- Spätester zulässiger Abschluß
- Gesamtspielraum oder verbleibender Spielraum
- Etatkosten

Wenn es der Platz zuläßt, können darüber hinaus Informationen über den Ressourcenverbrauch mit aufgenommen werden.

Ein Report mit diesen Überschriften – oder selbst jener mit der vereinfachten Struktur in Abbildung 13.7 – ist eine der nützlichsten Berichtsarten, die Projektmanagementsoftware erstellen kann. Wir nennen dieses Format „Aufgabenlisten". Dabei soll der Bericht jedoch nicht einfach nur als eine Liste der Arbeiten verstanden werden, die zu erledigen sind, sondern auch als eine Empfehlung an den entsprechenden Manager, in welcher Abfolge und zu welchem Zeitpunkt die Arbeiten ausgeführt werden sollten.

Wir stellen nun fest, daß die Ressourceneinschränkungen den geplanten Abschlußtermin für das Garagenprojekt um zwei Wochen hinausgezögert haben, vom frühestmöglichen Abschluß am 13. Juni auf den 27. Juni 1996.

Zeitbegrenzte Verarbeitung

Nehmen wir nun an, der Kunde akzeptiert den verzögerten Abschluß mit 27. Juni nicht, sondern fordert den Abschluß zum frühestmöglichen Termin, denn andernfalls würde sein brandneues Auto ausgeliefert werden, bevor die Garage fertig ist.

Unter diesen Umständen kann der Auftragnehmer entscheiden, zusätzliche Hilfe hinzuzuziehen, um mit der Überbelastung fertig zu werden. In diesem Fall ist eine zeitbegrenzte Einteilung angebracht. Das Programm zeigt dann entsprechende Meldungen der Ressourcenüberlastungen. Die sich daraus ergebende Aufgabenliste wird in Abbildung 13.8 dargestellt.

Verarbeitungsgeschwindigkeit

Das Voranstehende erweckt den Eindruck einer langen Abfolge von Berechnungen, von denen man glauben könnte, daß sie erhebliche Zeit beanspruchen. Moderne Computer führen jedoch Zeitanalyse- und Ressourceneinteilungskalkulationen äußerst schnell und ohne merkliche Verzögerungen

OPEN PLAN   DENNIS LOCK   SEITE: 1

BERICHT: ACTPICK   GARAGENPROJEKT   BERICHTSDATUM: 28. MÄRZ 1995

PROJEKT: GARAGE   JETZTZEIT: 13. MAI 1996

Aktivitäten-kennummer	Beschreibung	Dauer	vorgesehener Beginn	vorgesehener Abschluß	Etat
START	Beginn des Garagenprojekts	0	13. Mai 96	13. Mai 96	0
G0103	Türrahmen fertigen und grundieren	1	13. Mai 96	13. Mai 96	100
G0102	Fundamente ausheben	4	13. Mai 96	16. Mai 96	440
G0305	Türrahmen positionieren	1	14. Mai 96	14. Mai 96	75
G0107	Türen fertigen	3	15. Mai 96	17. Mai 96	450
G0205	Betonfundament schütten	2	17. Mai 96	20. Mai 96	140
G0713	Türen grundieren	1	20. Mai 96	20. Mai 96	85
G0508	Maurerarbeiten	10	21. Mai 96	3. Juni 96	1.700
G0810	Stürze über Türen einsetzen	1	4. Juni 96	4. Juni 96	165
G1016	Sturz verkleiden und Brüstung bauen	2	5. Juni 96	6. Juni 96	450
G0509	Unterboden legen	2	7. Juni 96	10. Juni 96	130
G0110	Dachbalken zuschneiden	1	7. Juni 96	7. Juni 96	250
G0913	Bodenestrich verlegen	1	11. Juni 96	11. Juni 96	120
G1317	Türen einhängen	1	12. Juni 96	12. Juni 96	285
G1012	Dachgebälk einsetzen	2	13. Juni 96	14. Juni 96	250
G0104	Abflußgrube und -graben ausheben	2	17. Juni 96	18. Juni 96	220
G1214	Dachlatten einsetzen	1	17. Juni 96	17. Juni 96	115
G1216	Dachplatten einsetzen	1	18. Juni 96	18. Juni 96	325
G1618	Dach abdichten	2	19. Juni 96	20. Juni 96	180
G0411	Platten und Abflußrohre verlegen	1	21. Juni 96	21. Juni 96	170
G1115	Abflußgraben zuschütten	1	24. Juni 96	24. Juni 96	50
G1417	Dachrinne und Regenwasserrohre verlegen	1	24. Juni 96	24. Juni 96	150
G1518	Beton über Graben schütten	1	25. Juni 96	25. Juni 96	75
G1718	Streichen	3	25. Juni 96	27. Juni 96	252
ABSCHLUSS	Projektabschluß und Übergabe	0	28. Juni 96	27. Juni 96	0

Abbildung 13.7   Ressourcenbegrenzte Aufgabenliste für das Garagenprojekt
Open Plan hat die Arbeit so eingeteilt, daß sie am 27. Juni 1996 abgeschlossen ist und nicht zum frühestmöglichen Abschlußtermin am 13. Juni 1996, damit das kleine Bauunternehmen in der Lage ist, sämtliche Aufgaben mit seinen äußerst begrenzten Ressourcen zu bewältigen.

OPEN PLAN

BERICHT: ACTPICK

PROJEKT: GARAGE

DENNIS LOCK

GARAGENPROJEKT

SEITE: 1

BERICHTSDATUM: 28. MÄRZ 1995

JETZTZEIT: 13. MAI 1996

Aktivitäten-kennummer	Beschreibung	Dauer	vorgesehener Beginn	vorgesehener Abschluß	Etat
START	Beginn des Garagenprojekts	0	13. Mai 96	13. Mai 96	0
G0104	Abflußgrube und -graben ausheben	2	13. Mai 96	14. Mai 96	220
G0103	Türrahmen fertigen und grundieren	1	13. Mai 96	13. Mai 96	100
G0102	Fundamente ausheben	4	13. Mai 96	16. Mai 96	440
G0110	Dachbalken zuschneiden	1	13. Mai 96	13. Mai 96	250
G0305	Türrahmen positionieren	1	14. Mai 96	14. Mai 96	75
G0411	Platten und Abflußrohre verlegen	1	15. Mai 96	15. Mai 96	170
G0107	Türen fertigen	3	15. Mai 96	17. Mai 96	450
G0205	Betonfundament schütten	2	17. Mai 96	20. Mai 96	140
G0713	Türen grundieren	1	20. Mai 96	20. Mai 96	85
G0508	Maurerarbeiten	10	21. Mai 96	3. Juni 96	1.700
G0509	Unterboden legen	2	21. Mai 96	22. Mai 96	130
G0913	Bodenestrich verlegen	1	23. Mai 96	23. Mai 96	120
G0810	Stürze über Türen einsetzen	1	4. Juni 96	4. Juni 96	165
G1012	Dachgebälk einsetzen	2	5. Juni 96	6. Juni 96	250
G1216	Dachplatten einsetzen	1	7. Juni 96	7. Juni 96	325
G1317	Türen einhängen	1	7. Juni 96	7. Juni 96	285
G1214	Dachlatten einsetzen	1	7. Juni 96	7. Juni 96	115
G1417	Dachrinnen und Regenwasserrohre verlegen	1	10. Juni 96	10. Juni 96	150
G1016	Sturz verkleiden und Brüstung bauen	2	10. Juni 96	11. Juni 96	450
G1718	Streichen	3	11. Juni 96	13. Juni 96	252
G1115	Abflußgraben zuschütten	1	12. Juni 96	12. Juni 96	50
G1618	Beton über Graben schütten	2	12. Juni 96	13. Juni 96	180
G1518	Dach abdichten	1	13. Juni 96	13. Juni 96	75
ABSCHLUSS	Projektabschluß und Übergabe	0	14. Juni 96	13. Juni 96	0

Abbildung 13.8   Zeitbegrenzte Aufgabenliste für das Garagenprojekt
Arbeit gemäß dieser Einteilung würde den Projektabschluß zum frühestmöglichen Zeitpunkt, am 13. Juni 1996, möglich machen, doch es müssen zusätzliche Ressourcen aufgewendet werden.

zwischen den verschiedenen Operationen durch. Wenn erst einmal die Fehler beseitigt sind, sollte der gesamte Einteilungsprozeß in Sekunden abgeschlossen sein. (Die von *Open Plan* für diese Fallstudie benötigte Verarbeitungszeit machte z. B. Sekundenbruchteile aus.)

Berichte

Unter Verwendung der Garagenprojektdaten wurde bereits ein Einblick in die Möglichkeiten von Berichten gegeben.

Voraussichtlich gibt das System dem Anwender eine Auswahlmöglichkeit zwischen einer Reihe von standardisierten Berichten in tabellarischer oder graphischer Gestalt oder Berichten, die den besonderen Bedürfnissen des Projektbetriebs angepaßt sind oder gar für ihn entworfen wurden.

Die Befehle, die für die Erstellung der Berichte eingegeben werden müssen, hängen vom verwendeten Programm ab. Ein grundsätzlicher Ratschlag sei jedoch an dieser Stelle gegeben: Ein Anfänger ist gut beraten, mit den Standardformaten zu beginnen, die das System bietet. Über spezielle Berichtsformate sollte er erst später nachdenken, wenn er sicherer in der Anwendung des Systems ist.

In der Regel enthält die am Markt erhältliche Projektmanagementsoftware eine große Auswahl von vorprogrammierten Berichtsformaten, die einfach abgerufen werden können. Doch viele Programme geben dem Projektmanager zusätzlich die Möglichkeit, neue Berichtsformate zu entwerfen, die den Anforderungen seines Projekts besser entsprechen. Plotter können so eingestellt werden, daß sie Netzplandiagramme, deren Umwandlung in Balkendiagramme und verschiedene andere graphische Darstellungsformen, oft sogar in verschiedenen Farben, ausdrucken. Aufgabenlisten und Ressourcenanforderungen können Tag für Tag ausgedruckt werden. Kostenkontrolldaten können mit den Einteilungen verknüpft werden, was den Ausdruck von Etatkostenkurven und Kostentabellen oder von anderen Präsentationsformen ermöglicht.

Filterung

Nachdem ein umfangreicher Netzplan verarbeitet worden ist, ist eine enorme Datenmenge im Computer gespeichert. Die Quantität der Informationen übersteigt in der Regel bei weitem die für das Projektmanagement erforderliche Menge. Es gibt nicht nur eine große Menge von Daten, sondern die Computer sind auch in der Lage, Berichte in vielen unterschiedlichen Formen zu erstellen, selbst auf der Grundlage einer kleinen Auswahl von Daten. Würden alle denkbaren Berichte erstellt, wäre das Ergebnis ein nicht zu bewältigender Berg von Papier, der jedoch – abgesehen von seiner Masse – kaum beeindruckend wäre. Das heißt, der Projektmanager muß die Daten sorgfältig verwalten, um sicherzustellen, daß die Berichte knapp, gut präsentiert und für die beabsichtigte Verwendung auch wirklich geeignet sind.

Der Inhalt jedes Berichts muß sorgfältig überlegt werden, damit sichergestellt ist, daß jeder Empfänger die Informationen erhält, die für ihn besonders nützlich oder relevant sind. Dies wird durch den Vorgang der Filterung (Bearbeitung) erreicht, der dadurch ermöglicht wird, daß Abteilungsberichtscodes in die Kontrolldaten und Aktivitätenaufzeichnungen eingegeben wurden, daß Meilensteine oder Schlüsselaktivitäten spezifiziert wurden oder ähnliches. *Open Plan* und viele weitere Programme enthalten ein Befehlsmenü, in dem Filteroptionen ausgewählt werden können.

Alle unerwünschten Daten sollten aus den Berichten herausgenommen werden. Die in Pfeilnetzplänen verwendeten Scheinaktivitäten sollten zum Beispiel nicht in den Aktivitätenberichten enthalten sein, die an Vorgesetzte und Manager weitergereicht werden. Außerdem kann der Planer alle Aktivitäten herausfiltern, die bereits abgeschlossen sind.

Sortieren

Ein weiterer wichtiger Aspekt ist die Abfolge, in der die Daten präsentiert werden. Dies wird durch den Vorgang des Sortierens erreicht.

Ein Manager beispielsweise, der für die Arbeitsverteilung zuständig ist, benötigt einen Bericht, der die Arbeitsschritte in der Reihenfolge ihrer frühesten oder vorgesehenen Starttermine aufführt. Einem Buchhaltungs- oder Verwaltungsmitarbeiter ist am besten gedient, wenn der Bericht Arbeitsschritte oder Materiallieferungen entsprechend ihrer vorgesehenen oder frühestmöglichen Abschlußtermine auflistet. (Die vorgesehenen Termine sind immer am besten, aber natürlich müssen die frühestmöglichen Termine benutzt werden, wenn keine Ressourceneinteilung stattgefunden hat.)

Verwendung von Farben

Die meisten Programme für die Projektplanung und -einteilung sind in der Lage, Berichte zu erstellen, in denen Farben zur Kennzeichnung der kritischen Aktivitäten verwendet wurden, oder um andere wichtige Merkmale, wie etwa die vorgesehene Verwendung von Schwellenressourcen, abzugrenzen. Diese Funktion ist für die Netzplananwender besonders bei On-Screen-Berichten äußerst nützlich. Es muß in diesem Zusammenhang jedoch betont werden, daß Papierausdrucke solcher Berichte sinnvollerweise mit einem Farbdrucker erstellt und die in Umlauf gebrachten Kopien mit Farbkopierern produziert werden müssen, damit sämtliche Informationen erhalten bleiben.

Formate

Es gibt verschiedene Möglichkeiten, Berichtsformate zu beschreiben, doch die grundlegendste Unterscheidung liegt darin, ob sie tabellarisch (in Spaltenform ausgedruckte Daten) oder graphisch (Diagramme) sind. In vielen Fällen können dieselben Daten durch beide Methoden dargestellt werden. Die folgenden Abschnitte beschreiben einige dieser Möglichkeiten.

Tabellarische Berichte

Einfache Aktivitätenauflistungen

Die einfachste Form von Aktivitätenauflistungen besteht im Ausdrucken aller Aktivitätenaufzeichnungen, bevorzugt nach ihren Kennummern gereiht. Der Nutzen dieser Listen ist jedoch darauf begrenzt, zu prüfen, ob die Daten korrekt eingegeben wurden.

Wenn keine Ressourceneinteilung stattfinden soll, muß die Aktivitätenliste, die nach der Netzplan-Zeitanalyse erstellt wurde, als Grundlage für Arbeitsverteilung und -fortgang benutzt werden. Aktivitätenlisten können entsprechend den Abteilungscodes oder anderen Aufgabenmerkmalen gefiltert (aufbereitet) werden, damit jede Abteilung nur Listen jener Aktivitäten erhält, für die sie direkt verantwortlich ist. Berichte für die Betriebsleitung können auf Meilenstein- oder Schlüsselereignisse und -aktivitäten beschränkt werden.

Die Reihenfolge, in der die Aktivitäten aufgeführt werden, ist wichtig. Häufig werden sie für reine Zeitanalyseberichte anhand der frühestmöglichen Starttermine sortiert (Abbildung 13.6).

Aufgabenlisten

Aufgabenlisten sind eine andere Form von Aktivitätenauflistungen, ähnlich den eben beschriebenen Aktivitätenlisten, aber mit dem wichtigen Unterschied, daß die Aktivitäten zusammen mit ihren Daten nach der Ressourceneinteilung dargestellt werden. Manager können diese Berichte für die Arbeitsausgabe verwenden, und sie können einigermaßen sicher sein, daß die Abteilungsressourcen

GARAGENPROJEKT: GEPLANTER RESSOURCENVERBRAUCH UND KOSTEN

Datum	Ressource: HA = Hilfsarbeiter				Ressource: FA = Facharbeiter				Materialkosten GE	Kumulative Gesamtkosten GE
	Vorhanden	Verwendet	Nicht verwendet	Kosten GE	Vorhanden	Verwendet	Nicht verwendet	Kosten GE		
13. Mai 96	1	1		50	1	1		75	85	210
14. Mai 96	1	1		50	1	1		75	60	395
15. Mai 96	1	1		50	1	1		75	135	655
16. Mai 96	1	1		50	1	1		75	135	915
17. Mai 96	1	1		50	1	1		75	95	1135
20. Mai 96	1	1		50	1	1		75	30	1290
21. Mai 96	1	1		50	1	1		75	45	1460
22. Mai 96	1	1		50	1	1		75	45	1630
23. Mai 96	1	1		50	1	1		75	45	1800
24. Mai 96	1	1		50	1	1		75	45	1970
27. Mai 96	1	1		50	1	1		75	45	2140
28. Mai 96	1	1		50	1	1		75	45	2310
29. Mai 96	1	1		50	1	1		75	45	2480
30. Mai 96	1	1		50	1	1		75	45	2650
31. Mai 96	1	1		50	1	1		75	45	2820
3. Juni 96	1	1		50	1	1		75	45	2990
4. Juni 96	1	1		50	1	1		75	40	3155
5. Juni 96	1	1		50	1	1		75	50	3330
6. Juni 96	1	1		50	1	1		75	50	3505
7. Juni 96	1	1		50	1	1		75	190	3820
10. Juni 96	1	1		50	1		1		15	3885
11. Juni 96	1		1		1	1		75	45	4005
12. Juni 96	1	1		50	1	1		75	160	4290
13. Juni 96	1	1		50	1	1		75		4415
14. Juni 96	1	1		50	1	1		75		4540
17. Juni 96	1	1		50	1	1		75	100	4665
18. Juni 96	1	1		50	1	1		75	310	4790
19. Juni 96	1		1		1	1		75	15	4965
20. Juni 96	1		1		1	1		75	15	5350
21. Juni 96	1	1		50	1	1		75	45	5490
24. Juni 96	1	1		50	1	1		75	75	5630
25. Juni 96	1	1		50	1	1		75	34	5800
26. Juni 96	1		1		1	1		75	9	5950
27. Juni 96	1	1			1	1		75	9	6059
28. Juni 96	1	1			1		1			6068
1. Juli 96	1	1			1		1			6077
2. Juli 96	1	1			1		1			6077
3. Juli 96	1	1			1		1			6077
4. Juli 96	1	1			1		1			6077

Abbildung 13.9   Garagenprojekt: Ressourcen- und Kostenzusammenfassung
Dies ist ein simulierter Bericht der Art, die unter Verwendung des Berichtsmodus erstellt werden kann, den einige Programme ermöglichen. *Microsoft Project* hat ein Standardformat, das diesem Beispiel sehr ähnlich ist, und die hier verwendeten Zahlen wurden aus Daten zusammengestellt, die diese Software berechnet hat. Berichte dieser Art können bei der allgemeinen Arbeitskräfteplanung äußerst nützlich sein, besonders wenn sie aus Multiprojekteinteilungen resultieren (beschrieben im Kapitel 14).

ausreichen, um den Planungsanforderungen zu entsprechen. Vorgesehene Anfangs- und Abschluß-termine sind die Hauptkontrollmittel, doch wenn erforderlich, können früheste Start- und späteste Abschlußtermine ebenfalls dargestellt werden, um den Managern etwas Spielraum zu geben.
Gelegentlich wird eher der verbleibende als der Gesamtspielraum gemeldet, weil der Computer einen Teil des Gesamtspielraums im Verlauf der Berechnung der Aktivitätendaten für die Ressour-ceneinteilung aufgebraucht hat.

OPEN PLAN   DENNIS LOCK   SEITE: 1

BERICHT: HISTRES   RESSOURCENHISTOGRAMM   BERICHTSDATUM: 6. APRIL 1995
                            für Materialkosten kumulativ in Termineinteilung

VOM	ZUM	0 250 500 750 1000 1250 1500 1750 2000	erforderlich	vorhanden
13. Mai 96	13. Mai 96	XXXX	85	750
14. Mai 96	14. Mai 96	XXXX	145	1500
15. Mai 96	15. Mai 96	XXXXX	280	2250
16. Mai 96	16. Mai 96	XXXXXXX	415	3000
17. Mai 96	17. Mai 96	XXXXXXXXX	510	3750
18. Mai 96	18. Mai 96	XXXXXXXXX	510	3750
19. Mai 96	19. Mai 96	XXXXXXXXX	510	3750
20. Mai 96	20. Mai 96	XXXXXXXXXX	540	4500
21. Mai 96	21. Mai 96	XXXXXXXXXXX	585	5250
22. Mai 96	22. Mai 96	XXXXXXXXXXXX	630	6000
23. Mai 96	23. Mai 96	XXXXXXXXXXXXX	675	6750
24. Mai 96	24. Mai 96	XXXXXXXXXXXXXX	720	7500
25. Mai 96	25. Mai 96	XXXXXXXXXXXXXX	720	7500
26. Mai 96	26. Mai 96	XXXXXXXXXXXXXX	720	7500
27. Mai 96	27. Mai 96	XXXXXXXXXXXXXXX	765	8250
28. Mai 96	28. Mai 96	XXXXXXXXXXXXXXXX	810	9000
29. Mai 96	29. Mai 96	XXXXXXXXXXXXXXXXX	855	9750
30. Mai 96	30. Mai 96	XXXXXXXXXXXXXXXXX	900	10500
31. Mai 96	31. Mai 96	XXXXXXXXXXXXXXXXXX	945	11250
1. Juni 96	1. Juni 96	XXXXXXXXXXXXXXXXXX	945	11250
2. Juni 96	2. Juni 96	XXXXXXXXXXXXXXXXXX	945	11250
3. Juni 96	3. Juni 96	XXXXXXXXXXXXXXXXXXX	990	12000
4. Juni 96	4. Juni 96	XXXXXXXXXXXXXXXXXXXX	1030	12750
5. Juni 96	5. Juni 96	XXXXXXXXXXXXXXXXXXXX	1080	13500
6. Juni 96	6. Juni 96	XXXXXXXXXXXXXXXXXXXXX	1130	14250
7. Juni 96	7. Juni 96	XXXXXXXXXXXXXXXXXXXXXXXX	1320	15000
8. Juni 96	8. Juni 96	XXXXXXXXXXXXXXXXXXXXXXXX	1320	15000
9. Juni 96	9. Juni 96	XXXXXXXXXXXXXXXXXXXXXXXX	1320	15000
10. Juni 96	10. Juni 96	XXXXXXXXXXXXXXXXXXXXXXXXX	1335	15750
11. Juni 96	11. Juni 96	XXXXXXXXXXXXXXXXXXXXXXXXXX	1380	16500
12. Juni 96	12. Juni 96	XXXXXXXXXXXXXXXXXXXXXXXXXXXXXX	1540	17250
13. Juni 96	13. Juni 96	XXXXXXXXXXXXXXXXXXXXXXXXXXXXXX	1540	18000
14. Juni 96	14. Juni 96	XXXXXXXXXXXXXXXXXXXXXXXXXXXXXX	1540	18750
15. Juni 96	15. Juni 96	XXXXXXXXXXXXXXXXXXXXXXXXXXXXXX	1540	18750
16. Juni 96	16. Juni 96	XXXXXXXXXXXXXXXXXXXXXXXXXXXXXX	1540	18750
17. Juni 96	17. Juni 96	XXXXXXXXXXXXXXXXXXXXXXXXXXXXXXXX	1640	19500
18. Juni 96	18. Juni 96	XXXXXXXXXXXXXXXXXXXXXXXXXXXXXXXXXXXX	1950	20250
19. Juni 96	19. Juni 96	XXXXXXXXXXXXXXXXXXXXXXXXXXXXXXXXXXXX	1965	21000
20. Juni 96	20. Juni 96	XXXXXXXXXXXXXXXXXXXXXXXXXXXXXXXXXXXX	1980	21750
21. Juni 96	21. Juni 96	XXXXXXXXXXXXXXXXXXXXXXXXXXXXXXXXXXXXX	2025	22500
22. Juni 96	22. Juni 96	XXXXXXXXXXXXXXXXXXXXXXXXXXXXXXXXXXXXX	2025	22500
23. Juni 96	23. Juni 96	XXXXXXXXXXXXXXXXXXXXXXXXXXXXXXXXXXXXX	2025	22500
24. Juni 96	24. Juni 96	XXXXXXXXXXXXXXXXXXXXXXXXXXXXXXXXXXXXXX	2100	23250
25. Juni 96	25. Juni 96	XXXXXXXXXXXXXXXXXXXXXXXXXXXXXXXXXXXXXX	2134	24000
26. Juni 96	26. Juni 96	XXXXXXXXXXXXXXXXXXXXXXXXXXXXXXXXXXXXXXX	2143	24750
27. Juni 96	27. Juni 96	XXXXXXXXXXXXXXXXXXXXXXXXXXXXXXXXXXXXXXXX	2152	25500
28. Juni 96	28. Juni 96	XXXXXXXXXXXXXXXXXXXXXXXXXXXXXXXXXXXXXXXX	2152	26250

Abbildung 13.10   Materialkostenhistogramm für Garagenprojekt

Materialkosten wurden in dieser Fallstudie als eine Ressource behandelt. Jeder Materialkostenressourceneinheit wurde eine tägliche Kostenrate von 1,00 GE zugeteilt. Die Histogrammkurve stellt eine kumulative Graphik der Projektmaterialkosten von Tag zu Tag dar, die schließlich einen Gesamtumfang von 2.152 GE erreichen. Die Spalte auf der rechten Seite zeigt das tägliche, kumulative Vorhandensein dieser Ressource anhand der Projektressourcendefinitionsdatei. Bewußt wurde eine künstlich hohe Gesamtmenge der verfügbaren Kosteneinheiten von täglich 750 festgesetzt, um eine Verzögerung der Aktivitäten durch diese Ressource während der Berechnung durch *Open Plan* zu vermeiden.

	13/05	20/05	27/05	3/06	10/06	17/06	24/06	1/07
Projektstart								
Abflußgrube und -graben ausheben	120,00							
Materialien	120,00							
Türrahmen fertigen und grundieren	100,00							
Facharbeiter	75,00							
Materialien	25,00							
Fundamente ausheben	240,00							
Materialien	240,00							
Türrahmen positionieren	75,00							
Facharbeiter	75,00							
Türen fertigen	450,00							
Facharbeiter	225,00							
Materialien	225,00							
Betonfundament gießen	20,00	20,00						
Materialien	20,00	20,00						
Dachbalken zuschneiden		250,00						
Facharbeiter		75,00						
Materialien		175,00						
Unterboden verlegen		30,00						
Materialien		30,00						
Maurerarbeiten		480,00	600,00	120,00				
Facharbeiter		300,00	375,00	75,00				
Materialien		180,00	225,00	45,00				
Sturz einsetzen				115,00				
Facharbeiter				75,00				
Materialien				40,00				
Dachgebälk einsetzen				150,00				
Facharbeiter				150,00				
Platten und Ablußrohre verlegen				120,00				
Facharbeiter				75,00				
Materialien				45,00				
Türen grundieren					85,00			
Facharbeiter					75,00			
Materialien					10,00			
Abflußgraben zuschütten								
Bodenestrich verlegen					120,00			
Facharbeiter					75,00			
Materialien					45,00			
Beton über Abflußgraben schütten					25,00			
Materialien					25,00			
Dachlatten einsetzen					115,00			
Facharbeiter					75,00			
Materialien					40,00			
Sturz verkleiden und Brüstung bauen					250,00			
Facharbeiter					150,00			
Materialien					100,00			
Türen einhängen						235,00		
Facharbeiter						75,00		
Materialien						160,00		
Dachrinne und Abflußrohre verlegen						150,00		
Facharbeiter						75,00		
Materialien						75,00		
Dachplatten einsetzen						325,00		
Facharbeiter						75,00		
Materialien						250,00		
Streichen						160,00	84,00	
Facharbeiter						150,00	75,00	
Materialien						18,00	9,00	
Dach abdichten							180,00	
Facharbeiter							150,00	
Materialien							30,00	
Projektübergabe								

Abbildung 13.11   Wöchentliche Aktivitätenkostentabelle für Garagenprojekt
Für das Erstellen dieser nützlichen Tabelle wurde ein Standardberichtsformat in *Microsoft Project* verwendet. Die Einteilungsdaten sind ressourcenbegrenzt.

Beispiele für Aufgabenlisten wurden, bei Verwendung der Daten des Garagenprojekts, bereits in den Abbildungen 13.7 und 13.8 gegeben.

Ressourcen- und Kostentabellen

Wenn das System für die Ressourceneinteilung verwendet wurde, sollte es in der Lage sein, Tabellen des erwarteten Ressourcenverbrauchs auszudrucken. Wenn für die Ressourcen Kostenraten spezifiziert wurden, können Kostendaten ebenfalls in die Berichte mit aufgenommen werden. Entsprechend den Ressourceneinteilungen werden diese Informationen automatisch zeitlich eingeteilt. Abbildung 13.9 enthält einen brauchbar gestalteten Bericht. Solche Berichte können für jede Art von Ressourcen, für jede Abteilung oder für sämtliche Aktivitäten im Projekt erstellt werden. Abbildung 13.10 enthält einen Bericht der Ressource KO (Materialkosten) für das Garagenprojekt in Form eines mit *Open Plan* erstellten kumulativen Histogramms. Abbildung 13.11 enthält eine nützliche Aufgabenkostentabelle.

Projektübersichtsberichte

Mit den meisten Programmen lassen sich einseitige Übersichtsberichte für das Projekt erstellen, um dem Management einen Überblick zu vermitteln. Wenn das System mehr als ein Projekt enthält, ermöglichen einige Programme den Ausdruck von knappen Überblicksberichten für alle diese Projekte in einer Form, die gelegentlich „Projektverzeichnis" genannt wird.

Berichte in Form von Computergraphiken

Für frühe Versuche von graphischen Berichten wurden Linien-, Matrix- und andere Drucker verwendet, die nicht für die Erstellung von Diagrammen oder Kurven entworfen waren. Graphische Effekte mußten simuliert werden, indem geeignete alphanumerische Zeichen in Blöcken oder anderen Mustern gedruckt wurden. Die Druckgeschwindigkeit konnte recht hoch sein, und die Ergebnisse für Balkendiagramme und Ressourcenhistogramme waren annehmbar. Die meisten Programme ermöglichen nach wie vor das Erstellen von Berichten im Schreibmodus, wie beispielsweise in Abbildung 13.10 gezeigt. Für die Darstellung nicht-linearer Graphiken sind diese Diagramme weniger geeignet, weil ihre Auflösung meist zu gering ist.
Für graphische Darstellungen werden Plotter und Drucker verwendet, die eine Auflösung von mindestens 300 x 300 dpi aufweisen sollten.
Auswahl und Gestalt der Berichte hängen von der gewählten Software ab, doch mit den meisten Systemen ist es möglich, Balkendiagramme, Ressourcenhistogramme, Kostenkurven und fortschrittlichere Anwendungen wie Wahrscheinlichkeitsdiagramme zu erstellen (siehe den Abschnitt über Risikoanalyse im Kapitel 14).

Balkendiagramme

Berichte, die in Form von Balkendiagrammen erstellt wurden, sind besonders bei Aufsichtspersonal, insbesondere auf Baustellen, beliebt. Durch ihren visuellen Eindruck sind sie viel leichter verständlich und besser für tägliche Kontrollaufgaben geeignet als die Netzpläne, aus denen sie erstellt wurden. Ich habe für das Beispiel in Abbildung 13.12 *Microsoft Project* gewählt; in Farbe, die kritischen Aktivitäten in Rot dargestellt, wird diese Art von Diagramm richtig lebendig.

Netzplanausdrucke

Einige Softwarepakete ermöglichen dem Planer, das Netzplandiagramm zunächst auf dem Bildschirm zu entwerfen – wobei sich hier aus praktischer Sicht und aufgrund des mangelnden Platzes

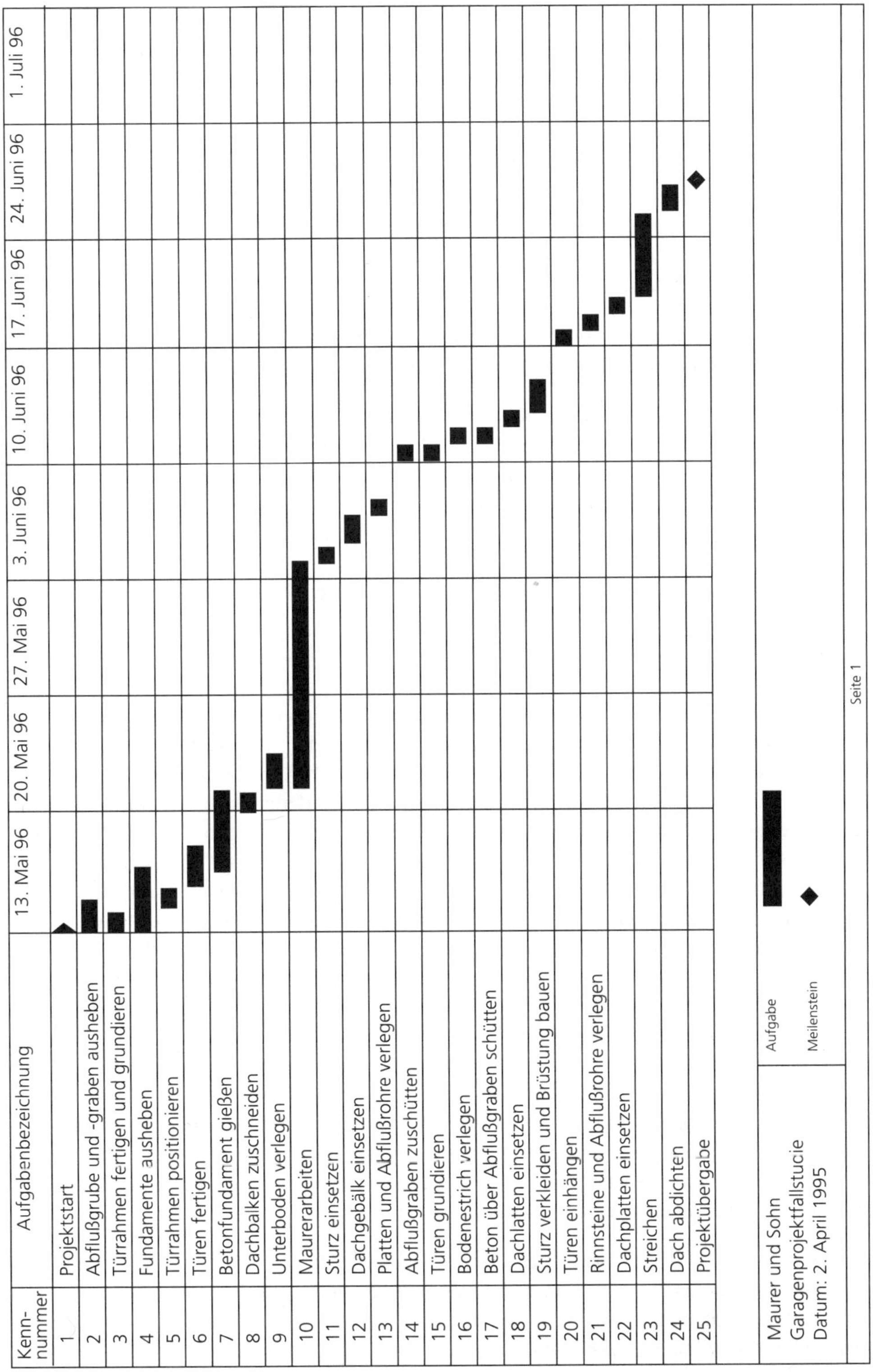

Kenn-nummer	Aufgabenbezeichnung	13. Mai 96	20. Mai 96	27. Mai 96	3. Juni 96	10. Juni 96	17. Juni 96	24. Juni 96	1. Juli 96
1	Projektstart								
2	Abflußgrube und -graben ausheben								
3	Türrahmen fertigen und grundieren								
4	Fundamente ausheben								
5	Türrahmen positionieren								
6	Türen fertigen								
7	Betonfundament gießen								
8	Dachbalken zuschneiden								
9	Unterboden verlegen								
10	Maurerarbeiten								
11	Sturz einsetzen								
12	Dachgebälk einsetzen								
13	Platten und Abflußrohre verlegen								
14	Abflußgraben zuschütten								
15	Türen grundieren								
16	Bodenestrich verlegen								
17	Beton über Abflußgraben schütten								
18	Dachlatten einsetzen								
19	Sturz verkleiden und Brüstung bauen								
20	Türen einhängen								
21	Rinnsteine und Abflußrohre verlegen								
22	Dachplatten einsetzen								
23	Streichen								
24	Dach abdichten								
25	Projektübergabe								

Maurer und Sohn
Garagenprojektfallstucie
Datum: 2. April 1995

Aufgabe
Meilenstein

Seite 1

Abbildung 13.12   Ressourcenbegrenztes Balkendiagramm für Garagenprojekt (Microsoft Project)

offensichtlich Einschränkungen ergeben – und dann den Plan auch auszudrucken. Ein Computer, der einen Netzplan ausdrucken kann, nachdem Veränderungen in der Logik vorgenommen oder Daten über den Fortgang eingegeben wurden, erspart viele Stunden, die früher damit vergeudet wurden, eine überarbeitete Version des Netzplans von Hand zu zeichnen oder abzupausen. Die Abbildungen 13.4 und 13.5 sind sehr einfache Beispiele mit nur 25 Aktivitäten und bewußt wenigen Details; wird ein Plotter verwendet, können natürlich entsprechend mehr Einzelheiten dargestellt werden.

Aktualisierung

Aktualisierung ist der Vorgang der Erstellung eines neuen Satzes von Einteilungen oder anderen Berichten, um einem oder mehreren der folgenden Punkte Rechnung zu tragen:

1. Eine Änderung der Projektparameter, beispielsweise der Menge der zur Verfügung stehenden Ressourcen, das Auftreten technischer Probleme oder ein auferlegtes Zieldatum.
2. Eine Veränderung in der Logik des Netzplans. Dies könnte beispielsweise auftreten infolge eines ernsten technischen Problems und sich daraus ergebender Veränderungen der Entwurfsstrategie oder aufgrund einer Veränderung des Projektumfangs infolge von Modifikationen durch den Kunden.
3. Der Wunsch, neue Einteilungen zu erstellen, um das bereits Erreichte mit einzubeziehen.

Aktualisierungsfrequenz

Wenn eine Einteilung erstellt worden ist, die sich in jeder Hinsicht als praktikabel erweist, gibt es während der Gesamtdauer des Projekts keinerlei Veranlassung, eine neue Einteilung zu erstellen. Bei einem einfachen Projekt oder einer Einteilung, die nur eine sehr kurze Zeitspanne umfaßt, kann das sehr wohl der Fall sein. Es kommt sogar vor, daß bei komplizierteren Projekten alles vollständig nach dem ursprünglichen Plan verläuft, vorausgesetzt, die Planung ist gut gemacht und das Projekt wird gut geleitet.

In den meisten Projekten sind jedoch zu viele unbekannte Faktoren verborgen. Gerade in dem Moment, wo alles nach Plan zu laufen scheint, scheitert ein wichtiger Lieferant an der Beschaffung entscheidender Materialien, oder es wird ein Entwurfsfehler entdeckt, dessen Korrektur Wochen in Anspruch nehmen wird, oder aber der Kunde unterbreitet einen verspäteten Modifikationswunsch. Und auch folgendes ist dem wirklichen Leben entnommen: Ein Bauleiter entdeckt mit Entsetzen, wie Gerüst und Verschalung einer Brücke unter dem Gewicht großer Mengen frisch gegossenen und großzügig verstärkten Betons, der unter der tropischen Sonne rasch härtet, sukzessive die Form eines elegant geschwungenen Bogens annehmen …

Die Integrität einer Projekteinteilung muß jederzeit verteidigt werden. Machen bestimmte Vorkommnisse die Einteilung obsolet, muß sie so schnell wie möglich aktualisiert werden, denn andernfalls werden die Leute ihr Vertrauen in die Pläne verlieren und sie nicht länger beachten. Aktualisierungen könnten folgendermaßen geplant werden:

- In unregelmäßigen Abständen, was in der Regel bedeutet, daß die bestehende Einteilung aufgrund eines besonderen Ereignisses oder einer Veränderung unpraktisch in der Anwendung oder gar fehlerhaft geworden ist.
- In regelmäßigen Abständen (meist monatlich).

Regelmäßige Aktualisierung ist erforderlich, wenn das Projekt sehr komplex ist und große Mengen von Fortschrittsdaten zu verarbeiten sind. Bei einigen Projekten stellen die regelmäßig aktualisierten Einteilungen und die sich aus ihnen ergebenden tabellarischen und graphischen Berichte einen wesentlichen Teil des Berichtswesen an den Projektkunden dar.

Für das tägliche Management eines begonnenen Projekts zählt immer die gegenwärtig aktuelle Einteilung. Aktualisierte Einteilungen werden einfach nachgereicht, um sicherzustellen, daß noch zu erledigende Arbeiten vernünftig eingeteilt bleiben. Wenn beispielsweise in sechs Wochen Produktionsarbeit nur Ausschuß produziert wurde oder sich herausstellt, daß ein Graben von 100 Metern Länge an der falschen Seite der Straße ausgehoben wurde, wartet der Manager nicht auf eine aktualisierte Einteilung, sondern er wird sofort aktiv. War die Aktivität kritisch oder annähernd kritisch, müssen alle Register gezogen werden, um die Dinge zu korrigieren. Natürlich muß die Einteilung aktualisiert werden, doch dies ist ein Vorgang, der auf die Schritte folgt, die unternommen wurden, um das gegenwärtige Problem zu lösen.

Aktualisierungsmethoden

Bei Veränderungen der Netzplanlogik oder der Projektparameter handelt es sich einfach um das Ersetzen der Daten, die im ersten Durchlauf eingegeben wurden. Im Zusammenhang mit der Eingabe der neueren Informationen müssen jedoch einige neue Schritte erklärt werden.

Jetztzeitdatum

Die erste Entscheidung, die vor der Erstellung einer neuen Einteilung zu treffen ist, betrifft das Datum, von dem aus der Computer die neuen Kalkulationen beginnen soll. Es ergibt keinen Sinn, eine Einteilung auszudrucken, die am 1. Juli beginnt, wenn Kopien der Einteilung nicht vor dem 15. Juli zur Umsetzung verteilt werden können. Es muß also ein Nullpunkt ausgewählt werden, der immer als die „Jetztzeit" bezeichnet wird.

Sämtliche Fortschrittsdaten müssen hinsichtlich der Jetztzeit zusammengetragen und beurteilt werden. Das Jetztzeitdatum kann sich an jeder Stelle im Hauptnetzplan befinden, doch voraussichtlich ist es der Zeitpunkt, an dem die Aktualisierung durchgeführt wurde, oder häufig auch ein Datum, das etwas weiter in der Zukunft liegt. Ein in der Zukunft liegender Zeitpunkt könnte gewählt werden, um Verzögerungen beim Zusammentragen der Fortschrittsinformationen von den entlegensten Außenstellen des Projekts vorzubeugen.

Supervisoren und Manager müssen aufgefordert werden, so über ihr Vorankommen zu berichten, wie sie es für die zukünftige „Jetztzeit" vorhersehen. („Zukünftige Jetztzeit" klingt wie ein Widerspruch, und manchen fällt es anfänglich schwer, dieses Konzept zu verstehen.) Fortschrittsberichte für eine zukünftige Jetztzeit beinhalten daher immer das Element einer gewissen Unsicherheit. Doch das Risiko wird voraussichtlich sehr klein sein, wenn alle Manager entsprechend kompetent und – vor allen Dingen – ehrlich sind.

Für eine Einteilungsaktualisierung erforderliche Daten

Der Planer muß für jede Einteilungsaktualisierung folgende Daten eingeben:

- Jetztzeitdatum.
- Die Kennnummern aller Aktivitäten, die abgeschlossen wurden oder mit Sicherheit zur Jetztzeit abgeschlossen sein werden.
- Die Kennnummern sämtlicher Aktivitäten, die bereits angefangen wurden oder zur Jetztzeit angefangen sein werden. Die Berichtsmethoden für den Umfang des bisher Erreichten bei einer Akti-

OPEN PLAN

BERICHT: ACTPICK

PROJEKT: GARAGE

DENNIS LOCK

GARAGENPROJEKT

SEITE: 1

JETZTZEIT: 27. MAI 1996

Aktivitäten-kennummer	Beschreibung	Gesamt-spielraum	Vorgesehener Beginn	Vorgesehener Abschluß	Spätester Abschluß
G0103	Türrahmen fertigen und grundieren	-6	27. Mai 96	27. Mai 96	17. Mai 96
G0102	Fundamente ausheben	-10	27. Mai 96	30. Mai 96	16. Mai 96
G0305	Türrahmen positionieren	-6	28. Mai 96	28. Mai 96	20. Mai 96
G0107	Türen fertigen	6	29. Mai 96	31. Mai 96	6. Juni 96
G0205	Betonfundament schütten	-10	31. Mai 96	3. Juni 96	20. Mai 96
G0713	Türen grundieren	6	3. Juni 96	3. Juni 96	7. Juni 96
G0508	Maurerarbeiten	-10	4. Juni 96	17. Juni 96	3. Juni 96
G0810	Stürze über Türen einsetzen	-10	18. Juni 96	18. Juni 96	4. Juni 96
G1016	Sturz verkleiden und Brüstung bauen	-7	19. Juni 96	20. Juni 96	11. Juni 96
G0509	Unterboden legen	1	21. Juni 96	24. Juni 96	6. Juni 96
G0110	Dachbalken zuschneiden	6	21. Juni 96	21. Juni 96	4. Juni
G0913	Bodenestrich verlegen	1	25. Juni 96	25. Juni 96	7. Juni 96
G1317	Türen einhängen	-6	26. Juni 96	26. Juni 96	10. Juni 96
G1012	Dachgebälk einsetzen	-10	27. Juni 96	28. Juni 96	6. Juni 96
G0104	Abflußgrube und -graben ausheben	7	1. Juli 96	2. Juli 96	6. Juni 96
G1214	Dachlatten einsetzen	-10	1. Juli 96	1. Juli 96	7. Juni 96
G1216	Dachplatten einsetzen	-8	2. Juli 96	2. Juli 96	11. Juni 96
G1618	Dach abdichten	-8	3. Juli 96	4. Juli 96	13. Juni 96
G0411	Platten und Abflußrohre verlegen	7	5. Juli 96	5. Juli 96	7. Juni 96
G1115	Abflußgraben zuschütten	9	8. Juli 96	8. Juli 96	12. Juni 96
G1417	Rinnsteine und Regenwasserrohre verlegen	-10	8. Juli 96	8. Juli 96	10. Juni 96
G1518	Beton über Graben schütten	9	9. Juli 96	9. Juli 96	13. Juni 96
G1718	Streichen	-10	9. Juli 96	11. Juli 96	13. Juni 96
ABSCHLUSS	Projektabschluß und Übergabe	-10	12. Juli 96	11. Juli 96	13. Juni 96

Abbildung 13.13   Zeitbegrenzte Aufgabenliste für das laufende Garagenprojekt
Bei einem angestrebten Abschlußtermin am 13. Juni 1996 und einem um zwei Wochen verspäteten Projektstart ist ein rechtzeitiger Abschluß nicht mehr möglich. Die Folge sind negativer Spielraum und ein neu geplanter Abschlußtermin am 12. Juli 1996.

vität, die bereits begonnen wurde, variieren von System zu System. Normalerweise ist es möglich, die nach der Jetztzeit verbleibende Dauer einer Aktivität oder den bereits abgeschlossenen Teil in Prozent zu veranschlagen.

Beibehaltung des Planungsstatus von Aktivitäten, die zur Jetztzeit bereits begonnen wurden

Die besseren Computerprogramme erstellen keine neue Einteilung für Aktivitäten, die laut Bericht bereits begonnen wurden oder in Arbeit sind. Niemand will eine aktualisierte Einteilung in Empfang nehmen, die eine totale Umwälzung der Arbeit fordert und derzufolge vielleicht neue Aktivitäten begonnen werden müssen, statt diejenigen fortzusetzen, die bereits fortgeschritten sind.

Zusammentragen der Daten

Das Erstellen der ersten aktualisierten Einteilung hat zur Folge, daß der Planer einige neue Befehle oder Betriebsmethoden des betreffenden Systems erlernen muß. Doch der schwierigste und allerwichtigste Aspekt der Aktualisierung von Einteilungen für jedes komplexe Projekt ist das Zusammentragen genauer und verläßlicher Fortschrittsinformationen. Dies ist jedoch ein Problem, das vielen Managementsystemen gemeinsam ist und keinesfalls charakteristisch ist für die Computerverfahren des Projektmanagements.

Wenn die Projektmanager über ein Computernetzwerk Zugang zu den Einteilungen haben, ist es in der Regel möglich, daß sie die Fortschrittsberichte direkt von ihrem eigenen Desktop aus in das System eingeben können.

Eine aktualisierte Einteilung für das Garagenprojekt

Abbildung 13.13 zeigt die Aufgabenliste für das Garagenprojekt, die zwei Wochen nach dem vorgesehenen Projektstart aktualisiert und neu eingeteilt wurde. Der Beginn der Arbeiten war ursprünglich für den 13. Mai vorgesehen worden, doch tatsächlich wurden sie erst zwei Wochen später, am 27. Mai, begonnen. Dadurch wurde der ursprüngliche, ressourcenbegrenzte Abschluß vom 27. Juni auf den 11. Juli verschoben. Der Computer reagierte darauf, indem er 10 Tage negativen Spielraum meldete. Der späteste Abschlußtermin, der in der letzten Reihe der Spalte auf der rechten Seite wiedergegeben wurde, entstammt der ursprünglichen Zeitanalyse vor Aktualisierung und Einbeziehen der Ressourcen.

Kapitel 14

Computersysteme für Projekt-management – Teil 3: Spezialisierte Anwendungen

Dies ist das letzte von drei Kapiteln, in denen Computersysteme für das Projektmanagement behandelt werden. Im folgenden werden spezialisierte Anwendungen beschrieben, die entweder erhebliche Zeiteinsparungen bei Planung und Einteilung ermöglichen oder spezielle Informationen für das Management zur Verfügung stellen.

Multiprojektressourceneinteilung

Jede Organisation, die mehrere Projekte bei Verwendung gemeinsamer Ressourcen behandelt, sollte natürlich nicht ein Projekt einteilen, ohne die Ressourcen in Betracht zu ziehen, die auch von allen anderen benötigt werden. Die Manager der Organisation müssen daher Wege finden, die Ressourcen entsprechend der Gesamtarbeitsbelastung des Unternehmens zuzuteilen und gleichzeitig den Vorrang jedes Projekts und letztlich auch die Priorität jeder einzelnen Aktivität innerhalb jedes dieser Projekte zu beachten.

All dies kann den Betrieb vor ein schwieriges Planungsproblem stellen. Das Planungssystem hat enorme Datenmengen zu verkraften, Prioritätskonflikte müssen gelöst werden und sämtliche logischen Interdependenzen zwischen den Aufgaben sind zu beachten. Außerdem muß das Ergebnis dynamisch und reaktionsfähig sein, falls plötzliche Veränderungen, wie Entwurfsmodifikationen, technische Probleme, Arbeitsausfälle, die Einführung neuer Projekte oder Veränderungen in der Ressourcenkapazität auftreten.

In der Vergangenheit mußte derartige Planung mit Hilfe veränderbarer Balkendiagramme durchgeführt werden, doch heute stehen für diese Aufgabe, genau wie für die Einzelprojekteinteilung, Computersysteme zur Verfügung. Dieser Vorgang wird „Multiprojekteinteilung" genannt.

Das Argument für Multiprojekteinteilung

Viele Unternehmen entscheiden sich gegen auf Netzplänen basierende Multiprojekteinteilungen. Bauunternehmen, die bei der Arbeit auf Baustellen hauptsächlich von Subunternehmen abhängen, können den Großteil der Arbeitskraftressourceneinteilung den einzelnen Firmen überlassen. Sie müssen lediglich ihr technisches und ihr Aufsichtspersonal am Hauptsitz einteilen, und für diese begrenzte Anwendung werden häufig verhältnismäßig primitive Planungsmethoden verwendet.

Es sind eher die Betriebe, die direkt ihre eigenen Mitarbeiter beschäftigen, etwa in den Industriebereichen Maschinenbau und Fertigung, die Multiprojekteinteilungen innerhalb der gesamten Organisation für notwendig erachten. Dabei muß jedoch bedacht werden, daß die Arbeitskraft nicht die einzige Ressource ist, die mit Hilfe von Computersoftware für Projektmanagement eingeteilt werden kann.

Jedes Unternehmen, das knappe Ressourcen für mehrere Projekte zur selben Zeit verwendet, kann einigen Vorteil aus Multiprojekteinteilungen ziehen. Eine Multiprojekteinteilung bietet einem Betrieb Vorzüge, die weit über die Planung und Kontrolle bestehender Arbeit hinausgehen. Eine solche Einteilung bietet ein Modell für die operationelle Gesamtauslastung des Unternehmens. In dieser Funktion ist sie ein wirkungsvolles Hilfsmittel für die Personal- und Unternehmensplanung. Es ist dann sogar möglich, Versuchseinteilungen auf der Basis von „Was geschieht, wenn …?" durchzuführen, wobei mögliche neue Projekte im Multiprojektmodell geprüft werden, um festzustellen, welche Auswirkungen sie auf die zukünftige Arbeitsauslastung und Kapazitätenanforderungen des Unternehmens haben würden.

Projekte und Unterprojekte

Multiprojekteinteilung unterscheidet sich im Maßstab erheblich von der Einzelprojekteinteilung. Die Gesamtarbeitsbelastung des Betriebs muß als „das Projekt" betrachtet werden. Jedes der ehemaligen Einzelprojekte wird effektiv zu einem „Unterprojekt" innerhalb des neuen Gesamtprojekts. Die Terminologie variiert bei den verschiedenen Softwaresystemen. *Open Plan* und *4C for Windows* beispielsweise bezeichnen die Gesamtarbeitsbelastung als die „Projektgruppe", wobei jeder einzelne Netzplan „Projekt" im üblichen Sinne genannt wird. In anderen Multiprojektsystemen und gelegentlich auch in diesem Kapitel wird der Begriff „Unterprojekt" verwendet, um jedes einzelne Projekt innerhalb des gesamten Multiprojektmodells zu bezeichnen.

Aktivitätenkennungen

Mit großer Wahrscheinlichkeit werden dieselben Codenummern der Aktivitätenkennung innerhalb der verschiedenen Unterprojektnetzpläne auftauchen. Dies ist besonders dann der Fall, wenn die Aktivitäten für jeden Unterprojektnetzplan in einfacher numerischer Reihenfolge bezeichnet sind. Bei manchen Softwarepaketen hat dies katastrophale Folgen. Der Computer ist mit zwei oder mehr Unterprojekten konfrontiert, die dieselbe Numerierung enthalten, und betrachtet das gesamte Datenkonglomerat als einen gewaltigen, fehlerhaften Netzplan. Man kann sich die Verwirrung und die entstehende Fehlerzahl vorstellen, wenn irrtümlich alle möglichen komplexen Einschränkungen und Pfade zwischen den Unterprojekten geschaffen werden. Es gibt verschiedene Lösungsmöglichkeiten für dieses Problem, die weitgehend von der Leistungsfähigkeit der gewählten Software abhängen.

Eine Lösung besteht darin, sicherzustellen, daß zwischen den verschiedenen Unternetzplänen niemals doppelt vergebene Nummern auftreten können. Dies kann erreicht werden, indem alle Codes zur Aktivitätenidentifizierung in jedem Unterprojekt ein Präfix bestehend aus einer einmaligen Zeichenabfolge erhalten. Die Anzahl von Stellen dieses Präfixes hängt vielleicht von der Zahl der zu verwaltenden Projekte ab, aber es werden wahrscheinlich nicht mehr als zwei oder drei Stellen sein. Manche Software kann solche Präfixe auf Befehl automatisch hinzufügen. Es geschieht jedoch leicht, daß sehr lange Codes für die Aktivitätsidentifizierung entstehen, was – wenn möglich – vermieden werden sollte. Einige der preiswerteren Systeme können nur Identifizierungscodes mit insgesamt vier oder sechs Stellen aufnehmen, was nicht viel Platz für ein Präfix läßt.

Glücklicherweise ist es bei den meisten Softwarepaketen nicht erforderlich, daß jede Nummer innerhalb des umfassenden Projekts einzigartig ist; es ist lediglich erforderlich, daß jede Kennung in üblicher Weise innerhalb ihres eigenen Unterprojekts einzigartig ist. Dann besteht der entscheidende Punkt darin, daß jedes Unterprojekt seinen eigenen Unterprojektkennungscode erhält, der in den meisten Fällen aus einer einfachen zwei- oder dreistelligen Zahl bestehen kann.

Unterprojektkennungen

Das Computersystem benötigt bestimmte Mittel zur Identifizierung der Unterprojekte, und das bedeutet, daß in jedem Fall eine einzigartige Unterprojektkennung zugewiesen werden muß. Zwar mag ein einfacher, kurzer Code genügen, doch eine elegantere Lösung besteht darin, jede Unterprojektnummer dem Standardprojektregister des Unternehmens zu entnehmen. Bei sämtlicher Software ist jedoch die Zahl von Stellen, die verwendet werden können, begrenzt. Zumindest ein namhaftes Paket erlaubt in dieser Hinsicht überhaupt keine Wahlmöglichkeiten, sondern teilt den Unterprojekten gemäß der numerischen Reihenfolge selbst eine Zahl (bis maximal „99") zu.

Systemleistungsfähigkeit

Softwarehäuser sind in der Regel sehr gut darin, attraktives Werbematerial zu produzieren, das die Vorzüge ihrer Produkte rühmt. Viele sind weniger zuvorkommend, wenn es darum geht, die Leistungsfähigkeit ihrer Systeme zu quantifizieren. Ein Paket, das theoretisch Zehntausende von Aktivitäten bearbeiten kann, ist in der Praxis wertlos, wenn die maximale Feldbreite für den Identifizierungscode der Aktivitäten nicht ausreicht, um die benötigten Zahlen unterzubringen.

Bei der Multiprojekteinteilung steigen die Ansprüche an die Systemkapazität in der Regel erheblich. Der Planer wird voraussichtlich mehr Codes verwenden müssen und mehr Zeichen innerhalb jedes Codes. Es gibt wahrscheinlich einen größeren Umfang an unterschiedlichen Abteilungen, Gruppen, Ressourcen und Fertigkeiten. Besonders wichtig ist die Fähigkeit des Systems, eine ausreichende Anzahl von Stellen für die Unterprojektkennung unterzubringen. Dies kann sich leicht als Leistungsschwäche eines Systems hinsichtlich der besonderen Anforderungen eines Unternehmens herausstellen.

Alle diese Punkte müssen bei der Auswahl neuer Software bedacht werden. Wird Multiprojekteinteilung erwogen, so sollten sie als Grundlage für einen Teil des Fragebogens zur Software dienen (vgl. Kapitel 12 und Abbildung 12.1).

Das Multiprojektmodell

Beim Multiprojektmodell kann man von einer kontinuierlichen, aber sich ständig verändernden Existenz ausgehen. Es wird eine Reihe von Unterprojekten umfassen, von denen jedes seine eigene begrenzte Lebensdauer hat. In regelmäßigen oder unregelmäßigen Abständen müssen neue Projekte hinzugefügt, abgeschlossene Projekte entfernt und Informationen über den Fortschritt und andere Veränderungen gegenwärtiger Projekte eingeflochten werden. Die Verwaltung eines solchen Modells kann eine enorme (aber lohnende) Aufgabe sein. Zwar mögen einzelne Projektnetzpläne von überschaubarer Größe mit vielleicht nur ein- oder zweihundert Aktivitäten sein, doch das gesamte Multiprojektmodell eines mittleren technischen Betriebs kann leicht viele Tausend Aktivitäten enthalten.

In der Vorbereitung der Daten, in der Aufrechterhaltung der Systemsicherheit und in der Aktualisierung ist größte Aufmerksamkeit erforderlich, soll das gesamte Modell in nutzbringendem Zustand bleiben. Dafür ist es in der Regel erforderlich, daß der Zugang zum System durch Passwords kontrolliert wird. Sicherlich sollte die Ansicht der Daten allen Bevollmächtigten ermöglicht werden, doch nur wer die erforderliche Ausbildung und Fachkenntnis hat, sollte die Erlaubnis bekommen, Daten und Befehle einzugeben, die die Projektdateien, das gesamte Modell und die resultierenden Einteilungen wesentlich beeinflussen könnten. (Siehe jedoch den folgenden Abschnitt.)

Die Innate-Multiprojektoption

Für die Mehrzahl der Techniken in diesem Kapitel wird angenommen, daß die Projektmanagementeinteilung der Organisation zentral von Personen mit Fachkenntnissen und entsprechender Ausbildung durchgeführt wird. In vielen Unternehmen wird jedoch die Methode bevorzugt, die einzelnen Manager ihre eigenen Desktops mit verhältnismäßig einfacher Software benutzen zu lassen. Noch vor relativ kurzer Zeit beraubte diese Methode den Betrieb jeglicher Möglichkeit, Multiprojektressourcenplanungen und -berichte zu erstellen.

In den letzten Jahren wurde von *Innate Management Systems Ltd.* eine neue Methode entwickelt. Sie ermöglicht die Einrichtung einer Multiprojektdatenbank auf einem Server. Gleichzeitig ist es den einzelnen Projektmanagern möglich, bzw. wird es ihnen sogar nahegelegt, ihre eigenen Einteilungen durchzuführen, wofür sie ihre gewohnte Software, etwa *Microsoft Project*, auf Desktops verwenden können, die über ein Netzwerk verbunden sind.

Diese Software kann mit *Oracle, Ingres, Sybase* und anderen SQL-Datenbanken auf dem Server arbeiten und ermöglicht Schnittstellen mit anderen Datenbanken des Unternehmens wie Buchhaltung, Lohnabteilung und Einkauf.

Dies ist eine interessante Entwicklung, doch da mehrere Anwender mit unterschiedlich entwickelten Planungsfertigkeiten Projektdateien und Fortschrittsdaten eingeben, sind weiterhin – und vielleicht sogar mehr als je zuvor – einer oder mehrere Experten erforderlich, um die Hauptfunktionen am Server zu überwachen und sicherzustellen, daß das Modell gültig bleibt und nicht unterlaufen wird.

Allgemeine Datenvorbereitung

Die Vorbereitungen für Multiprojekteinteilungen sind denen sehr ähnlich, die für die Einzelprojekteinteilung erforderlich sind. Es muß ein gesonderter Netzplan für jedes bedeutende, abgrenzbare Projekt innerhalb der Organisation gezeichnet werden. Die Voranschläge für Arbeitsdauer, Kosten und Ressourcen werden in bekannter Weise erstellt und für die Eingabe in den Computer vorbereitet. All dies geschieht entsprechend den Methoden, die in den vorausgehenden Kapiteln erläutert wurden.

Die Kalender und Urlaubsdateien sind normalerweise dieselben, die für die Durchführung von Einzelprojekteinteilungen innerhalb der Organisation verwendet werden.

Ressourcendefinitionsdatei

Wenn die Ressourcendefinitionsdatei eingerichtet wird, muß sie natürlich für das gesamte Modell (Projekt) strukturiert werden und nicht nur für ein einzelnes Unterprojekt. Das bedeutet, daß der Gesamtzugang zu jeder Ressource die Gesamtmenge dieser Ressource sein muß, die für die Zuteilung auf sämtliche Unterprojekte zur Verfügung steht.

Alle Anforderungen an die Verwendung gemeinsamer Ressourcen für nicht direkt projektbezogene Arbeit müssen offensichtlich mit einbezogen werden, wenn die vollständige (Multiprojekt-)Einteilung kalkuliert wird. Zu solchen Anforderungen gehören die Fertigung von Ersatzteilen für die Kunden oder die Bereitstellung von Mitarbeitern für allgemeine Untersuchungen, Beratungsaufträge oder Verpflichtungen im Rahmen eines Servicevertrags mit einem Großkunden. Der allgemeine Umfang dieser verschiedenen, nicht direkt projektbezogenen Arbeiten muß zunächst für jede einzelne Ressource vorhergesagt werden. Danach gibt es zwei Möglichkeiten, für sie vorzusorgen:

1. Die Gesamtmenge jeder Ressource, die für die Projekte als zur Verfügung stehend erklärt wurde, kann um die Menge der nicht spezifizierten Arbeiten verringert werden (siehe den Abschnitt „Spezifizierung des Umfangs der zugänglichen Abteilungsressourcen" im Kapitel 11).

2. Die nicht-projektbezogene Arbeit kann in die Einteilungskalkulationen mit aufgenommen werden, als würde es sich um ein kontinuierliches „Projekt" handeln. Dies erfordert einen „Netzplan", der nur eine Aktivität enthalten könnte und dessen Dauer nicht kürzer ist als die Lebensdauer der Gesamteinteilung. Dieser Netzplan muß die Prognosen für das nicht-projektbezogene Verbrauchsniveau jeder Ressourcenkategorie enthalten. (Diese Methode ist anzuwenden, wenn das Unternehmen die Ergebnisse der Multiprojekteinteilung für Arbeitskraftstudien verwenden möchte.)

Die Zuteilung von Prioritäten

Planer haben hier wie bei der Einzelprojekteinteilung die Möglichkeit, unter einer Reihe von Prioritätsregeln für die Zuteilung der Ressourcen auf die Aktivitäten innerhalb jedes Unterprojekts auszuwählen. Im Multiprojektfall gibt es jedoch eine weitere Ebene von Prioritätsoptionen, nämlich die Ressourcenzuteilung zwischen den Unterprojekten.

Die Ideallösung besteht darin, die angestrebten Start- und Abschlußtermine für sämtliche Unterprojekte zu spezifizieren. Dies sollten die laut Vertrag bindenden Termine sein oder sollten zumindest mit diesen in Verbindung stehen, und sie müssen mit den verschiedenen Kunden abgestimmt werden. Der Computer wird dann für alle Unterprojekte unabhängig voneinander Zeitanalysen durchführen und aufgrund der vorgegebenen Termine den Spielraum berechnen. Danach sollte während der Multiprojektverarbeitung der Vorrang bei knappen Ressourcen je nach vorhandenem Spielraum auf der Ebene der Einzelaktivitäten festgelegt werden – das wäre die Ideallösung.

Geschäftsführung, Verkaufsleiter und Projektmanager haben ohne Zweifel unterschiedliche Ansichten darüber, welche Unterprojekte in dem Modell Priorität haben sollten. Es kann zum Beispiel vorkommen, daß ein Kunde für wichtiger erachtet wird als ein anderer. In diesem Fall besteht das Risiko der Einmischung in den Planungsvorgang, um vielleicht den Fortschritt von einem oder mehreren Projekten – auf Kosten der anderen – zu fördern. Wenn der Projektplaner diese Einflußnahme von außen nicht verhindern kann, muß dem bevorzugten Projekt künstlich höhere Priorität eingeräumt werden. Dies könnte erreicht werden, indem das Unterprojekt einen früheren angestrebten Abschlußtermin bekommt.

Manche Softwarepakete ermöglichen die Benennung spezifischer Prioritätsniveaus für verschiedene Unterprojekte. Der Planer muß Kenntnis darüber erlangen, wie das jeweilige System diesen Aspekt handhabt. Dennoch sollte dieser Zuteilung von künstlichen Prioritäten – wenn möglich – widerstanden werden. Wenn sich der Betrieb einer Multiprojekteinteilung erfolgreich durchgesetzt hat, sollte das Vertrauen der Betriebsleitung gewährleistet sein, und man sollte mit den Prioritäten in logischer und sachgerechter Weise umgehen dürfen.

Schnittstellenereignisse und -aktivitäten

In einigen wenigen Fällen ist es erforderlich, daß zwei oder mehrere Unterprojektnetzpläne dieselbe Aktivität teilen oder durch eine Einschränkung miteinander verknüpft sind. In solchen Fällen müssen die gemeinsamen Aktivitäten dieselbe Kennung haben und als Schnittstellenereignisse ausgewiesen werden. In Pfeildiagrammen können Schnittstellenereignisse herausgestellt werden, indem das Ereignis als ein Paar konzentrischer Kreise in jedem der betreffenden Unterprojekte eingezeichnet wird. Im Präzedenzsystem wird der Aktivitätskasten mit doppelten Strichen versehen.

Schnittstellen sollten bei der Multiprojekteinteilung selten vorkommen. Ihre Anwendung ist beispielsweise ungeeignet dafür, Prioritäten zwischen verschiedenen Unterprojekten zu erzwingen. Vernünftig ist hier, sich auf den verbleibenden Spielraum im Verhältnis zu den vorgesehenen Zieldaten zu verlassen.

Es gibt jedoch Ausnahmen. Ein Beispiel ist die Zuteilung von begrenztem Montageraum in einer Fabrik für große Anlagen oder Maschinen, wenn ein Unterprojekt nicht fertiggestellt werden kann, bis ein anderes aus dem Bereich entfernt wurde. Montageraum für große Maschinenbauprojekte ist – wenn überhaupt – mit Hilfe von Projektmanagementprogrammen nur sehr schwer zu spezifizieren und als Ressource zuzuteilen, weil die Raumaufteilung mit einbezogen werden muß und möglicherweise der Raum über Kopfhöhe und andere Faktoren bedacht werden müssen. In solchen Fällen muß die Reihenfolge, in der die Projekte in den Montagebereich gelangen, von den Planern gemeinsam mit der Werksleitung entschieden werden. Die Entscheidungen müssen in den Computereinteilungen umgesetzt werden, indem Schnittstellenaktivitäten oder Abhängigkeiten zwischen den Unterprojekten eingefügt werden.

Zusätzlich zur Anwendung bei der Multiprojektplanung werden Schnittstellenaktivitäten natürlich benötigt, wenn ein großer Netzplan in kleinere Unternetzpläne aufgespalten werden soll, um mehr Klarheit zu erzielen oder die Anwendung zu erleichtern.

Gelegentlich ist es sicherer, statt der Schnittstellen Scheinaktivitäten zu verwenden, denn einige Softwarepakete akzeptieren zwar Schnittstellenverknüpfungen, doch sie ignorieren oder verfälschen Daten wie die Aktivitätsbeschreibung, die Dauer und die Ressourcenanforderungen, denn diese Daten werden effektiv mehr als einmal eingegeben, wenn die Netzpläne mit den Schnittstellen versehen und verarbeitet werden.

Aktualisierungshäufigkeit

Der erhöhte Umfang gespeicherter Daten und die weit größere Wahrscheinlichkeit häufiger Datenbankänderungen erfordern voraussichtlich eine regelmäßige Aktualisierung des Modells. Aktualisierung bedeutet hier die Definition eines neuen Jetztzeitdatums und einen vollständig neuen Verarbeitungsdurchlauf der Zeitanalyse, der Ressourceneinteilung und der Kostenkalkulation für sämtliche Unterprojekte. Die Häufigkeit der Aktualisierung hängt von Umfang und Anzahl der Datenänderungen im System ab, aber voraussichtlich wird sie alle zwei oder alle vier Wochen oder in jedem Kalendermonat stattfinden müssen.

Gliederungsstruktur der Organisation und die Informationsfilterung

Angesichts der größeren gespeicherten Datenmengen im Multiprojektmodell muß die betriebliche Gliederungsstruktur, so wie sie im Computer eingerichtet ist, besonders sorgfältig überdacht werden. Dies ist unabdinglich für die angemessene Datenfilterung, damit die Abteilungsleiter nur Berichte mit wirklich für sie nützlichen Informationen erhalten.

Die Berichte sollten für jedes Unterprojekt sortiert werden, damit die (Unter-)Projektmanager nicht mit Daten zu Unterprojekten belastet werden, die von anderen Managern innerhalb des Betriebs verwaltet werden. Sämtliche Berichte an die Projektmanager sollten denen gleichen, die sie von einem Computersystem erwarten würden, das lediglich ihr eigenes Projekt bearbeitet.

Aktivitäten unter der gemeinsamen Verantwortung von zwei oder mehr Managern

Die zugeteilten Abteilungscodes, Arbeitsgruppencodes, Ressourcencodes und Aktivitätencodes können alle verwendet werden, um Bearbeitung und Filterung zu erleichtern. Gelegentlich tauchen Schwierigkeiten auf, wenn Aktivitäten die Grenzen überschreiten und gleichzeitig Ressourcen aus mehreren Abteilungen benötigen. Ein Beispiel ist ein Maschinenbauunternehmen, in dem gefertigte Prototypen Tests unterworfen werden müssen, die eine Abteilung durchführt und eine andere begutachtet. Wie kann das System so eingerichtet werden, daß es einen Bericht erstellt, der dieselben Prototyp-Testaktivitäten für jeden der beiden betroffenen Manager enthält, ohne irrelevante Aufgaben zu beinhalten?

In diesem besonderen Fall lag die Antwort darin, die Berichte entsprechend der Ressourcencodes zu filtern. Aktivitäten, für die zwei oder mehr Ressourcenarten erforderlich sind, tauchen einfach in der entsprechenden Zahl von Berichten auf. Ist für Aktivitäten die Beteiligung zweier gesonderter Abteilungen nötig, werden aber keine bedeutenden Ressourcen genutzt, gibt es einen einfachen Trick. Es können künstliche Ressourcen geschaffen werden, nach deren Codes aussortiert wird. Diese künstlichen Ressourcen sollten eine Kostenrate von null haben, und sie sollten in einem Umfang für zugänglich erklärt werden, der auf keinen Fall die Ressourceneinteilung einschränkt. *4C for Windows* erleichtert dieses Täuschungsmanöver, weil es die Herausnahme von Ressourcen für den Einteilungsvorgang ermöglicht.

Bearbeitungszeit

Die Einteilung eines kleinen Projekts kann in Sekunden kalkuliert werden, doch Multiprojektplanungen können erheblich mehr Zeit in Anspruch nehmen. Bedeutender ist die Zeit für den Ausdruck von Berichten, besonders wenn sie Graphiken enthalten. Wenn dieser Vorgang voraussichtlich mehr als ein oder zwei Stunden in Anspruch nehmen wird, sollte erwogen werden, ob der Ausdruck über Nacht oder am Wochenende möglich ist.

„Was geschieht, wenn ...?"-Tests

Wenn ein Multiprojektmodell eingerichtet worden ist, wird die Betriebsleitung es wahrscheinlich als geeignete Grundlage für Versuchsprojekte in „Was geschieht, wenn ...?"-Tests betrachten.

Eröffnet sich eine Verkaufsmöglichkeit, kann der Planer eine einfache Netzplanzusammenfassung erstellen, die das neue Projekt repräsentiert; er kann einen vollständigen Verarbeitungsdurchgang vornehmen und der Betriebsleitung die Ergebnisse melden. Es ist nicht erforderlich, für den Versuchsdurchlauf jedes Unterprojekts einen detaillierten Netzplan zu zeichnen. Es sollte jedoch genug Aktivitäten geben, die die veranschlagten Ressourcen enthalten und anhand derer eine ungefähre Zeitplanung erstellt werden kann, um die Gesamtkapazität der Organisation zu testen. Bei der Beeinflussung strategischer Managemententscheidungen können derartige Tests von unschätzbarem Wert sein.

Es müssen unbedingt Sicherheitsvorkehrungen für das System entwickelt werden, wenn „Was geschieht, wenn ...?"-Kalkulationen durchgeführt werden sollen. Äußerst ratsam ist die Durchführung sämtlicher Tests in einer Kopie des Hauptmodells, damit die in Betrieb stehenden Einteilungen und die Datenbank nicht verfälscht werden. Manche Softwarepakete ermöglichen die Durchführung von „Was geschieht, wenn ...?"-Tests mit entsprechender Datensicherheit. Andere verwenden das Hauptmodell, überlassen es dem Planer, das Versuchsunterprojekt wieder herauszunehmen, arbeiten das Modell um und hoffen, daß Datenbank und Einteilungen in dem Zustand wiederhergestellt werden, in dem sie sich vor dem Test befanden.

Das Konzept der Standardnetzpläne

Wenn ein Unternehmen die Pläne seiner vergangenen und gegenwärtigen Projekte betrachtet, wird es voraussichtlich, unabhängig von der Projektgröße, feststellen, daß es ein gemeinsames Arbeitsmuster gibt. Noch wahrscheinlicher ist, daß diese Projekte dieselben Elemente enthalten, etwa identische Arbeitsmuster oder Unterpläne, die auf verschiedenen Stufen in den meisten Projekten des Unternehmens auftauchen. Durch die Analyse vergangener Projektpläne und sorgfältige Betrachtung gegenwärtiger Arbeitsmethoden ist es oft möglich, diese gemeinsamen Muster (Schablonen) zu identifizieren und zu nutzen, entweder, indem vollständige Standardnetzplandiagramme erstellt werden, oder durch Isolation von Standardnetzplanelementen (Module), die wie Bausteine in großen Netzplänen verwendet werden können.

Zu Recht läßt sich argumentieren, daß das Konzept von Standardnetzplänen ein begrifflicher Widerspruch ist. Schließlich war Netzplanung ja dazu gedacht, logische Gedankengänge anzuregen. Es bestand nie die Absicht, die Planung in eine vorgefaßte Routine zu zwängen, der es an kreativen Gedanken oder konstruktiver Vorstellungskraft fehlt. Dennoch haben sich Standardnetzpläne als wertvoll erwiesen. Wenn die erlaubte Planungszeit knapp ist, können sich Standardnetzpläne als so zeitsparend herausstellen, daß sie angewandt werden, wenn der Netzplanungsvorgang andernfalls überhaupt nicht in Erwägung gezogen würde. Standardnetzpläne, die sich aus der Erfahrung mit einer Reihe von geeigneten Projekten entwickelt haben, können außerdem der Ansammlung von Wissen dienen, indem sie sicherstellen, daß Dinge, die in der Vergangenheit gelernt wurden, nicht wieder vergessen werden.

Einige Unternehmen scheuen vor Standardnetzplänen und Netzplanmodulen zurück und zeichnen entweder für jedes Projekt ein vollständig neues Balkendiagramm oder einen neuen Netzplan – oder sie sparen am Planungsprozeß. Die häufigste Entschuldigung ist: „Wir sind ein Sonderfall. Hier kann das nicht gemacht werden, weil wir anders sind als andere Unternehmen, und alle unsere Projekte sind ebenfalls unterschiedlich." Natürlich können die Methoden der Standardisierung nicht auf alle Projekte angewandt werden, aber nicht einmal die Möglichkeit zu erwägen, ist ein engstirniger Ansatz, der gelegentlich zur Folge hat, daß die erheblichen Vorzüge verlorengehen, die effektivere Planung mit sich gebracht hätte.

Standardnetzpläne in der Praxis

Die einfachste vorstellbare Art von Standardnetzplänen (vollständige Projektschablonen) ist ein gesamter Netzplan, der direkt auf zwei oder mehr identische Projekte angewendet werden kann, ohne daß Änderungen der Logik oder der Daten erforderlich sind. Selbstverständlich tritt dieser Fall im wirklichen Leben selten ein. Es gibt jedoch viele Situationen, in denen ein Standardmuster für Netzpläne gestaltet werden kann, das zumindest als ein allgemeines Muster für die Planung vergleichbarer Projekte dient.

Die Methode besteht darin, zunächst einen Hauptnetzplan zu zeichnen, der sämtliche Aktivitäten eines Projekts abdeckt, das als typisch gelten kann für die Art von Projekten, die der Betrieb durchführt. Es ist wertvoll, wenn so viele Leute wie möglich mit geeigneter Erfahrung konsultiert werden oder, noch besser, tatsächlich in einer Brainstorming-Sitzung anwesend sind, in der der Hauptnetzplan skizziert wird. Das Ziel muß darin bestehen, in vernünftigem Rahmen die umfassendste Sammlung von Aufgaben zu erstellen, die voraussichtlich auftreten werden, und sie in der effektivsten und praktikabelsten Arbeitsabfolge, die möglich ist, zu planen.

Viele Unternehmen verkaufen Projekte, die auf Wunsch in unterschiedlicher Weise entworfen und ausgeführt werden können. In diesen Fällen sollte der Standardnetzplan so gezeichnet werden, daß er alle möglichen – zumindest aber die gängigsten – Variationen enthält. Wenn beispielsweise ein Netzplan für eine Reihe von Häusern erstellt wird, die mit oder ohne Garage gebaut werden, dann sollte die Standardversion die Garage enthalten. Es ist dann einfach für den Projektmanager, die Aktivitäten auszustreichen, die für Häuser ohne Garage überflüssig sind.

Der Hauptnetzplan kann als Kopie auf Papier oder Film aufbewahrt oder in Form von Computerdateien gespeichert werden. Immer wenn ein neues Projekt auftaucht, wird der Hauptnetzplan mit dem Projektmanager oder einer anderen verantwortlichen Person diskutiert, die dann die folgenden Schritte unternimmt:

- Löschen der Aktivitäten, die sich auf vom Kunden nicht bestellte Optionen beziehen.
- Bearbeitung des Netzplans im Hinblick auf die Möglichkeit, daß technische Aspekte beibehalten werden können, etwa Entwürfe für frühere Projekte, die direkt für das neue Projekt benutzt oder entsprechend angepaßt werden können.
- Hinzufügen aller besonderen Einschränkungen oder neuen Aktivitäten, die für das jeweilige Projekt erforderlich sind (zum Beispiel A muß vor B entworfen werden).
- Überprüfung des Standardvoranschlags für die Arbeitsdauer sowie Ressourcen- und Kostendaten für sämtliche Aktivitäten entsprechend der Komplexität des Projekts.

Der zweite Hauptplan wird dann als der Netzplan für das neue Projekt übernommen. Die Standardversion bleibt unverändert für die Wiederverwendung im Archiv. Die Standardversion kann verändert werden, wenn angesichts erheblicher Erfahrung einige der Standardvoranschläge oder der logischen Abläufe auf Dauer geändert werden sollten.

Standardnetzpläne: Beispiel Hausbau

Eine Hochbaufirma wurde beauftragt, eine Reihe von identischen oder sehr ähnlichen Eigenheimen an verschiedenen Standorten und zu unterschiedlichen Zeiten zu errichten. Ein Netzplandiagramm, das für die Errichtung des ersten Hauses gezeichnet wurde, ist auch für alle folgenden Häuser derselben Bauart anwendbar und kann somit Grundlage für eine Schablone bilden. Allerdings mag zwar die Netzplankonfiguration (Logik) durchwegs identisch sein, doch es kann erforderlich sein, die Arbeitszeitvoranschläge für jedes Haus entsprechend den jeweiligen Umweltbedingungen und der Bodenbeschaffenheit zu überarbeiten.

Standardnetzpläne: Beispiel Maschinenbau

Eine Firma, die auf Einzelbestellung der Kunden schwere Werkzeugmaschinen für Spezialanwendungen herstellt, verwendete äußerst erfolgreich dieselben standardisierten Projektnetzplanschablonen in ihren technischen Werken auf beiden Seiten des Atlantiks. Die einfachste von ihnen wurde lediglich als ein Logikdiagramm benutzt und enthielt keine Voranschläge für die Arbeitszeit. Sie diente als Checkliste für die in bestimmter Reihenfolge ablaufenden Vorbereitungsaktivitäten, die jedesmal benötigt wurden, wenn eine neue Bestellung für ein Fließbandsystem in Empfang genommen worden war.

Dieselbe Firma verwendete Standardprojektnetzpläne für ihre Angebotsreihe von regulierbaren Metallfräsmaschinen. Die Maschinen variierten erheblich in ihrer Größe, aber eine typische Maschine wog mehrere hundert Tonnen und wurde auf einem Fundament von etwa 20 Meter Länge gebaut. Obwohl jedes dieser Projekte bis zu 18 Monate dauern und ihr Wert über 1 Million GE betragen konnte, beliefen sich die Netzplanungskosten lediglich auf ein paar hundert GE, weil ein Standardnetzplan entworfen worden war, der auf alle Maschinen dieser Art angewendet werden konnte.

Ging nun ein neuer Auftrag ein, mußte der technische Leiter oder Projektmanager kaum mehr als eine Stunde damit verbringen, eine Kopie der Masterschablone des Netzplans mit den entsprechend geänderten Voranschlägen und logischen Abläufen zu versehen. Das Ergebnis war jeweils ein Netzplan, dessen Logik sämtliche Erfahrungen beinhaltete, die mit vergleichbaren früheren Projekten gesammelt worden waren, und der dennoch für das vorliegende Projekt „maßgeschneidert" war.

Standardmodule oder -schablonen für Unternetzpläne

Eine Durchforstung der Netzpläne vergangener Projekte sollte eine Reihe kleiner, sich wiederholender Netzplanelemente zutage fördern, die möglicherweise mehr als einmal in jedem Netzplan auftauchen und allen Projekten gemeinsam sind. Die folgenden beiden Beispiele zeigen, wie diese nutzbar gemacht werden können – entweder in einem manuellen System oder im Rahmen einer Computeranwendung.

Schablonen: Ein Beispiel für die Anwendung von Modulen auf Papier

Die oben erwähnte Werkzeugmaschinenfirma überarbeitete ihre Netzplandiagramme für mehrere spezielle Fließbandmaschinenprojekte, was sie in die Lage versetzte, diese Netzpläne in Bereiche aufzugliedern, die durch kleine, standardisierte Module dargestellt wurden. Knapp zusammengefaßt bestand die Gliederungsmethode dieses Unternehmens zunächst darin, den Hauptnetzplan in drei aufeinander folgende Unternetzpläne zu teilen:

1. Technische Entwürfe und Zeichnung.
2. Einkauf und Fertigung der Teile.
3. Montage.

Innerhalb jedes dieser drei Hauptbereiche wurden kleine Netzplanmodule identifiziert, die für jede Unter- und Hauptmontage verwendet werden konnten. Beispiele für diese Module sind in den Abbildungen 14.1 und 14.2 dargestellt (zum damaligen Zeitpunkt wurde Pfeilnotation verwendet).
Abbildung 14.1 zeigt das Modul aus dem Entwurfsunternetzplan, das für den Entwurf aller Maschinen entlang des Fließbands benutzt wurde, für die gefertigte – im Gegensatz zu zugekauften – Fräsaufsätze erforderlich waren.
Das Modul, das für die maschinelle Fertigung sämtlicher Komponenten für jede Untereinheit der mechanischen Montage verwendet wurde, ist in Abbildung 14.2 dargestellt. Dieses wird dann durch Schnittstellenereignisse oder Scheinaktivitäten innerhalb des Netzplans verknüpft, so daß es zwischen die entsprechenden technischen Entwurfs- und Montageaktivitäten aus dem vorausgehenden und dem nachfolgenden Unternetzplan paßt.
Für das gesamte System waren nur etwa 12 verschiedene Module erforderlich. Diese wurden alle in geeigneten Quantitäten auf durchsichtigen, haftenden Film gedruckt und als „Bibliothek" für die Verwendung in der kleinen Planungsabteilung aufbewahrt. Immer wenn ein neues Projekt geplant werden mußte, wurde der Netzplan „gezeichnet", indem die entsprechenden Module auf Folie oder durchsichtiges Papier geklebt wurden.
Dieser Prozeß konnte von verhältnismäßig unerfahrenen Mitarbeitern durchgeführt werden, die sich zur Orientierung an die schematische Zeichnung der Fließbandanlage aus der Verkaufsspezifikation hielten. Es gab standardisierte Start-, Schnittstellen- und Abschlußmodule, die an den Anfang und das Ende jedes der drei Unternetzpläne geklebt werden konnten. Dann wurde der Projektmanager gerufen, um den Netzplan zu modifizieren, zu bearbeiten oder abzusegnen, bevor die Einteilung mit Hilfe des Computers begann.
Teilweise waren die Ereigniskennnummern bereits auf den Modulen vorgedruckt, so daß der Planer einfach nur noch jede Nummer vervollständigen mußte, indem er zwei Stellen aus dem entsprechenden Kostencode jedes Moduls als Präfix einfügte. Durch dieses Verfahren wurde ausgeschlossen, daß Ereignisnummern versehentlich doppelt auftauchten.
Mit Hilfe der gut dokumentierten Kostenaufzeichnungen des Unternehmens wurden später Standardtabellen für die Arbeitszeit-, Ressourcen- und Materialkostenvoranschläge erstellt, die auf ein

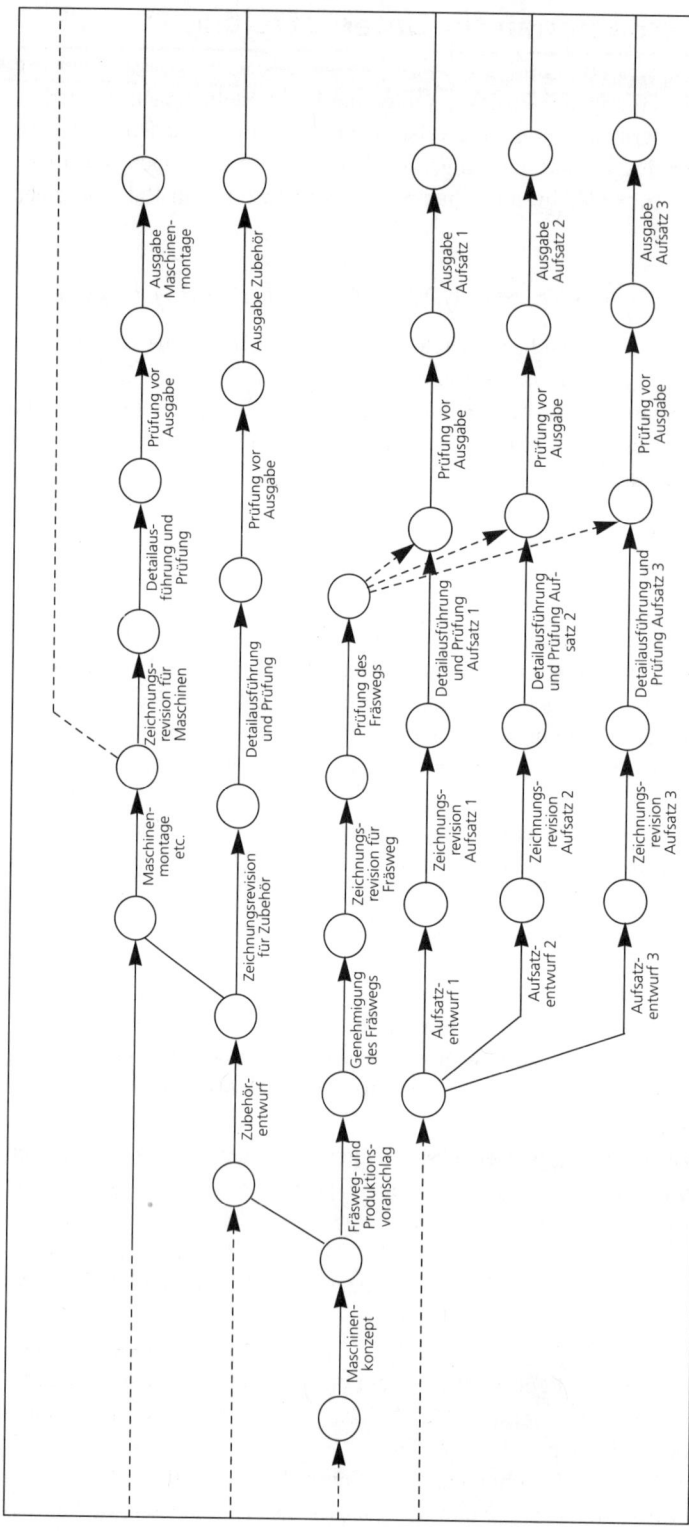

Abbildung 14.1   Ein vorprogrammiertes, standardisiertes Unternetzplanmodul für den Entwurf einer Maschine an einem Fließband

Dieses Modul beinhaltet die erforderlichen Aktivitäten, um einen Satz von Produktions- und Einkaufsinstruktionen für eine Maschine in einem Fließbandprojekt zu erstellen. In diesem Beispiel geht es um eine Maschine mit speziell entworfenen und gefertigten Fräsaufsätzen. Werden weniger als drei Aufsätze benötigt, werden die überflüssigen Aktivitäten gelöscht. Für Maschinen am Fließband, die zugekaufte Aufsätze verwenden, wurde ein weiteres Modul entwickelt. Allen Entwurfsmodulen geht ein Projektstartmodul voraus, und jede Untermontageeinheit wird in ein Einkaufs- und Produktionsmodul eingespeist (siehe Abbildung 14.2). Als diese Module zuerst verwendet wurden, befanden sie sich auf haftenden Transparenzfolien, mit denen der Netzplan schnell zusammengestellt, überprüft, kostengeschätzt und verarbeitet werden konnte. Mit der heutigen Technologie können die Module (sie werden auch Schablonen genannt) im Computer gespeichert werden. Wenn gewünscht, werden sie durch die Software miteinander verschmolzen.

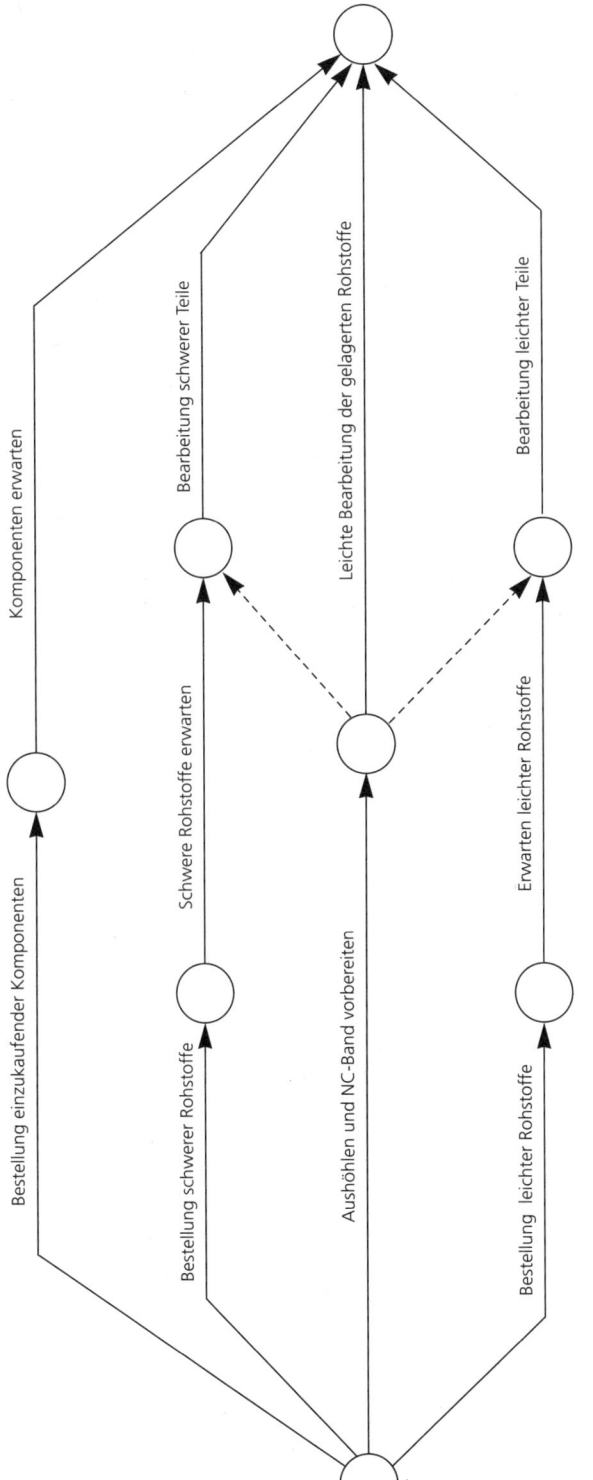

Abbildung 14.2   Ein archiviertes, standardisiertes Unternetzplanmodul für Einkauf und Bearbeitung

Ein solches Modul beinhaltet sämtliche Netzplanaktivitäten, die für den Einkauf und die Bearbeitung jeder Untermontageeinheit der Maschinenentwurfsmodule in Abbildung 14.1 erforderlich sind. Die Aufgliederung im einzelnen wird im Produktionskontrollsystem vorgenommen. Sämtliche dieser Untermontagemodule laufen in einem abschließenden Montage- und Testmodul zusammen, um den Netzplan zu vervollständigen.

paar einfachen Grundregeln für Maschinengröße und Komplexität beruhten. Dann konnte der Netzplan in den Computer eingegeben werden, um Aufgabenlisten und Ressourcen- und Kosteneinteilungen zu erstellen. Das gesamte Unternehmen wurde von diesem Multiprojektsystem erfaßt, und die sich daraus ergebenden Ressourcenzuteilungen und Aufgabenlisten waren äußerst nützlich. Die erstellten Kostenvoranschläge wichen nicht mehr als plus/minus 5 Prozent von denen ab, die die Kostenrechnungsabteilung des Unternehmens gesondert kalkuliert hatte.

Ein Beispiel aus der Hochbaubranche für archivierte Module

Eine Hochbaufirma fand heraus, daß die Netzplanung für jedes ihrer äußerst unterschiedlichen Bauvorhaben durch die Verwendung von Unternetzplanmodulen beschleunigt werden konnte. Es wurden Module entwickelt, die sämtliche Berufsgruppen und üblicherweise auftauchenden Prozesse abdeckten. Diese wurden als „Archivmodule" im Computer abgespeichert und mußten im von Hand gezeichneten Netzplan lediglich als Einzelaktivitäten dargestellt werden.

Eine Aktivität aus dem Hauptnetzplan, zum Beispiel das Verputzen einer Wand, würde den Computer veranlassen, einen Verputzungsunternetzplan zu suchen und einzusetzen, der die Aktivitäten für Materialbestellung, Oberflächenbearbeitung und doppelschichtiges Verputzen enthält. Dieses Prinzip wird in Abbildung 14.3 illustriert. Der obere Teil der Abbildung zeigt einen kleinen Teil aus einem Hauptnetzplan für ein Hochbauprojekt. Der untere Teil der Abbildung zeigt das Archivmodul, mit dem der Computer die Aktivität 140 im Hauptnetzplan ersetzen würde. Die Aktivitäten 130 und 150 sind ebenfalls mit Modulen verknüpft.

Eine Fallstudie: Verwendung von Schablonen

Schablonenaufgliederung

Abbildung 14.4 zeigt eine Schablonenanwendung, die ein Fertigungsbetrieb benutzen könnte. Dieses Beispiel ähnelt einem Verfahren, das ein mir bekanntes Unternehmen tatsächlich angewendet hat.

Sämtliche Projekte dieses Unternehmens beginnen mit einer Reihe von standardisierten Vorbereitungsaktivitäten, die ohne Schwierigkeiten in einer Projektstartschablone für das Hauptnetzplandiagramm untergebracht werden können.

Für jede neue Kundenbestellung muß die Firma eine Reihe von Montageeinheiten oder Einzelkomponenten übernehmen oder umgestalten, und für jede von diesen existiert eine Schablone für ein Unternetzplandiagramm. Die tatsächliche Kombination dieser Komponenten und Montageeinheiten variiert von einem Projekt zum nächsten.

Jedes Projekt wird abgeschlossen, indem seine verschiedenen Komponenten auf einen Standardrahmen montiert werden und dieser in einem Standardgehäuse untergebracht wird. Vor dem Versand wird die gesamte Einheit noch einmal abschließend getestet. Alle diese Abschlußaktivitäten – Montage, Test und Versand – können in einer Projektabschlußschablone untergebracht werden.

Die Anzahl der Aktivitäten in einer Schablone variiert zwischen 15 und 80. Ein typisches Projekt würde etwa 10 Schablonen mit insgesamt ungefähr 350 Aktivitäten enthalten, inklusive der vollständigen Ressourcen- und Kosteninformationen. Bei einem Multiprojektmodell aus zu jedem Zeitpunkt gut über 100 Projekten ist die Zeit- und Arbeitsersparnis durch die Arbeit mit Schablonen äußerst hoch.

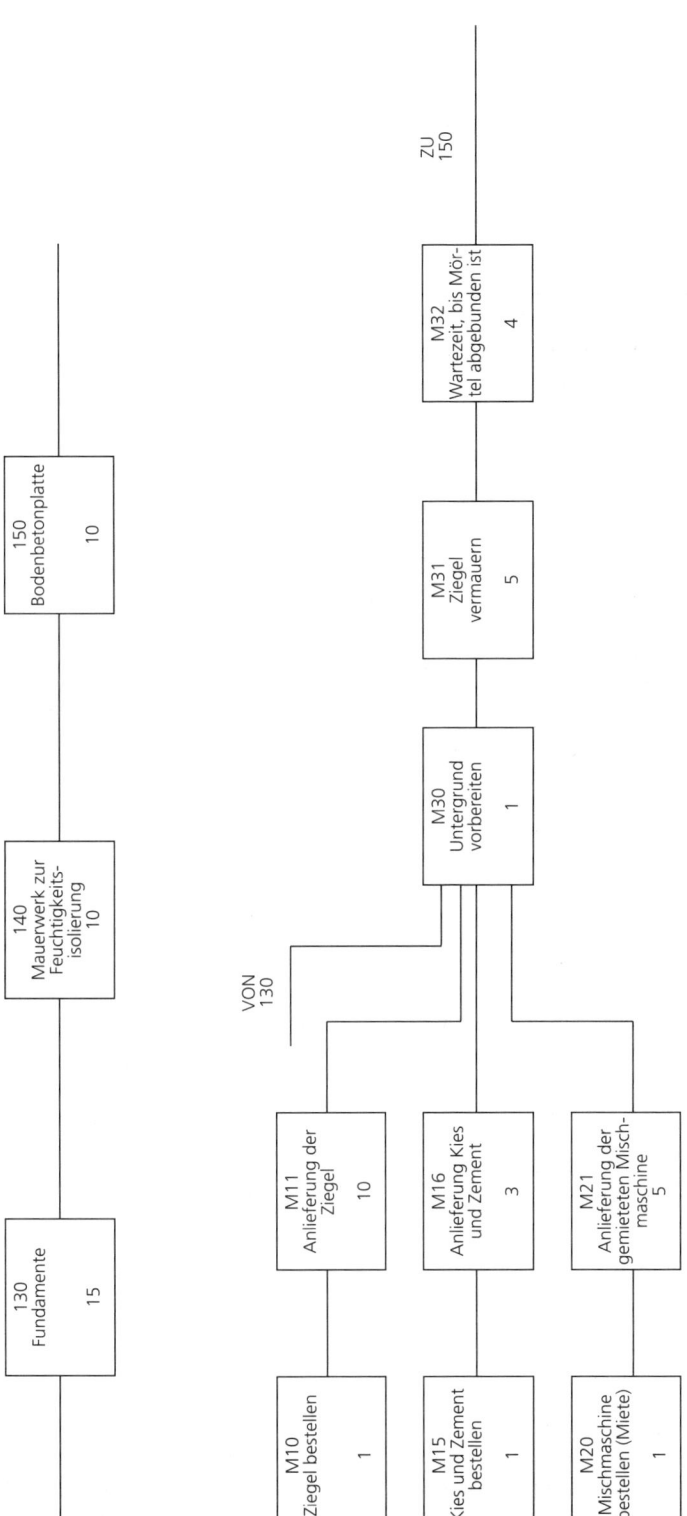

Abbildung 14.3   Beispiel eines vorprogrammierten Standardunternetzplans für ein Hochbauprojekt

Hier wird gezeigt, wie eine Baufirma vorprogrammierte Unternetzpläne entwickelt hat, um Planungszeit zu sparen. Das obere Diagramm ist Teil eines Netzplandiagramms für ein Hochbauprojekt. Immer wenn eine Maureraktivität aufgerufen wird (in diesem Fall sind es 140), produziert das Programm den Makronetzplan, der in der unteren Abbildung dargestellt wird. Die Aktivitäten M10, M15 und M20 sind Anfangsaktivitäten. Die Aktivitäten 130, 150 und andere entsprechende Aktivitäten im Projektnetzplan würden ebenfalls geeignete Makronetzpläne erzeugen.

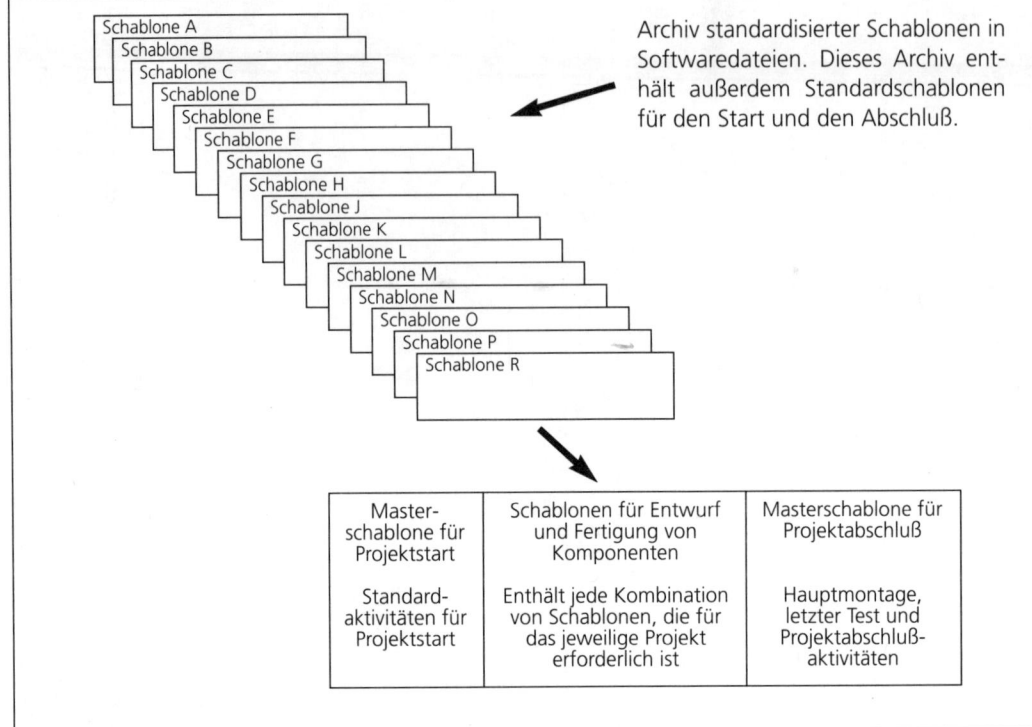

Abbildung 14.4   Eine Schablonenanwendung
Diese Methode wäre für ein Unternehmen mit Projekten geeignet, die in der Regel den Entwurf und die Fertigung von Komponenten oder Untermontageeinheiten in unterschiedlichen Kombinationen und Varianten erfordern, die alle auf einen Standardrahmen montiert werden.

Software

Die folgenden Beispiele wurden auf meinem eigenen System verarbeitet, das *4C for Windows* von *InterSoftware UK* verwendet.

Das Fallstudienprojekt

Die in dieser Fallstudie dargestellten Schablonen wurden vereinfacht und angepaßt, um sicherzustellen, daß sie klar wiedergegeben werden. Es werden lediglich vier Schablonen verwendet, und Ressourcen und Kosten wurden nicht dargestellt. Das für dieses Beispiel ausgewählte Projekt umfaßt daher die folgenden Schablonen:

- Standardisierte Vorbereitungsschablone
- Eine Schablone für Montageeinheit Typ B
- Eine Schablone für Montageeinheit Typ D
- Standardisierte Projektabschlußschablone

Die Netzplandiagramme für diese Schablonen sind in den Abbildungen 14.5 und 14.6 dargestellt. Das Projekt trägt den Identifizierungscode TEMPLA (engl. „template" = Schablone) und den Titel „Schablonenfallstudienprojekt". Das spezifizierte Datum für den Projektstart ist der 13. Mai 1996.

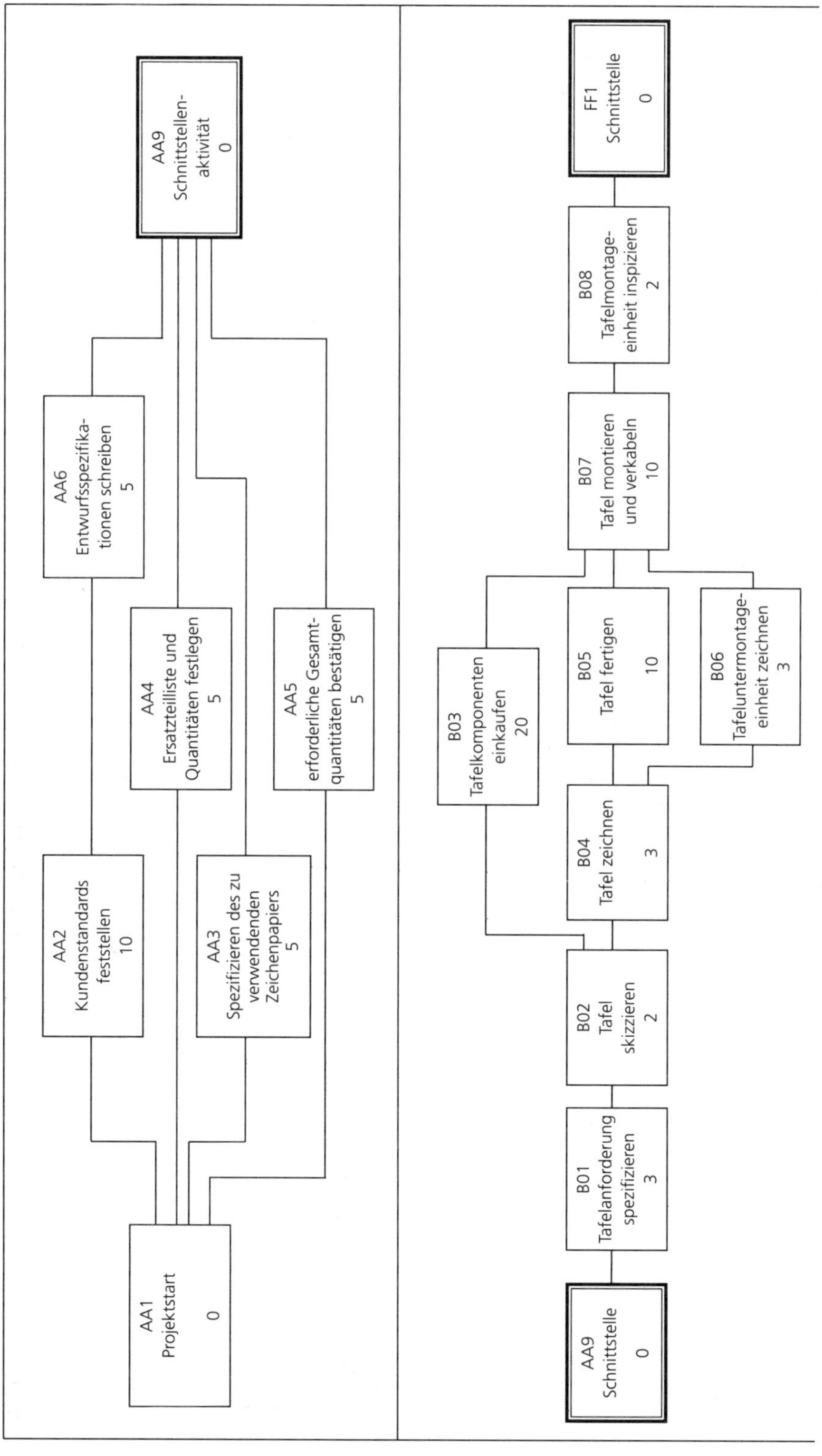

Abbildung 14.5 **Startschablone und Schablone B für Schablonenfallstudie**

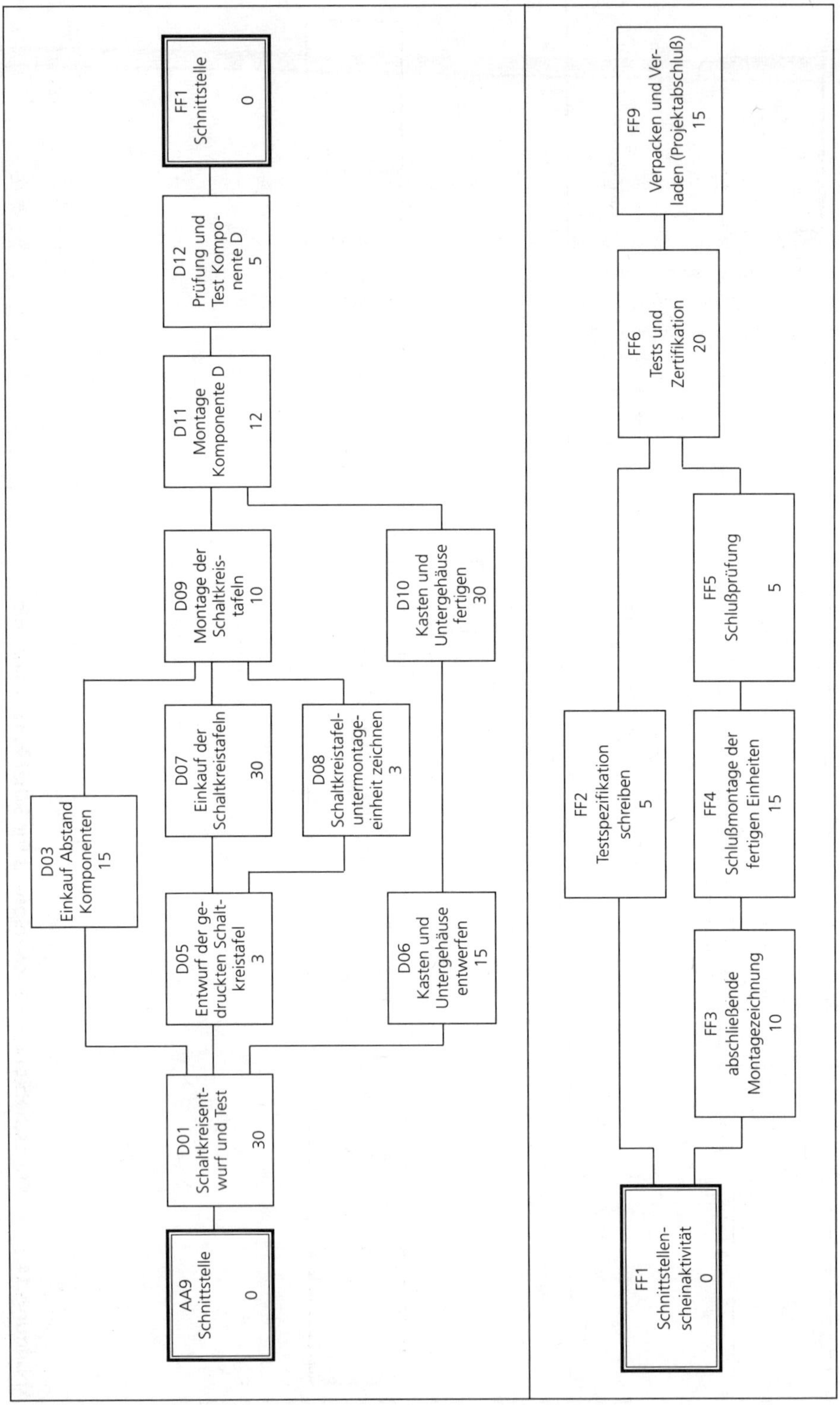

Abbildung 14.6   Schablone D und Projektabschlußschablone für Schablonenfallstudie

Scheinaktivitäten als Schablonenschnittstellen

Ein Problem bei der Arbeit mit Schablonen ist die Behandlung der jeweiligen Verknüpfungen oder Schnittstellen. Die meisten Programme, die in der Lage sind, Schablonen zu einem Gesamtprojektnetzplan zu verbinden, achten nicht auf die Verknüpfungen zwischen den Schablonen. Der Planer muß diese also – nach dem Verschmelzungsprozeß – gesondert eingeben. In den meisten Fällen wird dies nicht viel Mühe bereiten, doch ist eine Checkliste für diese Verknüpfung erforderlich, um Fehler zu vermeiden.

Alle Computerprogramme sollten verhindern – und die meisten werden dies tun –, daß zweimal Aktivitäten oder Ereignisse mit demselben Namen eingegeben werden. Aktivitäten, die in mehr als einer Schablone als gemeinsame Schnittstellen verwendet werden, teilen jedoch eine gemeinsame Identifizierung und müssen als Schnittstellenaktivitäten spezifiziert werden, damit sie nicht als Duplikate zurückgewiesen werden. Doch selbst dann besteht die Gefahr, daß der Computer bereits existierende Schnittstellendaten überschreibt oder löscht, wenn die Schnittstellen zum wiederholten Mal auftreten. Daher ist es gelegentlich ratsam, Scheinaktivitäten einzurichten, die als Schnittstellen fungieren. Die Schnittstelle muß dann lediglich die folgenden Daten enthalten:

- Identifizierung
- Vorausgehende Verknüpfung (innerhalb der Schablone)
- Nachfolgende Verknüpfung (innerhalb der Schablone)
- Dauer (null)

Die für diese Fallstudie verwendete Software beachtet und verbindet sämtliche Verknüpfungen. (Zum Zeitpunkt des Verfassens dieses Buches schien dies die einzige Software mit dieser Funktion zu sein.) In diesem Beispiel werden Scheinaktivitäten als Schnittstellen verwendet, so daß jede Schablone mit einer Schnittstellenscheinaktivität beginnt und endet, die sie automatisch mit dem Hauptprojektnetzplan verbindet. In der Praxis können einige Schablonen mehr als zwei dieser Schnittstellen haben, die nicht unbedingt am Anfang oder Ende auftreten.

Hinzufügen der Schablonen zum Schablonenarchiv

Das Anlegen einer neuen Schablone im *4C*-Archiv wird auf ähnliche Weise vorgenommen wie die Eingabe von Aktivitätsdaten für ein neues Projekt. Die Schaffung der vier Schablonen für diese Fallstudie ging folgendermaßen vor sich:

1. Das *4C*-Schablonenarchiv wurde auf dem Bildschirm aufgerufen. Es erscheint eine Auflistung der Schablonen.
2. Die +-Taste auf dem Bildschirm wurde aktiviert, um das Hinzufügen der neuen Schablone zu ermöglichen.
3. Ein Identifizierungscode, gefolgt vom Schablonentitel, wurde eingegeben. Es mußten Identifizierungscodes mit zwei Buchstaben verwendet werden, um Verwechslungen mit Codes für andere Schablonen, die sich bereits im Archiv befanden, auszuschließen.
4. Alle Aktivitäten und ihre Daten wurden eingegeben. Die Netzplanlogik wurde durch Ziehen der Maus auf den Bildschirm geholt. Jede neu geschaffene Aktivität wurde an ihrer ungefähren Position im Netzplan plaziert. Dann wurden die logischen Verknüpfungen durch Klicken am Ende jeder vorausgehenden Aktivität und Ziehen der Maus zum Beginn der nachfolgenden eingegeben.

Einrichtung des Projektnetzplans

Nachdem das neue Projekt in die Projektdatei eingegeben worden war, wurde der Projektschablonenmodus gewählt. Daraufhin wurde der Inhalt des Schablonenarchivs sichtbar.

Der Projektnetzplan ließ sich schnell und einfach einrichten, indem nacheinander die Schablonen AA, BB, DD und FF ausgewählt wurden. Dann verband die Software alle vier Schablonen zu einer Operation. Der Computer stellt den gesamten Netzplan in Umrissen dar. Das Programm ermöglicht die Vergrößerung der Darstellung von Verknüpfungen an den Schnittstellen, um alle Daten sichtbar zu machen.

Verarbeitung

Nachdem die Schablonen miteinander verbunden wurden, existiert der Netzplan als ein normales, abgespeichertes Projekt, das für die Verarbeitung in der üblichen Weise zur Verfügung steht. Abbildung 14.7 zeigt das Balkendiagramm für diese Schablonen-Fallstudie, das auf früheren Daten der Zeitanalyse beruht.

Skelette und Hängematten

Projektnetzpläne können nur ein paar hundert Aktivitäten enthalten, doch Netzpläne mit mehreren tausend Aktivitäten sind keine Seltenheit. Selbstverständlich muß nicht jede Person in der Projektmanagementstruktur Pläne und Berichte bekommen, die den Detailumfang des vollständigen Projektnetzplans enthalten.

Filterung und Auswahl der aus dem Netzplan stammenden Informationen für Computer-Berichte wurden im Abschnitt „Berichte" im Kapitel 13 erläutert. Es gibt jedoch zusätzlich die Möglichkeit, den Netzplan selbst als ein Dokument zu betrachten, das mit unterschiedlichem Umfang an Details für verschiedene Ebenen des Managements dargestellt werden kann. Ein typischer Ansatz besteht darin, den detaillierten Hauptnetzplan vorrangig als ein Hilfsmittel für den Planer zu betrachen, mit dem er die Einteilung sämtlicher Aktivitäten und Ressourcen durchführt. Dann wird der Hauptnetzplan zusammengefaßt, um zu einem Netzplan auf höherem Niveau zu gelangen, der weit weniger, aber im Verhältnis größere, Aktivitäten enthält. Diese Berichtsversion ist für die Mitglieder der Geschäftsleitung besser geeignet.

Skelettierung

Eine Methode der Zusammenfassung von Netzplänen besteht im Vorgang der „Skelettierung". Die meisten brauchbaren Softwarepakete für Pfeildiagramme enthielten diese Funktion, doch in den letzten Jahren scheint das Verfahren weniger Anwendung zu finden.

Der Planer muß bestimmte Ereignisse im gesamten Netzplan, ähnlich den Meilensteinereignissen, als Schlüsselereignisse benennen, die deshalb ausgewählt werden, weil sie an bedeutsamen Stufen der Projektentwicklung auftauchen, die leicht auszumachen sind und voraussichtlich von besonderem Interesse für Fortschrittskontrolle und -berichte sind. Dann erstellt der Computer einen zusammengefaßten Netzplan, der lediglich anhand der Schlüsselereignisse konstruiert wird.

Da alle Ereignisse, die keine Schlüsselstellung innehatten, aus diesem zusammengefaßten Netzplan entfernt wurden, sind die Aktivitäten, durch die sie verbunden waren, zwangsläufig ebenfalls verschwunden. Die sich ergebende Netzplanlogik ist also „skelettiert", und zur Verknüpfung der

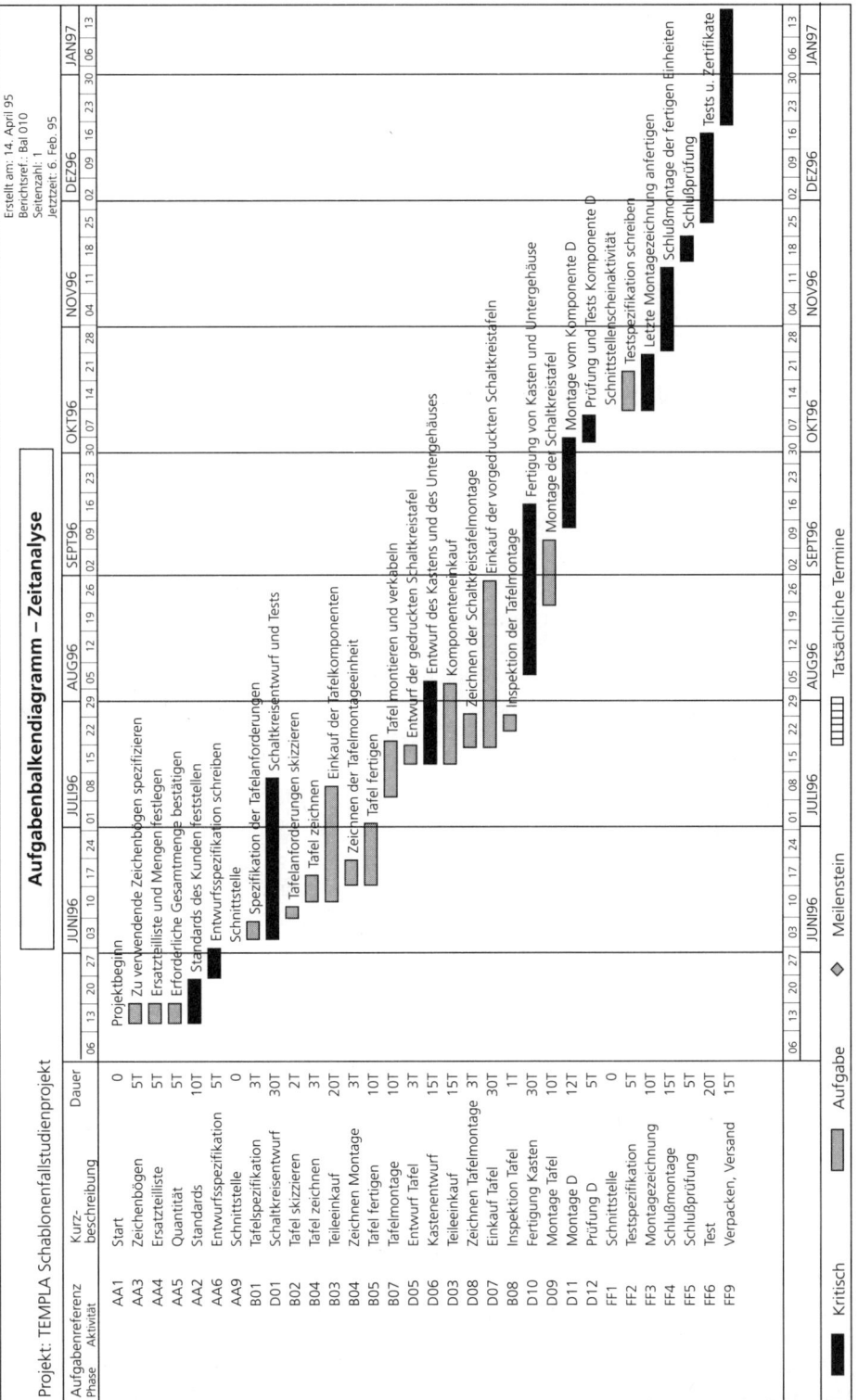

Abbildung 14.7   **Balkendiagramm für das Schablonenfallstudienprojekt**

Nichts in diesem Diagramm weist darauf hin, daß dieser Projektnetzplan einfach und schnell durch das Verschmelzen von vier Standardschablonen zusammengestellt wurde.

Schlüsselereignisse hat der Computer neue Aktivitäten plaziert. Jede dieser neuen Aktivitäten faßt die Gruppe von Aktivitäten zusammen, die sie im ursprünglichen Netzplan ersetzt hat.

Hängematten

Eine andere Methode, um ein ähnliches Resultat wie bei der Skelettierung zu erreichen, ist die Aufnahme von „Hängematten"aktivitäten. Wiederum werden im gesamten Netzplan geeignete Meilensteine ausgewählt. Der Planer fügt zusätzliche Hängemattenaktivitäten zwischen je zwei Meilensteinen hinzu, die die dazwischenliegenden Aktivitäten auffangen. Der Netzplan kann nun entweder so verwendet werden, daß alle Einzelaktivitäten in den Berichten enthalten sind, oder daß nur auf der höheren Ebene der Hängemattenaktivitäten berichtet wird.

Ein Programm für Wahrscheinlichkeits- und Risikoanalyse

Immer wenn Investitionen in ein neues Projekt erwogen werden, haben Financiers oder Manager natürlich den Wunsch, die vorhergesagten Ergebnisse so weit wie möglich zu quantifizieren, bevor sie Verpflichtungen eingehen. (Die finanziellen Aspekte der Projekteinschätzung wurden im Kapitel 6 behandelt.) In einigen Fällen mögen jedoch Elemente des Risikos oder der Unsicherheit in besonderer Weise Anlaß zur Besorgnis geben. Diese könnten den Umfang der voraussichtlichen Gesamtkosten betreffen oder den Gesamtzeitrahmen oder beides.

Es gibt Computerprogramme, die statistische Methoden verwenden, um Planern dabei zu helfen, das Ausmaß solcher Risiken einzuschätzen. Eins von diesen ist *OPERA,* ein Teil des *Open Plan*-Projektmanagementsystems. Das unten beschriebene Verfahren erklärt, wie *OPERA* die Wahrscheinlichkeit einschätzt, ob eine bestimmte Aktivität oder ein Gesamtprojekt zu einem bestimmten Datum abgeschlossen werden können.

Um dieses System anwenden zu können, muß der Planer zunächst jede Netzplanaktivität betrachten und entscheiden, wieviel Vertrauen er dem Voranschlag für die für jede Aktivität erforderliche Arbeitszeit schenkt.

Dann wird der Arbeitszeitvoranschlag auf eine von zwei Weisen ausgedrückt: als der optimistischste Voranschlag und als der pessimistischste Voranschlag. Dies ähnelt in gewisser Weise der PERT-Methode (siehe den Abschnitt über PERT im Kapitel 8) – mit dem Unterschied, daß nur zwei Voranschläge für jede Aktivität erforderlich sind und nicht drei.

Im Laufe der Netzplan-Zeitanalyse veranlaßt das *OPERA*-Programm den Computer, jeder Aktivität entweder die optimistisch veranschlagte oder die pessimistisch veranschlagte Zeitdauer zuzuteilen. Die Auswahl erfolgt willkürlich (per Zufallszahlengenerator), so daß es reiner Zufall ist, ob der optimistische oder der pessimistische Voranschlag für eine Zahl verwendet wird. Wenn die Zeitanalysekalkulation wiederholt wird, entscheidet wiederum der Zufall, welche Voranschläge verwendet werden, und es wird sich fast garantiert eine unterschiedliche Gesamtprojektdauer ergeben. Die Verarbeitungsgeschwindigkeit ist so groß, daß die Zeitanalyse des Netzplans in weniger als einer oder zwei Minuten viele hundert Male wiederholt werden kann.

Dieses Verfahren, bekannt als Monte-Carlo-Methode, ergibt eine große Auswahl von Ergebnissen, die statistisch analysiert werden können, um den wahrscheinlichsten Abschlußtermin für jede ausgewählte Aktivität vorherzusagen. Die interessanteste Aktivität ist natürlich die letzte im Projekt, denn sie ergibt das Abschlußdatum für das Gesamtprojekt.

Abbildung 14.8 zeigt einen von *OPERA* erstellten Bericht. Der Bericht enthält zwei Hauptelemente, einen Häufigkeitsbericht und eine graphische Kurve. Entsprechend dem Maßstab in diesem speziellen Beispiel, hat jede Säule im Histogramm eine Breite, die zwei Projekttagen entspricht. Die Höhe jeder Säule resultiert aus der Häufigkeit, mit der die Computerkalkulation ergibt, daß ein Abschlußtermin innerhalb der Zweitagesperiode liegt. Da die Voranschläge rein willkürlich zugeteilt wurden, werden die Ergebnisse statistisch wahrscheinlich einer Normalverteilungskurve entsprechen. Regelmäßigkeit und Konformität dieser Kurve hängen jedoch davon ab, daß der Netzplan mehr als nur einige wenige Aktivitäten enthält, sowie von der Durchführung einer erheblichen Anzahl von Wiederholungen der Zeitanalyse; nur damit erhält man eine statistisch relevante Samplegröße. Für den Planausdruck in Abbildung 14.8 wurden 500 Versuchsdurchgänge in einem Präzedenznetzplan mit etwa 130 Aktivitäten durchgeführt.

Zusätzlich zum Histogramm hat das System eine Kurve gezeichnet, die die in Prozent berechnete Wahrscheinlichkeit anzeigt, mit der das jeweilige Versuchsergebnis für jedes Datum innerhalb der Zeitplanung erreicht werden kann.

Die Version in Abbildung 14.8 wurde für eine klare Wiedergabe in diesem Buch vereinfacht. Die Originalversion enthielt außerdem folgende Informationen:

- Berichtstitel: Histogramm für frühen Starttermin für Aktivität A00130 (Projektabschluß)
- Projekttitel
- Berichtsname (RISKACT)
- Bearbeitungsdatum
- Bemerkung, daß jede Spaltenbreite zwei Tage repräsentiert
- Anzahl der durchgeführten Versuchskalkulationen (in diesem Fall 500)
- Arithmetischer Mittelwert für den frühen Starttermin der Aktivität A00130 (20. September 1995)
- Standardabweichung vom Mittelwert (11 Tage)

Das *OPERA*-System ermöglicht dem statistisch bewanderten Planer, den Computer anzuweisen, die Voranschläge in solcher Weise zuzuteilen, daß die Verteilungskurve schräg verläuft oder eine andere Form annimmt, etwa dreieckig. Außerdem können Simulationen für die Analyse der wahrscheinlichen Projektkosten durchgeführt werden, indem ähnliche Methoden verwendet werden, wie die hier für die Zeitanalyse beschriebenen.

Integrierte Datenbanken

Eines der Probleme, denen Manager großer Projekte begegnen, besteht darin, all die verschiedenen Verwaltungssysteme mit Veränderungen und Projektfortgang sowie miteinander in Übereinstimmung zu halten. In der Bergbauindustrie sowie in der Nutz- und Hochbaubranche ist es beispielsweise seit langem üblich, Einteilungen für Projektzeichnungen und -einkauf zu unterhalten und zu verteilen, die nicht nur Listen sämtlicher Zeichnungen und der bedeutenden Projektanschaffungen enthalten, sondern auch Einteilungs- und Fortschrittsinformationen vermitteln sollen. Der erforderliche Arbeitsaufwand, um diese und andere Dokumente auf dem neuesten Stand zu halten, kann sehr groß sein. Das Kopieren und erneute Verteilen der Einteilungen an die Manager, den Kunden und andere Organisationen ist eine kostspielige und zeitraubende Angelegenheit, da gelegentlich Hunderte von Seiten aktualisiert werden müssen.

Ein Teil der Schwierigkeiten liegt darin, daß alle diese Systeme voneinander getrennt sind. Ein Projektmanager muß mit vielen unterschiedlichen Unterlagen umgehen, die Bereiche wie Kostenvoranschläge, Kostenkontrolle, Planeinteilungen, Einkaufsplanung, Aufgabenlisten, Personalpläne, Baustellenplanungen usw. betreffen. Schon eine geringfügige Änderung der Projekteinteilung

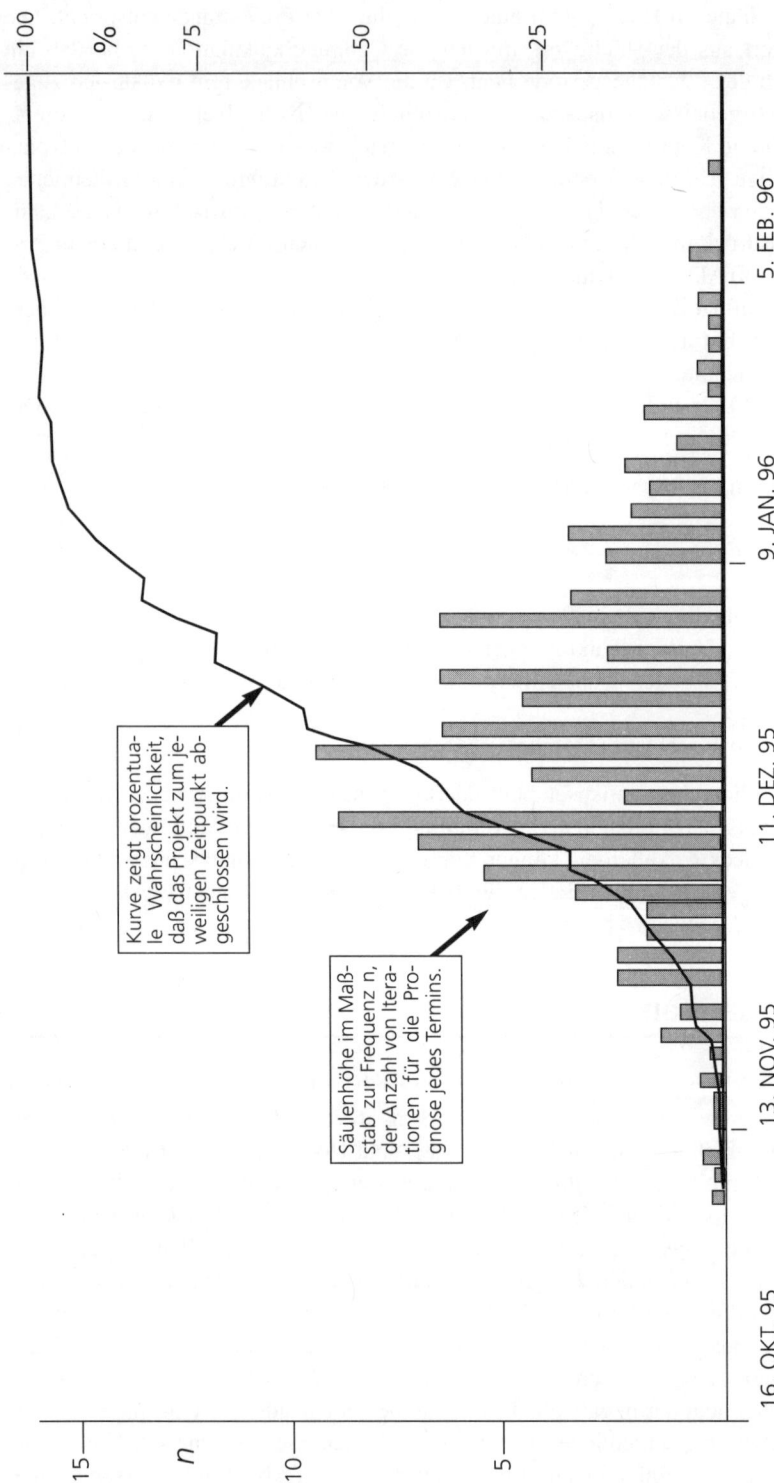

Kurve zeigt prozentuale Wahrscheinlichkeit, daß das Projekt zum jeweiligen Zeitpunkt abgeschlossen wird.

Säulenhöhe im Maßstab zur Frequenz n, der Anzahl von Iterationen für die Prognose jedes Termins.

Abbildung 14.8   Risikoanalysehistogramm, erstellt mit OPERA
Ein Teil des *Open Plan*-Systems, das OPERA-Programm, kann dafür verwendet werden, Frequenzhistogramme und kumulative Wahrscheinlichkeitskurven zu erstellen, die die Wahrscheinlichkeit anzeigen, ob ein Programm zu früh oder spät abgeschlossen werden wird (basierend auf Originaldaten, zur Verfügung gestellt von *Welcom Software Technology International*).

(Netzplan) kann die Änderung einer Vielzahl dieser Unterlagen bedeuten. In der „traditionellen" Projektverwaltungspraxis gab es die paradoxe Situation, daß diese Systeme einige gemeinsame Daten enthielten, daß aber alle getrennt voneinander geführt wurden und außerdem vom Betriebsinformationssystem der Firma getrennt waren.

Betrachten wir beispielsweise, was geschähe, wenn nur ein Datum für ein wichtiges Projektereignis verändert würde. Möglicherweise hat ein Problem auf der Baustelle zur Folge, daß sämtliche Materiallieferungen sowie die Aktivitäten, die von ihnen abhängen, um vier Wochen hinausgezögert werden müssen. Bei Verwendung der „traditionellen", getrennten Systeme müssen die Planer zunächst die Netzplaneinteilung aktualisieren und neu verarbeiten. Dann folgt eine Reihe gesonderter, arbeitsintensiver Arbeitsschritte, um jedes der verschiedenen Projektverwaltungssysteme zu aktualisieren. Die überarbeiteten Daten müssen schriftlich in Einkaufseinteilungen und Bestellkontrolleinteilungen vermerkt werden. Sämtliche Kostenkurven müssen in neuem Maßstab erneut gezeichnet werden. Cash-flow-Planungen müssen umstrukturiert werden. So geht es weiter durch sämtliche Projektverwaltungssysteme und darüber hinaus bis zu den allgemeinen Managementsystemen des Unternehmens.

Indem sämtliche Systeme für Aufzeichnungen der Projektverwaltung in einen Computer eingegeben werden, der eine Datenbank verwendet, können die Probleme vergeudeter Bürozeit, zögerlicher Reaktionen auf Veränderungen und die große Gefahr von Fehlern vermieden werden. Zumindest drei der Programme, die am Ende dieses Kapitels aufgeführt werden *(Artemis Prestige, 4C* und *Open Plan Professional)*, sind Datenbanksysteme.

Datenbankelemente

Abbildung 14.9 zeigt vier Hauptelemente einer Datenbank. Eines von diesen könnte beispielsweise ein Zeichnungsarchiv sein, das den Zeichnungsarchiven entspricht, die in traditionellen Bürosystemen verwendet werden, wo für jede Planzeichnung eine Karte angelegt wird.

Die Daten, die jede Aufzeichnung enthält, befinden sich in einem Datenfeld, das in diesem Fall den Reihen und Spalten der herkömmlichen Karte entspricht. Abbildung 14.12 illustriert dieses Prinzip, indem Daten verwendet werden, die in einem typischen Zeichnungsarchiv vorkommen. Sämtliche Zeichnungsunterlagen zusammen genommen machen den Planzeichnungsdatensatz aus, der einem vollständigen Ordner von Archivkarten entspricht. Im herkömmlichen System hätte es noch ein gesondertes Planzeichnungsregister gegeben, doch im Computer kann der Plandatensatz diese Doppelrolle übernehmen.

Datensätze können für jede andere Gruppe von Unterlagen in der Projektverwaltung oder den Managementsystemen des Unternehmens angelegt werden. Aus all diesen Datensätzen besteht die Datenbank.

Typische Datensätze in einem Projektmanagementsystem

Der Systemanwender entscheidet über die Anzahl von Datensätzen, die in der Datenbank enthalten sind, doch die folgende Liste kann als nützlicher Leitfaden dienen. Sie beruht auf Erfahrungen mit *Artemis* (zusammenfaßt von *Lucas Management Systems,* 1994):

- *Netzplandatensatz*, der den Projektplan darstellt und sämtliche Netzplanaktivitäten enthält.
- *Planzeichnungsdatensatz,* der, wie bereits erläutert, die Zeichnungsunterlagen in Form eines Planregisters enthält.
- *Materialdatensatz*, der die Einkaufsanforderungen und -bestellungen auflistet und effektiv als Einkaufskontrolleinteilung dient.

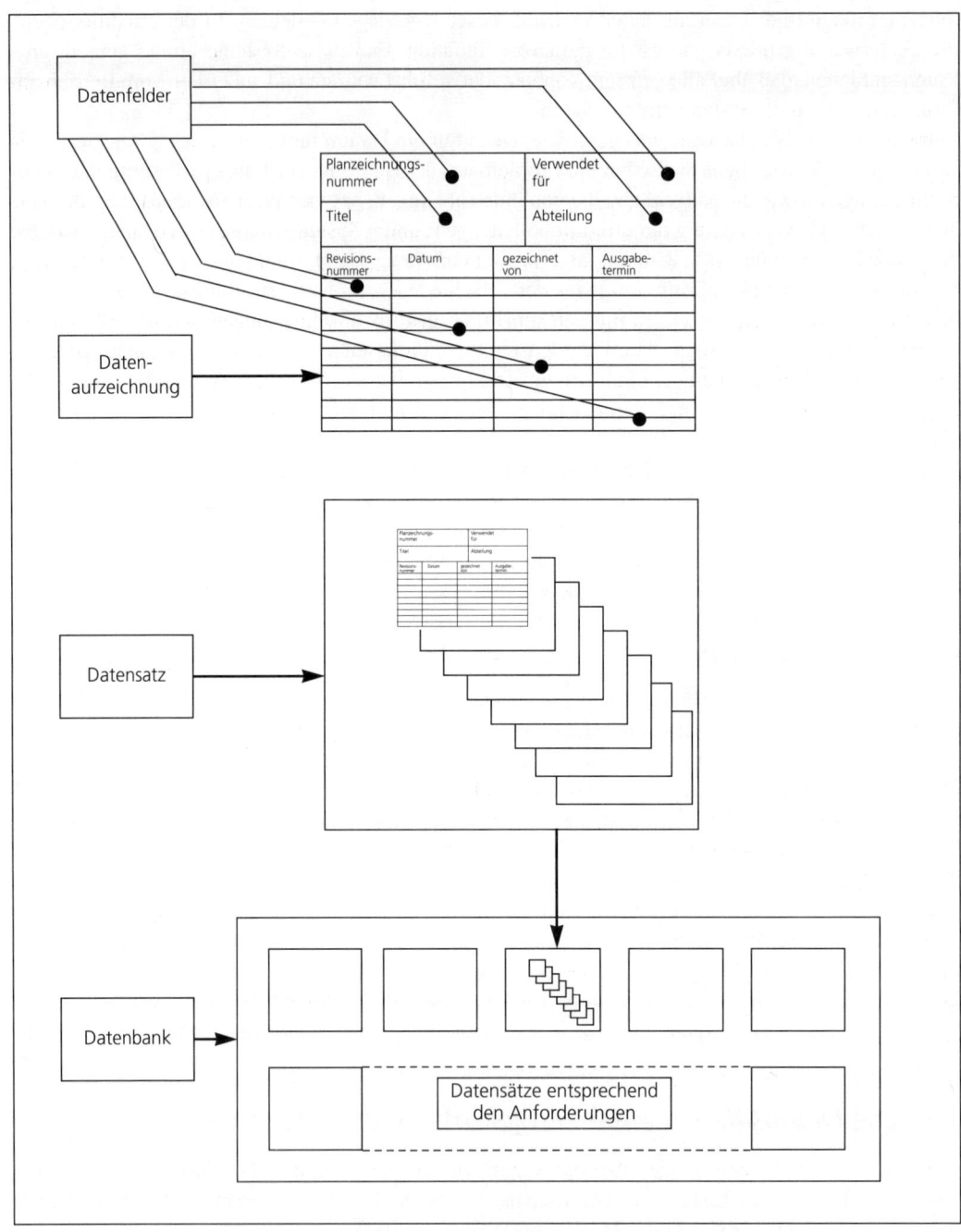

Abbildung 14.9   Bestandteile einer Datenbank

- *Händlerdatensatz*, der in seiner einfachsten Form aus einer Adressenliste aller wichtigen Anbieter besteht. Es können jedoch zusätzlich zu den üblichen Details, wie Name und Anschrift, weitere Informationen oder Kommentare aufgezeichnet werden. Es können zum Beispiel Fakten hinsichtlich der Leistungseinschätzung aufgenommen werden. Es kann außerdem nützlich sein, das Angebot an Produkten oder Dienstleistungen aufzuführen.

- *Aufgabendatensatz*, in dem jede Eintragung eine durchzuführende Aufgabe beschreibt. Zu den erforderlichen Informationen gehören die Aufgabenbeschreibung sowie beteiligte Abteilungen und Gruppen. Werden Informationen aus anderen Datensätzen importiert, so können diese die Grundlage für die Vorbereitung von Aufgabenlisten und die Sammlung der Kontrollinformationen über die Projektentwicklung bilden.

- *Kostendatensatz*, der die Codes für die im Projekt verwendeten Konten gemeinsam mit den entsprechenden Etats aufführt. Eine logische Struktur ist für diesen Datensatz unabdingbar (siehe die Abschnitte über Arbeitsaufgliederung und Kostencodierung im Kapitel 4).

- *Ressourcendatensatz*, der einen Eintrag für jede Art von für das Projekt benötigten Ressourcen beinhaltet. Er kann beispielsweise das normale sowie das Schwellenniveau des Vorhandenseins mit den entsprechenden Kostenraten enthalten.

- *Geschichtsdatensatz*, der eine Reihe von Archivunterlagen enthält, die zu verschiedenen Projektdaten gehören. Jede Eintragung enthält Daten (Projektumfang, Kosten, Fortschritt usw.), die für das Aufzeichnungsdatum relevant sind. Die früheste dieser Aufzeichnungen sollte daher beispielsweise die ursprünglichen Projektetats und die Meilensteindaten wiedergeben. Jede dieser Aufzeichnungen kann als Quelle herangezogen werden, um einen Vergleich mit Daten anzustellen, die in den gegenwärtigen Kosten- und Fortschrittsberichten enthalten sind.

Die Datenbankmethode in der Praxis

Abbildung 14.10 enthält ein Beispiel für eine Projektmanagement-Informationsstruktur. Die Verwendung einer Datenbank bedeutet, daß die in der Datenbank enthaltenen Kategorien von Daten quer durch sämtliche unterschiedlichen Datensätze miteinander in Beziehung gesetzt werden können. Wenn also ein Datum oder eine andere Information in einer bestimmten Aufzeichnung geändert werden soll, kann dieser Punkt automatisch an andere Dateien innerhalb des Systems, die ihn ebenfalls enthalten müssen, vermittelt werden.

Vom Computer erstellte Berichte können so gestaltet werden, daß sie Informationen aus mehr als einem Datensatz enthalten. So ist es beispielsweise möglich, einem Controller für den Materialeinkauf die kombinierten Informationen aus der Netzplaneinteilung und den Bestellunterlagen zukommen zu lassen, die zusammen einen Bericht ergeben, der alle Bestellungen enthält, die beschleunigt werden müssen, sowie die neuesten Informationen über vorhandenen Spielraum und andere Informationen über den Projektplanungsstatus.

Ein Datenbanksystem macht es möglich, weit mehr Informationen in das System aufzunehmen und mit der Netzplaneinteilung zu verknüpfen. Beispielsweise läßt sich eine Gruppe von Zeichnungen im Planzeichnungsdatensatz identifizieren, die für eine bestimmte Aktivität von Belang ist. (Voraussetzung dafür ist jedoch, daß die Aktivitätsbeschreibungen im Netzplan geeignete Codes enthalten, was wiederum zeigt, wie wichtig eine gute Arbeitsaufgliederung und ein gutes Codierungssystem sind.) Das System kann also beispielsweise eine Liste von Planzeichnungen erstellen, die von den Beschäftigten auf einer Baustelle oder in einem Fertigungsbetrieb für jede Netzplanaktivität benötigt werden, sowie – wenn erforderlich – sämtliche relevanten Einteilungs- und Etatdaten.

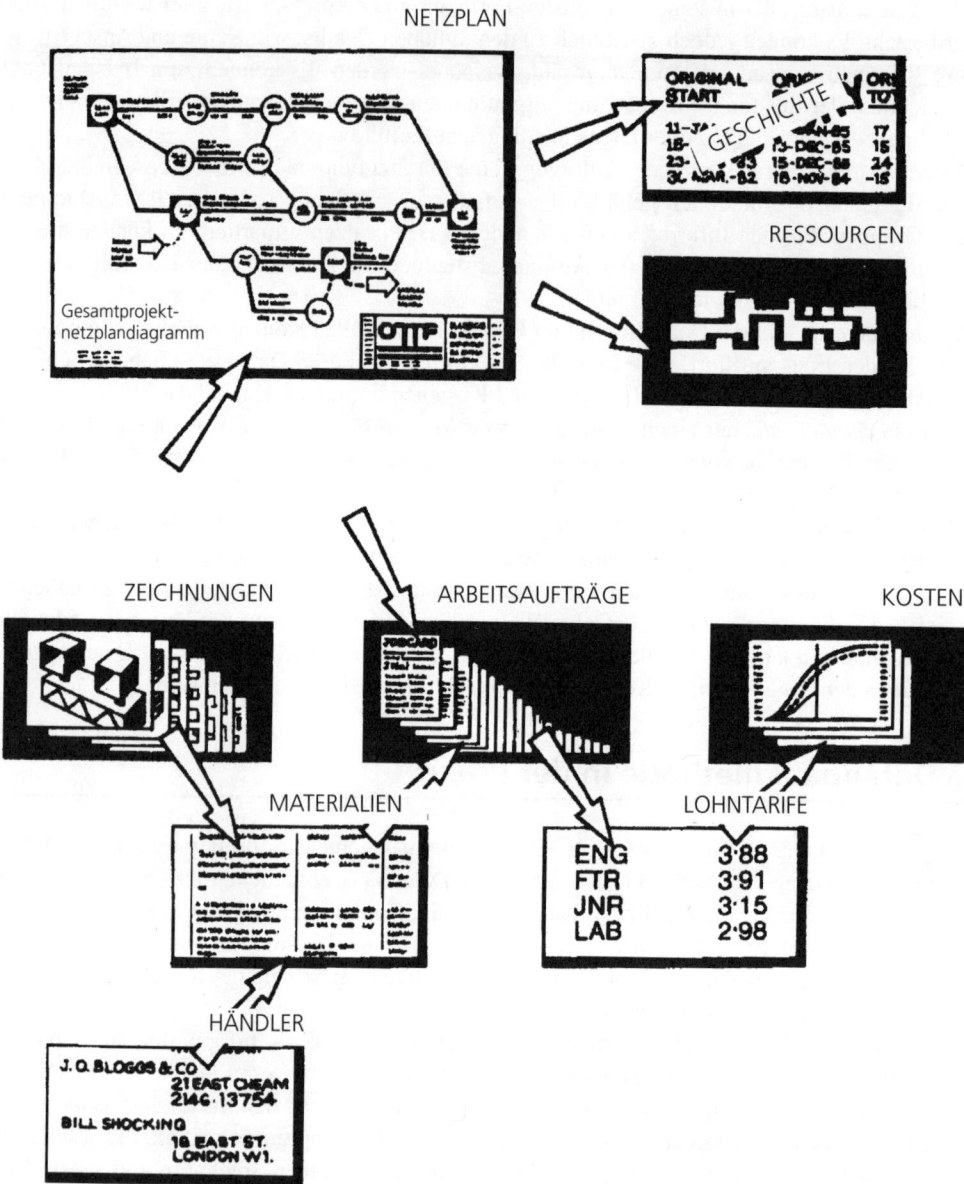

Abbildung 14.10   Eine typische Datenbankstruktur für Projektinformationen
(nach: *Lucas Management Systems*)

Die Gestaltung des Systems ist jedoch niemals einfach. Sollte sich die Verteilung der Daten auf Felder und Datensätze für den Betrieb als ungeeignet herausstellen, kann die Erkenntnis, daß eine Systemänderung erforderlich ist, unangenehme Folgen nach sich ziehen, z. B. die Neueingabe von Tausenden von Daten. Von großer Bedeutung ist hier natürlich auch die Auswahl des Computersystems (ein PC, mehrere PCs, Netzwerk etc.).

Teil 5
Einkaufs- und
Materialmanagement

Kapitel 15
Planung der Teile für Fertigungsprojekte

Dieses Kapitel behandelt die Planungseinteilung von Komponenten für Projekte, die am Ende aus einer oder mehreren Montageeinheiten bestehen. Materialien und Einzelteile gehören für diese Projekte natürlich ebenso zu den Ressourcen wie Geld und Arbeitskräfte, so daß das in den vorausgehenden Kapiteln begonnene Thema der Ressourceneinteilung hier fortgeführt wird. Probleme, die sich im Zusammenhang mit der Einteilung von Einzelteilen ergeben, unterscheiden sich jedoch erheblich von denen, die bei der Einteilung anderer Projektressourcen auftauchten. Die Lösung dieser Probleme ist oft mühsam; außerdem sind spezielle Verfahren nötig.

Der Planungsrahmen

Beziehung zu Projektmanagementeinteilungen

Bei allen in diesem Kapitel beschriebenen Verfahren wird davon ausgegangen, daß dem Projektmanager bekannt ist, wann jede Montageeinheit oder jede Untereinheit für das Projekt bereit sein muß. Diese Information muß den Gesamtprojekteinteilungen entnommen werden, wobei Netzpläne des kritischen Weges oder Balkendiagramme verwendet werden, wie bereits in den vorausgehenden Kapiteln beschrieben. Vorausgesetzt, sämtliche Arbeitskräfte wurden ordnungsgemäß eingeteilt und die erforderlichen Rohmaterialien stehen entsprechend den Produktionsanforderungen zur Verfügung, sollte die Fertigung von Einzelteilen und Montageeinheiten im allgemeinen gemäß den Projektanforderungen erfolgen können.

Die Gesamteinteilungen können jedoch in der Regel nicht detaillierter sein als Montageeinheiten oder höchstens größere Untereinheiten. Innerhalb jeder dieser Einheiten kann es eine Reihe von Untereinheiten geben, von denen jede wiederum eine Mischung aus zugekauften Komponenten, innerhalb des Betriebes gefertigten Teilen sowie Einzelteilen, die zum Lagerbestand zählen, enthält.

Identifizierung und Quantifizierung gemeinsamer Teile

In der Regel wird die Einteilung der Einzelteile dadurch erschwert, daß einige der Teile für mehrere Montageeinheiten benötigt werden, so daß die Beschaffung den verschiedenen Anwendungen Rechnung tragen muß. Nehmen wir an, daß für ein Projekt 100 elektrische Wechselschaltereinheiten erforderlich sind, die sich alle leicht voneinander unterscheiden, aber jeweils eine bestimmte Art von Mikroschaltern in unterschiedlichen Mengen enthalten. Offensichtlich muß jemand feststellen, wie viele dieser Schalter insgesamt für das Projekt benötigt werden, damit nicht 100 Einzelbestellungen für Mikroschalter aufgegeben werden. Die Wechselschaltereinheiten können darüber hinaus weitere Komponenten enthalten, und es muß wiederum festgestellt werden, wie viele insgesamt benötigt werden.

Unterschiede zwischen verschiedenen Produktionsstapeln

Es kommt zu einer weiteren Schwierigkeit, wenn ein Projekt mehr als einen Produktionsstapel beinhaltet. Betrachten wir das Beispiel eines Auftragnehmers aus der Rüstungsindustrie, der ein hochmodernes Waffenleitsystem produziert. Der ursprüngliche Auftrag könnte aus der Entwicklung und Fertigung von sechs identischen „Mark 1"-Prototypen bestehen, die im Abstand von zwei Monaten zu liefern sind. Bevor alle Prototypen ausgeliefert sind, wird mit der Entwicklung einer verbesserten Version („Mark 2") begonnen. Die Produktion von „Mark 1" und „Mark 2" befindet sich also zum selben Zeitpunkt im Werk auf unterschiedlichen Entwicklungsstufen, und einige Einzelteile werden in beiden Stapeln verwendet. Es kann davon ausgegangen werden, daß ein oder beide Stapel oder gar einzelne Einheiten jedes Stapels von technischen Veränderungen betroffen werden.

Detaillierte Hilfestellung aus dem Büro des Projektmanagers

Wird die Einteilung der Einzelteile besonders komplex, kann das Projektleitungsbüro den Einkaufs- und Produktionsabteilungen den gesamten bekannten Bedarf an Einzelteilen zusammenstellen und detaillierte Planungen herausgeben, die darstellen, wann diese Teile benötigt und für welche Montageeinheiten sie verwendet werden. Der Rest dieses Kapitels behandelt die Form dieser Hilfestellung. Zunächst wird ein sehr einfaches Fertigungsprojekt analysiert, in dem nur ein Einzelstück hergestellt wird. Dann werden die Bedingungen komplexer gestaltet – indem dieser Artikel in unterschiedlichen Mengen für Kunden produziert wird, die sie zu unterschiedlichen Zeitpunkten benötigen.

Fallstudie: Aktenschrankprojekt – Einzelstück

Ein Unternehmen hat einen stählernen Aktenschrank mit zwei Schubladen entworfen. Abbildung 15.1 zeigt eine Explosionszeichnung des Schranks, der zunächst als Einzelstück gefertigt wird.

Einfache Teileauflistung

Sämtliche der für den Schrank benötigten Teile sind in der Explosionszeichnung in Abbildung 15.1 sichtbar und können leicht in einer Einzelstückliste oder Materialbestellung aufgeführt werden. Diese können entweder mit Hilfe eines CAD-Systems *(computer-aided design)* zusammengestellt werden oder von Hand, wie in Abbildung 15.2 dargestellt. Die Anzahl der Teile in dieser Stückliste entspricht der in der Darstellung.

Zeitpunkt und Reihenfolge der Bereitstellung

Ausgerüstet mit einer einfachen Stückliste, können die Unternehmensmitarbeiter der Einkaufs- und Produktionskontrollabteilungen des Unternehmens sämtliche Materialien bereitstellen, indem sie die Artikel den Vorräten entnehmen und die übrigen entweder zukaufen oder anfertigen lassen. Über die benötigte Gesamtzahl jedes Artikels gibt es keinen Zweifel, und komplizierte Berechnungen sind nicht erforderlich.

Wenn der angestrebte Abschlußtermin für den Einzelschrank bekannt ist, ist auch recht einfach festzulegen, wann jeder Artikel bestellt werden muß. Offensichtlich müssen alle Einzelteile mit sehr langer Bestell- oder Fertigungszeit zuerst bestellt werden.

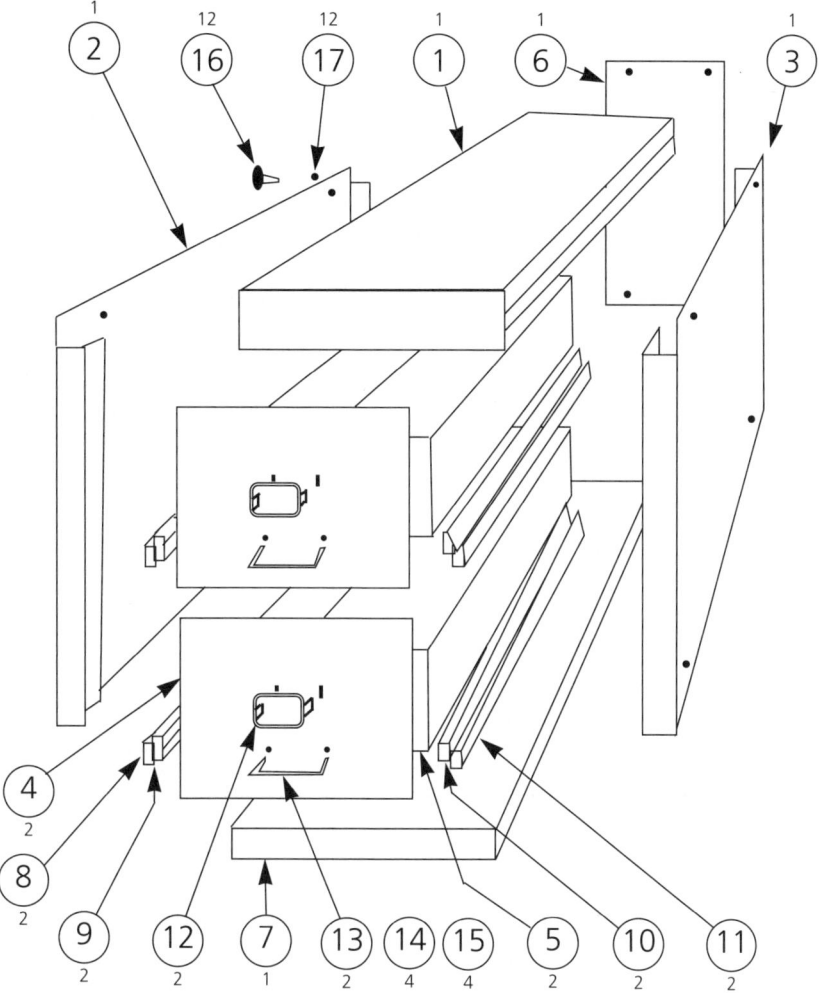

Abbildung 15.1 Aktenschrank: Explosionsdarstellung

Strukturierte Stücklisten

Die beste Fertigungsabfolge für den Aktenschrank wäre die folgende:

1. Fertigung der individuellen Einzelteile.
2. Zusammenbau der Teile in den unterschiedlichen Montageeinheiten.
3. Durchführung der abschließenden Hauptmontage.

In der Praxis ist die in Abbildung 15.2 dargestellte einfache Stückliste daher für die Produktionsabteilung nicht sehr geeignet, weil diese im Idealfall eine gesonderte Liste für jede Montageeinheit benötigt, um die Teile auszugeben.

Um diese separaten Listen zu erstellen, beginnt in der Regel die Entwicklungsabteilung damit, einen Stammbaum oder ein Diagramm der benötigten Teile zu zeichnen, um darzustellen, wie sämtliche Montageeinheiten und Einzelteile in der Schlußmontage zusammengehören. Der Stammbaum für

Artikel-nummer	Teile-nummer	Beschreibung	Menge	Anmerkungen
1	FC/1001	Abdeckplatte	1	
2	FC/1002/L	Seitenplatte/L	1	
3	FC/1002/R	Seitenplatte/R	1	
4	FC/1003	Schubladenfrontabdeckung	2	
5	FC/1004	Schubladenboden	2	
6	FC/1005	Rückabdeckung	1	
7	FC/1006	Sockel	1	
8	A502-A	Äußere Laufschiene/L	2	Einzukaufen Smiths Ltd
9	A502-B	Innere Laufschiene/L	2	" "
10	A503-A	Äußere Laufschiene/R	2	" "
11	A503-B	Innere Laufschiene/R	2	" "
12	A209	Beschriftungskarteneinschub	2	" Carter & Coy Ltd
13	A350	Griff	2	" Epsom & Salt Ltd
14	S217	Schrauben	4	" Acme Screw Company Typ 347M-F
15	W180	Unterlegscheiben, stoßfest	4	" Acme Screw Company Typ 459 SP
16	S527	Schrauben	12	" Acme Screw Company Typ 1003ST-X
17	W180	Unterlegscheiben, stoßfest	12	" Acme Screw Company Typ 459SP

Ausgabe	Mod.Nr.	Datum	Unterschr.	Ausg.	Mod.Nr.	Datum	Unterschr.	Ausg.	Mod.Nr.	Datum	Unterschr.
1	erstes	8.5.84									

gezeichnet von EFP	geprüft von AJP	genehmigt von D. L. Lock	Datum 1.5.84	

ROBINSON'S OFFICE FURNITURE COMPANY LIMITED, BIRMINGHAM

Titel Aktenschrank – Elite-Serie – 2 Schubladen ohne Schloß	Seite 1 von 1 Seiten	Montagenummer FC/1000

Abbildung 15.2   Aktenschrank: Einfache Stückliste

Diese Liste wurde zusammengestellt, indem die Teile aus der Explosionsdarstellung ohne Rücksicht auf die Abfolge in der Montage aufgeführt wurden.

den Aktenschrank wird in Abbildung 15.3 gezeigt. Zusätzlich zur Schlußmontage enthält sie vier weitere Einheiten, so daß also insgesamt fünf Stücklisten benötigt werden. Der Inhalt dieser fünf Listen wird in Abbildung 15.4 zusammengefaßt.

Zusammenstellen der Materialanforderungen

Der Fall des einzelnen Produktionsstapels

Die Gestaltung der Stücklisten für den Aktenschrank in der Stammbaumgruppierung (Abbildung 15.3) ist ideal für den Fertigungsprozeß. Weniger geeignet ist sie für den Einkauf oder die Produktionsplanung von Teilen, die für mehr als eine Montageeinheit benötigt werden.

Die stoßsichere Unterlegscheibe des Aktenschranks mit der Nummer W180 wird zum Beispiel für zwei Montageeinheiten benötigt. Sie taucht zweimal in der einfachen Stückliste in Abbildung 15.2 auf, und es ist leicht, sie zusammenzuzählen, um zur Gesamtzahl der für einen Aktenschrank benötigten Scheiben zu gelangen (4 + 12 = 16). Im Stammbaum jedoch und in den Stücklisten, die auf ihm beruhen, ist das Ergebnis nicht so eindeutig.

Nun könnte jemand, der entweder den Stammbaum oder die fünf separaten Stücklisten betrachtet, zu dem Schluß kommt, daß nur 14 Unterlegscheiben des Typs W180 benötigt werden (12 in der Hauptmontage und zwei für die Schubladenmontage). In jeder der gesonderten Stücklisten taucht die Unterlegscheibe, genau wie jeder andere Artikel, nur in den Quantitäten auf, die für die Fertigung der bestimmten Montageeinheit benötigt werden, unabhängig davon, wie viele Einheiten erforderlich sind. Der Haken ist natürlich, daß für einen Aktenschrank zwei Schubladen benötigt werden, so daß die benötigte Gesamtzahl an Unterlegscheiben 12 + (2 x 2) = 16 beträgt.

Um herausfinden zu können, wie viele Stück von jedem Artikel insgesamt bereitgestellt werden müssen, ist es daher erforderlich, sich durch den Stammbaum nach oben zu arbeiten und die Mengen – wenn nötig – zu multiplizieren.

Es war in der Vergangenheit üblich – und ist es wahrscheinlich mancherorts noch immer –, dieses Problem durch die Verwendung eines Kartenindexsystems zu lösen. In den besten dieser Systeme liegen die Karten übereinander in einem flachen Kasten, so daß das untere Ende jeder Karte sichtbar ist. Für jede Montage, Untereinheit und jeden einzelnen Artikel gibt es eine Karte, und die Karten liegen in der Regel in der Reihenfolge ihrer Teilenummern. Eine geeignete Kartengestaltung zeigt die Abbildung 15.5. Angesichts der Tatsache, daß ein Fertigungsprojekt Hunderte von Seiten von Stücklisten beinhalten kann, kann die Einrichtung des Systems äußerst arbeitsintensiv sein. Mit angemessener Systematisierung wird es jedoch einfacher. Eine der möglichen Methoden sieht folgendermaßen aus:

1. Es wird ein kompletter Satz von Stücklisten ausgedruckt und in kleinere Papierstapel aufgeteilt.
2. Ein technischer Mitarbeiter überfliegt die Stücklisten und streicht alle offensichtlich mehrfach auftauchenden Teile, zum Beispiel Schrauben.
3. Es wird eine Gruppe von Schreibkräften zusammengestellt, entweder innerhalb der Firma oder als Heimarbeiter.
4. Jede Schreibkraft erhält einen Stapel von Stücklisten, um Beschreibung und Teilenummer jedes aufgeführten Artikels auf den unteren Rand der Karte zu tippen. (Ausgenommen sind die gestrichenen Artikel, denn sonst ergibt sich eine Vielzahl von doppelten Karten.)
5. Die Karten werden eingesammelt, entsprechend ihren Teilenummern sortiert und in die Ablagen gelegt, wobei zwischen ihnen genügend Platz gelassen werden sollte, damit zusätzliche Karten eingefügt werden können.

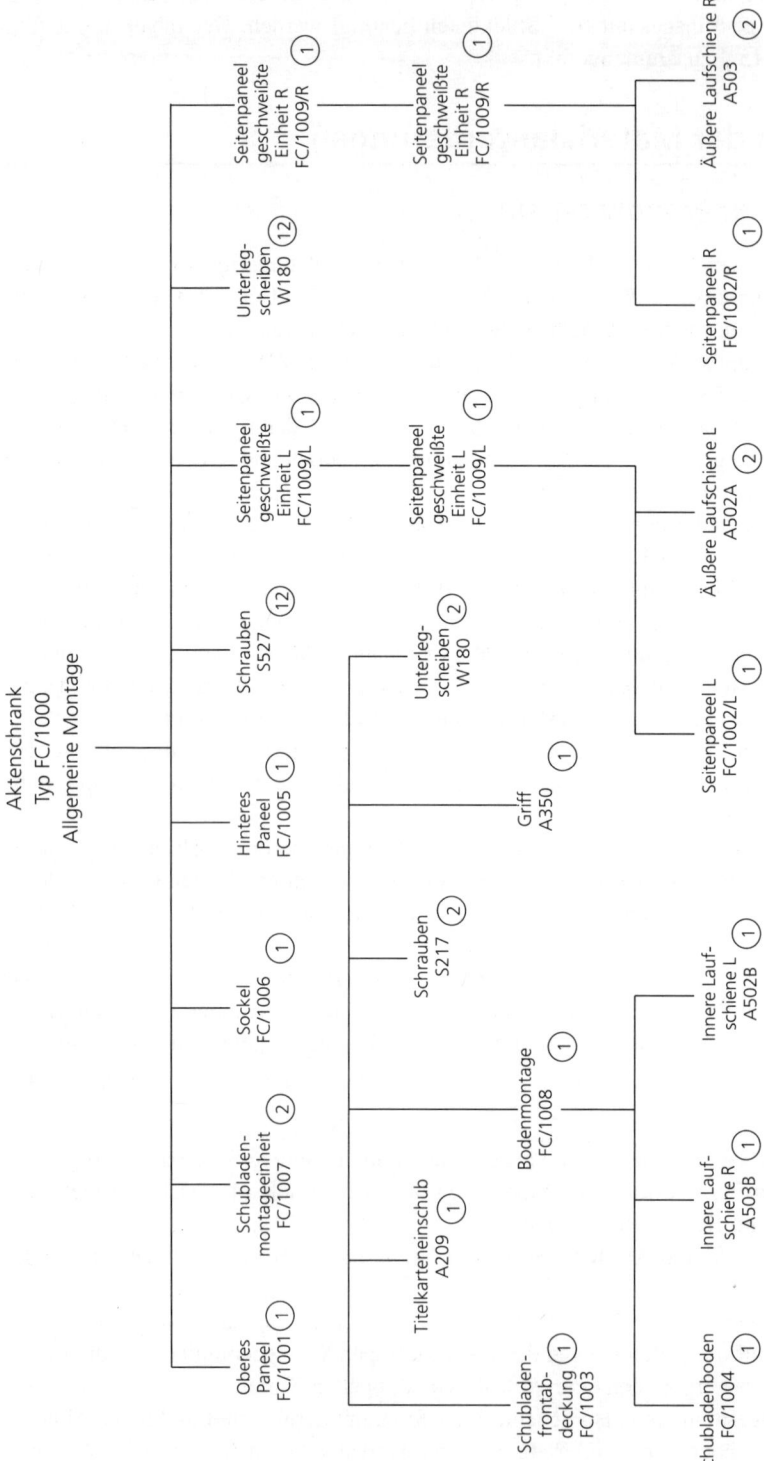

Abbildung 15.3   Aktenschrank: Stammbaum

Der Stammbaum oder die Bestandteilliste zeigen, wie die verschiedenen Komponenten oder Montageeinheiten zusammenkommen und die fertige Hauptmontage bilden. Die umrandeten Zahlen sind die Mengen, die für jede Montageeinheit auf dem nächsthöheren Zweig des Baums benötigt werden.

FC/1000 Aktenschrank	*Stückliste für Schlußmontage*		Revision 1
Teilenummer	*Beschreibung*	*Menge*	*Anmerkungen*

FC/1007	Schubladenmontage	2	
FC/1009/L	Seitenpaneel, geschweißte Einheit, links	1	
FC/1009/R	Seitenpaneel, geschweißte Einheit, rechts	1	
FC/1001	oberes Paneel	1	
FC/1006	Sockel	1	
FC/1005	hinteres Paneel	1	
S527	Schrauben	12	Acme Screw Company/Typ 1003ST-X
W180	Unterlegscheibe, stoßfest	12	Acme Screw Company/Typ 459SP

FC/1007	*Stückliste Schubladeneinheit*		*Verwendet für Aktenschrank FC/1000*
FC/1008	Schubladenboden, geschweißt	1	
FC/1003	Schubladen-Frontpaneel	1	
A209	Titelkarteneinschub	1	Carter and Company Ltd
A350	Griff	1	Epsom and Salt Ltd
S217	Schrauben	2	Acme Screw Company/Typ 347M-F
W180	Unterlegscheibe, stoßfest	2	Acme Screw Company/Typ 459SP

FC/1008	*Stückliste Schubladenbodenmontage*		*Verwendet für Schublade FC/1007*
FC/1004	Schubladenboden	1	
A502B	Laufschiene, innen, links	1	Smiths Ltd
A503B	Laufschiene, innen, rechts	1	Smiths Ltd

FC/1009/L	*Stückliste, linke Seitenpaneelmontage*		*Verwendet für Schrank FC/1000*
FC/1002/L	Seitenpaneel, links	1	
A502A	Laufschiene, außen rechts	2	Smiths Ltd

FC/1009/R	*Stückliste, rechte Seitenpaneelmontage*		*Verwendet für Schrank FC/1000*
FC/1002/R	Seitenpaneel, rechts	1	
A503A	Laufschiene, außen, rechts	2	Smiths Ltd

Abbildung 15.4   Stückliste für Aktenschrank in Stammbaumabfolge der Montageeinheiten

MATERIALZUSAMMENSTELLUNGSKARTE							
Verwendet für Montage oder Mod.Nr	pro Montage	Anzahl Montagen	Gesamt- menge	Verwendet für Montage oder Mod.Nr	pro Montage	Anzahl Montagen	Gesamt- menge
				Gesamt	/////	/////	
Gesamt	/////	/////					
Beschreibung				Teilemenge			

Abbildung 15.5   Materialzusammenstellungskarte für Einzelstapel

6. Dann lesen Techniker die Karten und analysieren die vollständige Stückliste. So wird es möglich, auf den Karten zu vermerken, an welcher Stelle der Artikel verwendet werden wird.
7. Sobald ein Mitarbeiter auf einen üblicherweise verwendeten Artikel stößt, für den es im System keine Karte gibt, muß er dafür sorgen, daß augenblicklich eine neue Karte getippt und in die entsprechende Ablage eingefügt wird.

Wenn sämtliche Stücklisteninformationen auf die Karten übertragen wurden, ist es möglich, den Gesamtverbrauch jedes Artikels zu bestimmen. Dies ist natürlich ein äußerst mühseliges Verfahren. Wenn Veränderungen erforderlich werden oder wenn die Produktionseinteilung dadurch kompliziert wird, daß mehr als ein Stapel erforderlich ist, wird dies nur schwer zu organisieren sein. Wenn also nicht eine Armee von Bürokräften beschäftigt werden soll, ist die Verwendung eines Computers unabdinglich.

Von Hand erstellte Auflistung und Zusammenstellung für mehrere Produktstapel

Mehr Schwierigkeiten bei der Auflistung und Zusammenstellung der Teile treten auf, wenn mehr als ein Projekt zum selben Zeitpunkt durchgeführt wird, und besonders dann, wenn die für ein Projekt verwendeten Teile oder Montageeinheiten außerdem für einige andere oder alle übrigen Projekte benötigt werden. Das in Abbildung 15.6 dargestellte Formular wurde entworfen, um diese Schwierigkeiten zu überwinden. Bei den Projekten handelte es sich um aus Fertigteilen zusammengesetzte Operationssaaleinrichtungen für Krankenhäuser.
Zwar stammt dieses Beispiel aus der Zeit, bevor Computer verwendet wurden, doch es ist geeignet, die wesentlichen Grundsätze der Stückzusammenstellung für mehrere Projekte zu demonstrieren.

																						Jahres-gesamt-ver-brauch
																						Ersatz-teile und Zubehör
Verwendungs-zweck	Haupt-montage	Jahres-verbrauch	Teilnummer	Menge / Gesamt	Menge / Gesamt	Menge / Gesamt	Menge / Gesamt	Menge / Gesamt	Menge / Gesamt	Menge / Gesamt	Menge / Gesamt	Menge / Gesamt	Menge / Gesamt	Menge / Gesamt	Menge / Gesamt	Menge / Gesamt	Menge / Gesamt	Menge / Gesamt	Menge / Gesamt	Menge / Gesamt	Menge / Gesamt	

Abbildung 15.6   Multiprojekt-Materialzusammenstellungskarte

Design und Materialbedarf waren bei den einzelnen Projekten sehr unterschiedlich, doch aufgrund der Fertigteilbauweise waren viele Bauelemente allen Operationssaalgrößen gemeinsam.

Die Formulare stellten sich als äußerst wertvoll heraus, um die Schaffung von Lagerbeständen für Komponenten wie Stahltürrahmen, Wandpaneele, verschiedene an den Wänden zu befestigende Artikel und so weiter zu kontrollieren. Die Lagerkontrollmethoden der Firma genügten natürlich für kleine Artikel wie Schrauben, Muttern und Unterlegscheiben völlig aus.

Jede Spalte in der Abbildung 15.6 unter der Überschrift „Hauptmontage" repräsentiert eine gewöhnliche Montageeinheit, die für die Operationssaaleinrichtung verwendet wird. Jede Zeile enthält einen der Einzelteile, die für die Untereinheiten benötigt werden, wobei viele Teile mehr als einer Einheit gemeinsam sind. Die jährliche Verbrauchsprognose für jede Hauptmontage wird in den Feldern am oberen Ende der Spalten eingetragen. Die Anzahl der Teile oder Untereinheiten, die für eine Untereinheit erforderlich sind, werden in die linke obere Ecke der Kästchen an den entsprechenden Überschneidungsstellen eingetragen. Diese Zahlen werden multipliziert, um die erforderliche Gesamtmenge für den veranschlagten Jahresverbrauch zu erhalten, und die Ergebnisse werden rechts unten in die Kästchen eingetragen.

Der geschätzte jährliche Gesamtverbrauch jedes Einzelteils wird durch Addition entlang seiner entsprechenden Zeile festgestellt. (Dafür werden die Gesamtmengen benutzt, die sich in den Quadraten rechts unten entlang der Zeile befinden.)

Bilanzlinie

Es verbleibt ein weiterer Aspekt der Einteilung von Einzelteilen, der die Projektarbeit beeinflussen und zu Schwierigkeiten führen kann. Nehmen wir an, es soll eine Reihe von identischen Einheiten zu vorgegebenen Terminen produziert werden, die die Fertigung eines Gesamtstapels und konstanten Produktionsfluß ausschließen. Aufgrund der Tatsache, daß Quantitäten und Entwicklungszeit für jedes Teil unterschiedlich sind, ist es nicht leicht festzulegen, welche Stückzahl jeden Einzelteils zu einem gegebenen Zeitpunkt auf Lager sein oder sich in der Verarbeitung befinden muß. Unter solchen Umständen kann die Bilanzlinienmethode nützlich sein.

Die Bilanzlinienmethode dient der Einteilung und Darstellung des Fortgangs sich wiederholender Fertigungsprozesse. (Außerdem gibt es eine Variante des Systems, die für sich wiederholende Hochbauprojekte nützlich ist, beispielsweise wenn nacheinander eine Reihe von identischen Häusern gebaut werden soll. Siehe Kapitel 7.)

Bilanzlinienfallstudie: Aktenschrankprojekt

Gegenstand dieser Fallstudie ist derselbe Aktenschrank, der in den Abbildungen 15.1 bis 15.4 dargestellt wurde. Nehmen wir jedoch diesmal an, daß der Hersteller eine Reihe von Bestellungen für diese Aktenschränke erhalten hat.

Bei der Produktion ist zu bedenken, daß die verschiedenen Liefertermine nicht direkt aufeinander folgen. Es gibt keine Möglichkeit, sie alle in einem Stapel zu produzieren, weil Produktionskapazität und Platz nicht ausreichen. Die zu fertigende Gesamtmenge beträgt etwa 60 und Bestellungen für 50 Stück sind bereits eingegangen. Die Liefermengen für diese Bestellungen sind in Abbildung 15.7 tabellarisch aufgeführt.

Zugesagter Termin	Kunde	Menge	Kumulative Menge
7. Oktober	Jones	5	5
11. Oktober	Jenkins	5	10
29. Oktober	Griffiths	10	20
4. November	Morgan	10	30
14. November	Edwards	10	40
26. November	Williams	5	45
2. Dezember	Preece	5	50

Abbildung 15.7   Auslieferungseinteilung Aktenschrank

Stammbaum

Der erste Schritt bei einer Bilanzlinienkalkulation besteht im Erstellen eines Stammbaums für den anwachsenden Bedarf an Einzelteilen. Für den Aktenschrank gibt es bereits einen Stammbaum (Abbildung 15.3), doch für die Anwendung der Bilanzlinie ist es günstiger, ihn so zu zeichnen, daß die Abfolge von links nach rechts verläuft. Dieser überarbeitete Stammbaum ist in Abbildung 15.8 dargestellt.

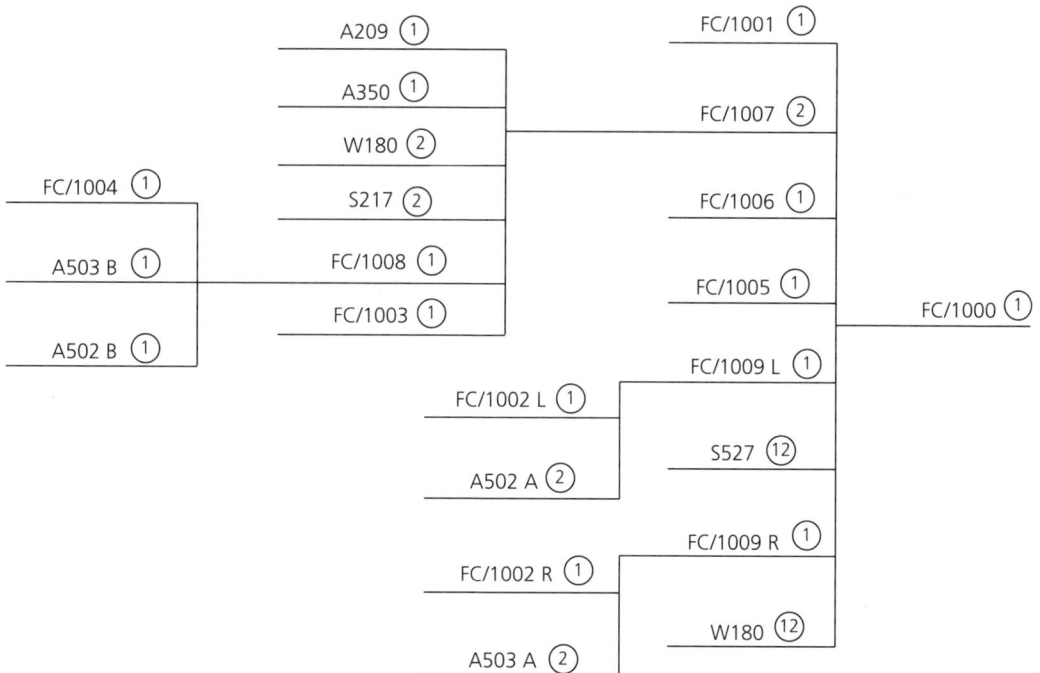

Abbildung 15.8   Aktenschrank: Für Bilanzlinie neu gezeichneter Stammbaum

Quantitäten

Die Zahlen in den kleinen Kreisen neben jeder Teilenummer geben die Menge dieses bestimmten Teils an, die für die Konstruktion einer der Montageeinheiten erforderlich ist. Diese Mengenangabe entspricht also genau der Menge, die in der Stückliste angegeben wird.

Um die Gesamtmenge jedes Einzelteils festzustellen, die für den Abschluß einer Hauptmontage (ein Aktenschrank) erforderlich ist, müssen die Zahlen nacheinander, entlang jedes Pfads, von links nach rechts multipliziert werden. Für die Fertigung eines FC/1008 wird zum Beispiel ein A503B benötigt. Jedes FC/1007 enthält ein FC/1008, doch es werden zwei FC/1007 für jedes FC/1000 verwendet. Die für jeden Aktenschrank erforderliche Gesamtzahl von A503B beträgt also 1 x 1 x 2 = 2.

Stammbaumanalyse für einen einzelnen Aktenschrank

In Abbildung 15.9 werden die nun folgenden Entwicklungen dargestellt. An jeder Überschneidung und am Ende der Zweige des Stammbaums wurden Kreise eingefügt, wie bei den Ereignissen in einem Netzplandiagramm. Tatsächlich ähneln die folgenden Schritte in gewisser Weise der Netzplan-Zeitanalyse.

Es muß veranschlagt werden, wieviel Zeit voraussichtlich zwischen der Aufgabe einer Bestellung (Einkaufs- oder Fabrikbestellung) für jeden Artikel und dem Tag, an dem das Einzelteil zur Verfügung steht, vergehen wird. Hierbei handelt es sich um Gesamtdauervoranschläge, was bedeutet, daß sämtliche Aktivitäten wie Vorbereitung und Aufgabe der Bestellung, Zeit für Maschineneinstellung,

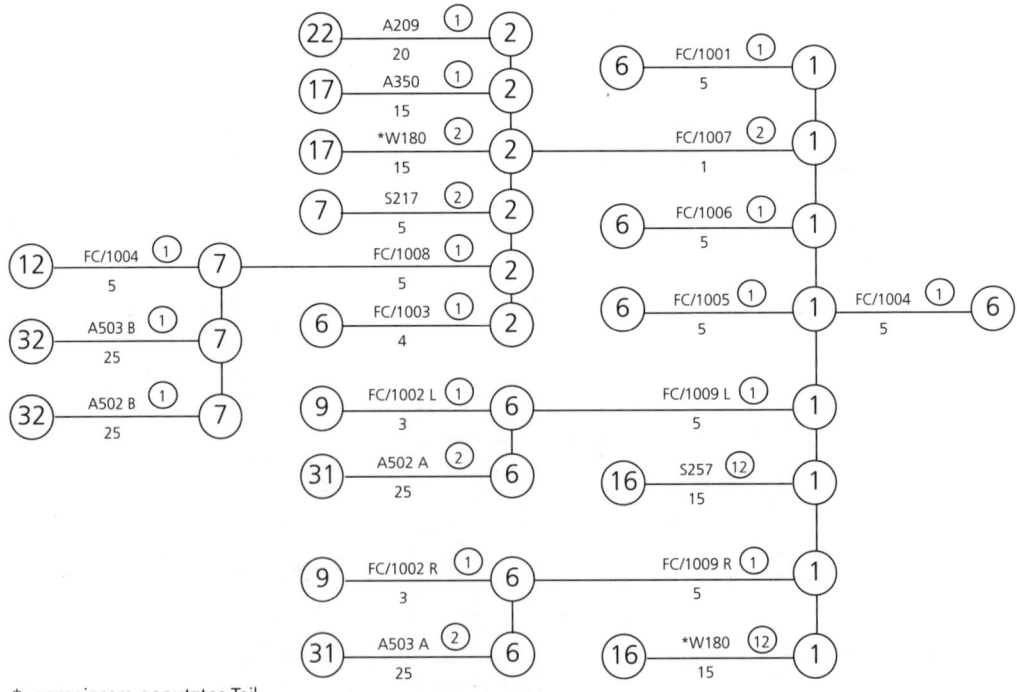

* gemeinsam genutztes Teil

Abbildung 15.9   Aktenschrank: Kalkulation der Lieferzeiten für Teile

Entwicklungszeit der Zulieferer, Lieferzeit und Dauer der Lageraufstockung beinhaltet sein müssen. In diesem Beispiel wurde jeder Voranschlag unter den Zweig geschrieben, auf den er sich bezieht. Die Voranschläge wurden in Arbeitstagen ausgedrückt, und die Angaben sind auf den nächsten vollen Tag aufgerundet.

Nun kann die gesamte Projektentwicklungszeit für jedes Einzelteil festgestellt werden, indem die einzelnen Entwicklungszeiten rückwärts durch den Stammbaum, von rechts nach links entlang jedes Pfades addiert werden. Die Ergebnisse werden in den „Ereigniskreisen" dargestellt.

Wenn der Stammbaum so gestaltet und beschriftet ist wie in Abbildung 15.9, teilt er uns alles mit, was wir über die Bereitstellung der Einzelteile für einen Aktenschrank wissen müssen. Nehmen wir wiederum Teil A503B als Beispiel: Wir wissen nun, daß zwei solche Teile benötigt werden und daß sie mindestens 32 Tage vor Fertigstellung des Aktenschranks bestellt werden müssen. Wenn sie nicht sieben Tage vor dem geplanten Abschluß eintreffen, wird sich das Programm verzögern. Wichtig ist, daß – anders als in einem Netzplandiagramm – jeder Eintrag im Stammbaum kritisch ist. Es gibt an keiner Stelle Spielraum.

Stammbaumanalyse für eine Stapelmenge

Wenn statt nur eines Aktenschranks eine Stapelproduktion von 20 Stück geplant ist, kann der Stammbaum dennoch zur Ausarbeitung der Beziehung zwischen Quantität und Zeit für sämtliche Einzelteile und Montageeinheiten verwendet werden. Der Planer muß lediglich die Ergebnisse für einen einzelnen Schrank kalkulieren und dann alle Mengenangaben mit 20 multiplizieren. Sämtliche Arbeitszeitvoranschläge müssen jedoch überprüft werden, falls die erhöhte Stapelgröße Verlängerungen einiger der Produktionsprozesse verursacht.

Graphische Kalkulation der Zeit-Mengen-Beziehung

Bevor eine Serie sich wiederholender Stapelproduktion erwogen werden kann, ist es erforderlich, eine Kurve zu zeichnen, die die zu liefernden, kumulativen Quantitäten entlang der Zeitachse darstellt. Abbildung 15.10 zeigt die Kurve für das Aktenschrankprojekt, die auf den in Abbildung 15.7 enthaltenen kumulativen Quantitäten beruht. Die Zeitachse ist in Arbeitstage unterteilt, wobei jede Kalenderwoche aus fünf Tagen besteht. Sämtliche Kalenderdaten, die in Abbildung 15.7 aufgeführt sind, wurden in Tagesnummern umgewandelt, ausgehend von der ersten Lieferung von 5 Schränken am Tag 0.

Nehmen wir nun an, daß Tag 4 des Programms erreicht wurde und daß der gegenwärtige Produktionsstatus anhand der Lieferverpflichtungen überprüft wurde. Wiederum dient die Schubladenlaufschiene, Teilnummer A503B, als Beispiel. Es ist bekannt, daß die Lieferzeit für dieses Teil 32 Tage beträgt (Abbildung 15.9). Zwei dieser Laufschienen werden für jeden Schrank benötigt. Eine Projektion auf der Lieferkurve, ausgehend von Tag 4 bei einer Lieferzeit von 32 Tagen, führt zu Tag 36. Die Kurve zeigt, daß bis zum 36. Tag 45 Schränke geliefert sein sollten. Das bedeutet, daß am Tag 4 alle für die Fertigung dieser 45 Schränke benötigten Laufschienen ausgegeben, auf Lager oder bestellt sind. Mit anderen Worten: es müssen 90 Teile der Nummer A503B bestellt worden sein.

Es ist nicht nur möglich, zu kalkulieren, wie viele Teile bestellt sein sollten, sondern es können auch die Mengen bestimmt werden, die tatsächlich im Lager vorrätig oder bereits verarbeitet sein müssen. Dies geschieht, indem in jedem Fall statt des Startereignisses das Abschlußereignis für das entsprechende Einzelteil oder die jeweilige Montageeinheit betrachtet wird. Für Teil A503B basiert das Ergebnis auf einer Lieferzeit von sieben Tagen, was die Projektion auf der Lieferzeitkurve zum Tag 11 führt. Am Tag 4 muß dieses Teil also in ausreichender Menge (32 Einzelteile) für die Herstellung von 16 Schränken auf Lager oder ausgegeben sein.

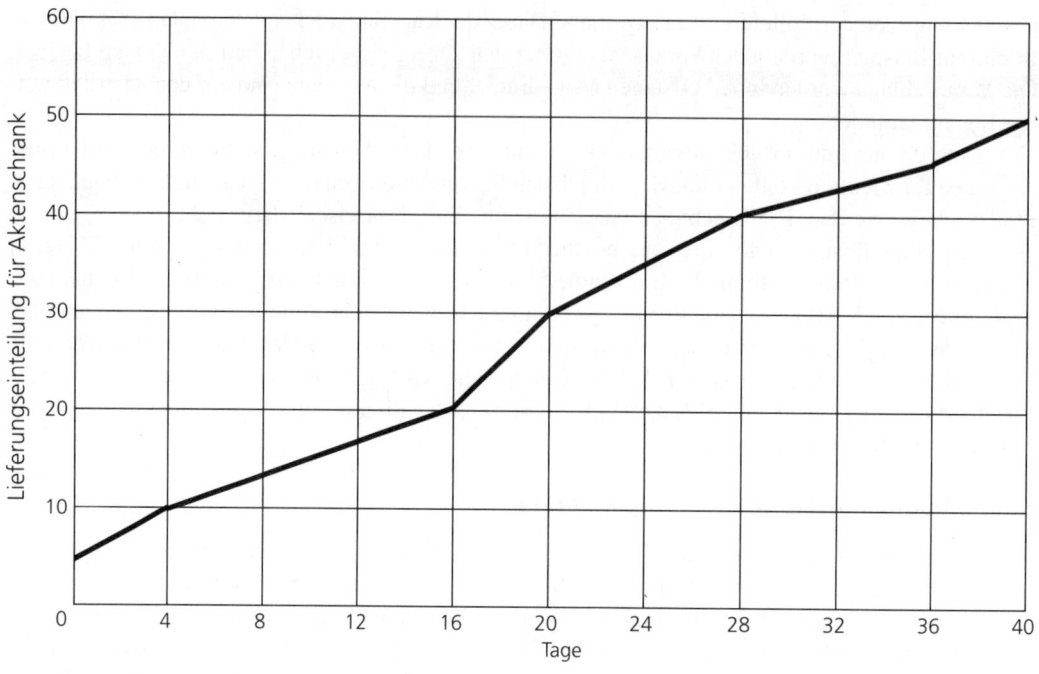

Abbildung 15.10   Aktenschrank: Kurve der Liefererungszusagen

In der Tabelle in Abbildung 15.11 wurden vergleichbare Kalkulationen für sämtliche Aktenschrankeinzelteile durchgeführt. Alle Mengenangaben beziehen sich auf Tag 4 des Programms, und für dieses Beispiel wurden die Anfangsereignisse benutzt, so daß die Gesamtmengen die Teile beinhalten, die bestellt, in Arbeit, auf Lager oder bereits in fertiggestellten Schränken ausgeliefert sind.

Zeichnen des Bilanzliniendiagramms

Betrachten wir nun Abbildung 15.12, in der die Daten aus Abbildung 15.11 in graphische Form übertragen wurden. Jedem Einzelteil wurde eine Spalte zugeordnet, und die mindestens erforderliche Gesamtmenge wird als horizontale Linie auf der entsprechenden Achsenhöhe quer über der jeweiligen Spalte dargestellt. Diese Quantitäten sind die für das Programm erforderlichen Bilanzquantitäten, wobei die abgestufte Kurve, die sie bilden, die Bilanzlinie genannt wird. Es sollte an dieser Stelle in Erinnerung gerufen werden, daß das gesamte Diagramm hinsichtlich des Tages 4 kalkuliert wurde und nur für diesen einen Tag des Programms gültig ist.

Der letzte Schritt besteht darin, herauszufinden, welcher Fortschritt tatsächlich gemacht wurde, und diese Ergebnisse im selben Bilanzliniendiagramm einzuzeichnen. Das Diagramm sollte eine Gestalt annehmen, die dem in Abbildung 15.13 dargestellten Diagramm ähnelt, für das einige fiktive Fortschrittsergebnisse angenommen wurden. Jedes Ergebnis, das unter die Bilanzlinie fällt, zeigt an, daß der Auslieferungsplanung nicht entsprochen werden kann.

Anwendung des Bilanzliniendiagramms

Im Beispiel wurden die Teile W180, S527 und S217 von Anfang an in Gesamtquantitäten eingekauft, weil es keine kostspieligen Artikel sind und sie wenig Platz brauchen. Teil A350 befindet sich unterhalb der Bilanzlinie, was anzeigt, daß davon mehr hätte bestellt werden müssen.

Teilnummer	Menge (1 Schrank)	Gesamtlieferzeit (Tage)	Anzahl von Schränken	Gesamt- menge
W180	4	17	31	}484
W180	12	16	30	
S527	12	16	30	360
A502A	2	31	45	90
A502B	2	32	45	90
A503A	2	31	45	90
A503B	2	32	45	90
A209	2	22	38	76
A350	2	17	31	62
S217	4	7	16	64
FC/1004	2	12	20	40
FC/1008	2	7	16	32
FC/1003	2	6	15	30
FC/1007	2	2	12	24
FC/1002L	1	9	18	18
FC/1002R	1	9	18	18
FC/1001	1	6	15	15
FC/1006	1	6	15	15
FC/1005	1	6	15	15
FC/1009L	1	6	15	15
FC/1009R	1	6	15	15
FC/1000	1	1	11	11

Abbildung 15.11   Aktenschrank: Kalkulation der Bilanzmengen für Tag 4

Erinnern wir uns daran, daß das Diagramm in Abbildung 15.13 auf jenen Mengen basiert, die am Tag 4 bestellt oder ausgeliefert sein sollten. Es muß ein anderes Diagramm gezeichnet werden, wenn der Planer die Mengen herausfinden möchte, die am Tag 4 auf Lager oder bereits benutzt sein müssen.

Die Darstellung der vertikalen Achse kann schwierig sein, da Quantitäten sehr unterschiedlichen Umfangs darauf untergebracht werden müssen. In gewissem Maße traf dies auch auf das Aktenschrankbeispiel zu. Unter Umständen sollte eine logarithmische Einteilung erwogen werden, wenn es keine andere Lösung gibt.

Bilanzliniendiagramme können natürlich nicht die Ursachen für die jeweiligen Mängel zeigen, doch sie sind eine sehr wirkungsvolle Form visueller Darstellung und besonders gut geeignet, Unzulänglichkeiten sichtbar zu machen. Sie können auch gut dazu verwendet werden, der Unternehmensleitung bei Projekttreffen zu verdeutlichen, wo man Zeit sparen kann, indem man von Ausnahmelösungen Gebrauch macht *(management by exception)*.

Es ist sogar möglich, wenn auch arbeitsintensiver, den Stammbaum und sämtliche Diagramme noch mehr aufzugliedern, also nicht nur in Teile und Montageeinheiten, sondern auch in die Fertigungsoperationen für die Herstellung der einzelnen Teile. Sämtlichen dieser Operationen würden dann Spalten im Bilanzliniendiagramm zugeteilt werden. Das ergibt eine äußerst informative Darstellung, wenngleich der Aufwand sehr groß ist für ein Diagramm, das nur einen Tag Gültigkeit hat.

Nutzbringender ist es, nicht nur Diagramme zu zeichnen, sondern die Ergebnisse auch für die tatsächliche Planung und Aufgabe von Bestellungen anzuwenden. Obwohl in der Datenvorbereitung

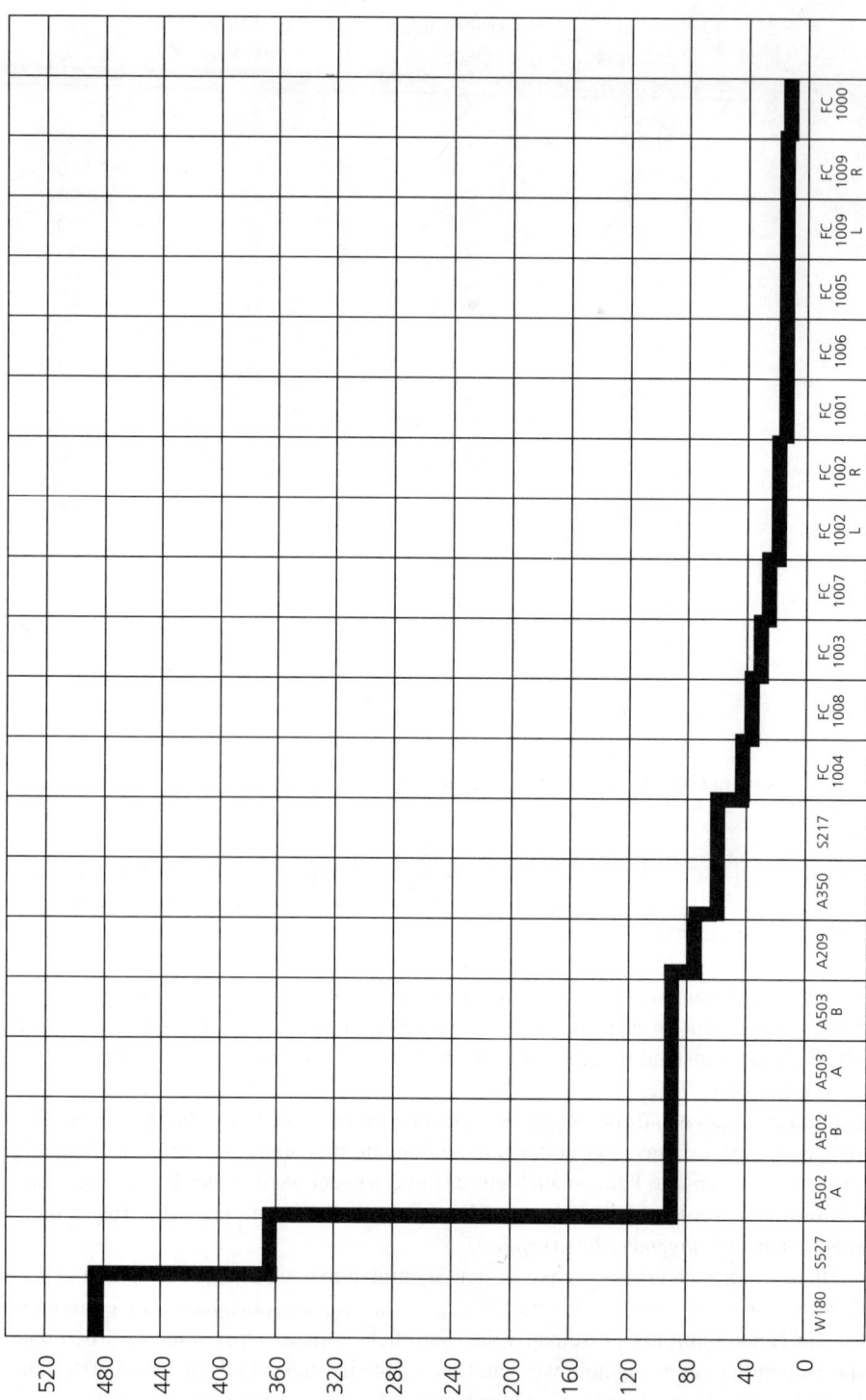

Abbildung 15.12   Aktenschrank: Bilanzlinie für Tag 4

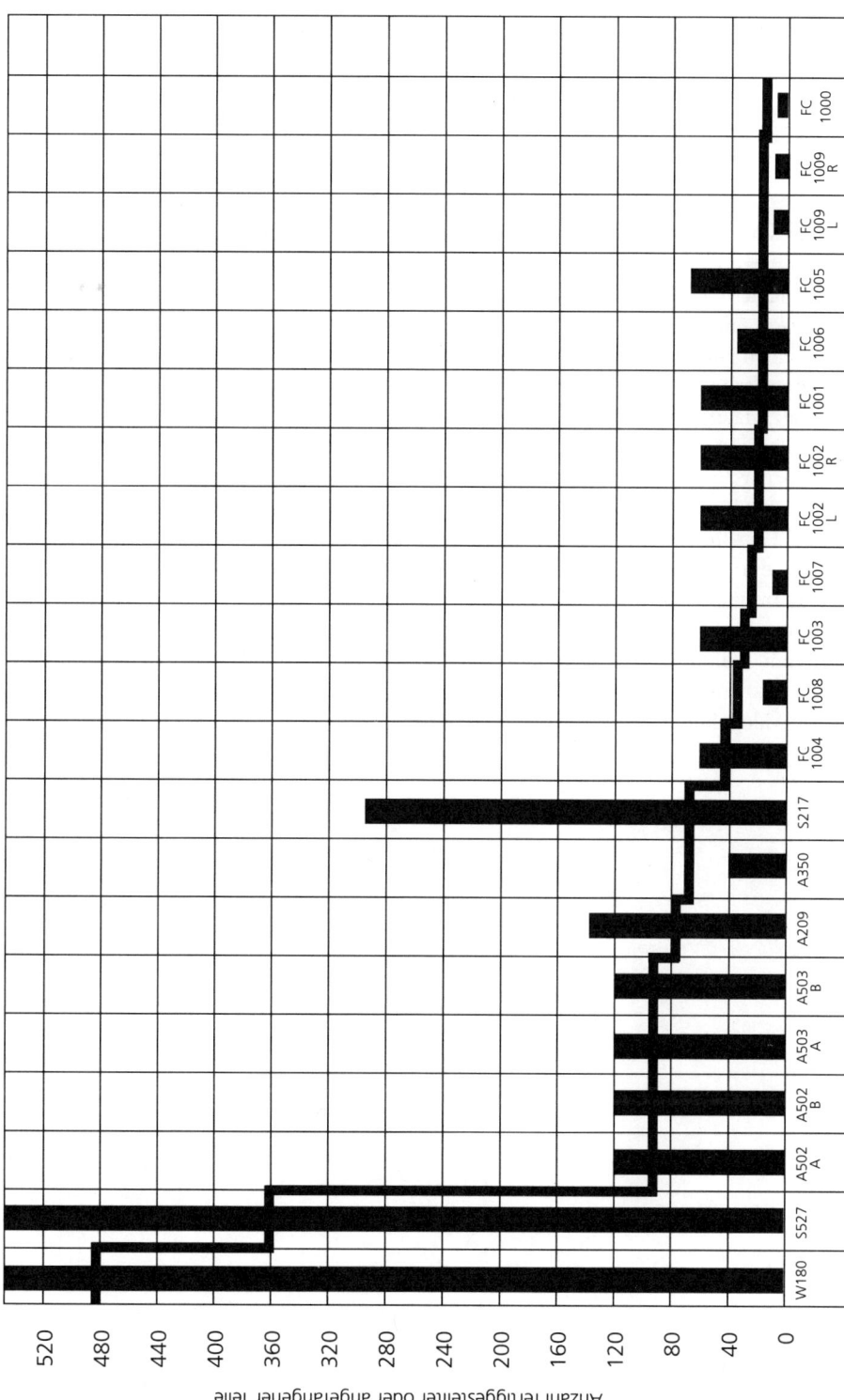

Abbildung 15.13   Aktenschrank: Vollständiges Bilanzliniendiagramm für Tag 4

immer höchste Sorgfalt erforderlich ist, können Kalkulationen vom Bilanzlinientyp und die Aufgabe von Bestellungen mit Hilfe eines Computers durchgeführt werden.

Computerlösungen

Der erforderliche Arbeitsaufwand für die Einrichtung eines Kartenindex für die Materialzuteilung ist enorm, besonders bei einem großem Projekt. Bei technischen Änderungen ist es äußerst zeitaufwendig, die betreffenden Karten zu finden oder auszutauschen und die entsprechenden Einträge und Gesamtmengen zu ändern. Dabei treten garantiert Fehler auf. Selbst wenn Kartensysteme nur für die unkomplizierte Dokumentation der Lagerbestände verwendet würden, gingen in zwei oder mehr Büros, die die gleichen Kartendokumentationen führen, die aufgezeichneten Quantitäten im Laufe der Zeit mehr und mehr auseinander.

Dieses Problem der Materialdokumentation, der Zusammenstellung von Stücklisten und der Planung der Zeiteinteilung ist von der Computerindustrie erkannt worden und führte zu den weithin bekannten Methoden der Planung von Materialanforderungen sowie der Fertigungsressourcenplanung. Natürlich ist es für jedes dieser Systeme nach wie vor erforderlich, erhebliche Datenmengen einzugeben, wobei Genauigkeit und angemessene Verwaltung unabdinglich sind. Die zugrundeliegende Methode ist der oben beschriebenen Bilanzlinienmethode nicht unähnlich. Doch mit der Planung von Materialanforderungen sind die Analyse des Stammbaums, die Zusammenstellung der Einzelteile sowie die Planungseinteilung zu automatisierten Vorgängen geworden. Das System ist somit dynamisch und reaktionsfähig geworden. Ein derartiges Computersystem, das jeden Artikel auflistet und zählt und entsprechende Meldungen gibt, kann die Lagerverwaltung optimieren und das Entstehen von Mängeln und Überschüssen eindämmen.

Kapitel 16

Einkauf – Teil 1: Grundsätze und erste Bestellung

In diesem Kapitel werden einige der allgemeinen Grundsätze des Einkaufs und der Vorbereitung von Bestellungen behandelt. Im Kapitel 17 wird dieses Thema weitergeführt, wobei der Schwerpunkt auf der Einkaufs- und Materialkontrolle liegt, die nach der Aufgabe einer Bestellung notwendig werden. Im Kapitel 18 werden die Einkaufsverfahren für die Hochbauindustrie und andere Großprojekte beschrieben, die sich in einigem von jenen unterscheiden, die bei allgemeinen technischen und Fertigungsprojekten Anwendung finden. Viele Grundsätze und eine Reihe der Verfahren sind jedoch allen Einkaufsvorgängen gemeinsam, so daß die Kapitel 16, 17 und 18 einander nicht ausschließen.

Die Wichtigkeit der Einkaufs- und Materialkontrolle

Wirksame Verfahren für Einkauf und Materialverwaltung sind von größter Bedeutung, um Verzögerungen zu vermeiden, die durch Nachschubmangel, den Erwerb von Gütern, die für die beabsichtigte Verwendung ungeeignet sind, oder massive Ausgabenüberschreitungen verursacht werden.

Abgesehen von der Aufgabe der Bestellungen, gehört zu den Tätigkeiten der Materialverwaltung im allgemeinen auch die Kontrolle und sichere Lagerung der eingelangten Güter. Dies umfaßt auch die Beschleunigung des Liefervorgangs und Kontrollbesuche beim Lieferanten, die Organisation von Verpackung und Transport, die Abwicklung von Hafen- und Zollformalitäten im internationalen Verkehr und gegebenenfalls besondere Vorkehrungen im Bereich von Versicherung, Kreditgarantien und anderen finanziellen Vereinbarungen.

Vielleicht wird am deutlichsten, wie wichtig Einkaufs- und Materialkontrolle sind, wenn wir daran denken, daß der Einkauf von Gütern und Dienstleistungen in der Regel mehr als die Hälfte der Gesamtprojektkosten ausmacht. Wettbewerbsbewußter Einkauf ist daher wichtig für den finanziellen Erfolg von Projekten, und ein Überschreiten des Materialetats kann leicht die Gewinne zunichte machen.

Ein weiterer Aspekt des Materialmanagements ist mit der Frage von Kapitalinvestition verknüpft. Werden Materialien eingekauft, lange bevor sie gebraucht werden, sind Finanzmittel gebunden, die mit mehr Gewinn an anderer Stelle genutzt werden hätten können. Hängt der Auftragnehmer von Fremdkapital ab, ist das Lagern ungenutzten Materials schon allein wegen der vermeidbaren Zinsen eine Vergeudung von Mitteln.

Andererseits richten Verzögerungen, die durch Materialmangel verursacht werden, in der Regel mehr Schaden an als zu früher Einkauf. Die Arbeit muß unterbrochen werden, wobei das Projekt während dieser Wartezeiten weiterhin Lohn- und Betriebskosten verursacht. Selbst wenn vorübergehend Ersatzaufgaben für die Arbeiter gefunden werden können, wird die Störung des geplanten, regelmäßigen Ablaufs der Projektaktivitäten dazu führen, daß die Arbeitszeitvoranschläge überschritten werden. Wenn Materialmangel den Projektabschluß verzögert, wird die abschließende Rechnungslegung ebenfalls aufgehalten, was wiederum den Zahlungseingang verzögert. Außerdem kann dies zu Vertragsstrafen oder anderen Kosten führen, die die Rentabilität in Frage stellen.

Der Einkaufszyklus

Manche Menschen betrachten eine Einkaufsabteilung als ein Büro, das mit Leuten besetzt ist, deren einzige Aufgabe im Geschäftsleben darin besteht, Bestellungen zu tippen und abzuschicken. Unglücklicherweise kommt diese Auffassung der Wirklichkeit gelegentlich unangenehm nahe. Wo dies der Fall ist, ist jeder Versuch der Materialkontrolle bereits zum Scheitern verurteilt, bevor er überhaupt unternommen wird. Einkaufsaktivitäten beginnen üblicherweise lange bevor eine Bestellung aufgegeben wird, und sie sind keinesfalls abgeschlossen, wenn die Materialien angeliefert und verarbeitet worden sind.

Die sekundären Einkaufsaufgaben sind noch umfangreicher. Zu ihnen gehören das Anlegen von Einkaufsunterlagen, inklusive Listen der bevorzugten Händler mit Leistungseinschätzungen oder

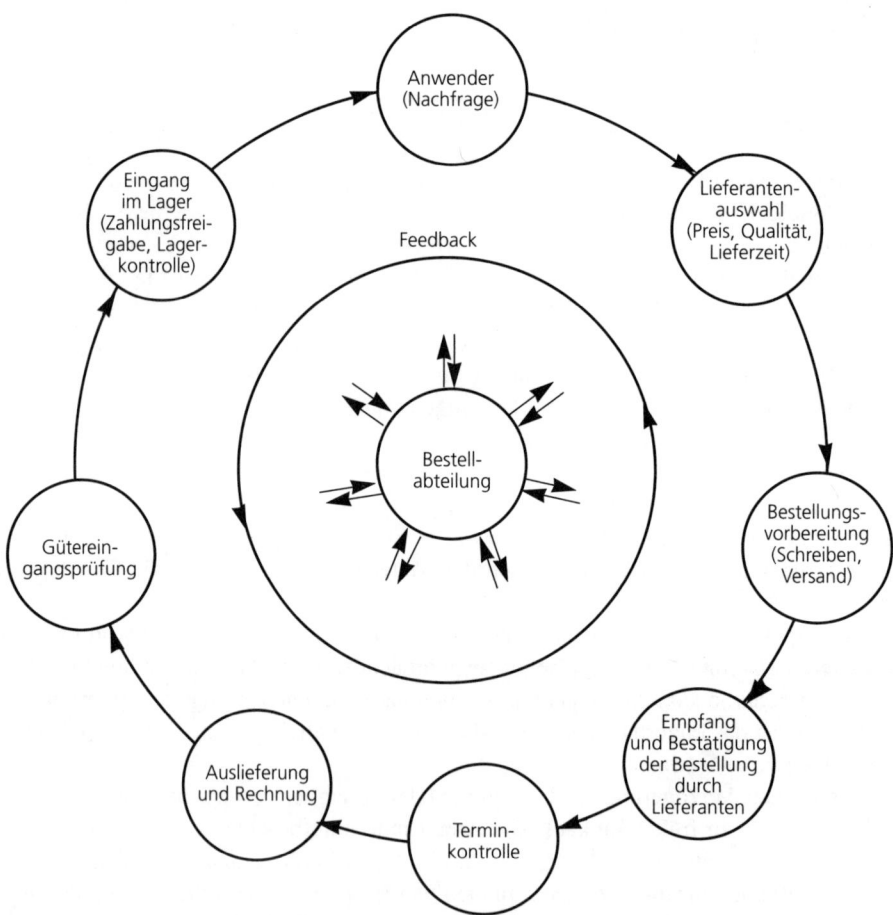

Abbildung 16.1   Der Einkaufszyklus
Einkauf kann einem Miniprojekt ähneln. Vergleichen Sie dieses Diagramm mit dem Fertigungsprojektzyklus in Abbildung 2.2.

„Händlerbewertungen", und nachfolgende Aktivitäten, wenn sich herausstellt, daß die Güter bei Anlieferung oder in der Anwendung nicht ihrer Spezifikation entsprechen.

Die normale Ereignisabfolge bei einem einzelnen Einkaufsvorgang im Rahmen eines Projekts ist dem Fertigungsprojektzyklus in Abbildung 2.2 nicht unähnlich. Die Beschaffung jedes Artikels kann sogar selbst als ein Miniprojekt betrachtet werden. In Analogie dazu wird der Projektmanager vom Einkaufsleiter oder Projekteinkäufer ersetzt, um den sich dann sämtliche Einkaufsaktivitäten drehen. Die Aktivitäten innerhalb des Zyklus variieren je nach Art der betroffenen Güter oder Dienstleistungen ein wenig, doch die Darstellung in Abbildung 16.1 ist einigermaßen typisch für Güter, die speziell für ein Fertigungsprojekt bestellt werden müssen.

Die Einkaufsanforderung

Der Einkaufszyklus beginnt mit der Entdeckung eines Bedarfs an Rohstoffen oder Komponenten. Der Ursprung dieser Entdeckung kann in einer Kontrolle der Bestände, der Lager, sowie der technischen Entwurfs- oder Produktionskontrolle liegen. Dies hängt von der Art der Güter und der Organisationsform der Firma ab. Wenn der Bedarf erkannt wurde, besteht die erste Maßnahme in einer Anforderung an die Einkaufsabteilung des Unternehmens. In dieser Anforderung wird die Art der Güter spezifiziert, und sie hat zunächst die Form einer Anfrage. Die Einkaufsabteilung ist aufgefordert, Informationen über Lieferanten zu beschaffen, sowie über die Preise, die sie fordern, ihre Lieferbedingungen, ihren Ruf und die zu erwartende Leistung. Der Einkäufer kann einen Lieferanten empfehlen oder dabei behilflich sein, einen auszuwählen.

Wenn es an der Zeit ist, die Güter zu bestellen, geht dem Einkäufer eine Anforderung zu, die den Erwerb genehmigt und alle notwendigen Details enthält. Diese Anforderung wurde von einem Verantwortlichen unterzeichnet und kann unter Verwendung eines der folgenden Dokumente ausgestellt werden:

1. Ein Einkaufsanforderungsformular.
2. Eine Materialbestellung oder Stückliste, in der die zu erwerbenden Artikel deutlich herausgestellt sind und aus der die angeforderten Gesamtmengen klar hervorgehen.
3. Eine Anforderung neuer Lagerbestände, die vom Lagerpersonal ausgegeben wird, wenn das Auffüllen des Lagers mit Artikeln für den allgemeinen Verbrauch erforderlich ist.

Auswahl des Lieferanten

Die erste Aufgabe des Einkäufers ist die Auswahl einer geeigneten Versorgungsquelle. Gelegentlich gibt es nur einen Lieferanten, oder es wurde bereits in der Anforderung einer spezifiziert. Die Auswahlmöglichkeiten sind in der Regel begrenzt, wenn es sich um äußerst spezialisierte Güter handelt; doch selbst wenn es nur einen Hersteller gibt, kann noch eine Wahlmöglichkeit zwischen verschiedenen Fachhändlern bestehen. Es kommt natürlich vor, daß Eile der wichtigste Faktor ist, so daß einfach keine Zeit für die Durchführung eines umfassenden Lieferantenauswahlverfahrens bleibt. In allen anderen Fällen sollte der Lieferant jedoch nach der Beschaffung und der genauen Überprüfung verschiedener, konkurrierender Voranschläge ausgewählt werden.

Üblicherweise wird vom Einkäufer erwartet, daß er den günstigsten Anbieter bevorzugt. Dessen Entscheidung muß jedoch davon beeinflußt werden, welchen Ruf der Anbieter hinsichtlich Qualität, Zuverlässigkeit bei der Lieferung und seines geschäftlichen Ansehens genießt. Es ist in der Regel nicht wünschenswert und oft sogar riskant, den Einkäufer einen Lieferanten ohne Kenntnis und Zustimmung des entsprechenden Projektingenieurs auswählen zu lassen.

Aufgabe der Bestellung

Einen Schritt weiter in diesem Zyklus muß die Bestellung vorbereitet und an den Lieferanten gesandt werden. Dies ist der routinemäßige und offensichtlichste Teil des Einkaufszyklus, der in der Regel daraus besteht, die Bestellung zu tippen, zu unterschreiben und auf den Postweg zu bringen; häufig läuft dieser Vorgang auch durch elektronischen Datenaustausch ab.

Was hat das alles mit Projektmanagement zu tun? Ein Teil der Antwort liegt im erforderlichen Zeitaufwand. Mehrere Tage oder Wochen wertvoller Projektzeit können von dieser alltäglichen, einfachen Aktivität in Anspruch genommen werden. Die Beschaffungszeit auf dem Netzplan des kritischen Weges muß immer so veranschlagt werden, daß solche Verzögerungen eingeplant sind. Es sollten in der Tat zwei Wochen als zeitliches Minimum für den Einkauf veranschlagt werden, selbst bei Artikeln, die sich auf Lager befinden.

Ein weiterer Aspekt, der den Projektmanager beschäftigen sollte, ist, daß jede Bestellung finanzielle Bedingungen festlegt, die für den Käufer und damit für das Projekt hinsichtlich der genannten Kosten und der rechtlichen Implikationen verpflichtend werden, sobald sie der Lieferant als vertragliche Vereinbarung annimmt.

Auftrags-/Empfangsbestätigung

Wenn der gewählte Lieferant die Bestellung in Empfang genommen hat, wird von ihm erwartet, daß er eine Empfangsbestätigung mit Erklärung der Annahme der Vertragsbedingungen zurückschickt oder zumindest Quantität, Beschreibung, Preis und Lieferbedingungen bestätigt. Natürlich müssen diese Details mit dem Originalkostenvoranschlag des Lieferanten verglichen werden, und der Einkäufer wird jede Abweichung in Frage stellen. Wird die Bestellung vom Lieferanten angenommen, ist ein rechtlich bindender Vertrag zustandegekommen.

Terminkontrolle

Soweit der Einkäufer betroffen ist, besteht die Periode, die auf die Aufgabe der Bestellung folgt, aus Warten – wobei er sich darauf verlassen muß, daß der Lieferant seinen Verpflichtungen nachkommen wird. Das bedeutet jedoch nicht, daß der Einkäufer nichts weiter tun kann. Jetzt ist der Zeitpunkt für die Einkaufscontroller der Firma gekommen, etwas für ihr Geld tun, indem sie den Lieferanten regelmäßig an seine Verpflichtungen erinnern.

Die Einkaufskontrolle stellt außerdem ein Frühwarnsystem dar, das rechtzeitig Kenntnis über alle Schwierigkeiten gibt, die der Lieferant hat.

Nach dem Wareneingang

Mit dem Eingang der Waren ist die Sache noch nicht erledigt. Die Sendung muß bei Empfang auf mögliche, während des Transports aufgetretene Schäden oder Verluste geprüft werden. Außerdem könnten Fehler bei der gelieferten Menge oder der Art der Güter aufgetreten sein. Wareneingangsprüfer werden die Lieferung unter Umständen genauer untersuchen, um sicherzustellen, daß sie den Anforderungen entspricht. Seit einigen Jahren gibt es jedoch die Tendenz, sich mehr auf die Qualitätskontrollverfahren der Lieferanten zu verlassen.

Wenn die Güter akzeptiert wurden, dokumentiert das Wareneingangspersonal den Empfang der Lieferung, in der Regel, indem Kopien von Wareneingangsdokumenten verteilt werden. Eine Kopie des Dokuments geht an die Buchhaltung, wo es benötigt wird, bevor die Zahlung der Rechnung des Lieferanten genehmigt werden kann. Eine weitere Kopie geht an die Einkaufsabteilung, die nun keine weiteren Beschleunigungsmaßnahmen mehr vornehmen bzw. diesen Akt schließen wird. Weitere

Kopien können an andere Abteilungen gehen, wie z. B. das Lager, doch das hängt von der Art der Firma und der Güter ab.

Wurde die Lieferung, aus welchem Grunde auch immer, nicht in zufriedenstellendem Zustand in Empfang genommen, wird sie umgehend an den Ausgangsort zurückgeschickt, nachdem ihr eine schriftliche Empfangsverweigerung beigelegt wurde. Die Verteilung der entsprechenden Papiere entspricht grundsätzlich der der Empfangsbestätigungen, nur daß sie bei den verschiedenen Empfängern gegenteilige Reaktionen auslösen. Die Buchhaltungsabteilung beispielsweise wird die eintreffenden Rechnungen nicht bezahlen, und die Einkaufsabteilung verdoppelt ihre Anstrengungen zur Beschleunigung der Lieferung.

Wenn die korrekten Waren in Empfang genommen wurden, werden sie ins Lager weitergeleitet, wo sie auf den Abruf zur tatsächlichen Benutzung warten. Gleichzeitig muß die Lagerdokumentation aktualisiert werden, um die Neueingänge im Lagerbestand der Firma oder in ihrem Inventar auszuweisen. Wurde die Lieferung für Lagerbestände geordert, die in sich wiederholenden Produktionsvorgängen verwendet werden, kommt es zu einer schrittweisen Abnahme des Bestands, bis die Lagerunterlagen die Erforderlichkeit einer neuen Bestellung ausweisen. Dann wird der gesamte Einkaufszyklus erneut in Bewegung gesetzt.

Die Bestellung

Der Erwerb eines Artikels ist bereits als ein Miniprojekt bezeichnet worden. Daraus folgt, daß es für eine Bestellung, genau wie für ein Projekt, eine vollständige Spezifikation geben muß. Diese besondere Art von Spezifikation besteht aus zwei Teilen: der Benennung der entsprechenden finanziellen Voraussetzungen und einer Beschreibung der Güter.

Die wichtigsten Informationen, die in einer Bestellung enthalten sein müssen, sind:

1. Eine Seriennummer der Bestellung zur Identifizierung, Archivierung und für den möglichen späteren Rückgriff auf die Informationen.
2. Die Bezeichnung der zu liefernden Güter.
3. Die erforderliche Quantität.
4. Der vereinbarte Kaufpreis, den der Lieferant genannt und der Einkäufer akzeptiert hat.
5. Der erforderliche Liefertermin.
6. Die Referenznummer und das Datum des Angebots des Lieferanten oder, wenn vorhanden, seines Katalogs.
7. Die Adresse, an die die Güter geliefert werden müssen.
8. Die Lieferbedingungen (Haftung für den Transport, Verpackung, Versicherungskosten usw.).
9. Bestimmungen für die Rechnungsausstellung.
10. Eine Unterschrift zur Genehmigung.

Unter normalen Umständen sollte ein Standardbestellformular verwendet werden.

Vertragsbedingungen

Es ist üblich, daß Unternehmen ihre Vertragsbedingungen für den Einkauf standardisieren und auf die Rückseite ihrer Bestellformulare drucken. Die wichtigsten Punkte betreffen Angaben zu den Vertragspartnern, die Art und die Menge der Güter, den Zeitpunkt der Lieferung, Angaben zu Zahlungsbedingungen, zu Fragen der Gewährleistung, der Haftung, des Eigentumsvorbehalts, des Gerichtsstandes, die Frage der Hinzuziehung von Subunternehmen und ähnliches. Die Ausgestaltung dieser Bedingungen wird sich je nach Land und je nach Unternehmen im Detail unterscheiden, und jede Firma wird wohl selbst entsprechenden juristischen Rat einholen, um ihre Vertragsbedingungen so umfassend wie möglich zu gestalten und den jeweiligen Erfahrungen, Umständen und Bedürfnissen anzupassen.

Terms of Trade im internationalen Geschäftsverkehr (Incoterms)

Wenn ein Projektvorschlag Güterlieferungen an Kunden in Übersee oder Gütereinkauf im Ausland beinhaltet, ist es wichtig, die Grenzen der Verantwortlichkeit für den Transport in Angeboten, Verträgen und Bestellungen klar zu definieren. Die von der Internationalen Handelskammer in Paris festgelegten und veröffentlichten Incoterms – *International Commercial Terms* – werden weltweit anerkannt. Die wichtigsten Regeln sind:

- ab Kai: der Verkäufer stellt die Ware am Kai eines bestimmten Hafens zur Verfügung und trägt alle bis dahin anfallenden Kosten und Risiken.
- ab Schiff: der Verkäufer trägt die Kosten und Risiken, bis die Ware an Bord des Schiffes im vereinbarten Zielhafen übernommen wird.
- ab Werk: der Käufer trägt alle Kosten und Risiken, nachdem die Ware die Fabrik verlassen hat.
- cf *(cost, freight):* der Verkäufer trägt die Verlade- und Frachtkosten bis zum Bestimmungsort (-hafen).
- cif *(cost, insurance, freight):* alle Kosten inklusive Versicherung und Fracht bis zum Bestimmungsort (-hafen) sind im Preis enthalten.
- fas *(free alongside ship):* Kosten und Risiken trägt der Verkäufer, bis die Ware längsseits des genannten Schiffs geliefert ist.
- fob *(free on board):* der Verkäufer trägt Kosten und Risiken, bis die Ware sich an Bord des genannten Schiffes befindet.
- for *(free on rail):* der Verkäufer trägt Kosten und Risiken, bis die Ware in Waggons oder als Stückgut der Bahn übergeben ist.
- fot *(free on truck):* der Verkäufer trägt Kosten und Risiken, bis die Ware am Abgangsort auf Lastwagen verladen ist.
- frachtfrei: der Verkäufer trägt die Frachtkosten bis zum Bestimmungsort, übernimmt jedoch nicht das Risiko während des Transports.
- frachtfrei versichert: der Verkäufer trägt Fracht- und Transportversicherungskosten bis zum Bestimmungsort.
- frei Frachtführer *(free carrier):* der Verkäufer trägt Kosten und Risiken bis zur Übergabe an den Frachtführer am genannten Ort.

Spezifizierung der Güter

Häufig können Teile, Anlagen und Materialien, die von Dritten zu liefern sind, durch Hinweis auf einen Herstellerkatalog oder durch eine Teilenummer spezifiziert werden. Dies sollte eine genaue Beschreibung der Güter sein. Es muß jedoch bedacht werden, daß sich viele Hersteller vorbehalten, ihre Entwürfe zu modifizieren. Wenn die Güter über Fachgeschäfte oder Handelsniederlassungen bezogen werden, kann sich sogar das Herstellerunternehmen ändern. Für viele Anwender des entsprechenden Produkts werden solche Änderungen geringfügig und unbedeutend sein, während das Produkt für bestimmte Projekte dadurch völlig unbrauchbar geworden sein kann. Ein Beispiel dafür wäre, daß ein Hersteller für eine Komponente ein anderes Material verwendet. Die Katalogbeschreibung und -illustration kann bei beiden Versionen des Artikels identisch sein, doch die Stärke, das Gewicht und andere physikalische Eigenschaften hätten sich geändert.

Manchmal gibt es entsprechende nationale Normvorschriften, aus denen zitiert werden kann, um die Anforderungen zu spezifizieren. Außerdem werden viele weitere Spezifikationen von anderen staatlichen Einrichtungen zur Verfügung gestellt. Eine Reihe von Firmen geht jedoch kein Risiko ein und erstellt ihre eigenen Zeichnungen und Spezifikationen, denen sie selbst Teilenummern gibt. Diese Praxis erfordert einen erheblichen Zeitaufwand für die Zeichnungen, doch vieles spricht dafür, daß dieser Aufwand sich lohnt. Abgesehen davon, daß jede Unklarheit darüber, was bestellt wurde, ausgeschlossen ist, entsteht auf diese Weise ein gemeingültiges System der Teilenumerierung, welches Lagerhaltung und Einkaufsverfahren vereinfacht.

Das Thema Einkaufsspezifikation wird im Kapitel 18 fortgesetzt, wo besonders auf Verfahren eingegangen wird, die von Firmen angewendet werden, die an komplizierten Hochbau-, petrochemischen, Bergbau- und Nutzbauprojekten arbeiten.

Fallstudie

Ein Beispiel aus meiner eigenen Erfahrung soll die Gefahren darstellen, die sich aus unzureichenden Einkaufsspezifikationen ergeben, und auf die besonderen Umstände hinweisen, unter denen die Vorbereitung spezieller Zeichnungen für einzukaufende Komponenten gerechtfertigt ist.

Eine Firma, die Anlagen für Operationssäle herstellte, hatte ein Produkt im Angebot, das über eine Reihe von Jahren in sehr geringem Volumen ohne wesentliche Änderungen produziert wurde. Für diese Einheit wurden drei Wasserhähne verwendet, die mit Hebeln für die Bedienung mit den Ellbogen ausgestattet sind. Diese machen es den Chirurgen möglich, die Wasserhähne zu bedienen, ohne ihre – mit Handschuhen geschützten – Hände zu kontaminieren. Auf jeden Wasserhahn war ein Schlauch aufgeschraubt. Die Betriebsrichtung des Hebels sowie die Auf- und die Zu-Position waren von entscheidender Bedeutung für die korrekte Montage und Anwendung der Anlage.

Es gab keine Zeichnungen dieser Wasserhähne. Doch seit einer Reihe von Jahren wurde das kleine Lager von demselben, zuverlässigen Lieferanten aufgefüllt, der sie jedes Mal speziell anfertigte. Dafür verwendete der Hersteller die schriftlichen Anweisungen auf dem Bestellformular und verließ sich auf seine Erinnerung an zurückliegende Bestellungen.

Aus verschiedenen Gründen trat nun der Fall ein, daß die Aufträge für diese Wasserhähne einer Reihe von anderen Lieferanten erteilt werden mußten. Jeder Bestellung wurde eine schriftliche Beschreibung zugefügt, aber es gab noch immer keine Zeichnung. Bei der folgenden Lieferung dieser Artikel traten dann alle nur erdenklichen Fehler auf. Es wurden Hähne geliefert, die das falsche Gewinde für den Schlauchaufsatz oder auch überhaupt kein Gewinde hatten. Es wurden Hebel geliefert, die mit den Handgelenken und nicht mit den Ellbogen zu bedienen waren, oder Wasserhähne, bei denen die Hebel im rechten Winkel zur gewünschten Position angebracht waren; und in einem Fall mußten die Armaturen entgegen dem Uhrzeigersinn bedient werden statt im Uhrzeigersinn. Es kam vor, daß Lieferungen in den Lagerbestand aufgenommen wurden, ohne daß jemand die Fehler entdeckte, bis die Wasserhähne schließlich von der Verwendung ausgenommen werden mußten.

Schließlich wurde die Zeichnung eines idealen Wasserhahns erstellt, in der die Maße, die Form, die Schlauchverbindung, die Betriebsrichtung und die Position des Hebels definiert waren. Von nun an war jede Bestellung von einer Kopie dieser Zeichnung begleitet, und die Mitarbeiter am Wareneingang erhielten ebenfalls eine Kopie, um jede neue Lieferung überprüfen zu können. Es traten nun nur noch sehr selten Fehler auf, und wenn dies der Fall war, entdeckten die Prüfer beim Wareneingang sie sofort und ließen sie vom Hersteller korrigieren.

Es trat eine dramatische, sofortige und dauerhafte Verbesserung ein. Alle vorausgegangenen Schwierigkeiten hätten vermieden werden können, wären von vornherein die richtigen Verfahren der Warenspezifizierung angewendet worden.

Bestell- und Liefertermine

Frühzeitige Bestellung bei Artikeln mit langer Lieferzeit

Ingenieure und andere Personen, die für Einkäufe verantwortlich sind, haben die Pflicht, frühzeitig herauszufinden, welche Artikel lange Lieferzeiten haben, und sie haben sicherzustellen, daß die Einkaufsabteilung so früh wie möglich die Anweisungen für die Bestellung erhält. Das kann bedeuten, daß im voraus Informationen über Teile wie Maschinenlager, Motoren oder andere Komponenten ausgegeben werden, obwohl die entsprechenden Montagezeichnungen und abschließenden Materiallisten zu dem Zeitpunkt nicht fertiggestellt oder noch nicht einmal begonnen wurden.

Gelegentlich ist es wünschenswert, selbst dann Vorabinformationen zur Verfügung zu stellen, wenn die Güter noch nicht exakt im einzelnen spezifiziert werden können; auf diese Weise hat die Einkaufsabteilung die Gelegenheit, vorläufige Preisvoranschläge einzuholen und in wirklich dringenden Fällen beim Hersteller Kapazitäten zu reservieren. Jedes Unternehmen mit Projekterfahrung wird sich bemühen, solche Praktiken anzuwenden. Wenn für ein Projekt die Verwendung eines Netzplans des kritischen Weges vorgesehen ist, wird sich mit ziemlicher Sicherheit die Erforderlichkeit der Vorabausgabe von Einkaufsanweisungen herausstellen.

Just-in-time

Das Konzept des „Just-in-time" hat in den letzten Jahren eine spezifische Bedeutung bekommen, seit einige Firmen eine japanische Methode für Einkauf und Fertigung übernommen haben, die darauf abzielt, die Lagerhaltung auf null zu reduzieren, und die unter anderem davon abhängt, daß die Lieferanten direkt an die Arbeitsstätte liefern, und zwar „just in time", also gerade noch rechtzeitig. Dieses System hängt wesentlich davon ab, daß sich ein Verhältnis tiefen Vertrauens entwickelt. Es wird von den Lieferanten erwartet, daß sie den Nachschub in den richtigen Mengen, zum richtigen Zeitpunkt und in der richtigen Qualität liefern, ohne daß tägliche Beaufsichtigung durch den Käufer erforderlich ist. Doch dieser Idealfall wird nicht über Nacht erreicht, und es kann nicht davon ausgegangen werden, daß er bei einem Einkauf in einem Projekt praktikabel ist, für den nicht regelmäßig dieselben Lieferanten herangezogen werden und Wiederholungskäufe nicht die Norm sind.

Verspätete oder inkorrekte Lieferungen und die dadurch verursachten Nachschubmängel bringen große Probleme mit sich. Jede Entscheidung, die Aufgabe einer Bestellung zu verzögern, muß daher mit größter Vorsicht überlegt werden, wobei immer an unvorhergesehene Ereignisse zu denken ist. Was würde beispielsweise geschehen, wenn eine wichtige Lieferung gerade noch rechtzeitig eintrifft, dann aber zurückgewiesen werden muß, weil sie beim Transport beschädigt wurde oder aus anderen Gründen für die Verwendung ungeeignet ist?

Verzögerte Lieferungen und Bestellungen auf Abruf

Häufig gibt es Gründe, Projektmaterial nicht zu früh zu bestellen. Materialien, die so bestellt werden, daß sie eintreffen, lange bevor sie benötigt werden, müssen früher bezahlt werden als nötig, wodurch die Menge an Kapital steigt, das unrentabel in Lagerbeständen und Halbfabrikaten gebunden ist. Außerdem können Probleme bei der Lagerung auftreten, wenn Artikel zu früh ausgeliefert werden.

Wenn eine große Menge von Teilen bestellt wird, können mehrere Lieferungen in Abständen über eine bestimmte Periode verabredet werden. Natürlich muß der Lieferant dem zustimmen, aber dies ist eine weit verbreitete Praxis. Der Hersteller kann den Rest der Bestellung entweder auf Lager halten oder entsprechend den Lieferterminen produzieren. Dies ist als Abrufverfahren bekannt, weil die Artikel abgerufen werden, wenn sie im Projekt des Käufers gebraucht werden. Es ist eine ältere Methode als Just-in-time, aber die beiden sind einander nicht unähnlich. Die Lieferung von großen, sich wiederholenden Mengen eines Artikels erinnert an Stapelverarbeitung oder Massenproduktion, doch auch einige Einzelprojekte verbrauchen große Materialmengen. Beispielsweise würde man den Bau eines großen Bürogebäudes kaum als Massenproduktion betrachten, doch können dabei enorme Mengen von Baumaterial verbraucht werden. Natürlich würde es Schwierigkeiten geben, würden sämtliche Baustoffe angeliefert, bevor genügend Platz auf der Baustelle freigeräumt wäre. Es würde ein ziemliches Chaos entstehen, wenn Zement, Kies, Ziegel und andere Materialien auf dem gesamten Bauplatz verstreut wären. Der Zugang zur Baustelle wäre erschwert, und die Materialien, die nicht ohnehin entwendet oder durch Witterungseinflüsse zerstört würden, müßten erst recht umgelagert werden, bevor die Arbeit beginnen könnte. Der Auftragnehmer kommt in den Vorzug von Mengenrabatt, wenn die für das Projekt erforderliche Gesamtmenge bestellt wird, doch die Einzellieferungen dürfen erst abgerufen werden, wenn sie benötigt werden.

Betrachten wir nun ein Fertigungsprojekt, für das 10.000 identische elektro-mechanische Komponenten erforderlich sind, die pro Stück 30 GE kosten und die über eine Periode von etwa zwei Jahren in Montageeinheiten verarbeitet werden müssen. Diese Komponenten sind klein, und ihre Lagerung stellt kein Problem dar. Doch sie werden nicht alle auf einmal benötigt. Warum sollte also die Ausgabe von 300.000 GE zu früh getätigt werden? Wiederum ist eine Bestellung auf Abruf angezeigt, die es dem Auftragnehmer ermöglicht, die Zahlung zu verzögern, den Inventarbestand niedrig zu halten und den Cash-flow zu verbessern, während er gleichzeitig in den Vorzug des Rabatts kommt, der aufgrund der großen Mengen zweifellos vereinbart werden kann.

Gesunder Menschenverstand bei der Terminplanung

Wurde erst einmal vereinbart, daß die Materialien nach einem Projektplan bestellt werden sollen, verbleiben nur noch ein oder zwei Fragen hinsichtlich einer vernünftigen Anwendung dieses Plans. Kehren wir zum Fall der 10.000 Komponenten zurück. Es gibt keinen Zweifel darüber, daß die Bestellung dieser Artikel möglichst auf Abrufbasis vereinbart werden sollte. Aber was geschieht mit billigen Artikeln wie Schrauben, Muttern, Unterlegscheiben usw.? Es wäre unsinnig, diese Artikel nach irgendeinem Plan zu bestellen. Man sollte eher zusehen, daß die Gesamtmenge im voraus und großzügig berechnet bestellt wird. Rigide Kontrolle ist nicht erforderlich. Planung und Kontrolle würden wahrscheinlich mehr kosten, als das Material insgesamt wert ist, und höchstens dazu führen, daß die Firma sich beim Lieferanten lächerlich macht.

Einige Artikel werden also streng anhand der Pläne kontrolliert, andere dagegen jedoch nicht. Wo soll nun hier die Grenze gezogen werden? Der Abschnitt über „Pareto-Analyse" im Kapitel 17 beschreibt eine mögliche Methode, doch zuerst muß festgehalten werden, daß Bestellung nach Plan voraussichtlich nicht zu den Hauptsorgen des Projektmanagers gehört. Die wahrscheinlicheren Probleme liegen darin, dringendes Material in unmöglich kurzer Zeit zu beschaffen. Treten früh im Projekt Verzögerungen auf und ist keine Verlängerung der Lieferzeit möglich, kann dies zu Problemen führen – was nicht zuletzt der Neigung von Technikern zu verdanken ist, ihre Einkaufsspezifikationen zu spät vorzulegen.

Einkaufsmengen

Probleme bei der Bestellung geringer Mengen

Bestellungen von geringen Mengen von Materialien oder Komponenten sind häufig ein Kennzeichen von Projekten, in denen die Arbeit sich nicht wiederholt und die auf die Fertigstellung eines einzelnen Produkts beschränkt sind. In diesen Fällen ist die Einkaufsabteilung erheblich in ihrem Bemühen behindert, kurzfristige Lieferung und geringe Preise zu erwirken. Eine einzelne kleine Komponente kann für den Erfolg eines Projekts ausschlaggebend sein. In den Augen des Projektmanagers bekommt dieses Teil enorme Wichtigkeit, doch für den Hersteller ist es lediglich ein Ärgernis, das nur geringen Gewinn abwirft und die Arbeit an größeren Aufträgen unterbricht.

Handelt es sich bei dem Auftragnehmer um ein Großunternehmen oder ein Tochterunternehmen eines großen Konzerns, besteht immer die Möglichkeit, daß der Lieferant guten Service bietet, weil er auf größere Folgeaufträge hofft. Zwar kann der Optimismus des Lieferanten völlig unbegründet sein, doch nur ein unfähiger Manager würde ihn bewußt entmutigen. Ähnliche Motive bewegen Lieferanten gelegentlich dazu, Gratisproben ihrer Waren anzubieten. Artikel, die auf diese Weise einlangen, kosten nicht nur nichts, sie sind auch postwendend erhältlich oder werden sogar von einem Vertreter vorbeigebracht. Häufig reservieren Lieferanten kleinere Lagerbestände für diesen Zweck, und wenn Papierarbeit und Bestellformalitäten auf diese Weise umgangen werden können, kann wertvolle Projektzeit eingespart werden. Natürlich wäre es für den Projektmanager nicht ratsam, ein Projekt auf der Grundlage der Versorgung mit Gratismustern zu planen. Es muß jedoch daran erinnert werden, daß schon manches Projekt durch Artikel wiederbelebt wurde, die auf diese Weise beschafft wurden, nachdem alle anderen Methoden ausprobiert worden waren und sich als unzureichend herausgestellt hatten.

Artikel, die in sehr kleinen Quantitäten bestellt werden, haben in der Regel einen höheren Preis, als wären sie in größeren Mengen gekauft worden. Zu den anderen Nachteilen der Bestellung geringer Mengen gehören höhere Kosten pro Einheit für Verpackung, Transport, Dokumentation und allgemeine Abwicklung.

Die Versuchung der Mengenrabatte

Mengenrabatte und andere von Lieferanten gebotene Anreize haben schon so manchen Käufer dazu geführt, weit über den augenblicklichen Bedarf hinaus einzukaufen.

Nehmen wir als einfaches Beispiel an, für ein Projekt sind sieben spezielle Maschinen erforderlich, und bei Mengen zwischen einer und neun wurde ein Stückpreis von 20.000 GE genannt, bei Mengen von zehn oder mehr dagegen ein Stückpreis von 17.500 GE. Der Käufer mag versucht sein, zehn zu ordern, um in den Genuß des Rabatts zu kommen, obwohl er unmittelbar nur sieben benötigt. Doch die Einsparungen im Stückpreis sind die Kosten für die drei zusätzlichen Einheiten nicht wert, die am Ende des Projekts auf Lager liegen. Statt 140.000 haben die Einheiten insgesamt 175.000 GE gekostet.

Die einzig mögliche Rechtfertigung für Einkauf über den wirklichen Bedarf hinaus besteht im Ausgleich für erwartete Bruchschäden – dafür muß es allerdings einen Etat geben – oder für garantierte Folgebestellungen des Kunden als Ersatzteile. Gegen jede ungerechtfertigte Erhöhung der Bestellmenge muß der Projektmanager sein Veto einlegen. Fehlt es hier an Zurückhaltung, können sich überflüssige Lagerbestände in erschreckender Geschwindigkeit ansammeln.

Auch die Materialeinkäufe für die Verwendung in kontinuierlicher oder Stapelverarbeitungsproduktion können durch die Versuchung der Mengenrabatte die Lager überfüllen. Überauslastung der Lager führt jedoch zu einer Reduktion der Lagerumschlagsrate und schmälert den Gewinn.

Theoretisch wirtschaftliche Bestellmenge

Lehrbücher raten dem Einkäufer in einem Unternehmen, das regelmäßig Materialien für die Produktionslagerbestände kauft, die Menge eines bestellten Artikels in jedem Fall an oder dicht bei seinem optimalen wirtschaftlichen Niveau anzusiedeln.

Es können zwei Kurven entlang derselben Achsen gezeichnet werden, die die veranschlagten oder bekannten Kosten aller verschiedenen Faktoren mit den Bestellmengen in Verbindung setzen. Die y-Achse zeigt die Kosten, und die x-Achse die Quantität, die in einer Lieferung bestellt wird.

Die Kurve der Einkaufskosten fällt zunächst steil von links nach rechts ab, wenn die eingekaufte Menge ansteigt. Die Kurve für die Lagerbestandskosten steigt mit den wachsenden Quantitäten, als Folge der höheren Lager- und Finanzierungskosten. Die Zusammenlegung dieser beiden Kurven ergibt die Gesamtkostenkurve, die an jedem Mengenniveau abgelesen werden kann. So ergeben sich die theoretischen Einkaufs- und Lagerhaltungskosten im Verhältnis zum Einkauf der betreffenden Menge. Die Gesamtkostenkurve hat typischerweise die Form eines flachen „U", dessen niedrigster Punkt der Schnittstelle zwischen Einkaufs- und Lagerbestandskurve entspricht und die wirtschaftliche Bestellmenge angibt.

Für die alternative mathematische Methode wird folgende Formel verwendet:

$$X_{opt} = \sqrt{(2JB/Ep)}$$

„X_{opt}" ist die wirtschaftliche Bestellquantität (Einheiten), „J" ist der prognostizierte Jahresverbrauch (Einheiten), „B" sind die Verwaltungskosten, die jeder Bestellung zuzuordnen sind (oder die Vorbereitungskosten, wenn die Formel für die Größenberechnung eines Produktionsstapels verwendet wird), „E" ist der Preis pro Einheit und „p" bezeichnet die voraussichtlichen Jahreskosten für die Lagerung des Artikels, ausgedrückt als Bruchmenge des Werts dieser Artikel auf Lager. (Eine ähnliche Methode kann angewendet werden, um eine wirtschaftliche Stapelgröße für Teile zu kalkulieren, die für das Lager innerhalb der eigenen Fabrik des Projektauftragnehmers gefertigt werden sollen.)

Die wirtschaftliche Quantität braucht nicht präzise berechnet zu werden, da die Abweichungsrate der Gesamtkosten hinsichtlich des kalkulierten Minimalwerts nicht groß ist; die Folgen mäßiger Abweichungen in der eingekauften Quantität werden voraussichtlich unbedeutend sein.

Kapitel 17

Einkauf – Teil 2: Aktivitäten nach der Bestellung und Materialkontrolle

In diesem Kapitel werden hauptsächlich die Aktivitäten behandelt, die nach der Aufgabe einer Bestellung stattfinden. Zu diesen Aktivitäten gehören Änderungen der Bestellungen, Terminkontrolle, Verfahren bei auftretenden Mängeln und verschiedene Aspekte der Lagerverwaltung. Es werden Vergleiche angestellt zwischen der Behandlung von Materialien für die allgemeine Lagerhaltung und Materialien, die für ein spezielles Projekt eingekauft und gelagert werden.

Änderungen der Bestellungen

Sollte es notwendig werden, einen Punkt der Bestellung nach deren Aufgabe zu ändern, sollte die Meinung des Lieferanten eingeholt werden, damit die Auswirkungen auf Preis und Auslieferung festgelegt werden können und sichergestellt ist, daß der Lieferant auch tatsächlich in der Lage ist, die gewünschte Änderung vorzunehmen. Wenn diese Fakten festgestellt wurden, muß eine Ergänzung der ursprünglichen Einkaufsbestellung vorgenommen werden.

Jede Änderung einer Bestellung sollte dieselbe Kennummer haben wie die Originalbestellung und mit einem Suffix versehen sein, das die Nummer der Änderung deutlich macht (Erweiterung 1, 2, 3 etc.). Änderungen der Bestellungen sollten auf Formularen vorbereitet und auf dieselbe Weise verteilt werden wie die Originalbestellung.

Änderung oder neue Bestellung?

Das Änderungsverfahren wird häufig verwendet, um einem bestehenden Auftrag einen oder zwei Artikel hinzuzufügen. Wenn jedoch das Hinzufügen eines neuen Artikels die termingerechte Bereitstellung eines anderen Artikels auf der Bestellung gefährdet, ist es strategisch besser, für den neuen Artikel eine gesonderte Bestellung aufzugeben. Auf diese Weise wird der Lieferant nicht behindert, und es werden ihm keine Entschuldigungsgründe dafür geboten, seinen bestehenden Verpflichtungen nicht nachzukommen.

Das Verfahren, einer bestehenden Bestellung eine Reihe neuer Artikel hinzuzufügen, kann zu einer Reihe von Teilauslieferungen führen, von denen keine die Bestellung erfüllt, wodurch die Verwaltung sehr unübersichtlich wird. Sich durch eine Bestellung und einen Stapel von Auftragsänderungen durcharbeiten zu müssen, um den Gesamtumfang und den ausstehenden Rest zu erfassen, ist eine zeitaufwendige und ärgerliche Aufgabe. Die Kontrolle der Rechnungen wird erschwert, und es kann zu Auseinandersetzungen über die Bezahlung kommen.

Terminkontrolle

Zunächst vertraut man bei der rechtzeitigen Beschaffung von Gütern für die Projekteinteilung auf die Einkaufsabteilung. Sobald die Bestellung aufgegeben wurde, geht die Verantwortung vom Einkäufer auf den Terminkontrolleur über. In einigen kleineren Betrieben übernimmt der Einkäufer jedoch beide Aufgaben. Terminkontrolle besteht, anders als allgemein angenommen, nicht allein darin, Waren hinterherzujagen, deren Auslieferung überfällig ist. Es handelt sich vielmehr um eine vorbeugende Maßnahme, durch die Schwierigkeiten vorhergesehen und eine Verspätung der Lieferung vermieden werden sollen.

Routinemethode

Terminkontrolle wird gewöhnlich in erster Linie als Routineverfahren für die Überwachung des Fortgangs jeder Bestellung betrachtet, um den Lieferanten dazu zu motivieren, rechtzeitig zu liefern.

Eine übliche Methode der Terminkontrolle besteht im Anlegen einer Dokumentation für die Bestellungen (Kartenindex oder Computerdatei), wobei jedes Dokument mit einem Hinweis auf das Datum versehen wird, zu dem ein Erinnerungsschreiben an den Lieferanten angebracht erscheint. Wird dieses Erinnerungsschreiben fällig, kann ein Standardbrief geschickt werden, in dem der Lieferant in höflichen Worten um die Bestätigung gebeten wird, daß er die Lieferverpflichtung einhalten wird.

Nachdrücklichere Methoden

Fällt die Antwort auf eine Routineanfrage nicht zufriedenstellend aus, sollten von seiten der Einkaufsabteilung Aktivitäten ins Auge gefaßt werden. Die Abteilung sollte in ihren Anstrengungen erst nachlassen, wenn der Lieferant entweder eventuell erforderliche Verbesserungen nachgewiesen oder die Waren tatsächlich geliefert hat.

Manchmal erreicht ein neuer Ansatz beim Lieferanten das gewünschte Resultat. Das Angebot, selbst für die Abholung der Waren zu sorgen, zeigt diesem beispielsweise, wie dringend die Sache sein muß, da der Einkäufer bereit ist, extra Mühe auf sich zu nehmen.

Durch einen sehr überlegt formulierten Brief, in dem erläutert wurde, warum ein bestimmter Artikel von derartiger Bedeutung für einen wichtigen Exportauftrag war, ist es einmal gelungen, die angegebene Lieferzeit von 16 Wochen auf nur 14 Tage zu verringern. Dabei handelte es sich bei der Komponente lediglich um eine einzelne, kleine Antriebswelle, die für den Lieferanten praktisch keinen Gewinn abwarf und zudem keine Standardmaße aufwies und daher die Hauptproduktion des Lieferanten durch Änderungen der Maschineneinstellung unterbrach. Zwei anderen Lieferanten für das betreffende Projekt wurden ähnliche Briefe geschickt, die beinahe ebenso erfolgreich dabei waren, die Teile rechtzeitig fertig zu haben.

Kann es sein, daß das geschriebene Wort hier einfach mehr Eindruck hinterließ als Telefongespräche, die ja schnell vergessen sind? Ein Brief, ein Telex oder ein Fax sind greifbare Objekte, die als ständige Erinnerung im Blick bleiben und – wenn sie entsprechend adressiert wurden – auch führende Manager im Betrieb des Lieferanten erreichen werden.

Alternative Versorgungsquellen

Wenn die Versuche zur Beschleunigung der Bestellung zu scheitern drohen, sind die Entwicklungsingenieure möglicherweise in der Lage, einen alternativen Artikel vorzuschlagen, der schneller zu beschaffen ist. Die Lösung kann aber auch darin liegen, eine andere Versorgungsquelle zu finden. Wenn der ursprüngliche Auftrag nicht storniert zu werden braucht, weil der Lieferant ohnehin nicht wie vereinbart geliefert hat, sollte es keine Ersatzansprüche seinerseits geben, weil er ja den Vertrag durch Nichterfüllung gebrochen hat.

Einkäufer als Projektbeteiligte

Wenn es sich nicht um ein sehr großes Projekt handelt, richtet die Einkaufsabteilung in der Regel nicht all ihre Aufmerksamkeit auf ein einziges Projekt. Es ist also verständlich, wenn die Terminkontrolleure jede Bestellung, die sie bearbeiten, als eine Routineaufgabe unter vielen betrachten.

Bei Projekten mit großem Umfang kann es jedoch gerechtfertigt sein, diesen eine Gruppe von Einkäufern und Terminkontrolleuren zuzuteilen, was Motivation und Kontrolle verbessern wird, vor allen Dingen, wenn die Einkaufsgruppe direkt dem Projektmanager und nicht dem Material- oder Einkaufsleiter unterstellt wird.

Der Projektmanager wird durch ein solches Vorgehen ebenfalls motiviert werden, in größeren Zusammenhängen zu denken. Und gelegentlich kann er erfolgreich Mängel beheben, die andere als unvermeidlich hingenommen hätten.

Eingreifen des Projektmanagers

Wenn der Lieferant nicht rechtzeitig liefern kann, muß der Projektmanager davon in Kenntnis gesetzt werden. Er entscheidet dann, wie einschneidend die Verzögerung voraussichtlich sein wird, und genehmigt eventuelle Notmaßnahmen. Als letztes Mittel muß der Projektmanager in den Beschleunigungsprozeß eingreifen dürfen, selbst wenn ihm dies vielleicht von seiten des Einkaufsleiters den Vorwurf der Einmischung einbringt. Die Beispiele, die den Erfolg speziell angefertigter Schreiben illustrierten (siehe oben), waren Fälle, in denen es mit den Routineverfahren der Einkaufsabteilung nicht gelungen war, verbindliche Zusagen des Lieferanten zu erhalten. Der Projektmanager weigerte sich jedoch, dies zu akzeptieren, und wandte sich selbst schriftlich an die Lieferanten.

Fehlbestände

Manchmal müssen Arbeitsschritte aufgrund von Materialmangel hinausgezögert werden, oder sie werden begonnen, bevor alle erforderlichen Materialien vorhanden sind. Dies kann geschehen, wenn ein Lieferant trotz Beschleunigungsmaßnahmen nicht rechtzeitig geliefert hat. Außerdem entstehen Fehlbestände durch Bruchschäden, Diebstahl, ungenügenden allgemeinen Lagerbestand, Einkaufsfehler und eine Reihe von anderen Gründen.

Natürlich möchte kein Projektmanager miterleben, wie Arbeitsschritte aufgrund von Materialmangel verzögert werden, noch möchte er mit einer Aufgabe beginnen, bevor er nicht sicher ist, daß alle Materialien vorhanden sind, um sie bis zum Ende durchzuführen. Das Auftreten von Fehlbeständen ist in Projekten jedoch nicht ungewöhnlich, und die häufig verwendete Methode, damit umzugehen, ist die Anfertigung von Fehlbestandslisten. Diese Dokumente können für jedes Projekt verwendet werden, für Fabrikmaterial ebenso wie für Fehlbestände auf Baustellen.

Fehlbestandslisten

Eine Fehlbestandsliste muß

- für den Manager oder das Aufsichtsorgan des Arbeitsschritts schnell und einfach zu verwenden sein;
- die fehlenden Materialien nach Art und Menge beschreiben;

- präzise, eindeutige Informationen für denjenigen enthalten, der für den Einkauf verantwortlich ist, damit die Bestellung identifiziert werden kann, was die Kontaktaufnahme mit dem Lieferanten möglich macht.

Außerdem sollten alle Fehlbestandslistensysteme

- anzeigen, wie dringend es ist, die Bestände zu ergänzen;
- Rückfluß von Informationen ermöglichen, damit dem beteiligten Manager oder dem Aufsichtsorgan mitgeteilt werden kann, wann die Lieferung zu erwarten ist.

Die wesentlichen Elemente einer Fehlbestandsliste sind in Abbildung 17.1 dargestellt, wobei es sich um ein Formular für allgemeine Zwecke handelt. In der Praxis stellt der Lagerverwalter, Vorarbeiter oder Manager, der entdeckt, daß bei einer Aufgabe Fehlbestände aufgetreten sind, eine Fehlbestandsliste aus und reicht sie auf schnellstem Wege an den verantwortlichen Einkäufer weiter (über Fax oder Telex, wenn sich das Büro an einem anderen Ort befindet). Je nach Art des Projekts werden die Informationen auf der Fehlbestandsliste auch dem Baustellenvorarbeiter, dem Lagerverwalter und natürlich dem Projektmanager mitgeteilt.

Das Formular kann so gestaltet sein, daß der Einkäufer eine Kopie mit Kommentaren versehen und an den Aussteller zurückschicken kann, um zurückzumelden, was hinsichtlich des Fehlbestands unternommen wurde.

Pareto-Prinzip und Lagermanagement

Für Firmen, die viele verschiedene Artikel sowohl für die allgemeine Produktion als auch für einzelne Fertigungsprojekte bestellen, gibt es eine nützliche Methode, um zu entscheiden, welche Materialien in großen Mengen ohne spezielle Kontrollen geordert werden können und für welche Einkäufe ein höherer Grad an Genehmigung, Planung und Kontrolle gerechtfertigt ist. Diese Methode basiert auf dem sogenannten „Pareto-Prinzip".

Vilfredo Pareto (1848–1923) war ein italienischer Soziologe und Volkswirt, der verschiedene statistische Forschungen über die Einkommensverteilung innerhalb der Gesamtbevölkerung anstellte. Pareto fand heraus, daß in seinen repräsentativen Bevölkerungsgruppen 80 Prozent des Gesamteinkommens in der Regel auf 20 Prozent der Bevölkerung verteilt war. Paretos Entdeckungen führten zur allgemeinen Übernahme und Anwendung des „Pareto-Prinzips", das auch unter dem Namen „Pareto-Gesetz" oder die „80/20-Regel" bekannt ist.

Allgemein ausgedrückt lautet die Annahme, daß in jeder „Bevölkerung" von Gegenständen 80 Prozent ihres Gesamtwerts oder der Gesamtwirkung auf lediglich 20 Prozent der Gegenstände verteilt sind. Diese werden gelegentlich die „Entscheidenden Wenigen" genannt. Der Umkehrschluß ist natürlich, daß 80 Prozent der Gegenstände, die „Unbedeutenden Vielen", nur 20 Prozent des Gesamtwerts oder -effekts ausmachen.

Angewendet auf die Lagerkontrolle, bedeutet das Pareto-Prinzip, daß 80 Prozent der erworbenen oder auf Lager befindlichen Artikel voraussichtlich nur 20 Prozent des Werts des Gesamtinventars ausmachen. Es läuft darauf hinaus, die Managementkontrolle nicht für diese weniger kostspieligen, unbedeutenden Artikel zu verschwenden, sondern sich stattdessen auf jene Artikel zu konzentrieren, wo dies den größten Nutzen hat, nämlich auf die wertvolleren und entscheidenden 20 Prozent.

Ist ein Unternehmen bereit, die Zeit und die Mühe auf sich zu nehmen, kann es die erworbenen Güter – in der Regel sind sie auf Artikel der allgemeinen Lagerhaltung beschränkt – nach abnehmendem Inventarwert auflisten, die Rangfolge analysieren und jeden Artikel entweder der 20- oder der 80-Prozentgruppe zuordnen.

Fehl-bestand

An Einkaufsleiter:
Die aufgeführten Artikel sind von entscheidender Bedeutung für den Projektfortschritt.
Bitte Einkauf beschleunigen und umgehend Bericht erstatten.

Projekt:

Ausgabedatum:

Abteilung:

Ausgegeben von:

Bestellungs-nummer:	Beschreibung der Materialien oder Anlagen:	Benötigte Menge:	Benötigt bis zum:	Antwort des Einkaufsleiters:

Abbildung 17.1   Fehlbestandslistenformular
Dies ist ein typisches Beispiel für eine Fehlbestandsliste. Fehlbestandslisten sind ein ausgezeichnetes Beispiel für „Management durch Ausnahmen". Auf einen Blick bieten sie eine Zusammenfassung aller Material- und Anlagenfehlbestände, die den Fortschritt eines Projekts behindern.

Die ABC-Variante

Eine übliche Variante besteht darin, den Lagerbestand in drei statt in zwei Kategorien aufzugliedern, wobei die Artikel der Kategorie A, B oder C zugeteilt werden. Nach einer typischen Wahl des Verhältnisses würden die 10 Prozent der teuersten Artikel in die Kategorie A kommen, die billigsten 70 Prozent in die Kategorie C und die verbleibenden 20 Prozent in die mittlere Kategorie B. Die Umordnung der Artikel würden dann auf folgende Weise kontrolliert werden:

A-Artikel

Lagerausgabe muß entsprechend genehmigt werden. Jede neue Bestellung muß aufgrund spezifischer Anforderungen gerechtfertigt sein, und der Einkauf muß von einem leitenden Manager genehmigt werden.

B-Artikel

Die Lagerausgabe muß entsprechend genehmigt werden. Bestellungen für die Bestandsauffüllung werden ausgelöst, wenn die Lagerdokumentation anzeigt, daß der Bestand unter ein im voraus festgelegtes Mindestniveau gefallen ist. Die zu bestellende Menge ist so berechnet, daß der Lagerbestand ein im voraus festgelegtes Maximum erreicht. (Man nennt dies das „Max-Min"-System der Lagerkontrolle.)

C-Artikel

Diese Gruppe enthält in der Regel Artikel wie kleine Schrauben, Muttern, Unterlegscheiben und verschiedene Verbrauchsgüter. Die Lagerausgabe wird weniger streng kontrolliert, und einige Artikel können in Behältern oder Regalen frei ausliegen. Für die Neubestellung ist die „Methode der zwei Behälter" üblich. Es gibt im Lager zwei Behälter für jeden Artikel. Ist der Bestand im ersten aufgebraucht, wird der zweite ausgegeben, und es wird automatisch Nachschub bestellt.

Projekt- oder Lagereinkauf?

Projekte, die vollständig mit gelagerten Materialien versorgt werden

Nehmen wir an, eine große Fabrik fertigt verschiedene Arten von Produkten in großen Mengen, und das Unternehmen betreibt kein Just-in-time-System, sondern hat Materialien für alle möglichen Anforderungen auf Lager. Soll in dieser Umgebung ein spezielles Fertigungsprojekt durchgeführt werden, so ist denkbar, daß es vollständig mit den gelagerten Materialien und Komponenten fertiggestellt werden kann, so daß kein spezieller Projekteinkauf notwendig ist. Sicherlich ist dies eine sehr unwahrscheinliche Möglichkeit, doch sie ist nicht absolut ausgeschlossen, wenn es sich um ein für die Firma branchenübliches Projekt handelt.

Diese Art von Lagereinkauf verursacht dem Unternehmen hohe Inventarkosten, doch aus Sicht des Projektmanagers bietet sie lokalisierbare Kostenvorteile. Es ist nicht erforderlich, Materialien in kleinen Mengen zu kaufen, sondern es kann in wirtschaftlichem Umfang geordert werden, so daß die Standardkosten, die dem Projekt aufgerechnet werden, gering erscheinen. Es müssen keine gesonderten Vorkehrungen für die Materiallagerung getroffen werden, obwohl der Projektmanager gut beraten wäre, dafür zu sorgen, daß die Lagermitarbeiter alle wichtigen Materialien reservieren oder im voraus zuteilen können.

Projekte, die vollständig durch spezielle Einkäufe versorgt werden

Betrachten wir nun ein Unternehmen, das keine Lagerhaltung hat. Jedes Mal, wenn ein neues Projekt auftaucht, muß jeder einzelne Artikel bestellt werden, bis hin zur letzten Schraubenmutter, Schraube oder Unterlegscheibe. Dies ist ein Beispiel für Projekteinkauf, das für Fertigungsprojekte ebenso unwahrscheinlich erscheint wie das Lagereinkaufsbeispiel (für andere Arten von Projekten ist dies allerdings der Normalfall).

Es gibt eindeutige Vorteile bei der Projekteinkaufsstrategie, doch bevor diese erläutert werden, sollten ein oder zwei Nachteile erwähnt werden.

Die schwerwiegendsten Nachteile beim Projekteinkauf für Fertigungsprojekte ergeben sich, wenn ein Unternehmen in einer Fabrik mehr als ein Projekt zur selben Zeit betreibt. Wird Projekteinkauf betrieben, muß jedes Teil, das zwei oder mehr dieser Projekte gemeinsam ist, gesondert bestellt und gelagert werden. Die einzelnen Bestellmengen sind daher kleiner, so daß Mengenrabatte entfallen oder verringert sind.

Diese Art von Einkauf führt dazu, das Gesamtinventar des Unternehmens, und damit die Lagerkosten, zu erhöhen, weil Sicherheitsvorräte für Verluste, Bruchschäden und Produktionsabfall an mehr als einem Ort gelagert werden müssen, möglicherweise sogar an so vielen Orten, wie es Projekte gibt. Zwei oder mehr getrennte Lager nehmen mehr Fläche ein als ein kombiniertes Lager mit demselben Gesamtumfang, und die Verwaltungskosten (inklusive der Kosten für Sicherheitsvorkehrungen) sind höher. Warum sollte dann jemals Projekteinkauf erwogen werden?

Natürlich ergibt sich eine andere Situation für Hochbaufirmen und andere Unternehmen, deren Projekte sich an Standorten entfernt vom Unternehmensgelände befinden und bei denen die Materialien vom Lieferanten vor Ort angeliefert werden müssen. In diesen Fällen sind der Umgang und die Lagerung der Materialien für jedes Projekt spezifisch, und Projekteinkauf ist die übliche Methode.

Es gibt eine Reihe von sehr guten Gründen, Projekteinkauf und -lagerung für Fertigungsprojekte zu empfehlen, sofern Projektumfang und Art der Operationen zulassen, daß dies bequem eingerichtet werden kann. Einer der Gründe ist, daß so die physische Vorabzuteilung der Materialien sowie die Einrichtung verschlossener Lagerbestände (siehe unten) erleichtert werden.

Informationen für Kosten- und Etatanalysen

Ein weiterer Vorteil des Projekteinkaufs gegenüber dem Lagereinkauf bei jeder Art von Projekt liegt in der dadurch ermöglichten verbesserten Kosten- und Etatanalyse. Dies wird in Abbildung 17.2 dargestellt, in der die Kostendaten verglichen werden, die durch drei unterschiedliche Methoden für dieselben Materialien gewonnen wurden.

Alle drei Kurven haben eines gemeinsam: Jede von ihnen wurde gezeichnet, indem die Materialausgaben auf wöchentlicher Basis zusammengezählt wurden, sobald die Daten bekannt waren. Der einzige Unterschied zwischen den Kurven ist der Informationsweg, über den die Kostendaten jeweils erlangt wurden.

Kostendaten aus der Lagerausgabe

Kurve (B) in Abbildung 17.2 ist der einzige Graph, der in jedem Fall hergeleitet werden konnte, beim Lager- wie beim Projekteinkauf. Hier wurden die Materialkosten herausgefunden, indem alle Artikel bewertet wurden, die auf Lageranforderungen oder ähnlichen Papieren aufgelistet waren, sobald sie aus den Lagerbeständen für die Verwendung im Projekt entnommen wurden.

Fehler können sich ergeben, wenn zwischen den aufgeführten Mengen und den tatsächlich ausgegebenen oder verbrauchten Mengen Diskrepanzen bestanden. Außerdem sind die Bewertungen inkor-

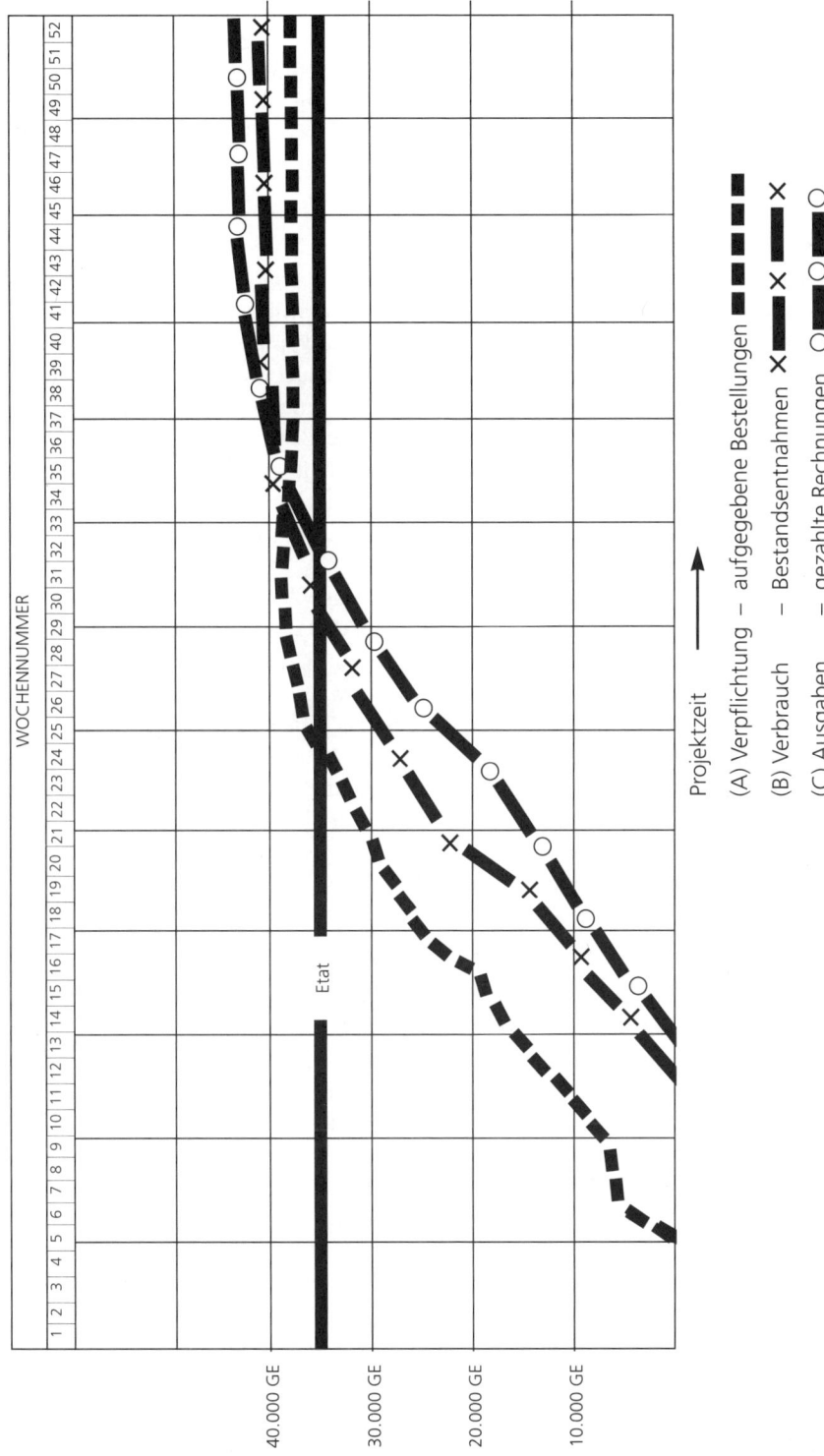

Abbildung 17.2   Beobachtung kumulativer Materialkosten

Es gibt drei Grundmethoden, die Materialkosten zusammenzustellen. Doch die Informationen sind am frühesten erhältlich, wenn der Wert der aufgegebenen Bestellungen errechnet wird.

rekt, wenn veraltete Standardkosten angesetzt wurden. Diese Fehler sollten jedoch nicht besonders bedeutend sein, es sei denn, es liegen schwerwiegende Mängel bei der Lager- oder Kostenverwaltung vor. Die wirklichen Nachteile dieser am weitesten verbreiteten Form der Kostenberechnung werden erst deutlich, wenn die Ergebnisse mit jenen verglichen werden, die durch andere Methoden gewonnen wurden.

Eingeplante Kosten

Projekteinkauf (oder „Vertragseinkauf") macht es möglich, daß die Materialkosten zusammengestellt werden, wenn jede Bestellung aufgegeben wird, wobei es sich um den Zeitpunkt handelt, an dem die Kosten eingeplant werden, und nicht um jenen, an dem sie tatsächlich auftreten. Die graphische Darstellung von Daten, die auf diese Weise gewonnen wurden, zeigt, welche Kosten fest eingeplant wurden, lange bevor die Materialien tatsächlich verwendet werden. Alle Artikel, die bereits im allgemeinen Lager erhältlich sind, müssen natürlich mit einbezogen und in die Gesamtkostenplanung aufgenommen werden. Das geht sehr leicht: Diese Bestände müssen lediglich im voraus aus den Produktionslagern abgerufen und dem Projekt zugeteilt werden, indem sie in dessen Bestände übergeführt werden. Die Anforderungen, die benutzt werden, um diese Materialien aus den Produktionslagern abzurufen, werden zum Standardkostensatz bepreist, und diese Kosten werden den Gesamtprojektkosten aufgeschlagen.

Kurve (A) in Abbildung 17.2 zeigt, wie anhand der Daten für eingeplante Materialausgaben zum frühestmöglichen Zeitpunkt eine Warnung gegeben werden kann, daß Handlungsbedarf hinsichtlich der Gefahr überzogener Etats besteht. Wiederum können Diskrepanzen durch Bewertungsfehler auftreten, wenn Materialien aus dem allgemeinen Lager verwendet wurden, doch – wie zuvor – sind diese Abweichungen zu gering, um die Gültigkeit des angezeigten Trends zu beeinträchtigen.

Die Analyse der eingeplanten Ausgaben ist die wirkungsvollste Methode für die Beobachtung der Ausgaben für Anlagen und Materialien sowie für die Vorhersage der ungefähren Gesamtausgaben für das Projekt. Die Methode ist jedoch nicht die genaueste, und für die Berechnung der Menge, die beim letzten Ereignis tatsächlich ausgegeben wurde, ist sie weniger geeignet. Die Gründe dafür werden bei der Betrachtung der Kurve (C) deutlich.

Kostendaten aus den Rechnungen der Lieferanten

Zahlungen aufgrund der Lieferantenrechnungen ermöglichen die genaueste Auflistung der Kosten für eingekaufte Materialien für einen Auftrag. Projekteinkauf ist dabei eine unabdingliche Voraussetzung, denn andernfalls können die Rechnungen nicht problemlos mit dem Projekt in Verbindung gebracht werden, das bepreist werden soll. Kurve (C) in Abbildung 17.2 zeigt, wie diese Art von Kosteninformationen anwachsen, während das Projekt voranschreitet.

Festzuhalten ist, daß Kurve (C) um einen nennenswerten Zeitraum hinter den beiden anderen Kurven liegt. Die meisten Rechnungen werden erst bezahlt, wenn die Güter in Empfang genommen wurden. Das in den meisten Büros übliche Verfahren für die Überprüfung der Rechnungen und Freigabe der Zahlung hat zur Folge, daß mindestens eine oder zwei weitere Wochen vergehen, bis die Rechnungen wirklich bezahlt werden. Nicht immer stellen Lieferanten ihre Rechnungen umgehend aus, oder sie machen Fehler, die zu weiteren Verzögerungen führen, bevor die Zahlungen erfolgen. Diese Verzögerungen der Zahlung bedeuten für den Einkäufer willkommenen, zinsenfreien Kredit, doch sie verzögern auch den Termin, an dem die wahren Projektkosten eingeschätzt werden können. Die entscheidende Tatsache, die hier deutlich wird, ist, daß die aus den Rechnungen der Lieferanten gewonnenen Informationen viel zu spät vorliegen, um für die Etatkontrolle von Nutzen zu sein. Wenn die Fakten bekannt werden, ist das Geld lange ausgegeben, und es kann nichts mehr geändert werden. Dies zeigt noch einmal deutlich, wie wichtig es ist, die eingeplanten Ausgaben genau zu überwachen. Nichts von dem ist jedoch möglich, wenn nicht Projekteinkauf betrieben wird.

Genauigkeit

Eine abschließende Betrachtung der Abbildung 17.2 zeigt, daß alle drei Kurven unterschiedliche Abschlußniveaus erreichen. Die Unterschiede wurden für dieses Beispiel bewußt übertrieben, in der Praxis sollten nicht mehr als 5 Prozent der Gesamtmaterialkosten die höchste von der niedrigsten Asymptote trennen.

Die Kurve der eingeplanten Kosten [Kurve (A)] – hat den Endwert der wahren Kosten [Kurve (C)] nicht ganz erreicht. Das lag an den geringfügigen Unterschieden zwischen den Voranschlägen des Lieferanten – den Beträgen, die in den Einkaufsbestellungen aufgeführt sind und die für Kurve (A) verwendet wurden – und den Gesamtpreisen, die tatsächlich in Rechnung gestellt wurden. Diese Extrakosten sind aufgetreten, weil eine oder zwei Einkaufsbestellungen aufgegeben wurden, nachdem die Gültigkeitsdauer der Voranschläge abgelaufen war, sowie aufgrund von Nebenkosten wie Fracht, Verpackung, Versicherung und Hafen- und Zollgebühren.

Die Kurve (B) – Materialien, die tatsächlich aus den Projektlagerbeständen entnommen wurden – blieb ebenfalls leicht hinter den wirklichen Gesamtkosten zurück, die in Kurve (C) gezeigt werden. Dies könnte bedeuten, daß in einigen Fällen zuviel geordert wurde, womit also einige Güter am Ende des Projekts ungenutzt im Lager verbleiben. Wenn auf diese Weise Überschüsse angesammelt werden, so müssen sie als Abschlag auf die Projektgewinne hingenommen werden, es sei denn, der Lieferant nimmt sie zurück und schreibt ihren Wert gut, oder sie können für andere Projekte verwendet werden. Andernfalls müssen die überschüssigen Materialien zu einem späteren Zeitpunkt abgeschrieben werden.

Projekteinkauf als Vertragsbedingung

Bei einigen Projekten, für die Zuverlässigkeit und Sicherheit von größter Bedeutung sind – Beispiele dafür finden sich in der Flugzeug-, Rüstungs- und Atomindustrie –, ist es erforderlich, daß nur Artikel erworben werden, für die Zertifikate der Anwendungseignung vorliegen. Dazu gehören selbst Rohstoffe, von denen unter Umständen Proben in unabhängigen Labors getestet werden.

Es kommt vor, daß eine externe Kontrollorganisation ernannt wird, um die Qualitätsprüfungsverfahren zu begutachten und möglicherweise auch zu überwachen. Dies geschieht sowohl vor Ort beim Auftragnehmer als auch bei zumindest einigen der Lieferanten. Sobald jede Lieferung von Materialien oder gefertigten Komponenten vom Prüfer freigegeben wird, wird speziell für diesen Stapel ein Freigabezertifikat ausgestellt. Es müssen spezielle Vorkehrungen für die Lagerung getroffen werden, damit sichergestellt ist, daß nur diese vom Prüfer freigegebenen Materialien für das Projekt verwendet werden (siehe den Abschnitt „Lagerbestände unter Verschluß" im nächsten Abschnitt).

Abgesehen vom unmittelbaren Aspekt der Qualität sollen diese Verfahren auch „Auffindbarkeit" sicherstellen. Nehmen wir an, bei einem im Einsatz befindlichen Flugzeug versagt ein Bauteil. Auffindbarkeit bedeutet, daß ursprüngliche Herkunft und Produktionsstapel des fehlerhaften Teils auffindbar sind. So wird wiederum ermöglicht, daß alle anderen Teile aus diesem Produktionsstapel ausfindig gemacht und ersetzt werden können, um Schwierigkeiten in allen anderen Flugzeugen zu vermeiden, die ebenfalls betroffen sein können.

Unter solchen Umständen ist dem Auftragnehmer die Entscheidung zwischen Lager- oder Projekteinkauf genommen. Projekteinkauf ist letztlich zu einer vertraglichen Bedingung geworden.

Die zusätzlichen Maßnahmen für Prüfung, Dokumentation und Lagerung, die erforderlich sind, um diesen Bedingungen zu entsprechen, werden die Kosten für Projekteinkäufe und Materialbehandlung aufblähen und sollten – wenn möglich – im Preis für den Auftrag mit berücksichtigt werden.

Lagerverwaltung

Die meisten Probleme, die sich bei der physischen Lagerung von Gütern ergeben, können auf einige gut definierte Kategorien verteilt werden:

1. Unterbringung: Bedarf an Bodenfläche, Ablagen und Regalen, Lagerbuchten etc.
2. Auszeichnung: Beschriftung der Güter, so daß sie eindeutig identifiziert werden können.
3. Standort: Aufzeichnung der Stelle, an der die Güter gelagert wurden, damit sie bei Bedarf auffindbar sind.
4. Konservierung: Beachtung möglicher Qualitätsverschlechterungen, begrenzter Lagerfähigkeit, Querkontaminierung zwischen verschiedenen Materialien und der Lagerumgebung allgemein.
5. Bearbeitungsmethoden und -mittel.
6. Gesundheit und Sicherheit.
7. Verwaltungsmethode (manuell oder mit Computer).
8. Sicherheit: Verhütung von Diebstahl, Vandalismus oder falscher Zuteilung.
9. Dokumentations- und Informationssysteme.

Einige dieser Punkte werden im folgenden kurz erläutert.

Unterbringung

Abgesehen von Just-in-time-Systemen oder dem Auffüllen von Fehlbeständen muß in der Regel entschieden werden, wo die eintreffenden Materialien gelagert werden sollen. Manchmal besteht die Lösung einfach darin, die Lieferung in einem Behälter auf einem leeren Regal zu plazieren. Es kann aber auch passieren, daß ein großer Lastwagen, vollgestopft mit sperrigen Gütern, den gesamten Platz an der Verladerampe des Wareneingangsbereichs einnimmt und nicht entladen werden kann, weil es keinen Platz für die Ware gibt. Probleme dieser Art unterscheiden sich von rein mentalen Sorgen. Sie sind physische Realität und haben nicht selten Eigenschaften, die bei den Betroffenen den Blutdruck in die Höhe treiben und Nervosität auslösen können – wenn der Fernfahrer eine lange, ermüdende Nachtfahrt hinter sich gebracht hat, wird er kaum geneigt sein, konstruktive Vorschläge dafür zu unterbreiten, wo die Ware untergebracht werden könnte ...

Platzprobleme entstehen in der Regel durch mangelnde Voraussicht und unzureichende Planung. Dies ist ein Bereich, in dem der Projektmanager in der Lage sein muß, seinen Beitrag zu leisten. „Platz" ist ebenso eine Projektressource wie Arbeitskraft. Es könnte angebracht erscheinen, die Platzanforderungen mit in die Ressourcenzuteilung der Projektplanung aufzunehmen, doch dies ist außerordentlich schwierig und wird selten getan, weil es sich um ein dreidimensionales Problem handelt, für das die herkömmliche Computersoftware für Projektmanagement nicht geeignet ist.

Eine einfachere und effektivere Alternative besteht darin, dem für die Materialkontrolle zuständigen Manager eine Planungseinteilung der Projekteinkaufsaktivitäten auszuhändigen, die, je nachdem, was verwendet wird, entweder auf dem Netzplan des kritischen Weges oder auf einem Balkendiagramm basiert und gemäß den erwarteten Lieferterminen geordnet ist.

Auszeichnung

Korrekte Auszeichnung der gelagerten Artikel ist von entscheidender Bedeutung. Andernfalls wird es bei der Ausgabe zu Fehlern kommen. Es kann nicht von Lagermitarbeitern erwartet werden, daß sie alle verschiedenen Artikel allein anhand ihres Aussehens unterscheiden können. Die Teile müssen Nummern haben, damit Verwechslungen ausgeschlossen sind. Standardisierte Teilenumerierung, die in der Entwurfsabteilung vorgenommen werden sollte, ist eine notwendige Voraussetzung eines Systems für die Identifizierung des Lagerbestands. Jede Lieferung wird bei Aufnahme im Lager mit der korrekten Teilenummer versehen und ist dann später leicht zu identifizieren, vorausgesetzt, Nummern und Teile werden nicht voneinander getrennt. Rohstoffe können zur Identifizierung die Spezifikationsnummer erhalten, die in einigen Fällen von Mengen- oder Maßangaben ergänzt wird. Gemeinsam genutzte Materialien können mit Farbcodes versehen werden.

Standort und Abruf

Der Standort ist ein Problem, das zu Größe und Grundriß der Lager in direktem Verhältnis steht. Es kommt vor, daß wertvolle Projektmaterialien verschwinden und dringende und kostspielige Neubestellung erforderlich machen, um dann im hintersten Winkel eines verstaubten Regals wieder aufzutauchen, lange nachdem das Projekt abgeschlossen ist. Dies kann verhindert werden, indem jeder Ablage, jedem Regal oder jedem Behälter zur Identifizierung eine „Adresse" gegeben wird, die in der Regel aus einem alphanumerischen Code besteht. In den Lagerbestandsunterlagen wird für jeden Artikel der Adressencode des Lagers angegeben (oft auch „Behälternummer" genannt), das ihn enthält. Dies ist natürlich ein in jedem gut geführten Lager oder Warenhaus übliches Verfahren.

Physische Vorabzuteilung der Materialien

Ein Vorteil des Einkaufs für jedes Projekt resultiert aus der Schwäche der meisten Vorabzuteilungssysteme für Fabriklagerbestände. Die einzige sichere Methode für die Vorabzuteilung von Materialien an ein bevorstehendes Projekt besteht nämlich darin, sie aus dem allgemeinen Lager zu entnehmen und sie in einem gesonderten Projektlager zu plazieren. Geschieht dies nicht, so wird ein Teil der Bestände, ob zugeteilt oder nicht, mit Sicherheit für andere Arbeiten verwendet werden, so daß er für das Projekt nicht mehr vorhanden ist, wenn er benötigt wird. Fröhliche Versicherungen des Lagerverwalters, daß die fehlenden Artikel „schon bestellt sind" und „nun jeden Tag kommen müßten", werden wahrscheinlich mit wenig Begeisterung aufgenommen – kann doch mit leeren Versprechungen kein Projekt durchgeführt werden.

Eine sehr brauchbare Methode der Vorabzuteilung stellt jedoch das „Lager unter Verschluß" dar.

Lager unter Verschluß

Unter Bedingungen, bei denen alle Materialien Zertifikate dafür haben müssen, daß sie von der Prüfung für ein bestimmtes Projekt oder jede andere Art spezieller Anwendung freigegeben wurden, ist es oft erforderlich, gesonderte, „verschlossene" Lager einzurichten, in denen die Materialien für ein bestimmtes Projekt getrennt vom allgemeinen Lagerbestand aufbewahrt werden können. Dieses Verfahren soll die Möglichkeit ausschließen, daß Güter normaler Handelsqualität mit den kontrollierten Artikeln vermischt werden.

Konservierung

Alle Materialien, deren Qualität durch Erschütterung, Hitze, Kälte oder Feuchtigkeit beeinträchtigt werden kann, müssen adäquat geschützt werden. Einige Artikel verderben unter jeder Art von Bedingungen rasch und müssen daher innerhalb kurzer Zeit verbraucht werden. Fotomaterial und manche Trockenbatterien beispielsweise sind so zu behandeln, daß die Stücke, die zuerst ins Lager kommen, auch zuerst wieder ausgegeben werden *(first in, first out)*. Bestimmte Rohmaterialien lassen sich nicht dicht nebeneinander lagern, weil die Gefahr besteht, daß sie durch Querkontamination beeinträchtigt werden. (Man würde zum Beispiel nicht Seife zusammen mit Tee lagern.)

Sicherheit

Für die Sicherheit der Lagerbestände ist es erforderlich, daß der Lagerbereich außerhalb der normalen Arbeitszeit abgeschlossen werden kann. Zu anderen Zeiten ist der Zugang zum Lager auf befugte Lagermitarbeiter beschränkt. Bestimmungen dieser Art sollen nicht nur Diebstahl verhindern, sondern auch die Möglichkeit unbefugter oder nicht dokumentierter Entnahmen verringern.

Baustellenlager sind besonders anfällig und können besondere Schutzmaßnahmen erfordern, wie zum Beispiel einen vollzeitig beschäftigten Wachmann, Hunde, Patrouillen, hohe Zäune, Alarmanlagen, Videoüberwachung, Sicherheitsbeleuchtung usw.

Nicht alle unbefugten Entnahmen beruhen auf Diebstahl. Heimliche Versuche, Verluste, Bruchschäden oder Ausschußproduktion auf Baustellen oder im Produktionsbereich wiedergutzumachen, können die Ursache sein. Das Bedürfnis, Fehlbestände in einem Projekt aufzuheben, können dazu führen, daß ohne Befugnis Lagerbestände entnommen werden, die einem anderen Projekt zugeteilt waren.

Lagerdokumentation und Informationssysteme

Es müssen Informationssysteme entwickelt und eingesetzt werden, die eine genaue Rückmeldung aller Materialbewegungen, also Eingang und Entnahmen, zum Zwecke der Bestandskontrolle und Kostenberechnung möglich machen.

Lagereingänge werden durch Wareneingangszettel dokumentiert oder – wenn die Artikel vor Ort produziert wurden – durch Arbeitsaufträge, Prüfnachweise oder Lagereingangsbelege. Wiederverwendbare Artikel, die in den Lagerbestand zurückkehren, weil sie nicht länger benötigt werden, sind auf ähnliche Weise zu dokumentieren.

Die Ausgabe von Lagerbeständen wird gewöhnlich durch Lageranforderungen, Materiallisten, Bestandsausgabeeinteilungen oder Stücklisten dokumentiert. Diese Entnahmen müssen zusammen mit den Auftragsnummern dem Kostenbüro gemeldet werden. Die Lagerbestandskontrolle hängt von diesen Informationen ab, um ihre Dokumentation so sorgfältig wie möglich führen und rechtzeitig nachbestellen zu können.

Materialmanagement als geteilter oder gemeinsamer Service

Wenn nicht innerhalb der Projektorganisation ein gesondertes Projektlager eingerichtet wurde, haben die Projektmanager in der Regel keine direkte Kontrolle über die Vorgänge in der Materialverwaltung. In Fertigungsbetrieben sind Einkauf und Lagerhaltung gewöhnlich als ein gemeinsam genutzter Service gestaltet, der oft mit anderen Materialaufgaben wie Wareneingang und -ausgang kombiniert ist und insgesamt einem Materialverwalter untersteht. Hinsichtlich der Materialhandhabung für das Projekt ist der Projektmanager üblicherweise völlig vom Materialverwalter und der Lagerorganisation abhängig. Es kann ihm sogar der Zugang zu sicherheitsgeschützten Lagerbereichen verwehrt werden.

Abhängigkeit von gemeinschaftlich genutzten Dienstleistungen innerhalb des Betriebs bereitet dem Projektmanager häufig Schwierigkeiten, wenn unterschiedliche Prioritäten aufeinandertreffen. Der

Servicemanager wird jedem Versuch willkürlicher, unabhängiger Überprüfungen mit Mißtrauen, wenn nicht sogar mit Feindseligkeit, begegnen, weil er das Interesse des Projektmanagers an der Leistung seiner Abteilung als ungerechtfertigte Einmischung betrachtet. Letztlich kann der Projektmanager in der Serviceabteilung in seinem eigenen Betrieb sogar weniger Zugang und Kontrollmöglichkeit haben als bei einem externen Waren- und Dienstleistungsanbieter, wo zumindest der Kaufvertrag in gewissem Maße Zugang zum Zwecke der Terminkontrolle und der Inspektion vor Ort ermöglichen wird.

Eine wahre Geschichte

Hier ist ein Beispiel dafür, wie ein Projektmanager, der von einer gemeinsam genutzten Serviceabteilung abhängig war, im Stich gelassen wurde. Ein britisches Unternehmen führte ein Projekt durch, das aus der Produktion und Installation von zwei vorgefertigten Operationszelten in einem skandinavischen Land bestand. Die Teile für diese Zelte stammten aus einem gemeinschaftlich genutzten Lager und wurden von der Serviceabteilung des Betriebs verpackt und zum Projektstandort verschifft. Die äußerst erfahrene Installationsmannschaft, die dem Projektmanager unterstand, wurde eingeflogen, sobald die Materialien ihr Bestimmungsziel erreicht hatten.

Die Krankenhausleitung lud die Medien ein, bei der Errichtung der Hauptgerüste anwesend zu sein, um die Ergebnisse dieser neuen Investition der Öffentlichkeit zu präsentieren. Jedes dieser Operationszelte bestand aus einer Reihe von aufrechten Ständern, die in einen geschweißten Rahmen geschraubt waren, so daß jedes Zeltgestell aussah wie eine riesige Spinne. Nachdem die Ausdehnungen des ersten Zeltes genau auf dem Boden markiert worden waren, stellten sich die Mitarbeiter vor Ort in Position und hielten die Stangen an die vorbestimmten Stellen. Gespannt wurden sie dabei von Journalisten und örtlichen Würdenträgern beobachtet, während das erste Obergestell vorsichtig von einem Flaschenzug hinabgelassen wurde. Natürlich paßte es nicht: Die Serviceabteilung hatte die falschen Rahmen eingepackt.

Was gibt es Schlimmeres, als derart ins Fettnäpfchen zu treten und das dann noch im gleißenden Lichte der Öffentlichkeit? Aufgrund des Versagens einer gemeinschaftlich genutzten Serviceabteilung, über die der Projektmanager keine direkte Kontrolle hatte, gerieten er und das ganze Unternehmen in eine äußerst unangenehme Lage.

In diesem Fall bestand eine sofortige Behelfsmaßnahme darin, die richtigen Gestelle per Luftfracht anliefern zu lassen, was sich als sehr kostspielig herausstellte, waren diese Rahmen doch sehr schwer und sperrig. Eine langfristige Lösung ist in solchen Fällen meist nur schwierig zu erreichen – die Serviceabteilung dazu zu bewegen, ihre Dienstleistung zu verbessern, erfordert in der Regel eine Mischung aus Schulung und Überredungskunst und unter Umständen sogar die Mobilisierung der Geschäftsleitung.

Kapitel 18

Einkauf – Teil 3: Verfahren für Großprojekte

In den Kapiteln 16 und 17 wurden die allgemeinen Prinzipien von Einkauf und Materialverwaltung behandelt, die vorwiegend anhand von Beispielen aus Fertigungsprojekten illustriert wurden. Das Thema Projekteinkauf wird in diesem Kapitel weitergeführt, doch liegt der Schwerpunkt nunmehr auf der Beschaffung von Ausrüstungsteilen für Großprojekte, wie große Nutz- und Hochbauprojekte oder Projekte für den Entwurf und Bau von Ölbohranlagen und Bergwerken. Einige der beschriebenen Verfahren, etwa die Spezifikationsdokumentation und die Zusammenfassung der Ausschreibungsangebote, sind auch beim Erwerb kostspieliger Anlagen für jede Art von Industrieprojekt anwendbar.

Die Einkaufsorganisation

Abbildung 18.1 zeigt einige der bedeutenden Elemente einer Projekteinkaufsorganisation. Es muß betont werden, daß es verschiedene Möglichkeiten gibt, diese Elemente zu organisieren. Die Anordnung in Abbildung 18.1 wurde bewußt sehr allgemein gehalten. Einige Elemente wurden fortgelassen, um das Diagramm einfach zu gestalten. Die Lieferanten können zum Beispiel Verpackungsunternehmen beschäftigen, die auf Export spezialisiert sind, und es wird – organisiert vom Spediteur – Verschiffer, Transportunternehmer, Fluglinien, Versicherer und viele andere Mitwirkende geben. Außerdem ist es möglich, daß der Projektkunde oder die Organisation, die das Projekt vorfinanziert hat, seine Interessen durch die Beschäftigung eines unabhängigen Fachberaters absichern möchte.
In Abbildung 18.1 wird dargestellt, wie der Kunde (oft auch Eigentümer genannt) durch einen leitenden Auftragnehmer (Generalunternehmer) vertreten wird. Alle anderen Elemente werden als gesonderte Einheiten dargestellt. Eine Vielzahl von Variationen der Organisation ist möglich: Einige dieser Elemente können Teil des Unternehmens des leitenden Auftragnehmers sein. Beim leitenden Auftragnehmer kann es sich aber auch um einen Fachbetrieb für Projektleitung handeln, der einen Hauptauftragnehmer beschäftigt oder kontrolliert, der einige oder die Mehrzahl dieser Elemente besitzt oder betreibt.
Variationen lassen sich bis zum Überdruß aufführen: Es sollte an dieser Stelle nur klar werden, daß es unklug wäre, ein Diagramm aufzunehmen und zu behaupten, es handle sich dabei um eine typische Einkaufsorganisation.

Der Einkaufsvertreter

Ein besonderer Aspekt der Organisation muß erwähnt werden, bevor wir uns der detaillierten Beschreibung der Einkaufsverfahren zuwenden. Es handelt sich um die Identität und den Standort des Einkaufsvertreters *(purchasing agent)*.
Beim Einkaufsvertreter kann es sich um eine unabhängige Organisation handeln, um die Einkaufsabteilung des Auftragnehmers oder auch um die Einkaufsabteilung des Kunden. Es können aber auch verschiedene Kombinationen davon sein. Bei einem internationalen Projekt könnte die Ein-

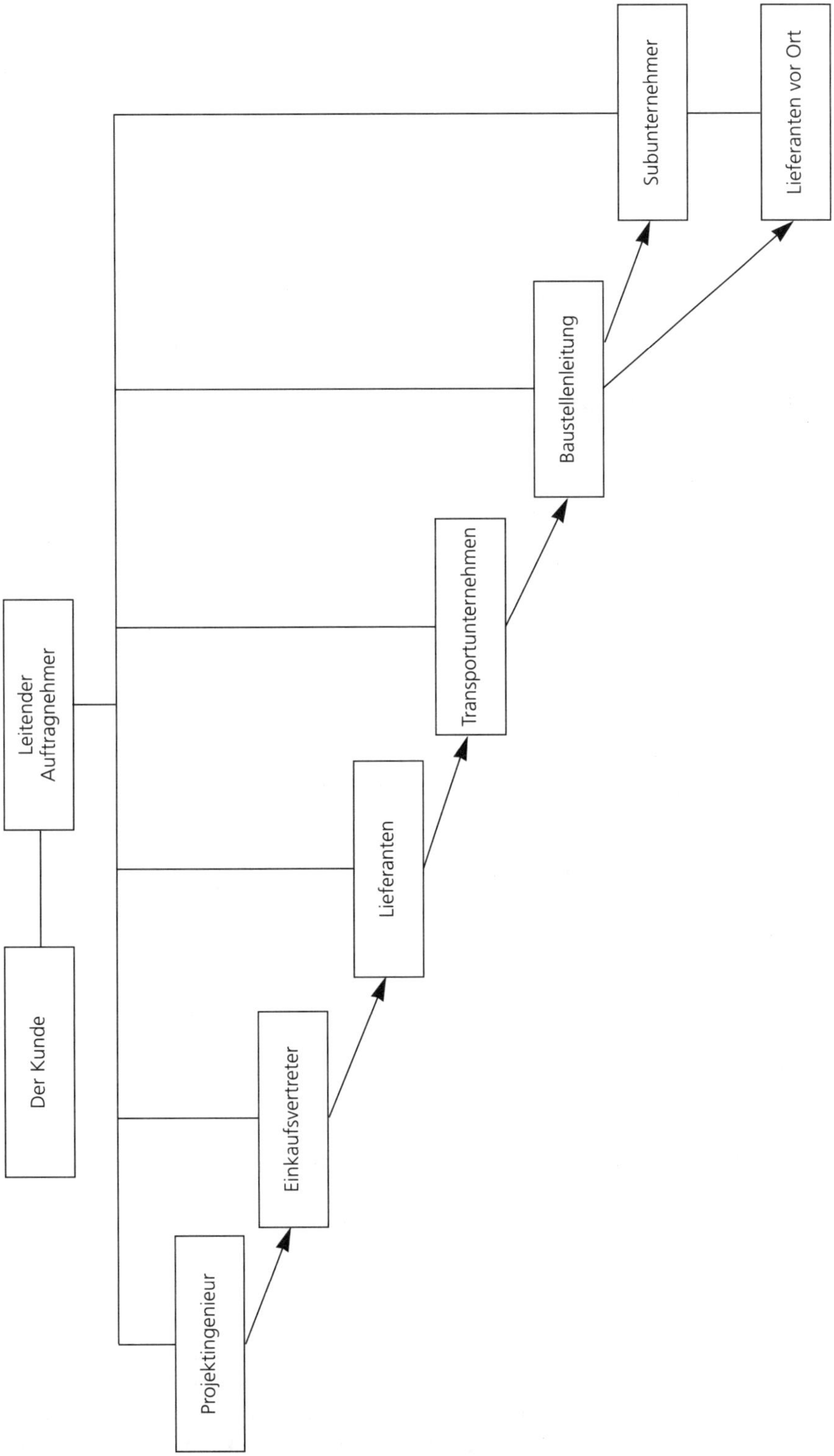

Abbildung 18.1   **Elemente einer Einkaufsorganisation für ein Großprojekt**

kaufsabteilung des Kunden aus Gründen der Bequemlichkeit Bestellungen bei örtlichen Anbietern aufgeben, während die Einkaufsabteilung am Hauptsitz des Auftragnehmers die anderen Lieferanten weltweit übernimmt. Dabei operiert sie möglicherweise über Einkaufsvertreter in Übersee, deren Standort und deren Erfahrung vor Ort sich vorteilhaft auswirken wird. Im Verlauf dieses Kapitels wird der Ausdruck „Einkaufsvertreter" verwendet, um die Autorität zu beschreiben, die für den Einkauf verantwortlich ist, egal an welcher Stelle in der Projektorganisation sie sich befindet oder wem sie gehört.

Abbildung 18.2 dient dazu, die grundsätzlichen Verfahren vorzustellen, die für die Beschaffung von Projektausrüstung sowie Materialien wie Stahl und Rohrmaterial und den Transport zur Baustelle notwendig sind. Die in diesem Diagramm dargestellten organisatorischen Funktionen basieren auf einem realen internationalen Projekt.

Einkaufskontrolleinteilungen

In den Einkaufskontrolleinteilungen werden sämtliche wichtigen Ausrüstungsgegenstände aufgeführt, die für ein Projekt benötigt werden. Die Projektingenieursabteilung verwendet sie als Register, um die Seriennumerierung zu kontrollieren und um die Spezifikationen der zu beschaffenden Ausrüstung zu erstellen.

Die Einkaufskontrolleinteilungen sollten vorzugsweise am Computer kontrolliert und ausgedruckt werden. Sie können außerdem Kosten- und Planungsdaten enthalten.

Format

Abbildung 18.3 zeigt das Formular einer Einkaufskontrolleinteilung. In diesem besonderen Beispiel sind Spalten vorgesehen, in die sowohl Zeitplanungs- als auch Kostendaten eingetragen werden können.

Aufnahme festgelegter Termine

Wenn eine Einkaufskontrolleinteilung bei der Kontrolle des Fortschritts jedes aufgeführten Artikels im gesamten Einkaufszyklus von Nutzen sein soll, muß jedes bedeutsame Ereignis im Einkaufszyklus dargestellt und mit einem erreichbaren Termin versehen sein. Die Spalten für die Terminvorgabe in der Abbildung 18.3 entsprechen jenen, die ein bestimmtes Unternehmen verwendet. Das Beispiel macht deutlich, daß die Datenmenge, die für diesen Zweck in Einkaufskontrollformulare eingetragen werden muß, sehr umfangreich sein kann. Jede Änderung der Planung verursacht zwangsläufig erhebliche Arbeit durch die Umstellung.

Zu Zeiten, als die Zusammenstellung von Einkaufskontrolleinteilungen vollständig von Hand gemacht wurde, war der Eintrag der vorgesehenen Zieldaten eine mühselige und kostspielige Routineaufgabe. Auch seitdem Einteilungen mit dem Computer kontrolliert werden können, sind einige Schwierigkeiten geblieben. Es ist unwahrscheinlich, daß jedem in der Einkaufskontrolleinteilung dargestellten Ausrüstungs- oder Versorgungsartikel eine gesonderte Kette von Aktivitäten im Projektnetzplandiagramm entspricht. Selbst wo dies der Fall ist, verhindert der Umfang an Details unter Umständen die Darstellung und Datierung sämtlicher Teile im Einkaufszyklus.

Es gibt eine Reihe von Hilfsmitteln, um den erforderlichen Arbeitsaufwand zu verringern oder ganz auszuschalten. Sie erfordern alle ein angemessenes Ausmaß an Details im Netzplan.

Eine Möglichkeit besteht darin, jeden Ausrüstungsartikel durch eine gesonderte Aktivitätenkette im Netzplan darzustellen. Sämtliche für die Kontrolle erforderlichen Termine können dann einer mit

	Auflistung	Planung	Anfrage-spezifizierung	Anfrage-anforderung	Anfrage-ausgabe	Lieferanten-angebot	Ausschreibungs-angebot
Der Kunde							
Projekt-manager	Dem Kunden verantwortlich für Einteilung, Einleitung und Überwachung sämtlicher Projektaktivitäten sowie für den erfolgreichen Abschluß des Projekts in jeder Hinsicht. Unterbreitet dem Kunden regelmäßig Kosten- und Fortschrittsberichte.						
Projekt-ingenieur	Anforderungen in Einkaufskontrolleinteilungen aufführen und Einkaufsspezifikationsseriennummern zuteilen.	Geeignete Computersysteme verwenden, um den kritischen Pfad-Netzplan zu bearbeiten, Daten in Einkaufskontrolleinteilungen eintragen.	Provisorische Einkaufsspezifikation (Anfragespezifikation) für jeden zu erwerbenden Artikel schreiben.	Aufforderung zur Anfrage, Spezifikation und die Namen aller empfohlenen Lieferanten an den Einkaufsvertreter schicken.	Technische Unterstützung des Einkaufsvertreters während der gesamten Anfragephase sowie Diskussionen mit Lieferanten und Beurteilung von Ersuchen oder Vorschlägen der Lieferanten, die Spezifikationen zu ändern.		
Einkaufs-vertreter					Einkaufsanfrage an mögliche Lieferanten ausgeben, inklusive der vom Projektingenieur empfohlenen.		Angebote der Lieferanten in Empfang nehmen. Technische und finanzielle Daten in Angebotszusammenfassungsbögen eintragen.
Anlagen-lieferant						Angebot erstellen und dem Einkaufsvertreter zum oder vor dem Einsendeschluß zusenden.	
Speditions-vertreter							
Baustellen-material-kontrolleur							

Abbildung 18.2   Typische Stufen beim Einkauf von Anlagen für ein Großprojekt

	Exportvorbereitung	Dokumentation	Transport und Versand	Hafen- und Zollfreigabe	Abschließende Zahlungsfreigabe
Der Kunde					Zahlungen an Lieferanten oder Kostenrückerstattung an Hauptauftragnehmer gemäß den jeweiligen Projektvereinbarungen.
Projektmanager	Dem Kunden verantwortlich für Einteilung, Einleitung und Überwachung sämtlicher Projektaktivitäten sowie für den erfolgreichen Abschluß des Projekts in jeder Hinsicht. Unterbreitet dem Kunden regelmäßig Kosten- und Fortschrittsberichte.				
Projektingenieur	Technische Unterstützung und Kontakt während der gesamten Projektzeit sowie, wenn gewünscht, Hilfestellung bei den abschließenden Tests vor Ort.				
Einkaufsvertreter	Sicherstellung, daß Lieferant Projektinstruktionen für Verpackung, Auszeichnung und Dokumentation befolgt. Kontakt zum Frachtspediteur während der Bewegungen. Berichte an Projektmanager in regelmäßigen Abständen und auf Anfrage. Informieren des Baustellenleiters oder Baustellenmaterialmanagers. Sofortige Korrekturmaßnahmen bei Verlust oder Beschädigung von Materialien.				Abschließende Zahlung zertifizieren.
Anlagenlieferant	Verpackungsmaterial oder Kisten bereitstellen. Auszeichnen sämtlicher Artikel gemäß Bestellung/Spezifikation, damit sie während des Transports auffindbar sind.	Testzertifikate, Zeichnungen, Installations- und Betriebsanweisungen ausgeben, sowie Listen empfohlener Ersatzteile und Wartungshandbücher.	Wenn laut Bestellung erforderlich, Vorbereitungen treffen für Anwesenheit vor Ort während Installation und Tests sowie Schulung der Kundenmitarbeiter.		
Speditionsvertreter	Export- und Reisedokumente vorbereiten. Schiff oder Flugzeug buchen. Bei Hafen- und Zollfreigabe helfen.	Güterbewegungen während sämtlicher Phasen der Verschiffung oder Luftbeförderung überwachen. Einkaufsvertreter über sämtliche Bewegungen informieren und ihn umgehend beraten, wenn Schwierigkeiten oder unvorhergesehene Probleme auftreten. Über die besten Transportmethoden und Routen beraten, wobei die Beratung regelmäßig hinsichtlich politischer oder betrieblicher Veränderungen überprüft werden muß.			
Baustellenmaterialkontrolleur			Verbindung zum Frachtspediteur, um Nahverkehrstransport vom Landehafen zur Baustelle zu organisieren.	Einladegeräte und gesicherten Laderaum bereitstellen. Güter bei Ankunft überprüfen. Sicheren Empfang bestätigen oder Fehlbestand oder Schäden melden.	

Abbildung 18.2   Fortsetzung

Einkaufskontrolleinteilung

Projekttitel:

Anlagenbereich:

Projekt-
nummer:

Datum:

Revision:

.. Seite von .. Seiten

Spezifikation		Beschreibung	Menge	Aktivitäten-kennummer	Vorgesehene Termine					Vorgesehene Kosten		
Nr.	Revision				Anfrage-ausgabe	Angebote analysiert	Bestellung	Dokumenten-eingang	Versand ab Werk	Güter vor Ort	ab Werk	vor Ort

Abbildung 18.3   **Formular einer Einkaufskontrolleinteilung**

dem Computer erstellten Aufgabenliste entnommen werden. Wird ein Datenbanksystem verwendet, so kann es so eingerichtet werden, daß die Einkaufskontrolleinteilungen zusammen mit sämtlichen Daten ausgedruckt werden. Dies ist eine dynamische Lösung, die bezüglich Änderungen flexibel ist. Der Haken bei dieser Methode besteht darin, daß ein solcher Umfang an Details schwierig zu erreichen und zu verwalten ist. Der Netzplan würde äußerst umfangreich und damit unhandlich werden.

Eine praktikablere Methode besteht darin, sämtliche Ausrüstungsgegenstände gemäß der Bereiche im fertigen Projekt zusammenzufassen, in denen sie benötigt werden. Sämtliche Pumpen für einen bestimmten Anlagenbereich könnten beispielsweise im Netzplan einfach als „Pumpen für Bucht 3" dargestellt werden, selbst wenn diese Pumpen eine ganze Seite der Einkaufskontrolleinteilung für das ganze Projekt ausmachen. Die Ausrüstung auf den Seiten der Einkaufskontrolleinteilung kann dann für jede Anlagenbereichsgruppe in einem gesonderten Block aufgeführt werden. Die Einteilungen werden dann

- einfach auf die entsprechenden Aktivitätencodes jeder Gruppe von Ausrüstungsgegenständen Bezug nehmen; oder
- im Detail sämtliche Daten zeigen, die aus der Datenbank gewonnen und ausgedruckt werden, doch für jeden Ausrüstungsgegenstand innerhalb derselben Gruppe wird ein identisches Datum angegeben; oder
- in einer Kombination von den beiden genannten Versionen zusammengeführt.

Vorbereitung

Eine geeignete Methode für die Vorbereitung von Einkaufskontrolleinteilungen besteht darin, jede am Projekt beteiligte Disziplin bzw. Gruppe (Hochbau, Statik, Gebäudetechnik, Heizung und Sanitär, Elektro, Prozeßkontrolle usw.) aufzufordern, gesonderte Einteilungen für die Ausrüstungsteile zu erstellen, für die sie verantwortlich sind. Abgesehen von den offensichtlichen technischen Vorzügen dieses auf gesundem Menschenverstand basierenden Ansatzes, kann auf diese Weise die Zuteilung von Seriennummern für die Einkaufsspezifikationen erheblich vereinfacht werden.

Wenn das Projekt einen erheblichen Umfang hat oder die Unternehmensverfahren es erforderlich machen, können die Einteilungen in weitere Untergruppen je Disziplin aufgegliedert werden. Der Gesamtsatz von Einkaufskontrolleinteilungen für ein Projekt kann also so angeordnet werden, wie in Abbildung 18.4 dargestellt. Die Abbildung zeigt außerdem, wie Seriennummern zugeteilt werden können.

Verteilung

Während der Projektdurchführung werden in der Regel alle Teile der Einkaufskontrolleinteilung in einer Gesamtprojektplanung zusammengefaßt. Diese vollständige Version wird dann, zusammen mit den Planzeichnungseinteilungen, allen Gruppen, dem Einkaufsvertreter und möglicherweise auch dem Kunden zugänglich gemacht. Sobald ein Team für die Baustellenverwaltung eingerichtet wurde, sollte es ebenfalls die Einteilungen erhalten, die bei der Vorabplanung der Lagereinrichtungen und der Arbeit auf der Baustelle hilfreich sind.

Aktualisierung

Die Einkaufskontrolleinteilungen enthalten eine Vielzahl von Informationen, die sich aus verschiedenen Gründen ändern werden, während die Arbeit am Projekt voranschreitet. Daher ist es natürlich wichtig, daß die Einkaufskontrolleinteilungen auf dem neuesten Stand gehalten werden.

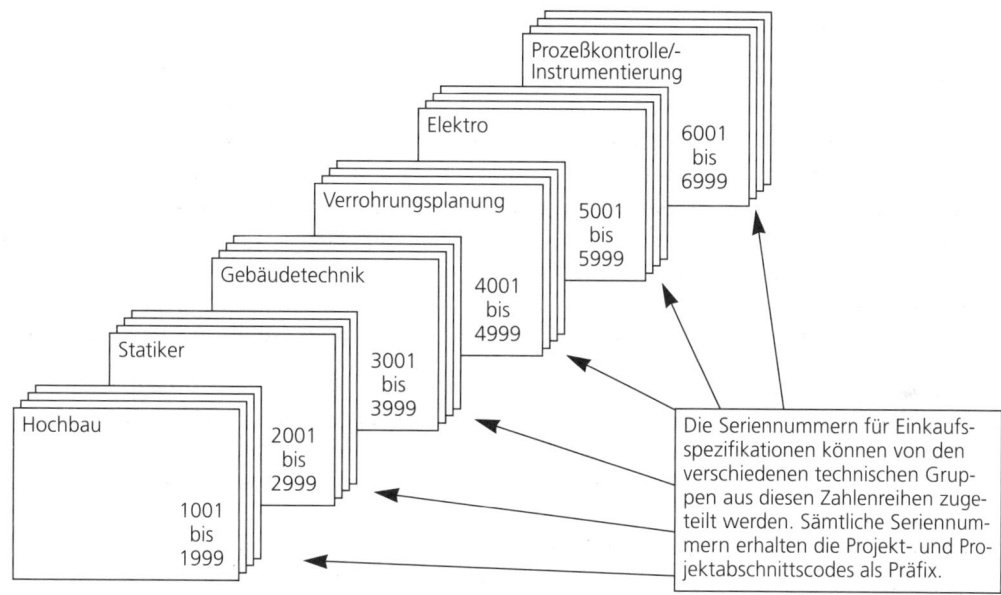

Abbildung 18.4   Ein Satz von Einkaufskontrolleinteilungen
Diese Abbildung zeigt, wie Einkaufskontrolleinteilungsbögen für ein kleines Projekt oder für einen Abschnitt eines umfangreicheren Projekts gruppiert werden können. Den Technikern innerhalb der verschiedenen Disziplinen steht es frei, aus den ihnen zugewiesenen Zahlenreihen Seriennummern für die Einkaufsspezifikation zuzuteilen. Wenn die Projektnummer beispielsweise „1028" lautet und der Anlagen- oder Projektabschnittcode „55" ist, dann würde die hundertste von den Gebäudetechnikern aufgelistete Spezifikation die einmalige Seriennummer 1028-55-100 erhalten.

Wenn jeder, der die Einteilungen verwendet, über ein Computernetzwerk Zugang zu ihnen hat, können die Probleme bei der Ausgabe der aktuellsten Version weitgehend vermieden werden. Wenn die Einteilungen andererseits als Papierausdrucke verteilt werden, müssen in regelmäßigen Abständen neue ausgegeben werden, die einer strengen Kontrolle unterworfen wurden und die eine entsprechende Erweiterungsnummer enthalten müssen.

Wenn das Projekt abgeschlossen ist, werden die Einkaufskontrolleinteilungen, die ja sämtliche Einkaufsspezifikationen enthalten, ein Teil der unbedingt erforderlichen Dokumentation, die den Zustand des Projekts wiedergibt – „wie es aufgebaut wurde". Die letzte Version muß daher, zusammen mit den Planzeichnungskontrolleinteilungen archiviert werden.

Einkaufsspezifikationen

Es wurde bereits im Kapitel 16 betont, wie wichtig es ist, die Güter angemessen zu spezifizieren. Dies wurde anhand eines Fallbeispiels aus der Realität illustriert. Es ging dabei um eine einfache Komponente, einen Wasserhahn für die Verwendung in einem Operationssaal. In diesem Fall bestand die technische Einkaufsspezifikation aus einer kleinen Zeichnung. Für eine angemessene Definition der Komponente mußte lediglich jeder neuen Bestellung ein Ausdruck dieser Zeichnung beigelegt und die Serien- und Revisionsnummer der Zeichnung auf dem Bestellformular genannt werden.

Vorbereitung

Natürlich können die physischen Anforderungen an viele Projektmaterialien, -komponenten und -ausrüstungsteile nicht in einer einzigen Zeichnung ausgedrückt werden. Oft ist es erforderlich, eine vollständige, schriftliche Spezifikation zu erstellen, deren Entwurf und Zusammenstellung viele Stunden der Arbeitszeit eines Ingenieurs in Anspruch nimmt. In vielen Fällen bestehen diese Spezifikationen zunächst in provisorischer Form und werden weiterentwickelt, während die andere Entwurfsarbeit voranschreitet. Wird Kontakt mit möglichen Lieferanten aufgenommen, so ist außerdem zu erwarten, daß diese ebenfalls Vorschläge machen werden, die den Inhalt einiger Spezifikationen beeinflussen werden.

Es ist daher nützlich, zwei Stufen beim Erstellen einer Einkaufsspezifikation deutlich zu machen:

1. Die Anfragestufe. Die Einkaufsspezifikation ist zunächst eine Anfragespezifikation. Diese wird von der technischen Abteilung des Projekts an den Einkaufsvertreter gerichtet und hat die Form einer „Bitte um Anfrage" oder eines ähnlichen Schreibens. Der Einkaufsvertreter schickt die Anfragespezifikation an mögliche Lieferanten und legt eine standardisierte „Aufforderung zu Angeboten" bei.
2. Die Stufe der Bestellung. Wenn ein Lieferant ausgewählt wurde, wird die Anfragespezifikation überarbeitet und aktualisiert, damit sie alle Veränderungen enthält, die sich aus den Diskussionen mit dem Lieferanten ergeben haben. Die Anfragespezifikation ist zu einer Einkaufsspezifikation geworden, die die technische Abteilung zusammen mit einer Einkaufsaufforderung erneut an den Einkaufsvertreter ausstellt. Der Einkaufsvertreter gibt dann eine Bestellung beim gewählten Lieferanten auf, der er die Einkaufsspezifikation beifügt.

Bei der Vorbereitungsmethode von Anfrage und Bestellungen muß es keine wesentlichen Unterschiede geben. Für beide kann dasselbe Format verwendet werden. Ein Beispiel für einen Satz von Spezifikationspapieren wird in den Abbildungen 18.5, 18.6 und 18.7 gegeben.

Numerierung

Ein mögliches Numerierungssystem für Anfrage- und Einkaufsspezifikationen wurde in Abbildung 18.4 dargestellt. Da die endgültige Einkaufsspezifikation aus der ersten Anfragespezifikation abgeleitet wurde oder gar mit ihr identisch ist, sollte die zuerst zugeteilte Seriennummer auf allen Entwicklungsstufen beibehalten werden. Dies scheint logisch und unkompliziert zu sein, doch auf den Unaufmerksamen lauern eine Reihe von Gefahren, die später in diesem Kapitel erwähnt werden.

Erweiterungsnummern und Ausgabeverfahren

Wenn eine Spezifikation zum ersten Mal ausgegeben wird – sagen wir bei Erweiterung 0 –, sollten alle einzelnen Blätter ebenfalls als Erweiterung 0 ausgezeichnet werden. Dann kann die gesamte Spezifikation eindeutig als Seriennummer Soundso bei Erweiterung 0 bezeichnet werden.

Wenn Änderungen auftreten, ist es unwahrscheinlich, daß jede Seite einer mehrseitigen Spezifikation betroffen sein wird. Einige Seiten müssen geändert werden, während andere bleiben, wie sie sind. Außerdem wird es erforderlich sein, zusätzliche Seiten einzufügen. An dieser Stelle tritt leicht die Situation ein, daß die erweiterte Gesamtspezifikation einige Seiten enthält, die sich noch bei Erweiterung 0 befinden, während andere unterschiedliche Erweiterungsnummern haben.

Eine sinnvolle Art, die korrekte Zusammenstellung einer erweiterten Spezifikation zu definieren, besteht darin, am Anfang ein Inhaltsverzeichnis einzufügen, das die korrekten Erweiterungsnum-

SPEZIFIKATION

SEITEN

Zum Zeitpunkt der letzten hier vermerkten Änderung umfaßt diese Spezifikation sämtliche Seiten, die in der folgenden Tabelle in alphanumerischer Reihenfolge aufgeführt sind. Jede Seite trägt die genannte Änderungsnummer. Wird diese Spezifikation verändert, werden normalerweise nur überarbeitete oder zusätzliche Seiten mit diesem Deckblatt ausgegeben.

Seite	Änderung	Seite	Änderung	Seite	Änderung	Seite	Änderung	Seite	Änderung	Seite	Änderung	Seite	Änderung	Seite	Änderung
1															

ANLAGEN

Die folgenden Anlagen sind Teil dieser Spezifikation.

ÄNDERUNGEN

Nr.	Datum	Knappe Beschreibung jeder Änderung

GENEHMIGUNG

Herbeigeführt von:	Geprüft von:	Verantwortlicher Techniker:	Projektingenieur:

Kunde –
Projekt –
Anlage –
Abteilung –

Titel –	Spezifikationsnummer:	Änderungsnummer:	Seite
			1

Abbildung 18.5   Einkaufsspezifikation – Deckblatt

Beispiel eines Formulars, das von einem Unternehmen verwendet wird, um sämtliche Anfrage- und Einkaufsspezifikationen einzuleiten. Die Einteilung am Anfang des Formulars führt sämtliche Bögen auf, die zusammen die Gesamtspezifikation ausmachen, was besonders dann wichtig wird, wenn Änderungen zu Zusätzen, Löschungen und Ersetzungen sowie Bögen mit unterschiedlichen Änderungsnummern führen.

SPEZIFIKATION

ZEICHNUNGEN UND DOKUMENTE

1. Umfang. Vollständige technische Zeichnungen, Installations-, Betriebs- und Wartungsanleitungen, Stücklisten, Listen empfohlener Ersatzteile und andere Dokumente für sämtliche Anlagen und Dienstleistungen, die durch diese Spezifikation abgedeckt werden, entsprechend den folgenden Anforderungen.
2. Mengen.
   Planzeichnungen für die Genehmigung – 3 Ausdrucke
   Abschließende Zeichnungen – 1 Transparentfolie
   Andere abschließende Dokumente – 6 Kopien
3. Sprache. Deutsch
4. Qualität. Hochwertige Qualität geeignet für Mikrofilm. Abschließende, zertifizierte Zeichnungen in voller Größe auf hochwertigem Film und nicht gefaltet.
5. Identifizierung. Zeichnungen und Dokumente sollten die Einkaufsbestellnummer tragen, unter der diese Spezifikation ausgegeben wurde, sowie die entsprechenden Anlagennummern, wie angegeben, und die Zeichnungsnummern der Lieferanten, wenn vorhanden.
6. Revisionen. Zeichnungen, die nach der ersten Ausgabe überarbeitet wurden, sollten umgehend erneut vorgelegt werden; sie sollten die Einzelheiten der Veränderungen und die neue Revisionsnummer enthalten.
7. Zertifikation. Abschließende Zeichnungen müssen als akkurat zertifiziert werden.
8. Zeichnungen des Übergabezustands. Wo die Spezifikation Zeichnungen des „Bauzustands" von Installationen und Gebäudeteilen enthält, die auf der Baustelle vorgenommene Änderungen aufzeigen, müssen diese sogleich nach Abschluß der Arbeiten nachgereicht werden.
9. Vorlagetermin. Innerhalb der Zahl von Wochen nach der Bestellungsaufgabe, die in der Tabelle spezifiziert wurde.
10. Genehmigung. Sämtliche Zeichnungen für Anlagen, die speziell entworfen wurden, um der Spezifikation zu entsprechen, müssen vor Beginn der Fertigung zur Genehmigung vorgelegt werden, es sei denn, es wurde anderes vereinbart.
11. Testzertifikate. Müssen nationale Normen angeben, denen entsprechend die Tests durchgeführt wurden, und wie unter Punkt 5 kenntlich gemacht werden. Es sind das Original sowie 5 Kopien, alle unterschrieben, vorzulegen.
12. Schmiervorrichtungen. Müssen die empfohlenen Schmiermittel und die erforderliche Menge für einjährigen Betrieb enthalten.
13. Listen empfohlener Ersatzteile. Sollen auf (...)jährigem Betrieb unter spezifizierten Bedingungen basieren und folgendes für jeden Artikel enthalten:
    – Kennnummer, Teil- oder Seriennummer
    – Herstellername und Referenz
    – empfohlene Menge
    – Preis pro Einheit und Lieferzeit

SONDERANFORDERUNGEN

VORLAGETERMINPLAN

Zeichnung/Dokument	vorzulegen mit Angebot	Wochen (siehe Punkt 9)	
		zur Genehmigung	zur abschließenden Zertifizierung
Grundplanzeichnungen			
Fundamentskizzen			
Fundamentdetails			
Technische Flußdiagramme			
Elektroskizzen			
Diagramme Elektroverbindungen			
Werkdetails			
Kalkulationen			
Datenbögen			
Leistungsdaten			
Zeichnungseinteilung			
Testzertifikate			
Stück- und Materiallisten			
Liste empfohlener Ersatzteile			
Schmieranforderungen			
Bauinstruktionen und Pläne			
Betriebs- und Wartungsanleitungen			

ANLAGENAUSZEICHNUNG UND IDENTIFIZIERUNG

Jeder Artikel muß anhand seiner ihm in der Spzifikation gegebenen Auszeichnungs-, Anlagen- oder Schildnummer entsprechend der unten angekreuzten Methode kenntlich gemacht werden.

☐ Stempel oder Bemalung ☐ Mit Draht befestigtes Metallschild
☐ Gestempeltes Namensschild ☐ Siehe Spezifikation Abschnitt ...

PRÜFUNG UND TESTS

Die angekreuzten dokumentierten Tests und Prüfungen sind erforderlich

Prüfung durch Käufer	erforderlich	Tests	bezeugt	nicht bezeugt
während Fertigung		Standardwerk		
Abschlußprüfung		Versuchsdurchlauf		
Prüfung der Verpackung		Test der vollen Leistungsfähigkeit		
Siehe Spezifikationsabschnitt ...		Siehe Spezifikationsabschnitt ...		

ANMERKUNGEN

Titel	Spezifikationsnummer	Seitenzahl	Änderungsnummer

Abbildung 18.6 Einkaufsspezifikation – zweite Seite

Dieses Formular wird verwendet, um verschiedene Standardanforderungen des Projekts und Einteilungstermine aufzuführen. Die wirkliche technische Beschreibung folgt auf Fortsetzungsformularen (Abbildung 18.7).

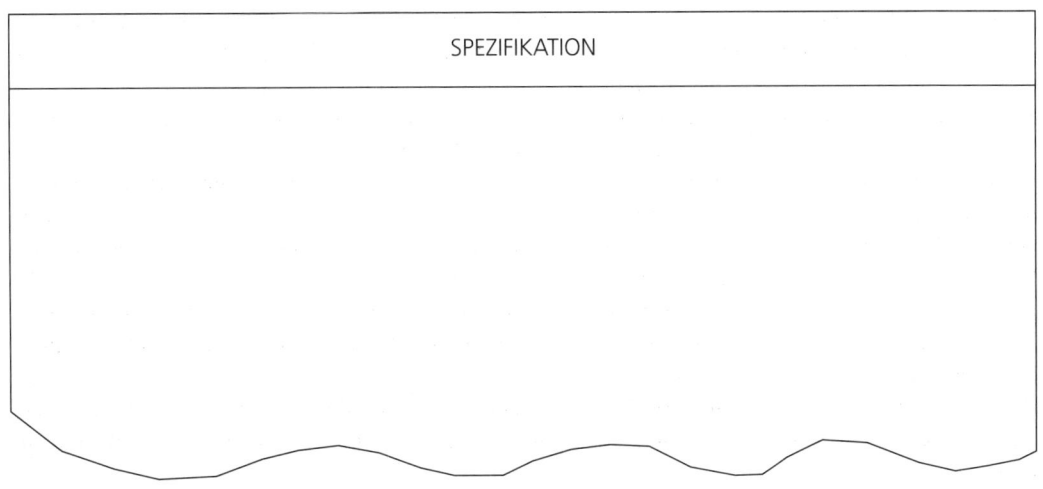

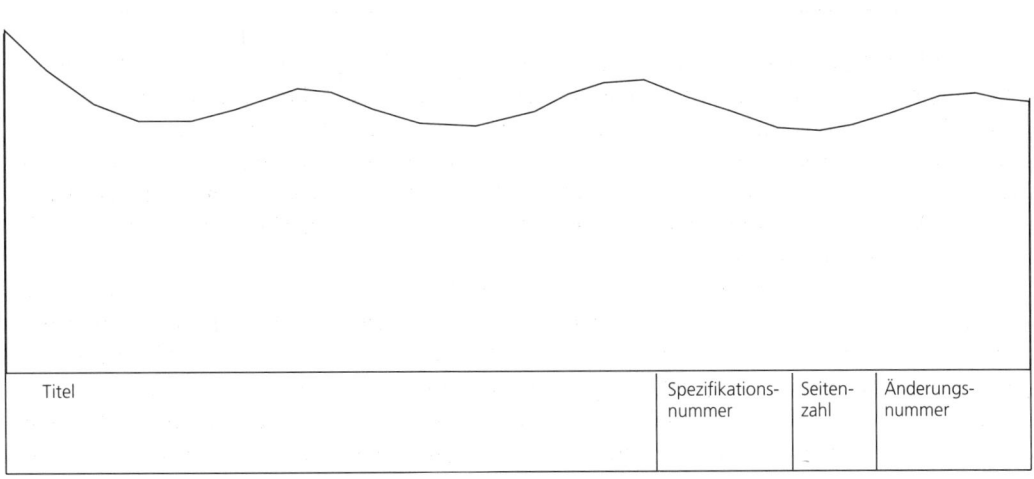

Abbildung 18.7   Einkaufsspezifikation – Fortsetzungsseite
Es werden der ersten und zweiten Seite so viele von diesen Formularen beigefügt wie nötig, um den vollen, beschreibenden technischen Text jeder Spezifikation zu beinhalten. Es ist ratsam, für regelmäßig erworbene Artikel, wie Ventile, Pumpen, Motoren usw., Standardtexte der entsprechenden Spezifikationen in einem Computer zu speichern.

mern für jede Seite enthält. Die Erweiterungsnummer des Inhaltsverzeichnisses selbst entspricht der höchsten Erweiterungsnummer, die in den Seiten enthalten ist. Abbildung 18.5 zeigt das Design eines solchen Deckblatts, wie es von einem Unternehmen verwendet wurde.

Jede Erweiterung sollte an jeden in der Organisation ausgegeben werden, der die Originalversion erhalten hat; dazu gehören auch die betreffenden Lieferanten.

Einige Unternehmen geben lediglich die Seiten erneut aus, die verändert wurden, wobei natürlich jedes Mal ein neues Deckblatt beigefügt wird. Andere geben jedes Mal die gesamte Spezifikation neu aus. Totale Neuausgabe muß erwogen werden, wenn die Fähigkeiten der Empfänger hinsichtlich des Umgangs mit Akten angezweifelt werden, mit anderen Worten, bei solchen Mitarbeitern, die nicht direkt vom Projektmanager überwacht werden und bei denen man sich nicht darauf verlassen kann, daß sie überarbeitete Seiten korrekt in ihre Kopien der Spezifikation einfügen oder veraltete herausnehmen.

Diese Bemerkungen zur Ausgabe von Erweiterungen treffen auf alle mehrseitigen Dokumente zu, die Gegenstand von Änderungen und Neuausgaben sind, etwa Planzeichnungs- und Einkaufskontrollsätze.

Spezifikationenarchiv

Für Ausrüstungsteile, die häufig beschafft werden müssen, wie Pumpen, Ventile, Rohre, Motoren und so weiter, wird eine projekterfahrene technische Abteilung die Routineaufgaben und Risiken, die mit dem Erstellen einer jeweils neuen Spezifikation verbunden sind, vermeiden, indem sie ein Archiv von standardisierten Material- und Anlagenspezifikationen anlegt. Die Texte dafür können in einem Textverarbeitungssystem abgespeichert werden. Sie sind dort abrufbar, können – wenn nötig – umgeändert werden und stehen für das Erstellen der Spezifikation für jede neue Anforderung bereit.

Einkaufsanfragen

Um den Einkaufsprozeß in Gang zu bringen, senden die Projektingenieure Kopien der Anfragespezifikationen an den Einkaufsvertreter und fordern ihn auf, eine förmliche Einkaufsanfrage auszustellen. Möglicherweise haben die Projektingenieure bereits eine klare Vorstellung, welche Lieferanten um Angebote gebeten werden sollten, und sie haben die Anforderungen unter Umständen sogar schon im voraus mit einigen der Lieferanten diskutiert. Außerdem ist es wahrscheinlich, daß bei der ersten Vorbereitung der Projektkostenvoranschläge bereits vorläufige Preisvoranschläge von den Lieferanten eingeholt wurden.

Die Projektingenieure können ein Formular wie das in Abbildung 18.8 dargestellte verwenden, um dem Einkaufsvertreter ihre Anweisungen und Vorschläge zu vermitteln. Einige der finanziellen Informationen in diesem Formular könnten vertraulich sein und dürfen dem Anbieter nicht zugänglich gemacht werden. Der Einkaufsvertreter wird also ein eigenes Begleitschreiben oder Formular beifügen, wenn er die Anfrage zu den Anbietern schickt. In der Regel ist der Einkaufsvertreter befugt, der Vorschlagsliste der Projektingenieure mögliche Lieferanten seiner Wahl hinzuzufügen.

Anfragen sollten immer so gestaltet sein, daß die Lieferanten aufgefordert werden, ihre Kostenvoranschläge im selben Format zu unterbreiten. Dann können alle Angebote auf der gleichen Basis verglichen werden.

EINKAUFSANFRAGEANFORDERUNG

An:

Datum:
Unsere Ref.Nr.
Ihre Ref.Nr.

Bitte holen Sie Angebote für die Anlagen, Materialien oder Dienstleistungen ein, die in der beiliegenden Spezifikation aufgeführt sind.

☐ Lediglich von den unten aufgeführten Händlern
☐ Von den aufgeführten sowie geeigneten Händlern Ihrer Wahl
☐ Von geeigneten Händlern Ihrer Wahl

☐ Bitte legen Sie eine finanzielle Angebotszusammenfassung vor
☐ Bitte Angebote weiterleiten wie empfangen
☐ Bitte sämtliche Angebote nach Ende der Abgabefrist weiterleiten

Angebote müssen bis zum (Datum) vorliegen

Die empfohlene Verpackungsstandardkategorie ist
Die Bestellung wird zum (Datum) vor Ort benötigt

Ihr technischer Ansprechpartner ist   Telefon   Durchwahl

Anmerkungen a) Bitte weisen Sie die Anbieter darauf hin, daß in ihren Angeboten alle Artikel, die eingekauft werden, und alle Arbeiten, die an Sub-unternehmer vergeben werden, gesondert aufzuführen sind. Die Namen der potentiellen Unterauftragnehmer sind anzugeben.

Projektingenieur

Kunde   –
Projekt   –
Anlage   –
Abteilung   –

TITEL	Spezifikations-nummer	Seiten-zahl	Änderungs-nummer

Abbildung 18.8   Anforderungsformular für Einkaufsanfrage
Dieses Formular wird von der technischen Projektorganisation verwendet, um den Einkaufsvertreter auf-zufordern, von möglichen Lieferanten Angebote einzuholen. Der Projektingenieur legt mehrere Kopien der entsprechenden Einkaufsspezifikationen bei. Häufig gehören dazu vertrauliche Geschäftsinformatio-nen, die der Vertreter entfernt und mit seinem Anfrageschreiben ersetzt, wenn er die Aufforderung zu Angeboten verschickt.

Verteilung der Einkaufsanfragedokumente

Bei der relativ einfachen organisatorischen Gestaltung, bei der ein Einkaufsvertreter Teil des Generalunternehmers oder der Projektleitungsfirma ist und wo sich Einkaufs- und technische Abteilung des Projekts im selben Gebäude befinden, sollte es bei der Verteilung der Anfrageinstruktionen und der Vermittlung der Angebote sowie der weiteren Entwicklung keine Schwierigkeiten geben. Die Umstände werden etwas komplizierter, wenn der Einkaufsvertreter zu einer externen Organisation gehört, und noch schwieriger, sollte sich diese weit entfernt von den Projektingenieuren befinden oder sogar in Übersee angesiedelt sein. Die Dinge werden sehr kompliziert, wenn ein Projekt mehr als einen Einkaufsvertreter erfordert, möglicherweise einen im Land des Kunden, einen im Land des Hauptauftragnehmers und weitere in anderen Ländern, die vor Ort die Dienstleistungen prüfen und beschleunigen.

Gelegentlich ist es zur Information der Einkaufsvertreter erforderlich, ihnen Kopien von Anfragen und Spezifikationen zukommen zu lassen, die für die Bearbeitung durch einen anderen Einkaufsvertreter in der Organisation gedacht sind. Obwohl jede dieser Anfragen und der folgenden Anforderungen den Namen des Einkaufsvertreters enthält, der für die Bearbeitung verantwortlich ist, kann es vorkommen, daß ein anderer Vertreter Maßnahmen ergreift, wenn er eine Kopie erhält, die lediglich zu seiner Information gedacht war. Das für die technische Leitung des Projekts verantwortliche Unternehmen sollte erwägen, jeden Dokumentenstapel mit einer Farbcodierung zu versehen, indem sie auf farbigem Papier gedruckt oder kopiert werden, wobei jeder Einkaufsvertreter eine andere Farbe bekommt. So wüßte dann jeder am Projekt Beteiligte, daß ein rosafarbener Satz von Anfragedokumenten die Maßnahmen für einen Vertreter in Lagos enthält, der gelbe Satz gilt für den Vertreter in Buenos Aires, während ein weißer Satz immer von der Einkaufsabteilung am Hauptsitz des Auftragnehmers zu bearbeiten ist. Diese Maßnahme kann, besonders wenn die während der tatsächlichen Einkaufsvorgänge verwendeten Dokumente mit einbezogen sind, unerfreuliche und kostspielige Verwechslungen verhindern, die dazu führen, daß zwei Einkaufsvertreter derselben Anfrage nachgehen und – im schlimmsten Fall – gar eine Bestellung für dieselben Güter doppelt aufgeben.

Ausschreibungen innerhalb der EU

Leser, die in zentralen, regionalen oder kommunalen Verwaltungsbehörden beschäftigt sind, sollten auf die Anforderungen achten, die durch verschiedene europäische Richtlinien für öffentliche Anschaffungen auferlegt wurden. Diese machen es erforderlich, daß bevorstehende Anschaffungen und Verträge über einem bestimmten Wert so auszuschreiben sind, daß Unternehmen innerhalb der EU, die sich an der Ausschreibung beteiligen könnten, von der Möglichkeit unterrichtet sind.

Angebotsbeurteilung

Tabellen der Angebotszusammenfassungen

Unternehmen, deren Projektarbeit regelmäßig kostspielige Anschaffungen erfordert, entwickeln Standardverfahren für die Beurteilung von Ausschreibungsangeboten. Die in der Regel angewendete Methode erfordert, daß die vom Anbieter unterbreiteten Informationen tabellarisch in Formularen zusammengefaßt werden, damit ein direkter Vergleich der Preise und anderer kritischer Faktoren möglich ist. Abbildung 18.9 enthält ein Beispiel für ein derartiges Formular.

Die veranschlagten Kosten für Verpackung, Transport, Versicherung, Hafen- und Zollgebühren bei ausländischen Angeboten müssen einbezogen werden, und alle Kostenvoranschläge und Preise sind

ANGEBOTSZUSAMMENFASSUNG							

VERKÄUFER							
Herkunftsland							
Angebotsreferenz							
Angebotsdatum							
Gültigkeitsdauer							
Angebotswährung							
Projektumtauschsatz							
Artikel	Menge	Beschreibung	Preis	Preis	Preis	Preis	Preis
Preisvoranschlag ab Werk							
Diskont							
Prüfung/Tests							
Verpackung/Exportvorbereitung							
Gebühren frei Schiff							
Kosten frei Schiff							
Kostenvoranschlag für Transport zum Standort							
Zoll, Steuer etc.							
Gesamtkostenvoranschlag für Lieferung zu Standort							
Angebot für Lieferung ab Werk							
Veranschlagte Transportdauer							
Gesamtkostenvoranschlag für Lieferung zu Standort							
Zahlungsvereinbarungen und Bemerkungen							

EMPFEHLUNG DES EINKAUFSVERTRETERS

Gründe: niedrigster Preis   ☐ annehmbare Lieferbedingungen   ☐ (bitte ankreuzen)

....
für Einkaufsvertreter

EMPFEHLUNG DES INGENIEURS

Gründe: entspricht technischen Anforderungen   ☐ (bitte ankreuzen)

....
Projekt-/leitender Ingenieur

EMPFEHLUNG AN KUNDEN

Anlieferung erforderlich	Lieferangebot	Planungsingenieur	Begründung
Vorgesehene Kosten	Preisangebot	Kosteningenieur	

....
Projektmanager

Projekttitel   _____   Projektnummer   _____

Spezifikationstitel _____ Spezifikationsnummer _____

Abbildung 18.9   Angebotszusammenfassungsformular

Angebotszusammenfassungen sind von größter Wichtigkeit für den Vergleich der Angebote. Preisvergleiche sollten auf der Basis der Gesamtkosten inklusive Anlieferung vor Ort vorgenommen werden. (Für diesen Zweck müssen sämtliche fremden Währungen in eine gemeinsame Währung konvertiert werden.)

in eine Währung umzurechnen. Diese Schritte stellen sicher, daß in jedem Fall die unterbreiteten Gesamtkosten miteinander verglichen werden können. Die zugesicherten Liefertermine werden ebenfalls anhand der Angebotszusammenfassung miteinander verglichen. Dabei darf nicht vergessen werden, daß nicht der Abschluß der Arbeiten des Lieferanten der kritische Faktor ist, sondern das Datum der erwarteten Ankunft vor Ort.

Die technische Beurteilung der Voranschläge ist natürlich Sache des entsprechenden Projektingenieurs. Manchmal muß dies in Zusammenarbeit mit den Ingenieuren des Kunden geschehen. Die dargestellte Angebotszusammenfassung ist für eine detaillierte technische Analyse nicht geeignet, doch es können andere Formulare entworfen werden. Wenn jedoch ein technischer Vorzug festgestellt wird, kann dies auf dem Angebotszusammenfassungsformular notiert werden, was die abschließenden Entscheidungen für einen Lieferanten beeinflussen wird.

Auswahl des Lieferanten

Die Empfehlung des erfolgreichen Ausschreibungsteilnehmers fällt in der Regel in die Verantwortung eines leitenden Projektingenieurs, doch in vielen Fällen möchte der Kunde die Analyse der Angebotszusammenfassung zu sehen bekommen und die Schlußfolgerungen begutachten. Dies geschieht selbst in Fällen, in denen die Projektingenieure zur Firma des Hauptauftragnehmers gehören, die laut Vertrag vollständig die Verantwortung für das Management hat. Ob der Einkaufsvertreter bei der Schlußauswahl des Lieferanten beteiligt wird, hängt vom Betrieb ab. Doch selbstverständlich sollten die Kommentare eines kompetenten und erfahrenen Vertreters niemals ignoriert werden, und wir gehen hier davon aus, daß sich Ingenieur und Einkaufsvertreter gemeinsam auf die Wahl des empfohlenen Lieferanten einigen.

Immer wenn schwierige, letzte Entscheidungen an eine höhere Autorität, den Kunden oder einen anderen Beteiligten weitergeleitet werden müssen, wird die Aufgabe erleichtert, wenn alle Angebotsdaten sorgfältig in ein Angebotszusammenfassungsformular eingetragen wurden, das auch die Empfehlung von Ingenieur und Einkaufsvertreter enthält.

Beurteilung versiegelter Angebote

Zusammenfassungsformulare für die Angebote werden von einem Käufer verwendet, um bei der Beurteilung sehr kostspieliger Erwerbungen und der Vergabe wertvoller Aufträge und Subaufträge zu helfen. Doch in der Regel geschieht dies unter der Gesamtkontrolle eines förmlichen, geheimen Ausschreibungsverfahrens.

In seiner strengsten Form erfordert dieses Verfahren, daß jeder Teilnehmer vor oder zu einem Einsendeschluß zwei Pakete unterbreitet. Eines von ihnen enthält eine vorgeschriebene Anzahl von Kopien des technischen Angebots, aber keine Angaben über den Preis. Das andere Paket enthält das versiegelte, finanzielle Angebot, das sämtliche Preise, Tarife und andere finanziellen Angaben enthalten muß.

Der Käufer öffnet zunächst die technischen Angebote und beurteilt sie sorgfältig. Alle Teilnehmer, deren Angebote den technischen und qualitativen Anforderungen nicht zu entsprechen scheinen, werden eliminiert, und alle, die gegen die Spielregeln verstoßen haben, werden disqualifiziert. Die finanziellen Angebote der erfolglosen Teilnehmer werden ungeöffnet zurückgeschickt.

Die Verbleibenden kommen in die engere Auswahl und werden zu einer Präsentation eingeladen, bei der die versiegelten finanziellen Angebote geöffnet und offengelegt werden. Daraufhin wird der erfolgreiche Teilnehmer ausgewählt.

Bedeutung der Angebotsbeurteilung für die Projektkostenkontrolle

Den Verfahren und computerisierten Systemen für die Zusammenstellung und Auflistung der Kosten von Material- und Ausrüstungserwerb wird viel Zeit und Mühe gewidmet. Kostenberichte sind zwar ein wesentlicher Teil des Projektmanagements, doch im Fall der Ausgaben für Material handelt es sich lediglich um Berichterstattung, und nicht um Kostenkontrolle. Auf der Stufe der technischen Gestaltung des Projekts, der Anfragen und der Angebotszusammenfassung fällt die Entscheidung über die Ausgaben. Wenn nun die Übernahme der Kosten bereits in Form einer Anforderung an den Einkaufsvertreter und durch dessen Aufgabe einer Bestellung verpflichtend geworden ist, und es stellt sich heraus, daß der Etat überschritten wird, bleibt dem Projektmanager nur noch die Möglichkeit, sich eine ruhige Ecke zu suchen und still vor sich hin weinen …

Einkaufsanforderungen und -bestellungen

Wenn den Empfehlungen auf Grundlage der Angebotszusammenfassungen zugestimmt und die Ausgaben genehmigt wurden, können die Projektingenieure eine Einkaufsanforderung an den Einkaufsvertreter ausstellen (siehe Abbildung 18.10). Wiederum muß jeder Anforderung eine korrekte Einkaufsspezifikation beigefügt werden. Wie die Einkaufsanfrage enthält die Anforderung spezifische Anweisungen an den Einkaufsvertreter, und wie zuvor müssen einige der finanziellen Informationen in der Anforderung zwischen Projektingenieur und Einkaufsvertreter vertraulich sein und dürfen nicht an den Lieferanten weitergereicht werden. Der Vertreter entfernt die Anforderung aus der Spezifikation und fügt an ihrer Stelle eine Bestellung ein.

Die Anforderungen werden an dieselben Leute verteilt wie die Anfrageersuchen. Wenn Farbcodierungen verwendet wurden, um deutlich zu machen, welcher von mehreren Einkaufsvertretern die Bearbeitung übernehmen soll, so können diese auch für die Einkaufsanforderungen verwendet werden. Doch dann gibt es einen entscheidenden Unterschied: Die Anfragedokumente waren lediglich Ersuchen, doch die Einkaufsanforderung gibt dem Einkaufsvertreter die Handlungsbefugnis, die offizielle Bestellung aufzugeben und im Namen des Auftragnehmers zu unterzeichnen, wobei die Absicht besteht, daß sowohl der Lieferant als auch der Käufer an einen Vertrag gebunden sein sollen.

Einkaufsanforderungen müssen daher von angemessen hoher Stelle im Projekt genehmigt werden. Manchmal ist es sinnvoll, die Unterzeichnungsbefugnis gemäß den eingeplanten Ausgaben abzustufen, so daß auf bestimmten Ebenen mehrere Personen unterzeichnen können. Dieses System kann jedoch mißbraucht werden, wenn jemand eine Bestellung, die seine Befugnis überschreitet, in mehrere kleine Bestellung aufspaltet.

Es ist nicht ungewöhnlich, daß die Unterschrift des Projektmanagers für alle bedeutenden Anforderungen erforderlich ist. Bei einigen besonders wichtigen oder empfindlichen Artikeln kann es nötig sein, daß auch der Kunde unterzeichnet.

Zusammenhang zwischen Spezifikation, Anfrage und Bestellnummer

Archivieren, Wiederauffinden und allgemeine Handhabung von Einkaufsdokumenten wären sehr viel einfacher, wenn die erste Anfrage, die Spezifikation und die daraus resultierende Einkaufsbestellung dieselbe Referenznummer bekämen.

ANFORDERUNG

An: Datum:
                                                                       Unsere Ref.Nr.:
                                                                       Ihre Ref.Nr.:

☐ Bitte Bestellung aufgeben und Transport usw. organisieren
☐ Bitte Bestellung erweitern/ändern
für Anlagen, Materialien oder Dienstleistungen in der beiliegenden Spezifikation (bei der unten angegebenen Änderungsnummer. Bitte folgendes beachten

VERKÄUFER (Name und Anschrift)

KOSTENVORANSCHLAG (Referenz und Datum)

EMPFÄNGER (Name und Anschrift)

Bitte weisen Sie den Händler an, seine Vereinbarungen hinsichtlich Subunternehmern und weiteren Lieferanten zu bestätigen.

Prüfung entsprechend	– Spezifikation ☐	untenstehenden Anmerkungen ☐	
Empfohlenes Maß an Einkaufskontrolle	– intensiv ☐	normal ☐	keine ☐
Empfohlene Verpackungsstandardkategorie	–		
Bestellung wird zum (Datum) vor Ort benötigt	–		
Empfohlene Transportmethode	–		
Rechnungskonto des Kunden	–		
Genehmigungsreferenz des Kunden	–		
Technischer Ansprechpartner		Telefon	Durchwahl

Anmerkungen

PREISDETAILS		LIEFERDETAILS	
Grundlage	–	Ursprüngliche Anlieferung	–
Ursprünglicher Kostenvoranschlag	–		
Gesamtzahl bisheriger Änderungen	–	Gegenwärtige Anlieferung	–
Diese Änderung	–		
LETZTER GESAMTPREIS	–	Erforderliche Anlieferung	–
Etatvorgabe	–		

GENEHMIGUNGEN			
Ausgestellt von	Verantwortlicher Techniker	Projektingenieur	Projektmanager

Kunde –	Projektnummer:	
Projekt –		
Anlage –	Spezifikationsnummer	Änderung
Abteilung –		
TITEL	Anforderungsnummer	Änderung

Abbildung 18.10   Einkaufsanforderung

Wenn die Einkaufsanforderung entsprechend genehmigt wurde und von einer Einkaufsspezifikation unterstützt wird, weist sie den Einkaufsvertreter an, eine Bestellung aufzugeben.

Zwar ist es oft möglich, die Spezifikationsnummer auch als Anfragenummer zu verwenden, doch es können verschiedene Ereignisse eintreten, die verhindern, daß dieselbe Nummer auch für die Einkaufsbestellung verwendet wird. Ein nicht unwichtiger Aspekt ist, daß jeder Einkaufsvertreter – und es kann bei einem Projekt, wie wir ja wissen, auch mehr als einen geben – sein eigenes Numerierungssystem für die Bestellungen verwenden möchte.

Außerdem soll voraussichtlich die Versorgung mit Materialien für verschiedene Spezifikationen in einer Einkaufsbestellung zusammengefaßt werden. Es könnte beispielsweise vorteilhaft sein, alle Anforderungen von Ventilen von einem Lieferanten auf einer einzigen Einkaufsbestellung zusammenzufassen. In diesem Fall müssen der Einkaufsbestellung mehrere Spezifikationen beigefügt werden, die alle unterschiedliche Nummern haben. Noch schwieriger wird es, wenn beschlossen wird, daß in einer Spezifikation zwei Bestellungen vorgesehen werden, die bei unterschiedlichen Lieferanten aufgegeben werden. Das bedeutet, daß die ursprüngliche Spezifikation geändert oder aufgespalten werden muß, um auf die verschiedenen Lieferanten zu passen. Es gibt dann sowohl zwei Anforderungen wie auch zwei Bestellungen.

Wer die Verantwortung für die Projektverfahren trägt, muß sicherstellen, daß all diese Faktoren bedacht werden und daß – falls ein gemeinsames Numerierungssystem nicht möglich ist – alle miteinander verwandten Dokumente mit Querverweisen ausgestattet sind. Der Betrieb, der das für die Illustration dieses Kapitels als Vorlage dienende Formular zur Verfügung stellte, arbeitet mit den folgenden Verfahren:

1. Den Anfragespezifikationen wurden Seriennummern aus den Einkaufskontrolleinteilungen zugewiesen, wie in Abbildung 18.4 angedeutet.
2. Die Einkaufsanfragen erhielten dieselben Nummern wie die Spezifikationen, die sie begleiteten.
3. Für Anforderungen wurde eine völlig andere Serie von Nummern verwendet, die anhand eines Registers zugeteilt wurden. Für jeden Einkaufsvertreter gibt es eine unterschiedliche Serie, die sich durch verschiedene Buchstabenpräfixe voneinander unterscheiden. Außerdem enthielt jede Anforderung einen Querverweis auf die Spezifikation oder Spezifikationen, die sie begleiten.
4. Die Einkaufsvertreter wurden dazu gebracht, die Anforderungsnummern als ihre eigenen Einkaufsbestellnummern zu verwenden. Es fiel den Vertretern leichter, dies zu akzeptieren, weil bereits jedem von ihnen eigene fortlaufende Serien von Anforderungsnummern zugewiesen worden waren. Das heißt also, daß die Übernahme derselben Nummern für ein System der Einkaufsbestellungen verwirrende Lücken in der Abfolge der ausgegebenen Nummern zu verhindern hilft. Wie die Anforderungen enthielt auch jede Einkaufsbestellung die Nummer oder die Nummern der beigefügten Spezifikationen.

Es wurden also mehrere Numerierungssysteme vereinbart und verwendet, doch zwischen allen wichtigen Dokumenten gab es vollständige Querverweise.

Qualitäts- und Fortschrittsgarantie

Die Fertigung jedes Artikels spezieller Großanlagen ist in sich selbst ein industrielles Projekt, das – in geringerem Umfang – Projektmanagementtechniken erfordert, die denen ähneln, die für das Hauptprojekt verwendet werden. Es ist ein Merkmal des Einkaufs von Projektanlagen, daß der Käufer Interesse an den Einzelheiten des Projektmanagements und der Qualitätssicherungsverfahren des Verkäufers haben wird.

Eine Reihe von großen Unternehmen und Regierungsbehörden bestehen darauf, daß derjenige, der sie mit Projektanlagen versorgt oder Unteraufträge durchführt, zumindest die Analyse des kritischen

Weges anwendet. Voraussichtlich wird auch der Nachweis erwartet, daß dessen Qualitätsstrategien und -verfahren den internationalen Normen der ISO-9000-Serien entsprechen. Es kommt auch vor, daß Käufer den Verkäufern ihre Hilfe bei der Einrichtung ihrer internen Systeme anbieten.

Inspektions- und Terminkontrollbesuche

Gelegentlich möchten Einkäufer Besuche im Werk des Lieferanten vereinbaren, um den Fortschritt zu begutachten, die Arbeit zu inspizieren oder Tests beizuwohnen. Solche Besuche können mit der Freigabe von Abschlagszahlungen verknüpft werden.

Es gibt verschiedene Möglichkeiten, die Verantwortung für Besuche zur Inspektion und Terminkontrolle zuzuteilen oder zu delegieren. Wo dem betreffenden Einkaufsvertreter geeignete Techniker zur Verfügung stehen, ist es häufig angebracht, daß der Vertreter Besuche arrangiert, bei denen Inspektion und Einschätzung miteinander kombiniert werden können. Wo für die Inspektion oder die Beobachtung von Tests die Anwesenheit technischer Spezialisten erforderlich ist, kann der für die technische Leitung des Projekts verantwortliche Betrieb einen oder mehrere seiner eigenen Techniker schicken, um den Einkaufsvertreter zu unterstützen. Um kostspielige Reisekosten zu ausländischen Lieferanten zu vermeiden, ist es manchmal möglich, einen ortsansässigen technischen Fachbetrieb damit zu beauftragen, die Inspektions- und Terminkontrollbesuche durchzuführen.

Wer auch immer die Aufgabe der Inspektion übernimmt, der Projektingenieur muß dafür sorgen – in der Regel durch den Einkaufsvertreter –, daß die Inspektoren sämtliche erforderlichen Zeichnungen und Spezifikationen, die Bestellunterlagen sowie alle Revisionen und Erweiterungen dieser Dokumente erhalten. Einige Unternehmen haben auch die Möglichkeit, den Inspektionsingenieuren Checklisten auszuhändigen, die dabei helfen, keinen entscheidenden Punkt zu übersehen.

Qualitäts- und Fortschrittsberichte

Der Projektmanager und der Kunde gehen in der Regel davon aus, daß ihnen der entsprechende Einkaufsvertreter nach jedem Besuch beim Lieferanten einen förmlichen Qualitäts- und Fortschrittsbericht vorlegt. Wahrscheinlich wird der Inspektionsingenieur oder Terminprüfer aufgefordert werden, für diesen Zweck ein bequemes, standardisiertes Formular zu verwenden. Abbildung 18.11 enthält ein Beispiel für ein solches Formular.

Händlerdokumente

Es muß in der Regel dafür gesorgt werden, daß die Projektingenieure vom Lieferanten solcher Artikel, die speziell für das Projekt gefertigt werden, Dokumente zur Genehmigung vorgelegt werden. Üblicherweise wird der Begriff „Händlerdokumente" verwendet, obwohl der Anbieter solcher Güter auch als Hersteller, Verkäufer, Lieferant oder Subunternehmer bezeichnet wird.

Der erste Schritt der Sicherstellung, daß die Händlerdokumente rechtzeitig eingehen, besteht darin, in der Bestellung oder Einkaufsspezifikation eindeutig festzulegen, daß ihre Vorlage verpflichtend ist.

Das Wesen der Händlerdokumente

Planzeichnungen der Fundamente, Kapazitäten und Installationen

Zusätzlich zum Erhalt allgemeiner Grundriß- oder Montagezeichnungen ist in der Regel der frühzeitige Eingang von Installationsanweisungen erforderlich. Bei schweren Anlagen und Maschinen sind beispielsweise Zeichnungen der Fundamente, der erforderlichen Stromversorgung sowie Anga-

INSPEKTIONS-/TERMINKONTROLLBERICHT

Diese Berichts-nummer _____ von_____	Seite 1	Besuchsdatum _____	Letzte Berichts-nummer _____	Datum des letzten Besuchs _____	Prüfer/Termin-kontrolleur _____

ANGABEN ZUM HAUPTLIEFERANTEN

Lieferant _____

Ort _____

Lieferantenreferenz _____

Kontaktierte Mitarbeiter _____

Telefonnummer_____ Faxnummer_____

Anlagen_____

_____

_____

_____

Vereinbarte Lieferung
Woche Nr. _____
Datum _____

Späteste Lieferung
Woche Nr. _____
Datum _____

Nächster Besuch, Woche _____

zur Beschleunigung ☐

zur weiteren Inspektion ☐

zur Schlußinspektion ☐

zur Verpackungsinspektion ☐

ANGABEN ZU ZULIEFERERN

Lieferantenbestellnummer _____ Datum_____

Zulieferer_____

Ort_____

Zuliefererreferenz_____

Kontaktierte Mitarbeiter _____

Telefonnummer_____ Faxnummer_____

Anlagen_____

_____

_____

_____

Vereinbarte Lieferung
Woche Nr. _____
Datum _____

Späteste Lieferung
Woche Nr. _____
Datum _____

Nächster Besuch, Woche ☐

zur Beschleunigung ☐

zur weiteren Inspektion ☐

zur Schlußinspektion ☐

zur Verpackungsinspektion ☐

ZUSAMMENFASSUNG DES BESTELLUNGSSTATUS (Einzelheiten siehe beiliegende Seiten)

Fortschritt über Zielvorgabe hinaus		Verzögerung		Beobachtete Tests wie spezifiziert		Entspricht Spezifikation		Für Verpackung freigegeben		Für Versand freigegeben	
Ja	____ Wochen		Wochen	Ja		Ja		Ja		Ja	
Nein				Nein		Nein		Nein		Nein	

Zuständig für Maßnahmen	Erforderliche Maßnahmen

Kunde	Projektnummer
Bestellnummer des Einkaufsvertreters Bestelldatum	Spezifikation(snummern) Änderung
TITEL	ANFORDERUNGSNUMMER Änderung _____ _____

Abbildung 18.11   Prüfungs- und Terminkontrollberichte
Formulare wie dieses sind nützlich für die Zusammenfassung der Ergebnisse von Inspektionstechnikern oder Einkaufskontrolleuren nach ihren Besuchen bei Anlagenherstellern.

ben zu Gesamtgewichten und -ausmaßen äußerst wichtige Informationen. Liegen sie nicht rechtzeitig vor, kann das gesamte Projekt aufgehalten werden. Die Beschaffung dieser Informationen sowie die Herbeiführung der erforderlichen Genehmigungen sind Teil der wesentlichen Aufgaben der Terminkontrolle.

Andere Dokumente

Wenn die Anlagen schließlich ausgeliefert werden, werden voraussichtlich ein abschließender Satz von Planzeichnungen benötigt sowie bescheinigte Testergebnisse, Betriebs- und Wartungsanleitungen und eine Liste mit empfohlenen Ersatzteilen. In einigen Fällen wird dem Lieferanten auferlegt, die Dokumente in eine Fremdsprache zu übersetzen, die sich nach der Nationalität des Endverbrauchers des Projekts richtet.

Aufbewahren der Händlerdokumente

Die für die technische Leitung des Projekts verantwortliche Firma hat die Verpflichtung, dem Kunden auch nach der Projektübergabe unterstützenden Service zu bieten. Diese Verpflichtungen gehen in der Regel über die Garantiezeit hinaus und beinhalten Beratung und Dienstleistungen bei Wartung, Reparatur, Austausch, Betrieb, Modifizierung oder Erweiterung der Anlage.

Da ein großer Teil der Anlage Ausrüstungsteile enthalten wird, die von Dritten geliefert wurden, muß das Unternehmen in der Lage sein, noch Jahre nach Abschluß des Projekts die entsprechenden Händlerdokumente aufzufinden und einzusehen. Der Auftragnehmer muß daher einen vollständigen Satz von Händlerdokumenten für das Projekt aufbewahren, sei es in seinen eigenen Akten oder in Archiven, und dies entweder in ihrem ursprünglichen Zustand, auf Mikrofilm oder in Form eines anderen Mediums mit geeigneter Haltbarkeit. Es genügt nicht, sich darauf zu verlassen, daß in der Zukunft Zusatz- oder Ersatzkopien von den verschiedenen Lieferanten beschafft werden können. Die Geschäftswelt ist unbeständig; einige der ursprünglichen Lieferanten könnten ihre Aufzeichnungen verlieren oder zerstören, und unter Umständen gehen die Firmen in Fusionen oder Übernahmen auf oder stellen einfach ihre Geschäftstätigkeit ein.

Verfahren für Archivieren und Wiederauffinden

Seriennummern

Bei einem großen Projekt kommt eine riesige Zahl von Zeichnungen der Händler und anderen Dokumenten zusammen. Das für das Projekt verantwortliche Unternehmen muß gewährleisten, daß es in der Lage ist, jedes von ihnen aufzufinden, wenn der Kunde Schwierigkeiten beim Betrieb meldet, oder wenn die Dokumente aus einem der bereits genannten Gründe benötigt werden. Die Kopien der Händlerdokumente werden daher in der Regel vor dem Archivieren mit einer Seriennummer versehen und in einem Register eingetragen. Um sicherzugehen, daß diese Dokumente in der Zukunft leicht aufgefunden werden können, müssen die Akten in einer nachvollziehbaren und logischen Abfolge geordnet werden. Diese kann auf den Spezifikationsnummern, den Anforderungs- oder Einkaufsbestellnummern oder den Codenummern der Arbeitsaufgliederung für das Projekt beruhen.

Index

Unter Umständen ist es erforderlich, einen Index für Querverweise anzulegen, damit eine Akte beispielsweise auch dann gefunden werden kann, wenn nur die Spezifikationsnummer des Ausrüstungsteils oder der Lieferant und das ungefähre Lieferdatum bekannt sind.

Wenn einige der Händlerdokumente in einer geschützten Ablage aufbewahrt werden, muß sich der Index bei diesen Dokumenten befinden.

Transport-, Hafen- und Zollformalitäten

Auszeichnung und Beschriftung

Der Einkaufsvertreter muß sicherstellen, daß jede Lieferung angemessen beschriftet ist, bevor sie das Gelände des Lieferanten verläßt. Die erforderliche Auszeichnungsmethode sollte in der Einkaufsspezifikation festgelegt werden. In der Regel versieht der Lieferant die Verpackung mit deutlich erkennbaren Auszeichnungen, so daß jeder Artikel während der Reise jederzeit eindeutig identifiziert werden kann, nicht zuletzt vom Personal vor Ort, wenn er schließlich seinen Bestimmungsort erreicht. In der Regel wird die Nummer der Einkaufsbestellung in der Beschriftung enthalten sein.

Frachtspediteure

Es ist am besten, die Vorbereitungen für Ferntransporte, Verschiffung und Luftfracht sowie die Formalitäten in See- und auf Flughäfen und an internationalen Zollgrenzen einem Fachbetrieb anzuvertrauen. Ohne Zweifel wird der Einkaufsvertreter erhebliche Erfahrung und Kenntnis besitzen, doch die Beschäftigung eines Frachtspediteurs mit gutem Ruf ist von unschätzbarem Wert.

Spediteure operieren durch weltweite Organisationen. Ihre Mitarbeiter oder Vertreter sitzen in den meisten Häfen und Flughäfen der Welt und sie sind in der Lage, den Fortschritt jeder Lieferung auf jeder Stufe vom ursprünglichen Verladen bis zur abschließenden Auslieferung zu überwachen.

Die Zusammenarbeit zwischen Einkaufsvertreter und Frachtspediteur kann Vorteile bringen, z. B. aufgrund der Größenordnung, die sich daraus ergibt, daß verschiedene Lieferungen zu einer vollständigen Containerladung zusammengestellt werden.

Die kombinierte Fachkenntnis von Einkaufsvertreter und Frachtspediteur können von großem Vorteil sein, wenn Projektmitarbeiter zum ersten Mal damit konfrontiert sind, die ungeheure Menge von Dokumenten, die den internationalen Güterverkehr begleiten, bewältigen zu müssen. Werden die Dokumente nicht schon beim ersten Mal richtig ausgefüllt, kann es zu Verspätungen, zur Beschlagnahme von Gütern und sogar zu gesetzlich auferlegten Strafen kommen.

Der Spediteur verfügt über seine Vertreter in den Ländern entlang der Lieferroute über Kenntnisse, die vor Ort von größter Wichtigkeit sein können. Er hat Informationen über die Art und Kapazität der Hafenanlagen, kann davor warnen, daß Staus eintreten können oder Streikmaßnahmen bevorstehen, und alternative Strecken vorschlagen, er hat Kenntnisse über Einzelheiten wie Straßennetze und Gleissysteme sowie über Größen- und Gewichtsbeschränkungen. In einem Fall war ein Spediteur beispielsweise in der Lage, einen kostspieligen Fehler zu verhindern, indem er darauf hinwies, daß das örtliche Bahnunternehmen eine ungewöhnlich strenge Beschränkung der Gesamtlänge von Güterlieferungen verhängt hatte. Der Grund dafür war, daß die Route durch Tunnels mit ungewöhnlich scharfen Kurven verlief. An einem anderen Hafen warnten die örtlichen Speditionsvertreter vor einem besonderen Sicherheitsproblem: Die Bewohner des örtlichen Hüttendorfes sind immer auf der Suche nach neuem Bauholz. Wenn sich nun solches Bauholz in Form eines aufwendig konstruierten Verpackungskastens zum Schutze eines kostspieligen Ausrüstungsteils für das Projekt am Hafendock findet – naja, wer könnte es ihnen verdenken ...?

Statusberichte für Bestellungen

In der Regel ist der Einkaufsvertreter angewiesen, den Projektmanager über den Entwicklungsstand aller laufenden Einkaufsvorgänge zu informieren. Diese Verantwortung, die er zusätzlich zu den bereits beschriebenen Inspektions- und Terminkontrollberichten trägt, umfaßt alle Stufen der Reise bis zum endgültigen Projektstandort. Die Berichterstattung kann mittels regulärer Auftragsstatusberichte erfolgen, die alle in Arbeit befindlichen Bestellungen aufführen, in Umrissen alle Fracht- und Liefertermine enthalten und alle Schwierigkeiten und Korrekturmaßnahmen herausstellen.

Auftragsstatusberichte wiederholen in großem Ausmaß die Informationen, die in den von den Ingenieuren vorgelegten Einkaufskontrolleinteilungen enthalten sind, doch sie sind in einer anderen Reihenfolge angelegt. Es werden alle aktiven Bestellungen aufgenommen, und diese werden voraussichtlich gemäß ihrer Bestellnummern aufgeführt und nicht anhand der Einkaufsspezifikationsnummer.

Wenn den Projektingenieuren und dem Einkaufsvertreter gleichzeitig Zugang zu einer gemeinsamen Datenbank ermöglicht wird, können Einkaufseinteilungen und Auftragsstatusberichte integriert werden, was viel Büroarbeit spart. Die Praxis sieht jedoch oft anders aus: Egal, wie klug das Computersystem oder die Büroarbeitsmethoden gestaltet wurden, ein großer Teil der Fortschrittsdaten, vor allen Dingen aus Übersee, erreicht das System einfach nicht rechtzeitig, um noch von Nutzen sein zu können.

Gute Kommunikation und ernsthafte, regelmäßige Berichtsmeldungen von allen Einkaufsvertretern und Frachtspediteuren, die am Projekt beteiligt sind, sind von entscheidender Bedeutung, wenn Statusberichte über Einkaufsaufträge von Wert sein sollen.

Fallbeispiel

Ein Unternehmen mit Sitz in Großbritannien hatte die technische Leitung für mehrere Projekte eines afrikanischen Kunden übernommen. Es war erforderlich, sämtliche Auftragsstatusdaten der verschiedenen Einkaufsvertreter zu koordinieren, von denen einer im Umland von London saß, einer in Südafrika und einer in Sambia. Auf Empfehlung des Informatikleiters der Firma, der es zweifellos gut meinte, wurde extra eine Computeranlage gekauft. Der beabsichtigte – und einzige – Zweck dieses Systems bestand darin, die Fortschrittsdaten zu koordinieren, die in den wöchentlichen Berichten der Einkaufsvertreter und der verschiedenen Spediteure enthalten waren. Diese Informationen sollten verarbeitet werden, damit ein integrierter, wöchentlicher Statusbericht der Bestellungen erstellt werden hätte können, der sich immer auf dem neuesten Stand befand und der an den Kunden und innerhalb der gesamten Projektorganisation verteilt werden hätte sollen.

Das System versagte völlig, weil es ihm ganz einfach an Daten fehlte. Angesichts der Kommunikationsschwierigkeiten in diesem Projekt war es nicht praktikabel, von den Vertretern in Übersee zu erwarten, daß sie umfassende Berichte über Materialbewegungen und den Fortschritt der Bestellungen lieferten, die zuverlässig und korrekt waren und immer am selben Tag der Woche am Hauptsitz der Firma eintrafen. Außerdem hatte das Unternehmen nicht über alle beteiligten Vertreter direkte Autorität und konnte daher nicht auf solchen Berichten bestehen.

Das Unternehmen versuchte über ein Jahr lang – der Informatikleiter hatte die Firma mittlerweile verlassen –, die überflüssige Computeranlage zu verkaufen, aber wie es bei dieser Art von Hardware ist, war sie schnell veraltet. Sie hatte etwa 8.000 Pfund gekostet. Schließlich hat man sie mir für 10 Pfund überlassen, und ich konnte einige der Bestandteile für den Bau einer elektronischen Orgel verwenden …

Teil 6
Arbeits- und Kostenmanagement

Kapitel 19
Durchführung des Programms

Sobald eine Genehmigung vorliegt, ist das Projekt nicht mehr nur ein Planungs- und Spekulationsobjekt, sondern es wird zu einer lebendigen Einheit, für die der Auftragnehmer die volle Verantwortung übernommen hat. Um alle Zielsetzungen des Projekts erreichen zu können, sei es hinsichtlich der technischen Abwicklung, des Etats oder des Zeitrahmens, muß eine angemessene Projektorganisation eingerichtet werden. Allen Beteiligten muß die besondere Rolle bewußt gemacht werden, die sie zu spielen haben.

Projektgenehmigung

Genehmigung zur Fortsetzung der Arbeit

Innerhalb dieses Kapitels bedeutet „Genehmigung durch den Kunden oder Projekteigentümer", daß der Auftragnehmer schriftlich angewiesen wurde, entsprechend den im voraus ausgehandelten und vereinbarten Bedingungen mit dem Projekt fortzufahren. Dieses Kapitel behandelt Verfahren, die von getrennten Kunden- und Auftragnehmerorganisationen ausgehen, wobei einer das Projekt vom anderen erwirbt. Viele der hier beschriebenen Methoden sind jedoch auch auf innerbetriebliche Projekte anwendbar, bei denen die Firma der Kunde ist und eine Abteilung oder Division innerhalb des Mutterunternehmens der Auftragnehmer. Die schriftliche Genehmigung für die Fortsetzung der Arbeit kann daher ein spezielles Vertragsdokument sein, eine Bestellung eines Kunden oder – was weit weniger wünschenswert wäre – eine Absichtserklärung, es kann sich aber auch um ein internes Memorandum der Geschäftsleitung handeln, in dem die Finanzierung genehmigt und der Fortsetzung der Arbeiten zugestimmt wird.

Registrierung und Numerierung des Projekts

Sobald ein neues Projekt in einer Organisation auftritt, muß es formal „in das System eingegeben werden", damit die erforderlichen Maßnahmen in Buchhaltung, Planung, Verarbeitung und verschiedenen Verwaltungsverfahren eingeleitet werden können.

Einer der allerersten Schritte ist die Zuteilung von Kennummern an das neue Projekt, die je nach den Verfahren des jeweiligen Auftragnehmers zukünftig die Grundlage für die Spezifikation von Planzeichnungen und Ausrüstung, für Kostencodierungen und andere bedeutende Projektdokumente darstellen. Numerierungssysteme wurden im Abschnitt über Kostencodierungen im Kapitel 4 erörtert.

In der Regel entsprechen Projektnumerierungen den Seriennummern in einem Register, welches ein Loseblattordner oder eine Computerdatei sein kann. Abbildung 19.1 zeigt ein typisches Formular, das für ein Loseblattsystem geeignet ist. Doch der Zweck eines Projektregisters besteht natürlich nicht allein darin, Nummern zuzuteilen.

Das Register der aktuellen Projekte führt sämtliche genehmigten Arbeiten innerhalb eines Betriebs auf, für die die Buchung von Arbeitszeit auf Stundenzetteln zulässig ist und für die Kosten von Pro-

Projektregister

Ausgabedatum:

Projekt-nummer	Projekttitel	Manager	Kunde	Eröffnungs-datum	Kommentare Besondere Einschänkungen	Abschluß-datum

Abbildung 19.1   Projektregisterseite

jektmaterialien und Ausgaben berechnet werden können. Wenn Projekte abgeschlossen sind, sollten die Registerinformationen in einem sicheren, aber leicht zugänglichen System archiviert werden. Jeder Projekteintrag im Register sollte die folgenden Daten beinhalten und diese miteinander in Beziehung setzen:

- Titel oder Beschreibung
- Start- und (möglicherweise) Abschlußtermin
- Verantwortlicher Projektmanager
- Projektnummer

Im Idealfall enthält das Register außerdem

- Daten zum Kunden und
- die Auftragsnummer des Kunden oder die Briefreferenz.

Wann immer es erforderlich ist, Informationen über ein Projekt aufzufinden, sei es nun noch in Arbeit oder auch schon lange abgeschlossen, beginnt man in der Regel am besten mit dem Projektregister oder den archivierten Informationen. Häufig gibt es auch gar keine andere Möglichkeit. In den meisten Informationssystemen oder Archiven des Managements ist die Projektnummer das entscheidende Element, das zu den verschiedenen Dokumentendateien und Projektdaten führt. Doch die Projektnummer könnte unbekannt oder nicht erinnerlich sein. Sehr häufig beginnt die Forschung in der Vergangenheit mit einer vagen Erinnerung an die Projektbeschreibung, den Namen des Kunden oder die ungefähren Termine. Ein gut geführtes Register sollte es möglich machen, daß jedes Projekt aufgefunden werden kann, selbst wenn nur ein oder zwei der oben aufgeführten, verknüpften Informationen bekannt sind.

Dokumente interner Projektgenehmigung

In jedem gut geführten Unternehmen besteht der erste Schritt der Projektdurchführung in der Ausgabe eines Genehmigungsdokuments. Unter dem Titel „Projektgenehmigung" oder vielleicht auch „Arbeitsauftrag" führt dieses Dokument entscheidende Daten auf, die den Umfang der genehmigten Ausgaben (die Abteilungs- oder Einkaufskostenetats), die voraussichtlichen Start- und Abschlußtermine, Details der Kundenbestellung, Preisinformationen, Anweisungen zur Rechnungsausstellung und zur Auslieferung und vieles andere definieren. Unverzichtbar für eine Projektgenehmigung ist die Unterschrift eines Mitglieds der Geschäftsleitung des Auftragnehmers. Dies ist das Signal, daß das Projekt entsprechend genehmigt wurde, daß die Arbeiten beginnen und Ausgaben getätigt oder eingeplant werden können.

Format und allgemeiner Inhalt

Projektgenehmigungen sind in der Regel kurze Zusammenfassungen, die häufig sämtliche Informationen auf einer DIN-A4-Seite unterbringen. Dies kann auch bei sehr umfangreichen Großprojekten der Fall sein.
Eine präzise Definition des Projekts wird ermöglicht, indem die relevanten technischen und geschäftlichen Dokumente im Genehmigungsformular aufgeführt werden. Wenn der Auftrag für das Projekt beispielsweise nach Verhandlungen über einen detaillierten Vertrag gewonnen wurde, der mit Diskussionen über die technischen und kommerziellen Verkaufsspezifikationen gekoppelt ist, müssen diese Dokumente in der Projektgenehmigung eindeutig aufgeführt werden, indem ihre Seriennummern angegeben und alle vereinbarten Veränderungen oder Revisionen aufgelistet werden.

Werksauftrag	Projektnummer

Kunde

Lieferanschrift (wenn andere)

Projekttitel/Beschreibung

Zeichnungen, Spezifikationen und andere Dokumente, die dieses Projekt definieren	Nummer	Revision

Etatzusammenfassung	Stunden
Technischer Entwurf	
Technische Arbeiten nach Ausgabe	
Fertigung	
Montage	
Abschließende Tests	
Installation	
Freigabe	
Materialien, Dienstleistungen und Unkosten	GE

Planungseinteilungs-zusammenfassung

Sämtliche Termine außer Projektstart und -abschluß sind vorläufig und hängen von detaillierter Planung und Einteilung ab.

	Start	Abschluß
Hauptentwurf und Zeichnungen		
Einkauf		
Fertigung		
Montage		
Abschließende Tests		
Installation und Freigabe		
Sämtliche Projekttermine		

Geschäftliche Informationen

Verkaufsingenieur:

Verkaufsreferenz:

Kundenbestellnummer:

Vertragsart:

Gesamtverkaufspreis GE

Genehmigung

Der Beginn der Arbeiten ist genehmigt, wie oben ausgeführt, aber Gegenstand aller unten spezifizierten Einschränkungen.

Genehmigt von: _____   Verantwortlicher Projektmanager: _____

Anmerkungen/Einschränkungen

Verteiler

Projekt-manager	Techn. Direktor	Techn. Leiter	Werks-leiter	Material-manager	Leiter der Qualitäts-prüfung	Verwaltungs-leiter	Planungs leiter

Abbildung 19.2   Werksauftragsformular
Beispiel eines Formulars für ein Fertigungsprojekt

PROJEKTGENEHMIGUNG

Kunde _____

Arbeitsumfang _____
_____
_____
_____
_____
_____
_____
_____

Dokumente _____
_____
_____

Projektnummer (von Buchhaltung einzutragen)

Projekttitel (für Computerberichte)

Projektmanager (Name) _____   Mitarbeiternummer

Projektingenieur (Name) _____   Mitarbeiternummer

Projektstarttermin

Projektabschlußtermin

Vertragsart

Kostenrückerstattung ☐   Pauschalbetrag ☐   Andere (bitte ausführen)_____

Arbeitsstundenvoranschlag

Lohnkostenkategorie	11	21	22	31	41	51	52	61	Gesamt
Arbeitsstunden									

Anmerkungen

....
Genehmigung

....
Genehmigung

Abbildung 19.3   Projektgenehmigungsformular
Ein Formular, das ein Bergwerksunternehmen für die Genehmigung neuer Projekte verwendet

Abbildung 19.2 zeigt ein Arbeitsauftragsformular, wie es seit vielen Jahren in Fertigungsbetrieben verwendet wird, die Spezialprojekte behandeln. Notwendigerweise sind die Informationen über Etats und Einteilungen knapp. Sie sind nur im Formular enthalten, um eine skizzenhafte Planung zu ermöglichen und den Umfang der genehmigten Ausgaben zu begrenzen. In der Praxis folgen solchen Arbeitsaufträgen detaillierte Etats und Einteilungen.

Abbildung 19.3 zeigt ein Projektgenehmigungsformular einer Bergwerksanlagenfirma, das viele Jahre lang für die Einleitung und Genehmigung der unterschiedlichsten Arten von Projekten verwendet wurde, von kleinen Machbarkeitsstudien und beschränkten Werkserweiterungen hin zu sehr umfangreichen Großprojekten. Wiederum wurden in dem Formular nur die wesentlichen Punkte aufgeführt; auf der Rückseite des Formulars lieferte dieses Unternehmen noch detaillierte Angaben zu den Etats. Es wurde ein recht umfassendes Managementinformationssystem verwendet, dem eine Computerdatenbank zugrunde lag. Das Formular war so gestaltet, daß es die Projektdatei öffnete und die Grundlage für die Dateneingabe ins System darstellte. Gleichzeitig informierte es die Abteilungsleiter über das neue Projekt.

Verteilung

Grundsätzlich werden die Projektgenehmigungen an sämtliche Abteilungen des Unternehmens zur allgemeinen Kenntnisnahme ausgegeben. Doch die technischen und geschäftlichen Dokumente werden nur dem Projektmanager ausgehändigt. Von da an ist es die Aufgabe des Projektmanagers, sicherzustellen, daß alle anderen Manager des Betriebs über die Anforderungen des Projekts im einzelnen informiert werden. Dies sollte möglichst früh geschehen, damit sie in der Lage sind, alle notwendigen Vorbereitungen zu treffen.

Genehmigung von Arbeiten ohne Vertrag oder Bestellung

Die übliche Vorgangsweise

Eine im Geschäftsleben weit verbreitete Regel, die von den meisten vernünftigen Unternehmen ohne Widerspruch akzeptiert wird, besagt, daß für kein Projekt Ausgaben getätigt werden dürfen, bevor die schriftliche Genehmigung des Kunden für die Fortsetzung der Arbeiten (sowie ein Zahlungsversprechen) eingegangen sind.

Die Risiken, die die Nichtbeachtung dieser Regel verursacht, sind leicht nachzuvollziehen. Sobald der Kunde erfährt, daß der Auftragnehmer bereits reale Kosten auf sich genommen hat, ist die Verhandlungsposition des Auftragnehmers geschwächt. Noch schlimmer wird es, wenn der Kunde seine Pläne ändert und der erwartete Vertrag aus irgendwelchen Gründen nicht zustandekommt, dem Auftragnehmer jedoch schon Kosten entstanden sind. Die interne Projektgenehmigung wird daher normalerweise erst ausgestellt, wenn die schriftliche Genehmigung des Kunden zur Fortführung der Arbeiten vorliegt.

Brechen der Regel

In Abweichung von der Konvention kann es Fälle geben, in denen ein sehr begrenzter Umfang von Arbeiten genehmigt werden kann, bevor eine bindende Bestellung des Kunden eingegangen ist. Dies stellt natürlich ein Risiko dar. Für viele verantwortliche Manager mag dies befremdlich klingen. Dennoch – vorausgesetzt, das Risiko kann quantifiziert und innerhalb kontrollierter Grenzen gehalten werden – ist es häufig möglich, mehrere Wochen Vorsprung im Projektkalender zu gewinnen, zu Kosten, die nur einen winzigen Bruchteil der Gesamtprojektkosten ausmachen. Natürlich können keine Nachschubbestellungen aufgegeben werden, doch es ist möglich, viele Aktivitäten der vorläufigen Checkliste, wie der in Abbildung 19.6 dargestellten, durchzuführen, ohne daß mehr als ein oder zwei Leute für die entsprechende Periode abgestellt werden müssen.

Natürlich werden solche im voraus durchzuführenden Arbeiten ohne Kundenauftrag nur dann genehmigt, wenn diese Strategie dem Auftragnehmer Vorteile bringt. Derartige Vorteile können darin liegen, daß mögliche, später auftretende Schwierigkeiten vermieden werden, wenn die Gesamtzeit für das Projekt sehr knapp zu werden droht. Sieht der Auftragnehmer eine Unterauslastung seiner Mitarbeiter vorher, wird es manchmal sinnvoll sein, Vorbereitungsarbeiten durchzuführen, die volle Arbeitsauslastung ermöglichen, sobald die Bestellung eingegangen ist. Das neue Projekt wird dadurch also vorverlegt, um die Lücke zu schließen. Im Gegensatz dazu absolut nichts zu tun und abzuwarten, bis die offizielle Bestellung eingeht, kann zur Folge haben, daß die Projektarbeit so weit verzögert wird, bis sie der Arbeit an anderen Projekten in die Quere kommt.

Kurven der Projektausgaben auf einer Zeitachse haben eine charakteristische S-Form (siehe Abbildung 19.4). Die Ausgabenrate beginnt sehr niedrig, steigt auf der Höhe des Projekts an und fällt dann wieder, wenn sich das Projekt seinem Abschluß nähert. Die Genehmigung von Ausgaben im voraus muß auf die ersten paar Wochen begrenzt sein, wenn die Ausgabenrate gering ist, und es müssen Schritte unternommen werden, um sicherzustellen, daß die Rate niedrig bleibt. Die Entscheidung, Arbeiten im voraus zuzulassen, ist immer riskant, was sich in den im Genehmigungsdokument aufgeführten Bedingungen niederschlagen muß. Eine vorläufige Ausgabe von Projektgenehmigungen ist möglich, aber wenn diese erfolgt, gelten die folgenden Vorbehalte:

- Die Genehmigung sollte in der Art begrenzt werden, daß nur namentlich genannte Personen die Arbeit übernehmen.
- Es dürfen weder Material noch Anlagen bestellt werden.
- Für diese Arbeiten muß ein Gesamtetat zugewiesen werden, der als der „Abschreibungswert" des Risikos betrachtet wird.
- Die durchzuführenden Arbeiten sollten durch eine Checkliste oder Einteilung definiert werden.
- Fortschritt und Kosten müssen regelmäßig von vorgesetzter Stelle geprüft werden, und es muß gewährleistet sein, daß die Arbeiten jederzeit sofort gestoppt werden können.

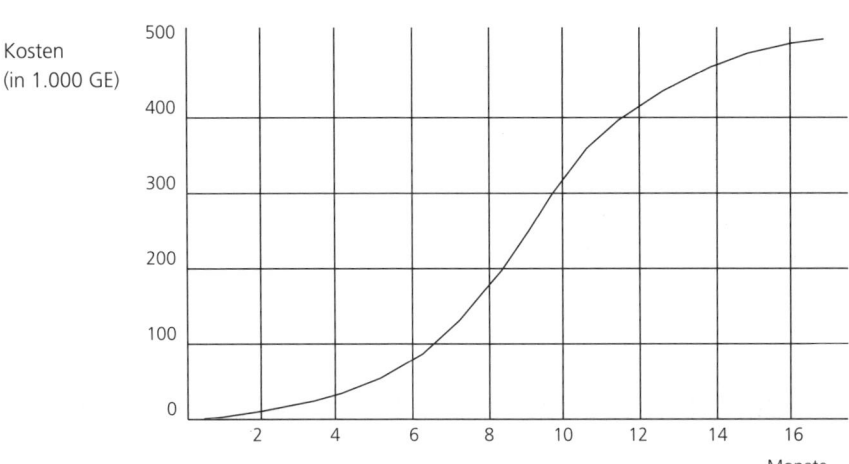

Abbildung 19.4   Typische Relation von Projektkosten und Zeit

Vorbereitende Organisation des Projekts

Selbst wo eine klare technische Spezifikation vorbereitet wurde, gibt es häufig eine Menge loser Enden, die zusammengefügt werden müssen, bevor die tatsächlichen Arbeiten beginnen können. Umfang und Wesen dieser vorbereitenden Aktivitäten hängen natürlich von Art und Größe des Projekts ab.

Übergabe von der Verkaufsorganisation an den Projektmanager

Eine der allerersten Aufgaben ist die Ernennung des Projektmanagers.

Ein wirkungsvolles Verfahren bei großen Projekten, die äußerst komplex sind, besteht darin, den leitenden Verkaufsingenieur auszuwählen, der alle technischen Studien während der Vorschlagsphase beaufsichtigte, und dieser Person zu erlauben, das tatsächliche Projekt bis zum Abschluß zu führen. Auf diese Weise sollte das, was schließlich gebaut wird, das sein, was tatsächlich verkauft wurde. In den meisten Fällen ist dies jedoch nicht praktikabel. Es muß ein anderer Weg gefunden werden, um das Projekt von der Verkaufsorganisation an die Durchführungsseite des Unternehmens zu übergeben, ohne daß Unklarheiten darüber auftreten, was wann und zu welchen Kosten zu tun ist.

Zu diesem Zweck müssen die Verkaufsingenieure ein Definitionspaket oder eine Spezifikation erstellen, die alle technischen und finanziellen Verpflichtungen des Vertrags enthalten. Dieses Paket wird dem neuen Projektmanager ausgehändigt. Es soll sicherstellen, daß er von Anfang an genauestens und vollständig informiert ist.

Graphische Darstellung der Organisation

Wenn der Projektmanager ernannt wurde, sollte ein Organisationsdiagramm (Organigramm) gezeichnet werden. Es wird veröffentlicht und zeigt alle wichtigen Personen oder Behörden, die am Projekt beteiligt sind. Es muß die leitenden Mitglieder aller externen Gruppen beinhalten, die in irgendeiner Weise Verantwortung für das Projekt tragen. Handelt es sich um einen großen Betrieb, wird in der Regel ein zusammenfassendes Diagramm erstellt und dann eine Reihe von kleineren Diagrammen gezeichnet, die einige der Gruppen mit mehr Einzelheiten zu zeigen. Natürlich abhängig von den jeweiligen realen Bedingungen, sollte ein vollständiges Projektorganisationsdiagramm folgende Informationen enthalten:

1. Schlüsselfunktionen in der Organisation des Auftragnehmers selbst, wozu natürlich der Projektmanager gehört.
2. Managementteams, die nicht am Hauptsitz des Auftragnehmers arbeiten (vor allem Teams auf den Baustellen von Hochbauprojekten).
3. Die wichtigsten Subunternehmer.
4. Externe Einkaufsvertreter, falls solche beschäftigt werden, zusammen mit allen externen Gruppen, die für Terminkontrolle, Anlageninspektion und Versand zuständig sind.
5. Unabhängige Fachberater, die entweder für den Kunden oder für den Auftragnehmer arbeiten.
6. Vertreter von Regierungen oder Kommunalverwaltungen (wenn relevant).

Methoden der Korrespondenz und Dokumentenbeförderung

Der Auftragnehmer ist gut beraten, Kontrollverfahren für die Projektkorrespondenz ernst zu nehmen. Schnell kann der Auftragnehmer in eine schwierige Situation kommen, sollte er wichtige Briefe oder andere Dokumente verlieren. Für den richtigen Umgang mit der Beförderung und der Kontrolle von dokumentierten Informationen innerhalb des Hauptsitzes und mit externen Teilen der Projektorganisation sollten auf jeden Fall Schritte unternommen werden.

Das Einrichten einer Verteilerstelle

Eine gute Lösung für jeden Betrieb ist, einen Mitarbeiter in höherer Stellung zu benennen, der als Kontrollpunkt für den Empfang und den Versand aller förmlichen, schriftlichen Kommunikation und technischen Dokumente dient, egal ob diese auf dem Postweg, über Luftfracht, Kurier, E-Mail, Fax oder Telex befördert oder übermittelt werden. Jede dieser nominierten Verteilerstellen ist dann dafür verantwortlich, daß die Dokumente oder die in ihnen enthaltenen Informationen allen betroffenen Personen innerhalb des Betriebs zugänglich gemacht werden.

Methoden der Dokumentenbeförderung

Internationale Projekte, bei denen sich der Kunde, die Baustelle oder bestimmte Projektgruppen in einem anderen Land befinden als die auftragnehmende Organisation, erfordern größte Sorgfalt in der Beförderung von Dokumenten. Sind normale Post- und Luftpostdienste zu langsam oder ist ihr Service aus anderen Gründen unzureichend, sollte die Beauftragung eines spezialisierten Beförderungsdienstes oder internationaler Kurierdienste erwogen werden.
Luftfracht kann für unhandliche Sendungen von Zeichnungen oder anderen schweren Dokumenten verwendet werden. Müssen wertvolle Dokumente rasch nach Übersee verschickt werden, bedeutet die Benutzung eines regulären Luftkurierdienstes, daß das Kurierunternehmen jede Sendung auf jeder Etappe ihrer Reise beobachten oder sogar begleiten kann, wobei alle Bewegungen und Etappen von der Agentur oder ihrem Netzwerk überwacht werden. Ein solcher Spezialistenservice verringert natürlich die Gefahr von Verlusten oder Verspätungen.
Gute Verbindungen zwischen der Reiseabteilung des Unternehmens und der Poststelle machen es unter Umständen möglich, daß Reisende gefunden werden, die Dokumente in ihrem Handgepäck mitnehmen könnten. Doch häufig wird diese Methode mißbraucht, und Leute, die davon ausgingen, einen Ort nur für ein Treffen oder eine kurze Inspektion zu besuchen, finden sich mit einem gewaltigen Berg zusätzlichen Gepäcks belastet.
An manchen Zielorten in Übersee kann die Zollbehörde die Freigabe von Dokumenten verzögern, und der Auftragnehmer sollte immer die professionelle Hilfe einer Spedition oder eines Kurierdienstes in Anspruch nehmen, der mit der entsprechenden Route vertraut ist. Regionale Streikaktionen können totalen Stillstand oder Verzögerungen verursachen. In anderen Fällen kann es vorkommen, daß die Zollbehörde ohne ersichtlichen Grund Schwierigkeiten macht. Mir ist zum Beispiel ein Fall bekannt, wo eine Sendung von Zeichnungen für einen Projektstandort an einem US-Flughafen aufgehalten wurde und der Zoll Gebühren verlangte, die nicht auf dem Wert der Zeichnungen basierten, sondern auf dem Wert des gesamten Projekts! In diesem Fall bestand die Lösung darin, die Planzeichnungen zurückzulassen und auf anderem Wege Duplikate zu schicken. Die Originale befinden sich wahrscheinlich bis zum heutigen Tag im dortigen Zollager.

Seriennummern von Korrespondenzdokumenten

Ist regelmäßige Korrespondenz in großem Umfang zu erwarten, können die Parteien, die voraussichtlich miteinander korrespondieren werden, vereinbaren, Seriennummern für ihre Briefreferenzen zu verwenden, denen sie ihren jeweiligen Code als Präfix voranstellen. Laufende Nummern sollten auch für ausgehende Telexe und Faxe vorgesehen werden, zumindest wenn diese zwischen bedeutenden Projektstandorten verschickt werden.

Es folgt als Beispiel ein Satz von Korrespondenzcodes, wie er zwischen einem Projektauftragnehmer – *Alternative Engineering Limited* – mit seinem Kunden – *Quaint Smelters PLC* – vereinbart werden könnte. Sämtliche Seriennummern lauten 0001, 0002, 0003 und so weiter.

	Von AEL an QS	*Von QS an AEL*
Briefe	AQB 0001	QAB 0001
Telexe	AQT 0001	QAT 0001
Faxe	AQF 0001	QAF 0001
Dokumentenversandformulare	AQD 0001	QAD 0001

Abgesehen davon, daß die Verwendung von Seriennummern die folgende Archivierung und das spätere Auffinden der Dokumente erleichtert, macht jede Lücke in der Abfolge der empfangenen Schreiben deutlich, daß es bei der Beförderung Verluste gegeben haben könnte, denen nachzugehen wäre.

Die Verwendung von Dokumentenversandpapieren

Sendungen von Zeichnungen und Plänen, denen kein Begleitschreiben mit Seriennummer beiliegt, müssen Liefernummern erhalten. Dies kann durch die Verwendung von standardisierten „Dokumentenversandpapieren" gewährleistet werden. Es handelt sich dabei um wenig mehr als Versandlisten, doch sie enthalten jeweils eine Seriennummer, und Kopien werden archiviert, um einen Nachweis zu haben, was verschickt wurde. Im Fall des oben erwähnten US-Zollproblems beispielsweise führte die Archivkopie des entsprechenden Dokumentenversandpapiers sämtliche Zeichnungsausdrucke der aufgehaltenen Sendung auf, wodurch es möglich war, einen weiteren Satz auszudrucken und zu versenden.

Dokumente: Die Entscheidung, wer was bekommt

Die meisten Projekte erzeugen Unmengen von Papier. Sobald eine Entscheidung über alle Planungs-, Kontroll- und Verwaltungsverfahren gefallen ist, können sämtliche damit verbundenen Formulare, erwarteten Berichte und anderen Arten von Dokumenten aufgelistet werden. Dann ist es möglich, jede dieser Dokumentenarten zu betrachten und zu entscheiden, wer regelmäßig Kopien davon erhalten muß. Dies sollte gewöhnlich auf Basis „Mit der Bitte um Kenntnisnahme" ablaufen; eine Ausnahme stellen hierbei die Dokumente dar, die der Kunde ausdrücklich zu sehen wünscht. Diesem Ersuchen sollte natürlich nach Möglichkeit nachgekommen werden, wenn es sich nicht um Informationen handelt, die der Auftragnehmer vertraulich behandeln möchte.

Sollen die Dokumente in elektronischer Form über ein Netzwerk zugänglich gemacht werden, kann es aus Sicherheitsgründen erforderlich sein, unterschiedliche Zugangsstufen vorzusehen, um zu verhindern, daß Unbefugte sensible oder vertrauliche Daten zu Gesicht bekommen.

Sobald die regelmäßige Verteilung oder der Zugang zu den Dokumenten vereinbart wurde, kann die Entscheidung in einem Diagramm dargestellt werden, das als Matrix gestaltet ist. Auf der linken Seite können die Namen der befugten Empfänger aufgeführt werden, wobei die Dokumentennamen oder -typen oberhalb jeder vertikalen Spalte aufgelistet werden. Ein Häkchen an jeder Schnittstelle im Raster bedeutet, daß der Zugang zulässig ist. Alternativ dazu kann auch eine Zahl an die Schnittstelle geschrieben werden, um anzuzeigen, wie viele Kopien des jeweiligen Dokuments jeder erhalten sollte.

Außerdem können Briefcodes eingeführt werden, so daß „O" beispielsweise ein Originaldokument anzeigt, „P" einen Papierausdruck, „S" einen Submaster- oder reproduzierbaren Ausdruck der Planzeichnung und „M" eine Mikrofilmaufzeichnung. Abbildung 19.5 illustriert das Prinzip.

Interne Verteilung von Papierdokumenten

Es besteht immer die Gefahr, daß Dokumente zwar sicher bei einem Unternehmen einlangen, dann aber innerhalb des Betriebs verlorengehen oder an die falsche Stelle geleitet werden. Es gibt eine nützliche Methode, um dieses Problem zu vermeiden und sicherzustellen, daß jedes Dokument denjenigen erreicht, der die entsprechenden Maßnahmen ergreifen sollte. Dieses Verfahren basiert auf dem Konzept von zwei Verteilungsniveaus, einem primären und einem sekundären. Die folgende Beschreibung erläutert, wie dieses Konzept angewendet wird. In diesem Fall handelt es sich um ein eingehendes Dokument, doch Kopien von ausgehender Korrespondenz können auf ähnliche Weise verteilt werden.

DOKUMENTE / **EMPFÄNGER**

Dokumente	Kunde	geschäftsführender Direktor	Projektmanager	Projektingenieur	Werksingenieur	Produktionskontrolleur	Einkäufer	Prüfungsleiter	Personalleiter	etc.
Listen eingekaufter Teile				1		1	2	1		
Materialspezifikationen				1			1	1		
Einkaufsanforderungen							1	1		
Einkaufsbestellungen				1			3	1		
Terminkontrollberichte			1			1				
Fehlbestandslisten			1		1	1	1			
Ausgabenkurve			1	1		1				
Planzeichnungsliste			1			1				
Genehmigte Zeichnungen			1			1		1		
Detaillierte Netzplandiagramme			1	1		1				
Skelettnetzpläne	1		1	1						
Zusammenfassung der Arbeitskräfteplanung			1	1	1				1	
Detaillierte Arbeitskräfteplanung			1	1	1	1			1	
Fortschrittsberichte	1		1			1				
Ausnahmeberichte			1			1				
etc.										

WENN ERFORDERLICH, AUSWEITEN →

Abbildung 19.5   Dokumentenverteilungsmatrix

Primäre Verteilung

Der Originalbrief wird bei Eingang mit einem Datumsstempel versehen und in einem zentralen Aktenordner aufbewahrt. Dann wird eine ausreichende Zahl von Kopien zusammen mit allen Anlagen des Originalbriefs an den Projektmanager geschickt, damit er die sekundäre Verteilung in die Wege leiten kann.

Sekundäre Verteilung

Der Projektmanager oder sein Vertreter stellt fest, wer das eingehende Schreiben beantworten und die notwendigen Maßnahmen ergreifen sollte. Demjenigen wird eine Bearbeitungskopie mit Anlagen zugeleitet. Eine Kopie wird in den Projektbüroakten aufbewahrt, und der Projektmanager kann beschließen, anderen Managern oder Mitarbeitern Kopien zur Information zukommen zu lassen.
Die für die Bearbeitung gedachte Kopie muß deutlich als solche kenntlich gemacht werden, damit sichergestellt ist, daß der Empfänger, der lediglich eine Kopie zur Kenntnisnahme erhält, nicht bereits von anderer Stelle ergriffene Maßnahmen wiederholt.

Korrespondenzbearbeitung

Die meisten Unternehmen mit großen Mengen von Projektkorrespondenz sorgen dafür, daß ein Büroangestellter oder Koordinator sicherstellt, daß alle Briefe und anderen Dokumente, die Beantwortung erfordern, unverzüglich bearbeitet werden. Dieselbe Person geht Verlusten während der Beförderung nach, die anhand der Lücken in der Abfolge der empfangenen Seriennummern deutlich werden.
Gelegentlich führen Unternehmen zu diesem Zweck Korrespondenzregister, in denen alle Schreiben gemäß ihren Seriennummern aufgeführt werden. Die Seriennummern werden also in der Regel anhand dieses Registers zugeteilt, und jeder, der einen Brief, ein Telex, ein Fax oder ein anderes Dokument verschickt, wird sich zunächst eine solche Nummer vom Sachbearbeiter geben lassen.

Technische Normen und Verfahren bei Projekten

Spezielle Entwurfsnormen

Der Auftragnehmer muß untersuchen, ob für das Projekt die Beachtung spezieller Entwurfsnormen, Sicherheitsbestimmungen oder gesetzlicher Bestimmungen erforderlich ist.

Zeichnungsnummern und Planzeichenbögen

Häufig wird vereinbart, daß alle für das Projekt erstellten Planzeichnungen Eigentum des Kunden sind, der davon ausgeht, alle Originalzeichnungen nach Abschluß des Projekts in seinen Besitz zu nehmen, um sie in seinem eigenen System zu archivieren. Natürlich behält der Auftragnehmer eine Kopie der Daten als reproduzierbare Ausdrucke oder speichert sie entsprechend im Computer ab. In diesen Fällen muß der Auftragnehmer das Numerierungssystem der Planzeichnungen, das für das Projekt verwendet werden soll, mit dem Kunden abklären. Es ist üblich, jede Zeichnung doppelt zu numerieren, einmal unter Benutzung des Systems des Kunden und einmal gemäß dem Standard des Auftragnehmers, und diese dann im Computer oder Planregister mit Querverweisen zu versehen.
Unter Umständen müssen die Zeichnungen auf den standardisierten Zeichenbögen des Kunden erstellt werden. In diesem Fall muß sich der Auftragnehmer genügend Nachschub besorgen, bevor das

Zeichnen beginnen kann. Sind diese Bögen nicht von normierter Größe, kann dies die Anschaffung neuer Archivierungssysteme erforderlich machen.

Wahl der Projektplanungs- und Kontrollverfahren

Unternehmen, die an die Durchführung umfangreicher Projekte gewöhnt sind, haben meist eine erhebliche Auswahl an Planungs- und Kontrollverfahren zur Verfügung. Diese können vor Beginn jedes neuen Projekts überprüft werden, um festzulegen, welche von ihnen verwendet werden sollen. Zu den Faktoren, die diese Auswahl beeinflussen, gehören Umfang und Komplexität des Projekts, das voraussichtliche Ausmaß der zu erwartenden Schwierigkeiten und Risiken, Anzahl und Standort auswärtiger Organisationen und die Wünsche oder Anweisungen des Kunden.

Verfahrenshandbuch

Für einige Projekte stellen Auftragnehmer ein Verfahrenshandbuch zusammen. Dieses führt die besonderen Verfahren auf, die für das Projekt anwendbar sind, und enthält Informationen wie die Namen der wichtigsten Mitarbeiter, Organisationsdiagramme, die Dokumentenverteilungsmatrix und die Namen und Anschriften der wichtigsten Organisationen mit ihren Präfixcodes für ein- und ausgehende Korrespondenz.

Praktische Vorbereitungen und Organisation

Natürlich müssen praktische Vorbereitungen getroffen werden, wenn das Projekt Unterbringungsmöglichkeiten, Werksanlagen, Geräte, Versorgung mit Gas, Strom, Druckluft, Wasser usw. erfordert. Die Anforderungen für jedes Projekt hängen natürlich weitgehend von der Art des Projekts und der Praxis des Auftragnehmers ab, und es ist nicht möglich, hier zu verallgemeinern. Auf der einen Seite des Spektrums befindet sich das Projekt, das im Unternehmen einfach auf ein anderes folgt, und für das dieselben Betriebsleiter, Mitarbeiter, und Anlagen verwendet werden. Das gegensätzliche Extrem ist das internationale Projekt, an dem mehrere große Unternehmen beteiligt sind und dessen Baustelle sich mitten in der Wüste befindet, ohne Gleis- oder Straßenanbindung und ohne jede andere Art von Infrastruktur. Im letzteren Fall ist die physische Vorbereitung für das Hauptprojekt selbst eine Ansammlung von sehr großen Unterprojekten.
Die Erörterung muß in diesem Kapitel daher in allgemeinen Begriffen erfolgen. Dennoch können einige wichtige, allgemeine Prinzipien genannt werden.

Die Bedeutung von Checklisten

Viele Projektmanager kennen das frustrierende Gefühl, das in den ersten Tagen und Wochen auftritt, wenn sie darauf brennen, anzufangen, und Termine einzuhalten haben, die wirkliche Arbeit jedoch warten muß, weil es keine Informationen, keine Mitarbeiter und auch sonst noch kaum allgemeine Einrichtungen vorhanden sind. Der Mangel an Informationen ist häufig das schlimmste dieser Probleme. Dabei geht es nicht unbedingt um die wichtigsten Zielsetzungen und Merkmale des beabsichtigten Projekts, sondern eher um hunderte Details, die geklärt werden müssen, bevor die Arbeit beginnen kann.
Der Wert von Checklisten wurde bereits an verschiedenen Stellen in diesem Buch betont, und es ist hier keine Entschuldigung erforderlich, wenn diesem Thema noch einmal Platz eingeräumt wird. Standardisierte Checklisten, die auf alle Projekte in Gegenwart und Zukunft anwendbar sind, kön-

nen wie Fragebögen verwendet werden, um erforderliche Informationen im Vorfeld zu klären. Die besten Checklisten werden durch Erfahrung schrittweise entwickelt und verbessert, so daß die Lehren, die aus einem Projekt gezogen werden, in Erinnerung bleiben, dem bereits Gelernten hinzugefügt und dann auf die folgenden Projekte angewendet werden.

Baustellenbeispiel

Ein Beispiel, wo eine Checkliste besonders nützlich ist, ist die Organisation einer Baustelle, besonders wenn sie sich in Übersee befindet. Dies kann selbst für einen erfahrenen Betrieb eine enorme Operation darstellen. Alle möglichen Fragen müssen gestellt und beantwortet werden. Einige Fragen müßten allerdings bereits beantwortet worden sein, als der Vorschlag untersucht wurde (siehe Abbildung 3.3). Wenn das Projekt nun Wirklichkeit werden soll, werden die Fragen und Antworten eindeutiger und gehen mehr ins Detail:

- Wie viele Leute werden vor Ort benötigt?
- Wie viele von diesen sind
  - unsere festen Mitarbeiter im Auslandseinsatz?
  - von uns vorübergehend beschäftigte Mitarbeiter, die lediglich für diesen Zweck und diese Dauer eingestellt wurden?
  - vor Ort Eingestellte? (Müssen sie geschult werden?)
  - Mitarbeiter des Kunden?
  - Mitarbeiter von Subunternehmern?
- Ist Unterbringung erforderlich?
  - Wieviel?
  - In welcher Qualität?
  - Wer ist dafür verantwortlich?
  - Ist die Miete frei?
- Wie lauten die Einreisebestimmungen?
  - Reisepässe und Visa?
  - Arbeitserlaubnis?
  - Gibt es rassistische Vorurteile?
- Örtliche, arbeitsrechtliche Bestimmungen und Gewohnheiten?
- Was geschieht mit Ehefrauen und Familien der ausländischen Mitarbeiter?
- Allgemeine Beschäftigungsbedingungen?
- Lohnzahlungen und Besteuerung?
- Versicherungen:
  - auf Mitarbeiter bezogen?
  - auf Arbeit bezogen?
- Medizinische Versorgung, Freizeitmöglichkeiten für die Mitarbeiter?
- Klima?
- Zugang zum Standort:
  - Straßen?
  - Eisenbahn?
  - Luftweg?
  - Andere?
- Fahrzeugflotte:
  - Personenbeförderung?
  - Güter?

- – Von wem gestellt?
- – Wie verwaltet und gewartet?
- Anlagen am Standort:
  - – Was wird benötigt?
  - – Wann?
  - – Von wem gestellt?
  - – Wie gewartet?

… und so weiter, Seite für Seite, bis alle Aspekte des Standorts und seiner rechtlichen, politischen und physischen Umgebung behandelt sind.

Es ist wichtig, daß die Antworten auf diese Fragen so vollständig und so früh wie möglich vorliegen. Je besser die Checkliste, desto früher und vollständiger liegen sie voraussichtlich vor.

Beginn der Arbeiten

Das erste Treffen

Wenn sich der neu ernannte Projektmanager gesammelt und den Inhalt der Projektspezifikation aufgenommen hat, besteht seine dringlichste Aufgabe darin, alle Projektressourcen zu mobilisieren und den wichtigsten Mitwirkenden mitzuteilen, was von ihnen erwartet wird.

Dieser Vorgang läuft in verschiedenen Phasen und unter Anwendung verschiedener Methoden ab. Die erste Führungsmaßnahme des Projektmanagers besteht gewöhnlich darin, ein erstes Treffen einzuberufen, das ihm die Gelegenheit geben soll, die Hauptmerkmale des Projekts vor den beteiligten Abteilungsleitern, den führenden Entwicklungsmitarbeitern und anderen wichtigen Leuten darzulegen. Ist das Projekt als Team organisiert, hat der Projektmanager den Vorteil, mit Mitarbeitern zu sprechen, die ihm direkt verantwortlich sind. Folgt die Organisation der Fachbereichsmatrix, wird die Aufgabe schwieriger; die Leute müssen in angemessener Form zu diesem Treffen eingeladen werden.

Wie die Umstände auch sein mögen, der geschulte Projektmanager wird das erste Treffen so gut wie möglich nutzen, um dem Projekt einen gelungenen Start zu geben. Jeder, der an dem Treffen teilgenommen hat, sollte es mit einer klaren Vorstellung von den Zielsetzungen für das Projekt verlassen, sich der Rolle bewußt sein, die er zu spielen hat, und mit einem Gefühl von Ehrgeiz und Motivation an die Arbeit gehen.

Ausgabe der ersten Planungsinformation

Es muß davon ausgegangen werden, daß ein gewisses Maß an Arbeitsplanung durchgeführt wurde, entweder bevor oder kurz nachdem der Auftrag oder eine andere Art von Genehmigung eingegangen ist. Die sich ergebenden Pläne und Einteilungen werden überhaupt nichts bewirken, wenn sie einfach nur an die Wand gehängt und fortan wie Schaustücke bewundert werden. Der Projektmanager muß sicherstellen, daß der Inhalt dieser Einteilungen jeder Schlüsselperson in der Organisation bekannt gemacht wird.

Es ist unwahrscheinlich, daß die Pläne in dieser Phase in ausreichender Detaillierung vorliegen, um die Arbeit an den Hauptaufgaben auszugeben und zu kontrollieren. Doch zwei Aspekte der Planung sollten für diese erste Phase erwähnt werden:

1. Obwohl das erste Balkendiagramm oder das skizzenhafte Netzplanmodell in groben Zügen erstellt worden sein mag und entscheidende Lücken darin aufweist, wie das Projekt durchgeführt

werden soll, sind diese Pläne voraussichtlich für den Projektvorschlag verwendet worden. Höchstwahrscheinlich wurde dem Projektkäufer bei Erhalt der Auftrags bereits ein Umriß des Zeitplanungsrahmens zugesagt oder erläutert.

2. Obwohl es keine detaillierten Pläne gibt, sollten ganz am Anfang, wenn die Hauptaufgabe darin besteht, grundsätzliche Punkte zu behandeln (wie in Abbildung 19.6 dargelegt), auch keine erforderlich sein.

Schon ganz zu Beginn sollten daher zwei Sätze von ersten Plänen vorliegen.

Der erste ist ein zusammenfassender Plan, der die vorgesehenen Termine für das gesamte Projekt enthält. Dieser sollte dem Arbeitsauftrag oder einem anderen Dokument der Genehmigung des Projekts beiliegen. Es kann sich um ein Balkendiagramm handeln, es kann für diesen Zweck jedoch auch einfach eine Tabelle der Schlüsseldaten sein.

Der andere ausgegebene Plan besteht in der Checkliste und einer Aufstellung der Vorbereitungsaufgaben, die der Manager dazu benötigt, das Projekt in logischer, systematischer und wirkungsvoller Weise zu beginnen. Eine dringende Aufgabe während der frühen Periode, die in der Checkliste enthalten sein muß, ist natürlich die Erstellung detaillierter Pläne und Arbeitseinteilungen. Gewöhnlich werden sie so lange umgearbeitet, bis sie den im Projektangebot enthaltenen Lieferverpflichtungen entsprechen.

Checkliste und Plan für Vorbereitungsaufgaben

Offensichtlich entwickelt jeder Auftragnehmer seine eigenen Fachkenntnisse je nach Branche, in der er tätig ist. Er ist in der Lage, die Art von Vorbereitungsaufgaben zu erlernen, die durchgeführt werden müssen, um Verfahren und Entwicklungsnormen einzuführen, bevor er mit einem seiner typischen Projekte beginnen kann. Ein vernünftiger Auftragnehmer wird diese in einer standardisierten Checkliste aufführen. Ein bestimmtes Unternehmen gestaltete eine solche Checkliste in Form eines Netzplandiagramms, wovon jeweils am Anfang eines Projekts eine Kopie verwendet wurde. Arbeitszeitvoranschläge und Zeitanalyse wurden in diesem Standardnetzplan nie verwendet. Es wurde lediglich als Checkliste verwendet, doch ihr Wert lag in der Tatsache, daß alle voraussichtlichen Vorbereitungsaktivitäten in ihrer logischen Reihenfolge aufgeführt waren. Ein vereinfachtes Beispiel dafür ist in Abbildung 19.6 dargestellt.

Detaillierte Planung und Arbeitsanweisungen

Die Bedeutung persönlicher Zustimmung und Bereitschaft

In den vorhergehenden Kapiteln ist bereits genug über die vorhandenen Methoden für die Erstellung von Plänen und Arbeitseinteilungen geschrieben worden. Wenn das Projekt hinsichtlich seiner Größe, Komplexität oder angeblichen Wichtigkeit in irgendeiner Weise bedeutend ist, muß vorausgesetzt werden, daß detaillierte Planung stattfindet und daß zumindest ein führender Mitarbeiter aus jedem wichtigen, am Projekt beteiligten Fachbereich daran mitwirkt. Diese Mitwirkung kann Teilnahme an einem intensiven Netzplan-Brainstorming bedeuten oder darin bestehen, daß diese Vertreter aufgefordert werden, einen Netzplan zu betrachten, zu überprüfen und zu bewilligen, der auf der Grundlage von archivierten Standarddaten automatisch erstellt wurde (siehe Kapitel 14).

Jeder wichtige Teilnehmer muß daher seinen Beitrag zur Formulierung und Vereinbarung des detaillierten Plans leisten. Dies auch deshalb, weil kein Plan erfolgreich aus der Isolation heraus anderen auferlegt werden kann. Er muß von jenen, die an ihn gebunden sein werden, akzeptiert und unterstützt werden.

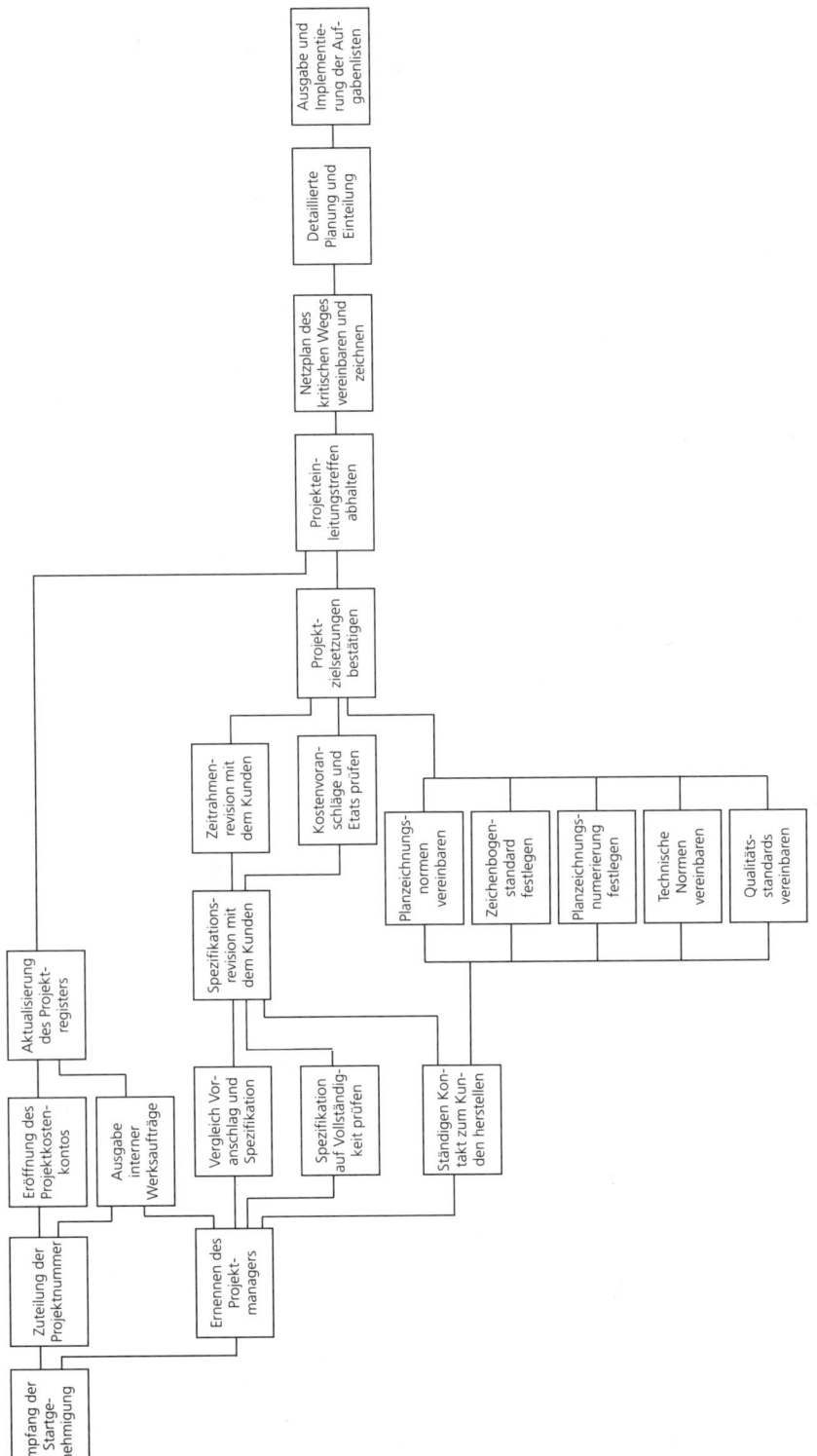

Abbildung 19.6 Standardnetzplan für Einleitung eines Fertigungsprojekts
Die meisten Unternehmen sollten in der Lage sein, einen Standardnetzplan zu entwerfen, der in den ersten Wochen jedes neuen Projekts als Check-liste dienen kann. Diese Pläne überbrücken die Kluft zwischen der Genehmigung und der Vorbereitung eines vollständigen, detaillierten Netzplan-diagramms, einer Ressourceneinteilung und der Ausgabe von Arbeitslisten.

Sobald die detaillierte Planung durchgeführt wurde, können mit Hilfe des Computers die Netzplananalyse, die Ressourcenzuteilung – wenn erforderlich – sowie Arbeitslisten für jede Projektabteilung erstellt werden. (Beispiele für Arbeitslisten wurden in den Abbildungen 13.7 und 13.8 vorgestellt.)

Ausgabe von Arbeitseinteilungen: Die Zielrichtung von Handlungsanweisungen

Die Verbreitung von Programminformationen muß weit effektiver gestaltet werden als die einfache, umfassende Verteilung allgemeiner Einteilungen an alle und jeden. Jede Abteilung sollte eine Aufgabenliste erhalten, die lediglich jene Aufgaben enthält, für die sie verantwortlich ist. Häufig werden Anweisungen ignoriert, wenn sie an zu viele Leute gesandt werden, statt lediglich an denjenigen, der dafür zu sorgen hat, daß Maßnahmen ergriffen werden. Wird eine Anweisung in einem Dokument erteilt, das an mehr als eine Abteilung geht, kann es vorkommen, daß nichts unternommen wird und sich jede Abteilung darauf verläßt, daß die andere die Anweisung durchführen wird.

Diese Gefahr besteht, wenn Projektnetzpläne oder andere Einteilungen an eine große Zahl von Abteilungen oder Leute verteilt werden, ohne gleichzeitig Erläuterungen oder präzise Anweisungen zu geben. Sorgfältig gefilterte Aufgabenlisten haben dagegen den Vorteil, daß sie hinsichtlich ihrer Adressaten spezifiziert sind, so daß die Managementverantwortung für jeden Punkt auf jeder Liste eindeutig in die Verantwortung des Empfängers fällt.

Diese detaillierten Aufgabenlisten brauchen nur einige Wochen im voraus abzudecken. Allen Abteilungsleitern müssen dagegen weiter vorausschauende Zusammenfassungen zugehen, die ihnen dabei helfen, die erforderliche Zahl von Mitarbeitern einzustellen oder zu reservieren. All dies ist mit den Filter- und Sortierfunktionen moderner Projektmanagementsoftware leicht zu bewerkstelligen.

Aufgabenlisten in Beziehung zu Arbeitsverfahren der Abteilungen

Aufgabenlisten können als Abteilungsaufträge oder Planungserinnerungen betrachtet werden, je nach Abteilung, an die sie gesandt werden. Die genaue Interpretation hängt von den anderen Vorkehrungen für die Dokumentation ab, die innerhalb des Betriebs in Kraft sind.

Die Autorität der Abteilungsleiter

Die in Aufgabenlisten enthaltenen Anweisungen oder Erinnerungen sollten in keiner Weise von der persönlichen Verantwortung ablenken, die jeder Abteilungsleiter hat.

Zwar ist der Ursprung jeder Anweisung das Büro des Projektmanagers, doch die Informationen sollten aus einem detaillierten Projektplan stammen, der ursprünglich von den Abteilungsleitern erstellt, überprüft und abgesegnet wurde. Die Autorität dieser Abteilungsleiter sollte nicht untergraben, sondern vielmehr gestärkt werden. Letztlich erhält jeder Leiter eine Liste mit den Aufgaben, deren Erfüllung von seiner Abteilung erwartet wird, doch er ist frei bei der Zuteilung dieser Arbeit an einzelne innerhalb der Abteilung. Bei Verwendung von Aufgabenlisten, die sich aus einer vernünftigen Ressourcenzuteilung ergeben haben, sollte es nicht zu chronischen Überlastungen der Abteilungen kommen, obwohl jederzeit das Risiko vorübergehender Überbelastung besteht.

Letztlich werden diesen Leitern effektivere Werkzeuge in die Hand gegeben, die ihnen dabei helfen sollten, die Aktivitäten innerhalb ihrer jeweiligen Gruppen zu kontrollieren.

Fertigung

Normalerweise werden Aufgabenlisten an den Produktionsleiter oder Produktionscontroller geschickt, der dann Arbeitsaufträge oder andere Dokumente ausgibt, die durch die herkömmlichen Verfahren innerhalb der Fabrik erforderlich gemacht werden. Notwendigerweise gehen Projektnetzpläne und die sich daraus ergebenden Aufgabenlisten weit weniger ins Detail, als für die Planung und Kontrolle des Fabrikbetriebs von Tag zu Tag oder gar von Minute zu Minute erforderlich ist. Arbeitslisten geben meist den erwarteten Starttermin und das angestrebte Abschlußdatum für jede Montageeinheit und Untereinheit an. Es ist äußerst unwahrscheinlich, daß Aufgabenlisten mehr Teile oder Arbeitsaufgliederungen spezifizieren.

Die Fertigungsorganisation wird daher ihre Einrichtungen für Produktionstechnik, Planung und Kontrolle nutzen, um die Zeichnungen zu interpretieren, die erforderlichen Teile und Materialien festzustellen und eine detaillierte Produktionseinteilung durchzuführen. Dies muß in Übereinstimmung mit den in der Aufgabenliste gegebenen Terminen geschehen, doch wenn Ressourcenzuteilung verwendet werden kann, sollte die gewünschte Arbeitsrate innerhalb der Kapazität des Fertigungswerks liegen.

Technische Entwicklung

In den technischen Entwicklungsabteilungen werden die Aufgabenlisten wahrscheinlich für die Kontrolle der täglichen Arbeit verwendet werden, ohne daß die zusätzlichen Dokumente und Verfahren benötigt werden, die in den Fertigungsabteilungen erforderlich sind.

Netzpläne sind jedoch nicht immer so gezeichnet, daß sie ausreichende Details für die Zuweisung der Arbeit auf täglicher Basis enthalten. Es kann daher erforderlich sein, daß Manager und Supervisoren dafür sorgen müssen, äußerst detaillierte Aktivitäten von Hand aufzulisten. Planzeichnungs- und Einkaufskontrolleinteilungen sind beispielsweise Dokumente, die in der Regel mehr Einzelheiten enthalten müssen, als in einem Projektnetzplandiagramm darstellbar sind. Eine Netzplanaktivität faßt gewöhnlich eine Gruppe von Zeichnungen zusammen, die für ein kleines Ausschreibungspaket oder eine Montageeinheit benötigt werden. In der Regel ist es weder wünschenswert noch möglich, jede einzelne Projektzeichnung als eine gesonderte Netzplanaktivität darzustellen. Dieses Argument trifft auch auf Einkäufe und Einkaufskontrolleinteilungen zu.

In vielen technischen Entwicklungsbüros und anderen Gruppen von „Software"lieferanten finden sich hochqualifizierte Mitarbeiter, deren Talent nicht vollständig genutzt wird. Technische und wissenschaftliche Zielsetzungen mögen gut definiert und verstanden worden sein, doch es besteht immer die Gefahr, daß die damit verbundenen wirtschaftlichen Aspekte von Zeit und Kosten nicht hinreichend bekannt sind oder verstanden wurden. Die Aufnahme der veranschlagten Kosten und Zieldaten in Aufgabenlisten kann dazu beitragen, mehr Nutzen aus den hochqualifizierten Fachleuten in dieser Art von Arbeitsumgebung zu ziehen, indem ihnen ihre Verantwortung hinsichtlich Zeit und Kosten bewußt gemacht wird.

Planzeichnungs- und Einkaufskontrolleinteilungen

Planzeichungseinteilungen enthalten sämtliche Zeichnungen, die für ein Projekt angefertigt werden müssen. Sie ähneln Zeichnungsregistern und können für die Zuteilung von Zeichnungsnummern benutzt werden, vorausgesetzt, solche Nummern sind in den Zahlenblöcken enthalten, die im zentralen Planzeichnungsregister des Unternehmens reserviert sind. Zeichnungseinteilungen gelten für ein bestimmtes Projekt, während das zentrale Zeichnungsregister das allgemeine Unternehmensarchiv darstellt, in dem sämtliche Zeichnungen für alle Zwecke aufgeführt sind.

Einkaufseinteilungen führen sämtliche Anlagenteile auf, die für ein bestimmtes Projekt erworben werden müssen, und werden dafür benutzt, Seriennummern für die technische Spezifikation und möglicherweise auch Nummern für die Anfrage, die Anforderung und die Bestellung zuzuteilen. Für ein großes Projekt sind sie, was die Stückliste für ein kleines Fertigungsprojekt ist.

Vor dem Eintritt ins Computerzeitalter mußten Planzeichnungs- und Einkaufseinteilungen von Hand erstellt werden, und sie mußten außerdem den Fortschritt dokumentieren, der bei jedem aufgeführten Teil gemacht wurde. Doch für diesen Zweck waren sie zu unflexibel, und die Verwendung des Radiergummis wurde erforderlich, wenn Revisionen ausgegeben wurden oder wenn die Fortschrittsinformationen aktualisiert werden mußten. Die Einteilungen sollten in einem Computer eingerichtet werden, entweder in einem einfachen Schreibprogramm oder als Teil eines Datenbanksystems, das mit der Netzplaneinteilung verbunden ist.

Ist ein Projekt abgeschlossen, müssen die Zeichnungs- und Einkaufskontrolleinteilungen aktualisiert werden, damit sie alle abschließenden Planzeichnungsnummern mit ihren korrekten Revisionen zeigen, sowie alle Einkaufsspezifikationsnummern mit ihren letztgültigen Revisionen. Die Einteilungen definieren dann den Übergabezustand des Projekts. Sie ähneln den Baueinteilungsdokumenten, die im Kapitel 21 beschrieben werden. Der Hauptunterschied besteht darin, daß Baueinteilungen besonders für die Definition von gefertigten Produkten nützlich sind, die in zwei oder mehr Versionen existieren.

Einkaufskontrolleinteilungen werden in den Abbildungen 18.3 und 18.4 dargestellt. Abbildung 24.2 zeigt ein Zeichnungseinteilungsformular.

Kapitel 20

Fortschrittsmanagement

In diesem Kapitel wird davon ausgegangen, daß bereits eine brauchbare Einteilung vorliegt und daß die wichtigsten Mitwirkenden am Projekt wissen, was von ihnen erwartet wird und ihre Zustimmung dazu gegeben haben. Es werden verschiedene Verfahren und Methoden erläutert, durch die die Arbeit beobachtet und vorangetrieben werden kann, um die Zielsetzungen der Planung zu erreichen.

Fortschrittskontrolle des Projekts als ein geschlossenes Kreislaufsystem

Eine Grundvoraussetzung für jedes Kontrollsystem ist eine Bemessungsmethode für die Wirkung jedes gegebenen Befehls. Die so erhaltene Information kann dann zurück in die Befehlsquelle gespeist werden, so daß alle Fehler durch eine Modifizierung des ursprünglichen Befehls korrigiert werden.

Ein Artilleriekommandeur beobachtet die Trefferquote der Schüsse und orientiert sich an den danebengegangenen, um die Zielrichtung seiner Schützen zu korrigieren. In elektrischen Schaltkreisen können Fehlermeldungen erzeugt werden, die in Relation zu Positionsfehlern beweglicher Teile, zur falschen Amplitudenhöhe der ausgehenden Spannung oder zu Verzerrungen der Wellenform stehen. Diese Fehlersignale können genutzt werden, indem man sie in gegensätzlicher Polarität oder Phase zurück ins System speist, so daß sie die ungewünschte Abweichung mehr oder weniger ausgleichen und damit korrigieren.

Bleiben die Fehlersignale ungenutzt, bezeichnet man das System als einen offenen Kreislauf. Werden die Fehlersignale mit der Eingabe verknüpft, ist der Kreislauf geschlossen. Der Projektfortschritt als Kontrollsystem ist hier keine Ausnahme. Für jede ausgegebene Anweisung muß ein korrespondierendes Rückmeldungssignal erzeugt werden. Andernfalls gibt es keine Möglichkeit, festzustellen, wo Korrekturmaßnahmen erforderlich sind. Der Projektmanager gewährleistet, daß diese Korrekturmaßnahmen getroffen werden, damit der Kontrollkreislauf effektiv geschlossen ist.

Management by exception

Bei jedem System von Kontrollrückmeldungen sind es die Fehler, die von Bedeutung sind, weil sie die Faktoren sind, die Korrekturmaßnahmen auslösen. Im Zusammenhang mit Management werden diese Fehler oder Abweichungen „Ausnahmen" *(exceptions)* genannt. Die Methode, Berichte und Aufmerksamkeit auf solche Ausnahmen zu konzentrieren, ist als „Management durch Ausnahmen" bekannt.

Management by surprise

Es gibt eine alternative Managementmethode, die allein auf ausgehenden Instruktionen beruht, ohne Rückmeldung oder Fehlersignale. Der Manager speist die Arbeit an einem Ende des Systems ein und ist überrascht *(surprised),* wenn am anderen Ende nichts herauskommt! – Dies ist dann „Management durch Überraschung".

Routinemäßiges Sammeln von Fortschrittsdaten

Die Verwendung von Aufgabenlisten als Fortschrittsmeldungen

Ist ein Projekt begonnen worden, so muß man sich ein in zwei Richtungen verlaufendes Kommunikationssystem zwischen dem Projektmanager und jedem Abteilungsleiter vorstellen. Es müssen Arbeitsinstruktionen ausgegeben werden, und Informationen über den sich ergebenden Fortschritt müssen regelmäßig zurückgemeldet werden.

Vermittelt der Projektmanager seine Anweisungen über Aufgabenlisten an die Mitwirkenden, so gibt es keinen Grund, warum nicht dasselbe Verfahren in umgekehrter Weise verwendet werden sollte, um Fortschrittsinformationen zurückzumelden. Es fehlt lediglich ein den Aufgabenlisten entsprechendes Dokument, doch dieser Mangel wird behoben durch:

- die Verwendung speziell angefertigter Fortschrittsmeldungsformulare; oder
- direkte Eingabe in den Computer über ein Netzwerk; oder
- Anmerkungen der Linienmanager auf Kopien der Aufgabenlisten.

Open Plan ist ein Softwarepaket, das Aufgabenlisten mit Fragebogenberichten in seiner Standardausstattung von Berichtsformen kombiniert (siehe Abbildung 20.1). Viele andere Pakete lassen auf ihren Aufgabenlisten oder Arbeitslisten Platz für Kommentare.

Häufigkeit der Beschaffung von Fortschrittsdaten

Die Rückmeldung über den Fortschritt sollte in recht kurzen Intervallen erfolgen – typischerweise häufiger als die Ausgabe überarbeiteter Aufgabenlisten. Wir schlagen wöchentliche Intervalle vor. Sind die Intervalle zu lang, werden einige Probleme erst deutlich, wenn es zu spät ist für wirkungsvolle Korrekturmaßnahmen.

Kontinuierliche, direkte Fortschrittsdateneingabe

Häufig ist es praktisch, wenn Abteilungsleitern über ihre eigenen Terminals direkter Zugang zu den Computerdateien ermöglicht wird. Diese Manager können dann den Fortschritt durch die direkte „Echtzeit"-Methode melden.

Der Projektmanager sollte sich jedoch vergewissern, daß Fortschrittsinformationen, die in dieser Weise direkt in den Computer eingegeben werden, ohne daß sie zuvor einer Prüfung und kritischen Untersuchung unterzogen wurden, nur von zuverlässigen Mitarbeitern in einigermaßen gehobener Stellung stammen. Falsche Eingaben können später zu Fehlern bei der Netzplananalyse, der zukünftigen Ressourcenzuteilung und in den Aufgabenlisten führen. Enthält der Computer ein umfangreiches, komplexes Multiprojektmodell, muß die für die Einteilung verantwortliche Gruppe oder Person stets darauf achten, daß keine Eingabe erfolgt, die die Daten verfälscht und viele Stunden der Wiederherstellung erfordert.

Obwohl die Projektfortschrittsinformationen durch die direkte Eingabemethode kontinuierlich aktualisiert werden, erfolgt eine Revision und Neuausgabe der Aufgabenlisten und anderer Einteilungen wahrscheinlich nur dann, wenn der Planer zu der Entscheidung kommt, daß eine erneute Datenverarbeitung erforderlich ist. Diese Entscheidung muß der Planer im voraus treffen, und das nächste „Jetztzeit"-Datum (siehe unten) muß verkündet werden, sobald der Beschluß gefaßt ist.

OPEN PLAN
BERICHT: ACTQST
PROJEKT: GARAGE

DENNIS LOCK
GARAGENPROJEKT
Aktualisierter Fragebogen für Aktivitätenfortschritt

SEITE 1
BERICHTSDATUM: 16. April 95
JETZTZEIT: 13. Mai 96

AKTIVITÄT	BESCHREIBUNG	DAUER	DAUER	% ABGE-SCHLOSSEN	FRÜHESTER START	FRÜHESTER ABSCHLUSS	FORTSCHRITT STATUS	FORTSCHRITT WERT	TATSÄCHLICH ERREICHT START	TATSÄCHLICH ERREICHT ABSCHLUSS	ANMERKUNGEN
START	Beginn des Garagenprojekts	0	0	100	13. Mai 96	13. Mai 96		0	A: 13. Mai 96	Abgeschlossen	
G0103	Türen fertigen und grundieren	1	1	0	13. Mai 96	13. Mai 96					
G0102	Fundamente ausheben	4	4	0	13. Mai 96	16. Mai 96		0	Begonnen		
G0305	Türrahmen positionieren	1	1	0	14. Mai 96	14. Mai 96					
G0107	Türen fertigen	3	3	0	13. Mai 96	15. Mai 96					
G0205	Betonfundament	2	2	0	17. Mai 96	20. Mai 96					
G0713	Türen grundieren	1	1	0	16. Mai 96	16. Mai 96					
G0508	Maurerarbeiten	10	10	0	21. Mai 96	3. Juni 96					
G0810	Stürze über Türen einsetzen	1	1	0	4. Juni 96	4. Juni 96					
G1016	Sturz verkleiden und Brüstung bauen	2	2	0	5. Juni 96	6. Juni 96					
G0509	Unterboden legen	2	2	0	21. Mai 96	22. Mai 96					
G0110	Dachbalken zuschneiden	1	1	0	13. Mai 96	13. Mai 96					
G0913	Bodenestrich	1	1	0	23. Mai 96	23. Mai 96					
G1317	Türen einhängen	1	1	0	4. Juni 96	4. Juni 96					
G1012	Dachgebälk einsetzen	2	2	0	5. Juni 96	6. Juni 96					

Abbildung 20.1 Kombination aus Aufgabenliste und Fortschrittsfragebogen
Dieses Beispiel wurde mit *Open Plan* erstellt.

Jetztzeitdatum

Alle Fortschrittsdaten sollten mit Referenz auf das nächste „Jetztzeit"-Datum gegeben werden. Dies ist das Datum, das als Referenzpunkt gewählt wurde, von dem aus die Zeitanalyse und die Neueinteilung kalkuliert werden.

Allen, die aufgefordert werden, Fortschrittsinformationen zu liefern, sei es direkt von ihren Terminals oder auf Papier, muß das nächste Jetztzeitdatum so weit im voraus wie möglich mitgeteilt werden. Der Planer legt die Jetztzeit in der Regel auf den Termin, an dem die Neueinteilung beginnen soll, oder einige Tage später. Müssen die Einteilungen häufig aktualisiert werden, sei es aufgrund von Änderungen oder aus irgendeinem anderen Grund, muß die Neuverarbeitung unter Umständen in regelmäßigen Abständen erfolgen. Gibt es regelmäßige Intervalle, so können die Termine für die Neueinteilung und Jetztzeiten viele Monate im voraus verkündet und in die Kalender eingetragen werden.

Qualität und Zuverlässigkeit routinemäßiger Fortschrittsinformation

Welche Methode auch für die Fortschrittsrückmeldung verwendet wird, es muß darauf geachtet werden, Mehrdeutigkeiten oder unnötige Kompliziertheit zu vermeiden. Je einfacher die Methode, desto wahrscheinlicher ist die Möglichkeit, daß alle beteiligten Manager überredet werden können, die Daten regelmäßig rechtzeitig zurückzumelden. Dennoch stellt die Instruktion aller wichtigen Teilnehmer, sich eine Routine der Fortschrittsmeldung anzueignen, eine echte Probe der Fähigkeiten des Projektmanagers dar. Viele Versuche der Projektkontrolle brechen zusammen, weil es nicht gelingt, diesen besonderen Vorgang zuverlässig zu etablieren.

Art der Informationen für die Aktualisierung von Computereinteilungen

Egal ob die Systemeingabe der Fortschrittsdaten von einem Fragebogen auf Papier ausgeht oder direkt von den Linienmanagern eingetippt wird, die folgenden Fakten oder Voranschläge sind für jede Aktivität erforderlich, die bereits begonnen hat oder abgeschlossen ist oder an der seit dem vorhergehenden Bericht oder der letzten Computereingabe gearbeitet wurde:

- Wenn nach dem letzten Bericht begonnen, wann war der tatsächliche Starttermin?
- Wenn begonnen, aber nicht abgeschlossen, entweder:
  - Schätzung des abgeschlossenen Prozentteils zur Jetztzeit; oder
  - die geschätzte verbleibende Dauer nach der Jetztzeit.
- Ist die Aktivität abgeschlossen?
- Wenn abgeschlossen, wann war der tatsächliche Abschlußtermin?

Fragen der Logik

Wenn die Fortschrittsinformationen auf Formularen zusammengestellt und nicht in den Computer eingegeben werden, bleibt eine weitere Frage, die der aufmerksame Projektmanager für jeden Arbeitsschritt geklärt haben muß, der als abgeschlossen gemeldet wurde. Die entscheidende Frage lautet: Kann die unmittelbar folgende Aktivität begonnen werden? Diese Frage, die gewöhnlich nicht gestellt oder unmöglich zu beantworten ist, wenn die Fortschrittsinformationen in den Computer getippt wurden, ist die Feuerprobe dafür, ob eine Aktivität wirklich abgeschlossen wurde. Ist die Netzplanlogik korrekt, so kann eine Aktivität streng genommen nicht als abgeschlossen gemeldet werden, wenn der unmittelbar auf sie folgende und von ihr abhängende Arbeitsschritt nicht begonnen werden kann.

Ein aufmerksamer Projektmanager erkennt die Gefahr, die eine Fortschrittsmeldung birgt, wenn es heißt, der Fortschritt wurde zu 99 oder 100 Prozent erreicht, doch die nächste Aktivität kann nicht begonnen werden. Dies kann bedeuten, daß der angeblich erreichte Fortschritt nicht gemacht wurde. Diese Anomalie tritt ebenfalls auf, wenn ein Entwurfsingenieur einen Stapel Zeichnungen fertiggestellt hat, sie jedoch in einer Schublade verborgen hält und ihre Herausgabe verweigert, weil es ihm an Vertrauen in den Entwurf mangelt, weil er glaubt, mit mehr Zeit könnte er ihn weit besser machen, oder aus irgendeinem anderen, persönlichen Grund.

Es kommt vor, daß eine nachfolgende Aktivität begonnen werden kann, obwohl eine oder mehrere ihrer Vorgänger noch nicht abgeschlossen sind. Eine Aktivität ist beispielsweise noch nicht abgeschlossen, aber weit genug vorangeschritten, um die Ausgabe von Beschaffungslisten für Teile mit langer Lieferzeit möglich zu machen. Ein Netzplandiagramm weist solche Möglichkeiten nicht unbedingt aus, und sehr häufig werden derartige Möglichkeiten der Beschleunigung von denjenigen verpaßt, die nicht regelmäßig die richtigen Fragen gestellt haben.

Aktivitäten werden in der Tat recht häufig als angefangen gemeldet, bevor einer oder mehrere ihrer Vorgänger als abgeschlossen gemeldet wurden. Dies widerspricht der Logik des Netzplans. Wenn dies also geschieht, ist es ein Hinweis darauf, daß die Einschränkungen im Netzplan nicht absolut waren. Tritt diese Situation ein, muß sie akzeptiert werden, und entsprechende Daten sind in den Computer einzugeben. Der Computer wird voraussichtlich melden, daß solche Aktivitäten „außerhalb der Reihenfolge" begonnen wurden.

Einige Programme bieten dem Planer die Option, eine Einteilung außerhalb der Reihenfolge durchzuführen. Eine Aufforderung für die Wahl dieser Option wird voraussichtlich während des vorbereitenden Dialogs bei Abruf der Zeitanalyse auftauchen. Eine typische Frage des Programms lautet: „Netzplanlogik beachten: Ja oder nein?"

Nicht routinemäßige Methode der Fortschrittskontrolle

Management by walking around

Die oben beschriebenen Methoden für das Zusammentragen von Fortschrittsdaten funktionieren nur in einer idealen Welt richtig. Sie zeichnen ein Bild vom Projektmanager, der lediglich von seinem Schreibtisch aus arbeitet, Instruktionen gibt und Berichte empfängt, während das Projekt reibungslos seinem erfolgreichen Abschluß entgegenschreitet. Zwar ist die Einrichtung wirkungsvoller Routinesysteme ein lobenswertes und notwendiges Ziel, doch es ist mehr erforderlich. Der Projektmanager muß bereit sein, sich von Zeit zu Zeit von der Routine und seinem Schreibtisch zu entfernen, um Besuche zu machen und vor Ort nach dem Rechten zu sehen, Lob und Ermutigung aussprechen, wo dies angebracht erscheint, und den physischen Fortschritt mit eigenen Augen begutachten. Dieser Vorgang wird zu Recht gelegentlich „Management durch Umherlaufen" *(management by walking around)* genannt.

Besuche auf Baustellen oder in Produktionsbereichen sind besonders nützlich, wenn zwei oder mehr Besuche in kurzen Abständen aufeinander folgen, so daß der Fortschritt – oder auch mangelndes Vorankommen – festgestellt werden können. Auf Baustellen sollten bei solchen Besuchen Fotos gemacht werden, um den Fortschritt überprüfen zu können und um einen permanenten Nachweis der Entwicklung des Projekts zu haben.

Statistische Prüfungen

Eine sehr nützliche gelegentliche Prüfung ist die Frage, wie viele Leute einer Abteilung oder eines bestimmten Dienstrangs augenblicklich an dem Projekt arbeiten. Die Antwort kann dann mit der Personalstärke verglichen werden, die für diesen Zeitpunkt vorgesehen war. Ebenso können Vergleiche zwischen vorgesehenen und wirklichen Kostenkurven angestellt werden. Doch das Durchzählen ist schneller, sicherer und wird früher zur Ausgabe einer Warnung führen.

Beispiel einer geringen Rate von Arbeitsbemessung

Nehmen wir an, zu einem bestimmten Zeitpunkt sollten 35 Entwurfsingenieure an eingeteilten Aktivitäten arbeiten. Wenn nur 18 Leute anwesend sind, läuft offensichtlich irgendwo etwas fürchterlich schief. Routinemäßige Fortschrittsmeldungen mögen ausweisen, daß alles mehr oder weniger auf dem richtigen Kurs ist, doch das Durchzählen zeigt, daß die Arbeit am Projekt innerhalb der Entwurfsabteilung nicht entsprechend der erforderlichen Rate abläuft.
Werden Maßnahmen ergriffen, kann sich herausstellen, daß die Projektentwürfe aufgrund von Informationsmangel aufgehalten werden, daß anderen Arbeiten Priorität gegeben wurde oder daß die Abteilung ernstlich unterbesetzt ist. Der Projektmanager muß die Gründe untersuchen und Schritte unternehmen, damit die richtige Anzahl von Leuten an der Arbeit ist.

Wenn die Ausgabenrate richtig zu sein scheint

Nehmen wird nun an, an einem Projekt wurden zwei Prüfungen vorgenommen, die zu dem Ergebnis führten, daß sowohl die Personalstärke als auch die Ausgabenrate den Zielsetzungen entsprechen.
Es wäre nun verlockend, davon auszugehen, daß solche Resultate anzeigen, mit dem Projekten sei alles in Ordnung, weil man fälschlicherweise glaubt, wenn die eingeteilte Anzahl von Leuten tatsächlich an dem Projekt arbeitet oder wenn die zu dem Zeitpunkt ausgewiesenen Kosten mit den geplanten Kosten übereinstimmen, müßte das Projekt auf dem richtigen Kurs sein. Natürlich würde kein vernünftiger, moderner Projektmanager eine solche Annahme wagen. Dieses Argument wird im Kapitel 23 weiterentwickelt.

Subunternehmer und Personalagenturen

Die meisten Firmen arbeiten mit Subunternehmen. Diese können auf unterschiedliche Weise eingesetzt werden; zu den üblichsten Formen gehören die folgenden:

1. Sie übernehmen Aufgaben, die Fachkenntnis oder Anlagen erfordern, die außerhalb der Möglichkeiten des Hauptauftragnehmers liegen, beispielsweise Hitzebehandlung, Vergolden und Eloxieren, Metallfräsarbeiten, chemische Analyse oder Tests für Prüfzertifikate. Diese Art von Unterverträgen wird typischerweise durch die Einkäufer und das standardisierte Einkaufsbestellungssystem des Auftragnehmers bearbeitet und soll in diesem Kapitel nicht weiter erörtert werden.
2. Sie stellen zusätzliche, vorübergehend beschäftigte Arbeitskräfte, die im Betrieb des Auftragnehmers eingesetzt werden, um Arbeitsüberbelastungen auszugleichen.
3. Sie übernehmen spezifizierte Aufgaben im Betrieb des Subunternehmers, wenn die Unterbringungsmöglichkeiten, Anlagen und Arbeitskräfte des Hauptauftragnehmers überlastet sind.

4. Sie arbeiten auf Baustellen, wo sie die verschiedenen Bauhandwerke ausüben und spezielle Dienstleistungen übernehmen. (An späterer Stelle in diesem Kapitel wird ein knapper Überblick über die Baustellenverwaltung gegeben.)

Mitarbeiter, die vorübergehend im Betrieb des Auftragnehmers beschäftigt sind

Die Beschäftigung von Zeitarbeitern für alle Arten von Aufgaben hat sich in den letzten Jahren allgemein durchgesetzt, und es gibt eine Vielzahl von Agenturen, von denen sich einige in bestimmten Berufen oder Fachkenntnissen spezialisiert haben.

Einige Unternehmen betrachten die Beschäftigung von Agenturpersonal als vorübergehendes Mittel, um Personalknappheit auszugleichen, die durch Urlaub, Krankheit oder plötzliche Überbelastung verursacht wird. Es gibt jedoch auch Unternehmen, die immer einen Teil ihrer Gesamtpersonalstärke in Form von Zeitarbeitern einplanen, weil ihnen dies im Fall von Fluktuationen der Arbeitsauslastung ausreichende Flexibilität gibt und sie nicht Festangestellte entlassen müssen.

Vorausplanung der Verfügbarkeit

Immer wenn Agenturpersonal verwendet werden muß und besonders dann, wenn die Anzahl solcher Arbeitskräfte erheblich ist, sollten die Suche nach geeigneten Agenturen und die folgenden Verhandlungen so früh wie möglich stattfinden, damit das Personal zu einem vernünftigen Preis reserviert werden kann und eine gewisse Garantie für angemessene Leistungsfähigkeit besteht. Mit Ausnahme von Projektkatastrophen sollte die Verwendung von Einteilungstechniken für die Projektressourcen, wie die in den vorausgehenden Kapiteln beschriebenen, für eine adäquate Vorwarnung sorgen.

Der Projektmanager muß außerdem sicherstellen, daß die ausgewählten Agenturen selbst ebenfalls frühzeitig genug informiert werden, damit sie ihre eigenen Ressourcen mobilisieren oder reservieren können. Es sollte jedoch sorgfältig darauf geachtet werden, langfristige Verpflichtungen und Honorarvorschüsse zu vermeiden. Diese Forderung wird gelegentlich von Subunternehmern mit der Begründung erhoben, sie könnten andernfalls nicht gewährleisten, daß die Leute bei Bedarf zur Verfügung stehen. Nach meiner Erfahrung sind solche Vorschüsse jedoch nicht nötig.

Beaufsichtigung

Die kurzfristige Verwendung von Agenturmitarbeitern mag unvermeidlich sein, doch vom Gesichtspunkt der Projektkontrolle aus besteht das Risiko von Fehlern und Ineffizienz in allen Fällen, wo die Aufgaben Schulungen oder Einführung in die Verfahren und Praktiken des Unternehmens erfordern. Langfristig beschäftigte Zeitarbeiter können sich gut in die Firma eingliedern und ihre Sache sehr gut machen. Sie sind kaum noch von den Festangestellten zu unterscheiden – bis der schicksalshafte Tag kommt, an dem es nicht mehr genug Arbeit für sie gibt.

Alle Zeitarbeiter, die im Betrieb des Auftragnehmers arbeiten, sollten normalerweise von Tag zu Tag von den Abteilungsleitern des Unternehmens beaufsichtigt werden, und ihre Arbeit sollte entsprechend denselben Projektmanagementverfahren ausgegeben, überwacht und begutachtet werden, die für die Festangestellten gelten.

Das einzige zusätzliche Merkmal besteht darin, dafür sorgen zu müssen, daß auf den von den verschiedenen Agenturen eingehenden Rechnungen nur die tatsächlich gearbeiteten Stunden zu den vereinbarten Tarifen aufscheinen. Die Verifizierung der gearbeiteten Stunden erfolgt durch wöchentliche Stundenzettel. Die Agenturen verlangen in der Regel von ihren Mitarbeitern, daß sie die von der Agentur verwendeten Stundenzettel ausfüllen. Für die detaillierte Projektkostenrechnung und Arbeitszeitaufzeichnung verlangen viele Auftragnehmer ihrerseits von den Agenturmitarbeitern, daß sie ihre Arbeitszeit zusätzlich in Stundenzettel des Auftragnehmers eintragen.

In auswärtigen Büros beschäftigte Zeitarbeiter

Ein zusätzliches Risiko tritt auf, wenn Aufgaben an Mitarbeiter vergeben werden, die nicht im Betrieb des Auftragnehmers untergebracht werden können. Die auswärtigen Büros können kilometerweit von den Büros des Hauptauftragnehmers entfernt sein. In solchen Fällen wird die Arbeitszuteilung und die tagtägliche Beaufsichtigung in der Regel an das Management des Subunternehmers delegiert. Der Hauptauftragnehmer sollte jedoch Schritte unternehmen, die sicherstellen, daß die Entwurfsqualität darunter nicht leidet und daß die vom Subunternehmer berechneten Stunden auch tatsächlich der wirklich geleisteten Arbeitszeit entsprechen.

Verbindungsingenieur

Eine Methode, diese Probleme zu überwinden, besteht darin, einen Supervisor in das auswärtige Büro zu setzen. Dafür ist natürlich die Zustimmung des Subunternehmers erforderlich. Eine üblichere Methode ist die Ernennung eines oder mehrerer festangestellter technischer Mitarbeiter des Unternehmens, die als „Verbindungsingenieure" für das Subunternehmen fungieren. Die Aufgabe des Verbindungsingenieurs besteht darin, die auswärtigen Büros in geringen Abständen zu besuchen, sicherzustellen, daß die Entwurfsstandards des Projekts bekannt sind und befolgt werden, neue Arbeit in Auftrag zu geben, abgeschlossene Arbeiten in Empfang zu nehmen, den Fortschritt zu kontrollieren und an Ort und Stelle technische Fragen zu beantworten.

Ein einfaches Bestellverfahren

Ein Unternehmen richtete ein einfaches Verfahren für die Bestellung aller neuen Entwurfsarbeiten von jedem Subunternehmer ein. Zunächst wurden die Stundensätze und Zahlungsmethoden vereinbart und im Briefwechsel dokumentiert. Einige Unternehmen werden es bevorzugen, für diesen Zweck eine pauschale Bestellung zu verwenden, die mit größter Wahrscheinlichkeit jährlich überprüft oder erneuert werden muß.
Jede dieser Projektaufgaben wurde vom Verbindungsingenieur in Auftrag gegeben, der zusätzlich zu detaillierten Arbeitsanweisungen und Planzeichnungsskizzen eine einfache Bestellkarte von der in Abbildung 20.2 dargestellten Art ins Büro des Subunternehmers brachte.
Arbeitsschritte, die durch derartige Karten genehmigt waren, hatten gewöhnlich eine Dauer zwischen zwei und vier Wochen. Der Verbindungsingenieur behielt Kopien dieser Karten als Nachweise, mit denen er die Arbeit weiterverfolgte. Die Darstellung eines Aktivitätspfeils war das Hilfsmittel, um dem Verbindungsingenieur einzuprägen, daß das gesamte Projekt sorgfältig im Rahmen der Netzplanung durchdacht war und daß die Aufgabe des Subunternehmers ein wesentlicher Teil dieses Plans war.

Enthüllung von Spielraum und Etatdaten

Manager haben unterschiedliche Anschauungen hinsichtlich der Enthüllung von Spielraum und Etatinformationen gegenüber den Subunternehmern. Es gibt Argumente dafür und dagegen.
Die im obigen Beispiel genannte Firma teilte ihren Subunternehmern mit, wieviel Spielraum vorhanden war, weil sie davon ausging, daß diese Informationen für die Festlegung von Prioritäten verwendet werden könnten. Außerdem sind sie ein wesentlicher Faktor bei der Entscheidung, ob

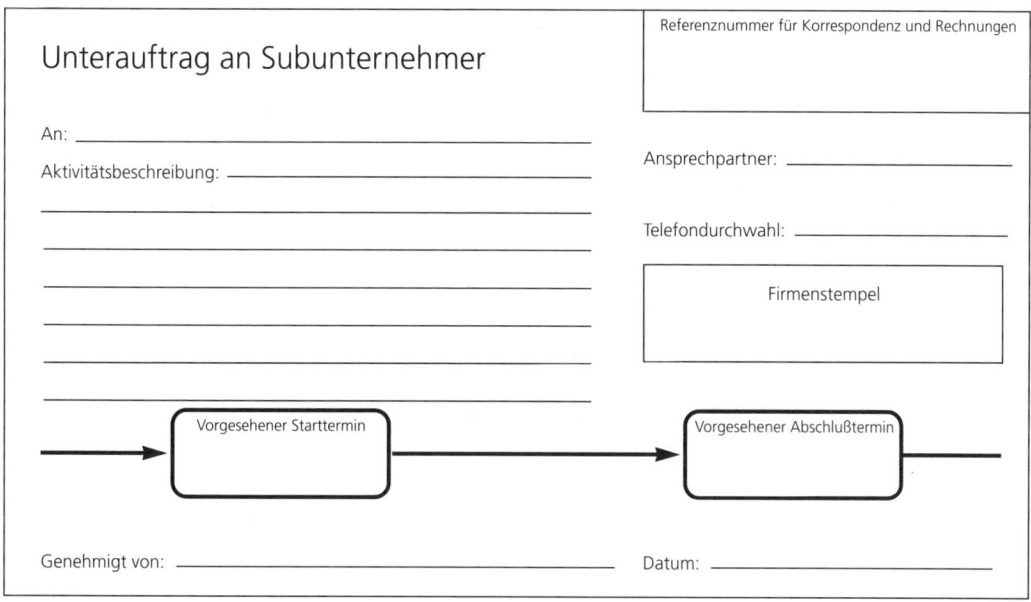

Unterauftrag an Subunternehmer

Referenznummer für Korrespondenz und Rechnungen

An: _____

Aktivitätsbeschreibung: _____

_____

_____

_____

_____

_____

Ansprechpartner: _____

Telefondurchwahl: _____

Firmenstempel

Vorgesehener Starttermin

Vorgesehener Abschlußtermin

Genehmigt von: _____   Datum: _____

Abbildung 20.2   Ein Unterauftrag an Subunternehmer
Unteraufträge dieser Art haben sich als ein sehr wirkungsvolles Mittel für die alltägliche Aufgabe relativ kleiner Arbeitsaufträge herausgestellt, wenn bereits ein förmlicherer Unterauftrag oder ein Bestelldokument existieren. Sie können für technische Entwürfe und Zeichnungen oder jede andere Art von Projektarbeit verwendet werden, die auf der Grundlage einer Gesamtbestellung an Subunternehmer vergeben wird. Sie erleichtern die Büroarbeit und helfen dabei, Kosten und Fortschritt unter Kontrolle zu halten, indem die Arbeitsaufträge in kleinen, kontrollierbaren Mengen vergeben werden. Die Referenznummer in der oberen, rechten Ecke ist der Aktivitätskostencode. Die Aufnahme eines Aktivitätenpfeils macht deutlich, daß es sich um einen Teil eines Projekts handelt, das mit Techniken der Netzplanung kritischer Wege geplant und kontrolliert wird.

Überstunden und die damit verbundenen Zusatzkosten gerechtfertigt sind. Es wurde vereinbart, daß die Kundenfirma für alle kritischen Arbeiten die Zahlung von Überstundensätzen akzeptierte.
Andere Firmen sind anderer Ansicht. Einige argumentieren, daß die einzigen Einteilungsinformationen, die der Subunternehmer benötigt, die vorgesehenen Start- und Abschlußtermine sind, unabhängig vom Spielraum.
Wenn es Zweifel darüber gibt, sollte ein Kompromiß gefunden werden. Subunternehmern sollte mitgeteilt werden, daß ein Arbeitsschritt null oder negativen Spielraum hat. Bei allen anderen Aufgaben wird der Subunternehmer davon ausgehen, daß es Spielraum gibt, aber er wird nicht erfahren, wieviel, sondern nur, daß von ihm erwartet wird, die Arbeiten zu den vorgesehenen Terminen zu beginnen und abzuschließen.
Etatdaten sind anders zu behandeln. Ich bin der Ansicht, daß, wenn Arbeiten ein Etat zugeteilt wird, der Subunternehmer dazu neigt, das gesamte Budget zu verbrauchen. Bleiben die Voranschläge andererseits verborgen, sollte die Einhaltung der vorgegebenen Termine ausreichend sein, um zu verhindern, daß die veranschlagten Kosten überstiegen werden.

Kosteneffektivität: ein Paradoxon

Bei der Verwendung von etwa zehn verschiedenen Subunternehmen für einen technischen Betrieb in den britischen Midlands bin ich zu den folgenden Schlußfolgerungen gelangt:

- Alle ausgewählten Unternehmen haben gut gearbeitet.
- Die Bedingungen der Unkostenerstattung und der Berechnung der Reisezeit variierten erheblich.
- Die Kostenvoranschläge für Stundensätze variierten erheblich von Unternehmen zu Unternehmen.
- Die Stunden, die von den verschiedenen Unternehmen für gleichartige Aufgaben berechnet wurden, variierten ebenfalls, jedoch im umgekehrten Verhältnis zu den Stundentarifen.

Die Unternehmen, die die höchsten Stundensätze forderten, waren daher nicht notwendigerweise die teuersten, weil sie dazu neigten, für gleichartigen Arbeitsumfang weniger Stunden und Spesen zu berechnen. Letztlich gab es kaum wirkliche Unterschiede hinsichtlich der Realkosten all dieser Subunternehmen.

Sondervorkehrungen für den Schutz von Projektstandards und Entwurfsqualität

Werden umfangreiche Entwurfspakete an auswärtige Büros von Subunternehmen vergeben, besteht die Gefahr, daß die Resultate nicht richtig mit dem Entwurfskonzept des Projekts übereinstimmen oder daß die gewählten Lösungen nicht den normalerweise von dem Unternehmen bevorzugten entsprechen. Die meisten Unternehmen mit gutem Ruf werden nicht zulassen, daß sich neue Angestellte unbeaufsichtigt an ihre ersten Aufgaben machen können, oder sie werden sie zuvor an einer Grundschulung und Einführung in die bevorzugten Praktiken und Standards des Unternehmens teilnehmen lassen.

Dieses Problem kann weitgehend gelöst werden, indem ein oder mehrere führende Mitarbeiter der Entwurfsabteilung des Subunternehmens zu „Schlüsselingenieuren" ernannt werden. Jeder Schlüsselingenieur wird eingeladen, ein paar Wochen unter kompetenter Aufsicht in der Entwicklungsabteilung des Auftragnehmers zu arbeiten, um sich mit den Standards und Praktiken des Unternehmens vertraut zu machen.

Dann wird ein Ausschreibungspaket für das auswärtige Büro ausgewählt. Der Schlüsselingenieur führt den Grundentwurf und die Gestaltung dieses Arbeitspakets im Hauptbüro des Auftragnehmers durch. Wenn diese Arbeit geprüft und abgesegnet wurde, kehrt der Entwurfsingenieur in das auswärtige Büro zurück, wo er die anderen Mitarbeiter des Subunternehmens bei der Detaildurchführung und Prüfung aller für das Ausschreibungspaket benötigten Zeichnungen beaufsichtigt.

Wenn mehr Erfahrung gesammelt wurde, wird der Hauptauftragnehmer schließlich zulassen, daß auch Originalentwürfe in den Büros des Subunternehmers erstellt werden, und den Schlüsselingenieur zunehmend als eine Art Vertreter oder auswärtigen Supervisor betrachten.

Routinemäßige Prioritätenzuteilung bei Fertigungsprojekten

Es kommt gelegentlich vor, daß Produktionsabteilungen die Arbeit nicht in einer Abfolge durchführen können, die den Projekteinteilungen entspricht. Wenn die Produktionskontrollabteilung in der Lage wäre, alle Aufträge aufzunehmen und nacheinander oder entsprechend ihrer eigenen Maschinen- und Personalzuteilung zu sortieren, käme es nie zu ernsten Schwierigkeiten. Früher oder später wird jedoch ein Auftrag eingehen, der dringend abgearbeitet werden muß, und der Produktionscontroller wird aufgefordert, dem Neuling Vorrang vor anderen Aufträgen zu geben.

ABC-System

Einige Betriebe versuchen, Auftragsprioritäten zuzuteilen, indem sie den Aufträgen beispielsweise die Buchstaben A, B oder C geben, um die jeweilige Dringlichkeit der Bestellung anzudeuten. Es ist nicht schwer, sich vorzustellen, warum solche Systeme zusammenbrechen. Verspätete C-Aufträge werden schließlich dringend benötigt, doch sie werden weiterhin als C-Aufträge betrachtet und behandelt. Am Ende zeichnet jeder seine Aufträge als A-Priorität aus, so daß alles sofort benötigt wird und in Wirklichkeit nichts besondere Aufmerksamkeit bekommt.

Gewünschte Empfangstermine

Eine bessere Einteilung ist die gemäß gewünschter Empfangstermine. Dann hat der Produktions-controller die Möglichkeit, zu versuchen, diesen Terminen zu entsprechen, und kann diejenigen rechtzeitig in Kenntnis setzen, die voraussichtlich enttäuscht werden. Ist zu erwarten, daß ein Projektpunkt über seinen kritischen Termin hinaus verzögert wird, kann immer noch die Möglichkeit erwogen werden, die Arbeit an Subunternehmer zu vergeben.

Lösung von Prioritätskonflikten

Häufig muß spezielle Projektarbeit innerhalb des Produktionsbetriebs neben Routineaufgaben der Fertigung oder neben Aufgaben für andere Projekte stattfinden. Zwischen Aufgaben mit unterschiedlicher Priorität kann es zu Konflikten kommen. Und jener ist wahrlich ein mutiger Mensch, der bei zwei rivalisierenden Projektmanagern interveniert, die um dieselben Produktionsressourcen kämpfen.

Die Analyse des kritischen Weges und Multiprojektressourceneinteilung sind die naheliegenden Methoden für die Festlegung der Prioritäten. Unglücklicherweise sind viele Manager mit logischen Argumenten kaum zu beeindrucken, wenn sie sehen, wie ihr Projekt zugunsten anderer verzögert wird. Wenn derartige Schwierigkeiten nicht an Ort und Stelle ohne Blutvergießen gelöst werden können, liegt der vernünftigste Ansatz wohl darin, das Problem an einen unabhängigen Vermittler weiterzuleiten. Dabei wird es sich voraussichtlich um einen Manager in höherer Stellung innerhalb der Organisation handeln, der in der Lage ist, die relativen Vorzüge der im Konflikt stehenden Arbeitsschritte einzuschätzen.

Wenn es schlechte Neuigkeiten gibt

Wie schlecht sind sie?

Wenn es sich abzeichnet, daß der Beginn von Arbeitsschritten sich verzögern wird, muß der Projektmanager als erstes einschätzen, welche Auswirkungen dies voraussichtlich auf die folgenden Punkte haben wird:

1. Das gegenwärtige Projekt.
2. Projekte oder andere Arbeiten, die begonnen werden müssen.
3. Den Kunden.

In seltenen Fällen sind Verspätungen hinnehmbar. In der Regel ist jedoch ein gewisses Ausmaß an Korrekturmaßnahmen nötig. Der Projektmanager muß die Situation einschätzen, sich für die geeigneten Maßnahmen entscheiden und sie durchführen.

Aufgaben mit freiem Spielraum

Wenn es für die betroffenen Arbeiten ausreichend Spielraum gibt, um die Verzögerung auszugleichen, dann muß lediglich sichergestellt werden, daß die Arbeit beschleunigt und ohne weitere Unterbrechungen innerhalb des vorhandenen freien Spielraums abgeschlossen wird.

Aufgaben mit etwas Gesamtspielraum

Gesamtspielraum muß mit etwas mehr Weitsicht betrachtet werden als freier Spielraum, den jeder Verbrauch durch verspätete Arbeiten am Anfang des Programms beraubt natürlich spätere Arbeitsschritte ihres Spielraums. Solche Aufgaben, die Gesamtspielraum, aber keinen freien Spielraum haben, sollten also womöglich beschleunigt werden, um sie wieder in den Plan zu bringen.

Es sei daran erinnert, daß Einkaufs- und Fertigungsabteilungen hier oft unter Projektmanagern zu leiden haben, die von ihnen erwarten, Wunder zu vollbringen, wenn der Gesamtspielraum aufgebraucht ist, lange bevor die Arbeit in die Einkaufs- und Fertigungsphase tritt.

Aufgaben mit null oder negativem Spielraum

Wenn sich kritische Aufgaben (solche mit null oder negativem Spielraum) verspäten, müssen unbedingt Sondermaßnahmen ergriffen werden. Es kann sogar erforderlich sein, kostspieligere Arbeitsmethoden in Kauf zu nehmen, um diese verspäteten Arbeitsschritte zu beschleunigen und zurück in die Einteilung zu bringen. Droht eine Aufgabe, deren Kosten mit 1.000 GE veranschlagt wurden, sich zu verspäten und den Übergabetermin eines Projekts zu gefährden, das 1 Million GE wert ist, so ist es gerechtfertigt, 100.000 GE oder sogar mehr für die problematische Aufgabe auszugeben, wenn so das Gesamtprogramm gerettet werden kann. Der Projektmanager muß immer die Kosten für die Beschleunigung einzelner Arbeitsschritte im Verhältnis zu den erreichten Vorzügen für das Gesamtprojekt betrachten.

Korrekturmaßnahmen

Orthodoxe Methoden

Korrekturmaßnahmen sind nur dann wirksam, wenn sie rechtzeitig ergriffen werden. Das bedeutet, daß frühzeitig vor bestehenden Problemen gewarnt werden muß, was von gut vorbereiteten Einteilungen, die ständig auf neuestem Stand sind, und regelmäßigen Fortschrittskontrollen abhängt.

Gelegentlich kann durch Überstunden, etwa an ein oder zwei Wochenenden, verlorene Zeit wieder eingeholt werden. In solchen Fällen wird der Projektmanager mit Erleichterung feststellen, daß Überstunden nicht als Normalverfahren in den Einteilungen vorgesehen sind. Gelegentlich genutzt, können Überstunden eine wirkungsvolle Hilfsmaßnahme zur Einholung von Verspätungen sein. Werden sie jedoch regelmäßig oder zu häufig eingesetzt, tritt das Gesetz von der abnehmenden Rendite in Kraft. Die Mitarbeiter sind permanent unausgeschlafen, arbeiten unter ständiger Ermüdung und haben keine ausreichenden Reserven, um auf Notsituationen reagieren zu können.

Werden die Probleme durch Mangel an Ressourcen verursacht, so sind diese vielleicht von auswärtigen Quellen erhältlich, indem Unteraufträge erteilt werden. Oder es gibt irgendwo im Betrieb des Auftragnehmers zusätzliche Kapazitäten, die mobilisiert werden können.

Aber immer muß auch die Netzplanlogik erneut kritisch betrachtet werden. Können einige Aufgaben einander überlappen, können sie umgangen oder sogar ausgeschaltet werden?

Wenn all dies scheitert, sollte herausgefunden werden, wie der Kunde auf verspätete Lieferung reagieren würde. Wenn es sich bei dem Projekt beispielsweise um die Installation neuer Maschinenanlagen in einem brandneuen Fertigungswerk handelt, könnte es sein, daß sich das Bauprogramm des Kunden ohnehin ebenfalls verspätet, so daß ein späterer Liefertermin ausgehandelt werden kann, ohne daß irgend jemandem Unannehmlichkeiten entstehen.

Unorthodoxe Methoden

Spezielle Motivationsmaßnahmen, Anreize und selbst unorthodoxe Maßnahmen können gelegentlich dem Vorankommen den dringend benötigten Schub geben, vorausgesetzt, diese Maßnahmen werden nicht zu oft wiederholt und vernünftig eingesetzt.

Beispiel 1

In einem Fall drohte einem Projekt, das bereits mehrere Monate verspätet war, weitere Verzögerung durch technische Modifizierungen. Projektmanager und technischer Leiter zerstritten sich beinahe deswegen. Der Projektmanager mietete Laderaum auf einem Schiff, wettete mit der Montagemannschaft um einen geringen Betrag, daß sie nicht in der Lage wäre, den Termin einzuhalten, und teilte dem technischen Leiter mit, die verbleibenden Modifizierungen (Ventilationslöcher in Paneelen) würden vor Ort vorgenommen. Die Montagemannschaft arbeitete drei Tage und Nächte, und die Lieferung kam wie geplant auf das Schiff.

Beispiel 2

Die Routinewartung von Hubschraubern bereitete einer Organisation Schwierigkeiten, weil andauernd zu viele Hubschrauber nicht im Einsatz waren. Das Management unternahm intensive Maßnahmen der Fortschrittskontrolle, was die Zeit für den jährlichen Service jedes Hubschraubers von 9 auf 6 Wochen verringerte. Die erfolgreichste verwendete Taktik bestand darin, der Wartungsmannschaft entsprechend der eingesparten Zeit Freizeit anzubieten.

Beispiel 3

Ein Projektmanager hing von der Produktionsabteilung in seinem Unternehmen ab, über die er keine Verfügungsgewalt hatte. Tag für Tag grämte ihn der Anblick halbfertiger Stahlkomponenten für sein Projekt, die ohne Anzeichen von Fortschritt in der Fabrikshalle herumlagen. Vorsprachen bei der Betriebsleitung, zunächst auf unterer, dann auf gehobener Ebene, blieben wirkungslos.
Während einer Mittagspause, als die Fabrik verlassen war, ging dieser Projektmanager mit drei kräftigen Kollegen in die Fabrik, suchte eine 75 Kilogramm schwere Komponente aus, trug sie in das Büro des Werksleiters und legte sie quer über seinen polierten Schreibtisch (der dabei unglücklicherweise zerkratzt wurde). Dies führte zwar für den Moment zu äußerst unerfreulichen Reaktionen, doch für das Projekt und dessen Nachfolger war es ein voller Erfolg.

Sofortmaßnahmen

Eine Lösung für die Behandlung wirklich dringender Prioritäten beruht auf der Anwendung spezieller Sofortmaßnahmen. Die Anweisungen werden auf unverwechselbarem Papier oder auf Karten gedruckt, entweder in Signalfarben oder mit roten oder orangefarbenen Streifen.

Spezielle Bedingungen und Einschränkungen

Verschiedene Merkmale sind unbedingt erforderlich, damit die Dringlichkeit dieser Sofortmaßnahmen deutlich ist und respektiert wird.

1. Sofortmaßnahmenanordnungen müssen so gestaltet werden, daß sie sich deutlich von allen anderen Dokumenten abheben und nicht ignoriert werden können.
2. Jede Anordnung muß von sehr hoher Stelle genehmigt werden, beispielsweise vom Geschäftsführer.
3. Zu einem gegebenen Zeitpunkt darf nur eine Sofortmaßnahmenanordnung in Kraft sein.
4. Sofortmaßnahmenanordnungen müssen von Hand von Abteilung zu Abteilung und von Arbeitsplatz zu Arbeitsplatz gebracht werden. Für jede Operation müssen sie bei Eingang und Ausgang mit Datum und Zeit versehen werden.
5. Jede Abteilung, die auf einer Sofortmaßnahmenanordnung genannt wird, muß der spezifizierten Arbeit absolute Priorität geben und – wenn nötig – alle anderen Arbeiten unterbrechen.
6. Es müssen alle möglichen Maßnahmen ergriffen werden, um die spezifizierten Arbeiten durchführen zu können, selbst wenn dies hohe Kosten verursacht. Es kann beispielsweise erforderlich sein, ein Fahrzeug oder ein Flugzeug auf den Weg zu schicken, um entscheidende Komponenten oder Materialien abzuholen. Lieferanten müssen unter Umständen höhere Preise gezahlt werden, um sie für ergriffene Notmaßnahmen zu entschädigen.

Abbildung 20.3 zeigt ein Beispiel für eine Sofortmaßnahmenanordnung.

Fallbeispiel einer Sofortmaßnahmenanordnung

Das Problem

Es wurde an einem komplizierten Waffensystemprojekt gearbeitet, das eine von Raketen beförderte Radareinheit beinhaltete. Eine der Komponenten war ein winziger Hochspannungstransformator, wovon bis zum Zeitpunkt des geschilderten Vorfalls nur ein einziger Prototyp hergestellt worden war. Es handelte sich um einen hochspezialisierten Transformator, für den kompliziert zu fertigende Teile, sehr empfindliche Wicklungen und eine schwierige Montage erforderlich waren. Aufgrund der Kombination von winziger Größe und sehr hoher Spannung mußte der Transformator in Gießharz eingeschlossen werden, bevor er verwendet oder auch nur getestet werden konnte. Das hatte zur Folge, daß im Falle des Versagens keine der Komponenten gerettet und wiederverwendet werden konnte.

Während der abschließenden Tests brannte der Transformator durch. Dem Projekt fehlte es nun an einer entscheidenden Komponente, und hinsichtlich des Transformators gab es offensichtlich ein Entwicklungsproblem. Die Fertigung des Prototypen hatte sechs Wochen gedauert, und während dieser Zeit waren aufgrund von Regierungsbestimmungen strenge Inspektionen durchzuführen. Die Möglichkeit, weitere sechs Wochen auf Ersatz zu warten, zusätzlich zu der Zeit, die die Ingenieure für die Lösung des Entwurfsproblems brauchten, kam einfach nicht in Frage.

Die Lösung

Der Projektmanager gab eine Sofortmaßnahmenanordnung heraus, die sämtliche Maßnahmen für die Fertigung eines neuen, vollständig getesteten Transformators beinhaltete. Die Anordnung wurde genehmigt, aber erst nachdem der Projektmanager den Geschäftsführer der Firma überzeugt hatte, daß der Transformator wirklich absolut wichtig war und dringend benötigt wurde.

Das erste Resultat der Ausgabe der Sofortmaßnahmenanordnung war der sofortige Ausschluß der Möglichkeit, daß eine weitere Sofortmaßnahmenanordnung ausgegeben werden konnte. Zu einem bestimmten Zeitpunkt durfte nur eine in Kraft sein.

Ein Fortschrittskontrolleur wurde vollzeitig mit der Durchführung der Anordnung betraut. Er begann damit, die Anordnung zum technischen Leiter zu bringen, auf seinen Schreibtisch zu legen

Sofortmaßnahmenanordnung

Auftragsnummer:

Projektnummer:

erforderliche Arbeit:

Abteilung/ Fertigungsstation	Aufgabe/Operation	Datum/Zeit Eingang	Datum/Zeit Ausgang

Genehmigt von: Datum: Zeit:

Abbildung 20.3   Sofortmaßnahmenanordnung

und neben die Operation „Fehleruntersuchung und Entwurfsmodifizierung" den Tagesstempel und die Eingangszeit zu setzen. Die Untersuchung wurde sofort begonnen, und man kam zu dem Ergebnis, daß das Versagen der ersten Einheit durch Luftbläschen in der Harzbeschichtung verursacht worden war. Die Ingenieure beschlossen, die Montage geringfügig zu modifizieren, um das Risiko zu verringern, daß sich während des Gußvorgangs Luftbläschen bildeten.

Die Anwesenheit eines ungeduldigen Fortschrittskontrollers mit einem Zeitstempel in der Hand, die Unterschrift des Betriebsleiters, die auffällige Farbgestaltung der Anordnung und das Wissen darüber, daß am Ende eine abschließende Untersuchung aller Ein- und Ausgangszeiten stattfinden würde, verursachten so aufgeregtes Treiben, daß die modifizierten Baupläne innerhalb einer Stunde, nachdem die Anordnung unterzeichnet worden war, ausgegeben wurden.

Als die Anordnung die Produktionsabteilung erreichte, stand keine Fräsmaschine zur Verfügung. Ein anderer Arbeitsgang wurde daher unterbrochen, und es wurde sofort mit der Fertigung einer neuen Spule begonnen. Auch alle anderen kleinen Komponenten wurden in sehr kurzer Zeit fertiggestellt.

Die Prüfabteilung war im voraus gewarnt worden, und die Arbeit wurde ohne Verzögerung geprüft und freigegeben, obwohl sichergestellt war, daß die erforderlichen Qualitätsstandards gewährleistet waren. Der Kontrolleur verfolgte den Auftrag und stempelte die Zeiten für den Ein- und Ausgang bei jeder Abteilung und Fertigungsstation – von der Wicklung zu Montage und Harzumschließung bis zu den abschließenden Tests – auf die Anordnung.

Erfolg

Die Modifizierung stellte sich als erfolgreich heraus, der Transformator durchlief sämtliche Leistungstests.

Ohne den Antrieb der Sofortmaßnahmenanordnung hätte dieser Arbeitsgang ohne Zweifel mindestens sechs Wochen in Anspruch genommen. Nun dauerte er lediglich drei Tage. Natürlich waren die Kosten hoch, und sie wären noch höher gewesen, wenn spezielle Maßnahmen zur Beschaffung von Material notwendig geworden wären. Doch das Programm wurde gerettet. In der Gesamtbetrachtung wurden die Kosten für die Beschleunigung der Transformatoraktivitäten dadurch bei weitem aufgewogen, daß durch die Verhinderung einer sechswöchigen Verzögerung des Gesamtprojekts auch zusätzliche Kosten vermieden wurden.

Was sind nun die Gründe für diesen Erfolg? Erstens war die Anordnung eine Besonderheit und erhielt daher die Aufmerksamkeit aller Beteiligten. Es war nicht einfach „nur eine weitere Bestellung mit hoher Priorität". Weiterhin ließen die Genehmigung des Dokuments von höchster Stelle und das Dringlichkeitsgefühl, das durch die Stempelung der Start- und Abschlußzeiten in jeder Abteilung geschaffen worden war, keinen Zweifel daran, daß die Beschleunigungsmaßnahmen wirklich erforderlich waren.

Die Anzahl solcher Sonderfälle muß jedoch streng begrenzt werden. Wurde einer Aufgabe jedoch einmal der höchste Prioritätsstatus zugesprochen, muß das Management all seine Kraft und Autorität einsetzen, diese Entscheidung zu untermauern, und es muß sicherstellen, daß die Aufgabe ohne Unterbrechung bis zum Ende durchgeführt wird.

Eile – im Gegensatz zu gutem Management

Wenn sich ein Projekt zu verspäten droht, besteht immer die Gefahr, daß auf Kosten der Genauigkeit oder Qualität „Abkürzungen" genommen werden.

Fehlerrisiko und Mehrarbeit nach der Arbeitsausgabe

Ein großer Teil der Veränderungen und Arbeiten nach der Arbeitsausgabe, die auf Entwurfsfehler zurückgehen, könnten Folge von unangemessener Eile oder von Beschleunigungsmaßnahmen sein. Unter normalen Umständen würden sämtliche Zeichnungen, Spezifikationen und Entwurfskalkulationen sorgfältig überprüft. Die Integrität des Entwurfs wird häufig durch einen Prototypen oder ein Labormodell nachgewiesen. Diese Aktivitäten nehmen wertvolle Zeit in Anspruch, doch sie müssen durchgeführt werden. Immer wenn ein Ingenieur bewußt zwischen Geschwindigkeit und zuverlässigem Entwurf zu entscheiden hat, muß die Entscheidung auf vorsichtigem Abwägen der möglichen Konsequenzen von Fehlern beruhen. Es muß hingenommen werden, daß gelegentlich Risiken einzugehen sind, aber dies darf am Ende niemals auf Kosten der Leistung und der Sicherheit gehen.

Beispiele

Nehmen wir beispielsweise an, für ein dringendes Projekt müßte in großer Eile ein kleines elektronisches Bauteil produziert werden. Da die Ingenieure, die die Entwurfsinformationen geben könnten, noch mit einem anderen Teil des Systems beschäftigt sind, können die Maße bestimmter Komponenten nur sehr grob geschätzt werden. Die Entwurfsplaner könnten die Bauzeichnungen erstellen und die Fortsetzung der Produktion erlauben, weil sie wissen, daß alle erforderlichen Veränderungen der Komponenten oder der einfachen Verkabelung noch während der abschließenden Tests und der Abnahme durchgeführt werden können. Das hier auftretende geringe Risiko ist leicht zu rechtfertigen, wenn sich das Projekt andernfalls verspäten würde.

Wenn die geplanten Schaltkreisänderungen jedoch die Änderung des Layouts einer gedruckten Leiterplatte erfordern, deren Gestaltung schwierig und deren Produktion kostspielig ist, die eine lange Lieferzeit hat und die außerdem in erheblichen Quantitäten benötigt wird, müssen sich die Ingenieure der Genauigkeit ihres Entwurfs äußerst sicher sein, bevor sie die Zeichnungen freigeben. Wenn zu erheblichen Kosten metallene Gußstücke oder geschweißte Teile gekauft und dann aufwendig bearbeitet werden müssen, können Entwurfsfehler ebenfalls katastrophale Folgen haben.

Zunehmende Abhängigkeit von Subunternehmern

Eine übliche Folge des Notwendigkeit, die Arbeitsrate zu erhöhen, ist die Schaffung kurzfristiger Arbeitsüberbelastungen, die zur erhöhten Verwendung von Subunternehmern führt.

Bei Arbeiten, die in sorgfältigsten Produktions- oder Bauzeichnungen spezifiziert sind, haben die Mitarbeiter der Qualitätskontrolle klare Parameter, anhand derer sie die Arbeit einschätzen. Wird jedoch unangemessener Druck auf die technische Entwicklungsabteilung ausgeübt, kann dies in der Entwicklungsabteilung einen Bedarf an Unterstützung durch Subunternehmen auf einem Niveau auslösen, das normalerweise für inakzeptabel gehalten würde.

Es kann erforderlich sein, Subunternehmer oder Zeitarbeiter zu höheren Kosten als üblich zu beschäftigen, wobei häufig nicht ausreichend oder überhaupt keine Zeit vorhanden ist, um ihren Hintergrund und ihre Fähigkeiten zu überprüfen.

Von Entwurfsmitarbeitern der Subunternehmen kann nicht erwartet werden, daß sie sich mit dem Projekt oder der Entwurfsphilosophie des Unternehmens oder mit dem Firmenimage in gleicher Weise identifizieren wie die festangestellten Mitarbeiter. Ihre Leistungsfähigkeit ist schwer einzuschätzen, weil sie mit den üblichen Praktiken und Standards der Firma, in die sie nun geraten sind, nicht vertraut sind.

An früherer Stelle in diesem Kapitel wurden Richtlinien für die Beaufsichtigung von Subunternehmern unter normalen Planungsbedingungen genannt. Die wirklichen Gefahren drohen jedoch, wenn der Betrieb ernstlich überlastet ist.

Unvernünftiger Druck seitens der Betriebsleitung: Eine Fallstudie

Es gibt neben den Projektliefterminen noch weitere Punkte, die Druck erzeugen, unangemessene Eile verursachen und die Qualität der Arbeit und den Ruf der Firma gefährden.

Die Projektumgebung

Ein elektrotechnisches Unternehmen führte ein Projekt für den Entwurf und die Fertigung eines Prototypsystems durch, das eine erhebliche Zahl an kostspieligen Elektronikeinheiten enthielt. Der Kunde war ein Großunternehmen aus der Flugzeugindustrie, und die Arbeit mußte den rigorosen Qualitätsanforderungen von Rüstungsaufträgen entsprechen.

Die Divisionsleiter der Elektronikfirma stand ständig unter Druck, im voraus festgesetzte monatliche Termine für die Rechnungslegung einzuhalten, und bei Zivilprojekten wurden die Rechnungen gelegentlich frühzeitig verschickt – bevor die Güter für die Auslieferung bereit waren –, um dem monatlichen Schlußtermin für die Rechnungslegung zuvorzukommen. Vorausgesetzt, die Lieferung erfolgte innerhalb weniger Tage, wurde dadurch kein großer Schaden angerichtet.

Bei dem genannten Rüstungsprojekt konnten die Rechnungen nur verschickt werden, wenn sie von Zertifikaten der abschließenden Tests begleitet wurden, die vom Leiter der Prüfungsabteilung des Unternehmens unterzeichnet werden mußten.

Der große Fehler

Bei einer speziellen Gelegenheit ließ sich der Leiter der Prüfungsabteilung dahingehend unter Druck setzen, daß er ein Testzertifikat für ein Anlagenteil vor Durchführung der Tests unterzeichnete, damit noch vor Ende des Monats eine Rechnung über mehrere Tausend GE verschickt werden konnte.

Natürlich geschah das Unvermeidliche. Die Einheit verschwand im Test in spektakulärer Art und Weise unter Rauchwolken und den panischen Rufen nach dem Feuerlöscher. Die Einheit war die einzige ihrer Art, es gab keinen Ersatz für sie in der Produktion. Dem Kunden war jedoch vorgemacht worden, die Einheit sei fertig, gemäß rigoroser Standards getestet, verpackt und bereit für die Auslieferung.

Der Elektronikfirma blieb nichts anderes übrig, als die Wahrheit zu sagen, um Rücksendung von Rechnung und Testzertifikat zu bitten und sich überschwenglich zu entschuldigen, was glücklicherweise akzeptiert wurde.

Baustellenorganisation und -leitung

Die Organisation und die Leitung einer Baustelle hängen von der Größe und Dauer des Projekts und von der Lage des Standorts ab.

Koordination und Planung

Die Planung der Koordination ist unerläßlich. Andernfalls tauchen die Maurer auf, um mit dem Errichten der Mauern zu beginnen, bevor die Fundamente errichtet wurden, die Elektriker kommen zu früh, das Dachdeckerunternehmen erscheint, nachdem die Gerüste entfernt sind, Baumaschinen und Baustoffe sind bei Bedarf nicht vorhanden oder befinden sich an Stellen, an denen sie nicht benötigt werden, und so weiter.

Ausstattung

Der Hauptauftragnehmer muß sicherstellen, daß am Standort angemessene Vorkehrungen für das Büro getroffen werden, mit der typischen Ausstattung wie Möbel und Aktenschränke, Telefone und Faxgeräte, Fotokopierer und Büromaterial, die wahrscheinlich in einer Bauhütte oder anderswo für begrenzte Zeit untergebracht sind. Entsprechender Raum oder auch weitere Vorkehrungen müssen außerdem für die Baustellenleiter und andere Vertreter der wichtigsten Subunternehmen getroffen werden. All dies ist routinierte, seit langem anerkannte Praxis, worüber kein kompetenter Hauptauftragnehmer oder Baustellenleiter belehrt werden muß.

Die Situation wird jedoch weit komplizierter, wenn es sich um ein sehr großes Projekt handelt und der Standort weit entfernt liegt. Möglicherweise gibt es keine Kommunikationsverbindungen, keinen Strom oder keine Wasserversorgung. Die Vorbereitung der Baustellenausstattung und alle Vorkehrungen vor Ort werden dann selbst zu einem umfangreichen Projekt, das detaillierte Planung weit im voraus erfordert. Unter Umständen muß der Hauptauftragnehmer dafür sorgen, daß Straßen, Unterbringungsmöglichkeiten für die Baustellenleitung und die Arbeiter, gesicherte Lagerräume, Essensmöglichkeiten, Krankenversorgung, Zugang zu Banken und vieles mehr vorhanden sind.

Dies ist ein weiteres Beispiel, wo sich Checklisten, die aufgrund früherer Erfahrung zusammengestellt wurden, als von unschätzbarem Wert herausstellen.

Die Organisation für eine Baustelle ohne spezielle Schwierigkeiten hinsichtlich der Kommunikationsverbindungen und der Anforderungen vor Ort ist in Abbildung 20.4 dargestellt.

Qualität

Es sollte selbstverständlich sein, daß auf die Qualität geachtet werden muß. Wenn die Baustelle unter die Rechtsaufsicht einer Kommunalbehörde fällt, kann der örtliche Bauinspektor einer von vielen sein, die die Qualität der Handwerksarbeit, der Materialien und der Baumethoden begutachten. Neben den Ingenieuren des Hauptauftragnehmers sollten auch die Manager der Subunternehmen ihre Arbeit überwachen. Es ist außerdem davon auszugehen, daß Architekten, Gutachter und der Kunde mehr als nur flüchtiges Interesse zeigen werden. Bei manchen Projekten wird der Kunde einen unabhängigen Experten oder Consultingingenieur als seinen Vertreter benennen, um Qualität und Fortschritt zu kontrollieren.

Wenn all diese Leute die Verantwortung für die Qualität tragen und teilen, wie kann dann jemals etwas schieflaufen? Wenn es geschieht, nachdem das Gebäude schon mehrere Monate bewohnt worden ist, kann der Hauptauftragnehmer erhebliche Schwierigkeiten damit haben, zu entscheiden, auf wen er die Schuld abwälzen und wie er die Kosten für die Richtigstellung weiterreichen kann. Adäquate Aufzeichnungen aller Baubesprechungen, Dokumente von Unterverträgen, Inspektionsberichte, Notizen über Vorfälle auf der Baustelle, Fotografien und so weiter sollten sicher am Hauptsitz archiviert werden, um sie später leicht auffinden zu können.

Fortschrittsbemessung

Die Beobachtung und Bemessung des Fortschritts muß nicht nur durchgeführt werden, um das Programm auf Kurs zu halten, sondern auch, damit die Subunternehmen ihre Zahlungsforderungen geltend machen können. Über diese Forderungen muß ein unabhängiger Gutachter Zertifikate ausstellen. Der Hauptauftragnehmer wiederum wird dem Kunden wahrscheinlich Abschlagszahlungen für das Gesamtprojekt in Rechnung stellen, und diese Forderungen müssen ebenfalls von Zertifikaten begleitet sein.

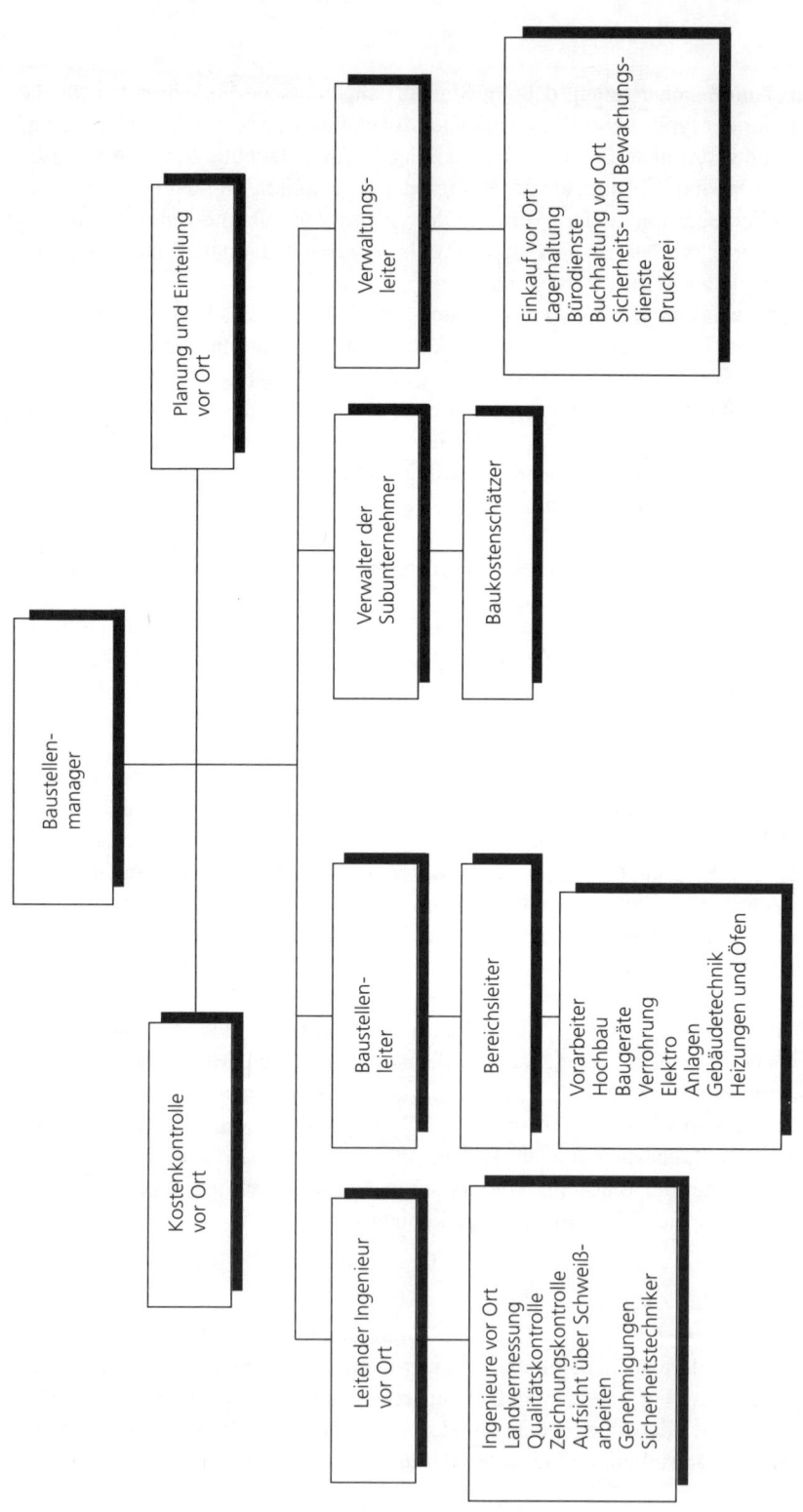

Abbildung 20.4   Typische Organisation einer Baustelle

Falls sich die Baustelle weit entfernt von der entsprechenden Infrastruktur befindet, müßten weitere Funktionen hinzugefügt werden, um dieses Team hinsichtlich Übernachtungsmöglichkeiten, Ernährung, Gesundheitsfürsorge und anderer Versorgungsdienste unabhängig zu machen.

Durchführung von Projekttreffen

Verwaltung

Der Vorsitzende trägt die Verantwortung für die Durchführung und Organisation der Treffen. Häufig ist der Projektmanager der Vorsitzende, aber das ist nicht immer der Fall. Bei Fertigungsprojekten kommt es vor, daß bei einigen der Fortschrittstreffen ein Produktionsleiter den Vorsitz übernimmt. Bei Bauprojekten haben oft Architekten den Vorsitz über Fortschrittstreffen.

Wie bei jeder Sitzung, sollten angemessene Verwaltungsvorbereitungen getroffen werden. Diese sollten natürlich sicherstellen, daß:

- ein Sitzungsraum reserviert wurde.
- erforderliche visuelle Darstellungshilfen vorhanden und funktionsfähig sind.
- ausreichende Lüftung vorhanden ist.
- teilnehmende Besucher höflich begrüßt und zum Sitzungsraum geleitet werden.
- Nachrichten und Telefongespräche den Fortgang nicht unterbrechen.
- wenn angebracht, Erfrischungen zur Verfügung stehen.

Jeder, der zum Treffen geladen ist, sollte im voraus eine Tagesordnung erhalten, so daß er Zeit hat, Daten oder Anschauungsmaterial vorzubereiten.

Terminplanung

Für Teilnehmer, die lange Strecken reisen, müssen Übernachtungsmöglichkeiten vorgesehen werden. Andernfalls sollte darauf geachtet werden, daß die Treffen nicht zu früh am Morgen angesetzt werden, falls dies für reisende Teilnehmer aus der Firma des Kunden unbequem sein sollte.

Gelegentlich wird behauptet, daß Sitzungen zwischen Mittag und spätem Nachmittag stattfinden sollten, weil es so einen Anreiz gibt, die Sache so schnell wie möglich über die Bühne zu bringen. Andererseits neigen die meisten Leute dazu, früh am Tage aufmerksamer zu sein. Der Projektmanager muß entscheiden, welche Option für den jeweiligen Anlaß und die Personen, die teilnehmen werden, am besten geeignet ist.

Die Lösung von Streit oder Konflikten

Gelegentlich bricht während Sitzungen Streit aus. Das ist nicht in jedem Fall negativ, denn Sitzungen müssen lebendig sein und der Enthusiasmus muß angeheizt werden, vorausgesetzt, die dabei entstehende Hitze bleibt kontrollierbar. Konflikte müssen jedoch noch während des Treffens beigelegt werden, so daß Übereinstimmung herrscht, bevor die Teilnehmer gehen. Geschieht dies nicht, kann es zu Spannungen kommen, was den Forderungen nach gesundem Enthusiasmus und Kooperation im Team widerspricht.

Bei der Projektarbeit liegt die Verantwortung häufig bei zwei oder mehr Abteilungen, von denen eine meist einer anderen die Schuld an Mängeln oder scheinbarer Nachlässigkeit zuschieben kann. Produktionsprobleme oder Verzögerungen können beispielsweise schwachen Entwürfen oder ungerechtfertigten Zurückweisungen durch Prüfer zur Last gelegt werden. Gelegentlich ist solche Kritik begründet, in anderen Fällen wiederum nicht. Treten derartige Konflikte auf, müssen sie rasch gelöst werden. Es darf nicht zugelassen werden, daß Bedingungen unrentablen Stillstands bestehen und die Harmonie im Team gestört wird.

Es ist eindeutig die Verantwortung des Projektmanagers, jene Tatsachen herauszufinden, die Konflikten zwischen Abteilungen zugrunde liegen; nicht so sehr, um die Schuld zuzuweisen, sondern um den Fortgang des Projekts, für das er die Verantwortung trägt, zu gewährleisten. Häufig gerät die Auseinandersetzung in die Sackgasse, wenn zwei Abteilungsleiter unterschiedliche, widersprüchliche Darstellungen der Ursachen des gemeinsamen Problems geben. Es gibt nur eine Möglichkeit, einen derartigen Konflikt in den Griff zu bekommen: Die beiden Kontrahenten müssen in Gegenwart eines verantwortlichen Vermittlers miteinander konfrontiert werden, der in diesem Fall der Sitzungsvorsitzende sein wird. Der einzelne wird nun zögern, Entschuldigungen vorzubringen, die von der Wahrheit abweichen, weil er weiß, daß jede ungerechtfertigte Kritik sofort durch die andere Abteilung zurückgewiesen werden wird. Die Auseinandersetzung von Mensch zu Mensch ist außerdem konstruktiver, weil sie Kommunikationsverzögerungen ausschaltet, die zwischen unpersönlichen Abteilungsstrukturen vorkommen können. So wird es häufig möglich, gemeinsame Probleme an Ort und Stelle zu lösen.

War das Treffen erfolgreich?

Ein Treffen ist nur dann erfolgreich, wenn alle Teilnehmer den Eindruck haben, daß einem echten Zweck gedient wurde und daß die vereinbarten Maßnahmen zum Vorteil des Projekts sein werden. Forderungen, die die Teilnehmer während des Treffens stellen, müssen realistisch sein, damit daraus resultierende Versprechungen auch erfüllt werden können.

Ausgabe der Protokolle

Die Veröffentlichung der Protokolle sollte ohne Verzögerung erfolgen, damit sie nicht bereits vor der Ausgabe aufgrund neuer Ereignisse veraltet sind. Die Protokolle sollten klar und knapp abgefaßt sein und Kürze mit Klarheit, Genauigkeit und überlegter Gestaltung verbinden, damit jede Maßnahmenforderung deutlich herausgestellt ist. Ist das Dokument zu umfangreich, wird es nicht gelesen. Knappe, pointierte Sachaussagen sind hier sehr wichtig.

Hinsichtlich der Zuständigkeiten für die genannten Maßnahmen darf es keine Unklarheiten geben. Jeder, der für das Ergreifen bestimmter Maßnahmen aufgeführt wurde, muß eine Kopie des Protokolls erhalten. Dies scheint selbstverständlich zu sein, wird aber gelegentlich übersehen. Termine müssen eindeutig formuliert werden. Auf Formulieren wie „am Ende der kommenden Woche" oder „zum Ende des Monats" sollte zugunsten exakter Datumsangaben verzichtet werden.

Ein einfaches Kontrollformular für Sitzungen

Trevor Bentley (1976) beschreibt ein einfaches Formular und einen Satz von Regeln, die ich für die Leitung von Treffen für geeignet halte. Das Kontrollformular, eine Adaption von Bentleys Entwurf, ist in Abbildung 20.5 dargestellt.

Wer das Treffen einberuft (der Vorsitzende), trägt die Tagesordnung in das Formular ein und führt alle auf, die eingeladen wurden. Möglicherweise sollten einige oder alle von ihnen zuvor angerufen werden, damit Zeitpunkt und Ort vereinbart werden können. Dann werden Kopien des Formulars an alle Teilnehmer verteilt, nach Möglichkeit etwa eine Woche im voraus.

Während des Treffens wird die Kopie des Vorsitzenden dazu verwendet, den Ablauf aufzuzeichnen. Die erste Maßnahme besteht darin, die Namen derer, die tatsächlich anwesend sind, abzuhaken oder mit einem Kreis zu versehen. Während des Fortgangs der Sitzung werden dann die Abschnitte für Entscheidungen und Maßnahmen auf dem Formular ausgefüllt.

Jeder Sitzungsteilnehmer erhält eine Fotokopie des ausgefüllten Formulars des Vorsitzenden, bevor er geht. Auf diese Weise wird eine sofortige Verteilung des Protokolls erreicht. Darüber hinaus werden alle getroffenen Entscheidungen und Maßnahmen genau so aufgezeichnet, wie sie während der Sitzung vereinbart wurden.

Bentley empfiehlt, eine zusätzliche Kopie des ausgefüllten Formulars an den direkten Vorgesetzten des Vorsitzenden zu schicken. Falls ein Treffen nicht zu positiven Entscheidungen oder zu Maßnahmen führt, würde der Sitzungsvorsitzende aufgefordert werden, zu erklären, warum das Treffen einberufen wurde.

Fortschrittstreffen

Jeder Projektmanager, der diesen Titel verdient, wird sicherstellen wollen, daß seine Taktik eher vorbeugend denn heilend ist. Wenn ein speziell einberufenes Treffen bei der Lösung von Problemen erfolgreich sein kann, warum sollten Schwierigkeiten nicht im voraus verhindert werden, indem regelmäßige Fortschrittstreffen einberufen werden, bei denen hochrangige Vertreter aller Abteilungen anwesend sind?

Regelmäßige Fortschrittstreffen stellen ein geeignetes Forum dar, in dem die entscheidende Kommunikation zwischen Planern und Teilnehmern stattfinden kann. Der Hauptzweck der Fortschrittstreffen liegt zunächst darin, daß sie ein Werkzeug für die periodische Kontrolle des Projektfortschritts und für die spätere Entscheidungsfindung bei der Durchführung von Korrekturmaßnahmen sind, sollten Programmverzögerungen auftreten oder vorausgesehen werden.

Beim Thema bleiben

Schlechte Leitung von Fortschrittstreffen birgt Gefahren. Es kommt beispielsweise häufig vor, daß sich langatmige Diskussionen zwischen zwei Spezialisten entwickeln, die in Wirklichkeit technische Fragen berühren, die außerhalb des Treffens geklärt werden sollten. Solche Diskussionen können die anderen Sitzungsteilnehmer langweilen, ihre knappe und kostspielige Zeit vergeuden und zu einer rapiden Abnahme des Interesses an den Vorgängen führen.

Zwar ist es niemals möglich, technische Überlegungen von Fortschrittsthemen zu trennen, doch Entwicklungstreffen und Fortschrittstreffen haben grundsätzlich unterschiedliche Funktionen, die auseinandergehalten werden sollten. Diskussionen sollten sich auf die Fortschrittsthemen konzentrieren, und man sollte Nebensächlichkeiten beiseite lassen.

Häufigkeit von Fortschrittstreffen

Die Häufigkeit der Treffen hängt weitgehend von der Art des Projekts, der Größe und geographischen Ausdehnung der Organisation und der insgesamt zur Verfügung stehenden Zeit ab.

Bei Projekten mit kurzer Dauer, für die eine Menge an Details zu bedenken ist, kann es angebracht sein, die Fortschrittstreffen häufig einzuberufen, etwa einmal pro Woche, und dies auf informeller Supervisorenebene. Bei anderen Projekten sind monatliche Treffen adäquat. Treffen auf relativ niedriger Ebene können durch weniger häufige Treffen auf gehobenerer Ebene ergänzt werden. Projektrevisionstreffen, bei denen finanzielle Aspekte ebenso behandelt werden können wie das Vorankommen, können ebenfalls eingerichtet werden. Unter Umständen möchte der Unternehmensleiter an solchen Treffen teilnehmen, und bei einigen Großprojekten wird der Kunde ebenfalls vertreten sein wollen.

Werden Treffen häufiger abgehalten als erforderlich, verursachen sie Desinteresse und Verstimmung. Abteilungssupervisoren und Abteilungsleiter sind in der Regel vielbeschäftigte Leute, deren Zeit nicht vergeudet werden sollte.

Sitzungsmaßnahmenkatalog	Sitzung/Projektreferenznummer:

Datum, Zeit und Ort:

Teilnehmer:

Sitzung einberufen von (Vorsitzender):

Zweck der Sitzung und Tagesordnung:

Getroffene Entscheidungen:

Vereinbarte Maßnahmen:	Verantwortliche?	Bis wann?

Abbildung 20.5   Eine Kombination aus Sitzungstagesordnung und Maßnahmenkatalog
Die Verwendung dieser Maßnahmenkataloge spart sehr viel Zeit. Sie macht es sogar möglich, daß die Protokolle gleich am Ende der Sitzung verteilt werden können.

Fortschrittstreffen abgeschafft

Was oben über Fortschrittstreffen gesagt wurde, folgt der herkömmlichen Auffassung, daß sie ein anerkannter Teil des Projektlebens sind. Es folgen einige Anregungen für eine etwas weniger konventionelle Denkweise.

In einem Schwermaschinenunternehmen war man seit langem daran gewöhnt, Fortschrittstreffen abzuhalten. Je nach Projektmanager wurden sie entweder in regelmäßigen Abständen veranstaltet oder willkürlich immer dann, wenn es so aussah, daß die Dinge außer Kontrolle gerieten (den meisten Lesern sind solche „Brandbekämpfungstreffen" wohl schon untergekommen). Jederzeit wurde an mehreren Projekten gleichzeitig gearbeitet, und die 60 Festangestellten in der technischen Abteilung wurden häufig von bis zu 80 Mitarbeitern von Subunternehmen unterstützt, die entweder im Hause oder in auswärtigen Büros arbeiteten.

Die Treffen endeten in der Regel damit, daß die Teilnehmer Entschuldigungen dafür vorbrachten, warum Schritte, die ihnen beim vergangenen Treffen aufgetragen worden waren, verspätet, unzureichend oder überhaupt nicht unternommen wurden. Jedes Treffen endete mit neuen Versprechungen, die eine neue Sammlung von Entschuldigungen beim kommenden Treffen schufen. Das soll nicht heißen, daß das Unternehmen besonders schlecht funktionierte, aber es gab erheblichen Spielraum für Verbesserungen, und es wurde auf zu vielen Treffen zu viel Zeit vergeudet.

Die Geschäftsführung erkannte das Problem und unterstützte eine Studie, die die Einführung der Netzplanung des kritischen Weges für sämtliche Projekte vorsah, wobei für die Ressourcenzuteilung auf Multiprojektbasis Computer eingesetzt wurden, die zunächst auf technische Entwürfe und Planzeichnungen beschränkt waren. Der Computer druckte detaillierte Arbeitslisten aus. Es wurden zwei Fortschrittsingenieure beschäftigt, von denen einer die Arbeit im Hause betreute und der andere die auswärtigen Subunternehmer beaufsichtigte. Die beiden Ingenieure bekamen Arbeitslisten, die ihnen genau mitteilten, welche dieser Aufgaben zum gegebenen Zeitpunkt in Arbeit sein sollten, die weiters die vorgesehenen Start- und Abschlußtermine dieser Aufgaben aufzeigten, wie viele Leute an jeder von ihnen arbeiten sollten, wie viele insgesamt zu einem bestimmten Zeitpunkt an einem Projekt arbeiten sollten sowie den Umfang des verbleibenden Spielraums, der für jede Aktivität vorhanden war.

Indem die beiden Ingenieure Tag für Tag die Aktivitäten in Übereinstimmung mit den Aufgabenlisten kontrollierten, erreichten sie eine erhebliche Verbesserung beim Vorankommen der Projekte und einen reibungslosen Arbeitsablauf. Drohte sich eine kritische oder beinahe kritische Aufgabe zu verspäten, wurden Reserven mobilisiert, um sie wieder auf Kurs zu bringen, wenn nötig, indem am Abend und am Wochenende Überstunden gemacht wurden. Glücklicherweise zeigten sich die Mitarbeiter kooperativ. Sie waren letztlich sogar dankbar für die neue Ordnung, die in ihr Arbeitsleben gebracht wurde.

Das neue System war bereits mehrere Monate in Kraft, als sämtlichen Managern des Unternehmens dämmerte, daß sie nicht mehr zur Teilnahme an Fortschrittstreffen aufgefordert wurden. Abgesehen vom ersten Treffen zur Einführung neuer Projekte, waren Fortschrittstreffen überflüssig geworden.

Projektfortschrittsberichte

Interne Berichte an die Unternehmensleitung

Fortschrittsberichte, die an die Firmenleitung gerichtet sind, müssen den technischen, den Erfüllungs- und den finanziellen Status des Projekts darlegen und die Leistung des Unternehmens hinsichtlich dieser Aspekte mit den vorgesehenen Anforderungen vergleichen. Bei Projekten, die mehr als ein paar Monate dauern, werden solche Berichte in der Regel in regelmäßigen Abständen ausgegeben. Sie können durchaus während eines Projektrevisionstreffens vom Projektmanager präsentiert werden.

Erörterung eines Berichts kann wichtige Managemententscheidungen auslösen, die zu Änderungen der Vertragspolitik oder der Projektorganisation führen. Aus diesem und vielen anderen Gründen ist es wichtig, daß die entsprechenden Daten bezüglich des Zustands und der Leitung des Projekts faktenbezogen präsentiert und – wo erforderlich – von sorgfältig begründeten Prognosen und Erläuterungen unterstützt werden.

Diese Berichte können detaillierte Informationen rein firmenbezogener Natur enthalten. Daher müssen sie unter Umständen vertraulich behandelt werden, und ihr Umlauf muß auf eine begrenzte Zahl von Mitgliedern der Firmenleitung beschränkt werden.

Ausnahmeberichte

Zusätzlich zu den beschriebenen detaillierten Managementberichten gibt es eine weitere Art von internen Managementberichten. Hierbei handelt es sich um die Meldung von „Ausnahmeerscheinungen". Ihr Umfang ist auf solche Projektfaktoren begrenzt, die akut Anlaß zu Sorge geben, und denen sofortige Aufmerksamkeit geschenkt werden muß, damit das Projekt auf Kurs gehalten werden kann. Wenn der Bericht Kosten behandelt, werden die Ausnahmen voraussichtlich als „Abweichungen" aufgeführt. Abweichungen werden jedoch als solche bezeichnet, ob es sich nun um nachteilige oder um positive Abweichungen vom Plan handelt.

Ausnahmeberichte können in Dokumenten wie negativen Kostenberichten, Materialfehlbestandslisten oder Computerausdrucken verspäteter Arbeitsschritte enthalten sein. Das andere Extrem einer Ausnahmemeldung kann so aussehen, daß ein aufgelöster Projektmanager ins Zimmer des Firmenleiters stürzt, weil er das Gefühl hat, sein Projekt – und damit seine ganze Welt – *bricht* zusammen …

Bevor ein Projektmanager zuläßt, daß eine Ausnahmemeldung an höherrangige Manager weitergeleitet wird, muß er sicher sein, daß er selbst nicht über die nötigen Hilfsmittel verfügt. Wenn jedoch einmal feststeht, daß die Ereignisse außer Kontrolle zu geraten drohen, hat der Projektmanager eindeutig die Pflicht, die Geschäftsleitung ohne Verzögerung über die Sachlage zu unterrichten.

All dies folgt natürlich der vernünftigen Praxis des „Managements durch Ausnahmen". Damit soll verhindert werden, daß Manager in gehobener Stellung mit großen Mengen von Routineinformationen bombardiert werden, mit denen sich eigentlich Supervisoren und niederrangige Manager beschäftigen sollten. Die Absicht ist, die Köpfe der Geschäftsleitung frei zu halten, damit diese ihre Anstrengungen darauf konzentrieren kann, für das Unternehmen und seine Projekte den größten Nutzen zu erreichen.

Berichte an den Klienten oder Kunden

Die Vorlage förmlicher Fortschrittsberichte an den Klienten oder Kunden kann Teil der Vertragsbedingungen sein. Wenn der Kunde regelmäßige Berichte erwartet, so können diese aus derselben Quelle stammen wie die Zusammenstellung der Daten und Erläuterungen für die internen Managementberichte. Einige der ausführlicheren technischen Informationen in den internen Berichten mögen für den Kunden nicht von Interesse oder für seine Bedürfnisse unwichtig sein. Kundenberichte sind daher in gewissem Ausmaß redigierte Versionen der internen Managementberichte.

Ob Finanzberichte Teil oder Beilage der Fortschrittsberichte an den Kunden sein sollen oder nicht, hängt von der jeweiligen Rolle des Hauptauftragnehmers ab. Unter gewissen Umständen müssen

Kosten- und Rentabilitätsprognosen als firmeninterne Informationen betrachtet werden, die außerhalb des Unternehmens nicht veröffentlicht werden dürfen. In anderen Fällen muß der Projektmanager Kostenberichte oder detailliertere Aufgliederungen und Prognosen vorlegen.

Zwar müssen Kundenberichte redigiert werden, um ihre Verständlichkeit zu erhöhen und firmeninterne Informationen aus ihnen zu entfernen, doch es darf niemals zugelassen werden, daß sie bewußt irreführend sind. Es ist in jedem Fall wichtig, den Kunden über den wahren Stand der Fortschrittsentwicklung zu informieren, besonders wenn Verzögerungen auftreten, die unter Ausnützung des vorhandenen Spielraums nicht aufgehoben werden können. Jeder Versuch, den Tag der Wahrheit hinauszuzögern und den Kunden mit optimistischen Prognosen oder unhaltbaren Versprechungen hinzuhalten, wird letzten Endes zu unerwünschten Auswirkungen führen. Schließlich stellt niemand gern fest, daß er hereingelegt wurde – und Kunden sind keine Ausnahmen von dieser Regel.

Kapitel 21

Management von Änderungen und Produktionszulassungen

Bei keinem kommerziellen Projekt kann davon ausgegangen werden, daß es von der Auftragsverga-be bis zum Abschluß ohne eine einzige Änderung bleiben wird. Eine Ausnahme von dieser Regel mag vielleicht in den Träumen eines Projektmanagers vorkommen, doch es ist sehr unwahrschein-lich, daß sie in der Realität eine greifbare Form annehmen wird.

Für die Zusammenhänge in diesem Kapitel bedeutet Änderung jede Abweichung davon, wie das Projekt in den Zeichnungen und späteren Spezifikationen definiert wurde. Es kommt zu solchen Änderungen durch Kundenanforderungen, selbst auferlegte technische Entwurfsmodifizierungen oder dadurch, daß das fertiggestellte Projekt in gewissen Punkten von den offiziell ausgegebenen Planzeichnungen, Spezifikationen oder anderen förmlichen Anweisungen abweicht.

Klassifizierung der Änderungen

Alle auftretenden Änderungen können in der Regel einer von zwei – im Prinzip finanziellen – Kate-gorien zugeordnet werden. Eine Möglichkeit, diese Kategorien zu definieren, besteht darin, zu fra-gen, ob die Anforderung einer Änderung aus der Projektorganisation oder vom Kunden stammt. Es gibt jedoch einige Grenzfälle, die in keine der beiden Klassen passen, aber Elemente von beiden ent-halten. Eine nützlichere Art der Klassifizierung von Änderungen aus finanzieller Sicht besteht dar-in, sie als „finanziert" oder „nicht finanziert" zu bezeichnen. Für nicht finanzierte Änderungen muß der Auftragnehmer die Kosten selbst tragen, mit den damit verbundenen Risiken für den Etat und den erwarteten Gewinne. Die Tatsache, ob eine Änderung finanziert ist oder nicht, legt weitgehend fest, wie sie im Genehmigungsvorgang betrachtet und behandelt wird.

Finanzierte Änderungen

Vom Kunden angeforderte Änderungen des spezifizierten Projekts haben automatisch eine entspre-chende Vertragsänderung zur Folge, da die Spezifikation Teil der Vertragsdokumentation ist. Wenn – was in der Regel der Fall ist – die Änderung einen Anstieg der Kosten beim Auftragnehmer verur-sacht, muß eine geeignete Änderung des Vertragspreises ausgehandelt werden. Der vorgesehene Liefertermin kann ebenfalls beeinträchtigt werden, und alle resultierenden Verzögerungen müssen prognostiziert, diskutiert und vereinbart werden.

Vom Kunden finanzierte Modifikationen mögen störend sein und können den reibungslosen Ablauf logisch geplanter Arbeit unterbrechen, doch sie bieten immerhin Aussicht auf Kompensation durch eine Anhebung des Preises und möglicherweise gar einen Anstieg der Profite. Wenn der Kunde um eine Änderung bittet, ist der Auftragnehmer hinsichtlich der Preisverhandlungen in einer starken Position, weil es keine Konkurrenz gibt und der Auftragnehmer eine Monopolstellung hat.

Vom Kunden finanzierte Änderungen werden in der Regel als Zusätze zur Bestellung oder als Auf-tragsänderungsbestellungen (auch als Projektvariationen bekannt) dokumentiert.

Nicht finanzierte Änderungen

Hält der Auftragnehmer selbst Änderungen für erforderlich, kann er nicht erwarten, daß der Kunde die Kosten dafür übernimmt, es sei denn, die Änderungen ergeben sich aufgrund von Unwägbarkeiten, die im Vertrag vorgesehen sind. Der Auftragnehmer muß bereit sein, die Kosten selbst zu tragen, umsonst geleistete Arbeiten abzuschreiben und dem Kunden bei Verzögerungen Rede und Antwort zu stehen. Aus diesem Grunde müssen Auftragnehmer besonders vorsichtig sein, wenn sie die Durchführung nicht finanzierter Änderungen zulassen.

Nicht finanzierte Modifizierungen werden intern in der Regel durch Dokumente herbeigeführt, die die Bezeichnung „Technische Änderungsanforderung", „Technischer Änderungsauftrag", „Modifizierungsanforderung" oder eine Abwandlung dieser Begriffe tragen. Bei Fertigungsprojekten können Anfragen, die von den Produktions- oder Prüfungsmitarbeitern an die technische Entwicklungsabteilung weitergeleitet werden, zu Entwurfsänderungen führen. Die dafür relevante Dokumentation wird später in diesem Kapitel beschrieben.

Permanente und vorübergehende Änderungen

Änderungen lassen sich weiters als „permanent" oder „vorübergehend" klassifizieren.

Permanente Änderungen sind solche, die mit der Absicht durchgeführt werden, sie zu einem permanenten Teil des Entwurfs werden zu lassen und sie – nachdem das Projekt abgeschlossen wurde – in die Zeichnungen und Spezifikationen mit aufzunehmen, um den echten Zustand nach Fertigstellung nachzuweisen.

Vorübergehende Änderungen mögen zum Zwecke der Beschleunigung erforderlich sein, um ein Projekt abzuschließen, doch sie werden mit der Absicht durchgeführt, sie später entweder zu entfernen oder zu einem späteren, günstigeren Zeitpunkt in eine andere, permanente Änderung umzuwandeln. Oft werden vorübergehende Änderungen genehmigt, wenn eine Produktionsabteilung die Erlaubnis braucht, von Zeichnungen oder Spezifikationen abweichen zu dürfen. Dabei wird vorausgesetzt, daß eine solche Erlaubnis nur vorübergehend ist und auf die spätere Fertigung ähnlicher Teile nicht angewendet werden darf.

Genehmigungsverfahren

Die Auswirkungen aller Änderungen, ob sie vom Kunden gefordert wurden oder nicht, sind weit über die Grenzen des offensichtlich und direkt betroffenen Projektbereichs hinaus spürbar. Dies kann Aspekte wie technische Durchführung, Zeitplanung oder Kosten betreffen. Ein Projekt muß als ein technisches und kommerzielles System betrachtet werden, in dem die Änderung eines Teils andere Teile des Systems beeinflussen kann, was zu Konsequenzen führt, die der Verursacher der Änderung unmöglich vorhersehen konnte. Schon aus diesen Gründen ist es ratsam, jede vorgeschlagene Änderung mit zumindest einem wichtigen Mitglied jeder Projektabteilung zu erörtern, so daß die voraussichtlichen Auswirkungen so zuverlässig wie möglich vorhergesagt werden können. Natürlich sollten diese Erörterungen stattfinden, bevor die Änderung vorgenommen wird.

Der Änderungsausschuß

In vielen Unternehmen, die regelmäßig mit Projektarbeit beschäftigt sind, wird ein permanentes Gremium berufen, um Änderungen zu erörtern und zu entscheiden, wie sie zu behandeln sind.

Abteilungsleiter sollten Teil dieses Gremiums oder in ihm vertreten sein. Dazu müssen diejenigen gehören, die Auskunft geben können über die voraussichtlichen Konsequenzen der Änderungen auf Sicherheit, Zuverlässigkeit, Leistung, Kosten und Zeitplanung, die Auswirkungen auf angefangene Arbeiten und die praktische Durchführbarkeit der Änderung im Fertigungs- oder Konstruktionsprozeß.

In einigen Fällen, vor allen Dingen bei Projekten für die Atomindustrie, die Luftfahrt, die Verteidigung oder andere Fälle, in denen Zuverlässigkeit, Sicherheit oder Leistung von besonderer Bedeutung sind, sollten zwei wichtige Mitarbeiter im Ausschuß vertreten sein:

- der für den Entwurf Verantwortliche (typischerweise der technische Leiter).
- der für die Prüfung Verantwortliche (ein leitender Prüfer oder Qualitätskontrollmanager, der mit Vollmacht einer Regierungsbehörde oder einer von der Industrie ernannten Prüfungsautorität oder unter deren strenger Aufsicht fungiert).

Ausschußtreffen

Häufig treten Änderungsausschüsse in regelmäßigen Abständen zusammen und behandeln mehrere Anforderungen von Änderungen zur selben Zeit. Andere vermeiden Treffen, indem sie die Anforderungen unter den Ausschußmitgliedern in Umlauf bringen, damit jedes von ihnen die Auswirkungen der vorgeschlagenen Änderung auf seinen Verantwortungsbereich betrachten kann. Jede dieser Methoden hat ihre Vor- und Nachteile. Finden die förmlichen Ausschußtreffen in monatlichen Abständen statt, kann die Wartezeit, bis eine Entscheidung über die Änderung gefallen ist, den Fortgang des Projekts aufhalten oder zu größeren Arbeitsunterbrechungen führen. Häufige Ausschußtreffen andererseits nehmen zu viel von der Zeit der Mitglieder in Anspruch. Informelle Ausschüsse, die nicht in Treffen zusammentreten, sondern statt dessen von der Zirkulation von Dokumenten abhängen, leiden unter Kommunikationsschwierigkeiten und brauchen länger für Diskussionen, für die Klärung von Mißverständnissen und für die Entscheidungsfindung. Keine der Methoden kann als richtig oder falsch bezeichnet werden, doch es wird hier davon ausgegangen, daß ein förmliches Verfahren existiert, wonach ein Änderungsausschuß in regelmäßigen Abständen zusammentritt.

Entscheidungskriterien

Wenn eine Änderungsanforderung für die Genehmigung erörtert wird, muß der Ausschuß alle möglichen Konsequenzen abwägen, bevor er seine Entscheidung trifft. Die folgenden Punkte müssen untersucht werden (die Reihenfolge zeigt nicht ihre Wertigkeit):

- Ist es wirklich möglich, die Änderung durchzuführen?
- Handelt es sich um eine vom Kunden geforderte Änderung oder ist sie selbstauferlegt?
- Wie hoch sind die voraussichtlichen Kosten der Änderung?
- Zahlt der Kunde dafür, und wenn ja, wie hoch sollte der Preis sein?
- Wenn die Änderung nicht vom Kunden gefordert wird, ist sie wirklich notwendig? Aus welchem Grunde?
- Welche Auswirkungen wird es auf den Fortschritt geben?
- In welcher Weise werden Sicherheit, Zuverlässigkeit und Leistung beeinflußt werden?
- Wenn mehrere identische Sätze von Anlagen produziert werden, an welcher Stelle im Produktionsablauf sollte dann die Änderung vorgenommen werden?
- Gibt es Artikel, die rückwirkend geändert werden müssen? Sind sie:

- in Arbeit?
- auf Lager?
- bereits an den Kunden ausgeliefert?
- Welche Zeichnungen, Spezifikationen und anderen Dokumente müssen modifiziert werden?

Die Antwort des Ausschusses

Wenn der Ausschuß all diese Fragen erörtert hat, hat er die folgenden Optionen:

- Genehmigung der angeforderten Änderung.
- Nur begrenzte Zustimmung, wobei die Änderung eingeschränkt genehmigt wird.
- Rückverweis der Anforderungen an den Aussteller oder an andere Stelle mit der Bitte um Klärung oder um einen Alternativvorschlag.
- Begründete Ablehnung der Änderung.

Verwaltung

Die Verwendung von Standardformularen für Änderungsanforderungen

Jeder, der eine Änderung beantragen möchte, sollte aufgefordert werden, die Anforderung schriftlich dem Änderungsausschuß zu unterbreiten. Um die Zeit des Ausschusses zu sparen und um sicherzustellen, daß alle Anforderungen angemessen kontrolliert und bearbeitet werden, ist es unbedingt erforderlich, für diesen Zweck eine Art von standardisiertem Antragsformular zu entwickeln. Dieses Formular muß so gestaltet sein, daß der Antragsteller veranlaßt wird, alle Fragen, die der Ausschuß stellen wird, im voraus zu beantworten. Bei manchen Projekten kann sogar der Kunde dazu veranlaßt werden, für Änderungsanforderungen die Standardformulare des Auftragnehmers zu verwenden.

Da es verschiedene Routen gibt, an denen Änderungen innerhalb eines Betriebs auftreten können, gibt es in der Regel verschiedene Formulare, die zu Änderungsanforderungen führen. Diese Formulare werden im Abschnitt „Formulare und Verfahren" in diesem Kapitel behandelt. Die hier beschriebenen Verfahren der Änderungsverwaltung sind jedoch grundsätzlich auf alle diese verschiedenen Formulare anwendbar.

Koordinator der technischen Änderungen

In jeder Organisation, in der Änderungen erwartet werden, was in Wirklichkeit heißt, in jeder Projektorganisation, ist es ratsam, einen Sachbearbeiter für die Koordination der Änderungen zu benennen. In der Regel handelt es sich dabei nicht um eine Vollzeitbeschäftigung, und die ausgewählte Person wird voraussichtlich noch weitere Verwaltungsaufgaben des Projekts übernehmen. Der Sachbearbeiter für die Änderungskoordination sitzt in einem Büro der Kundenabteilung, in der Verwaltungsgruppe des Projektmanagers, in der technischen oder einer anderen Abteilung. Zu seinen Aufgaben gehören:

- die Registrierung jeder Änderungsanforderung und Zuweisung einer Seriennummer.
- die Verteilung und die Archivierung der Kopien der Änderungsdokumente.
- die Kontrolle, daß jeder Antrag ohne vermeidbare Verzögerung vom Änderungsausschuß bearbeitet wird.

- die Verteilung und die Archivierung der Kopien der Änderungsdokumente, nachdem der Ausschuß seine Instruktionen gegeben hat.
- die Kontrolle, daß sämtliche genehmigten Änderungen durchgeführt werden und daß alle von der Änderung betroffenen Zeichnungen und Spezifikationen aktualisiert und neu ausgegeben werden.

Numerierung und Registrierung

Nach Eingang eines Änderungsantrags sollte der Koordinator knappe Informationen in ein Register eintragen, das zur Kontrolle des Fortgangs dient. Änderungsregister sind in der Regel Loseblattordner. Für Projektabweichungen, technische Änderungsanträge, technische Anfragen, Produktionszulassungen und Prüfberichte sollten gesonderte Register geführt werden. Üblicherweise wird für jedes dieser Register eine etwas andere Gestaltung der Registerblätter verwendet. Abbildung 21.1 zeigt jedoch eine universell anwendbare Gestaltung.

Der Änderungskoordinator muß aus dem entsprechenden Register Seriennummern zuteilen. Das Numerierungssystem sollte einfach gehalten werden, muß jedoch so gestaltet sein, daß keine Nummer in einem anderen Projekt oder Register wiederholt werden kann. Eine einfache Lösung dafür ist, jede Änderung mit einem Präfix zu versehen, dem entweder die Projektnummer folgt oder ein kürzerer Code, der für das Projekt spezifisch ist, und dann ein oder zwei Buchstaben anzufügen, die die Art der Änderung anzeigen. Wenn die Projektnummer beispielsweise P123 lautet, könnten technische Änderungsanforderungen (Modifikationsanforderungen) in der Reihenfolge P123/TM001, P123/TM002, P123/TM003 usw. numeriert werden. Produktionszulassungen für dasselbe Projekte würden in der Reihenfolge P123/PZ001, P123/PZ002, P123/PZ003 usw. numeriert werden.

Verteilung

Die erste Aufgabe des Änderungssachbearbeiters nach der Registrierung jeder Änderungsanforderung besteht darin, für ihre Verteilung zu sorgen. Dieser Vorgang wird beschleunigt, wenn die Formulare in mehrteiligen Sätzen gelagert oder über ein Netzwerk verteilt werden.

Die typische Verteilung einer Änderungsanforderung könnte die folgenden Personen einbeziehen:

- den leitenden Ingenieur oder technischen Leiter, der unter Umständen weitere Verteilung innerhalb seiner Abteilung wünscht;
- den Vorsitzenden des Änderungsausschusses;
- die anderen Mitglieder des Änderungsausschusses.

Der Antragsteller sollte eine Kopie behalten, und der Koordinator bewahrt eine weitere in der „Datei für unentschiedene Änderungen" auf, wobei eine andere Datei für jede Art von verwendeten Formularen benutzt wird.

Bearbeitung

Die Änderungsregister sollten so gestaltet sein, daß technische Änderungsanforderungen herausgestellt werden, die noch dem Änderungsausschuß zur Entscheidung vorliegen oder die in anderer Weise weiterhin „aktiv" sind und Aufmerksamkeit erfordern, um Verzögerungen zu verhindern. Auf den Registereinlagen kann beispielsweise eine Spalte vorgesehen sein, die die Überschrift „abschließendes Ausgabedatum" oder ähnliches trägt. Fehlt in dieser Spalte der Datumseintrag, so weiß der Koordinator, daß die Änderung noch aktiv ist und Beobachtung und Bearbeitung erfordert.

Register

für Projektvariationen, Anforderungen technischer Änderungen, technische Anfragen und Genehmigungen oder Produktionszulassungen

Projektnummer: Seitennummer:

Seriennummer	Veranlaßt von:	Beschreibung oder Titel	Datum der Anforderung	Genehmigt? (Ja oder nein)	Datum der abschließenden Verteilung	Preisänderung +/- (wenn zutreffend)

Abbildung 21.1   Ein Änderungsregister für allgemeine Anwendung

Ein solches Formular dient der Seriennumerierung, Registrierung und Verarbeitung der verschiedenen Dokumente, die zu Projektänderungen und technischen Modifikationen führen können, wie Projektvariationen, Anforderungen technischer Änderungen, technische Anfragen und Genehmigungen oder Produktionszulassungen. Für jede dieser Dokumentenformen müssen gesonderte Register und Seriennummern vorgesehen werden.

Voranschlag der wahren Kosten einer Entwurfsmodifizierung

Die meisten Änderungen erhöhen die Kosten eines Projekts. Es wird jedoch nicht immer zur Kenntnis genommen, daß die Gesamtkosten einer technischen Modifizierung weit größer sein können als der einfache Kostenvoranschlag, der direkt auf der Modifizierung selbst beruht. Anhand eines einfachen Beispiels sollen einige der zusätzlichen Nebenkosten dargestellt werden, die auftreten können, wenn Änderungen an einem Projekt durchgeführt werden.

Fallstudie

Nehmen wir an, es wird an einem Projekt für die Fertigung von zwei Rennwagen innerhalb des Hauptwerks AB Cars Ltd (ABC) gearbeitet. Das Hauptbetätigungsfeld dieser Firma ist die Massenproduktion von Wagen für den allgemeinen Kfz-Markt. Die beiden Spezialwagen sollen an ein anderes Unternehmen geliefert werden, Universal Wheeled Vehicles (UWV). Es handelt sich um einen herkömmlichen, kommerziellen Auftrag, der im Auftrag von UWV an ABC spezifiziert ist. Die beiden Rennwagen sind identisch. Zwar werden die Wagen aus Standardkomponenten gefertigt, doch praktisch alles an ihnen ist spezialisiert; die Motoren sind Standardproduktionseinheiten aus dem Werkslager, doch sie werden auseinandergenommen, modifiziert, wieder zusammengesetzt und auf dem Prüfstand getestet, bevor sie eingebaut werden können.

Während der Schlußmontage der beiden Wagen wird das ABC-Unternehmen darüber informiert, daß die beiden Motoren nicht den aktuellen Wettbewerbsrichtlinien entsprechen. Der Fehler ist aufgetreten, weil UWV nicht bemerkte, daß seine Kopie der Regeln veraltet war. Das Unternehmen UWV hat daher sämtliche Zusatzkosten zu tragen; es hat einen Zusatz zur ursprünglichen Bestellung vorgelegt.

Geeignete Ersatzmotoren sind innerhalb des Unternehmens nicht vorhanden. Eine andere Version der Motoren, die den Wettbewerbsregeln entspricht, kann als modifiziertes Modell von vorrätigen Motoren eines anderen Unternehmens bezogen werden. Diese Motoren erfordern andere Aufhängungen und einige Änderungen der Zuleitungs- und Auspuffkonfiguration.

Würde der Kostenschätzer von ABC aufgefordert, die Kosten für diese Änderung zu veranschlagen, würde er eine Liste von Zahlen zusammenstellen, die der folgenden ähnelte:

Lohnkosten	GE
Kosten für die Entfernung der alten Motoren	
5 Arbeitsstunden zu 15 GE pro Stunde	75
Kosten für die Vorbereitung der zwei neuen Motoren	
60 Arbeitsstunden zu 15 GE pro Stunde	900
Kosten für die Modifizierung der Motorenaufhängung	
10 Arbeitsstunden zu 15 GE pro Stunde	150
Kosten für den Einbau der neuen Motoren	
20 Arbeitsstunden zu 15 GE pro Stunde	300
Verschiedene weitere Änderungen	
10 Arbeitsstunden zu 15 GE pro Stunde	150
Tests und Tuning	
16 Arbeitsstunden zu 15 GE pro Stunde	240
Gesamtlohnkosten	1.815
Betriebskosten (80%)	1.452

Materialien:

Zwei neue modifizierte Motoren	4.000
Neue Auspuffverteilerrohre	300
Neue Einlaßverteilerrohre	200
Neue Vergaser	260
Andere Materialien	250
	5.010
Grundkostenvoranschlag	8.277
Rücklagen für unvorhergesehene Ausgaben (5%)	414
Geschätzte Werkskosten der Modifizierung	8.691
Gewinnaufschlag (40%)	3.476
Aufpreis für die modifizierten Motoren	12.167

In Wirklichkeit mag es jedoch 12 Wochen dauern, bis die neuen Motoren modifiziert, vorbereitet und ausgeliefert sind, und während dieser Zeit muß das Projekt möglicherweise vorübergehend ruhen. Selbst wenn angenommen wird, daß die Monteure anderswo im Werk nutzbringend eingesetzt werden können, ist es unwahrscheinlich, daß sich die Gesamtkosten für die Änderung auf nicht mehr als den veranschlagten Grundbetrag von 8.277 GE belaufen werden. Die Wagen zusammen mit Werkbänken, Einspannvorrichtungen, Hebebühnen und Spezialgeräten würden ungefähr 50 Quadratmeter hochwertigen Fabriksraum in Anspruch nehmen. Selbst wenn an dieser Stelle in der Werkshalle keine Arbeiten durchgeführt werden, entstehen dennoch Kosten durch Miete, Kommunalabgaben, Heizung, Wartung, Reinigung, Versicherung und so weiter. Diese Kosten können bis zu 250 GE pro Quadratmeter betragen.

Dies ist ein Beispiel für ungenügende Rückgewinnung von Betriebskosten (die Konzepte der Absorptionskosten, Standardkosten und der Rückgewinnung der Betriebskosten wurden im Kapitel 4 umrissen). Die Kosten für die Bereitstellung von 50 Quadratmetern ungenutzten Fabrikhallenraums würden in 12 Wochen etwa 2.885 GE betragen, eine Summe, die durch den oben kalkulierten Verkaufspreis nicht abgedeckt wäre.

Andere Projekte, für die der Raum und die Werksanlagen benötigt werden, könnten sich durch den nun ausgelösten Dominoeffekt verzögern. Außerdem kann sich das Versagen, dem Programm zu Anfang eines Projekts zu entsprechen, in späterer, erhöhter Aktivität auswirken, und dies kann in Folge von Beschleunigungsmaßnahmen und Überstundenarbeit Probleme und Zusatzkosten verursachen.

Häufig beeinflussen Modifikationen die Lagerhaltung von Materialien, indem sie sie überflüssig machen. Wenn für die Wagen ein Ersatzmotor bestellt wurde, muß dieser unter Umständen ebenfalls ersetzt oder vorbereitet werden. Es ist keinesfalls ungewöhnlich, daß Artikel von relativ großem Wert völlig übersehen werden, ganz einfach deshalb, weil sie in einem abgelegenen Bereich des Lagers versteckt sind.

Ein direktes Resultat des Fehlers, mit den falschen Motoren begonnen zu haben, kann darin liegen, daß die Wagen nicht rechtzeitig zu Beginn der Rennsaison fertig wurden. Dies könnte zum Verlust möglicher Preisgelder und zu Prestigeverlust für den Rennteilnehmer führen.

Wäre die Auswahl der falschen Motoren der Fehler von ABC und nicht von UWV gewesen, wäre die Sache noch viel schlimmer geworden. Die Änderung wäre als nicht finanziert, aber unbedingt notwendig klassifiziert worden, und der Auftragnehmer hätte sämtliche Kosten übernehmen müssen, sowohl die veranschlagten als auch die verdeckten. Wahrscheinlich hätte UWV von ABC Schadenersatz für die Verluste gefordert, entweder in Form einer Schadenersatzzahlung oder durch Geltendmachen einer Vertragsstrafenvereinbarung wegen zu später Lieferung. Der Auftrag hätte sogar entzogen werden können, ohne jede Aussicht auf Schadenersatz, weil die Jurisdiktion gezeigt hätte, daß ABC im Unrecht war.

Prüfung aller möglichen Kostenfaktoren

Es wäre nicht klug, davon auszugehen, daß jedermann sämtliche möglichen Kosten einer Modifikation in den Voranschlägen aufnehmen würde – obwohl dies natürlich ideal wäre.

In Wirklichkeit muß der Projektmanager davon ausgehen, daß Auslassungen wichtiger Kostenfaktoren bei vielen Voranschlägen wahrscheinlich sind. Er wird mehr und mehr Erfahrung darin sammeln, routinemäßig wichtige und forschende Fragen zu stellen, damit der Gedankengang des Kostenschätzers in eine bestimmte Richtung gelenkt wird:

- Ist für diesen Arbeitsgang keine Prüfung vorgesehen?
- Wird die Lagerhaltung betroffen sein?
- Muß der Prototyp ebenfalls modifiziert werden?
- Was wird die Verzögerung kosten? Werden andere Arbeiten aufgehalten werden, und wenn ja, was wird das kosten?

Solche Fragen müssen jederzeit gestellt werden, um die ganze Wahrheit über Modifikationskosten herauszufinden.

Aufzeichnung der tatsächlichen Kosten einer Modifizierung

Einige der zu erwartenden Schwierigkeiten bei der Einschätzung der wahren Kosten einer Modifikation wurden skizziert, wobei deutlich wurde, daß es viele Faktoren gibt, die leicht übersehen werden. In den meisten Fällen ist es dennoch möglich, einen Voranschlag zu erstellen. Dieser kann dann dazu benutzt werden, mögliche Preiserhöhung, die der Auftragnehmer glaubt, fordern zu können, auszuarbeiten und zu rechtfertigen.

Die Aufzeichnung der wirklichen Kosten einer Modifizierung kann sich als weit schwieriger herausstellen; sie kann sogar unmöglich sein. Die Schwierigkeiten, die bei der Berechnung und der Aufzeichnung der tatsächlichen Modifikationskosten auftreten, können nicht immer von allen Managern und anderen, die wissen möchten, in welchem Ausmaß ihre Etats von Änderungen betroffen werden, nachvollzogen werden.

Beispiel

Nehmen wir an, es sollten Modifikationen an einem Schaltpult vorgenommen werden, wobei es sich um eine komplizierte, elektronische Anlage handelt, die über 10 Kilometer Kabel enthält, mit Tausenden von Verbindungen und vielen Bauteilen.

Betrachten wir zunächst den Fall, wo das Schaltpult bereits zusammenmontiert, inspiziert und vollständig getestet wurde. Hier sollte es keine Schwierigkeiten bei der Feststellung der Kosten der Änderung geben, weil für die Modifikationsarbeiten und Materialien ein neuer Arbeitsauftrag zusammen mit einem neuen Kostencode ausgegeben werden kann. Alle folgenden Arbeiten – Auseinandernehmen, Umbauen, Prüfen und erneutes Testen – sind direkt auf die Änderung zurückzuführen.

Es ist durchaus möglich, daß viele Änderungen bei einem Arbeitsgang dieser Größe auftauchen, bevor er abgeschlossen ist, so daß die einzige deutliche und meßbare Auswirkung auf die Kosten in ihrem Anstieg im Vergleich zu den ursprünglich veranschlagten Produktionskosten besteht. Diese

Situation muß hingenommen werden, und wenn die Angaben zu den Modifikationskosten für irgendeinen Zweck benötigt werden, müssen diese geschätzt werden.

Formulare und Verfahren

Eine Änderung kann auf verschiedenen Wegen in ein Projekt eingeführt werden. In diesem Abschnitt werden einige dieser Wege mit ihren Ausgangspunkten und den mit ihnen verbundenen Formularen beschrieben. Die in diesem Kapitel bereits beschriebenen Genehmigungs- und Koordinationsverfahren gelten grundsätzlich auch bei der Anwendung dieser Formulare.

Wann ist ein förmliches Verfahren erforderlich?

Wenn ein Ingenieur in einem Wutanfall eine Zeichnung zerreißt oder die Datei löscht und von vorne beginnt, ist es natürlich nicht erforderlich, ein förmliches Verfahren für technische Änderungen einzuleiten. Jeder neue Entwurf kann viele Änderungen durchlaufen, bevor er als vollständig geprüfte Planzeichnung ausgegeben wird. All dies ist Teil des normalen, kreativen Entwicklungsvorgangs. Vorausgesetzt, die Entwurfsabsichten bleiben im Rahmen der Anforderungen der Entwurfsspezifikation, werden alle Änderungen, die durchgeführt werden, bevor die Zeichnungen förmlich ausgegeben werden, im allgemeinen nicht als Modifikationen oder technische Änderungen betrachtet.

In vielen Firmen ist es erforderlich, frühzeitig vorläufige Zeichnungen für Diskussionen, Vorabinformationen oder Genehmigungen auszugeben. Diese Ausgaben werden häufig von den vollständig freigegebenen Versionen unterschieden, indem sie als Revision A, Revision B und so weiter bezeichnet werden. Die Revisionsnummern werden zu 0, 1, 2 etc., um die offiziell ausgegebenen Pläne zu kennzeichnen. Als Regel kann daher vorgeschlagen werden, daß förmliche technische Änderungsverfahren erst auf solche Planrevisionen angewendet werden sollten, die auf die erste Ausgabe für Fertigung oder Konstruktion erfolgen. Die Regel fällt jedoch in sich zusammen, wenn vorläufige Ausgaben für die Fertigung eines Prototyps erfolgen, für den die Änderungen sorgfältig kontrolliert werden müssen.

Ein weiterer Grund für die Anwendung förmlicher Verfahren findet sich immer dann, wenn die Absicht besteht, von der Entwurfsspezifikation abzuweichen, und dies besonders dann, wenn die Entwicklungsarbeit für einen externen Kunden durchgeführt wird. Dies ist ein weiterer Fall für die Anwendung förmlicher Änderungsverfahren vor der Ausgabe von Planzeichnungen für Fertigung oder Konstruktion.

Es ist daher erforderlich, eine Regel oder ein Kriterium zu finden, die oder das festlegt, an welcher Stelle im Entwicklungsprozeß das förmliche Änderungsverfahren beginnen sollte. Es muß die Frage gestellt werden: „Wird die vorgeschlagene Änderung Instruktionen, Spezifikationen, Pläne oder Etats betreffen, die bereits mit anderen Abteilungen, dem Kunden oder einer anderen auswärtigen Organisation vereinbart wurden?" Lautet die Antwort auf diese Frage „Ja", ist wahrscheinlich die förmliche Zustimmung eines Änderungsausschusses erforderlich.

Einfrieren des Entwurfs

Gelegentlich erkennt eine Projektorganisation, daß es einen Punkt bei der Entwurfs- und Konstruktionsarbeit eines Projekts gibt, von dem an jede Änderung äußerst lästig, unbequem oder potentiell gefährlich wird. Dies führt zur Verkündung des Einfrierens der Entwürfe, nach der der Änderungsausschuß alle Anforderungen von Änderungen ablehnen wird, es sei denn, es liegen zwingende

Gründe, wie Sicherheitsbedenken oder eine Kundenanforderung vor. Im Idealfall sollte sich auch der Kunde vom Einfrieren der Entwürfe binden lassen. In manchen Betrieben wird diese Stufe „stabiler Entwurf" genannt.

Projektvariationsaufträge

Vom Kunden angeforderte Änderungen, die den Preis, den Liefertermin oder andere Aspekte der ursprünglichen Bestellung oder des Vertrags beeinflussen, erfordern förmliche Dokumentation. Diese Dokumentation sollte die folgenden Funktionen erfüllen:

- Sie erweitert die Bestellung oder den Vertrag und beschreibt die Änderung.
- Sie autorisiert den Auftragnehmer, die Änderung durchzuführen.
- Sie garantiert die Zahlung.
- Sie dokumentiert die Übereinkunft über alle sich ergebenden Revisionen der Zeitplanung.

Bestand der ursprüngliche Vertrag in Form einer Bestellung, fordert der Kunde in der Regel eine Änderung, in dem er eine Erweiterung der Bestellung herausgibt (siehe Kapitel 16). In anderen Fällen, besonders bei Projekten, für die Hochbauarbeiten erforderlich sind, werden die Änderungen in Projektvariationsaufträgen dokumentiert (gelegentlich werden sie einfach „Projektvariationen" oder „Vertragsvariationen" genannt). Abbildung 21.2 enthält ein Beispiel dafür.

Ein Verfahren für einfache, sich wiederholende Projektvariationen

Bei Projekten, für die eine erhebliche Anzahl von geringfügigen Änderungen erwartet wird, kann es möglich sein, sämtliche Änderungsverfahren zusammenzufassen, möglicherweise mit einer im voraus vereinbarten Gebührenliste. Natürlich muß so ein Verfahren auf routinemäßige, technische Änderungen beschränkt werden, wo Sicherheit und Zuverlässigkeit nicht beeinträchtigt werden können. Vorausgesetzt, der Umfang einer Änderung kann definiert werden und die Arbeit kann getrennt von anderen Projektarbeiten kenntlich gemacht werden, können die Kosten für geringfügige Änderungen auf einer vereinbarten Arbeitszeit- und Materialgrundlage berechnet werden, oder, bei Hochbauprojekten, anhand einer Rateneinteilung pro berechneter Arbeitseinheit.

Beispiel

Es folgt ein Beispiel, das zeigt, wie vereinfachte Änderungsverfahren angewendet werden können, um Hunderte von Bestellungsänderungen oder Vertragsvariationen zu vermeiden. Bei dem betreffenden Projekt wurde der Auftragnehmer an einem Rüstungsauftrag beteiligt, bei dem es um den Entwurf und den Bau automatischer Testanlagen für die elektronischen Systeme ging, die in Militärflugzeugen installiert werden sollten. Jedes fertige Testgerät war auf einem Anhänger untergebracht, der zu einem Flugzeug befördert und über Kabel angeschlossen wurde, um umfassende Messungen, „Geht"- oder „Geht nicht"-Tests und diagnostische Fehlerentdeckungsroutinen durchzuführen. Die Testgeräte wurden über Computer kontrolliert, die anhand von Lochstreifen programmiert wurden. Jedes Mal, wenn der Flugzeughersteller einen der Testparameter ändern wollte – was während der Prototypherstellung mindestens einmal täglich vorkam –, war in geringem Umfang eine Umprogrammierung der Testanlagen erforderlich. Einige Änderungen machten es auch erforderlich, daß ein, zwei oder drei Kabel innerhalb des Testgeräts neu verlegt werden mußten. Der Versuch, die Kosten jeder einzelnen Änderung zu veranschlagen und sie förmlichen Änderungsverfahren zu unterziehen, kam nicht in Frage. Doch jede Änderung mußte aufgezeichnet werden, damit sie später in die Zeichnung mit aufgenommen werden konnte, und sie mußte bezahlt werden. Die Angelegenheit wurde geklärt, indem beide Firmen die Verwendung von einfachen, mit Seriennummern verse-

Projektvariation

Seriennummer:

Revisionsnummer:

Projekttitel:

Projektnummer:

Ausgabedatum:

Zusammenfassung der Änderungsdetails (wenn erforderlich, weitere Seiten verwenden)

Herbeigeführt von: Datum:

Auswirkung auf Projektprogramm: Kostenvoranschlagsreferenz:

Auswirkung auf Kosten und Preis:

Kundengenehmigungsreferenz: Genehmigung:

Verteiler

Abbildung 21.2   Projektvariation
Ein Formular für die Aufzeichnung und Verwaltung einer Änderungsanforderung des Kunden

henen Anforderungsformularen für Programmänderungen zu einem Festpreis vereinbarten. Die Formulare dokumentierten die Details jeder Änderung, wurden durch die Unterschrift des leitenden Technikers der Kundenfirma an der Teststelle genehmigt und an Ort und Stelle vom leitenden Prüfungstechniker des Auftragnehmers akzeptiert. Eine Kopie jeder Änderung kam ins Hauptbüro des Auftragnehmers, der die entsprechenden Zeichnungen und Programmierungsdokumente auf dem neuesten Stand hielt. In regelmäßigen Abständen wurden Rechnungen an den Kunden geschickt, in denen die Zahlung für eine Reihe von Änderungen gefordert wurde, die anhand ihrer Seriennummern identifiziert waren.

Vereinbarungsgemäß war das System auf einfache Änderungen beschränkt, die dafür benötigt wurden, Meßdaten zu ändern oder Umschaltungen an der Teststelle vorzunehmen. Mit Hilfe dieser äußerst einfachen Anforderungsformulare zu einem Festpreis wurden Hunderte von Änderungen angefordert, durchgeführt und in Rechnung gestellt, was an der Teststelle wertvolle Zeit einsparte. Der Auftragnehmer wurde zufriedenstellend bezahlt, und dem Kunden blieben die Kosten für die Vorbereitung, Verhandlung und Ausgabe der förmlichen Variante von Änderungsaufträgen erspart.

Technische Änderungsanforderung

Der Zweck einer technischen Änderungsanforderung liegt darin, eine permanente Entwurfsänderung zu beschreiben, zu dokumentieren und die förmliche Genehmigung dafür einzuholen. Die Änderung kann nicht finanziert sein, oder sie ist das Resultat eines Projektvariationsauftrags und ist daher finanziert. Die Verwendung technischer Änderungsanforderungen der in Abbildung 21.3 dargestellten Art ist bei technischen Projekten weit verbreitet. Sie sind jedoch unter unterschiedlichen Namen bekannt. Den folgenden begegnet man häufig:

– Technische Änderungsanforderung
– Technische Änderungsbestellung
– Modifikationsanforderung

Jedermann sollte die Möglichkeit haben, eine technische Änderungsanforderung herauszugeben, da sie keine Auswirkung haben kann, bis sie vom Änderungsausschuß genehmigt wurde. Die Methode für das Ausfüllen des Formulars ist aus Abbildung 21.3 ersichtlich.

Produktionszulassungen

Produktionsabteilungen, die mit der Notwendigkeit konfrontiert sind, im Rahmen von Etats zu wirtschaften oder Arbeiten innerhalb eines vorgegebenen Zeitrahmens durchzuführen, stellen gelegentlich fest, daß sie von spezifischen Instruktionen, die in Produktionsplänen enthalten sind, abweichen müssen, um ihre Zielsetzungen zu erreichen. Natürlich wacht die Qualitätskontrollabteilung aufmerksam darüber, daß keine unzulässigen Abkürzungen genommen werden oder Pfuscherei zugelassen wird.

Nehmen wir jedoch an, eine Planzeichnung spezifiziert die Verwendung von verchromten Schrauben, aber diese sind einfach nicht erhältlich, wenn sie benötigt werden, weil sie ein unübliches Gewinde haben. Möglicherweise ist die Einkaufsabteilung in der Lage, alternative Schrauben mit einer Kadmiumbeschichtung zu beschaffen, oder möglicherweise könnten sie durch solche einer anderen Gewindegröße ersetzt werden. Wenn sich die Produktionsmannschaft zur Verwendung eines Ersatzprodukts entschließt, ohne die Entwurfsingenieure darüber zu informieren, besteht das Risiko – wenn dieses auch in den meisten Unternehmen gering ist –, daß ein Prüfer den Unterschied bemerkt und das Ergebnis zurückweist, weil es von den Planzeichnungen abweicht.

ANFORDERUNG EINER TECHNISCHEN ÄNDERUNG:

Projekttitel: Modifikationsnummer:

                                                          Projektnummer:

Details der angeforderten Änderung (wenn erforderlich, weitere Seiten verwenden):

Betroffene Zeichnungen und andere Dokumente:

Grund der Anforderung:

Angeforderte Sofortmaßnahmen (wenn zutreffend):

                        Veranlaßt von: Datum:

Auswirkung auf Kosten: Kostenvoranschlagsreferenz:

Vom Kunden finanziert?   Wenn zutreffend, Genehmigungsreferenz des Kunden:

Auswirkung auf Projektprogramm:

AUSSCHUSSANWEISUNG   DIESE ÄNDERUNG IST GENEHMIGT/NICHT GENEHMIGT
Spezielle Einschränkung, Stelle der Durchführung, Maßnahmen hinsichtlich Bestandslager und angefangener Arbeiten,
Einheiten in der Wartung etc.

Genehmigt von (für Änderungsausschuß):   Datum:

Abbildung 21.3   Anforderungsformular für technische Änderung
Ein Dokument für effektive Betrachtung und Dokumentation von Modifikationen

Aber wäre die Verwendung dieser alternativen Schrauben wirklich von Bedeutung? Es hängt natürlich alles von den Gegebenheiten ab und ob sich die Schrauben in einer deutlich sichtbaren Position befinden, wo erkennbar wird, daß sie nicht zu den umliegenden Chromteilen passen. Jemand muß eine Entscheidung treffen und die Änderung entweder genehmigen oder zurückweisen.

Andere Anträge auf Zulassung werden weniger kosmetischer Natur sein. Die Verwendung alternativer Materialien, anderer Klebstoffe, die Hinnahme größerer Toleranzspielräume stellen Gründe dar, Zulassungsanforderungen aufzugeben, denn sie stellen ein Risiko hinsichtlich der Leistungsfähigkeit, der Zuverlässigkeit, der Sicherheit oder der Austauschbarkeit dar. Die Grundregel lautet also, daß Zulassungen die förmliche Genehmigung der für den Entwurf Verantwortlichen erforderlich machen.

Zulassungen fallen gewöhnlich in die Gruppe der vorübergehenden Änderungen. Es ist unwahrscheinlich, daß die Zeichnungen aktualisiert werden, um den Änderungen zu entsprechen, weil davon ausgegangen wird, daß die Produktionsabteilung in Zukunft in der Lage sein wird, sich an die Zeichnungen zu halten, oder erneut Zulassungen beantragen wird.

Die Verfahren für die Anforderung von Zulassungen unterscheiden sich enorm zwischen verschiedenen Unternehmen. Sie reichen von der äußerst informellen Frage „Ist es in Ordnung, wenn wir es statt dessen so machen?" zu einem strengen Verfahren, das von der Qualitätskontrollabteilung überwacht wird. Strenge Verfahren sind in der Rüstungs-, in der Flugzeug- und in der Atomindustrie zu erwarten sowie in allen anderen Fällen, wo Sicherheit und Qualität auf der Liste der Zielsetzungen hoch oben stehen.

Die Gründe für die Einrichtung eines förmlichen Zulassungsverfahrens sind recht offensichtlich, denn jede Abweichung von den Instruktionen, die in den ausgegebenen Zeichnungen oder Spezifikationen enthalten sind, sind entweder unzulässig oder müssen mit großer Vorsicht behandelt werden. Die Dokumentation von Zulassungen hat weniger Bedeutung als andere Projektaufzeichnungen, wenn das Projekt einmal abgeschlossen und übergeben wurde. Doch sie können sich bei der Kontrolle der Qualität und Zuverlässigkeit als nützlich herausstellen. Entsprechende Aufzeichnungen sind Teil der Projektdokumentation, die der Auftragnehmer benötigt, um die möglichen Gründe für schwache Leistung, Fehler oder Mängel der gelieferten Anlagen aufzufinden. Wenn eine aus einer Reihe von identischen Einheiten bei der Verwendung ausfällt, kann es von größter Wichtigkeit sein, alle anderen Einheiten mit denselben Zulassung aufzuspüren, um weitere Fehler zu vermeiden.

Die Verfahren für die Zulassung können in einer Reihe von Abwandlungen und Kombinationen der in diesem Kapitel beschriebenen Methoden bestehen. Egal für welche Methode sich das Unternehmen entscheidet, das Zulassungsregister wird die Produktionsplanzeichnungen, die Modifikationsdokumente, die Prüf- und Testaufzeichnungen und die Baupläne bei der Definition der genauen Zusammensetzung des abgeschlossenen Projekts ergänzen.

Technische Anfragen

Ein typisches Merkmal von Fertigungsprojekten ist, daß die Zeichnungen in der Regel völlig neu sind und nie angewendet wurden. Es ist daher nicht überraschend, daß ein erhöhtes Aufkommen an Produktionsproblemen eine Eigenschaft der Projektarbeit darstellt. Die auftretenden Probleme reichen von Entwurfsfehlern bis hin zu Schwierigkeiten bei der Interpretation von Fertigungsanweisungen. Entwurfsfehler müssen natürlich durch die Neuausgabe von überarbeiteten Plänen korrigiert werden, wofür in der Regel die vollständige technische Änderungsprozedur durchlaufen wird. Geringfügige Schwierigkeiten bei der Interpretation der Zeichnungen können gelöst werden, indem sie der entsprechende Ingenieur an Ort und Stelle erklärt. Zwischen diesen beiden Extremen liegt ein weites Feld von Produktionsschwierigkeiten, die keine direkte Folge von Entwurfsfehlern sind, die jedoch mehr erfordern als lediglich eine einfache Erklärung, um die Produktion wieder in Bewegung zu bringen.

In manchen Firmen werden alle Probleme, die nicht auf der Stelle gelöst werden können, in ein formalisiertes „Technische Anfrage"-Verfahren geleitet. Der Grundgedanke besteht darin, daß jeder in der Produktion Beschäftigte, der vor einem Problem steht, die Schwierigkeiten in einem entsprechenden Formular erklärt und dieses zur Untersuchung und Beantwortung an die technische Abteilung weiterleitet. Dieses System kann natürlich nur funktionieren, wenn jeder Anfrage einigermaßen rasch Aufmerksamkeit geschenkt wird. Die Vorteile dieses Routinevorgangs liegen darin, daß der für die Koordination zuständige Sachbearbeiter alle Anfragen registrieren und bearbeiten kann, um sicherzustellen, daß keine vergessen wurde. – Bedauerlicherweise bevorzugte ein mir bekannter technischer Leiter deshalb das förmliche System, weil auf diese Weise die Produktionsmitarbeiter mit ihren ölverschmierten Arbeitsanzügen von den schönen, sauberen technischen Entwicklungsbüros ferngehalten wurden.

Beispiel

Eine Art von Problem, die Anlaß zu einer technischen Anfragenote geben würde, stünde beispielsweise mit der Verwendung von Klebstoffen in Verbindung. Nehmen wir an, der Klebstoff wurde gemäß der entsprechenden Verarbeitungsspezifikation angewendet, wies jedoch nicht die nötige Bindekraft auf, so daß das Werkstück, nachdem die Klammern entfernt wurden, in seine Bestandteile auseinanderfiel. Das Produktionsteam müßte nun bei den Ingenieuren anfragen, was zu tun sei, und sie könnten für diesen Zweck eine technische Anfragenote verwenden.

Wenn das Problem zu schwierig ist, um auf der Stelle gelöst zu werden, wären die Ingenieure gezwungen, die Anfrage mit einem vorläufigen Lösungsvorschlag zurückzugeben. Die Anweisung könnte lauten: „Klebstoff entfernen und statt dessen in regelmäßigen Abständen sechs Nieten befestigen. Diese Anweisung gilt nur für Stapel 1. Zeichnungen mit alternativem Klebstoff für Stapel 2 werden nachgereicht."

Umwandlung der technischen Anfrage zur Produktionszulassung

Wenn, wie im oben genannten Beispiel, die technische Anfrage mit Instruktionen an die Produktionsabteilung zurückgeht, die den Anweisungen in den Produktionsplänen widersprechen, wird die Anfragenote zu einem Dokument, das eine Abweichung von den Zeichnungen genehmigt. Es ist also zu einer Produktionszulassung geworden.

Da technische Anfragen häufig auf diese Weise in Zulassungen umgewandelt werden, sollten Unternehmen, die sie verwenden, überlegen, ob nicht das Zulassungs- und das Technische-Anfrage-System in einem Vorgang integriert werden können, wofür ein einziges Formular produziert wird, das für beide Verfahren verwendet werden kann.

Prüfberichte

Nehmen wir an, ein Block außerordentlich kostspieligen Rohmaterials wurde über lange Zeit von hochqualifizierten Fräsmaschinenführern bearbeitet, doch bei der Endprüfung stellt sich heraus, daß eine der Abmessungen geringfügig vom Toleranzspielraum abweicht. Es wurde zuviel Material herausgefräst. Der Fehler führte dazu, daß das Werkstück von geringerer Größe ist als vorgesehen, und eine Korrektur ist nicht möglich. Jeder Prüfer muß das Produkt zurückweisen. In vielen Firmen würde der Prüfer ein Prüfungsformular ausfüllen und die „Nichtübereinstimmung" im Detail erläutern. Wenn die Entwurfsingenieure den Prüfbericht zu Gesicht bekommen, könnten sie entscheiden, daß der Fehler zu trivial ist, um das Fortwerfen eines so teuren Stücks zu rechtfertigen. Vielleicht kann es dennoch für das Projekt verwendet werden, oder es ist als Alternative möglich, es für die Montage eines Prototyps zu verwenden, unter der Voraussetzung, daß es nie Teil einer anderen Montageeinheit werden darf.

Möglicherweise fühlt sich ein Entwurfsingenieur mit der entsprechenden Verfügungsgewalt in der Lage, den Prüfbericht mit seinen Kommentaren zu versehen und so die Zurückweisung des Prüfers zu überstimmen. Dies ist eine weitere Methode, eine Arbeit durch die Prüfstufe zu bringen, obwohl sie nicht den ausgegebenen Zeichnungen entspricht. Der Prüfbericht ist von den für den Entwurf Verantwortlichen in eine Produktionszulassung umgewandelt worden.

Regeln der Dokumentationsmodifikation

Es ist erforderlich, einige der Fehlerquellen zu untersuchen, die unaufmerksame technische Projektmitarbeiter dazu verleiten können, Zeichnungen oder Spezifikationen auszugeben, die nicht das sind, was ihre Revisionsnummern glauben macht.

Zentralregisterverfahren

Im unkomplizierten Fall eines Zentralregisters, in dem sämtliche originalen, handgezeichneten Pläne enthalten sind, kann das Modifikationsverfahren narrensicher gemacht werden. Die Regeln lauten wie folgt:

1. Sobald eine Originalzeichnung geprüft und für die Ausgabe freigegeben wurde, wird sie einer sicheren Registratur übergeben.
2. Der Registrator wird von nun an nur noch Kopien der Zeichnungen ausgeben, und das Original kann nur dann die Registratur verlassen, wenn es geändert werden soll.
3. Jeder, der ein Original zum Zwecke der Modifizierung aus der Registratur entfernt, muß dafür im Register unterzeichnen.
4. Wenn die Zeichnung in die Registratur zurückgebracht wird, kontrolliert der Registrator, ob die Revisionsnummer aktualisiert wurde, und notiert dies im Register.
5. Für Fertigungs- oder Bauarbeiten sind nur die Planausdrucke gültig, die von der Registratur ausgegeben und mit dem Registraturstempel versehen wurden.

Moderne Reproduktionsmethoden machen es möglich, von Zeichnungen Kopien anzufertigen, die von den Originalen praktisch nicht zu unterscheiden sind. Die Existenz von mehr als einem (scheinbaren) Original einer Zeichnung kann zu Verwirrung führen und zu gefährlichen Fehlern, wenn Änderungen vorgenommen werden. Es ist also wichtig, jede Kopie so zu markieren oder auszuzeichnen, daß deutlich wird, daß es sich nicht um das Original handelt.

Am Computer gezeichnete Pläne

Mehr Risiken treten auf, wenn Zeichnungen von einem Plotter ausgedruckt werden. In diesem Fall ähnelt nicht nur jeder Ausdruck einem Original, sondern er *ist* ein Original. Wenn nicht strenge Sicherheitsvorkehrungen getroffen werden, ist es außerdem möglich, daß ein Ingenieur die Entwurfsinformationen im Computer ändert und die Erstellung eines neuen „Originals" verursacht, ohne die erforderlichen Änderungen der Plan- oder Revisionsnummern vorzunehmen. Ohne einen Registrator gibt es keine unabhängige Prüfung, um solche Fehler zu verhindern.

Beispiel

Ich habe einmal eine Entwurfsabteilung beauftragt, ein paar Planzeichnungen für die Ausstattung eines neuen Planungsbüros zu erstellen. Die Entwürfe waren erstklassig. Im Computer wurde eine Masterskizze des Gebäudes angefertigt, auf deren Grundlage Raumaufteilung, Kabelverläufe und Beleuchtung, Sitzgelegenheiten usw. geplant wurden. Jede dieser Zeichnungen trug jedoch dieselbe Nummer, nämlich die der ursprünglichen Masterskizze. – In diesem Fall war es das erste Projekt, das mit einem brandneuen CAD-System entworfen wurde; so läßt sich der Fehler vielleicht entschuldigen.

Mikrofilme

Einige Unternehmen betreiben 35-mm-Mikrofilmsysteme, bei denen jede Planzeichnung auf 35-mm-Belichtungskarten abgebildet wird, sobald sie für die Ausgabe freigegeben wird. Es gibt einige einfache Sicherheitsvorkehrungen für ein solches System, besonders wenn mehrere Kopien des Mikrofilms in großen Ingenieursbüros im Umlauf sind. Die Regeln lauten:

1. Farbcodierung der Belichtungskarten mit einer Farbe für die Karten, die die offizielle Masterversion darstellen, und anderen Farben, um die Karten zu unterscheiden, die nicht für die Erstellung offiziell auszugebender Ausdrucke verwendet werden dürfen.
2. Modifizierung aller Lese- und Druckgeräte für Mikrofilme, die von nicht in der Registratur beschäftigten Mitarbeitern benutzt werden, indem eine Maske eingefügt wird, die die Meldung „Ausdruck nur für Referenzzwecke" enthält. Für diesen Zweck kann eine Transparenzfolie angefertigt und an einer Seite der Papiereinlage befestigt werden, so daß jeder Ausdruck diese Meldung enthält.
3. Sämtliche Originalzeichnungen werden nach dem Abfilmen in der Registratur aufbewahrt, und die Ausgabe offizieller Abdrucke erfolgt nur durch die Registratur – entweder aufgrund der Zeichnungen oder aufgrund des Mastermikrofilms.
4. Wenn eine Originalzeichnung für die Modifizierung aus der Registratur entfernt wird – und aus keinem anderen Grund sollte sie ausgegeben werden –, wird die entsprechende Belichtungskarte aus dem Packen herausgenommen und durch eine unbeschriftete Karte ersetzt, um anzuzeigen, daß sie entfernt wurde. Die überflüssige Belichtungskarte wird dann als Ausleihkarte für die Originalzeichnung verwendet, vom Ingenieur oder technischen Zeichner unterschrieben und in einer separaten Ausleihdatei plaziert. Auf diese Weise besteht keine Gefahr, daß entweder die Originalzeichnung oder das Mikrofilmmaster für die Herstellung eines offiziellen Ausdrucks verwendet wird, während die Modifikation durchgeführt wird.

Die Austauschbarkeitsregel

Die übliche Praxis bei der Änderung einer Zeichnung besteht darin, sie mit einer neuen Revisionsnummer neu auszugeben. Wenn die Änderung jedoch darin resultiert, daß eine gefertigte Komponente oder eine Montageeinheit anders gestaltet wird als Teile, mit denen sie zuvor austauschbar war, reicht es nicht aus, lediglich die Planzeichnungsrevisionsnummer zu ändern. Die Plannummer selbst muß geändert werden und damit auch die Teilenummer.

Dies ist eine goldene Regel, für die keine Ausnahmen zugelassen werden sollten, egal ob es sich dabei um eine kleine Komponente oder um eine große Montage handelt.

Beispiel

Nehmen wir an, ein Projekt erfordert die Verwendung von 1.000 kleinen Trennstücken, und nachdem 500 von ihnen in Messing hergestellt wurden, wurde der Entwurf durch die Verwendung von Stahl verbilligt. Diese Trennstücke sind absolut austauschbar, und die Teilenummer muß nicht geändert werden. Die Zeichnung für die Stahltrennstücke dagegen muß eine neue Revisionsnummer erhalten.

Nehmen wir nun an, das Design wurde statt dessen auf Kunststoff geändert, weil es für einige später gefertigte Montageeinheiten notwendig ist, daß die Trennstücke stromisolierend sind. Weil die Metalltrennstücke nicht mehr für alle Montageeinheiten verwendet werden können, müssen die Kunststofftrenner eine neue, unterscheidende Plannummer erhalten.

Notfallmodifizierungen

Projektzeit wird in der Regel als ein knappes Gut betrachtet. Wenn die Notwendigkeit für eine unabdingbare Modifikation während der aktiven Produktionsphase eines Programms erkannt wird, kann unter Umständen einfach nicht genug Zeit vorhanden sein, um angemessen geänderte Zeichnungen auszugeben. Es gibt richtige und falsche Methoden, um mit dieser Situation umzugehen, und das folgende Fallbeispiel ist ein gutes, viel zu geläufiges Beispiel für letztere.

Fallbeispiel – das Unternehmen Kosy-Kwik

Der Projektrahmen

Kosy-Kwik war ein Unternehmen, das sich auf die Entwicklung, Lieferung und Installation von Heiz- und Klimaanlagensystemen spezialisiert hatte. 1985 erhielt die Firma einen Subunternehmerauftrag in einer großen Baugruppe für die Planung und Installation sämtlicher Heiz- und Ventilationsvorrichtungen in einem neuen, mehrstöckigen Bürogebäude, das von Coverite Insurance Company Ltd in Auftrag gegeben worden war. Zwei Ingenieure, Clarke und Jackson, erhielten den Zuschlag für das Projekt. Clarke übernahm die Verantwortung für die Gesamtplanung, während Jackson dafür eingeteilt wurde, die zentrale Kontrolleinheit und die damit verbundenen Kontrollverfahren und Instrumente zu planen.

Frühzeitige Schwierigkeiten

Wir betrachten das Projekt am Ende der Vorbereitungsarbeiten im Kosy-Kwik-Werk. Zu diesem Zeitpunkt waren die meisten Geräte und Maschinen bereits an Coverite ausgeliefert worden, bis auf die Kontrolltafel, die sich – später als vorgesehen – noch in der Fertigung befand.

Jackson war ein gewissenhafter Ingenieur, der den Arbeitsschritten viel Aufmerksamkeit schenkte, die in der Fabrik vor sich gingen. Er hatte es sich angewöhnt, in regelmäßigen Abständen Rundgänge zu machen, um den Fortschritt und die Ergebnisse seiner Entwürfe zu beobachten. Während einer dieser Rundgänge wurde Jackson vom Vorarbeiter für die Metallverarbeitung im Werk angesprochen. Die Kontrolltafel für Coverite war bereits zusammengeschweißt worden, schien jedoch schwach und wackelig zu sein.

Jackson pflichtete dem Vorarbeiter bei. Die Frontabdeckung war in der Tat ausgesprochen dünn geraten, die Folge eines Entwurfsfehlers, der in der Spezifizierung einer viel zu geringen Stahlabmessung bestand. Die Auslieferung dieser Tafel an die Baustelle war bereits überfällig und drohte das gesamte Projekt zu verzögern. Es gab einfach nicht genug Zeit, mit dem Bau einer neuen Kontrolltafel zu beginnen. Außerdem wären die Zusatzkosten ausgesprochen unwillkommen gewesen. Es mußte eine einfachere Lösung gefunden werden – im Grunde genommen eine Rettungsmaßnahme.

Änderung der Pläne

Der Ingenieur bat den Vorarbeiter, einige passende, U-förmige Eisenstäbe an die Hinterseite der Tafel zu schweißen, um diese zu verstärken. Der Vorarbeiter stimmte zu, war jedoch besorgt, wie er die Sache ohne eine Planzeichnung durch die Prüfung bekommen sollte. „Kein Problem", sagte Jackson, nahm einen Kugelschreiber aus der Tasche, notierte die Änderungen auf der Plankopie des Vorarbeiters und setzte seine Unterschrift darunter, um die Änderung zu genehmigen.
Die Modifikation war erfolgreich. Alle Beteiligten waren erleichtert, nicht zuletzt Jackson, dessen guter Ruf auf dem Spiel stand. Es waren lediglich ein paar Stunden verloren gegangen, und die Tafel wurde rechtzeitig ausgeliefert. Das Projekt wurde ohne weitere Mißgeschicke abgeschlossen, und die Coverite Insurance Company konnte auf die lange Liste der zufriedenen Kunden von Kosy-Kwik gesetzt werden.

Das Nachfolgeprojekt

Im Sommer 1990 erhielt Kosy-Kwik einen Nachfolgeauftrag von der Coverite Insurance Company. Deren Büroräume wurden um einen Flügel erweitert, und dort sollten Computeranlagen und Mitarbeiter untergebracht werden. Coverite arbeitete mit einem gut durchdachten, aber knappen Terminplan, der forderte, daß der neue Flügel am ersten Arbeitstag des Jahres 1991 eröffnet werden sollte. Aufgrund der eingeschränkten Zeitplanung wurden Kosy-Kwik einige Vertragsbedingungen auferlegt. Vor allen Dingen durfte die bestehende Heizungs- und Lüftungsanlage lediglich während der Weihnachtsfeiertage völlig abgeschaltet werden, um die zusätzlichen Schaltkreise und Kontrollmechanismen zu installieren und zu testen. Andernfalls würde Coverite Verluste hinsichtlich der Arbeitszeit ihrer Büroangestellten erleiden. Außerdem war eine Strafzahlung von 400 GE für jede angefangene Woche vorgesehen, um die Kosy-Kwik den geplanten Endtermin überzog.
Während der fünf Jahre, die zwischen diesen beiden Projekten lagen, waren verschiedene Änderungen im Betrieb von Kosy-Kwik eingetreten. Clarke kam in den Genuß einer wohlverdienten Beförderung in einer auswärtigen Büroniederlassung, wo er Gebietsleiter wurde. Jackson war in den Ruhestand getreten und genoß seine Rente. Die technische Abteilung hatte expandiert und beschäftigte viele neue Mitarbeiter. Unter diesen befand sich Stevens, ein erfahrener Vertragsingenieur. Er hatte keine Absicht, Kontakt mit Clarke oder Jackson aufzunehmen, und es war unwahrscheinlich, daß er sie jemals treffen würde.

Vorbereitung für das neue Projekt

Stevens wurde zum verantwortlichen Ingenieur für das neue Coverite-Projekt ernannt. Er beschloß, daß die beste Strategie wohl jene sei, so viele Teile des Projekts wie möglich in der Fabrik vorzufertigen. So würde der Arbeitsumfang vor Ort reduziert und gleichzeitig würde sichergestellt, daß die abschließenden Verbindungen und Tests während der Weihnachtsfeiertage bewältigt werden könnten. Stevens fand eine Rolle von Zeichnungen mit dem Titel „Coverite-Projekt" in einer Aktenschrankschublade, staubte sie ab und ging an die Arbeit.
Das System stellte sich als weitgehend unkompliziert heraus, und die abschließende Verknüpfung mit der bestehenden Installation sollte durchgeführt werden, indem den Installationstechnikern aufschraubbare Teile gegeben wurden, die an die ursprüngliche Kontrolltafel montiert werden konnten. Dieses Teilepaket wurde entsprechend entworfen, hergestellt und an den Standort geliefert, zusam-

men mit allen anderen, erforderlichen Materialien. Als nun Weihnachten näher kam, befanden sich alle Anlagen, Rohre und Leitungen in dem neuen Gebäudeflügel. Es mußte nur noch das Team für die Schlußinstallation eintreffen, das die Anlage stillegen, die Kontrolltafel mit den vorgesehenen Anlagen modifizieren und dann das gesamte System testen und einrichten würde.

Der Installationsversuch

Früh am Heiligen Abend wurden zwei Monteure von Kosy-Kwik beauftragt, die Anlage stillzulegen und die Arbeit an der Kontrolltafel zu beginnen. Ihr erster Arbeitsschritt bestand darin, ein großes, rechteckiges Loch in einen ungenutzten Teil der Originalplatte zu schneiden, um die neuen Teile anzuschließen. Für diesen Zweck stand eine Schablone zur Verfügung, die sie nun in Position brachten. Als die Techniker zu schneiden begannen, spürten sie unerwarteten Widerstand in Form von mehreren großen Eisenteilen, die hinter das Paneel geschweißt waren. Die Monteure waren lediglich auf die Bearbeitung der dünnen Metallplatte vorbereitet, die in den alten Zeichnungen dargestellt war. Es kostete sie über zwei Stunden und mehrere Sägeblätter, bevor das Loch fertig war. Dann stellten sie fest, daß die Verbindungen zur neuen Kontrolleinheit aufgrund des Vorhandenseins von Überresten der Eisenrohre nicht möglich waren. Noch schlimmer war, daß sich die Tafel nun wieder in ihrem schwachen, wackligen Zustand befand.

Die beiden Techniker waren erfahrene und hochqualifizierte Installationsmonteure, doch sie waren weder materiell noch mental dafür ausgerüstet, ohne Hilfe mit Schwierigkeiten dieser Größenordnung fertig zu werden.

Unglücklicherweise war die Reaktion auf ihren erregten Telefonanruf beim Hauptsitz von Kosy-Kwik nicht gerade zufriedenstellend. Vor der Geräuschkulisse einer angeregten Büroparty erfuhren sie, daß sich alle technischen Leiter und Mitglieder der Geschäftsleitung bereits in den Ferien befanden. Der Mitarbeiter in der Telefonzentrale wünschte ihnen „Frohe Weihnachten" und „angenehme Feiertage". Die beiden Techniker interpretierten diese Grußworte als guten Rat, gaben auf und gingen nach Hause, um ihren unerwarteten Urlaub zu beginnen.

Die Extrakosten

Es ist nicht nötig, sich endlos mit den Konsequenzen dieses Falls aufzuhalten oder die Szenen und gegenseitigen Beschuldigungen zu beschreiben, die sich im neuen Jahr am Hauptsitz abspielten. Es folgt eine knappe Zusammenfassung der zusätzlichen Kostenpunkte:

	GE
1. Entwurf und Fertigung einer neuen Anlage für die Modifikation der Kontrolltafel	3.500
2. Zeitverlust während des ersten Besuchs der beiden Monteure	250
3. Kosten für die Reparatur der schwachen Platte vor Ort	180
4. Von der Coverite Company geforderte Zahlungen gemäß Vertragsstrafklausel für vier Wochen (400 GE pro Woche)	1.600
Direkt entstandene, zusätzliche Gesamtkosten	5.530

Nachbetrachtung

Ein Rückblick auf die Umstände, die zu den katastrophalen Folgen des Coverite-Projekts führten, stellen eine geeignete Grundlage dar, um verläßlichere Methoden für den Umgang mit äußerst dringenden Modifikationen zu beschreiben.

In diesem Beispiel lassen sich alle Schwierigkeiten auf Planausdrucke zurückführen, die in der Werkshalle geändert wurden, ohne daß die Details in den Masterplänen im Auftragsordner vermerkt wurden. Diese Art der Änderung von Plänen ist grundsätzlich nicht wünschenswert, doch wir müssen hinsichtlich dieses Problems realistisch bleiben und akzeptieren, daß es Gelegenheiten gibt, wo dies unvermeidlich ist, weil einfach nicht genug Zeit vorhanden ist, um die Masterpläne zu aktualisieren und neue Ausdrucke auszugeben. Unter solchen Umständen muß eine Art von Übergangsdokumentation genügen, jedoch nur, wenn es Sicherheitsvorkehrungen gibt, die sicherstellen, daß die Originalzeichnungen geändert werden, so daß sie den wirklichen Bauzustand des Projekts zeigen.

Sicherheitsvorkehrungen

Eine Möglichkeit, die Aktualisierung der letztgültigen Zeichnungen bei dringenden Änderungen zu gewährleisten, besteht in einer stromlinienförmigen Gestaltung des förmlichen Modifikationsverfahrens, ohne daß einer der essentiellen Kontrollpunkte umgangen wird. Der Verursacher der Notfallmodifizierung muß eine technische Änderungsanforderung ausfüllen und sie beim Sachbearbeiter registrieren lassen. Nachdem er die sofortige Zustimmung des technischen Leiters oder seines Vertreters eingeholt hat, muß eine Kopie an die Entwicklungsabteilung weitergereicht werden, damit die Änderung schließlich in die Zeichnungen mit aufgenommen wird. Eine weitere Kopie der Änderungsanforderung behält der Koordinationssachbearbeiter, der sicherstellen muß, daß sie bei der nächsten Sitzung des Änderungsausschusses vorgelegt wird. Das Original des Änderungsanforderungsformulars wird an die Produktionsabteilung weitergereicht, wo sie Teil der ausgegebenen Produktionsanweisungen wird.

Wenn die Änderungen auf einem Arbeitsausdruck vermerkt werden müssen – was unvermeidlich sein kann, wenn es auf dem Änderungsanforderungsformular nicht genügend Platz gibt –, muß ein in identischer Weise ausgezeichneter Ausdruck mit einer Kopie der Änderungsanforderung im Planungsbüro hinterlegt werden. Fotokopien werden für diesen Zweck bevorzugt, um sicherzustellen, daß es sich bei den Duplikaten um eine echte Kopie handelt, so daß jede Möglichkeit von Bearbeitungsfehlern oder Auslassungen ausgeschlossen wird. Die ursprüngliche Änderungsanforderung muß den Arbeitsgang durch alle Produktionsstufen begleiten, besonders bis er die Schlußprüfung und Testphase erreicht.

Kapitel 22

Kostenmanagement – Teil 1: Grundsätze

Die Funktion des Kostenmanagements ist nicht wirklich völlig getrennt vom Projektmanagement. Es ist zwar richtig, daß sich einige Personen auf die Kostenaspekte des Projektmanagement spezialisierten und dann unter Umständen Titel haben wie „Kosten- und Planungsingenieur" oder sogar noch spezialisierter „Kosteningenieur", doch ihre Rolle ist Teil eines weit umfassenderen Rahmens der Projektkostenkontrolle, an der viele Menschen innerhalb der gesamten Projektorganisation beteiligt sein müssen.

Kostenmanagement beinhaltet weit mehr als die Kontrolle der Ausgaben. Es beinhaltet auch die Kontrolle der Einnahmen und die Gewährleistung, daß alle möglichen und zu rechtfertigenden Zahlungen vom Kunden oder aus anderen Quellen eingehen. Zum Kostenmanagement gehört nicht nur, dafür zu sorgen, daß die aus- und eingehenden Geldbeträge mit den Etats übereinstimmen, sondern auch die entsprechende Terminisierung jeder Transaktion.

Zielsetzungen des Projektkostenmanagements

Was ist die Zielsetzung beim Projektkostenmanagement? Auf diese Frage gibt es mehrere mögliche Antworten, die von jenem Zeitpunkt abhängen, von dem aus die Kostenzielsetzung bemessen wird.

Der Kostenkontrollaspekt

Während der Lebenszeit eines Projekts können viele Dinge eintreten, die die erwartete Rate und den Umfang der Ausgaben verändern. Die Richtung der Änderung ist in der Regel nach oben orientiert. Einige der Gründe dafür mögen unvermeidlich oder unvorhersehbar sein, doch in vielen Fällen liegt der Fehler irgendwo innerhalb des Projektbetriebs. Der Hauptzweck der Kostenkontrolle liegt darin, Geldverschwendung oder den ungenehmigten Anstieg der Kosten zu verhindern.

Ein häufiges Mißverständnis besteht darin, Kostenberichte mit Kostenkontrolle zu verwechseln. Genaue und rechtzeitige Kostenberichte sind unabdinglich, aber an sich noch keine Kostenkontrolle. Wenn die vorgesehenen Ausgaben überschritten wurden, ist der Schaden bereits entstanden. Kostenkontrolle muß zu dem Zeitpunkt durchgeführt werden, an dem die Kosten entstehen.

Einhaltung der Etats durch den Auftragnehmer

Der Projektauftragnehmer sollte sich aus vielen Gründen darum kümmern, daß das Projekt erfolgreich abgeschlossen wird, ohne daß seine eigenen vorgesehenen Kosten – die genehmigten Etats – überschritten werden. Die meisten der herkömmlichen Verfahren der Kostenberichterstattung und Kontrolle, inklusive der in diesem Kapitel beschriebenen, sind auf das Erreichen dieser Zielsetzung ausgerichtet.

In manchen Fällen, zum Beispiel bei internen Projekten, sind die Etats die einzige Kostenüberlegung. Es müssen keine Gewinne gesichert werden, sondern es müssen lediglich die Ausgaben innerhalb des zuvor von der Geschäftsleitung genehmigten Rahmens gehalten werden.

Wo Profite angestrebt werden, muß man ständig daran denken, daß Gewinne schnell durch zu hohe Ausgaben zunichte gemacht werden. Arbeitet eine Firma in einem Markt mit starker Konkurrenz, müssen die Profitmargen niedrig gehalten werden. Innerhalb der Etats zu bleiben wird noch wichtiger, hängen doch die zukünftige Prosperität und der Bestand des Unternehmens davon ab.

Verantwortung gegenüber dem Projektkäufer

In der Regel trägt der Auftragnehmer in einem gewissen Ausmaß auch dafür die Verantwortung, daß den Kostenzielsetzungen des Projektkäufers ebenfalls entsprochen wird.

Die deutlichste Manifestation dessen ist der Festpreisvertrag, dem zufolge der Preis des Auftragnehmers die Kosten des Kundenunternehmens ausmacht. Vorausgesetzt, der Kunde bringt keine Unruhe in die Sache, indem er um Änderungen bittet, und der Auftragnehmer geht nicht bankrott oder ist aus einem anderen Grund nicht in der Lage, das Projekt erfolgreich abzuschließen, kann der Kunde seine Investitionen zuversichtlich anhand eines feststehenden Etats planen.

Wo umfangreiche Kapitalinvestitionen erforderlich sind, übernehmen der leitende Auftragnehmer und seine Projektmanager gegenüber dem Kunden eine spezifische Verpflichtung zu Kostenmanagement, was die Kostenzielsetzungen weiter ausdehnt. Die Aufgabe des Projektkostenmanagements beinhaltet dann auch die Vorhersage und Meldung der Kosten an den Kunden, die Zusammenarbeit mit dem Kunden, um bei der Planung und Kontrolle der Ausgaben behilflich zu sein, und die Organisation der erforderlichen Finanzierung.

Bei Kosten-plus-Projekten, die dem Auftragnehmer die Möglichkeit geben, auf all seine Kosten einen Aufpreis aufzuschlagen und sie ohne Festpreislimit an den Kunden weiterzugeben, gibt es für den Auftragnehmer weniger Anreize, die Kosten zu begrenzen. In der Tat kann sogar das Gegenteil der Fall sein: Je mehr ausgegeben wird, desto höher die Rendite. Langfristige Kosten-plus-Serviceaufträge oder unzureichend definierte Projekte werden oft als leichtverdientes Geld betrachtet. Der Auftragnehmer hat dann die ethische, aber oft schwer umzusetzende Verantwortung, sicherzustellen, daß

- nur berechtigte Kosten eingefordert werden;
- die Arbeit so effektiv durchgeführt wird, als gäbe der Auftragnehmer sein eigenes Geld aus.

Checkliste der Kostenmanagementfaktoren

1. Bewußtsein für Kosten bei jenen, die für Entwurf und technische Umsetzung verantwortlich sind, vorzugsweise unter Anwendung der Gesamtkostenmethode.
2. Bewußtsein für Kosten bei allen anderen am Projekt Beteiligten während dessen gesamter Lebensdauer.
3. Eine Aufgliederung der Projektarbeit, die zu Ausschreibungspaketen von zu bewältigender Größe führt.
4. Kostenetats, die so verteilt sind, daß jedes Ausschreibungspaket seinen eigenen Teil des Gesamtetats erhält.
5. Eine Codierung des Buchhaltungssystems, das mit der Arbeitsaufgliederungsstruktur in Übereinstimmung gebracht werden kann.
6. Ein Kostenrechnungssystem, mit dessen Hilfe Kosten zusammengestellt und analysiert werden können, sobald sie auftreten, und das es möglich macht, daß sie mit nur minimalen Verzögerungen ihren entsprechenden Kostencodes zugeteilt werden können.
7. Eine praktikable Arbeitseinteilung.

8. Effektive Leitung motivierter Mitarbeiter, damit der Fortschritt der Arbeitseinteilung entspricht oder ihr sogar voraus ist.

9. Eine Methode für den Vergleich der Ausgaben mit jenen, die für die tatsächlich bewältigte Arbeit eingeplant waren.

10. Effektive Überwachung und Qualitätskontrolle aller Aktivitäten, mit dem Ziel, daß alles schon beim ersten Mal klappt.

11. Angemessenes Erstellen der Spezifikationen und Verträge.

12. Diskrete Untersuchung der finanziellen Lage des Kunden, um sicherzustellen, daß er zahlungsfähig ist und allen vertraglich vereinbarten Zahlungen nachkommen kann.

13. Ähnliche Untersuchungen, aber nicht notwendigerweise ebenso diskret, aller wichtigen Lieferanten und Subunternehmer, mit denen der Auftragnehmer bisher nicht zusammengearbeitet hat.

14. Effektive Anwendung wettbewerbsorientierter Ausschreibungsverfahren für sämtliche Einkäufe und Verträge mit Subunternehmern, um entsprechende Qualität bei niedrigsten Kosten zu erhalten und um dafür zu sorgen, daß die Kosten nicht die Voranschläge und Etats überschreiten.

15. Sorgfältige Überlegung und Kontrolle von Modifikationen und Vertragsvariationen, inklusive Weitergabe gerechtfertigter Preisanstiege an den Kunden.

16. Wo möglich, Vermeidung nicht im Etat vorgesehener Tagesarbeiten bei Bauprojekten.

17. Wo Tagesarbeiten unvermeidlich sind, entsprechende Genehmigung und Aufbewahrung der Tagesarbeitsbögen.

18. Kontrolle der Zahlungen an Lieferanten und Subunternehmer, um sicherzustellen, daß weder Rechnungen zu früh beglichen, noch Abschlagszahlungen zu hoch angesetzt werden.

19. Rückforderung aller Nebenkosten des Auftragnehmers, die in der Vertragszahlungsstruktur vorgesehen sind, wie zum Beispiel Telefonkosten, Druckkosten, Reise- und Übernachtungskosten.

20. Ordnungsgemäße Rechnungen an den Kunden, damit gewährleistet ist, daß Forderungen für Abschlagszahlungen oder Kostenrückerstattung zu den entsprechenden Terminen und im richtigen Umfang erfolgen und Dispute über Unklarheiten dem Kunden nicht die Gelegenheit geben, die Zahlung hinauszuzögern.

21. Effektive Kreditkontrolle, um überfällige Zahlungen des Kunden zu beschleunigen.

22. Gelegentliche interne Sicherheitsüberprüfungen, um Verluste durch Diebstahl oder Betrug zu verhüten.

23. Effektive und regelmäßige Kosten-/Fortschrittsberichte an die Geschäftsleitung, in denen mögliche Überschreitungen der Zeitplanung oder der Etats herausgestellt werden, damit rechtzeitig Korrekturmaßnahmen ergriffen werden können.

Einige dieser Faktoren sind bereits in vorigen Kapiteln behandelt worden. Andere werden im Detail im Rest dieses Kapitels und im Kapitel 23 betrachtet.

Die Gesamtkostenmethode

Bei der Gesamtkostenmethode werden die Kosten gesamtheitlich betrachtet, um logistische Probleme zu lösen oder auf andere Weise so zu planen, daß die Gesamtkosten auf dem geringsten Niveau bleiben. Diese Methode kann in einer Vielzahl von Situationen verwendet werden, so zum Beispiel bei der Entscheidung für den Standort eines Warenhauses und die Transportmethoden, um die Vertriebskosten für Einzelhandelsgüter möglichst gering zu halten.

Gesamtkosten im Projektmanagement

Im Zusammenhang mit Projektmanagement bedeutet die Betrachtung der Gesamtkosten, daß die Manager im Projektbetrieb zusammenarbeiten und jeder überlegt, wie der Arbeitsbeitrag seiner Abteilung voraussichtlich die Kosten, die in anderen Abteilungen auftreten, beeinflussen wird. Ein Beispiel hierfür wäre eine vorgeschlagene Änderung der Entwurfsmethode, die erhebliche Einsparungen von Zeit und Geld bei den späteren Produktions- oder Konstruktionsmethoden bewirken könnte. Gelegentlich bedeutet dies eine Steigerung der vorgesehenen Kosten in einer Abteilung, um größere Kosteneinsparungen in einer anderen zu erzielen.

Beispiel

Ich bin in der Rolle als Planungsconsultant in den Vorzug gekommen, eine überzeugende Demonstration der angewandten Gesamtkostenmethode mitzuerleben. Diese spielte sich bei einem Projektplanungstreffen im Büro des technischen Direktors einer Firma in den USA ab. Das Unternehmen war dabei, drei neue Projekte zu beginnen, jedes für den Entwurf und die Fertigung von speziellen Schwermaschinenanlagen für externe Kunden. Der technische Direktor hatte den Vorsitz. Außerdem waren bei dem Treffen der technische Leiter und weitere Ingenieure und – sehr wichtig – der Produktionsmanager und leitende Produktionsingenieure anwesend.

Es wurden verschiedene Entwurfsvorschläge zwischen den Entwurfsingenieuren und den Produktionsleuten hin- und hergeschoben, bis nach und nach schließlich Übereinkunft über verschiedene Lösungen gefunden wurde, die zu den geringsten Gesamtkosten für das Unternehmen führten, wobei gleichzeitig hohe Qualitätsstandards gewahrt blieben.

Von Anfang an herrschte ein hohes Maß an Enthusiasmus, Motivation und Kooperationsbereitschaft. Diese Projekte wurden gemäß Multiprojekt-Ressourcenzuteilung geplant und kamen in den Genuß effektiven Projektmanagements. Sie wurden dementsprechend alle rechtzeitig oder sogar frühzeitig abgeschlossen und blieben deutlich unter den ursprünglich vorgesehenen Kosten, das heißt, sie blieben unter den Kostenniveaus, die das Unternehmen aufgrund von Erfahrungen mit früheren, vergleichbaren Projekten erwartet hatte.

Beteiligung des Kunden

Die wahre Gesamtkostenmethode sollte auch die Kosten beinhalten, die dem Kunden erwachsen, nachdem ihm das Projekt übergeben wurde. Dies sind die Kosten für den Betrieb und die Wartung der installierten Geräte oder Anlagen. Unter Umständen muß der Kunde von den guten Absichten des Auftragnehmers erst überzeugt werden, denn zunächst kann es sein, daß höhere Kosten als Investition für die Verringerung der Gesamtkosten für die gesamte Lebensdauer des Projekts gerechtfertigt werden müssen.

Beispiel

Dieses Prinzip ist dem oben erwähnten Unternehmen gut bekannt. Die Firma hat ihre Gesamtkostenmethode so ausgeweitet, daß der Kunde nun an kontinuierlichen Diskussionen über Entwurf, Qualität und Kosten beteiligt wird.

Die Spezialmaschinen wurden Kunden verkauft, um Komponenten in den Werken der Kunden zu bearbeiten; hier ging es um alle erforderlichen Operationen, um Gußstücke in fertige Komponenten umzuwandeln. Viele der eingesetzten Komponenten sind sehr komplex, etwa Gangschaltungen, Zylinderköpfe oder Zylinderblöcke für die Automobilindustrie.

Bei einer typischen Projektentwicklung sind das Konzept und der Entwurf der zu liefernden Maschinen, der Entwurf und die Entwicklung der Komponenten des Kunden und die vorgesehenen Metho-

den für den Betrieb und die Wartung der Maschinen Teil der fortlaufenden Diskussion und Kooperation zwischen den Technikern des Lieferanten und des Kunden.

Dieser Vorgang wird als integrierte, simultane oder – am häufigsten – gleichzeitige technische
Durchführung bezeichnet. Es wird dabei versucht, die Leistungs- und Qualitätsanforderungen des
Kunden zu den geringsten Gesamtkosten zu erreichen, was Vorzüge für beide Unternehmen bringt.

Etats

Die ersten Projektetats müssen den Kostenvoranschlägen entstammen, die für die Vorbereitung des
Ausschreibungsangebots oder den internen Projektvorschlag verwendet wurden. Die letztgültigen
Versionen davon werden zu den genehmigten Ausgabenniveaus für jene Abteilungen, die an dem
Projekt beteiligt sind.

Etatterminplanung

Es sind nicht nur die obersten Etatgrenzen von Bedeutung, sondern auch die eingeteilte Ausgabenrate. Typische, kumulative Projektausgaben beschreiben entlang einer Zeitachse eine S-Kurve (siehe Abbildung 19.4).

Etataufgliederung

Der Gesamtetat sollte über die Arbeitsaufgliederungsstruktur des Projekts verteilt werden, damit es
einen spezifizierten Etat für jedes Ausschreibungspaket gibt.

Diese Aufgliederung wird in Beziehung zu sämtlichen Aktivitäten im Projektnetzplan stehen – voraussichtlich auch zu Gruppen von Aktivitäten, die innerhalb jedes Ausschreibungspaket fallen. Eine
direkte Korrelation zwischen den in der Projektdauer enthaltenen Kosten und den Ressourcenvor-
anschlägen ist gelegentlich schwierig zu erkennen, doch sollte der Versuch unternommen werden.
Weit wichtiger ist die Beziehung zwischen der Arbeitsaufgliederung und dem Projektkostencodie-
rungssystem. Für eine echte Bemessung und Kontrolle muß jedes Etatelement einem identifizierba-
ren und meßbaren Ausschreibungspaket entsprechen, und jedes Etatelement und das mit ihm in Verbindung stehende Arbeitspaket müssen einen gemeinsamen, nur einmal vorkommenden Kostencode teilen. Dieses Thema wurde im Detail im Kapitel 4 behandelt.

Lohnkostenetats

Verwendung von Arbeitsstunden

Häufig wird – aus gutem Grund – gesagt, Manager und Supervisoren sollten ihre Arbeitsetats in
Form von Arbeitsstunden und nicht als die sich ergebenden Lohn- und Betriebskosten erhalten. Das
Argument dafür besteht darin, daß ein Manager niemals für das Einhalten von Zielvorgaben verant-
wortlich gemacht werden sollte, wenn er keine Verfügungsgewalt über die Kontrolle ursächlicher
Faktoren hat. Projektmanager sind nur selten für das Niveau und die Erhöhung von Löhnen und
Gehältern und die Betriebskostenausgaben des Unternehmens verantwortlich. Sie sind jedoch für
den Fortschritt und (durch die Beaufsichtigung) für die Zeit, die für die Fertigstellung jedes Aus-
schreibungspakets erforderlich ist, verantwortlich.

In diesen Kapiteln wird daher davon ausgegangen, daß jeder Manager mit Etatverantwortung für
jedes Ausschreibungspaket unter seiner Kontrolle einen Arbeitsstundenetat erhält, den er zu berücksichtigen hat.

Beziehung zu Netzplanaktivitäten

Wird Ressourcenzuteilung angewendet, muß jedes Arbeitspaket der Arbeitsaufgliederung durch eine Aktivität oder eine Gruppe von Aktivitäten im Projektnetzplandiagramm dargestellt werden. Dies bedeutet, daß es für jedes Ausschreibungspaket zwei unterschiedliche Quellen der veranschlagten Kosten gibt:

1. Den Etat aus dem Projektangebotsdokument.
2. Die Kosten, die sich aus den Voranschlägen der Netzplanaktivitäten ergeben.

Der Umfang an Arbeitsstunden, der für jede Netzplanaktivität veranschlagt wurde, ist die Aktivitätendauer multipliziert mit der Anzahl der spezifizierten Ressourcen.

Nehmen wir beispielsweise an, daß eine Firma sieben Stunden pro Tag arbeitet und daß die veranschlagte Dauer einer Aktivität 15 Tage beträgt, wobei zwei technische Zeichner als erforderliche Ressource spezifiziert wurden. Dies bedeutet einen veranschlagten Arbeitsstundenumfang für die Aktivität von 7 x 15 x 2, also 210 Stunden. Wenn alle Aktivitäten, die sich auf ein bestimmtes Ausschreibungspaket beziehen, identifiziert werden können, sollte es möglich sein, die Voranschläge, die sich aus dem Netzplan ergaben, mit denen im Etat (aus den Projektangebotsvoranschlägen) zu vergleichen.

Nicht immer ist genügend Zeit für solche Vergleiche vorhanden, doch wenn sie durchgeführt werden können, ist es unwahrscheinlich, daß die beiden Voranschläge exakt übereinstimmen werden. Zwischen den groben Gesamtmengen sollte es jedoch keine erheblichen Diskrepanzen geben. Wenn die Netzplanvoranschläge die Etatvoranschläge zu übersteigen scheinen, ist eine sofortige Untersuchung erforderlich. Auf jeden Fall gibt es jedoch rechtzeitig eine Warnung.

Etats für Einkäufe und Unterverträge

Etats für Einkäufe und Unterverträge müssen in der entsprechenden Projektwährung ausgedrückt werden. Verpackung, Transport, Versicherung, Zollgebühren und Steuern müssen jeweils mit einbezogen werden.

Terminplanung

Die S-Kurve für Einkäufe und Unterverträge kann in verschiedenen Versionen gezeichnet werden, mit Zeitverschiebungen, die davon abhängen, auf welchen Daten die Terminplanung für die Ausgaben basiert:

1. Die Termine der Bestellungsaufgabe (eingeplante Kosten).
2. Die Termine, zu denen die Zahlungen vorgesehen sind (wirkliche Kosten).

Es gibt einen dritten, späteren, Zeitpunkt für die Aufzeichnung der Materialkosten; dies gilt besonders für Fertigungsprodukte, weil die Arbeitsgänge bepreist werden, wenn die Materialien aus den Lagern entnommen werden, was lange nach dem Zeitpunkt sein kann, zu dem sie bezahlt wurden. Diese Terminplanungen sind in der Abbildung 17.2 dargestellt. Die Kosten für Einkäufe werden während der Vorbereitung der Einkaufsspezifikation oder des Kaufauftrags festgelegt, weil die Kostenübernahme verpflichtend wird, sobald die Bestellungen aufgegeben sind. Aus diesem Grunde ist die Kostenkontrolle für den Einkauf von jenen Verfahren abhängig, die in den Kapiteln 16, 17 und 18 beschrieben wurden.

Währungseinheiten

Die verwendeten Währungseinheiten sind natürlich von Bedeutung. Bei Projekten, die innerhalb der Grenzen eines Landes durchgeführt werden, sollte es keine Schwierigkeiten geben: Die nationale Währung ist die naheliegende Wahl für die Zwecke der Etatplanung und der Kostenberichterstattung. Wenn für das Projekt importierte Serviceleistungen und Materialien verwendet werden sollen, besteht die logische Methode, den Etat und die Ausgaben anzugeben, darin, alle Summen in die „Heimatwährung" umzurechnen, wobei darauf geachtet werden muß, daß in jedem Fall die verwendeten Umrechnungskurse angegeben werden.

Wenn ein Projekt Arbeitsleistung für einen ausländischen Kunden beinhaltet, kann der Auftragnehmer durch die Vertragsbedingungen oder die vereinbarten Projektverfahren verpflichtet sein, für die Vorbereitung der Etats und die Meldung der Ausgaben die Landeswährung des Kunden oder eine Leitwährung, z. B. US-Dollar, zu verwenden. Die gewählte Währung muß dann unter Umständen zur Kontrollwährung des Projekts werden. Wiederum ist es unbedingt erforderlich, die jeweiligen Umrechnungskurse anzugeben.

Etatänderungen

Bei den meisten Projekten sind die Etats nicht statisch. Sie wachsen mit jeder Auftragsänderung an, die zu einem vereinbarten Anstieg des Projektpreises führt. Es sollte jederzeit möglich sein, den Etat so auszudrücken, daß die ursprüngliche Menge, die nachträglich mit dem Kunden vereinbarten Zusätze und somit der gesamte gegenwärtige Etat vermittelt werden. Wenn möglich, sollten diese Veränderungen auf der Ebene der Ausschreibungspakete vorgenommen werden. Werden die genehmigten Etatänderungen mit einbezogen, sollte die Kurve im Laufe der Zeit einer S-Kurve gleichen, die durch eine Reihe von stufenförmigen Anstiegen ergänzt wurde.

Angleichungen für außerordentliche Aufwendungen

Wenn sich das Projekt über mehr als nur ein paar Monate erstreckt, werden voraussichtlich Kosteneskalation und – bei internationalen Projekten – Währungskursschwankungen in die Etats, Kostenberichte und Kontrollen mit einbezogen werden müssen.

Die entsprechenden Rücklagen im ursprünglichen Projektkostenvoranschlag für Kosteneskalation, Währungskursschwankungen und unvorhergesehene Ausgaben können – vorausgesetzt, sie sind in der Preis- oder Berechnungsstruktur enthalten – als „Reserveetats" betrachtet werden. Die entsprechenden Summen können von Zeit zu Zeit von diesen Reserven „abgezogen" werden, um den Kontrolletat auszugleichen.

Methoden der Kostenaufstellung

Es kann davon ausgegangen werden, daß jedes etablierte Unternehmen Verfahren anwendet, um die Projektkosten zusammenzustellen und aufzuzeichnen. Es ist von großer Wichtigkeit, daß die Analyse und das Berichten auftretender Kosten umgehend durchgeführt werden. Wenn die Zahlen bereits einen Monat alt sind, bevor sie dem Projektmanager mitgeteilt werden, welche Chance hat dieser dann noch, Maßnahmen zu ergreifen, um eine negative Entwicklung aufzuhalten?

Die meisten Verfahren für die Zusammenstellung von Kosten und die Zuteilung der Projektkostencodes fallen in den Verantwortungsbereich der Kostenrechner des Unternehmens. Vorausgesetzt, die Buchhaltungsabteilung der Firma macht ihre Arbeit ordentlich, sind es die gemeldeten Zahlen, die den Projektmanager beschäftigen, und nicht die täglichen Operationen der Kostenrechnung. Es gibt jedoch Bereiche, in denen der Projektmanager und andere Personen außerhalb der Buchhaltungsabteilung besondere Verantwortung dafür haben, zu gewährleisten, daß die Kostenzusammenstellung so sorgfältig und pünktlich wie möglich erfolgt. Im Rest dieses Abschnitts werden einige dieser Bereiche beschrieben.

Arbeitsstunden

Allgemeine Stundenzettel

Eine übliche Methode für die Aufzeichnung und Zusammenstellung der Zeit, die Facharbeiter oder andere Mitarbeiter in dem Projekt verbracht haben, besteht darin, daß jeder einzelne in regelmäßigen Abständen Stundenzettel ausfüllt. Stundenzettel werden in der Regel wöchentlich erstellt; jeder trägt die aufgewendete Zeit unter dem entsprechenden Kostencode oder der Jobnummer ein, wobei voraussichtlich auf halbe Stunden aufgerundet wird. Abbildung 22.1 zeigt ein Beispiel für einen wöchentlichen Stundenzettel.

Ein wichtiger Teil dieses Verfahrens besteht darin, daß der Supervisor die Einträge prüft und verifiziert, bevor er seine Unterschrift darunter setzt.

Erforderlichkeit von Genauigkeit

Welche Methode auch verwendet wird, es ist erforderlich, daß die Zeitaufzeichnung so sorgfältig wie möglich erfolgt.

Ist das Projekt als Team organisiert und arbeitet jeder die gesamte Zeit über an dem Projekt, bestehen die einzigen zu erwartenden Fehler darin, daß Subcodes innerhalb des Projekts falsch zugeteilt werden. Besteht die Organisation jedoch aus einer Matrix, so könnten die Leute im Laufe einer Woche – oder selbst an einem Tag – an mehr als einem Projekt arbeiten, und die Zuteilung der Zeit zwischen den Projekten wird subjektiver und anfällig für Fehler oder Mißbrauch. Es gibt häufig Perioden, in denen die Mitarbeiter weniger effektiv arbeiten oder sogar Zeit verschwenden, und es besteht immer die Gefahr, daß solche Zeiten fälschlich unter die am bequemsten handhabbare Nummer gebucht werden.

Mitarbeiter sollten ihre Stundenzettel jeden Tag ausfüllen. Wird diese Aufgabe bis zum Einsammeln der Stundenzettel am Ende der Woche liegengelassen, kommt es unweigerlich zu Fehlern, denn so mancher wird sich vergeblich zu erinnern versuchen, was er während der Woche gemacht hat.

Fehler auf den Stundenzetteln für Festpreisverträge können zu falschen Gewinn-und-Verlust-Einschätzungen führen und den Wert historischer Kostenaufzeichnungen für die zukünftige Analyse und die vergleichende Kostenberechnung mindern. Bei Kosten-plus-Verträgen führen Fehler auf den Stundenzetteln zu Buchungsfehlern gegenüber dem Kunden. Stundenzettel sollten daher nur von denjenigen abgezeichnet werden, die dazu befugt sind. Es kann erforderlich sein, Kontrollen auf höherer Ebene vorzunehmen und dafür zu sorgen, daß eine geeignete Person gelegentlich Prüfungen der Stundenzettel durchführt. Bei Kosten-plus-Verträgen werden die Kunden wahrscheinlich auf derartigen Sicherheitsvorkehrungen bestehen.

Stundenzettel für Zeitarbeiter

Mitarbeiter von Personalbereitstellungsfirmen, die in den Büros des Auftragnehmers arbeiten, erhalten ihre eigenen Stundenzettel, die der Projektauftragnehmer abzeichnen muß. Nur selten sind diese Stundenzettel als Projektkostenaufzeichnungen geeignet, und es wird voraussichtlich erforderlich sein, die Agenturmitarbeiter zusätzlich Stundenzettel des Auftragnehmers ausfüllen zu lassen. Wenn

Stundenzettel

Von Buchhaltung auszufüllen

Name: _____ Mitarbeiternummer: _____

Abteilung: _____ Woche endet am: _____

Auftragsnummer	Sonntag	Samstag	Montag		Dienstag		Mittwoch		Donnerstag		Freitag	
			Normale Arbeitszeit	Über-stunden	Normale Arbeitszeit	Über-stunden	Normale Arbeitszeit	Über-stunden	Normale Arbeitszeit	Über-stunden	Normale Arbeitszeit	Über-stunden
Gesamt pro Tag												

Anmerkungen: _____

Unterschrift: _____ Genehmigt von: _____

Abbildung 22.1   Ein Wochenstundenzettel

erforderlich, können diese farbcodiert werden, um sie von den Stundenzetteln der Festangestellten zu unterscheiden.

Die Arbeitszeit von Agenturmitarbeitern, die in den Büros der Agentur beschäftigt sind, wird in der Regel wöchentlich, entsprechend detaillierter Stundenzettel der Agentur, in Rechnung gestellt. Unter Umständen möchte der Auftragnehmer die zu verwendenden Stundenzettel spezifizieren und selbst zur Verfügung stellen. Prüfung und korrekte Genehmigung sind hier sehr wichtig, und der Auftragnehmer könnte sich entschließen, willkürliche, unangemeldete Inspektionsbesuche im auswärtigen Büro vorzunehmen, um sich gegen Betrug abzusichern.

Direkte Eingabe der Stundenzetteldaten in den Computer

Einige der leistungsstärkeren Projektmanagementsoftwaresysteme, die in einem Netzwerk verbunden sind, ermöglichen es den Mitarbeitern, ihre Stundenzetteldaten direkt einzugeben.

Dieses Verfahren kann erhebliche Zeiteinsparungen bringen, doch müssen die folgenden Punkte beachtet werden:

- Prüfung, Kontrolle und Genehmigung sind schwieriger durchzuführen und es ist davon auszugehen, daß Fehler auftreten werden.
- Das System wird erst funktionieren, wenn sich jeder über die zu verwendenden Kostencodes im klaren ist und darüber, in welchem Verhältnis sie zu den Arbeitsinformationen in der Datei stehen.
- Es werden zusätzliche Systemkosten entstehen, die erheblich sein können und die vervielfacht werden durch der Anzahl von Mitarbeitern, die Daten eingeben.

Eine Alternative besteht darin, nicht das Projektmanagementpaket zu verwenden, sondern statt dessen den Mitarbeitern zu erlauben, die Daten in das Management-Informationssystem des Unternehmens einzugeben.

Gelegentliche Beschäftigung von Subunternehmern

Eine übliche Methode für die Abrechnung verschiedener Arbeiten, die von Subunternehmen durchgeführt werden, besteht in der Verwendung von Stundenzetteln für einen Arbeitstag.

Einige solcher Subunternehmen präsentieren ihre Rechnungen in unregelmäßigen Abständen oder erst nach langen Verzögerungen. Es kann sich als sehr schwierig herausstellen, Rechnungen zu prüfen, die sechs Monate oder noch später nach Fertigstellung der Arbeit eingehen, zumal Tagesarbeitsbögen oft lückenhaft ausgefüllte Zettel sind, die von einem Vordruckblock abgerissen werden. Ich erinnere mich an einen Fall, in dem es um Nebenkosten für Anlagenmiete, für die Bereitstellung von Containern, die Gebühren für einen Bauwagen und verschiedene Materialien und um Hunderte von Tagesarbeitsbögen ging. Die Gesamtkosten beliefen sich auf Tausende von Geldeinheiten, wovon ein großer Teil auf die Angaben in den Tagesarbeitsbögen zurückging. Die Zeitverzögerung machte jedoch die Identifizierung und die Prüfung der Kosten sehr schwierig.

Es ist wichtig, daß jedes Unternehmen, das Subunternehmer beschäftigt, sämtliche Tagesarbeitsbögen prüft, genehmigt und Kopien von ihnen behält, bis die entsprechenden Rechnungen eingegangen sind und für die Zahlung freigegeben wurden.

Einkäufe und Unterverträge

Es ist davon auszugehen, daß die Einkaufs-, Buchhaltungs- und Lagerhaltungsverfahren vorsehen, die Kosten für Materialien und eingekaufte Anlagen zusammenzustellen und zu archivieren. Die Routinesysteme für die Kostenrechnung beinhalten normalerweise Kosten, die mit der Zahlung von

Rechnungen, und solche, die mit den späteren Arbeitsgängen verbunden sind, wenn die Materialien vom Lager an die Produktion ausgegeben werden.

Bei Projekten, für die Anlagen, Materialien oder Unterverträge speziell für die Verwendung in dem Projekt bestellt werden, sollte sich der Projektmanager besonders darum kümmern, daß ein System für die Aufzeichnung und die tabellarische Aufführung des Werts der Bestellungen zum Zeitpunkt ihrer Aufgabe existiert. Diese Information gibt zum Zeitpunkt der Einplanung der Kosten die frühestmöglichen Angaben zu Kostentrends im Verhältnis zum Etat. Es ist unwahrscheinlich, daß die Einkaufsorganisation oder die Kostenrechnungsverfahren des Betriebs so eingerichtet sind, daß eingeplante Kosten auf diese Weise aufgezeichnet werden. Der Projektbetrieb muß daher unter Umständen seine eigenen Verfahren für diesen Zweck einrichten.

Nebenausgaben

Einige Verträge ermöglichen dem Auftragnehmer, die Rückerstattung von Ausgaben für Telefongespräche, Planausdrucke, Fotokopien und verschiedene Büroarbeiten zu fordern. Dies ist häufig bei Unternehmen in der Bergwerks- und Ölindustrie sowie in Fachbetrieben wie Architekturbüros und Anwaltskanzleien der Fall.

Die Zusammenstellung dieser Kosten kann sehr schwierig sein. In Betrieben, die gleichzeitig mehrere Projekte durchführen, kann es umständlich sein, die Kosten für einen Kunden oder ein Projekt zu isolieren. Die Anstrengung sollte jedoch, wenn möglich, unternommen werden.

Es ist zwar unwahrscheinlich, daß die jeweiligen Summen im Vergleich zu den Hauptprojektaktivitäten sehr groß sind, doch in der Regel lohnt es sich, sie zurückerstattet zu bekommen. Insbesondere sollte jede Ausgabe, die direkt einem Projekt zugeordnet werden kann, in Rechnung gestellt werden. Andernfalls werden diese Ausgaben die allgemeinen Betriebskosten aufblähen, die wiederum so niedrig wie möglich gehalten werden müssen, damit der Auftragnehmer am Markt wettbewerbsfähig bleibt. Die folgenden Methoden der Zusammenstellung sind hier geeignet:

- Die Verwendung eines einfachen Anforderungssystems für umfangreiche Fotokopien, Planausdrucke und andere Formen der Reproduktion mit verpflichtender Verwendung von Kunden- oder Kostencodes.
- Verpflichtende Verwendung von Kostencodes für Kassenbelege.
- Die Installation und tägliche Verwaltung eines automatischen Registrierungssystem für sämtliche Telefon-, Telex- und Faxleitungen. Anders als viele andere moderne Innovationen führt die automatische Registrierung von Telefongesprächen in der Regel zu noch größeren Einsparungen als von den Herstellern behauptet.

Rechnungsprüfung

Die Notwendigkeit, Einträge auf Stundenzetteln von Managern und Supervisoren prüfen und genehmigen zu lassen, wurde bereits erwähnt. Es handelt sich dabei letztlich um eine Art von Rechnungsprüfung. Sie hilft dabei, den Kunden eines Kosten-plus-Projekts vor überzogenen Rechnungen zu schützen, und sie hilft außerdem sicherzustellen, daß archivierte Aufzeichnungen von Festpreisprojekten verhältnismäßig frei von Fehlern und daher als zukünftige Kostenvoranschlagsreferenz wertvoller sind.

Jedes Unternehmen muß sich der möglichen Risiken bewußt sein, wenn ein Manager oder ein anderer Mitarbeiter die Befugnis hat, Ausgaben zu tätigen oder Zahlungen zu genehmigen. Selbst wo völliges Vertrauen zwischen der Geschäftsleitung und anderen Managern besteht, sollten die Verfahren überprüft und – wenn nötig – geändert werden, um die Möglichkeit von Unregelmäßigkeiten auszuschließen.

Ein Unternehmen sollte Ausgabenobergrenzen festlegen, für deren Überschreitung jeder Manager die Zustimmung eines Vorgesetzten benötigt. Die Genehmigung der Zahlung der daraus resultierenden Rechnung sollte unabhängig davon vorgenommen werden, damit weniger Versuchung besteht, Waren oder Dienstleistungen für die eigene Verwendung zu erwerben.

Es sollten Regeln für den Wert von Einladungen und Werbegeschenken festgelegt werden, die Personen mit Einkaufsbefugnis von Lieferanten und Subunternehmern akzeptieren dürfen. Diese sollten vorsichtig gehandhabt werden, damit nicht Gesten des guten Willens und – anerkannte – Praktiken gestört werden, sie sollten jedoch Manager abschrecken, unverhältnismäßig große (Geld-)Geschenke anzunehmen.

Kassenbelege sind leicht zu mißbrauchen. Ich erinnere mich an einen Fall, in dem ein (zuvor) respektierter Mitarbeiter der Einkaufsabteilung regelmäßig kleine Einkäufe von Schreibwaren tätigte, für die er sich die Kosten gegen Bargeldquittungen zurückerstatten ließ. Alles wäre in Ordnung gewesen, hätte derjenige es sich nicht zu Gewohnheit gemacht, jeder Quittung einen erheblichen Betrag aufzuschlagen, nachdem sie vom Einkaufsleiter abgezeichnet wurde. Die Summe, die auf diese Weise verloren wurde, hätten gespart werden können, wären entsprechende Verfahrensprüfungen durchgeführt worden.

Kapitel 23

Kostenmanagement – Teil 2: Einschätzung, Prognose und Bericht

Im vorigen Kapitel wurden die Grundsätze und Praktiken für die Einrichtung von Projektetats und die Zusammenstellung der Kostendaten präsentiert. Das Thema Kostenmanagement wird in diesem Kapitel fortgeführt, indem Techniken beschrieben werden, anhand deren der Fortschritt im Vergleich zu den Etats eingeschätzt werden kann. Außerdem wird die Verwendung von Kostendaten für die Vorhersage von Trends und wirklichen Gesamtkosten erklärt. Die beschriebenen Hilfsmittel sind entscheidende Voraussetzungen für ein effizientes Kostenkontrollsystem; sie zielen darauf ab, Informationen für das Management bereitzustellen, bevor es zu spät für wirkungsvolle Maßnahmen ist.

Beobachtung der Meilensteine

Die Meilensteinanalyse gehört zu den einfacheren Methoden, mit denen Manager versuchen können, die tatsächlichen Kosten und den erreichten Fortschritt an einem Projekt zu jedem Zeitpunkt mit den geplanten Kosten und Arbeiten zu vergleichen.

Die Methode ist weniger effektiv und geht weniger ins Detail als andere in diesem Kapitel beschriebene Verfahren, doch sie hat den Vorzug, daß sie dem Management nur relativ wenig Mühe bei der Einrichtung und Unterhaltung bereitet. Sie erfordert auch keine komplizierten Kostenberechnungsmethoden und kann zu einem Zeitpunkt angewendet werden, zu dem die Pläne und Einteilungen noch nicht besonders detailliert sind. Die Vorzüge der Methode können herausgestellt werden, indem wir zunächst beschreiben, wie tatsächliche und geplante Kosten ohne die Einbeziehung von Meilensteinen verglichen werden.

Kostenbeobachtung ohne Meilensteine

Abbildung 23.1 enthält die Art von Kurve, die entstehen könnte, wenn die Gesamtprojektkosten regelmäßig aufgezeichnet und entlang der Zeitachse als Graph dargestellt werden. Nachdem dies geschehen ist, wird in der Regel eine weitere Kurve für die geplanten (im Etat vorgesehenen) Ausgaben entlang derselben Achsen gezeichnet. Ist das System der Kostenberechnung brauchbar, wird es möglich sein, die tatsächlichen Kosten einigermaßen exakt entlang derselben Achsen einzuzeichnen. Dies ist in Abbildung 23.1 geschehen, als das Projekt die 35. Woche erreichte.

Wenn keine geeignete Arbeitsaufgliederung mit Etats vorliegt, ist es nicht möglich, eine Etatkurve mit einer angemessenen Zeitplanung zu zeichnen. Bestenfalls kann der Etat, wie in Abbildung 23.1, als eine gerade Linie eingetragen werden. Eine solche Graphik ist, selbst wenn sie eine gut gezeichnete Kurve für die tatsächlichen, kumulativen Kosten enthält, für das Management nur von sehr begrenztem Nutzen.

Auf der einen Seite ist es gerechtfertigt, anzunehmen, daß, wenn keinerlei Geld ausgegeben wurde, auch kein Fortschritt erzielt wurde. Niemand würde dieser Aussage widersprechen. Ebenfalls wahr und leicht verständlich ist, daß eine deutlich niedrigere Ausgabenrate in der Regel eine unzurei-

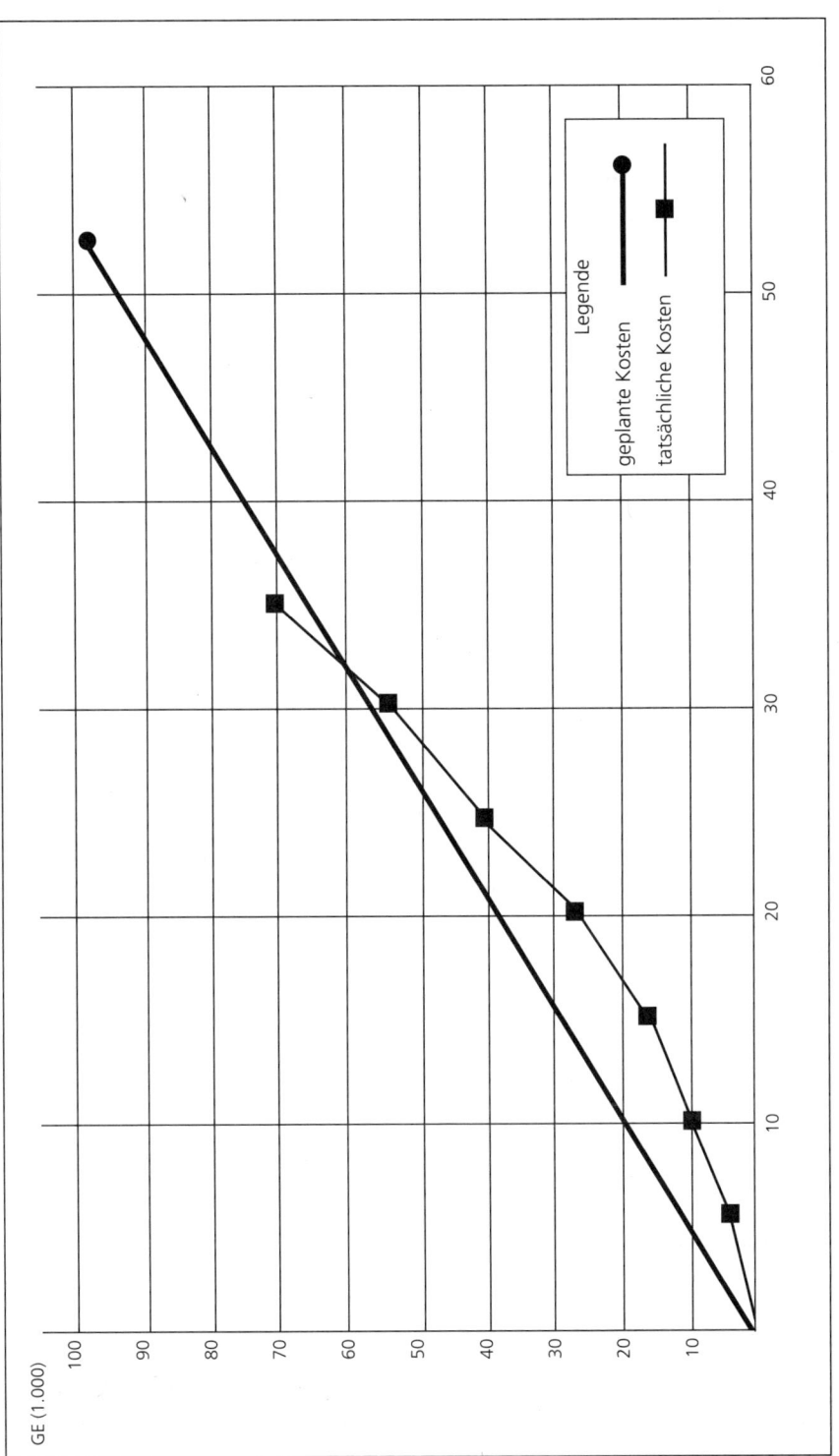

Abbildung 23.1   Ein einfacher Vergleich der Kosten mit dem Etat

Diese Projektkostenkurve ist nur von sehr begrenztem Nutzen, weil sie keinen Aufschluß über das Erreichte gibt. Siehe auch Abbildung 23.2, die dasselbe Projekt in einer Berichtsform mit Meilensteinen zeigt.

chende Fortschritts- und Erfüllungsrate andeutet. Unglücklicherweise gehen einige Manager noch weiter und kommen zu der weniger akzeptablen Annahme, ein Ausgabenaufkommen entsprechend der vorgesehenen Rate bedeutet, daß Fortschritt und Aufgabenerfüllung entweder laut Plan verlaufen oder „ungefähr richtig" liegen. Dies kann jedoch nur als sehr grobe Richtlinie betrachtet werden und zu gefährlichen, falschen Schlußfolgerungen führen.

Nehmen wir an, ein Projekt sollte seit sechs Monaten laufen, und die vorgesehenen Ausgaben sollten 500.000 GE betragen. Einige wären zufrieden, wenn sie erführen, daß die gemeldeten Ausgaben sich auf 500.000 GE oder etwas weniger beliefen. Diese Personen versäumen es, die entscheidenden Fragen zu stellen, die jeder Projektmanager ständig bedenken sollte, nämlich:

1. Wieviel haben wir bisher ausgegeben?
2. Was sollten wir bisher ausgegeben haben?
3. Was haben wir bisher erreicht?
4. Was sollten wir erreicht haben?
5. In welchem Vergleich stehen das tatsächlich Erreichte und die Kosten zu den geplanten Kosten und der geplanten Leistung?
6. Welche Implikationen hat es für die Gesamtkosten des Projekts, wenn zugelassen wird, daß sich dieser Trend fortsetzt?

Die Beobachtung der Meilensteine kann dabei helfen, die Antworten auf einige dieser Fragen deutlich zu machen.

Kostenbeobachtung anhand von Meilensteinen

Identifizierung von Meilensteinen

Der erste Schritt bei der Meilensteinanalyse liegt offensichtlich darin, zu entscheiden, was ein Meilenstein ist. Dies geschieht, indem bestimmte Schlüsselaktivitäten oder -ereignisse, die sich am Übergang zwischen bedeutenden Phasen des Projekts befinden, festgelegt werden. Anders ausgedrückt beschreibt ein Meilenstein eine besondere, leicht zu erkennende Stufe in der Entwicklung des Projekts in Richtung auf seinen Abschluß. Es kann sich dabei um die Annahme eines abschließenden Entwurfs durch den Kunden handeln, die Ausgabe eines Satzes von Planzeichnungen, den Tag, mit dem ein Gebäude wetterfest ist, so daß mit dem Innenausbau begonnen werden kann, oder ein vergleichbares Ereignis.

Im Idealfall sollten Meilensteine mit dem Abschluß von Arbeitspaketen aus der Arbeitsaufgliederungsstruktur zusammenfallen. Diese Methode wird für den Rest dieser Betrachtung vorausgesetzt. Für jeden Meilenstein sind zwei entscheidende Informationen erforderlich:

1. Der Termin, zu dem das Erreichen des Meilensteins vorgesehen ist.
2. Die Etatkosten für das damit verbundene Ausschreibungspaket, das heißt die Etatkosten für alle erforderlichen Arbeiten, um den Meilenstein zu erreichen.

Zeichnen des Etat-/Meilensteinplans

Wenn alle Meilensteindaten vorhanden sind, kann die Meilenstein-/Etatkurve gezeichnet werden. Die Kurve für die im Etat vorgesehenen Ausgaben ist kumulativ. Es werden die Kostenvoranschläge für sämtliche Arbeiten, die für das Erreichen jedes Meilensteins erforderlich sind, hinzugefügt, wobei darauf zu achten ist, daß die Gesamtsumme dem Gesamtprojektkostenetat entspricht und keine Voranschläge ausgelassen werden. Der Termin für jeden Meilenstein ergibt sich aus der Projekteinteilung.

Wenn gewünscht und – vor allen Dingen – wenn die Daten vorhanden sind, kann für jede Abteilung eine gesonderte Graphik gezeichnet werden, die von einer Gesamtgraphik für das Projekt ergänzt wird.

Zeichnen der Ausgaben-/Erfüllungskurve

Um die Kurve der tatsächlichen Ausgaben für einen Vergleich mit dem Plan zeichnen zu können, müssen für jeden Meilenstein zwei Informationen zusammengestellt werden:

1. Der Termin, zu dem der Meilenstein tatsächlich erreicht wurde.
2. Die tatsächlichen Ausgaben, die beim Erreichen dieses bestimmten Meilensteins entstanden sind.

Die Kosten werden addiert, um die kumulative Kostenkurve zu erstellen. Sie wird entlang derselben Achsen gezeichnet, wobei derselbe Maßstab verwendet wird wie für die Kurve der geplanten Kosten. Die Punkte auf der Kurve werden für jeden Meilenstein berechnet – jeweils zum Zeitpunkt seines Abschlußtermins.

Anwendung der Ergebnisse

Um die geplanten und tatsächlichen Kurven sinnvoll miteinander vergleichen zu können, ist es enorm hilfreich, wenn allen Meilensteinen einfache Nummern gegeben werden. Wenn die geplanten Meilensteine etwa die Nummern 1, 2, 3, 4 usw. tragen, dann sollten die entsprechenden Punkte auf der tatsächlichen Kurve dieselben Nummern haben.

Natürlich sollten die beiden Graphen auf demselben Pfad liegen, und die Meilensteinpunkte sollten übereinstimmen. Ist dies nicht der Fall, wird eine Untersuchung Aufschluß über die Projektkosten und die bisherige Erfüllungsleistung geben. Nehmen wir beispielsweise an, die Ausgabenrate liegt unter der im Plan vorgesehenen Rate. Treten die Meilensteine verspätet auf, kann dies bedeuten, daß der Fortschritt gefährdet ist, doch daß der Etat weniger gefährdet ist als das Programm. Wenn andererseits jedoch die Ausgaben dem Plan zu entsprechen scheinen, aber die Meilensteine zu spät erreicht werden, ist dies ein eindeutiger Hinweis darauf, daß die Ausgaben zu hoch sind.

Erforderlichkeit erneuter Zeichnung

Wird die Projekteinteilung aus irgendeinem Grunde geändert, ändern sich die Termine für zukünftige Meilensteine ebenfalls. Sind die geänderten Termine für die verbleibenden Meilensteine bekannt, muß die Kurve der erwarteten Ausgaben geändert werden, damit sie aktuell bleibt und eine Grundlage für den Vergleich der tatsächlichen Kosten mit dem Plan bildet.

Beispiel

Die folgenden Meilenstein- und Kosteninformationen entstammen dem Projekt, das in Abbildung 23.1 dargestellt wurde. Diesmal hatte der Projektmanager jedoch den Vorteil einer etwas detaillierteren Zeitplanung und Arbeitsaufgliederung, um die Kontroll- und Meßdaten zusammenzustellen.

Meilensteinbeschreibung	geplant für Woche	Etat in GE	erreicht in Woche	Kosten in GE
0 Projektgenehmigung	0	0	0	0
1 Entwurfsfreigabe	8	4.000	9	4.500
2 Zeichnungsausgabe, Bau	14	8.000	16	9.000
3 Zeichnungsausgabe, Anschlüsse	18	6.000	20	9.000
4 Fundamente fertig	25	5.000	25	5.000

5	Mauern bis Dachsims	29	12.000	32	15.000
6	Türen und Fenster eingesetzt	30	7.000	33	7.500
7	Dach (Bau ist wetterfest)	36	17.000	35	15.000
8	Alle Geräte auf Baustelle	38	12.000		
9	Verrohrung und Verkabelung	43	6.000		
10	Sämtliche Anschlüsse installiert	45	10.000		
11	Grundstück landschaftsgärtnerisch gestaltet	50	2.000		
12	Verputzen, Fertigbearbeitung	52	10.000		

Die Fortschritts- und Kosteninformationen wurden bis zur 35. Woche zusammengestellt. Die sich daraus ergebenden Kurven der geplanten und der tatsächlichen Informationen werden in Abbildung 23.2 dargestellt.

Interpretation

Stellen wir uns zunächst vor, das Projekt läuft bereits seit mehr als 16 Wochen, und betrachten wir die Situation, wie sie in der Graphik dargestellt wird. Meilenstein 2 wurde etwas zu spät erreicht, zu Kosten, die den Etat leicht überschreiten. Auf dieser frühen Stufe weist diese Information noch keinen exakten Trend aus.

In Woche 25 wurde Meilenstein 4 rechtzeitig erreicht, doch die Gesamtausgaben liegen noch immer über dem Etat.

In Woche 30 ist der Fortschritt weniger gut. Zwar befindet sich die Ausgabenkurve unter der Etatkurve, doch die Meilensteine 5 und 6 müssen noch nach Plan erreicht werden.

In Woche 33 beginnt die Lage ernst zu werden. Meilenstein 6 wurde mit drei Wochen Verspätung erreicht, und die Projektkosten belaufen sich auf 8.000 GE über Etat für Meilenstein 6.

In Woche 35, der letzten Woche, für die tatsächliche Resultate erhältlich sind, hat das Projekt aufgeholt: Meilenstein 7 wurde rechtzeitig erreicht. Die Gesamtprojektkosten liegen noch immer über dem Etat, doch die Abweichung ist auf 6.000 GE gesunken.

Nachteile der Meilensteinmethode

Bei der Verwendung der Meilensteinmethode werden verschiedene Nachteile deutlich:

1. Die Informationen, die für das Management herausgefiltert werden, um den Fortschritt zu kontrollieren, sind erst erhältlich, nachdem der Schaden entstanden ist, und mit Sicherheit erst viel später als Prognosen, die mit detaillierteren Ergebnisanalysen möglich sind.

2. Treten häufig Programmverzögerungen auf, müssen die Kurven oft neu gezeichnet werden, wenn nicht ein Computer oder eine äußerst flexible Zeichenmethode verwendet wird.

3. Die Methode erfaßt keine angefangenen Arbeiten (Arbeitspakete, die begonnen wurden, bei denen jedoch noch kein Meilenstein erreicht ist).

4. Die Methode zeigt lediglich qualitative Ergebnisse an und weist auf Trends hin, während eine vollständige und detaillierte Ergebnisanalyse sorgfältige quantitative Messungen ermöglicht.

5. Es ist nicht einfach, mit den Resultaten der Meilensteinanalyse das voraussichtliche Schlußergebnis des Projekts vorherzusagen.

Die Methode erfordert jedoch verhältnismäßig geringen Arbeitsaufwand; sie stellt eine erhebliche Verbesserung gegenüber dem einfachen Vergleich der Kosten mit dem Etat dar und mag daher für einen vielbeschäftigen Projektmanager empfehlenswert sein.

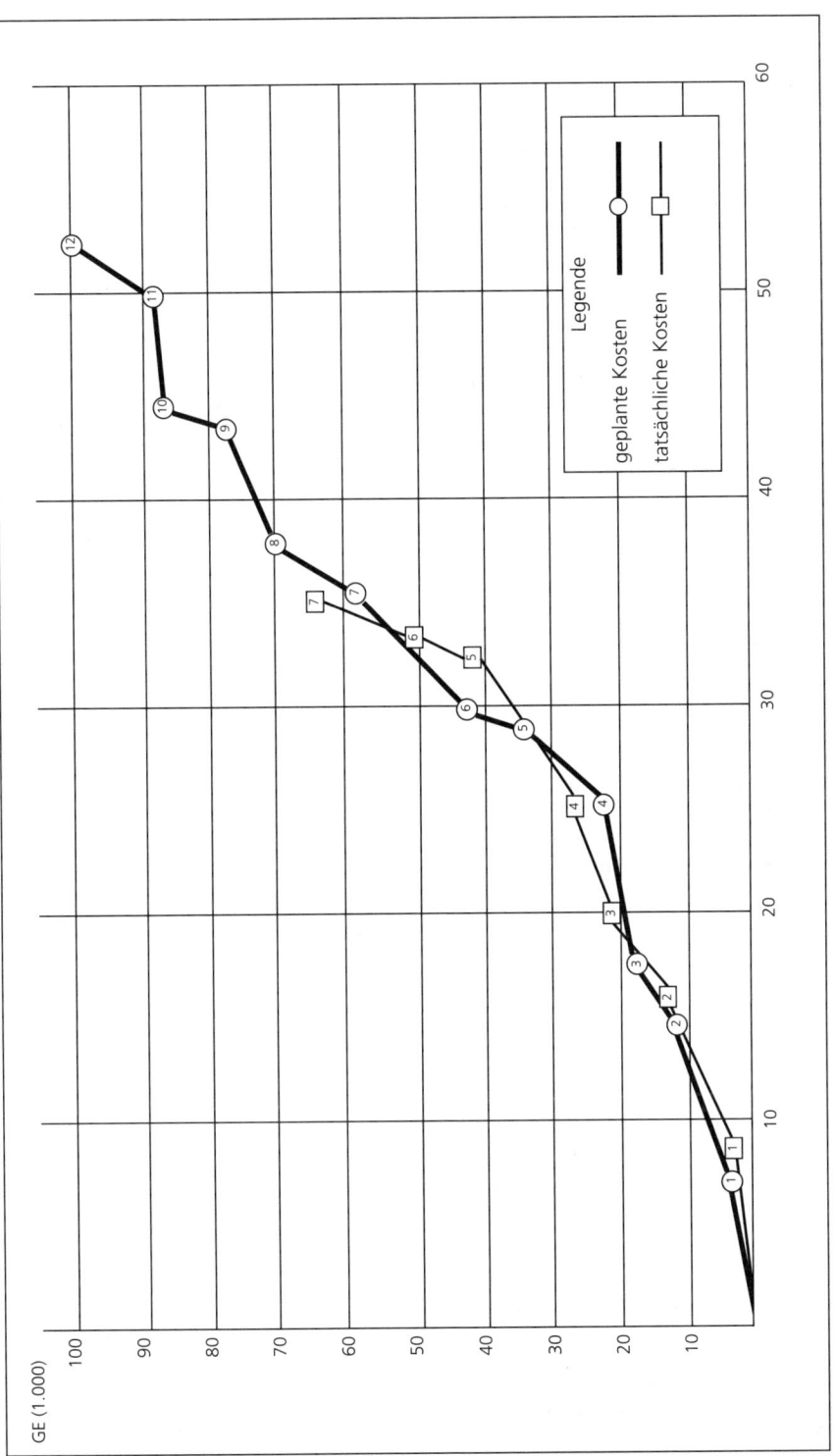

GE (1.000)

Legende

geplante Kosten

tatsächliche Kosten

Abbildung 23.2   Vergleich der Projektkosten mit dem Erreichten bei Verwendung von Meilensteinen

Dieses Diagramm ermöglicht, im Gegensatz zu Abbildung 23.1, in gewissem Ausmaß einen Vergleich der geplanten mit der tatsächlichen Leistung, sowohl hinsichtlich der Zeit als auch der Kosten. Meilensteinberichte dieser Art beinhalten keine Kosten für angefangene Arbeiten.

Das Konzept der Ergebnisanalyse

Ergebnisanalyse ist in vielen Betrieben nicht Teil der normalen Managementverfahren der Buchhaltung und der Fortschrittskontrolle. Sie kann als das fehlende Verbindungsstück zwischen Kostenberichten und Kostenkontrolle betrachtet werden. Sie hängt davon ab, daß für Planung und Kontrolle ein solider Rahmen existiert, der folgendes beinhaltet:

- Eine detaillierte Arbeitsaufgliederungsstruktur.
- Ein entsprechend detailliertes Kostencodierungssystem.
- Rechtzeitige und sorgfältige Zusammenstellung und Weitermeldung der Kostendaten.
- Eine Methode für die Beobachtung und Quantifizierung der geleisteten Arbeitsmenge inklusive angefangener Arbeiten.

Ziel dieses Vorgangs ist, die bei einem genau definierten Paket abgeschlossener Arbeiten aufgetretenen Kosten mit den Kosten zu vergleichen, die für dieselben Arbeiten im Etat vorgesehen waren. Das Ergebnis wird dazu benutzt, einen Effizienzfaktor zu errechnen, der den wirklich erreichten Arbeitswert, auch „erwirtschafteter Wert" genannt, anzeigt, der sich aus 100 ausgegebenen Geldeinheiten ergibt. Wenn alles nach Plan verläuft, ist der Faktor 100 Prozent. Wenn nur 80 GE an Arbeitswert für ausgegebene 100 GE verdient wurden, beträgt der Effizienzfaktor lediglich 80 Prozent, und dieses Ergebnis kann für die Prognose der voraussichtlichen Auswirkungen auf das Gesamtprojekt verwendet werden. Diese Ausführungen werden nach den Arbeitsbeispielen später in diesem Kapitel verständlicher sein.

Die Wichtigkeit einer Arbeitsaufgliederungsstruktur

Der erste Schritt bei der Einrichtung wirksamer Verfahren für die Einschätzung des Erreichten besteht in der Auswahl der Arbeitselemente, die Gegenstand von Messung, Analyse und Bericht werden sollen. Diese Auswahl sollte einfach sein. Die Ausschreibungspakete aus der Projektarbeitsaufgliederung zusammen mit ihren Kostenvoranschlägen oder Etats müssen den Rahmen bilden. Es ist wichtig, daß diese Aufgliederung bis auf die Ebene der einzelnen Abteilungen oder Arbeitsgruppen hinunter durchgeführt wird, damit jedem verantwortlichen Manager oder Supervisor quantifizierbare Zielsetzungen hinsichtlich der Leistung und der folgenden Fortschrittseinschätzung gegeben werden können.

Fallbeispiele

Fall 1

Stellen wir uns Maurer vor, die mit der Errichtung einer Wand von 30 m Länge und 2 m Höhe beschäftigt sind. Diese Leute arbeiten möglicherweise lediglich an einem winzigen Teil des Projekts, so daß die Maureraktivität auf dem Projektnetzplandiagramm durch eine Aktivität mit der Bezeichnung „Maurerarbeiten – Außenwand" dargestellt wird. Wenn es nun zu irgendeinem Zeitpunkt während der Arbeit der Maurer erforderlich werden sollte, festzustellen, welcher Prozentsatz der Arbeiten bereits fertiggestellt wurde, ergibt einfaches Durchzählen der vermauerten Ziegel die Antwort. Eine einfachere und üblichere, aber ebenso effektive Methode besteht darin, die Fläche der fertiggestellten Mauer auszumessen.

Einfache arithmetische Verarbeitung des Resultats führt zum Prozentsatz des gesamten Arbeitsgangs. Die Fläche der Mauer beträgt 60 qm. Wenn 45 qm fertiggestellt worden sind, sind die Maurerarbeiten also zu etwa 75 Prozent abgeschlossen.

Fall 2

Betrachten wir nun den völlig anderen Fall eines Entwurfsingenieurs, der ebenfalls mit einer Projektaktivität beschäftigt ist, und nehmen wir an, diese besondere Aufgabe wurde mit 10 Arbeitswochen vorgesehen. Nehmen wir an, die Arbeit verläuft kontinuierlich, so daß die Dauer ebenfalls 10 Wochen beträgt. Statt körperlicher, meßbarer Arbeit wird von dieser Person die Entwicklung von Ideen und deren Umformung in ein Entwurfskonzept erwartet. Wie kann der Fortschritt dieser nicht faßbaren Aufgabe sinnvoll bemessen werden?

Fälschlicherweise mag davon ausgegangen werden, daß die verstrichene Zeit als eine grobe Richtlinie gelten könnte – wenn also drei Wochen an dem Arbeitsgang gearbeitet wurde, sollten 30 Prozent fertiggestellt sein. Alternativ dazu könnte die Zeit, die für den Arbeitsgang verbucht wurde, untersucht werden, wobei die Ergebnisse auf Grundlage des Anteils der aufgewendeten, im Etat vorgesehenen Arbeitsstunden eingeschätzt werden. Jede Annahme, die auf dieser Grundlage basiert, wäre jedoch unhaltbar. Die Arbeit könnte aufgrund mangelnder Entwurfsinformationen unterbrochen worden sein, oder der Ingenieur könnte einfach ein langsamer Arbeiter sein. Die Arbeit an dem Entwurf könnte falsch begonnen worden sein, was den Ingenieur dazu zwang, von vorn zu beginnen. Außerdem ist es durchaus möglich, daß der ursprüngliche Voranschlag in sich falsch war.

Bei den meisten Entwurfsarbeiten besteht die einzige Möglichkeit, den Fortschritt einzuschätzen, darin, den Ingenieur oder seinen Vorgesetzten um einen Voranschlag zu bitten. „Welchen Prozentteil dieses Arbeitsgangs glauben Sie erreicht zu haben?" könnte man fragen – oder vielleicht etwas provozierender: „Wieviel länger wird dieser Arbeitsgang dauern?"

Im Fall der Maurer war die Antwort objektiv und gegen Widersprüche abgesichert. Viele andere Aufgaben in einem Projekt, besonders die geistigen Aktivitäten, sind komplizierter und schwieriger quantitativ – hinsichtlich des erreichten Fortschritts – einzuschätzen. Der Ingenieur könnte ungerechtfertigten Optimismus zeigen oder schwache Urteilskraft besitzen, wenn er seinen Bericht vorlegt.

Dies ist der Preis, der zu zahlen ist, wenn von einer objektiven zu einer subjektiven Bemessung des Fortschritts übergegangen wird. Dennoch ist es nicht nötig, die Bemühungen aufzugeben. Zumindest eine bestimmte Art von Antwort kann gefunden werden, und wenn sie auch keinesfalls perfekt ist, ist sie sicher besser als überhaupt keine Antwort. Tatsächlich wird sich im folgenden Abschnitt über die Ergebnisanalysemethoden bei technischen Entwürfen herausstellen, daß derartige Antworten sinnvoll genutzt werden können.

Fall 3

Nehmen wir nun an, statt nur eine einzige Aktivität zu betrachten, muß eine Fortschrittseinschätzung für ein umfangreiches Projekt durchgeführt werden. Viele Hundert unterschiedliche Aktivitäten sind unter Umständen beteiligt, einige von diesen sind noch nicht begonnen worden, während andere bereits in Arbeit sind und einige bereits abgeschlossen wurden. Entwurfsaufgaben, Einkauf, Produktion, Prüfung, Tests und Freigabe sind mögliche Betätigungsfelder, die mit einbezogen werden müssen. Wo liegt die Antwort? Es gibt keine Einzelperson, die nach einer Ergebniseinschätzung in diesem Umfang gefragt werden kann. Weder der technische Leiter noch der Produktionsmanager oder irgendein anderer Manager wird in der Lage sein, allein den vollen Umfang des Erreichten zu erfassen. Es werden keine Antworten zu erhalten sein, wenn nicht spezielle Schritte unternommen werden, um ein Bemessungssystem einzurichten.

Ergebnisanalysemethoden für technische Entwürfe

Die meisten Projekte erblicken in einer Entwurfsabteilung das Licht der Welt, und die ersten Darstellungen von Ergebnisanalysen können daher diesem Bereich entnommen werden.

Zählen der Zeichnungen und Spezifikationen

Die einfachste Methode besteht darin, festzustellen, wie viele Zeichnungen und Spezifikationen erstellt werden müssen; diese Zahl wird dann in die Zahl der tatsächlich ausgegebenen Planzeichnungen aufgeteilt, die Anzahl wird mit Hundert multipliziert und ergibt den Prozentsatz der tatsächlich fertiggestellten Entwürfe.

Einige Unternehmen wenden diese Methode an, doch sie ist eigentlich zu grob, weil konzeptionelle Entwurfsarbeiten nicht mit einbezogen werden. Es wird davon ausgegangen, daß die erforderliche Arbeit für eine Zeichnung dem Arbeitsumfang entspricht, der für die Erstellung jeder anderen Zeichnung erforderlich ist. Die Methode kann jedoch in einer begrenzten Zahl von Fällen angewendet werden, etwa in einer Abteilung, die eine große Zahl von Leitungs- und Verrohrungsplänen produzieren muß.

Konzept des erwirtschafteten Werts

Die Beurteilung des erwirtschafteten Werts erfordert mehr Vorbereitung und detailliertere Berechnungen als andere Methoden. Sie hat jedoch den Vorteil, daß sie frühzeitige Trendprognosen ermöglicht, die mit einfacheren Verfahren nicht in dieser Form möglich sind. Eine Reihe von Computerprogrammen für Projektmanagement sind in der Lage, die Berechnungen vorzunehmen, doch zunächst soll die herkömmliche Methode beschrieben werden.

Erläuterung

Nehmen wir an, ein Team von Ingenieuren wurde beauftragt, ein Projekt zu entwerfen, das 200 unterschiedliche Entwurfsaktivitäten beinhaltet. Der Gesamtvoranschlag für die Abteilung, der sich aus der Summe der Voranschläge ergibt, beträgt 10.000 Arbeitsstunden, doch die veranschlagten Zeiten für einzelne Aktivitäten variieren zwischen 5 und 350 Arbeitsstunden.

Stellen wir uns nun vor, das Projekt erstreckt sich über mehrere Monate und es wurde ein Punkt erreicht, an dem 5.000 Arbeitsstunden (die Hälfte des Etats) aufgebraucht wurden. Bei einer einfachen Vorhersage würde man annehmen, daß, wenn die Hälfte des Etats aufgewendet wurde, zumindest die Hälfte der Arbeiten durchgeführt worden wären – mit anderen Worten, es sollten bereits 50 Prozent erreicht sein. Davon kann natürlich nicht ausgegangen werden. Es gibt keine Garantie, daß die ursprünglichen Voranschläge richtig waren und daß die Arbeit gemäß Plan verlief. Dennoch muß der Projektmanager wissen, wieviel Prozent mit diesen Aufwendungen erreicht wurden.

Kein Versuch, eine komplexe Situation dieser Art einzuschätzen, kann ohne eine detaillierte Aufgliederung der Arbeitsgänge oder Aktivitäten zusammen mit den entsprechenden Voranschlägen oder Etats unternommen werden. Jeder Aufgabenetat kann als der „Arbeitswert" der mit ihm verbundenen Aufgabe betrachtet werden. Es wurden in diesem Beispiel Arbeitsstunden verwendet, doch der Arbeitswert der Aufgabe kann auch in anderen Einheiten ausgedrückt werden (die natürlich durchgängig verwendet werden müssen).

Für jeden abgeschlossenen Arbeitsschritt kann die entsprechende Anzahl von Arbeitsstunden als erreicht betrachtet werden und wird der Gesamtzählung abgeschlossener Arbeiten zugefügt. Dies ist der „erwirtschaftete Wert". Es ist zu beachten, daß für diesen Prozeß die veranschlagten oder im Etat vorgesehenen Mengen verwendet werden. Dies hat also nichts mit den zu diesem Zeitpunkt tatsächlich aufgewendeten Arbeitsstunden zu tun.

Außerdem müssen die bereits abgeschlossenen Arbeiten mit einberechnet werden, deren Gesamtaktivität noch nicht abgeschlossen ist. Doch diesem Problem wenden wir uns später zu.

Verknüpfung des erwirtschafteten Werts mit den korrespondierenden Kosten

Die vorläufige Gesamtmenge des erwirtschafteten Werts für abgeschlossene Aufgaben kann jederzeit mit dem Gesamtentwurfsetat des Projekts verglichen werden. Dieser Vergleich ermöglicht die Berechnung der Ergebnismenge:

$$\text{Erreichter Prozentteil} = \frac{\text{Erwirtschafteter Wert (Arbeitsstunden)} \times 100}{\text{Gesamtarbeitsstunden im Etat}}$$

Dieser Vorgang ist weniger kompliziert, als er scheint. Es ist möglich, die Übung mit der Fortschrittsaktualisierung des Projektnetzplans zu kombinieren, denn diese Aufgabe erfordert ebenfalls Fortschrittsbeobachtung und Ergebnisberichte für sämtliche Aktivitäten.

Nun ist es möglich, zu demonstrieren, wie dies in der Entwurfsabteilung funktionieren würde. Ein geeigneter erster Durchgang besteht darin, die Voranschläge für sämtliche Aktivitäten zusammenzuzählen, die vollständig abgeschlossen wurden. Nehmen wir an, es wurden 80 Aktivitäten abgeschlossen und die Voranschläge für diese Aktivitäten belaufen sich auf 4.500 Arbeitsstunden. Dies macht den echten „erwirtschafteten Wert" von 4.500 Arbeitsstunden aus, und angesichts der Tatsache, daß der Gesamtvoranschlag für die Abteilung 10.000 Arbeitsstunden betrug, ergibt sich eine berechnete Erfüllung von 45 Prozent.

Wenden wir uns nun der Frage zu, wieviel Zeit tatsächlich für diese Aktivitäten aufgewendet wurde. Diese Information erhält der technische Entwurfsmanager in regelmäßigen Abständen von der Buchhaltungsabteilung. Sie ergibt sich aus der Analyse der unter jedem entsprechenden Arbeitskostencode verbuchten Stundenzahl, die täglich oder – wahrscheinlicher – wöchentlich auf Stundenzetteln festgehalten wird. Nehmen wir an, es wurden 5.000 Arbeitsstunden verbucht. Natürlich muß sorgfältig darauf geachtet werden, daß die tatsächlichen Kosten bis zum selben Zeitpunkt aufgezeichnet wurden wie die Ergebnisprüfung.

Auf den ersten Blick scheint die Aufwendung von 5.000 Arbeitsstunden bei einem erwirtschafteten Wert von lediglich 4.500 zu hohe Ausgaben anzudeuten. Eine erhebliche Menge von zusätzlich Erreichtem kann jedoch in angefangenen Arbeiten stecken. Die ursprüngliche Einschätzung von 45 Prozent ist daher voraussichtlich zu gering. Sie muß erneut untersucht werden, wobei die angefangenen Arbeiten einzubeziehen sind.

Einbeziehen der angefangenen Arbeiten

Der erwirtschaftete Wert angefangener Arbeiten wird ermittelt, indem die prozentuale Erfüllung aller Arbeitsschritte berechnet wird, die nicht als abgeschlossen gemeldet wurden, die aber vor dem Tag der Zusammenstellung der Daten begonnen wurden. Entsprechende Anteile der Voranschläge für diese Aktivitäten können dann der Gesamtsumme des erwirtschafteten Werts der abgeschlossenen Arbeiten zugezählt werden, um ein genaueres Bild des wirklich abgeschlossenen Gesamtumfangs zu erhalten.

Die Einschätzung angefangener Arbeiten ist unweigerlich weniger genau als die Daten für abgeschlossene Aktivitäten, weil es sich bei ihnen lediglich um Annahmen handelt, die eher subjektiv als objektiv sind. Da die angefangenen Arbeiten jedoch nur einen geringen Teil der Gesamtarbeit ausmachen, werden die Verzerrungen durch Einschätzungsfehler durch die größere, zuverlässigere Zahl von Voranschlägen für Arbeitsschritte, die definitiv abgeschlossen sind, abgemildert.

Dies trifft natürlich nicht in derselben Weise auf kurzfristige Projekte oder am Anfang von Projekten zu, wenn das Verhältnis von angefangenen zu abgeschlossenen Arbeiten größer ist. Sind die einzelnen Aktivitäten aufgrund unzureichender Arbeitsaufgliederung sehr umfangreich, gibt es wiederum einen größeren Anteil angefangener Arbeiten, weil es entsprechend länger dauert, bis die abgeschlossenen Aktivitäten abgehakt werden können.

Wenn der berechnete Erfüllungswert der angefangenen Arbeiten im gegebenen Beispiel 400 Arbeitsstunden beträgt, so bringt dies das insgesamt in der Abteilung Erreichte von 4.500 auf 4.900 Arbeitsstunden, das heißt von 45 auf 49 Prozent. Die bisherigen Zusatzausgaben für die Entwurfsarbeit betragen daher nicht 500 Arbeitsstunden, wie zunächst angenommen, sondern lediglich 100 Arbeitsstunden.

Selbst wenn der berechnete Wert der angefangenen Arbeiten um bis zu plus/minus 50 Prozent fehlerhaft wäre, würde dies das Gesamtergebnis lediglich im Verhältnis plus/minus 200 : 4.900 oder um etwa plus/minus 4 Prozent beeinflussen.

In diesem Beispiel kann daher mit einiger Zuversicht behauptet werden, daß die technischen Entwürfe zum Zeitpunkt der Berechnung zu 49 Prozent abgeschlossen sind.

Kostenprognose bis zum Abschluß

Anhand der bisher aufgezeichneten oder ermittelten Informationen ist es möglich, die Gesamtausgaben der Abteilung bei Projektabschluß durch einfache, lineare Extrapolation zu prognostizieren.

Bisher erhaltene Informationen:

   5.000   Arbeitsstunden wurden gearbeitet.
   4.900   Arbeitsstunden Arbeitswert wurden erwirtschaftet.
  10.000   Arbeitsstunden waren der ursprüngliche Gesamtvoranschlag für die Abteilung, also der Etat.

Vorausgesetzt, das allgemeine Leistungsniveau bleibt unverändert, betragen die voraussichtlichen Gesamtausgaben der Abteilung am Ende des Projekts:

$$\frac{5.000}{4.900} \times 10.000 = 10.204 \text{ Arbeitsstunden (abgerundet auf 10.200)}$$

In allgemeineren Begriffen ausgedrückt ergeben sich die voraussichtlichen Ausgaben am Ende des Projekts aus der Formel:

$$\frac{\text{tatsächlich gearbeitete Stunden x entsprechende Voranschläge}}{\text{erwirtschafteter Wert (ausgedrückt in Arbeitsstunden)}}$$

Beispiel einer Ergebnisanalyse

Tabellarische Aufführung, Berechnung und Prognose

Eine Methode für eine Ergebnisberechnung für eine technische Entwurfsabteilung ohne Verwendung des Computers wird in Abbildung 23.3 dargestellt. In diesem Beispiel ist ein technisches Projekt bereits weit fortgeschritten. Der Gesamtvoranschlag für die Abteilung (der potentielle erwirtschaftete Gesamtwert) beträgt 2.975 Arbeitsstunden. Eine Analyse der abgeschlossenen oder angefangenen Arbeiten ergibt, daß 1.389 Arbeitsstunden dieser Gesamtmenge (des erwirtschafteten Werts) erreicht wurden. Dies entspricht einer Erfüllung zu dem Zeitpunkt von 46,7 Prozent.

Die zum selben Zeitpunkt berechneten Ausgaben, also die Stunden, die für diese Arbeitsgänge tatsächlich auf Stundenzetteln verbucht wurden, sind geringer. Sie liegen bei 1.142 Arbeitsstunden. Obwohl 46,7 Prozent der Arbeit abgeschlossen wurden, sind nur 38,4 Prozent des Etats verbraucht worden. Dies ist ein gutes Ergebnis, da es anzeigt, daß die Arbeit im allgemeinen weniger kostet, als im Etat vorgesehen.

Dieses Ergebnis kann extrapoliert werden, um zu prognostizieren, daß die Gesamtausgaben dieser Abteilung, vorausgesetzt, die Dinge laufen in derselben Weise weiter, sich voraussichtlich auf

$$\frac{1.142 \times 2.975}{1.389} = 2.446 \text{ Arbeitsstunden belaufen werden.}$$

In diesem Beispiel wird vorhergesehen, daß die Abteilungsausgaben lediglich 2.446 Arbeitsstunden bei einem Etat von 2.975 betragen werden. Die Buchhalter würden dies als eine positive Abweichung um 529 Arbeitsstunden bezeichnen.

Vorhersagegenauigkeit und -zuverlässigkeit

Frühe Vorhersagen der Gesamtkosten neigen immer dazu, optimistisch zu sein. Dafür gibt es zwei grundsätzliche Ursachen:

1. Voranschläge des Fortschritts oder noch abzuschließender Arbeiten sind lediglich (oft zu optimistische) Schätzungen.
2. Zwar wurden viele der Aktivitäten im gegebenen Beispiel als zu 100 Prozent abgeschlossen erklärt, aber es ist unvermeidlich, daß an einigen dieser Entwurfsaufgaben weitere Arbeiten erforderlich sein werden, wenn Fragen aus der Einkaufs-, Fertigungs- und Montageabteilung eintreffen. Höchstwahrscheinlich müssen einige Zeichnungen mit Korrekturen neu ausgegeben werden. Werden diese Arbeiten „nach der Ausgabe" nicht an anderer Stelle berücksichtigt, kann der Projektetat letztlich doch noch überschritten werden.

Was geschieht, wenn die Prognose negativ war?

Nehmen wir an, die Zahl der tatsächlich aufgezeichneten Stunden übersteigt den erwirtschafteten Wert, so daß sich eine Prognose ergibt, die anzeigt, daß die Gesamtkosten den Etat übersteigen. Zunächst einmal sollte der Projektmanager dieser Methode dafür dankbar sein, daß die frühestmögliche Warnung gegeben wurde. Aus dieser Situation mag es noch Auswege geben, vorausgesetzt, es können rechtzeitig geeignete Maßnahmen ergriffen werden.

Strengere Kontrolle der Modifizierungen sollte dabei helfen, unnötige Ausgaben einzuschränken und den Etat zu schonen. Änderungen auf Wunsch des Kunden werden bezahlt werden und helfen daher dem Etat, doch alle anderen Anforderungen von Änderungen müssen vor der Genehmigung gründlich geprüft werden. Es sollten nur wirklich unvermeidliche nicht finanzierte Änderungen zugelassen werden. Die Modifikationskontrolle, ein sehr wichtiger Aspekt des Projektmanagements, wurde im Kapitel 21 beschrieben.

Angesichts abnehmender Etats müssen strengere Anforderungen an jeden einzelnen gestellt werden, doch dies ist nur bei guter Kommunikation möglich, indem allen Mitwirkenden mitgeteilt wird, welche Position sie innehaben, was von ihnen erwartet wird und aus welchem Grunde. Es ist erforderlich, die volle Kooperationsbereitschaft von jedermann zu gewinnen. Dies ist für den Projektmanager am leichtesten innerhalb einer Projektteamorganisation zu erreichen. Besteht eine Matrixorganisation, muß der Projektmanager über sämtliche beteiligten Abteilungsleiter daran arbeiten, gute Kommunikation und Motivation zu erzeugen.

Ergebnisanalyse

Abteilung: Elektrotechnik   Datum: Mai 1996

Projekt: Sensor- und Servokontrolleinheit   Seite: 1 von 1

	Aktivität	Vorgesehene Arbeitsstunden	Erreicht in Prozent	Erwirtschafteter Wert	Tatsächliche Arbeitsstunden
0001	Systementwurf	350	100	350	255
0002	Technische Spezifikation schreiben	35	100	35	35
0003	Entwurf +25V-Stromversorgung	105	100	105	140
0004	Teststufe	70	100	70	35
0005	Verpackung	70	100	70	40
0006	Prototyp testen	35			
0007	Testspezifikation schreiben	35			
0008	Entwurf +10V-Stromversorgung	105	100	105	65
0009	Teststufe	70	100	70	50
0010	Verpackung	70	50	35	25
0011	Prototyp testen	35			
0012	Testspezifikation schreiben	35			
0013	Entwurf +15V-Stromversorgung	105			
0014	Teststufe	70			
0015	Verpackung	70			
0016	Prototyp testen	35			
0017	Testspezifikation schreiben	35			
0018	Sensorenschaltkreis entwerfen	350	100	350	288
0019	Teststufe	105	100	105	124
0020	Verpackung	105	40	42	50
0021	Prototyp testen	70			
0022	Testspezifikation schreiben	35			
0023	Servo und Kontrollen entwerfen	175	20	35	15
0024	Teststufe	140			
0025	Verpackung	70			
0026	Prototyp testen	105			
0027	Testspezifikation schreiben	35			
0028	Hauptrahmen entwerfen	70	25	17	20
0029	Systemtests durchführen	70			
0030	Umweltverträglichkeitsprüfung	70			
0031	Produktionstestspezifikation schreiben	140			
0032	Betriebsanleitung schreiben	105			
	Gesamtmengen der Abteilung	2.975	46,7	1.389	1.142

Abbildung 23.3   Ergebnisanalysebogen einer Abteilung
Auf einem solchen Bogen können die Etats, der Fortschritt und die tatsächlichen Kosten miteinander verglichen werden, um anhand der Betrachtung des bisher Erreichten einen vorläufigen Schritt zur Prognose der abschließenden Gesamtprojektausgaben zu ermöglichen.

Häufig läßt sich die Leistung von einzelnen erheblich verbessern, indem kurz- und mittelfristige Zielsetzungen festgelegt werden. Diese müssen immer quantifizierbar sein, damit die Ergebnisse objektiv und nicht nur subjektiv eingeschätzt werden können, die Möglichkeit der Bevorzugung einzelner oder der Einseitigkeit bei der Leistungseinschätzung ausgeschlossen wird und jeder in die Lage versetzt wird, seine eigene Leistung zu beurteilen.

Im Projektzusammenhang müssen diese persönlichen Zielsetzungen mit Hilfe der Arbeitsaufgliederungsstruktur mit den umfassenden Zielsetzungen Zeit, Kosten und Leistung gleichgesetzt werden. Die drei gehen Hand in Hand und es sollte – wenn die Arbeit rechtzeitig fertig wird – auch die Kostenzielsetzung erreicht werden. All diese Zielsetzungen sollten zwar am Anfang des Projekts festgelegt werden, doch sie können umformuliert werden, wenn die Sache schiefzulaufen beginnt und die Etats in Gefahr zu geraten scheinen. Es muß jedoch darauf geachtet werden, daß nicht Zielsetzungen formuliert werden, die unmöglich zu erreichen sind.

Wenn trotz aller Bemühungen weiterhin ernste Etatüberschreitungen drohen, bleibt noch die Möglichkeit, die Kasse aus der ursprünglichen Quelle wieder aufzufüllen – beim Kunden. Diese Meisterleistung läßt sich gelegentlich vollbringen, indem die Festpreisverhandlungen neu eröffnet werden, sobald sich eine geeignete Gelegenheit bietet. Eine Entschuldigung für Neuverhandlungen bietet sich beispielsweise, wenn der Kunde erhebliche Modifikationen wünscht, oder auch als Resultat ökonomischer Faktoren, die außerhalb der Kontrolle des Auftragnehmers liegen. Gelingt dieser Schritt nicht, können kleinere Modifikationen oder Projektersatzteile großzügig bepreist werden, um Verluste oder geringe Rentabilität auszugleichen. Außerdem muß sorgfältig darauf geachtet werden, daß jeder Punkt, der dem Kunden als Ausgabe berechnet werden kann, auch wirklich in Rechnung gestellt wird.

Es sollte immer daran gedacht werden, daß ohne Ergebnisanalyse keine rechtzeitige Warnung vor möglichen Etatüberschreitungen erfolgt und somit auch keine rechtzeitigen Korrekturmaßnahmen ergriffen werden. Der Projektmanager muß immer Kosten*trends* untersuchen und nicht lediglich Kosten*berichte*. Sind die Prognosen negativ, ist Verzweiflung die falsche Reaktion. Es ist weit besser, eine sorgfältige Neueinschätzung der verbleibenden Aktivitäten vorzunehmen und alle denkbaren Wege zu untersuchen, die zu einer Wiederherstellung der ursprünglichen Projektprofitziele führen könnten.

Bemessung des in der Fertigung Erreichten

Bisher wurde die Hauptdiskussion über die Bemessung des Erreichten auf eine einzige Abteilung beschränkt: die technische Entwurfsabteilung. Produktionsabteilungen sind auf den ersten Blick eine völlig andere Sache, da sie eher mit handfester als mit geistiger Arbeit beschäftigt sind und mit der abstrakten Welt von Entwurf und Entwicklung wenig zu tun haben. Glücklicherweise gibt es jedoch keine praktischen Gründe, die die Anwendung ähnlicher Methoden auf alle Produktionsaktivitäten ausschließen. Der Vorgang ist in der Tat sogar leichter, weil es hier nicht um Theorien und subjektive Einschätzungen geht, sondern um die greifbaren Früchte von Produktionsarbeit.

Auswahl der Kostenzentren für die Analyse

Produktionsaktivitäten beinhalten oft eine Vielzahl unterschiedlicher Arbeitsstufen aus unterschiedlichen Abteilungen. Welche von diesen einer Ergebnisanalyse unterzogen werden sollten, hängt zwangsläufig vom Ausmaß an Kontrolle ab, das für erforderlich gehalten wird.

Es ist wahrscheinlich nicht ratsam, eine detaillierte Analyse aller erdenklichen Kostenzentren vorzunehmen. Zu großer Ehrgeiz in dieser Richtung führt zu einer solchen Vielzahl von Fakten, Zahlen und Projektionskurven und erfordert derartig viel Mühe bei relativ geringem Gewinn, daß der gesamte Vorgang der Ergebnisberechnung in Frage gestellt werden könnte.

Am besten ist wahrscheinlich, die Leistung von Abteilungen und nicht der einzelnen Einkommensgruppen zu analysieren. Auf diese Weise erhält jeder Abteilungsleiter Rückmeldung hinsichtlich der Abteilungsleistung im Verhältnis zum Etat. Der entscheidende Faktor besteht darin, sicherzustellen, daß jedes ausgewählte Kostenzentrum regelmäßig analysiert wird und einen separaten Platz in der Ergebnisberechnung erhält, damit effektive Vergleiche der Kosten mit dem Etat vorgenommen werden können.

Detailumfang

Die Grundlage für die Zuteilung von Arbeitswerten auf jede Produktionsaktivität ergibt sich wiederum aus der Projektarbeitsaufgliederung gemeinsam mit den mit ihnen verknüpften Voranschlägen. Für die Projektarbeitsbemessung und Ergebnisanalyse ist es nicht erforderlich oder wünschenswert, daß der Projektmanager die Produktionsarbeitsaufgliederungen noch detaillierter betrachtet. Der Projektmanager kann die Ebene der tagtäglichen Operationsplanung innerhalb der Produktionsplanung ignorieren. Statt dessen sollte der verantwortliche Manager gebeten werden, den Fortschritt anhand der Liste spezifizierter Projektaufgaben oder Aktivitäten zu melden.

Kostenrechnung

Es müssen Schritte unternommen werden, um sicherzustellen, daß die Zusammenstellung der Kostendaten mit der Projektarbeitsaufgliederung übereinstimmt. Dies wird durch die Verwendung eines strukturierten Kostencodierungssystems erreicht und indem der Zuteilung von Jobnummern besondere Aufmerksamkeit geschenkt wird. Die Zeit, die für jede Produktionsoperation verbucht wird, wird dann unter einer Nummer aufgeführt, die einen Kennungscode beinhaltet, der die Arbeit und ihre Kosten mit der korrekten Projektaufgabe in Verbindung bringt. Die Ausführungen zu Kostencodierungsmethoden können im Kapitel 4 nachgelesen werden.

Fortschrittsberechnung

Abgeschlossene Aufgaben

Es gibt viele Möglichkeiten, herauszufinden, ob Produktionsaktivitäten abgeschlossen sind. Dazu gehören die Aufnahme in ein Lager für fertige Waren, die Auslieferung an den Kunden oder die Unterschrift auf einer Prüfliste. Die Information kann aber auch in Fortschrittsaufzeichnungsbögen gefunden werden, die von verschiedenen Vorarbeitern und Supervisoren oder Fortschrittskontrolleuren ausgefüllt werden.

Angefangene Arbeiten

Bei angefangenen Arbeiten Erreichtes sollte von der Produktionsleitung eingeschätzt werden; dies besonders dann, wenn das Projekt viele Aktivitäten von langer Dauer enthält, was den Umfang von angefangenen Arbeiten erhöht.

Ergebnisanalyse im Bauwesen

Die Bauindustrie hat weit mehr Erfahrung in der quantitativen Arbeitsanalyse als Fertigungsbetriebe, besonders hinsichtlich der Arbeit auf Baustellen. Arbeitsbemessung ist besonders in einer Branche von Bedeutung, in der häufig Abschlagszahlungen (für geleistete Arbeit) in den Verträgen vorgesehen sind. Quantitätsprüfer und andere Fachleute sind in Techniken der Arbeitsbemessung ausgebildet und erfahren. Wenn diese Leute für den Kunden arbeiten, wird von ihnen nicht nur erwartet, die Arbeit zu bemessen, sondern auch Zertifikate auszustellen, die die jeweiligen Zahlungsforderungen bestätigen. Dieses Thema wird in der Literatur hinreichend behandelt und muß hier nicht vertieft werden.

Leistung von Subunternehmern

Unter Umständen müssen auch die Aktivitäten von Subunternehmern in die Ergebnisanalyse mit einbezogen werden.

Für Unterverträge in der Baubranche gelten die Ausführungen im vorigen Abschnitt.

Wird die Arbeit auf einer Festvertragsbasis an die Subunternehmer vergeben, fallen Ergebnisanalyse und Kostenkontrolle in die interne Verantwortung des Subunternehmers.

Der Projektmanager muß sehr genau auf die Methoden der Ergebnisbemessung achten, die die Subunternehmer anwenden, wenn sie Abschlagszahlungen in Rechnung stellen. Solche Zahlungsforderungen können nur bei Erreichen deutlich erkennbarer Ereignisse erfolgen, oder sie müssen von zertifizierten Bemessungen begleitet werden.

Regelmäßige Ergebnisanalyse

Wird die Ergebnisanalyse für jede Abteilung in regelmäßigen Abständen durchgeführt, werden die von den ersten Ergebnissen angezeigten Trends voraussichtlich unzuverlässig sein, was am erforderlichen hohen Extrapolationsgrad liegt. Nach einer ersten Eingewöhnungsphase wird jedoch ein regelmäßiges Prognosemuster sichtbar werden, wenn sich die tatsächlichen Kosten- und Leistungsberechnungen häufen. Die Abstände, in denen die Messungen vorgenommen werden, hängen teilweise von Art, Größe und Zeitrahmen des Projekts ab sowie von der Präferenz des einzelnen Projektmanagers.

Eine graphische Methode für die Beobachtung der Trends

Es ist äußerst ratsam, sämtliche Resultate zusammen mit allen entsprechenden Etats in eine Graphik einzuzeichnen, damit die Trends leichter erkennbar werden. Abbildung 23.4 zeigt ein mögliches Muster von Ergebnissen. Es handelt sich bei dem Beispiel um technische Entwurfsarbeiten, die in zweiwöchentlichen Abständen geprüft wurden.

Die Abbildung ist zwar einigermaßen typisch, doch in der Praxis begegnet man natürlich einem weiten Spektrum von Variationen. Einige Merkmale dieser speziellen Vorhersagekurve sind jedoch erwähnenswert. Der erste eingezeichnete Punkt, bei Projektzeit Null, ist die ursprüngliche Prognose der Entwurfsausgaben, bevor sie durch tatsächliche Erfahrungen beeinflußt wird. Mit anderen Worten sind dies der ursprüngliche Voranschlag und der Etat, die direkt der Liste sämtlicher Aufgaben und der Arbeitsaufgliederung entstammen.

Die folgenden Punkte der Vorhersage zeigen recht überraschende Abweichungen, weil sie, in statistischer Ausdrucksweise, auf zu kleinen Untersuchungsmengen basieren. Außerdem enthalten diese Ergebnisse einen hohen Anteil geschätzten Fortschritts und kaum Aktivitäten, die definitiv abgeschlossen sind. Im Laufe der Zeit, wenn die Gesamtzahl der abgeschlossenen Arbeiten steigt, wird langsam ein Trend sichtbar, so daß die Ergebnisse nach einigen Monaten aussagekräftig genug sind, um festzustellen, ob Bedarf an Korrekturmaßnahmen besteht.

Nach etwa sechs Wochen wird in diesem Beispiel eine recht konsistente Überausgabensituation deutlich. Jeder Manager, der mit der Aussicht auf überschrittene Etats konfrontiert ist, muß Maßnahmen ergreifen. In diesem Fall wurde offensichtlich mit Erfolg eine Senkung der Ausgabenrate erzielt. Bis zu Woche 30 ist eine ständige Verbesserung sichtbar.

Bei den meisten Projekten besteht die Gefahr, daß die Ausgaben nicht aufhören, sobald die letzte, im Plan vorgesehene Aufgabe abgeschlossen ist. Aufräumarbeiten, Aktivitäten vor Ort, Plankorrekturen und Probleme bei der Freigabe sind Ursachen für zusätzliche Kosten im letzten Augenblick. Gelegentlich wird während der letzten Phasen des Projekts fieberhaft gearbeitet, um es rechtzeitig abzuschließen, was ebenfalls unvorhergesehene Ausgaben verursachen kann. Etwas dieser Art ist offensichtlich während der letzten acht Wochen des Projekts in Abbildung 23.4 vorgefallen.

Vergleichen wir nun die Kurve der prognostizierten Ausgaben mit der Kurve der aufgezeichneten Realkosten, die ebenfalls in Abbildung 23.4 enthalten ist. In diesem Fall sind die Ausgaben in Arbeitsstunden ausgedrückt. Die Kurve der wirklichen Kosten ist kumulativ. Sie zeigt den Gesamtanstieg der Kosten und nicht nur die Kosten, die während jeder Berechnungsperiode angefallen sind. Es ist bemerkenswert, wieviel mehr Informationen einem Blick auf die Prognosekurve zu entnehmen sind, als sich aus der kumulativen Kostenkurve ergeben. Dies gilt besonders für den frühen und mittleren Teil des Projekts. Die Gefahr der überhöhten Ausgaben ist in der Realkostenkurve bis zu einem sehr späten Zeitpunkt im Projekt ganz einfach nicht sichtbar. Dann kann es für Korrekturmaßnahmen jedoch schon viel zu spät sein.

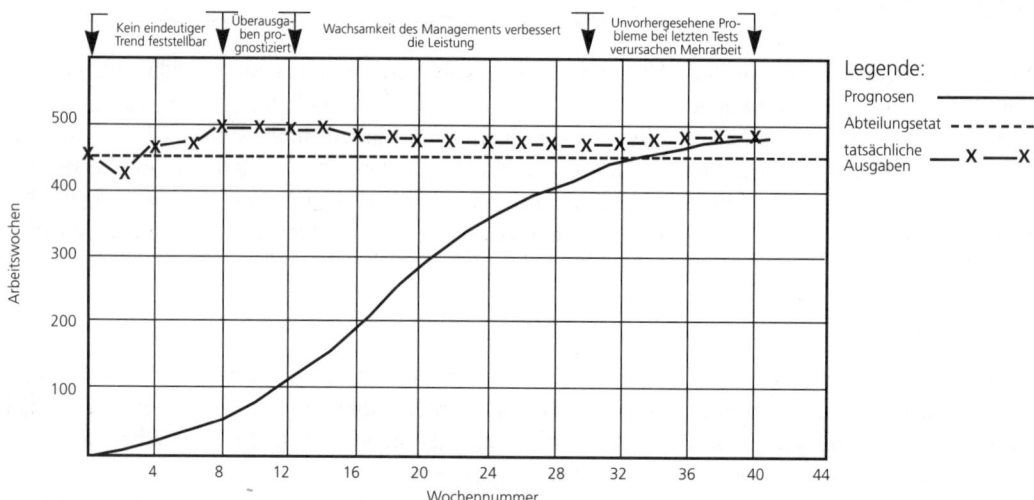

Abbildung 23.4   Kurve des Abteilungsergebnisses und der Kostenprognose
Es können Kurven gezeichnet werden, um die tatsächlichen Kosten, die Ergebnisse und die voraussichtlichen abschließenden Projektkosten miteinander zu vergleichen. Dieses Beispiel zeigt die Kurven, wie sie sich am Ende eines Projekts darstellen können, für das in zweiwöchentlichen Abständen Ergebnisanalysen und Prognosen durchgeführt wurden.

Materialien und eingekaufte Anlagen

Die Berechnung des im Einkauf hinsichtlich der Kosten von Materialien, Komponenten und Anlagen im Vergleich zu den Voranschlägen Erreichten unterscheidet sich erheblich von der Berechnung und Analyse von Arbeitskosten. Wenn jemand mit einem ihm zugeteilten Arbeitsgang beschäftigt ist, ergeben sich sogleich Stundenzahl und damit verbundene Arbeitskosten. Wurden zehn Stunden gearbeitet, werden zehn Stunden unter der entsprechenden Jobnummer verbucht, und zehn Stunden tauchen in den Unterlagen als Kosten für diesen Arbeitsgang auf. Bestellungen andererseits entstehen lange bevor die Güter in Empfang genommen und in Rechnung gestellt werden, und es kann eine weitere Verzögerung geben, bis diese schließlich verwendet werden. Die Kosten sind unwiderruflich übernommen – lange vor dem Tag der Abrechnung.

Es muß daher betont werden, daß Einkaufskostenkontrolle vorzunehmen ist, wenn die jeweilige Bestellung aufgegeben wird. Sobald ein Auftrag erteilt wurde, der aus irgendeinem Grunde einen höheren Preis hat als im Etat vorgesehen, ist es zu spät dafür, ein Überschreiten der Etats zu verhindern.

Die folgenden Verfahren können zur Kostenkontrolle nur in dem Sinne beitragen, daß sie negative Trends so früh wie möglich anzeigen.

Kumulative Ausgabenkurven

Es kann eine Kurve gezeichnet werden, die den kumulativen Wert von Bestellungen zeigt, sobald sie aufgegeben werden. Dies ist eine Kurve der festgelegten Ausgaben, die mit dem ursprünglichen Etat verglichen werden kann, etwa wie in dem Beispiel in Abbildung 17.2.

Jede Kurve, die die Kosten für Materialien darstellt, ist erheblich nutzbringender, wenn zunächst eine Etatkurve zum Vergleich in die Graphik eingezeichnet wurde. Es wird davon ausgegangen, daß die Punkte der festgelegten Ausgaben entlang dieser Kurve eingezeichnet werden. Die Punkte für das Zeichnen einer zeitlich eingeteilten Kurve werden berechnet, indem die Materialkostenvoranschläge für jede Kurve zusammengezählt und dann entsprechend der Termine der Bestellungsaufgabe zeitlich eingeteilt werden. Es darf dabei nicht vergessen werden, den Wert gemeinsam genutzter Lagerartikel mit aufzunehmen. Die Aufnahme von Meilensteinen in die Graphik (wie bereits beschrieben) wird deren Wert erhöhen.

Einbeziehen von Materialien aus gemeinsamen Lagern

Soll eine Kurve der tatsächlichen Materialkosten gezeichnet werden, ist darauf zu achten, daß alle Materialien berücksichtigt werden, die nicht gesondert für das Projekt bestellt wurden, sondern aus normalen Lagern ausgegeben werden. Die Quantitäten dieser Lagerartikel müssen veranschlagt werden, und ihre Kosten sind den kumulativen Gesamtmengen in der Kurve zuzuzählen, damit die dargestellten, erwarteten Kosten die Gesamtmaterialkosten für das Projekt wiedergeben.

Tabellarische Darstellungen

Eine andere, genauere Methode der Beobachtung der Einkaufskosten besteht darin, die tatsächlichen Kosten tabellarisch neben den entsprechenden Voranschlägen aufzuführen, sobald eine neue Einkaufsbestellung ausgegeben wird.

Geschieht dies in regelmäßigen Abständen, wird ein Muster sichtbar, das für sämtliche bis zu dem Zeitpunkt aufgegebenen Bestellungen zeigt, ob sich ein Trend in Richtung über- oder unterdurchschnittlicher Ausgaben entwickelt. Die gewonnene Erfahrung kann genutzt werden, um regelmäßige Untersuchungen der Kostenvoranschläge für alle noch zu bestellenden Güter durchzuführen. Dies wird regelmäßige Prognosen der voraussichtlichen Gesamtmaterialausgaben ermöglichen, so daß diese mit den genehmigten Etats verglichen werden können, um bei der Aktualisierung der vorhergesagten Projektrentabilität zu helfen.

Wo die Absicht besteht, diese Methode anzuwenden, müssen vier unterschiedliche Datensätze zusammengestellt werden:

1. Der Gesamtwert aller bereits aufgegebenen Bestellungen.
2. Der geschätzte Gesamtwert aller noch aufzugebenden Einkaufsbestellungen, wofür zur Prüfung die Aufgabenliste oder Einkaufskontrolleinteilung verwendet wird.
3. Die Kosten für alle Materialien, die bereits aus allgemeinen Lagerbeständen ausgegeben wurden.
4. Die geschätzten Kosten für alle Materialien, die noch aus dem allgemeinen Lager entnommen werden.

Materialüberschuß

Wenn die Schlußabrechnung der Projektmaterialien vorgenommen wird, ist die Gesamtmenge nicht auf solche Materialien beschränkt, die tatsächlich verwendet, fortgeworfen oder verschwendet wurden. Es müssen auch alle Materialien in die Gesamtmenge mit aufgenommen werden, die für die Anforderungen überflüssig geworden sind. Solche Überschüsse ergeben sich aus zu großen Bestellungen, aus Entwurfsmodifizierungen und aus anderen Gründen. Die einzigen Überschußbestände, die nicht berücksichtigt werden müssen, sind solche, die der Lieferant gegen Gutschrift zurücknimmt, oder solche, die rentabel für ein bekanntes Alternativprojekt verwendet werden können, für das bereits eine verbindliche Bestellung vorliegt.

Häufig gibt es verständliche Widerstände gegen das Abschreiben von Materialien, die am Ende eines Projekts übrigbleiben. Viele sind versucht, solche Artikel in den allgemeinen Lagerbestand aufzunehmen, weil sie hoffen, daß sie eines Tages nützlich werden könnten. Es ist erstaunlich, wie schnell ein Lagerbereich mit solchen Beständen vollgeräumt ist, doch ist es besser, Lagerbestände zu jenem Zeitpunkt als überflüssig anzuerkennen, zu dem sie das erste Mal diese Beschreibung verdienen.

Auswirkung der Modifizierungen auf das Ergebnis

Jede Modifizierung oder andere Veränderung am Projekt wird voraussichtliche Auswirkungen auf das von den Abteilungen Erreichte haben. Bevor diese Auswirkungen eingeschätzt werden können, muß immer eine wichtige Frage beantwortet werden:

- Kann der Kunde für die Übernahme der Zusatzkosten herangezogen werden, oder müssen die zusätzlichen Kosten aus dem bestehenden Etat, und damit aus den potentiellen Profiten, finanziert werden?

Modifikationskontrolle wurde im Kapitel 21 behandelt. Es kann davon ausgegangen werden, daß der Änderungsausschuß oder eine andere Stelle mit Verfügungsgewalt sichergestellt hat, daß jede Änderung eindeutig als „vom Kunden finanziert" oder „nicht finanziert" eingeordnet ist, lange bevor sie vorgenommen wird.

Nicht finanzierte Modifikationen

Natürlich wird jede nicht finanzierte Modifikation die verbleibende Arbeitsbelastung beeinflussen, ohne daß es in der Regel zu einer entsprechenden Änderung der genehmigten Etats kommt.

In den meisten Fällen wird die verbleibende Arbeitsbelastung erhöht, so daß der Anteil der bereits abgeschlossenen Arbeiten in allen betroffenen Abteilungen verringert wird.

Es wäre möglich, für nicht finanzierte Änderungen eine entsprechende Korrektur der Berechnung des Erreichten in jeder Abteilung vorzunehmen. Jede Modifikation müßte zusammen mit einem

Kostenvoranschlag für die erforderliche zusätzliche Arbeit der Aufgabenliste zugefügt werden. Natürlich kann es keinen entsprechenden Anstieg des genehmigten Etats geben.

In der Praxis sind solche Anpassungen überflüssig und nicht finanzierte Modifikationen können unter den folgenden Bedingungen ignoriert werden:

- Sie sind nicht zu zahlreich oder zu umfassend.
- Sie machen keine Arbeiten zunichte, die bereits als abgeschlossen gemeldet wurden.

Häufig sind Modifikationskosten äußerst schwierig einzuschätzen und aufzuzeichnen, was davon abhängt, wie sie mit der betroffenen ursprünglichen Aufgabe vermischt sind. Wird beispielsweise ein Verkabelungsdiagramm für ein kompliziertes Anlagenteil verändert, kann es sich als unmöglich herausstellen, herauszufinden, welche Kosten die Änderung der Verkabelung verursachen wird.

Nicht finanzierte Modifikationen werden sich daher deutlich in Form von Überausgaben ausweisen, was sie in Wirklichkeit ja auch sind. Die Ergebnisprognosen werden von selbst korrigiert, wenn die zu hohen Ausgaben aufgenommen werden, selbst wenn nicht augenscheinlich ist, daß diese aufgrund von nicht finanzierten Modifikationen aufgetreten sind.

Abgeschlossene Arbeiten, die durch nicht finanzierte Modifikationen zunichte gemacht werden

Nicht finanzierte Modifikationen, die bereits durchgeführte Arbeiten zunichte machen, müssen immer berücksichtigt werden, indem die entsprechenden Ergebnisse aus den Aufzeichnungen gestrichen werden. Dies sollte für jede betroffene Abteilung geschehen, und es müssen entweder gesamte Arbeitsgänge oder Teile von ihnen in die verbleibende Arbeitsmenge zurückgeführt werden. So werden die Berechnungen des bereits Erreichten auf realistischem Kurs gehalten.

Nehmen wir beispielsweise an, daß im in Abbildung 23.3 dargestellten Beispiel eine Modifikation erforderlich wurde, die einen vollständigen Neubeginn der Aktivitäten 0018, 0019 und 0020 (des Entwurfs des Sensorenschaltkreises) erforderte. Das Arbeitsergebnis für diesen Artikel geht auf null zurück, was zur Folge hat, daß 497 Arbeitsstunden aus der Spalte mit dem erwirtschafteten Wert subtrahiert werden müssen. Der erwirtschaftete Wert wird damit auf 892 Arbeitsstunden verringert. Der Prozentsatz des bereits Erreichten beträgt nun nicht mehr 46,7, sondern nur noch 30 Prozent. Die vorgesehenen Gesamtausgaben dieser Abteilung steigen damit auf 3.800 Arbeitsstunden, verglichen mit dem ursprünglichen Etat von 2.975 Arbeitsstunden.

Vom Kunden finanzierte Modifikationen

Finanzierte Modifikationen können als neue Aufgaben betrachtet werden, die sowohl in die Aufgabenlisten als auch in die genehmigten Etats aufgenommen werden. Der Kunde sollte zur Zahlung sämtlicher durch die Modifikation überflüssig gewordener Arbeiten aufgefordert werden, womit diese Arbeiten als verkauft und damit als abgeschlossen betrachtet werden können. Sie brauchen nicht von der Gesamtberechnung des Erreichten subtrahiert zu werden.

Das Konzept des Projekthauptbuchs

Es ist nunmehr ein Gesamtbild einer Reihe von Methoden entstanden, mit denen Daten in Graphiken oder Tabellen dargestellt werden können, um die prognostizierte und berechnete Leistung jeder Abteilung mit Plänen und Etats zu vergleichen. Erfolgreiche Etatkontrolle und Kostenprognose erfordern ein gewisses Maß an sorgfältiger Buchhaltung, nicht nur innerhalb der Buchhaltungsabteilung sondern auch unter der Verwaltungsaufsicht des Projektmanagers.

Das Dossier über das bisher Erreichte und über die Voranschläge und die Etats, die alle hinsichtlich der Projektaufgabenliste zusammengestellt wurden, kann als „Projekthauptbuch" betrachtet werden. Dem Hauptbuchkonto werden die ursprünglichen Etats gutgeschrieben sowie alle genehmigten Zusatzausgaben, die beispielsweise durch vom Kunden gewünschte Modifikationen und Änderungsbestellungen entstehen. Der in Kosten ausgedrückte Wert abgeschlossener Arbeiten wird vom Hauptbuch abgehoben, sobald er gemeldet ist, womit der Kontostand die veranschlagten Kosten der verbleibenden Arbeiten angibt. Es sollte jederzeit möglich sein, das Hauptbuch zu konsultieren, um festzustellen, in welchem Verhältnis sich Kosten, Voranschläge und Ergebnisse in jeder am Projekt beteiligten Abteilung befinden.

In der Praxis wird das Hauptbuch höchstwahrscheinlich in einem Computer eingerichtet sein, entweder in einem zentralen Management-Informationssystem oder unter Verwendung eines der leistungsstärkeren Projektmanagementpakete.

Rentabilitätsprognose für das Gesamtprojekt

Ist erst einmal eine Grundlage für die Zusammenstellung von Ergebnisanalysestatistiken aus allen Teilen der Projektorganisation gefunden, besteht der nächste folgerichtige Schritt darin, sämtliche Ergebnisse in einer Prognose der gesamten Projektkosten zusammenzufassen.

Die erste dieser Prognosen wird natürlich vor dem Beginn des Projekts erstellt, wenn die ersten Kostenvoranschläge und Etats vorbereitet werden und der erreichte Fortschritt eindeutig mit null angegeben wird.

Die folgenden Ergebnisanalysen und Kostenprognosen können als ein kontinuierlicher Prozeß betrachtet werden, in dessen Verlauf die ursprünglichen Voranschläge ständig verfeinert werden. Je mehr Arbeiten durchgeführt wurden, umso höher ist der Anteil an tatsächlichen Kostendaten, so daß die Prognosen genauer werden sollten.

Für die Zwecke der Kostenkontrolle ist es erforderlich, diese Daten so darzustellen, daß unerwünschte Trends so früh wie möglich aufgezeigt werden – bevor es zu spät ist, einzugreifen.

Graphische Methoden

Genau wie die Leistung innerhalb der Abteilungen können die Prognosen der Gesamtkosten als eine Kurve entlang der Projektzeit gezeichnet werden, um einen direkten Vergleich mit dem Etat vorzunehmen, so daß positive und negative Trends deutlich sichtbar werden.

Bevor die Kostendaten für alle verschiedenen Abteilungen oder Gruppen mit den Kosten für erworbene Anlagen und Materialien zusammengebracht oder kombiniert werden können, müssen sie zunächst auf einen gemeinsamen Nenner gebracht, das heißt in der Kontrollwährung des Projekts ausgedrückt werden. Die Arbeitsstundeneinheiten, die für Planung und Aufsichtskontrolle angemessen waren, müssen nun in Kosten umgewandelt werden, indem entsprechende Tarife für jede Arbeitsstufe angesetzt werden. Die Arbeitsstundenaufzeichnungen müssen jedoch aufbewahrt werden, weil sie einen soliden, zuverlässigen und von Kosteninflation unberührten Maßstab für komparative Kostenvoranschläge bei zukünftigen Projekten darstellen.

Kostenbeobachtung und -vorhersage zielen in erster Linie darauf ab, die Kostenentwicklung innerhalb der Etats zu halten. Wenn ein Projekt jedoch mit Profit verkauft werden soll, wird der Gewinn zur eigentlichen Zielsetzung. Entsprechend sollten die abschließenden Prognosekurven Kosten- und Etatniveaus mit dem effektiven Nettoverkaufspreis in Verbindung bringen. Sowohl die angestrebten wie die voraussichtlichen Gewinnmargen werden so dargestellt, daß sich im Laufe der Zeit der Blick auf das wahrscheinliche Ergebnis richten kann. Es ist darauf zu achten, daß die Etat- und Preisniveaus jedesmal angepaßt werden müssen, wenn Aufträge für Abweichungen, Modifikationen oder andere Änderungen angenommen werden, die den Vertragspreis beeinflussen.

Abbildung 23.5 zeigt die Art von Kurve, die sich bei regelmäßiger, zeichnerischer Darstellung der Kostenprognosen für das gesamte Projekt ergibt. In diesem Beispiel ist das Projekt abgeschlossen. Es ist jedoch möglich, einen Eindruck über die Entwicklungen während der aktiven Phasen des Projekts zu bekommen.

Tabellenkalkulationsdarstellung

Zusammenfassungen und Prognosen der Projektkosten werden üblicherweise in Form von Tabellen oder Tabellenkalkulationen, mit oder ohne Graphiken dargestellt. Abbildung 23.6 zeigt eine weit verbreitete Version, die für die Vorbereitung mit oder ohne Computersystem geeignet ist. Tabellen dieser Art sind typischerweise Teil regulärer Kosten- und Fortschrittsberichte, die häufig in Monatsabständen erstellt werden. Eine Beschreibung dieses Formats Spalte für Spalte soll dazu dienen, dieses Kapitel abzurunden, wobei die Prinzipien rekapituliert werden, die der Interpretation von Kosten- und Fortschrittsdaten innewohnen. Um die Hinweise zu erleichtern, wurden die Spalten mit A, B, C usw. bezeichnet.

Am Kopf des Formulars stehen die erforderlichen Informationen Projekttitel und Projektnummer. Das Berichtsdatum ist wichtig, denn es ist das effektive gemeinsame Referenzdatum für sämtliche Berechnungen und Fortschrittseinschätzungen. Das Ausgabedatum des Berichts liegt später, aufgrund der Zeit, die für die Datenzusammenstellung und die Vorbereitung des Berichts benötigt wird. Die Zeitverschiebung zwischen dem effektiven Berichtsdatum und dem Ausgabedatum des Berichts hängt weitgehend von Umfang und Komplexität des Projekts ab: Offensichtlich dauert es länger, die Ergebnisse von einem abgelegenen Standort in Übersee zusammenzutragen, als dies bei einem Projekt möglich ist, das innerhalb einer Fabrik durchgeführt wird. Dennoch müssen alle möglichen Schritte unternommen werden, diese Berichte zu erstellen, bevor die Daten veraltet sind und es zu spät ist für konstruktive Reaktionen des Managements. Einige Unternehmen brauchen beispielsweise über zwei Wochen für die Analyse von Arbeitsstundenbuchungen auf ihren internen Stundenzetteln. Ein brauchbares Computersystem und Disziplin beim Ausfüllen der Stundenzettel sollten solche Analysen in zwei oder drei Tagen möglich machen.

In Spalte A werden die Hauptprojektabschnitte aus der Projektarbeitsaufgliederung aufgeführt. Das Beispiel in Abbildung 23.6 stammt aus einem Maschinenbauunternehmen, das diese Hauptabschnitte als Anlagensektionen bezeichnete. Die Auflistung in Spalte A muß sämtliche Kostenpunkte enthalten, inklusive geistige Arbeiten und eine Zusammenfassung schwer zuzuordnender Arbeiten. Wenn mehr Details gewünscht werden, können diese auf einem zusätzlichen Blatt aufgeführt werden.

In Spalte B werden die Kostencodes aller Hauptprojektabschnitte aufgeführt. Dies erleichtert Rückverweise auf die ursprünglichen Voranschläge und Etats sowie die Prüfung der präsentierten Daten.

In Spalte C werden die ursprünglichen Etats für die Projektabschnitte dargestellt. Sie werden zusammengezählt und ergeben im unteren Teil der Spalte den ursprünglichen Gesamtetat. Die ist der ursprünglich genehmigte Kostenetat, der den ursprünglichen Kostenvoranschlägen entsprechen sollte. Kosteneskalation und andere Voranschläge für unvorhergesehene Ausgaben müssen beinhaltet sein, und es mag erforderlich sein, im begleitenden Berichtsschreiben einige erklärende Anmerkungen zu machen.

Während das Projekt voranschreitet, kann davon ausgegangen werden, daß eine Reihe von Variationen oder Modifikationen auftreten werden, die mit dem Kunden vereinbart sind und die er bezahlen wird. Diese erhöhen natürlich die Projekteinnahmen und den Etat. Auf diese Weise verursachte Etat-

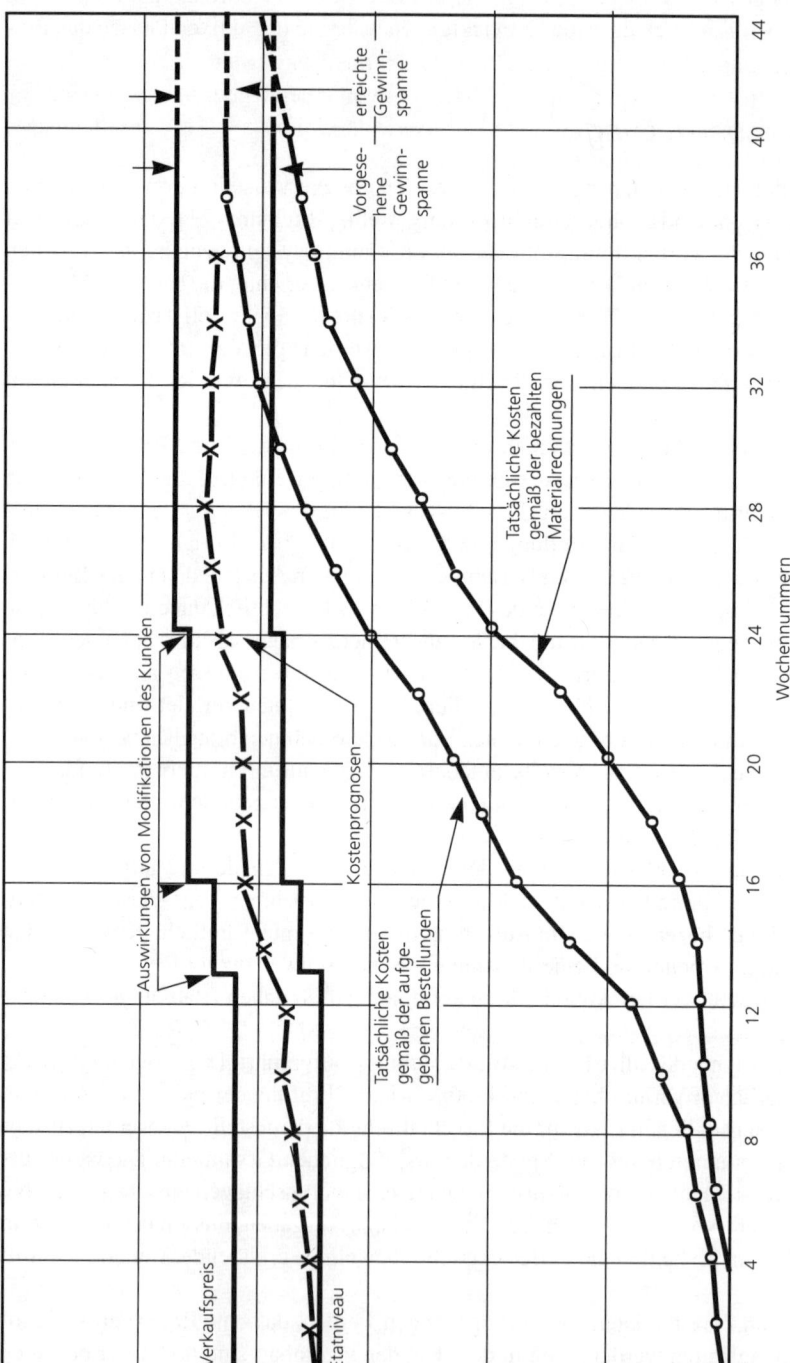

Abbildung 23.5   Eine Kosten-/Profit-Prognosekurve für ein Projekt

Eine Kurve dieser Art entsteht bei Durchführung detaillierter Ergebnisanalysen. Das Management erhält frühzeitige Warnungen, wenn zuviel ausgegeben wird. Es wird deutlich, daß die Kurve der voraussichtlichen Kosten Informationen enthält, die weit aussagekräftiger sind als jene, die sich aus der einfachen Kostenakkumulationskurve darunter ergeben.

anstiege werden in Spalte D aufgelistet. Werden sie dem ursprünglichen Etat für jeden Projektabschnitt zugezählt, ergeben sich in Spalte F die revidierten, gegenwärtig genehmigten Etats, also der aktuelle Etat.

Bei jedem Projekt von gewissem Umfang werden in der Regel ständig Planabweichungen erwogen oder warten auf Genehmigung, die letztlich den Etat und die Fortschrittseinschätzung beeinflussen werden. Bis diese Abweichungen mit dem Kunden vereinbart wurden, ist es natürlich nicht möglich, die zusätzlichen Einnahmen vorauszusetzen. Dennoch wird es von erheblichem Interesse sein, den Wert solcher Vorschläge zu kennen, die sich während des Berichtszeitpunkts in Vorbereitung befinden. Wenn gewünscht, kann Spalte E in das Berichtslayout eingefügt werden, um derartige Vorabinformationen zu geben.

In Spalte G werden die Kosten aufgeführt, die zum Berichtszeitpunkt tatsächlich bekannt sind. Sie umfassen folgendes:

1. Sämtliche Arbeitsstunden, die auf Stundenzetteln oder Arbeitsaufträgen für das Projekt verbucht wurden. Sie werden anhand der Standardkosten oder anderer geeigneter Raten in die Projektkontrollwährung umgewandelt.
2. Betriebs- und Verwaltungskosten.
3. Zahlungen für Versicherungsprämien, Lizenzen, Rechtsberatung und Consultants.
4. Zahlungen an Subunternehmer bzw. offene Forderungen.
5. Die Kosten für sämtliche eingeplanten Materialien, wozu die Kosten für sämtliche Materialien und Anlagen gehören, die bereits verwendet oder angeliefert wurden, sowie der Wert aller anderen Materialien und Anlagen, für die zum Berichtszeitpunkt Bestellungen aufgegeben wurden. In sämtlichen Fällen müssen Zahlungen für Fracht, Verpackung, Versicherung, Vertreterhonorare und Zoll, die bereits geleistet oder verbindlich zugesagt wurden, berücksichtigt werden.
6. Alle anderen direkt mit dem Projekt in Verbindung stehenden Kosten, die zum Berichtszeitpunkt aufgetreten sind oder deren Zahlung zugesichert wurde.

In Spalte H wird eine einfache Kalkulation vorgenommen, um die bisherigen, tatsächlichen Ausgaben (Spalte G) als Prozentteil des aktuellen Etats (Spalte F) auszudrücken.

Die Prozentangaben des bisher Erreichten in Spalte I sind die bestmögliche Einschätzung des Fortschritts, mit Hilfe der Ergebnisanalysemethoden, die in diesem Kapitel beschrieben wurden, wobei darauf zu achten ist, daß angefangene Arbeiten berücksichtigt werden.

In Spalte J werden die Prognosen für die verbleibenden Kosten aufgeführt. Wenn das bisher Erreichte mit den Ausgaben auf einer Linie liegt, das heißt die Prozentangaben in Spalte H und J dieselben sind, dann entspricht die Prognose der verbleibenden Kosten dem noch nicht ausgegebenen Teil des aktuellen Etats. In der Praxis gibt es gewöhnlich Abweichungen zwischen dem Prozentteil der bereits abgeschlossenen Arbeiten und dem Prozentteil des ausgegebenen Etats. Die Prognose der bis zum Abschluß verbleibenden Kosten entspricht daher nicht dem verbliebenen Etat, und die Kosten müssen mit Hilfe der Formel über Spalte J berechnet werden.

Die Summe aus den voraussichtlichen verbleibenden Kosten und den bisherigen tatsächlichen Ausgaben stellt den bestmöglichen Voranschlag der Gesamtkosten am Ende des Projekts dar (Spalte K). Im Laufe der Zeit wird das Prognoseelement dieser Zahl geringer, der Anteil wirklicher Kosten wird größer und die abschließende Vorhersage wird genauer. Schließlich ergibt sich der definitive Voranschlag, wie im Kapitel 4 klassifiziert.

Die letzte Spalte, L, zeigt den voraussichtlichen Unterschied zwischen den Gesamtkosten des Projekts und dem genehmigten Etat. In diesem Beispiel weist eine negative Abweichung darauf hin, daß zuviel ausgegeben wurde, und ein positives Ergebnis prognostiziert Kosteneinsparungen. (Manche Unternehmen verwenden die Begriffe in umgekehrter Bedeutung.)

ZUSAMMENFASSUNG DER PROJEKTKOSTENBERICHTE

Projekttitel: Projektnummer: Ausgabedatum:

A Artikel	B Kosten-code	C Ursprüng-licher Etat	D Genehmigte Etatabwei-chungen	E Unentschiedene Abweichungen	F Gegenwärtiger Etat C+D	G Bisherige tatsächliche Kosten	H Ausgegebener Etat %	I Ergebnis-schätzung %	J Prognose der verbleibenden Kosten H (F-G)	K Gesamt kostenpro-gnose G+J	L Abweichungs-prognose F-K
Gesamtprojekt											

Abbildung 23.6   Projektkostenbericht in tabellarischer Form

Eine tabellarische Präsentation der Projektkostendaten inklusive Kostenprognose für Abschluß und letzte Abweichungen

Schlußbetrachtung

Wenn das Projekt abgeschlossen ist und die abschließenden Kosten bekannt werden, kann eine Untersuchung durchgeführt werden, in der die tatsächlichen Ausgaben mit den ursprünglichen Voranschlägen verglichen werden. Solche rückschauenden Untersuchungen sind natürlich viel zu spät, um für das abgeschlossene Projekt von Nutzen zu sein, doch sie können hilfreich dabei sein, Fehler deutlich zu machen, die bei der Kostenberechnung oder der Durchführung zukünftiger Projekte verhindert werden sollten.

Kapitel 24

Letzte Projektdefinitionen und Abschluß

Projektmanagementaktivitäten enden nicht notwendigerweise mit dem physischen Abschluß eines Industrieprojekts. In der Regel müssen noch eine Reihe loser, aber wichtiger Enden, zusammengeknüpft werden.

Förmlicher Projektabschluß

So wie es erforderlich war, ein förmliches Genehmigungsdokument für die Eröffnung eines Projekts herauszugeben und den Beginn der Ausgaben zuzulassen, so sollte auch das Ende eines Projekts durch eine förmliche Erklärung deutlich gemacht werden.

Ausgabenstopp

Der wichtigste Grund für die Herausgabe einer förmlichen Projektabschlußerklärung liegt vor allem darin, daß keine weiteren Ausgaben unter den Hauptkostencodes des Projekts mehr zugelassen werden dürfen. Dies ist von besonderer Bedeutung, wenn schwer verdiente Profite nicht durch eine heimliche Fortsetzung von Buchungen auf Stundenzetteln des Projekts vermindert werden sollen, die nur möglich sind, weil das Konto noch geöffnet ist. Es ist bekannt, daß die Buchung von Arbeitsstunden auf Stundenzetteln häufig mißbraucht wird. Nachlässige Mitarbeiter haben oft die Neigung, bisher nicht abgerechnete Zeit „loszuwerden", indem sie sie unter einem umfangreichen Projekt verbuchen, in der Hoffnung, daß dies unentdeckt bleibt. Durch sorgsame Aufsicht kann dieses Risiko natürlich vermindert werden, doch ein Computerbefehl, keine weiteren Arbeitszeiteintragungen unter der Projektnummer aufzunehmen, ist wirkungsvoller.

Oft hat die Firmenbuchhaltung Interesse daran, ein Projektkonto für ihre eigenen Zwecke über den offiziellen Abschlußtermin hinaus offenzuhalten, um einige „übriggebliebene" Kosten unterzubringen. Weitere Arbeitszeitbuchungen sind zwar nach dem Projektabschlußtermin ausgeschlossen, doch es verbleiben in der Regel eine Reihe von Kostenpunkten wie spät ausgestellte Rechnungen von Lieferanten und Subunternehmern. Bei umfangreichen Projekten treffen sie noch mehrere Monate nach Projektabschluß ein. Sie können erhebliche Summen ausmachen, sollten die Profitkalkulationen jedoch nicht sehr beeinflussen, denn diese Kosten sollten bekannt sein, es sei denn, Unterverträge und Tagesarbeiten wurden nicht streng genug kontrolliert. Diese Kosten sollten in die Kostenrechnung aufgenommen worden sein, als die Zahlungsverpflichtung eingegangen wurde, also zu dem Zeitpunkt, als die Bestellung aufgegeben wurde.

Projektabschlußdokument

Die förmliche Abschlußnotiz kann ein sehr einfaches Formular sein, sollte jedoch die folgenden Informationen aufführen:

PROJECTS UNLIMITED LTD

ANKÜNDIGUNG DES PROJEKTABSCHLUSSES

Das folgende Projekt ist für Zeitabbuchungen und sämtliche Ausgaben mit Wirkung von untenstehendem Datum geschlossen.

Kunde: Lox Chemicals Limited   Abschlußdatum: 7. August 1987   Projektnummer: 43-050

Projekttitel: Loxylene Werk

Für die folgenden Etats sind hiermit die in der Checkliste aufgeführten Abschlußaktivitäten genehmigt.
Codenummer der Kostenzuteilung:

ABTEILUNG	ARBEITSSTUNDEN NACH LOHNGRUPPEN								GE
	1	2	3	4	5	6	7	8	
Ingenieursarbeiten	10		20				50		720
Planung					10				50
Einkauf			15			50			610
Installation									
Tests und Freigabe									
Bauleitung	5		10						230
Computerverarbeitung				1		2			28
Zentralarchiv			10				200		1.340
Mikrofilm									750
GESAMT	15		35	21	10	52	250		3.728

Besondere Anweisungen: Bitte besonders sorgfältig archivieren. Es könnte später eine Werkserweiterung erfolgen. Sämtliche Akten, die nicht zur Vernichtung vorgesehen sind, sind fünf Jahre lang aufzubewahren, es sei denn, unten ist anderes festgelegt.

CHECKLISTE DER PROJEKTABSCHLUSSAKTIVITÄTEN

GEGENSTAND	ERFORDERLICHE MASSNAHMEN	AKTENDOKUMENTATION	
		Mikrofilm?	Vernichten?
Projektfallgeschichte	Kurz halten, aber sicherstellen, daß Leistungsdaten korrekt sind	Ja	Nein
Projektspezifikation	Sollte auf neuestem Stand sein, aber trotzdem sorgfältig prüfen	Nein	Nein
Projektabweichungen	Auflisten, prüfen und vollständig archivieren	Ja	Nein
Zeichnungseinteilungen		Ja	Ja
Unsere Zeichnungen	Prüfen, ob alle vorhanden sind und den „Bauzustand" enthalten	Ja	Nein
Entwurfskalkulationen	Feststellen, ob sämtliche von Projektingenieuren ausgehändigt wurden	Ja	Nein
Kundenzeichnungen		Ja	Ja
Einkaufskontrolleinteilungen		Ja	Ja
Händlerzeichnungen		Ja	Ja
Bestellungen		Ja	Ja
Einkaufskontrolle/Inspektionsberichte		Nein	Ja
Testzertifikate		Ja	Nein
Betriebs-/Wartungsanleitungen	Sämtliche aufbewahren	Nein	Nein
Ersatzteillisten		Ja	Nein
Wartungsverträge	Mit Kunden diskutieren und Bedingungen vereinbaren	–	–
Untervertragsdokumente	Sechs Jahre aufbewahren	Ja	Nein
Korrespondenzakten	Zwei Jahre aufbewahren	Ja	Nein
Abschließende Kostenberichte		Ja	Ja
Fortschrittsberichte		Nein	Nein
Fotografien	An Bildarchiv der PR-Abteilung schicken	–	–
Kritische-Wege-Datei	Computerdateien löschen und sämtliche Ausdrucke vernichten	Nein	
Managementinformationssystem	Informationen im MIS zum Ende des Jahres löschen		

Erstellt von: Projektmanager: Genehmigt von:

Abbildung 24.1   Projektabschlußformular mit Checkliste

- Projekttitel.
- Projektnummer.
- Tatsächlicher Abschlußtermin.
- Grund für den Abschluß (in der Regel, aber nicht immer, Fertigstellung des Projekts).
- Spezielle Anweisungen.
- Unterschrift für die Abschlußgenehmigung.
- Verteiler, der zumindest diejenigen Personen beinhalten sollte, die die Genehmigungsnotiz für die Öffnung des Projekts erhalten haben.

Abbildung 24.1 enthält ein Beispiel.

Ausgabengenehmigung nach Projektabschluß

Nach Projektabschluß muß das Verbuchen von Arbeitszeit zwar abgebrochen werden, doch bei großen Projekten ist von einem Rücklauf von Dokumenten auszugehen. Dies kann erhebliche Mühe verursachen, obwohl ein Großteil der Arbeit Bürokräften oder neu eingestellten technischen Mitarbeitern aufgetragen werden kann. Wie gut solche Aufgaben ausgeführt werden, hängt weitgehend davon ab, wieviel Geld der Auftraggeber für sie auszugeben bereit ist.

In manchen Firmen wird die abschließende Dokumentation als Betriebsausgabe behandelt, während andere in einer glücklicheren Lage sind, weil sie mit dem Kunden Etats – und damit die Finanzierung – für diesen Zweck ausgehandelt haben. Ob sie nun als Betriebskosten oder als direkt zurückzuerstattende Ausgaben behandelt werden, Arbeiten nach Projektabschluß sollten als ein vom Hauptprojekt deutlich getrenntes Arbeitspaket betrachtet werden und eine eigene, gesonderte Etatnummer erhalten. Sämtliche dieser Arbeiten werden firmenintern und unter örtlicher Aufsicht abgewickelt und sollten daher verhältnismäßig einfach zu beobachten und zu kontrollieren sein. Unter gewissen Umständen mag es wünschenswert sein, nur einigen Einzelpersonen Handlungsbefugnis zu erteilen, so daß nur mit ihrer Mitarbeiternummer Buchungen von Arbeitsstunden auf dem abgeschlossenen Projektkonto vom Computer akzeptiert werden.

Abbildung 24.1 zeigt ein Projektabschlußformular, das außerdem als Genehmigungsdokument für eine begrenzte Ausgabenmenge für das Arbeitspaket nach Projektabschluß dient. Es ist keinesfalls ein typisches Beispiel. Jedes Formular sollte in der Praxis so modifiziert werden, daß es den Projektgegebenheiten und Managementsystemen jedes Auftragnehmers entspricht. Das Beispiel demonstriert jedoch zumindest eine Methode, um einen geordneten Projektabschluß sicherzustellen. Die Version in Abbildung 24.1 nennt die zulässigen Etats und die Kontonummer, die für Stundenzettelbuchungen zu verwenden ist. Sie enthält außerdem eine Checkliste sämtlicher Aktivitäten sowie einige Managemententscheidungen hinsichtlich der Dokumentenablage.

Abschließende Projektkostenaufzeichnung

Die abschließenden Kostenrechnungsinformationen stellen eine bedeutende Datenbank dar, mit der vergleichende Kostenvoranschläge für zukünftige Projekte erstellt werden können. Kosten für Materialien und zugekaufte Anlagen sowie die Ausweisung von Arbeitsstunden in Lohn- plus Betriebskosten sind weniger nützliche Aufzeichnungen, weil sie im Laufe der Zeit durch die Inflation ungültig werden. Jeder, der Informationen aus einer dieser Aufzeichnungen benötigt, wird feststellen, daß seine Aufgabe um sehr vieles leichter wird, wenn sämtliche dieser Daten in einem logischen, konsequent durchgehaltenen Kostencodierungssystem archiviert wurden.

Entsorgung überflüssiger Materialvorräte

Nach Abschluß eines Projekts werden mit ziemlicher Sicherheit überschüssige Materialien und Anlagen zurückbleiben. Die kosteneffektivste Methode ihrer Entsorgung muß vernünftig überlegt werden.

Einige spezielle Komponenten können dem Kunden unter Umständen als Teil eines empfohlenen Ersatzteillagers verkauft werden. Für alle anderen Artikel ist zu prüfen, ob sie ins allgemeine Lager zurückgebracht, verkauft oder, wenn nötig, verschrottet werden sollen.

Es darf nicht zugelassen werden, daß sich überflüssige Lagerbestände anhäufen. Ob sie in Projektlagern untergebracht sind oder lediglich in Lagerbestandsunterlagen zugewiesen werden, in jedem Fall stellen sie nutzlose Investitionen von Geld und Lagerraum dar. Es könnte eingewendet werden, daß Mengen von sehr kleinen, billigen Artikeln wenig Platz brauchen und unbedeutende Investitionen darstellen, nach dem Motto „Es lohnt sich, sie aufzubewahren, denn eines Tages könnten sie gebraucht werden". Doch sie kosten bei der jährlichen Bestandsaufnahme ebenfalls Geld und Zeit.

Abschließende Projektdefinition:
Das Ende eines kontinuierlichen Vorgangs

Im Kapitel 3 wird der Prozeß der Projektdefinition beschrieben, der in Abbildung 3.1 als kontinuierlicher Vorgang dargestellt wird. Bei jedem Projekt nennenswerter Größe, ob es sich dabei um ein Fertigungsprojekt oder ein Bauprojekt handelt, wird die Projektdefinition bis zu seinem Abschluß fortgeführt, bis schließlich das letzte Dokument aktualisiert, registriert und abgelegt wurde.

Förmliche Verfahren für Projektabweichungen, Modifikationen und Zulassungen sind Teil dieses Vorgangs. Die Projektingenieure müssen sicherstellen, daß sämtliche Abweichungen von den Plänen für die Aufnahme zurückgemeldet werden. Dies kann ein besonderes Problem darstellen, wenn die Konstruktionsarbeiten an einem Standort stattfinden, der weit vom Sitz des Auftragnehmers entfernt ist.

Im Rest dieses Kapitels wird die Dokumentation des Bauzustands des Projekts und das sichere Aufbewahren dieser Unterlagen behandelt.

Dokumentation technischer Entwürfe

Das erste Erfordernis bei den Aufzeichnungen technischer Entwürfe besteht darin, einen Satz der Projektzeichnungen aufzubewahren. Gelegentlich betrachten Kunden, die ja für die technischen Entwürfe eines Projekts bezahlt haben, sämtliche Projektzeichnungen als ihr Eigentum. Möglicherweise sind sogar die Zeichenbögen des Kunden verwendet worden. Dennoch muß der Auftragnehmer einen Plansatz behalten. Dies kann in Form reproduzierbarer, durchsichtiger Masterdrucke sein, auf Mikrofilm oder in digitaler Form, die für das CAD-System des Unternehmens geeignet ist.

Zeichnungen werden für das Archivieren und das Wiederauffinden in der Regel in einen Index entsprechend dem Plannumerierungssystem des Auftragnehmers aufgenommen. Doch der Übergabezustand jedes spezifischen Projekts ist in dem abschließenden Satz von Planzeichnungseinteilungen enthalten (Abbildung 24.2). Bei Fertigungsprojekten mit mehreren Produktionsstapeln ist das Kontrollmittel eine kompliziertere Art von Zeichnungseinteilung, nämlich die Baueinteilung (Abbildung 24.3), die unten erläutert wird.

Zeichnungseinteilung

Zeichnungseinteilung für:

Projektnummer:

Seite . .   von   . . Seiten

Ausgabedatum:

Zeichnungsnummer	Größe	Zeichnungstitel	Zustimmung des Kunden			Für Bau freigegeben		Anmerkungen
			Erforderlich?	Wann angefordert?	Wann empfangen?	Ausgabedatum	Revisionsnummer	

Abbildung 24.2   Zeichnungseinteilung

Zeichnungseinteilungen enthalten sämtliche Zeichnungen, die für ein einmaliges Projekt benötigt werden. Sie können außerdem dafür verwendet werden, Aspekte des Fortschritts aufzuzeichnen. (In dieser Version wird der Status der Zustimmung des Kunden zu den Entwürfen angegeben.) Dieses Formular zeigt den grundsätzlichen Inhalt einer Zeichnungseinteilung. In der Praxis sollte die Einteilung in einem Computersystem eingerichtet werden, damit sie leicht aktualisiert werden kann, um jede Zeichnung und ihren korrekten Revisionsstatus darzustellen. Wenn das Projekt abgeschlossen ist, sollte die Zeichnungseinteilung zusammen mit der Einkaufskontrolleinteilung den letztgültigen Bauzustand des Projekts zeigen.

Entwurfskalkulationen sind ein wesentlicher Teil der Projektunterlagen. Es ist von größter Wichtigkeit, daß sie mit mindestens ebenso großer Sorgfalt numeriert, in den Index aufgenommen und gelagert werden wie die Hauptzeichnungsdokumente. Im unglücklichen Fall späterer Funktionsstörungen oder des Auftretens von Baukonstruktionsfehlern müssen sie auffindbar sein, besonders im Falle von Personenschäden.

Sämtliche Vertragsvariationen, Modifikationen, Zulassungen, abschließenden Inspektionsberichte und ähnliche Dokumente, die für die Definition des letztgültigen Entwurfsstatus und der Qualität des Projekts hilfreich sind, sollten archiviert und mit einem Index versehen werden.

Dokumentation eingekaufter Anlagen

Nehmen wir zum Zwecke der Illustration an, daß ein Kunde förmlich die Übergabe eines komplexen Fertigungswerks, das Ergebnis eines äußerst umfangreichen, einsatzfähigen Projekts ist, akzeptiert hat. Alles wurde für den Kunden vorbereitet: die Errichtung der Gebäude, Einkauf und Installation sämtlicher Anlagen, Kräne und anderer Geräte und die abschließende Freigabe. Natürlich bleibt der Auftragnehmer dem Kunden weiterhin für Serviceleistungen gemäß der Garantievereinbarungen, für Hilfe bei Betriebsschwierigkeiten sowie für die Durchführung zukünftiger Modifizierungen oder Ausweitungen der Anlage verantwortlich.

Um einen solchen Service leisten zu können, benötigt der Auftragnehmer technische Aufzeichnungen der Anlagen, die von externen Lieferanten erworben wurden. Diese Unterlagen sollten die Händler in Form von Lageplänen, technischen Spezifikationen, Betriebs- und Wartungsanweisungen, Listen empfohlener Ersatzteile, Diagrammen der Schmiersysteme, Testzertifikaten usw. im Laufe des Projekts zur Verfügung stellen.

In den meisten Fällen wird dem Kunden eine Kopie dieser Dokumente übergeben. Es wäre jedoch sehr ungeschickt vom Auftragnehmer, nicht selbst einen Satz dieser Dokumente zu behalten. Theoretisch sollte es zwar möglich sein, sich später an den entsprechenden Händler zu wenden, um im Fall von Betriebsschwierigkeiten Informationen zu beschaffen, doch es kommt vor, daß Unternehmen ihren Betrieb aufgeben oder in Fusionen und Übernahmen aufgehen. Außerdem kann es einen erheblichen Vorteil für den Auftragnehmer bedeuten, detaillierte Unterlagen über erworbene Anlagen aufzubewahren, weil diese häufig den Ingenieuren von Nutzen sein können, wenn sie die Anlagen für zukünftige, unabhängige Projekte spezifizieren.

Der Schlüssel zu all diesen Informationen findet sich in der letztgültigen Version der Einkaufskontrolleinteilungen (Abbildungen 18.3 und 18.4). Die entsprechenden Einkaufsspezifikationsnummern mit dem entsprechenden Revisionsstatus, den Angabe zu Lieferanten sowie den Details der Bestellung sollten auf diesem Wege auffindbar sein.

Übergabezustand eines einfachen technischen Projekts

Es ist am einfachsten, den Definitionsvorgang des Übergabezustands eines Projekts zu beschreiben, wenn mit einem einfachen Beispiel begonnen wird, etwa einem Projekt für die spezielle Herstellung und Auslieferung eines einzelnen Anlagenteils. Die Definition ist einfach, selbst wenn das fertige Produkt umfangreich und kompliziert ist.

Theoretisch müssen lediglich sämtliche Zeichnungen, Spezifikationen und andere Dokumente zur Beschreibung des Projektentwurfs, der Konfiguration und des Projektinhalts aufgeführt werden, wobei nicht vergessen werden darf, die Serien- und korrekten Revisionsnummern mit aufzunehmen.

Sämtliche technischen Veränderungen sollten in diese Dokumente aufgenommen worden sein, so daß sich alle auf neuestem Stand befinden. Die Unterlagen sollten außerdem Ersatzkopien der Betriebs- und Wartungsanleitungen enthalten, sowohl für das gesamte Projekt als auch für sämtliche eingekauften Anlagen, die darin eingebaut wurden.

Vorausgesetzt, all dieses Material ist in einem sicheren System mit einem geeigneten Index untergebracht, sollten jene Personen, die zukünftig mit dem Betrieb, der Wartung, der Reparatur oder der Modifizierung dieses Projekts befaßt sind, keine ernsthaften Probleme damit haben, die nötigen Informationen aufzufinden.

Übergabezustand eines multiplen Fertigungsprojekts

Viele Fertigungsunternehmungen gehen zunächst von einem einzelnen Entwurfsprojekt aus, doch resultieren sie schließlich in der Fertigung von mehr als einem Produkt. Zwar begann die Fertigung dieser Produkte mit demselben Entwurf, doch wenn sie nicht alle in einem identischen Stapel hergestellt wurden, ist es höchst wahrscheinlich, daß zwischen den verschiedenen Stapeln Modifizierungen vorgenommen werden. Es ist sogar möglich, daß Veränderungen innerhalb eines Produktionsstapels zugelassen werden. Ähnliche Probleme gibt es bei der Fertigung des Endprodukts in kontinuierlicher Produktion und Montage.

Beispiele

1. Ein Kunde bestellte sieben auf Anhängern installierte, automatische Prüfgeräte für Tests an Militärflugzeugen. Das erste von ihnen war ein voll einsetzbarer Prototyp. Die übrigen sechs übernahmen dieselben Funktionen, waren angesichts der Erfahrungen mit dem Prototypen jedoch etwas anders gebaut worden. Zwischen den sechs Einheiten gab es weitere leichte Unterschiede, obwohl sie alle gemäß derselben Pläne gebaut waren, wenn auch mit einer unterschiedlichen Anzahl von Revisionen. Jedes fertige Testgerät beinhaltete eine große Zahl von Anschlußeinheiten, die zwischen den sieben Testanlagen austauschbar waren.
Für die Wartung war es unbedingt erforderlich, daß der exakte Bauzustand jedes Testgeräts sowie der Anschlußeinheiten bekannt war.
2. Ein Subunternehmen der Rüstungsindustrie stellte elektronische Anlagen für eine Lenkrakete her. Es gab eine Prototyp- und eine Vorabversion, die beide in geringen Mengen hergestellt worden waren. An verschiedenen Punkten während des Gesamtprogramms waren Änderungen an den Planzeichnungen vorgenommen worden. Es gab daher einige geringe Unterschiede im Bauzustand zwischen den einzelnen Einheiten.
3. Ein vertrauteres Beispiel ist der Kraftfahrzeughersteller, der während des gesamten Produktionslebens eines Fahrzeugtyps Modifikationen vornimmt. Wenn ein Besitzer seinen Wagen zur Reparatur oder zum Autoservice bringt, muß die Werkstatt den genauen Bauzustand des betreffenden Wagens kennen. In der Regel werden dafür das Baujahr und die Karosserie- oder Motornummer benötigt.

Identifizieren einzelner Einheiten

Die erste Anforderung besteht darin, daß jede hergestellte Einheit durch eine Nummer oder ein Zeichen identifizierbar ist, die sie von anderen unterscheidet. Dies wird gewöhnlich durch die Zuteilung einer Stapel- oder Seriennummer erreicht. Diese und eine Typ- oder Teilnummer ermöglichen es, daß jede Einheit eindeutig, ohne Verwechslungsgefahr identifiziert werden kann.

Die Angaben zu einem „A.-C.-Generator des Typs 10256, Seriennummer 1023" lassen keine Zweifel offen: Gelangt diese Einheit für Service, Reparatur oder Modifikation zurück in die Fabrik, kann ihr Ursprung festgestellt werden, und ihr Entwurfsstatus sollte bekannt sein. Es sollte möglich sein, in den allgemeinen Montagezeichnungen und Stück- oder Materiallisten des Generators die Nummern sämtlicher Zeichnungen und Prozeßspezifikationen nachzuschlagen, die an seiner Herstellung beteiligt waren.

Dokumentrevisionsnummern

Die Seriennummern von Dokumenten sind an sich noch keine hinreichende Beschreibung. Es muß jederzeit möglich sein, die entsprechenden Revisionsnummern und den Modifikationsstatus der Zeichnungen und Spezifikationen herauszufinden, die sich auf die besondere Seriennummer einer Einheit oder eines Produktionsstapels beziehen.

Nehmen wir an, die eben beschriebenen Generatoren wurden über eine Reihe von Monaten oder gar Jahren für ein langfristiges Projekt geliefert. Sie heißen alle „A.-C.- Generator Typ 10256", doch sie sind nicht identisch. Im Laufe der Zeit wurden eine Reihe von Modifikationen durchgeführt, so daß die unterschiedlichen Produktionsstapel kleine, aber bedeutende Unterschiede im Entwurf aufweisen. Wie kann man exakt feststellen, wie diese Generatoren hergestellt wurden, wenn nur ihre Typ- und Seriennummer bekannt sind?

Die üblichste Methode, um dieses Problem zu umgehen, ist das Zusammenstellen einer Baueinteilung. Dies ist mühselig, aber unter Umständen nicht zu vermeiden.

Baueinteilungen

Eine Baueinteilung umfaßt eine Liste sämtlicher Zeichnungen und Spezifikationen, die für die Fertigung jeder Einheit verwendet wurden, wobei die korrekte Revisionsnummer jeder Zeichnung sichtbar ist. Wenn eine Zeichnung aus mehreren Seiten besteht, muß die Revisionsnummer für jede Seite angegeben werden. Für jeden Projektartikel, der als einzelne Einheit gefertigt und montiert ist, muß es eine gesonderte Baueinteilung geben. Es genügt jedoch eine Baueinteilung, wenn eine Reihe von Artikeln in einem identischen Stapel produziert wurde.

Formulare wie das in Abbildung 24.3 gezeigte ermöglichen die Aufzeichnung aller wesentlichen Details. Es ist allerdings weit wahrscheinlicher, daß der Bericht einer Computerdatei entstammen wird.

Baueinteilungen können einzeln für kleine Montageeinheiten zusammengestellt werden oder – für große Projekte – als mehrseitige Berichte.

Festzuhalten ist, daß es wenig Sinn macht, Baueinteilungen für Einheiten unterschiedlicher Bauart zu unterhalten, wenn nicht sämtliche Zeichnungsinformationen zugänglich sind. Daraus folgt, daß in diesen Fällen Referenzdateien aller relevanten Revisionen jeder Zeichnung geführt werden müssen.

Es muß berücksichtigt werden, daß die letzte Fassung einer Zeichnung nicht immer die korrekte Fassung ist. Es kann sogar vorkommen, daß unterschiedliche Revisionen derselben Zeichnung gleichzeitig verwendet werden, wenn eine Fabrik Montageeinheiten oder Stapel mit unterschiedlichem Modifikationsstatus bearbeitet.

Produktbezeichnung

Natürlich muß der Vorgang der Baueinteilung von einer Auszeichnung der tatsächlichen Produkte begleitet werden. Jede Auszeichnung sollte die Teilnummer und die Stapel- oder Seriennummer enthalten. Einige Unternehmen machen es sogar möglich, daß die Modifikationsnummern zugefügt

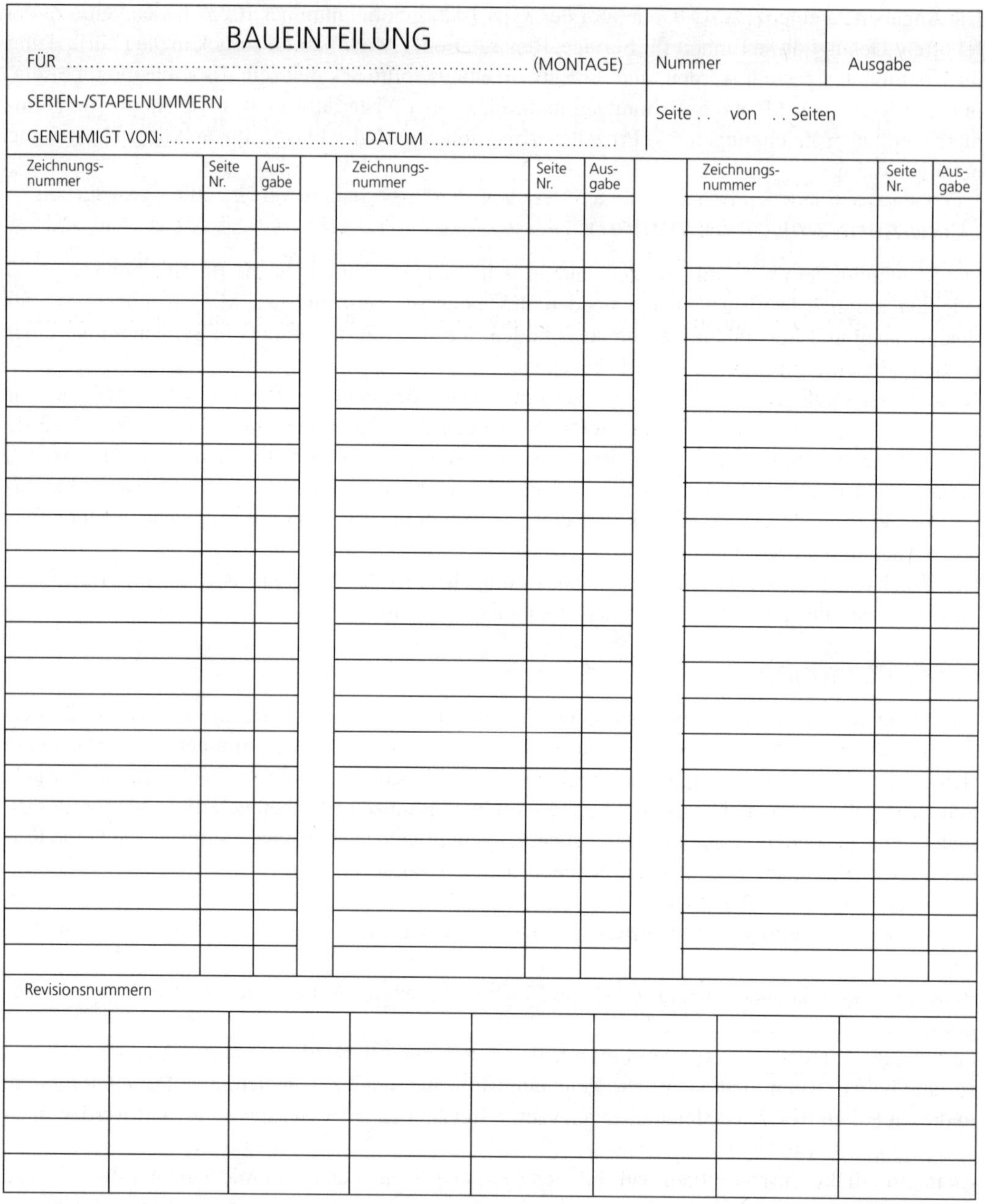

BAUEINTEILUNG										

FÜR .... (MONTAGE)   Nummer   Ausgabe

SERIEN-/STAPELNUMMERN

GENEHMIGT VON: .... DATUM ....

Seite .. von .. Seiten

Zeichnungs-nummer	Seite Nr.	Aus-gabe	Zeichnungs-nummer	Seite Nr.	Aus-gabe	Zeichnungs-nummer	Seite Nr.	Aus-gabe

Revisionsnummern

Abbildung 24.3   Eine Baueinteilung

Eine Baueinteilung wird dazu benutzt, den Modifikationsstatus und Inhalt eines Fertigungsprojekts zu spezifizieren. Sie ist besonders nützlich für die Definition von Projekthardware, die in mehreren Versionen existiert. Dies wird erreicht, indem sämtliche Zeichnungen und die mit ihnen verbundenen Dokumente zusammen mit den Revisionsnummern aufgeführt werden, die sich auf den Stapel oder die Einheit beziehen, die definiert werden sollen. Die Einteilung kann von Hand erstellt werden, wie in diesem Beispiel, oder mit einem Computer.

werden, wenn jede Modifikation durchgeführt wird, wozu auch die Modifikationen außerhalb der Betriebsräume gehören.

Aufzeichnung des Übergabezustands von Großprojekten

Die oben beschriebenen Baueinteilungen beziehen sich insbesondere auf Fertigungsprojekte. Es ist jedoch ebenso wichtig, daß der Übergabezustand von Bergwerks-, Öl-, Nutzbau- und anderen Großprojekten adäquat aufgezeichnet wird. Dies ist von entscheidender Bedeutung, damit der Auftragnehmer in der Lage ist, seinen Verpflichtungen gegenüber dem Kunden nach Vertragserfüllung nachzukommen. Die Auflistung mag zwar umfangreich sein, doch sie ist einfacher als bei Fertigungsprojekten mit unterschiedlichen Produktionsstapeln, weil es nur einen Satz von Zeichnungen und Spezifikationen zu bedenken gibt, und – mit wenigen Ausnahmen – ist die letzte Revision jeder Zeichnung immer die korrekte Ausgabe.

In Abbildung 24.2 wird das Format einer Zeichnungseinteilung dargestellt. Es handelt sich dabei um eine von Hand erstellte Version. In der Praxis wird die Auflistung wahrscheinlich mit einem Computer erstellt werden. Die letzte, vollständig aktualisierte Ausgabe der Zeichnungseinteilung sollte die Nummer jeder Zeichnung enthalten, die für das Projekt verwendet wurde, sowie ihre korrekte Revisionsnummer.

Für das Projekt erworbene Anlagen werden durch die letztgültige Ausgabe der Einkaufskontrolleinteilung definiert. Darin enthalten sind sämtliche Einkaufsspezifikationen, die entsprechenden Anforderungsnummern sowie die Nummern der sich daraus ergebenden Bestellungen und deren Änderungsnummern. Diese Einteilungen zusammen mit dem Register und der Akte der Händlerdokumente enthalten die entscheidenden Informationen. Einkaufskontrolleinteilungen wurden in den Abbildungen 18.3 und 18.4 dargestellt.

Zeichnungs- und Einkaufseinteilungen werden in Sätzen und Untergruppen entsprechend der Werksabschnitte, Unterabschnitte und der beteiligten Disziplinen erstellt, damit sie mit der Arbeitsaufgliederung und dem hierarchischen Numerierungssystem übereinstimmen.

Korrespondenz und interne Memoranden

Schreiben an und von Händlern können zusammen mit den entsprechenden Bestellaufzeichnungen archiviert werden, so daß sie Teil der technischen und der Vertragsunterlagen werden. Andere Korrespondenz, nicht zuletzt jene mit dem Kunden, kann nach Datum archiviert werden.

Wenn große Projekte zum Ende gelangen, taucht gelegentlich ein schwieriges Problem auf, weil an mindestens zwei Stellen Akten angelegt wurden – im zentralen Aktenregister und in der technischen Abteilung des Projekts. Eine Methode, diese Schwierigkeit in einen Vorteil zu verwandeln, besteht darin, sämtliche Projektkorrespondenz nach Gegenstand gemäß der Gliederungsstruktur der Projektarbeit zu archivieren. Vorausgesetzt, die Projektakten wurden entsprechend aufgezeichnet, können sie am Ende des Projekts den Zentraldateien zugefügt werden. Auf diese Art wird sichergestellt, daß jedes Dokument auffindbar ist, wenn entweder sein Ausstellungsdatum oder der inhaltliche Gegenstand bekannt sind.

Die interne Korrespondenz zwischen Abteilungen ist gewöhnlich weniger wichtig, doch sie kann – wenn gewünscht – zusammen mit den entsprechenden Unterlagen archiviert werden.

Fallgeschichte oder Projekttagebuch

Wenn für diesen Zweck genug Zeit und Geld aufgewendet werden können, ist es in manchen Fällen nützlich, daß der Projektmanager eine kurze Fallgeschichte oder ein Tagebuch des Projekts schreibt. Dieses Dokument muß kein literarisches Meisterwerk sein, doch es sollte alle bedeutenden Ereignisse sowie alle ernsten Schwierigkeiten und deren Lösung aufführen. Wird eine Fallgeschichte zusammen mit der Projektspezifikation, den Sitzungsprotokollen und anderen wichtigen Dokumenten archiviert, kann sie in der Zukunft wertvoll werden, wenn hinsichtlich des Projekts juristische oder andere Fragen auftreten. Rückgriff auf vergangene Fallgeschichten kann außerdem bei der Formulierung von Strategien für neue Projekte hilfreich sein – und über Fehler der Vergangenheit zu lesen, kann neuen Managern dabei helfen, diese in der Zukunft zu vermeiden.

Verwaltung von Akten und Archiven

Der erforderliche Arbeitsaufwand für das Schließen sämtlicher Akten und die sichere Lagerung der Informationen steht in umgekehrt proportionalem Verhältnis zu Sorgfalt und Aufmerksamkeit, die den Akten während der aktiven Periode des Projekts geschenkt wurden.

Lagerung

Es geschieht sehr leicht, daß sich innerhalb sehr kurzer Zeit erhebliche Mengen von Akten ansammeln, die große Flächen kostspieligen Büroraums in Anspruch nehmen. Verschiedene neue Technologien haben in den vergangenen Jahren dazu beigetragen, dieses Problem zu überwinden, zunächst durch die Verwendung von Mikrofilm und später durch digitale Speicherung. Werden große Dokumentenmengen zu einem Problem, können die folgenden Optionen erwogen werden:

1. Lagerraumanmietung außerhalb der Büroräume für nicht aktive Akten, möglicherweise in einem sicheren Lager, das von einem auf Archivierung spezialisierten Unternehmen verwaltet wird. Diese Methode hat den Nachteil, daß die Akten leicht vergessen werden, besteht die einzige Erinnerung an ihre Existenz doch nur in den regelmäßigen Rechnungen für Raummiete.
2. Jede Akte wird deutlich mit einem Revisionstermin versehen, zu dem die Akte entweder auf Mikrofilm übertragen oder vernichtet wird.
3. Investitionen in platzsparende Archivierungsanlagen. Nebeneinander aufgereihte Akten nehmen weniger Platz in Anspruch als Aktenschränke mit Schubladen. Es sind motorisierte, rotierende Aktenschränke erhältlich, die ungenutzten Platz unter der Decke ausnutzen.
4. Große Aktenmengen können durch Abfilmen auf Mikrofilm leicht verringert werden. Zeichnungen werden auf 35-mm-Rollenfilm oder Belichtungskarten untergebracht. Andere Dokumente können auf 16-mm-Film fotografiert und in Kassetten oder, bei semiaktiven Akten, auf Mikrofiche aufbewahrt werden. Mikrofilm ist in der Regel adäquat für langfristiges Aufbewahren, Wiederauffinden und Drucken. Zeichnungen sollten jedoch im Original aufbewahrt werden, wenn sie voraussichtlich in exakten Maßstabsabmessungen erneut benötigt werden.

Werden andere Methoden als Papierabdrucke verwendet, also entweder Mikrofilm oder digitale Speichermedien, muß die Kompatibilität mit bestehenden und zukünftigen Anlagen gewährleistet sein.

Index und Abruf

Das Auffinden von Dokumenten in einem großen Aktenlager, sei dies auf Mikrofilm, elektronisch abgespeichert oder als Originalunterlagen, erfordert die sorgfältige Aufnahme sämtlicher Unterlagen in einen Index. Es sollte beispielsweise möglich sein, einen bestimmten Brief eines Kunden entweder anhand des inhaltlichen Gegenstands oder seines Datums oder anhand von beidem aufzufinden. Wird ein digitales Speichermedium verwendet, ist die Informationssuche leichter, wenn Suchbegriffe verwendet werden.

Sicherheit

Dokumente sind in der Regel durch Feuer, Wasser oder Verlust gefährdet, und es ist daher ratsam, Sicherheitskopien anzulegen, denn derartige Tragödien finden selten an zwei Orten gleichzeitig statt. Vernichtet jedoch ein Feuer die Originalakten, sind die Sicherheitskopien ohne einen Inhaltsindex von wenig praktischem Nutzen. Eine ständig aktualisierte Kopie des Index für die Hauptakten muß daher Teil der Sicherheitsakten sein.

Die Sicherheit von Computerdateien ist natürlich ebenfalls wichtig, doch jeder kompetente Mitarbeiter, der für die Computeraktivitäten in einem Unternehmen zuständig ist, wird mit den entsprechenden Verfahren vertraut sein. Er wird sicherstellen, daß regelmäßig Sicherheitskopien der Dateien erstellt werden, die in Datensafes oder anderen sicheren Bereichen aufbewahrt werden.

Informationen in Computerdateien müssen zum Zeitpunkt des Projektabschlusses in Erinnerung sein. Überflüssige Dateien sollten gelöscht werden. Dateien, die nicht unbedingt Teil einer Online-Datenbank sein müssen, sollten gelöscht oder auf ein anderes Speichermedium übertragen werden.

Software

4C for Windows – InterSoftware UK Ltd, Surrey
Acos Plus.Eins – Acos, München
A-Plan – BrainTool, Stuttgart
Artemis Schedule Publisher – Lucas Management Systems, Neuss
Innate – Innate Management Systems Ltd, Richmond
MS Project –Microsoft, Unterschleißheim
Open Plan Professional – Welcom Software Technology, Aachen
Panorama Planner – Panorama Software Corporation, Surrey
Primavera Project Planner – Intec, Landhut
Project Manager Workbench – Applied Business Technology, Hamburg
Project Scheduler – Scitor, Frankfurt
PowerProject – Management+Software, Karlsruhe
Super Project – Computer Associates, Darmstadt
Timeline – Symantec, Karlsruhe
ViewPoint – Bartsch-Beuerlein
VisualPlanner – Produtec, Bremen

Projektmanagement im Internet

Verzeichnis von Software zu Projektmanagement
http://www.yahoo.com/Business and Economy/Companies/Computers/Software/Business/ Project Management/

ProjectNet – the Project Management Site
http://www.projectnet.com/

The Project Management Institute (PMI) etablishes project management standards, provides seminars, educational programmes and professional certification
http://www.pmi.org/

The WWW Project Management Forum, a non-profit making resource for information on international project management affairs
http://www. synapse.net/~loday/PMForum/

Index

Auswahlbibliographie

AGGTELEKY, Bela/BAJNA, N.: Projektplanung. Ein Handbuch für Führungskräfte. Grundlagen – Anwendung – Beispiele. München 1992.

AGGTELEKY, Bela: Fabrikplanung. Werksentwicklung und Betriebsrationalisierung. Bd. 3. Ausführungsplanung und Projektmanagement. Planungstechnik in der Realisationsphase. München 1990.

AHMED, M./ALDERMAN, D.: Project management: A management accounting perspective. Hamilton, Ont., 1986.

ALTROGGE, Günter: Netzplantechnik. 3. Aufl. München 1996.

BAILY, P. J. H./FARMER, D. H.: Purchasing principles and management. 7. Aufl. London 1994.

BAILY, Peter: Purchasing systems and records. 3. Aufl. Aldershot 1991.

BAMFIELD, Peter: Research and development management in the chemical industry. Weinheim 1996.

BECK, Thomas: Die Projektorganisation und ihre Gestaltung. Berlin 1996.

BENNATAN, E. M.: Software project management. A practitioner's approach. London 1995.

BENTLEY, Trevor J.: Information, communication and the paperwork explosion. London 1976.

BIRKER, Klaus: Projektmanagement. Berlin 1995.

BITTNER, Udo/HESSE, Wolfgang/SCHNATH, Johannes: Praxis der Software-Entwicklung. Methoden, Werkzeuge, Projektmanagement. Eine Bestandsaufnahme. München–Wien 1995.

BLAZEK, Alfred: Projekt-Controlling. Denken und Handeln in Projekten zur Verwirklichung der Selbstkontrolle. Hrsg. von der Controller-Akademie. 3. Aufl. München 1990.

BOHN, Thomas: Projektcontrolling im Umweltbereich. Technisch und wirtschaftlich optimale Abwicklung von Abwasser- und Abfallprojekten. Renningen-Malmsheim 1996.

BOOCH, Grady: Object solutions. Managing the object-oriented project. Menlo Park, Calif., 1996.

BOY, Jacques/DUDEK, Christian/KUSCHEL, Sabine: Projektmanagement. Grundlagen, Methoden und Techniken, Zusammenhänge. 3. Aufl. Offenbach 1996.

BOYCE, T.: Successful contract administration. London 1992.

BUCH, Joachim: Entscheidungsorientierte Projektrechnung. Überlegungen zur Gestaltung eines Projekt-Controlling-Systems mit Hilfe der Einzelkosten- und Deckungsbeitragsrechnung. Frankfurt/M. 1991.

BULLINGER, Hans-Jörg: Integrierte Produktentwicklung. Zehn erfolgreiche Praxisbeispiele. Wiesbaden 1995.

BURGHARDT, Manfred: Einführung in Projektmanagement. Definition, Planung, Kontrolle, Abschluß. Hrsg. von der Siemens-Aktiengesellschaft. Erlangen 1995.

CORRIE, R. K.: Project evaluation. London 1990.

DEMARCO, Tom/LISTER, Timothy: Wien wartet auf Dich. Der Faktor Mensch im Software-Projektmanagement. München 1991.

DÖRFEL, Hans-Jürgen: Projektmanagement. Aufträge effizient und erfolgreich abwickeln. Renningen-Malmsheim 1995.

EHRL-GRUBER, Birgit/SÜSS, Gerda: Praxishandbuch Projektmanagement. Ergebnisorientierte und termingerechte Projektabwicklung in der Industrie. Augsburg 1995.

FRÜHAUF, Karol/LUDEWIG, Jochen/SANDMAYR, Helmut: Software-Projektmanagement und -Qualitätssicherung. 2. Aufl. Stuttgart 1991.

GAREIS, Roland: Handbook of management by projects. Wien 1991.

GAREIS, Roland: Projektmanagement im Maschinen- und Anlagenbau. Wien 1991.

GREGOR-RAUSCHTENBERGER, Brigitte/HANSEL, Jürgen: Innovative Projektführung. Erfolgreiches Führungsverhalten durch Supervision und Coaching. Berlin–New York 1993.

GROSSMANN, Ralph/SCALA, Klaus: Gesundheit durch Projekte fördern. Ein Konzept zur Gesundheitsförderung durch Organisationsentwicklung und Projektmanagement. 2. Aufl. Weinheim 1996.

Grundlagen des Operations Research. 2. Band: Graphen und Netzwerke, Netzplantechnik, Transportproblem. Ganzzahlige Optimierung. Mit Beiträgen von BURKARD, Reiner E./NEUMANN, Klaus/OHSE, Dietrich. Hrsg. von Tomas GAL. 3. Aufl. Berlin–New York 1992.

GRUPP, Bruno: Qualifizierung zum Projektleiter. DV-Projektmanagement im Wandel. 2. Aufl. München 1996.

HABISON, Rudolf: Baubetriebslehre. Bd. 2: Ausmaßermittlung, Kostenschätzung, Baugerät, Organisation, Projektmanagement. Wien 1992.

HANSEL, Jürgen/LOMNITZ, Gero: Projektleiter-Praxis. Erfolgreiche Projektabwicklung durch verbesserte Kommunikation und Kooperation. Ein Arbeitsbuch. 2. Aufl. Berlin–New York 1993.

HARRISON, F. L.: Advanced project management. A structured approach. Aldershot 1995.

HAYNES, Marion E.: Projekt-Management. Von der Idee bis zur Umsetzung. Wien 1996.

HEEG, Franz J.: Projektmanagement. Grundlagen der Planung und Steuerung von betrieblichen Problemlöseprozessen. Hrsg. von REFA. Verband f. Arbeitsstudien u. Betriebsorganisation. 2. Aufl. München 1993.

HEINTEL, Peter/KRAINZ, Ewald E.: Projektmanagement. Eine Antwort auf die Hierarchiekrise? 3. Aufl. Wiesbaden 1994.

HÖPFNER, Kai-Uwe: Projektfinanzierung. Erfolgsorientiertes Management einer bankbetrieblichen Leistungsart. Göttingen 1995.

HUPE, Michael: Steuerung und Kontrolle internationaler Projektfinanzierungen. Frankfurt/M.– Wien 1995.

KARNOVSKY, Hans/ZSIFKOVITS, Helmut E.: EDV-Werkzeuge für das Projektmanagement. Ein methodischer Leitfaden zum Einsatz von Standard-Software in der Projektarbeit. Wien 1996.

KELLNER, Hedwig: Die Kunst, Projekte zum Erfolg zu führen. Budgets – Termine – Qualität. München 1994.

KELLNER, Hedwig: Die Posträuber-Methode. Erfolgsstrategien für Selbst- und Projektmanagement. Frankfurt/M. 1996.

KELLNER, Hedwig: Projekte konfliktfrei führen. Wie Sie ein erfolgreiches Team aufbauen. München 1996.

KLIEM, Ralph L./LUDIN, Irwin S.: The people side of project management. Aldershot 1995.

KLOSE, Burkhard: Projektabwicklung. 2., überarbeitete und erweiterte Auflage. Wien 1996.

KOLISCH, Rainer: Project scheduling under resource constraints. Efficient heuristics for several problem classes. Heidelberg 1995.

KRAUS, Georg/WESTERMANN, Reinhold: Projektmanagement mit System. Organisation, Methoden, Steuerung. Wiesbaden 1995.

KRAUS, Georg: Einfluß des angewandten Projektmanagements auf die Arbeitszufriedenheit der in einer Projektorganisation integrierten Mitarbeiter. Eine Felduntersuchung in der Automobilindustrie. Frankfurt/M.–Wien 1996.

KRAUSE, Regina (Hrsg.): Gesundheitsförderung. Von der Projektplanung bis zur Evaluation. Handbuch zum Management in der Gesundheitsförderung. Oberhaching 1995.

KUPPER, Hubert: Zur Kunst der Projektsteuerung. Qualifikation und Aufgaben eines Projektleiters – aufgezeigt am Beispiel von DV-Projekten. 7. Aufl. München 1993.

KUPPINGER, Martin/REINKE, Helmut: Projektplanung und Ressourcenmanagement mit Project. Haar bei München 1995.

LANGE, Dietmar (Hrsg.): Management von Projekten. Know-how aus der Berater-Praxis. Stuttgart 1995.

LIENTZ, Bennet P./REA, Kathryn P.: Project management for the 21st century. San Diego, Calif., 1995.

LITKE, Hans-Dieter: DV-Projektmanagement – Zeit und Kosten richtig einschätzen. München 1996.

LITKE, Hans-Dieter: Projektmanagement. Methoden, Techniken, Verhaltensweisen. 3., überarb. u. erw. Aufl. München–Wien 1995.

LOCK, Dennis (Hrsg.): Gower Handbook of Project Management. 2. Aufl. Aldershot 1994.

LOCK, Dennis: Project Planner. Aldershot 1990.

LOCKYER, Keith: Critical path analysis and other project network techniques. 5. Aufl. London 1991.

LUCAS MANAGEMENT SYSTEMS: „Integrated systems for planning and control" und „An integrated project management system in action". – In: LOCK, Dennis (Hrsg.): Gower Handbook of Project Management. 2. Aufl. Aldershot 1994.

MADAUS, B. J.: Handbuch Projektmanagement. Stuttgart 1990.

MEHRMANN, Elisabeth/WIRTZ, Thomas: Effizientes Projektmanagement. Erfolgreich Konzepte entwickeln und realisieren. Düsseldorf–Wien 1996.

MEREDITH, Jack R./MANTEL, Samuel J.: Project management. A managerial approach. New York, NY, 1995.

MILES, Derek: International project marketing. Geneva 1995.

NEUMANN, Reiner/BREDEMEIER, Karsten: Projektmanagement von A–Z. Frankfurt/M.–New York 1996.

PATZAK, Gerold/RATTAY, Günter: Projektmanagement. Leitfaden zum Management von Projekten, Projektportfolios und projektorientierten Unternehmen. Wien 1996.

PLATZ, Jochen/SCHMELZER, Hermann J.: Projektmanagement in der industriellen Forschung und Entwicklung. Einführung anhand von Beispielen aus der Informationstechnik. Berlin–New York 1986.

RANDOLPH, W. Alan/POSNER, Barry Z.: Getting the job done: Managing project teams and task forces for success. Englewood Cliffs, NJ, 1992.

REISS, G.: Project management demystified: Today's tools and techniques. 2. Aufl. London 1995.

RICKERT, Dirk: Multi-Projektmanagement in der industriellen Forschung und Entwicklung. Wiesbaden 1995.

RIEZLER, Stephan: Lebenszyklusrechnung. Instrument des Controlling strategischer Projekte. Wiesbaden 1996.

RUMPF, Marcus J.: Eine Koordinationsmethode zur verteilten Projektplanung auf der Grundlage eines Kommunikationsstandards. Frankfurt/M. 1995.

SCHELLE, Heinz: Projekte zum Erfolg führen. München 1996.

SCHLERETH, Thomas: Projektmanagement mit MS-Project 4.0. Planung, Verfolgung, Analyse an praktischen Beispielen. Haar bei München 1995.

SCHLICK, Gerhard H.: Projektmanagement – Gruppenprozesse – Teamarbeit. Renningen-Malmsheim 1996.

SCHNEIDER, Hermann: Outsourcing von Gebäude- und Verwaltungsdiensten. Unternehmenspolitik – Projektmanagement – Vertragsarbeit. Stuttgart 1996.

SCHULTE, Karl-Werner (Hrsg.): Handbuch Immobilien-Projektentwicklung. Köln 1996.

SOMMER, Hans: Projektmanagement im Hochbau. Eine praxisnahe Einführung in die Grundlagen. Berlin–New York 1994.

STALLWORTHY, E. A./KHARBANDA, O. P.: Total Project Management: From concept to completion. Aldershot 1983.

STEINLE, Claus (Hrsg.): Projektmanagement. Instrument moderner Dienstleistung. Frankfurt/M. 1995.

STIFTUNG FÜR FORSCHUNG UND BERATUNG AM BWI (Hrsg.): Projekt-Management. Zürich 1996.

STREICH, Richard K. (Hrsg.): Projektmanagement. Prozesse und Praxisfelder. Stuttgart 1996.

STROHMEIER, Helmut E.: Ergebnisorientiertes Projektmanagement. München 1996.

VOIGT, Bernd: Projektmanagement – ein Hilfsmittel für die Arbeit in Verbänden und anderen Non-Profit-Organisationen. Aachen 1995.

WERMTER, Margrit: Strategisches Projektmanagement. Der Weg zum Markterfolg. Zürich 1992.

WHITTAKER, Roy: Project management in the process industries. Chichester 1995.

WICKE, Jan Martin: Controlling von Forschungs- und Innovationsprojekten. Aachen 1995.

WIRTH, Volker: Schlüsselfertigbau-Controlling. Erfolgreiche Steuerung und Abwicklung von Schlüsselfertigbauprojekten und Generalunternehmeraufträgen in Bauunternehmen. Renningen-Malmsheim 1995.

WISCHNEWSKI, Erik: Aktives Projektmanagement für das Bauwesen. Eine Anleitung zur effektiven Unterstützung, Durchführung und Steuerung von Bauprojekten. Braunschweig 1995.

WISCHNEWSKI, Erik: Modernes Projektmanagement. PC-gestützte Planung, Durchführung und Steuerung von Projekten. 5., vollst. überarb. u. erw. Aufl. Braunschweig 1996.

WYSOCKI, Robert K./BECK, Robert/CRANE, David B.: Effective project management. How to plan, manage and deliver projects on time and within budget. New York 1995.

ZIELASEK, Gotthold: Projektmanagement. Erfolgreich durch Aktivierung aller Unternehmensebenen. Berlin 1995.

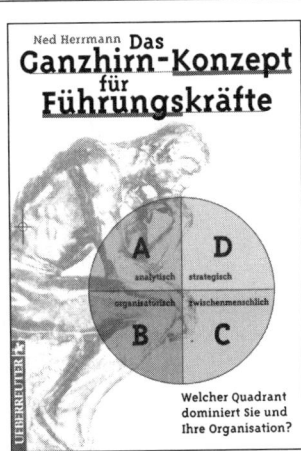